코로나19 바이러스 ... 안?

"친환경 99.9% 항균잉크 인쇄" 전격 도입

언제 끝날지 모를 코로나19 바이러스

99.9% 항균잉크(V-CLEAN99)를 도입하여 「**안심도서**」로

독자분들의 건강과 안전을 위해 노력하겠습니다.

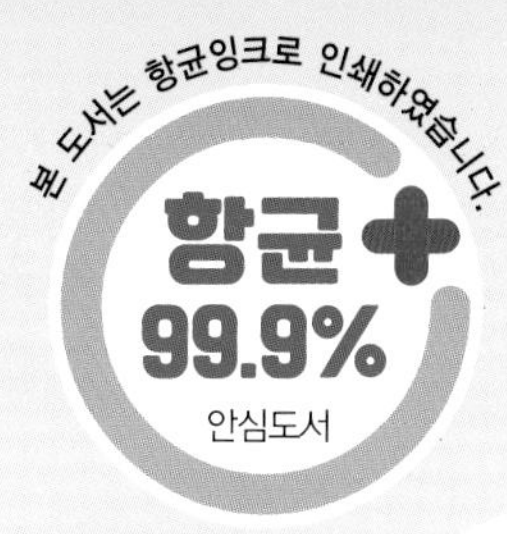

항균잉크(V-CLEAN99)의 특징

- 바이러스, 박테리아, 곰팡이 등에 항균효과가 있는 산화아연을 적용
- 산화아연은 한국의 식약처와 미국의 FDA에서 식품첨가물로 인증받아 **강력한 항균력**을 구현하는 소재
- 황색포도상구균과 대장균에 대한 테스트를 완료하여 **99.9%의 강력한 항균효과** 확인
- 잉크 내 중금속, 잔류성 오염물질 등 **유해 물질 저감**

TEST REPORT

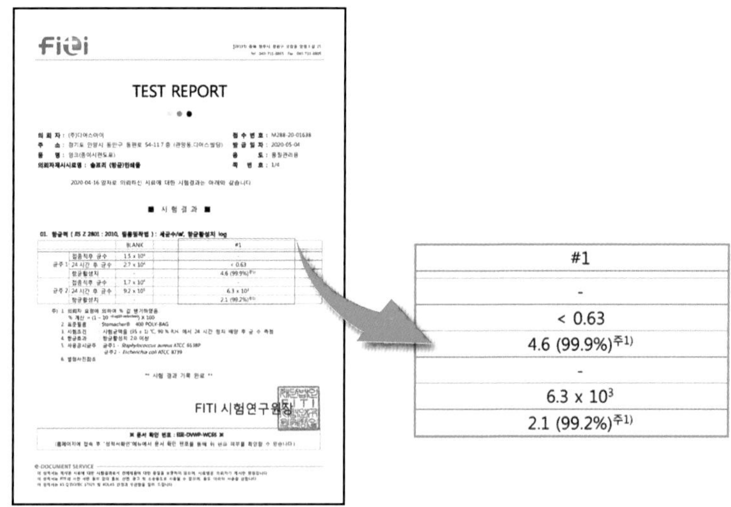

TEST REPORT

접수번호 : M288-20-01638
발급일자 : 2020-05-04
쪽번호 : 1/4

■ 시험결과 ■

		BLANK	#1
균주 1	접종직후 균수	1.5×10^4	-
	24 시간 후 균수	2.7×10^4	< 0.63
	항균활성치	-	4.6 (99.9%)주1)
균주 2	접종직후 균수	1.7×10^4	-
	24 시간 후 균수	9.2×10^5	6.3×10^3
	항균활성치	-	2.1 (99.2%)주1)

2. 표준필름 Stomacher® 400 POLY-BAG
5. 사용공시균주 균주1 - *Staphylococcus aureus* ATCC 6538P
균주2 - *Escherichia coli* ATCC 8739

** 시험 결과 기록 완료 **

FITI 시험연구원장

e-DOCUMENT SERVICE

#1
-
< 0.63
4.6 (99.9%)주1)
-
6.3×10^3
2.1 (99.2%)주1)

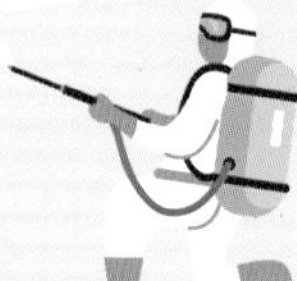

Clean Zone

기출문제로 시험에 통과하다!

2022 7개년 1차·2차 기출문제해설

PASS

손해평가사

손해평가사

농작물재해평가

7개년 기출문제해설

PREFACE

머/리/말

손해평가사는 공정하고 객관적인 농업재해보험의 손해평가를 하기 위해 피해사실의 확인, 보험가액 및 손해액의 평가, 그 밖의 손해평가에 필요한 사항에 대한 업무를 수행하는 자로서 농어업재해보험법에 따라 국가자격인 손해평가사 자격을 취득해야 합니다.

지금까지 출제된 1차 시험과 2차 시험을 분석해보면 1차 시험의 '상법(보험편)'에서는 조문을 중심으로 손해평가사 직무에 필요한 문제들이 주로 출제되고 있으며, 전반적으로 기본개념을 반영한 조항들을 중심으로 출제되고 있습니다. '농어업재해보험법령'에서는 손해평가사의 직무수행에 필요한 전문지식과 법률지식을 묻는 문제들이 출제되고 있습니다. '농학개론 중 재배학 및 원예작물학'에서는 재배학 및 원예학에 관한 기본지식, 재배환경 및 재배기술, 재해의 원인, 발생, 피해에 관한 사항 등 현장적용성이 높은 문제들이 출제되고 있습니다.

2차 시험은 손해평가사의 현장실무에 필요한 문제들이 주로 출제되고 있으며, 특히 보험금 산정 및 피해율 산정 그리고 누적감수과실수 산출 문제들이 2~3문제씩 출제되고 있습니다. 난이도 측면에서 보면, 업무방법서를 숙지하고 있는 수험생이면 충분히 풀 수 있는 문제와 이를 바탕으로 실무에 필요한 종합적인 문제가 출제되고 있습니다.

이에 따라 2022 손해평가사 1차 · 2차 7개년 기출문제집은 지금까지 출제된 모든 문제를 상세한 해설과 함께 수록하여 출제유형을 알 수 있도록 하였고, 기출수정문제를 통하여 최근 개정된 법령 및 업무방법서를 효과적으로 학습할 수 있도록 하였습니다.

참고로, 시험과 관련하여 법령 · 고시 · 규정 등을 적용해서 정답을 구하여야 하는 문제는 시험 시행일 기준으로 시행 중인 법률 · 기준 등을 적용하여야 하므로, 가장 최근에 개정된 법령 · 고시 · 규정 등을 반영하였습니다.

아무쪼록 본서가 손해평가사 시험을 준비하는 수험생들에게 등대와 같은 지침서로서의 역할을 하길 바랍니다.

대표 편저자 씀

이 책의 구성 및 특징

STEP 01 1차 시험 기출 키워드 분석

제1회부터 제7회까지의 손해평가사 1차 시험 기출문제를 분석한 기출 키워드를 통해 출제경향을 파악하여 학습방향을 설정할 수 있습니다.

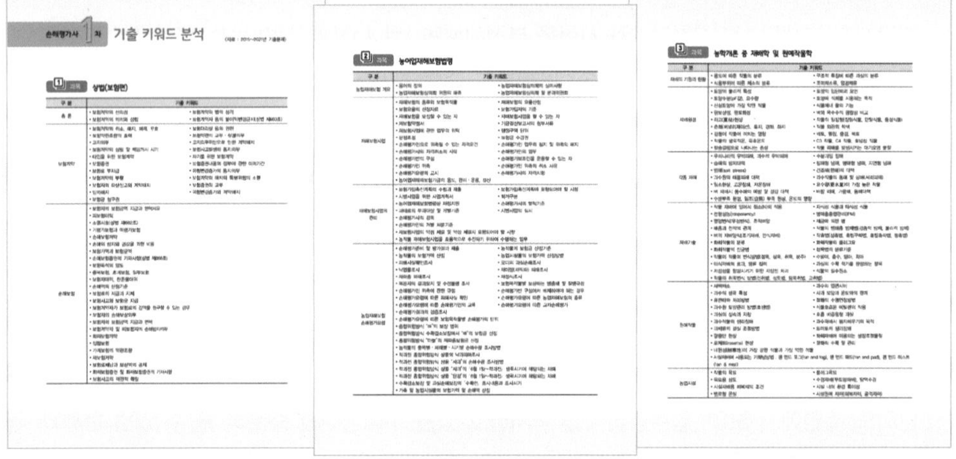

STEP 02 2차 시험 핵심 요약 정리

난해하고 복잡한 업무방법서의 핵심 부분을 정리하여 한눈에 중요 부분을 확인할 수 있습니다.

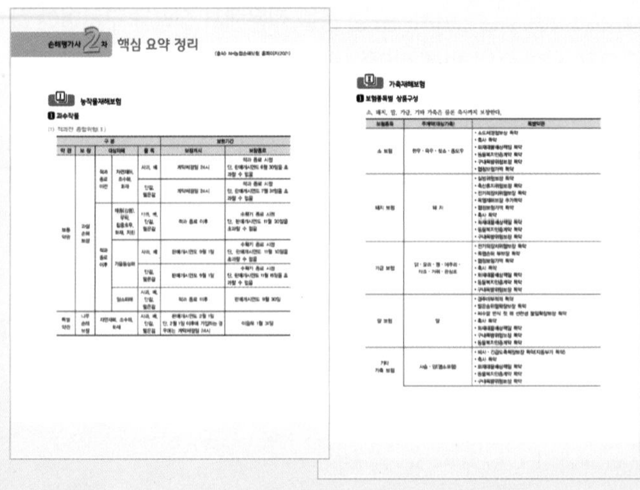

STEP 03 상세한 해설 및 TIP

최신 개정법령 및 업무방법서를 반영하여 꼼꼼하게 수록한 상세한 해설과 심화 학습을 도와주는 TIP을 통해 학습의 능률을 높일 수 있습니다.

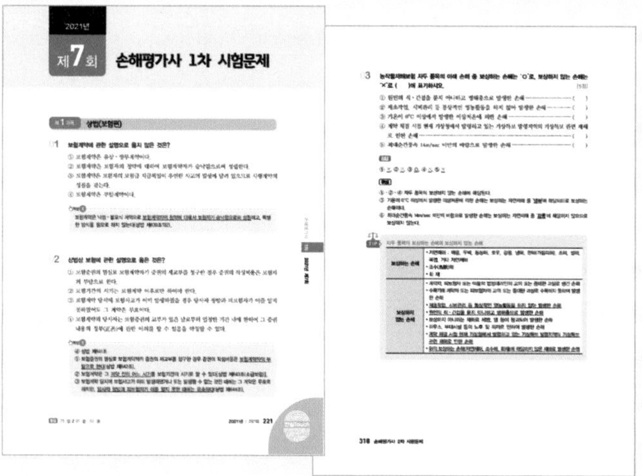

STEP 04 기출수정문제

개정된 업무방법서 내용에 맞춰 수정한 기출수정문제로 정확한 내용을 학습할 수 있습니다.

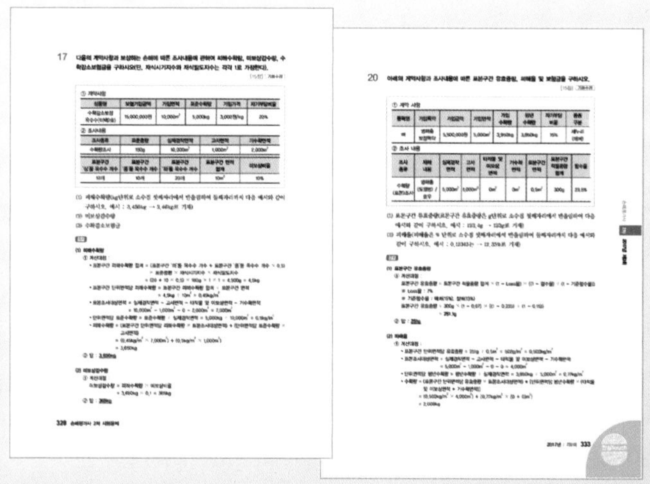

손해평가사 자격시험 소개

손해평가사란?

손해평가사는 공정하고 객관적인 손해액 산정과 보험금 지급을 위하여 농작물의 농업재해로 인한 손해에 대해 보험관련 법규와 약관을 근거로 전문적인 능력과 지식을 활용하여 보험사고를 조사 · 평가하는 일을 수행한다.

수행직무		
피해사실의 확인	보험가액 및 손해액의 평가	그 밖의 손해평가에 필요한 사항

관련기관

소관부처	운용기관	시행기관
농림축산식품부 (재해보험정책과)	농업정책보험금융원 (보험 2부)	한국산업인력공단

응시자격

- 응시자격 : 제한 없음

※ 「농어업재해보험법」 제11조의4 제4항에 해당하는 사람은 그 처분이 있은 날부터 2년이 지나지 아니한 경우 시험에 응시할 수 없음

응시수수료 및 납부방법

1차 시험 응시수수료	2차 시험 응시수수료	납부방법
20,000원	33,000원	전자결제(신용카드, 계좌이체, 가상계좌 중 택일)

합격기준 및 합격자발표

- 매 과목 100점을 만점으로 하여 매 과목 40점 이상과 전 과목 평균 60점 이상인 사람을 합격자로 결정
- 큐넷 손해평가사 홈페이지 합격자발표 : 60일간(www.Q-Net.or.kr/site/loss)
- ARS (☎1666-0100) 합격자발표 : 4일간

자격증 발급

농업정책보험금융원에서 자격증 신청 및 발급업무를 수행한다.

접수방법

큐넷 손해평가사 홈페이지(http://www.Q-Net.or.kr/site/loss)에서 접수

시험일정

구 분	원서접수기간	시행지역	시험일자	합격자발표
1차 시험	2022년 5월 中	서울, 부산, 대구, 광주, 대전, 중부(인천)	2022년 6월 中	2022년 7월 中
2차 시험	2022년 7월 中		2022년 8월 中	2022년 11월 中

시험과목 및 방법

구 분	시험과목	문항수	시험시간	시험방법
1차 시험	❶ 「상법」 보험편 ❷ 농어업재해보험법령(「농어업재해보험법」, 「농어업재해보험법 시행령」 및 농림축산식품부장관이 고시하는 손해평가요령을 말한다) ❸ 농학개론 중 재배학 및 원예작물학	과목별 25문항 (총 75문항)	90분	객관식 (4지 택일형)
2차 시험	❶ 농작물재해보험 및 가축재해보험의 이론과 실무 ❷ 농작물재해보험 및 가축재해보험 손해평가의 이론과 실무	과목별 10문항 (단답형 5문항, 서술형 5문항)	120분	주관식 (단답형 및 서술형)

※ 시험과 관련하여 법령 · 고시 · 규정 등을 적용해서 정답을 구하여야 하는 문제는 시험 시행일 기준으로 시행 중인 법률 · 기준 등을 적용하여 그 정답을 구하여야 함

※ 농업정책보험금융원 홈페이지에 등재된 "농작물재해보험 및 가축재해보험의 이론과 실무" 및 "농작물재해보험 및 가축재해보험 손해평가의 이론과 실무" 내용으로 2차 시험문제가 출제되므로 수험참고서로 활용

손해평가사 자격시험 시행현황

구 분		2015	2016	2017	2018	2019	2020	2021
1차 시험	대 상	5,684명	3,655명	3,240명	3,716명	6,614명	9,752명	15,385명
	응 시	4,002명	2,879명	2,374명	2,594명	3,901명	8,193명	13,230명
	응시율	70.4%	78.8%	73.3%	69.8%	59.0%	84.0%	86.0%
	합 격	1,865명	1,761명	1,444명	1,949명	2,486명	5,748명	9,508명
	합격률	46.6%	61.2%	60.8%	75.1%	63.7%	70.2%	71.9%
2차 시험	대 상	2,935명	2,442명	1,939명	2,372명	3,254명	5,855명	10,136명
	응 시	2,260명	1,852명	1,538명	1,934명	2,712명	4,937명	8,699명
	응시율	77.0%	75.8%	79.3%	81.5%	83.3%	84.3%	85.8%
	합 격	430명	167명	260명	129명	153명	566명	2,233명
	합격률	19.0%	9.0%	16.9%	6.7%	5.6%	11.5%	25.7%

〈자료출처 : 한국산업인력공단, Q-net 홈페이지〉

GUIDE

1차 시험 출제영역

시험과목	출제 문제수	주요 항목	세부 항목
상법(보험편)	25	1. 통 칙	① 보험계약
		2. 손해보험	① 통 칙 ② 화재보험
농어업재해 보험법령	25	1. 농어업재해보험법 및 시행령	① 총 칙 ② 재해보험사업 ③ 재보험사업 및 농어업재해재보험기금 ④ 보험사업의 관리 ⑤ 벌 칙
		2. 농업재해보험 손해평가요령	① 목적과 용어의 정의 ② 손해평가인 ③ 손해평가
농학개론 중 재배학 및 원예작물학	25	1. 재 배	① 재배작물의 개요
		2. 재배환경 및 재해	① 토 양 ② 수 분 ③ 온 도 ④ 광 ⑤ 생장발육과 환경 ⑥ 공기환경 등
		3. 재배기술	① 종자와 육묘 ② 파종 및 이식 ③ 영양번식 ④ 재배관리 ⑤ 병해충관리
		4. 원예작물	① 채소재배 및 관리 ② 과수재배 및 관리 ③ 화훼재배 및 관리
		5. 농업시설	① 시설구조 및 설계 ② 자재특성 및 시설관리

시험과목	출제 문제수	주요 항목		세부 항목
농작물재해보험 및 가축재해보험의 이론과 실무	10	농작물 재해보험	1. 통 칙	1. 목 적 2. 적용범위 3. 용어의 정의
			2. 신계약	1. 신계약절차 2. 모집시 보험안내자료 제공 3. 청약서 자필 서명
			3. 인수심사업무	1. 업무개요 2. 본사승인대상 인수심사절차 3. 인수거절계약 고객 응대
			4. 계약관리	1. 업무개요 2. 청약철회 3. 취소(품질보증해지) 4. 무 효 5. 해 지 6. 계약변경
			5. 품목별 인수기준	1. 적과전 종합위험Ⅱ 과수 상품 2. 종합위험보장 포도 상품 3. 농업수입감소보장 포도 상품 4. 종합위험보장 자두 상품 5. 종합위험보장 유자 상품 6. 종합위험보장 오미자 상품 7. 종합위험보장 오디 상품 8. 종합위험보장 복숭아 상품 9. 종합위험보장 복분자 상품 10. 종합위험보장 밤 상품 11. 종합위험보장 무화과 상품 12. 종합위험보장 감귤 상품 13. 종합위험보장 참다래 상품 14. 종합위험보장 매실 상품 15. 종합위험보장 대추 상품 16. 종합위험보장 차 상품 17. 종합위험보장 콩 상품 18. 종합위험보장 양파 상품 19. 종합위험보장 마늘 상품 20. 종합위험보장 가을감자 상품 21. 특정위험보장 인삼 상품 22. 종합위험보장 옥수수 상품 23. 종합위험보장 양배추 상품 24. 농업수입감소보장 콩 상품 25. 농업수입감소보장 양파 상품 26. 농업수입감소보장 마늘 상품 27. 농업수입감소보장 가을감자 상품 28. 종합위험보장 고추 상품 29. 종합위험보장 봄감자 상품 30. 종합위험보장 벼 상품 31. 종합위험보장 원예시설 상품

2차 시험 출제영역

농작물재해보험 및 가축재해보험의 이론과 실무	10	농작물 재해보험	5. 품목별 인수기준	32. 종합위험보장 버섯 상품 33. 종합위험보장 고구마 상품 34. 농업수입감소보장 고구마 상품 35. 종합위험보장 밀 상품 36. 농업수입감소보장 양배추 상품 37. 종합위험보장 단호박 상품 38. 종합위험보장 대파 상품 39. 종합위험보장 고랭지배추 상품 40. 종합위험보장 고랭지무 상품 41. 종합위험보장 감자(고랭지재배) 상품 42. 종합위험보장 브로콜리 상품 43. 종합위험보장 당근 상품 44. 종합위험보장 메밀 상품 45. 종합위험보장 월동배추 상품 46. 종합위험보장 월동무 상품 47. 종합위험보장 쪽파(실파) 상품 48. 종합위험보장 호두 상품 49. 종합위험보장 팥 상품 50. 종합위험보장 보리 상품 51. 종합위험보장 시금치 상품 52. 종합위험보장 살구 상품
		가축 재해보험	1. 가축재해보험 주요내용	1. 가축재해보험 개요 2. 보상하는 손해 3. 보험계약시 작성 및 필요 서류
			2. 가축재해보험 상품별 기준가액 및 가입금액	1. 소 2. 돼 지 3. 가금(8종) 4. 말 5. 기타(5종) 6. 축 사
농작물재해보험 및 가축재해보험 손해평가의 이론과 실무	10	농작물 재해보험	1. 총 칙	1. 목 적 2. 정 의 3. 용어의 정의 4. 손해평가 업무절차
			2. 손해평가 및 보험금 산정	1. 적과전 종합위험방식 및 특정위험방식 품목 2. 종합위험방식 품목 3. 농업수입감소보장방식 품목
			3. 보험금 지급	1. 보험금 지급 2. 보험금 지급 절차 3. 보험금 지급 전결권 4. 회사 승인 사항
		가축재해보험		1. 사고보험금 청구 절차 2. 보험금 심사 및 손해평가 절차 3. 보험사기 방지 4. 구상권 관리

이 책의 차례

손해평가사 1차 시험문제

손해평가사 1차 기출 키워드 분석

CONTENTS

이 책의 차례

손해평가사 2차 시험문제

부록(관계법령)

2022

손해평가사 1차 · 2차

기출문제해설

손해평가사 1차 시험문제

손해평가사 2차 시험문제

손해평가사 1차 시험문제

손해평가사 1차 기출 키워드 분석

〈자료 : 2015~2021년 시험문제〉

1 과목 상법(보험편)

구 분	기출 키워드
총 론	• 보험계약의 선의성 • 보험계약의 의의와 성립 • 보험계약의 법적 성격 • 보험계약자 등의 불이익변경금지(상법 제663조)
보험계약	• 보험계약의 취소, 해지, 해제, 무효 • 보험약관조항의 효력 • 고지의무 • 보험계약의 성립 및 책임개시 시기 • 타인을 위한 보험계약 • 보험증권 • 보험료 부지급 • 보험계약의 부활 • 보험자의 파산선고와 계약해지 • 임의해지 • 보험금 청구권 • 보험대리상 등의 권한 • 보험약관의 교부 · 설명의무 • 고지의무위반으로 인한 계약해지 • 보험사고발생의 통지의무 • 자기를 위한 보험계약 • 보험증권내용의 정부에 관한 이의기간 • 위험변경증가의 통지의무 • 보험계약의 해지와 특별위험의 소멸 • 보험증권의 교부 • 위험변경증가와 계약해지
손해보험	• 보험자의 보험금액 지급과 면책사유 • 피보험이익 • 소멸시효(상법 제662조) • 기평가보험과 미평가보험 • 손해보험계약 • 손해의 방지와 경감을 위한 비용 • 보험가액과 보험금액 • 손해보험증권의 기재사항(상법 제666조) • 보험목적의 양도 • 중복보험, 초과보험, 일부보험 • 보험자대위, 잔존물대위 • 손해액의 산정기준 • 보험료의 지급과 지체 • 보험사고와 보험금 지급 • 보험계약자가 보험료의 감액을 청구할 수 있는 경우 • 보험자의 손해보상의무 • 보험자의 보험금액 지급과 면책 • 보험계약자 및 피보험자의 손해방지의무 • 화재보험계약 • 집합보험 • 가계보험의 약관조항 • 재보험계약 • 보험료체납과 보상액의 공제 • 화재보험증권 및 화재보험증권의 기재사항 • 보험사고의 객관적 확정

농어업재해보험법령

구 분	기출 키워드
농업재해보험 개요	• 용어의 정의 • 농업재해보험심의회의 심의사항 • 농업재해보험심의회 위원의 해촉 • 농업재해보험심의회 및 분과위원회
재해보험사업	• 재해보험의 종류와 보험목적물 • 재해보험의 요율산정 • 보험요율의 산정자료 • 보험가입자의 기준 • 재해보험을 모집할 수 있는 자 • 재해보험사업을 할 수 있는 자 • 재보험약정서 • 기금결산보고서의 첨부서류 • 재보험사업에 관한 업무의 위탁 • 행정구역 단위 • 분쟁조정 • 보험금 수급권 • 손해평가인으로 위촉될 수 있는 자격요건 • 손해평가인 업무의 정지 및 위촉의 해지 • 손해평가사의 자격취소의 사유 • 손해평가인의 업무 • 손해평가반의 구성 • 손해평가보조인을 운용할 수 있는 자 • 손해평가인 위촉 • 손해평가인 위촉의 취소 사유 • 손해평가요령의 고시 • 손해평가사의 자격시험 • 농어업재해재보험기금의 용도, 관리・운용, 결산
재해보험사업의 관리	• 보험가입촉진계획의 수립과 제출 • 보험가입촉진계획에 포함되어야 할 사항 • 시범사업을 위한 사업계획서 • 회계구분 • 농어업재해보험법령상 재정지원 • 손해평가사의 벌칙기준 • 과태료의 부과대상 및 개별기준 • 시범사업의 실시 • 손해평가사의 감독 • 손해평가인의 개별 처분기준 • 재보험사업의 약정 체결 및 약정 체결시 포함되어야 할 사항 • 농작물 재해보험사업을 효율적으로 추진하기 위하여 수행하는 업무
농업재해보험 손해평가요령	• 손해평가준비 및 평가결과 제출 • 농작물의 보험금 산정기준 • 농작물의 보험가액 산정 • 농업시설물의 보험가액 산정방법 • 피해사실확인조사 • 오디의 과실손해조사 • 낙엽률조사 • 재이앙(재직파) 피해조사 • 재파종 피해조사 • 재정식조사 • 복분자의 결과모지 및 수정불량 조사 • 보험목적물별 보상하는 병충해 및 질병규정 • 손해평가인 위촉에 관한 규정 • 손해평가반 구성에서 배제하여야 하는 경우 • 손해평가요령에 따른 피해사실 확인 • 손해평가요령에 따른 농업재해보험의 종류 • 손해평가요령에 따른 손해평가인의 교육 • 손해평가요령에 따른 교차손해평가 • 손해평가결과의 검증조사 • 손해평가요령에 따른 보험목적물별 손해평가의 단위 • 종합위험방식 "벼"의 보장 범위 • 종합위험방식 수확감소보장에서 "벼"의 보험금 산정 • 종합위험방식 "마늘"의 재파종보험금 산정 • 농작물의 품목별・재해별・시기별 손해수량 조사방법 • 적과전 종합위험방식 상품의 낙과피해조사 • 적과전 종합위험방식 상품 "사과"의 손해수량 조사방법 • 적과전 종합위험방식 상품 "사과"의 「6월 1일~적과전」 생육시기에 해당되는 재해 • 적과전 종합위험방식 상품 "단감"의 「6월 1일~적과전」 생육시기에 해당되는 재해 • 수확감소보장 및 과실손해보장의 「수확전」 조사내용과 조사시기 • 가축 및 농업시설물의 보험가액 및 손해액 산정

농학개론 중 재배학 및 원예작물학

구 분	기출 키워드	
재배의 기원과 현황	• 용도에 따른 작물의 분류 • 식용부위에 따른 채소의 분류	• 구조적 특징에 따른 과실의 분류 • 조미채소류, 엽경채류
재배환경	• 토양의 물리적 특성 • 토양수분(pF값), 요수량 • 산성토양에 가장 약한 작물 • 광보상점, 광포화점 • 하고(夏枯)현상 • 춘화(버널리제이션), 휴지, 경화, 좌지 • 강풍이 작물에 미치는 영향 • 작물의 생육적온, 유효온도 • 칼슘결핍으로 나타나는 증상	• 토양의 입단파괴 요인 • 토양에 석회를 시용하는 목적 • 식물체내 물의 기능 • 벼와 옥수수의 광합성 비교 • 작물의 일장형(장일식물, 단일식물, 중성식물) • 작물 외관의 착색 • 배토, 멀칭, 중경, 복토 • C3 작물, C4 작물, 호냉성 작물 • 작물 피해를 발생시키는 대기오염 물질
각종 재해	• 우리나라의 우박피해, 과수의 우박피해 • 습해의 방지대책 • 염해(salt stress) • 과수원의 태풍피해 대책 • 일소현상, 고온장해, 저온장해 • 벼 재배시 풍수해의 예방 및 경감 대책 • 수분부족 환경, 일조(日照) 부족 현상, 온도의 영향	• 수분과잉 장해 • 장해형 냉해, 병해형 냉해, 지연형 냉해 • 건조해(한해)의 대책 • 과수작물의 동해 및 상해(서리피해) • 요수량(要水量)이 가장 높은 작물 • 바람 피해, 가뭄해, 동해대책
재배기술	• 작물 재배에 있어서 질소(N)의 작용 • 전형성능(totipotency) • 영양번식(무성번식), 조직배양 • 해충과 천적의 관계 • 벼의 재배양식(조기재배, 만식재배) • 화훼작물의 분류 • 화훼작물의 진균병 • 작물의 작물의 번식방법(접목, 삽목, 취목, 분주) • 이식재배의 효과, 염류 집적 • 저장성을 향상시키기 위한 저장전 처리 • 작물의 취목번식 방법(선취법, 성토법, 당목취법, 고취법)	• 자식성 식물과 타식성 식물 • 병해충종합관리(IPM) • 세균에 의한 병 • 작물의 병해충 방제법(경종적 방제, 물리적 방제) • 작휴법(성휴법, 휴립구파법, 휴립휴파법, 평휴법) • 화훼작물의 플러그묘 • 접목법의 분류기준 • 수발아, 출수, 맹아, 최아 • 과실의 수확 적기를 판정하는 항목 • 식물의 필수원소
원예작물	• 새싹채소 • 과수의 생육 특성 • 휴면타파 처리방법 • 과수원 토양관리 방법(초생법) • 과실의 성숙과 저장 • 과수작물의 생리장해 • 과채류의 결실 조절방법 • 광중단 현상 • 로제트(rosette) 현상 • 내한성(耐寒性)이 가장 강한 작물과 가장 약한 작물 • 시설재배에 사용되는 기화냉방법 : 팬 앤드 포그(fan and fog), 팬 앤드 패드(fan and pad), 팬 앤드 미스트(fan & mist)	• 과수의 엽면시비 • 사과 모양과 온도와의 관계 • 절화의 수명연장방법 • 식물호르몬 에틸렌의 작용 • 호흡 비급등형 과실 • 과수재배시 봉지씌우기의 목적 • 토마토의 생리장해 • 화훼재배에 이용되는 생장조절물질 • 절화의 수확 및 관리
농업시설	• 작물의 육묘 • 육묘용 상토 • 시설재배용 피복재의 조건 • 벤로형 온실	• 플러그육묘 • 수경재배(무토양재배), 담액수경 • 시설 내의 환경 특이성 • 시설원예 자재(피복자재, 골격자재)

2015년

제 1 회 손해평가사 1차 시험문제

제 1 과목 상법(보험편)

01 보험계약의 선의성을 유지하기 위한 제도로 옳지 않은 것은?

① 보험자의 보험약관 설명의무
② 보험계약자의 손해방지의무
③ 보험계약자의 중요사항 고지의무
④ 인위적 보험사고에 대한 보험자면책

해설 콕

보험계약의 선의성이란 보험계약의 당사자 간에 최대의 선의를 요한다는 뜻이다. 이는 보험계약이 갖는 사행성이라는 특성에 따라 도박화를 방지하기 위한 보험계약 특유의 성격이라고 할 수 있다.
따라서, 보험계약의 선의성을 유지하기 위한 법적 장치는 다음과 같다.

- 보험계약자의 중요사항 고지의무
- 위험의 변경증가 시의 통지의무
- 보험계약자의 손해방지의무
- 인위적 보험사고(고의・중과실 사고)에 대한 보험자면책
- 사기로 인한 초과보험이나 중복보험시 보험계약의 무효화

02 타인을 위한 보험계약의 보험계약자가 피보험자의 동의를 얻어야 할 수 있는 것은?

① 보험증권교부청구권
② 보험사고발생전 보험계약해지권
③ 특별위험 소멸에 따른 보험료감액청구권
④ 보험계약 무효에 따른 보험료반환청구권

해설 콕

타인을 위한 보험계약의 경우에 보험계약자는 그 타인의 동의를 얻지 아니하거나 보험증권을 소지하지 아니하면 그 계약을 해지하지 못한다(상법 제649조 제1항). 즉 보험사고발생전 보험계약은 피보험자의 동의를 얻어야 해지할 수 있다.

정답 01 ① 02 ②

03 보험약관의 조항 중 그 효력이 인정되지 않는 것은?

① 보험계약체결일 기준 1월 전부터 보험기간이 시작되기로 하는 조항
② 보험증권교부일로부터 2월 이내에 증권내용에 이의를 할 수 있도록 하는 조항
③ 약관설명의무 위반시 보험계약자가 1월 이내에 계약을 취소할 수 있도록 하는 조항
④ 보험계약자의 보험료 반환청구권의 소멸시효기간을 3년으로 하는 조항

해설 콕

- 상법 제663조는 당사자 간의 특약으로 보험계약자 등 불이익변경금지의 원칙이라는 상대적 강행법규성을 인정하여 약관의 내용에 상법의 규정보다 보험계약자 등에게 불이익한 조항을 두게 되면 그 한도 안에서 약관의 규정은 무효가 된다고 본다.
- 상법 제638조의3 제2항에서 약관설명의무 위반시 보험계약자는 보험계약이 성립한 날로부터 3개월 이내에 그 계약을 취소할 수 있다고 하였으므로 1월 이내로 정해진 보험약관의 경우는 효력이 인정되지 않는다.

04 보험대리상이 갖는 권한으로 옳지 않은 것은?

① 보험자 명의의 보험계약체결권
② 보험계약자에 대한 위험변경증가권
③ 보험계약자에 대한 보험증권교부권
④ 보험계약자로부터의 보험료수령권

해설 콕

보험대리상의 권한(상법 제646조의2 제1항)
1. 보험계약자로부터 보험료를 수령할 수 있는 권한
2. 보험자가 작성한 보험증권을 보험계약자에게 교부할 수 있는 권한
3. 보험계약자로부터 청약, 고지, 통지, 해지, 취소 등 보험계약에 관한 의사표시를 수령할 수 있는 권한
4. 보험계약자에게 보험계약의 체결, 변경, 해지 등 보험계약에 관한 의사표시를 할 수 있는 권한

05 보험계약자가 보험료의 감액을 청구할 수 있는 경우에 해당하는 것은?

① 보험계약 무효시 보험계약자와 피보험자가 신의이며 중대한 과실이 없는 경우
② 보험계약 무효시 보험계약자와 보험수익자가 선의이며 중대한 과실이 없는 경우
③ 특별한 위험의 예기로 보험료를 정한 때에 그 위험이 보험기간 중 소멸한 경우
④ 보험사고발생 전의 임의해지시 미경과보험료에 대해 다른 약정이 없는 경우

해설 콕

보험계약의 당사자가 특별한 위험을 예기하여 보험료의 액을 정한 경우에 보험기간 중 그 예기한 위험이 소멸한 때에는 보험계약자는 그 후의 보험료의 감액을 청구할 수 있다(상법 제647조).

06 보험료에 관한 설명으로 옳지 않은 것은?

① 보험계약자는 계약 체결 후 지체 없이 보험료의 전부 또는 최초보험료를 지급하여야 한다.
② 보험계약자의 최초보험료 미지급시 다른 약정이 없는 한 계약 성립 후 2월의 경과로 그 계약은 해제된 것으로 본다.
③ 계속보험료 미지급으로 보험자가 계약을 해지하기 위해서는 보험계약자에게 상당기간을 정하여 그 기간 내에 지급할 것을 최고하여야 한다.
④ 타인을 위한 보험의 경우 보험계약자의 보험료 지급 지체시 보험자는 그 타인에게 보험료 지급을 최고하지 않아도 계약을 해지할 수 있다.

해설 콕

특정한 타인을 위한 보험의 경우에 보험계약자가 보험료의 지급을 지체한 때에는 보험자는 그 타인에게도 상당한 기간을 정하여 보험료의 지급을 최고한 후가 아니면 그 계약을 해제 또는 해지하지 못한다(상법 제650조 제3항).
①·② 상법 제650조 제1항
③ 상법 제650조 제2항

07 보험계약 부활에 관한 설명으로 옳은 것은?

① 보험계약자의 고지의무위반으로 보험자가 보험계약을 해지하여야 한다.
② 보험계약자의 최초보험료 미지급으로 보험자가 보험계약을 해지하여야 한다.
③ 보험계약자가 연체보험료에 법정이자를 더하여 보험자에게 지급하여야 한다.
④ 보험자가 보험계약을 해지하고 해지환급금을 지급하지 않았어야 한다.

해설 콕

④ 상법 제650조의2
①·②·③ 계속보험료 미지급으로 보험계약이 해지되고 해지환급금이 지급되지 아니한 경우에 보험계약자는 일정한 기간 내에 연체보험료에 약정이자를 붙여 보험자에게 지급하고 그 계약의 부활을 청구할 수 있다(상법 제650조의2).

정답 03 ③ 04 ② 05 ③ 06 ④ 07 ④

08 보험계약자의 고지의무위반으로 인한 보험자의 계약해지권에 관한 설명으로 옳은 것은?

① 고지의무위반 사실이 보험사고의 발생에 영향을 미치지 않은 경우 보험자는 계약을 해지하더라도 보험금을 지급할 책임이 있다.

② 보험자는 보험사고발생 전에 한하여 해지권을 행사할 수 있다.

③ 보험자가 계약을 해지할 경우 보험금을 지급할 책임이 없으며, 이미 지급한 보험금에 대해서는 반환을 청구할 수 없다.

④ 보험자는 고지의무위반 사실을 안 날로부터 3월 내에 해지권을 행사할 수 있다.

해설 콕

①·③ 보험사고가 발생한 후라도 보험자가 제650조(보험료 부지급으로 인한 계약해지), 제651조(고지의무위반으로 인한 계약해지), 제652조(위험변경증가의 통지의무 해태로 인한 계약해지) 및 제653조(보험계약자 등의 고의나 중과실로 인한 위험증가에 따른 계약해지)에 따라 계약을 해지하였을 때에는 보험금을 지급할 책임이 없고, 이미 지급한 보험금의 반환을 청구할 수 있다. 다만, 고지의무를 위반한 사실 또는 위험이 현저하게 변경되거나 증가된 사실이 보험사고발생에 영향을 미치지 아니하였음이 증명된 경우에는 보험금을 지급할 책임이 있다(상법 제655조).

② 보험자는 보험사고발생 전·후를 불문하고 고지의무위반을 이유로 하여 해지할 수 있다.

④ 보험자는 고지의무위반 사실을 안 날로부터 1월 내에, 계약을 체결한 날로부터 3년 내에 한하여 계약을 해지할 수 있다(상법 제651조 참조).

09 위험의 변경증가에 관한 설명으로 옳은 것을 모두 고른 것은?

ㄱ. 위험변경증가 통지의무는 보험계약자 또는 피보험자가 부담한다.
ㄴ. 보험계약자의 위험변경증가 통지의무는 피보험자의 행위로 인한 위험변경의 경우에 한한다.
ㄷ. 보험자는 위험변경증가 통지를 받은 때로부터 1월 이내에 보험료의 증액을 청구할 수 있다.
ㄹ. 보험자는 위험변경증가의 사실을 안 날로부터 6월 이내에 한하여 계약을 해지할 수 있다.

① ㄱ, ㄴ
② ㄱ, ㄷ
③ ㄴ, ㄹ
④ ㄷ, ㄹ

해설 콕

ㄱ. (O) 상법 제652조 제1항
ㄴ. (×) 보험계약자의 위험변경증가 통지의무에는 피보험자의 행위에 관한 언급은 없다.
ㄷ. (O) 상법 제652조 제2항
ㄹ. (×) 보험자는 위험변경증가의 사실을 안 날로부터 1월 내에 한하여 계약을 해지할 수 있다.

10 **보험료의 지급과 보험자의 책임개시에 관한 설명으로 옳지 않은 것은?**

① 보험설계사는 보험자가 작성한 영수증을 보험계약자에게 교부하는 경우에만 보험료수령권이 있다.

② 보험자의 책임은 당사자 간에 다른 약정이 없으면 최초보험료를 지급 받은 때로부터 개시한다.

③ 보험료불가분의 원칙에 의해 보험계약자는 다른 약정이 있더라도 일시에 보험료를 지급하여야 한다.

④ 보험자의 보험료청구권은 2년간 행사하지 아니하면 시효의 완성으로 소멸한다.

보험료의 지급은 보험료불가분의 원칙에 의해 일시납이 원칙이지만 다른 약정이 있으면 당사자의 편의를 위해 분할 지급할 수 있다(상법 제650조 제1항 참조).

보험료불가분의 원칙은 원래 해상보험에서 보험에서 출발한 강학상의 개념으로서, 보험료는 그 산출을 위한 위험 측정상의 단위가 되는 보험료기간에 생기는 위험률에 따라 산정되기 때문에 보험료기간에 해당하는 보험료는 관념적으로 하나가 되는 것이므로, 중도에 보험계약의 효력이 소멸하더라도 보험자는 보험료기간에 대한 보험료 전부를 취득하게 되고, 따라서 미경과한 기간에 대한 보험료를 반환할 의무가 없다는 것을 뜻한다. 우리 상법상으로는 보험료불가분의 원칙을 모든 보험에 적용되는 대원칙이라고 할 수는 없고, 결국 미경과보험료의 환급 문제는 보험계약의 형태, 약관의 규정 및 보험계약이 종료된 원인 등을 고려하여 합리적으로 판단하여야 할 것이다(서울고등법원 2005. 8. 25. 2004나46801).

11 **재보험계약에 관한 설명으로 옳지 않은 것은?**

① 재보험계약은 원보험계약의 효력에 영향을 미치지 않는다.

② 화재보험에 관한 규정을 준용한다.

③ 재보험자의 제3자에 대한 대위권행사가 인정된다.

④ 보험계약자의 불이익변경금지원칙은 적용되지 않는다.

해설 콕

우리 상법은 책임보험의 규정을 그 성질에 반하지 아니하는 범위에서 재보험계약에 준용한다(상법 제726조 참조).

정답 08 ① 09 ② 10 ③ 11 ②

12 보험자의 보험금 지급과 면책사유에 관한 설명으로 옳은 것은?

① 보험금은 당사자 간에 특약이 있는 경우라도 금전 이외의 현물로 지급할 수 없다.
② 보험자의 보험금 지급은 보험사고발생의 통지를 받은 후 10일 이내에 지급할 보험금액을 정하고 10일 이후에 이를 지급하여야 한다.
③ 보험의 목적인 과일의 자연 부패로 인하여 발생한 손해에 대해서 보험자는 보험금을 지급하여야 한다.
④ 건물을 특약 없는 화재보험에 가입한 보험계약에서 홍수로 건물이 멸실된 경우 보험자는 보험금을 지급하지 않아도 된다.

해설 콕

보험사고로 인하여 상실된 피보험자가 얻을 이익이나 보수는 당사자 간에 다른 약정이 없으면 보험자가 보상할 손해액에 산입하지 아니한다(상법 제667조). 즉 화재보험의 목적인 건물이 홍수로 인해 멸실되었으므로 당사자 간에 특약이 없다면 보험자는 보상책임을 지지 않는다.
① 보험금은 금전으로 지급하는 것이 원칙이나 당사자 사이에 특약이 있는 경우에는 현물급여 또는 다른 급여(예 의료행위) 등의 방법으로도 할 수 있다.
② 보험자는 보험금액의 지급에 관하여 약정기간이 있는 경우에는 그 기간 내에 약정기간이 없는 경우에는 보험사고발생의 통지를 받은 후 지체 없이 지급할 보험금액을 정하고 그 정하여진 날부터 10일 내에 피보험자 또는 보험수익자에게 보험금액을 지급하여야 한다(상법 제658조).
③ 보험의 목적의 성질, 하자 또는 자연소모로 인한 손해는 보험자가 이를 보상할 책임이 없다(상법 제678조).

13 고지의무에 관한 설명으로 옳지 않은 것은?

① 보험설계사는 고지수령권을 가진다.
② 보험자가 서면으로 질문한 사항은 중요한 사항으로 추정한다.
③ 고지의무를 부담하는 자는 보험계약자와 피보험자이다.
④ 고지의무자의 고의 또는 중대한 과실로 부실의 고지를 한 경우 고지의무위반이 된다.

해설 콕

보험설계사는 보험사업자를 위하여 보험계약의 체결을 중개하는 자로서 고지의무의 당사자가 아니므로 고지수령권을 가지지 않는다.

14 보험자의 손해보상의무에 관한 설명으로 옳지 않은 것은?

① 손해보험계약의 보험자는 보험사고로 인하여 생길 피보험자의 재산상의 손해를 보상할 책임이 있다.
② 보험자의 보험금 지급의무는 2년의 단기시효로 소멸한다.
③ 화재보험계약의 목적을 건물의 소유권으로 한 경우 보험사고로 인하여 피보험자가 얻을 임대료수입은 특약이 없는 한 보험자가 보상할 손액에 산입하지 않는다.
④ 신가보험은 손해보험의 이득금지원칙에도 불구하고 인정된다.

해설 콕

보험자의 보험금 지급의무는 3년의 시효로 소멸한다.

15 손해보험계약에서의 피보험이익에 관한 설명으로 옳지 않은 것은?

① 피보험이익은 보험의 도박화를 방지하는 기능이 있다.
② 피보험이익은 적법한 것이어야 한다.
③ 피보험이익은 보험자의 책임범위를 정하는 표준이 된다.
④ 동일한 건물에 대하여 소유권자와 저당권자는 각자 독립한 보험계약을 체결할 수 없다.

피보험이익이 다르면 동일한 목적물에 대한 보험계약이라도 별개의 보험계약이 된다. 동일한 건물에 대하여 소유권자와 저당권자는 각자 다른 피보험이익을 가지므로 독립한 보험계약을 체결할 수 있다.

16 기평가보험과 미평가보험에 관한 설명으로 옳지 않은 것은?

① 기평가보험이란 보험계약 체결시 당사자 간에 피보험이익의 평가에 관하여 미리 합의한 보험을 말한다.
② 기평가보험의 경우 당사자 간에 보험가액을 정한 때에는 그 가액은 사고발생 시의 가액으로 정한 것으로 추정한다.
③ 기평가보험의 경우 협정보험가액이 사고발생 시의 가액을 현저하게 초과할 때에는 협정보험가액을 보험가액으로 한다.
④ 보험계약 체결시 당사자 간에 보험가액을 정하지 아니한 경우에는 사고발생 시의 가액을 보험가액으로 한다.

정답 12 ④ 13 ① 14 ② 15 ④ 16 ③

해설 콕

기평가보험의 경우 협정보험가액이 사고발생 시의 가액을 현저하게 초과할 때에는 사고발생 시의 가액을 보험가액으로 한다(상법 제670조 참조).

17 중복보험에 관한 설명으로 옳은 것을 모두 고른 것은?

ㄱ. 중복보험계약이 동시에 체결된 경우든 다른 때에 체결된 경우든 각 보험자는 각자의 보험금액의 한도에서 연대책임을 진다.
ㄴ. 중복보험의 경우 보험자 1인에 대한 권리의 포기는 다른 보험자의 권리의무에 영향을 미치지 않는다.
ㄷ. 중복보험계약이 보험계약자의 사기로 인하여 체결된 때에는 그 계약은 무효가 되므로 보험자는 그 사실을 안 때까지의 보험료를 청구할 수 없다.

① ㄱ, ㄴ
② ㄱ, ㄷ
③ ㄴ, ㄷ
④ ㄱ, ㄴ, ㄷ

해설 콕

ㄱ. (○) 상법 제672조 제1항
ㄴ. (○) 상법 제673조
ㄷ. (×) 중복보험계약이 보험계약자의 사기로 인하여 체결된 때에는 그 계약은 무효로 한다. 그러나 보험자는 그 사실을 안 때까지의 보험료를 청구할 수 있다(상법 제672조 제3항, 제669조 제4항).

18 보험가액에 관한 설명으로 옳은 것은?

① 보험자의 계약상의 최고보상한도로서의 의미를 가진다.
② 일부보험은 어느 경우에도 보험자가 보험가액을 한도로 실제손해를 보상할 책임을 진다.
③ 피보험이익을 금전으로 평가한 가액을 의미한다.
④ 보험가액은 보험금액과 항상 일치한다.

해설 콕

① 보험금액은 보험자가 발생한 손해의 보상을 위하여 지급하기로 한 계약상의 최고한도를 말한다.
② 일부보험의 경우에 당사자 간에 다른 약정이 있는 때에는 보험자는 보험금액의 한도 내에서 그 손해를 보상할 책임을 진다(상법 제674조 단서).
④ 보험가액은 피보험이익을 금전으로 평가한 가액으로 법률상 최고보상한도이다. 보험계약을 체결할 때 손해의 보상을 위하여 지급하기로 한 계약상 최고보상한도인 보험금액과는 구별된다.

19 손해보험에서 손해액을 산정하는 기준으로 옳지 않은 것은?

① 보험자가 보상할 손해액은 그 손해가 발생한 때와 곳의 가액에 의하여 산정한다.
② 다른 약정이 있으면 신품가액에 의하여 손해액을 산정할 수 있다.
③ 손해액 산정 비용은 보험계약자의 부담으로 한다.
④ 다른 약정이 없으면 보험자가 보상할 손해액에는 피보험자가 얻을 이익을 산입하지 않는다.

해설 콕

손해액의 산정에 관한 비용은 보험자의 부담으로 한다(상법 제676조 제2항).

20 보험의 목적에 보험자의 담보위험으로 인한 손해가 발생한 후 그 목적이 보험자의 비담보위험으로 멸실된 경우 보험자의 보상책임은?

① 보험자는 모든 책임에서 면책된다.
② 보험자의 담보위험으로 인한 손해만 보상한다.
③ 보험자의 비담보위험으로 인한 손해만 보상한다.
④ 보험자는 멸실된 손해 전체를 보상한다.

해설 콕

보험의 목적에 관하여 보험자가 부담할 손해가 생긴 경우에는 그 후 그 목적이 보험자가 부담하지 아니하는 보험사고의 발생으로 인하여 멸실된 때에도 보험자는 이미 생긴 손해를 보상할 책임을 면하지 못한다(상법 제675조).

21 보험계약자 및 피보험자의 손해방지의무에 관한 설명으로 옳지 않은 것은?

① 손해의 방지와 경감을 위하여 노력하여야 한다.
② 손해방지와 경감을 위하여 필요 또는 유익하였던 비용과 보상액이 보험금액을 초과한 경우 보험자가 이를 부담한다.
③ 보험사고발생을 전제로 하므로 보험사고가 발생하면 생기는 것이다.
④ 보험자가 책임을 지지 않는 손해에 대해서도 손해방지의무를 부담한다.

해설 콕

손해방지의무는 보험자가 담보하고 있는 손해에 한한다.

22 손해보험에 관한 설명으로 옳지 않은 것은?

① 보험의 목적의 성질 및 하자로 인한 손해는 보험자가 보상할 책임이 있다.
② 피보험이익은 적어도 사고발생 시까지 확정할 수 있는 것이어야 한다.
③ 보험자가 손해를 보상할 경우에 보험료의 지급을 받지 않은 잔액이 있으면 이를 공제할 수 있다.
④ 경제적 가치를 평가할 수 있는 이익은 피보험이익이 된다.

해설 콕

보험의 목적의 성질, 하자 또는 자연소모로 인한 손해는 보험자가 이를 보상할 책임이 없다(상법 제678조).

23 잔존물대위에 관한 설명으로 옳은 것은?

① 보험의 목적 일부가 멸실한 경우 발생한다.
② 보험금액의 전부를 지급하여야 보험자가 잔존물대위권을 취득할 수 있다.
③ 일부보험의 경우에는 잔존물대위가 인정되지 않는다.
④ 보험자는 잔존물에 대한 물권변동의 절차를 밟아야 대위권을 취득할 수 있다.

해설 콕

①·②·③ 보험의 목적의 전부가 멸실한 경우에 보험금액의 전부를 지급한 보험자는 그 목적에 대한 피보험자의 권리를 취득한다. 그러나 보험가액의 일부를 보험에 붙인 경우에는 보험자가 취득할 권리는 보험금액의 보험가액에 대한 비율에 따라 이를 정한다(상법 제681조).
④ 보험자대위는 당사자의 의사표시에 따른 양도행위의 효과가 아니라 법률상 인정한 당연한 효과로서 대위의 요건이 충족되면 당사자의 의사표시와 상관없이 당연히 권리가 보험자에게 이전된다. 따라서 잔존물대위에서도 인도·등기를 요하는 물권변동의 절차 없이도 채무자 또는 그 밖의 제3자에게 대항할 수 있다.

24 일부보험에 관한 설명으로 옳지 않은 것은?

① 보험금액이 보험가액보다 작아야 한다.
② 다른 약정이 없으면 보험자는 보험금액의 보험가액에 대한 비율에 따라 보상책임을 진다.
③ 특약이 없는 경우 보험기간 중에 물가상승으로 보험가액이 증가한 때에는 일부보험으로 판단하지 않는다.
④ 다른 약정이 없으면 손해방지비용에 대해서도 비례보상주의를 따른다.

해설 콕

일부보험은 보험금액이 보험가액에 미달하는 경우, 즉 보험가액의 일부를 보험에 붙인 물건보험을 말한다. 계약 성립 후 물가상승으로 보험가액이 높아짐으로써 자연적으로 발생하는 경우도 일부보험으로 본다.

25 화재보험에 관한 설명으로 옳지 않은 것은?

① 보험자는 화재로 인한 손해의 감소에 필요한 조치로 인하여 생긴 손해를 보상할 책임이 있다.
② 연소작용에 의하지 아니한 열의 작용으로 인한 손해는 보험자의 보상책임이 없다.
③ 화재로 인한 손해는 상당인과관계가 있어야 한다.
④ 화재 진화를 위해 살포한 물로 보험목적이 훼손된 손해는 보상하지 않는다.

보험자는 화재의 소방 또는 손해의 감소에 필요한 조치로 인하여 생긴 손해를 보상할 책임이 있다(상법 제684조).

정답 22 ① 23 ② 24 ③ 25 ④

26 농어업재해보험법상 농업재해보험심의회의 심의사항이 아닌 것은?

① 재해보험 상품의 인가
② 재해보험 목적물의 선정
③ 재해보험에서 보상하는 재해의 범위
④ 농어업재해재보험사업에 대한 정부의 책임범위

해설 콕

농업재해보험심의회의 심의사항(농어업재해보험법 제3조 제1항)
1. 재해보험 목적물의 선정에 관한 사항
2. 재해보험에서 보상하는 재해의 범위에 관한 사항
3. 재해보험사업에 대한 재정지원에 관한 사항
4. 손해평가의 방법과 절차에 관한 사항
5. 농어업재해재보험사업에 대한 정부의 책임범위에 관한 사항
6. 재보험사업 관련 자금의 수입과 지출의 적정성에 관한 사항
7. 다른 법률에서 농업재해보험심의회 또는 어업재해보험심의회의 심의사항으로 정하고 있는 사항
8. 그 밖에 농림축산식품부장관 또는 해양수산부장관이 필요하다고 인정하는 사항

27 다음 설명에 해당되는 용어는?

> 보험가입자의 재산 피해에 따른 손해가 발생한 경우 보험에서 최대로 보상할 수 있는 한도액으로서 보험가입자와 보험사업자 간에 약정한 금액

① 보험료 ② 보험금
③ 보험가입금액 ④ 손해액

해설 콕

③ 농어업재해보험법 제2조 제3호
① "보험료"란 보험가입자와 보험사업자 간의 약정에 따라 보험가입자가 보험사업자에게 내야 하는 금액을 말한다(농어업재해보험법 제2조 제4호).
② "보험금"이란 보험가입자에게 재해로 인한 재산 피해에 따른 손해가 발생한 경우 보험가입자와 보험사업자 간의 약정에 따라 보험사업자가 보험가입자에게 지급하는 금액을 말한다(농어업재해보험법 제2조 제5호).
④ "손해액"이란 보험자(보험사업자)가 보상해야 할 보험사고로 인한 손해의 금액을 말한다.

28 농어업재해보험법상 재해보험의 종류가 아닌 것은?

① 농기계재해보험
② 농작물재해보험
③ 양식수산물재해보험
④ 가축재해보험

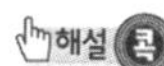

재해보험의 종류(농어업재해보험법 제4조)
재해보험의 종류는 농작물재해보험, 임산물재해보험, 가축재해보험 및 양식수산물재해보험으로 한다. 이 중 농작물재해보험, 임산물재해보험 및 가축재해보험과 관련된 사항은 농림축산식품부장관이, 양식수산물재해보험과 관련된 사항은 해양수산부장관이 각각 관장한다.

29 현행 농작물재해보험에서 보상하는 보험목적물의 범위가 아닌 것은? 기출수정

① 옥수수 ② 복분자
③ 고구마 ④ 마 늘

해설 콕

복분자는 임산물재해보험에서 보상하는 보험목적물이다.
※ 이 문제는 농어업재해보험법 규정에서 삭제되고, 그 내용이 농림축산식품부고시 제2020-21호(2020. 3. 19., 일부개정)로 이관되어 문제를 수정하였다.

30 재해보험에서 보상하는 재해의 범위 중 보험목적물 "벼"에서 보상하는 병충해가 아닌 것은?

① 흰잎마름병 ② 잎집무늬마름병
③ 줄무늬잎마름병 ④ 벼멸구

농업재해보험의 보험목적물별 보상하는 병충해 및 질병규정 제2조(별표 참조)

보험종류	보험목적물	구 분	보상하는 재해의 범위
농작물 재해보험	벼	병 해	흰잎마름병, 줄무늬잎마름병, 도열병, 깨씨무늬병, 세균성벼알마름병
		충 해	벼멸구, 먹노린재

31 농어업재해보험법령상 재해보험 요율산정에 관한 설명으로 옳지 않은 것은?

① 재해보험사업자가 산정한다.
② 보험목적물별 또는 보상방식별로 산정한다.
③ 객관적이고 합리적인 통계자료를 기초로 산정한다.
④ 시·군·자치구 또는 읍·면·동 행정구역 단위까지 산정한다.

해설 콕

농림축산식품부장관 또는 해양수산부장관과 재해보험사업의 약정을 체결한 자(이하 "재해보험사업자"라 한다)는 재해보험의 보험료율을 객관적이고 합리적인 통계자료를 기초로 하여 보험목적물별 또는 보상방식별로 산정하되, 대통령령으로 정하는 행정구역 단위 또는 권역 단위로 산정하여야 한다. 재해보험 요율 산정의 기초가 되는 "대통령령으로 정하는 행정구역 단위 또는 권역 단위"란 다음 각 호의 구분에 따른 단위를 말한다(농어업재해보험법 제9조, 동법 시행령 제11조).

1. **행정구역 단위** : 특별시·광역시·도·특별자치도 또는 시·군·자치구
2. **권역 단위** : 농림축산식품부장관 또는 해양수산부장관이 행정구역 단위와는 따로 구분하여 고시하는 지역 단위

32 농어업재해보험법령상 농작물재해보험 손해평가인으로 위촉될 수 있는 자의 자격요건이 아닌 것은?

① 「농수산물품질관리법」에 따른 농산물품질관리사
② 재해보험 대상 농작물을 3년 이상 경작한 경력이 있는 농업인
③ 재해보험 대상 농작물 분야에서 「국가기술자격법」에 따른 기사 이상의 자격을 소지한 사람
④ 공무원으로 지방자치단체에서 농작물재배 분야에 관한 연구·지도 업무를 3년 이상 담당한 경력이 있는 사람

해설 콕

재해보험 대상 농작물을 5년 이상 경작한 경력이 있는 농업인이어야 한다(농어업재해보험법 시행령 별표 2 참조).

33 농어업재해보험법상 손해평가사의 자격 취소에 해당되는 자만을 모두 고른 것은?

기출수정

ㄱ. 손해평가사의 직무를 게을리 하였다고 인정되는 사람
ㄴ. 손해평가사의 자격을 거짓 또는 부정한 방법으로 취득한 사람
ㄷ. 거짓으로 손해평가를 한 사람
ㄹ. 다른 사람에게 손해평가사의 명의를 사용하게 한 사람

① ㄱ, ㄴ
② ㄱ, ㄷ, ㄹ
③ ㄴ, ㄷ, ㄹ
④ ㄱ, ㄴ, ㄷ, ㄹ

해설 콕

손해평가사의 자격 취소(농어업재해보험법 제11조의5 제1항)
농림축산식품부장관은 다음 각 호의 어느 하나에 해당하는 사람에 대하여 손해평가사 자격을 취소할 수 있다. 다만, 제1호 및 제5호에 해당하는 경우에는 자격을 취소하여야 한다.
1. 손해평가사의 자격을 거짓 또는 부정한 방법으로 취득한 사람
2. 거짓으로 손해평가를 한 사람
3. 다른 사람에게 손해평가사의 명의를 사용하게 하거나 그 자격증을 대여한 사람
4. 손해평가사 명의의 사용이나 자격증의 대여를 알선한 사람
5. 업무정지 기간 중에 손해평가 업무를 수행한 사람

34 농어업재해보험법상 손해평가사의 업무가 아닌 것은?

① 피해발생의 통지
② 피해사실의 확인
③ 손해액의 평가
④ 보험가액의 평가

해설 콕

손해평가사의 업무(농어업재해보험법 제11조의3)
손해평가사는 농작물재해보험 및 가축재해보험에 관하여 다음 각 호의 업무를 수행한다.
1. 피해사실의 확인
2. 보험가액 및 손해액의 평가
3. 그 밖의 손해평가에 필요한 사항

정답 31 ④ 32 ② 33 ③ 34 ①

35 **농어업재해보험법령상 재해보험사업자가 재해보험사업을 원활히 수행하기 위하여 필요한 경우로서 보험모집 및 손해평가 등 재해보험 업무의 일부를 위탁할 수 있는 대상이 아닌 자는?**

① 「산림조합법」에 따라 설립된 품목별 산림조합
② 「농업협동조합법」에 따라 설립된 농업협동조합중앙회
③ 「보험업법」 제187조에 따라 손해사정을 업으로 하는 자
④ 「농업협동조합법」에 따라 설립된 지역축산업협동조합

해설 콕

업무위탁(농어업재해보험법 제14조, 동법 시행령 제13조)
재해보험사업자는 재해보험사업을 원활히 수행하기 위하여 필요한 경우에는 보험모집 및 손해평가 등 재해보험 업무의 일부를 다음의 대통령령으로 정하는 자에게 위탁할 수 있다.
1. 「농업협동조합법」에 따라 설립된 지역농업협동조합・지역축산업협동조합 및 품목별・업종별 협동조합
2. 「산림조합법」에 따라 설립된 지역산림조합 및 품목별・업종별 산림조합
3. 「수산업협동조합법」에 따라 설립된 지구별 수산업협동조합, 업종별 수산업협동조합, 수산물가공 수산업협동조합 및 수협은행
4. 「보험업법」 제187조에 따라 손해사정을 업으로 하는 자
5. 농어업재해보험 관련 업무를 수행할 목적으로 「민법」 제32조에 따라 농림축산식품부장관 또는 해양수산부장관의 허가를 받아 설립된 비영리법인(손해평가 관련 업무를 위탁하는 경우만 해당한다)

36 **농어업재해보험법상 재해보험 가입자 또는 사업자에 대한 정부의 재정지원에 관한 설명으로 옳지 않은 것은?**

① 재해보험가입자가 부담하는 보험료의 일부를 지원할 수 있다.
② 재해보험사업자가 재해보험가입자에게 지급하는 보험금의 일부를 지원할 수 있다.
③ 재해보험사업자의 재해보험의 운영 및 관리에 필요한 비용의 전부 또는 일부를 지원할 수 있다.
④ 「풍수해보험법」에 따른 풍수해보험에 가입한 자가 동일한 보험목적물을 대상으로 재해보험에 가입한 경우는 보험료를 지원하지 아니한다.

해설 콕

재해보험사업자의 재해보험의 운영 및 관리에 필요한 비용(이하 "운영비"라 한다)의 전부 또는 일부를 지원할 수 있지만, 재해보험사업자가 재해보험가입자에게 지급하는 보험금의 일부를 지원한다는 규정은 없다.
①・③ 농어업재해보험법 제19조 제1항
④ 농어업재해보험법 제19조 제3항

37 농어업재해보험법상 재해보험사업을 효율적으로 추진하기 위한 농림축산식품부의 업무(업무를 위탁한 경우를 포함한다)로 볼 수 없는 것은?

① 재해보험 요율의 승인
② 재해보험 상품의 연구 및 보급
③ 손해평가인력의 육성
④ 손해평가기법의 연구·개발 및 보급

해설 콕

농림축산식품부장관 또는 해양수산부장관은 재해보험사업을 효율적으로 추진하기 위하여 다음 각 호의 업무를 수행한다(농어업재해보험법 제25조의2 제1항).

1. 재해보험사업의 관리·감독
2. 재해보험 상품의 연구 및 보급
3. 재해 관련 통계 생산 및 데이터베이스 구축·분석
4. 손해평가인력의 육성
5. 손해평가기법의 연구·개발 및 보급

38 농어업재해보험법상 과태료의 부과대상이 아닌 것은?

① 재해보험사업자가 「보험업법」을 위반하여 보험안내를 한 경우
② 재해보험사업자가 아닌 자가 「보험업법」을 위반하여 보험안내를 한 경우
③ 손해평가사가 고의로 진실을 숨기거나 거짓으로 손해평가를 한 경우
④ 재해보험사업자가 농림축산식품부에 관계서류 제출을 거짓으로 한 경우

해설 콕

손해평가사가 고의로 진실을 숨기거나 거짓으로 손해평가를 한 경우는 1년 이하의 징역 또는 1천만원 이하의 벌금에 처한다(농어업재해보험법 제30조 제2항 제2호 참조).

① 1천만원 이하의 과태료(농어업재해보험법 제32조 제1항)
②·④ 500만원 이하의 과태료(농어업재해보험법 제32조 제3항)

정답 35 ② 36 ② 37 ① 38 ③

39 다음 ( ) 안에 해당되지 않는 자는?

> 농업재해보험 손해평가요령에서 규정하고 있는 "손해평가"라 함은 「농어업재해보험법」 제2조 제1호에 따른 피해가 발생한 경우 법 제11조 및 제11조의3에 따라 (   ), (   ) 또는 (   )가(이) 그 피해사실을 확인하고 평가하는 일련의 과정을 말한다.

① 손해평가사
② 손해사정사
③ 손해평가인
④ 손해평가보조인

해설 콕

"손해평가"라 함은 「농어업재해보험법」 제2조 제1호에 따른 피해가 발생한 경우 법 제11조 및 제11조의3에 따라 (손해평가인), (손해평가사) 또는 (손해사정사)가 그 피해사실을 확인하고 평가하는 일련의 과정을 말한다(농업재해보험 손해평가요령 제2조 제1호).

40 농업재해보험 손해평가요령에 따른 손해평가인 위촉의 취소 및 해지에 관한 설명으로 옳지 않은 것은?

① 거짓 또는 그 밖의 부정한 방법으로 손해평가인으로 위촉된 자에 대해서는 그 위촉을 취소하여야 한다.
② 손해평가업무를 수행하면서 「개인정보보호법」을 위반하여 재해보험가입자의 개인정보를 누설한 자는 그 위촉을 해지할 수 있다.
③ 재해보험사업자는 위촉을 취소하는 때에는 해당 손해평가인에게 청문을 실시하여야 한다.
④ 재해보험사업자는 업무의 정지를 명하고자 하는 때에는 해당 손해평가인에 대한 청문을 생략할 수 있다.

해설 콕

재해보험사업자는 위촉을 취소하거나 업무의 정지를 명하고자 하는 때에는 손해평가인에게 청문을 실시하여야 한다(농업재해보험 손해평가요령 제6조 제3항).

41 농업재해보험 손해평가요령에서 규정하고 있는 손해평가인 위촉에 관한 설명으로 옳지 않은 것은? 기출수정

① 재해보험사업자는 손해평가 업무를 원활히 수행하게 하기 위하여 손해평가보조인을 운용할 수 있다.
② 재해보험사업자의 업무를 위탁받은 자는 손해평가보조인을 운용할 수 있다.
③ 재해보험사업자가 손해평가인을 위촉한 경우에는 그 자격을 표시할 수 있는 손해평가인증을 발급하여야 한다.
④ 재해보험사업자는 보험가입자 수 등에도 불구하고 보험사업비용을 고려하여 손해평가인 위촉규모를 최소화하여야 한다.

해설 콕

재해보험사업자는 피해 발생시 원활한 손해평가가 이루어지도록 농업재해보험이 실시되는 시·군·자치구별 보험가입자의 수 등을 고려하여 적정 규모의 손해평가인을 위촉하여야 한다(농업재해보험 손해평가요령 제4조 제2항).

42 농어재해보험 손해평가요령에 규정된 재해보험사업자가 손해평가인으로 위촉된 자에 대해 실시하는 정기교육 실시기준으로 옳은 것은? 기출수정

① 월 1회 이상
② 월 2회 이상
③ 연 1회 이상
④ 연 2회 이상

해설 콕

농림축산식품부장관 또는 해양수산부장관은 손해평가인이 공정하고 객관적인 손해평가를 수행할 수 있도록 연 1회 이상 정기교육을 실시하여야 한다(농어업재해보험법 제11조 제5항).

43 농업재해보험 손해평가요령에 따른 종합위험방식 상품의 조사내용 중 "재파종 피해조사"에 해당되는 품목은?

① 양 파　　② 감 자
③ 마 늘　　④ 콩

해설 콕

재파종 피해조사(농업재해보험 손해평가요령 별표 2 참조)
- **조사시기** : 사고접수 후 지체 없이
- **조사방법** : 해당 농지에 보상하는 손해로 인하여 재파종이 필요한 면적 또는 면적비율 조사(전수조사 또는 표본조사)
- **품목** : 마늘만 해당

44 농업재해보험 손해평가요령에 따른 적과전 종합위험방식 상품 "사과"의 「6월 1일~적과전」 생육시기에 해당되는 재해로 옳지 않은 것은? 기출수정

① 태풍(강풍)
② 우 박
③ 집중호우
④ 가을동상해

해설 콕

적과전 종합위험방식 상품 "사과"의 「6월 1일~적과전」 생육시기에 해당되는 재해(농업재해보험 손해평가요령 별표 2 참조)

생육시기	재 해	조사내용	조사시기	조사방법	비 고
보험계약 체결일 ~ 적과전	보상하는 재해 전부	피해사실 확인조사	사고접수 후 지체 없이	보상하는 재해로 인한 피해발생 여부를 조사	피해사실이 명백한 경우 생략 가능
	우 박		사고접수 후 지체 없이	• 우박으로 인한 유과(어린과실) 및 꽃(눈) 등의 타박비율을 조사 • 조사방법 : 표본조사	적과종료 이전 특정위험 5종 한정 보장 특약 가입 건에 한함
6월 1일 ~ 적과전	태풍(강풍), 우박, 집중호우, 화재, 지진		사고접수 후 지체 없이	• 보상하는 재해로 발생한 낙엽피해 정도를 조사 ※ 단감・떫은감에 대해서만 실시 • 조사방법 : 표본조사	

45 적과전 종합위험방식 과실손해보장 중 "배"의 경우 다음 조건에 해당되는 보험금은?

기출수정

- 가입가격 1만원/kg
- 가입수확량 8,000kg
- 적과종료 이후 누적감수량 4,000kg
- 자기부담감수량 800kg
- 미보상감수량 100kg

① 3,100만원
② 3,200만원
③ 3,900만원
④ 4,000만원

적과전 종합위험방식 "배" 상품의 보험금 산정(농업재해보험 손해평가요령 별표 1)

보험금 = (적과종료 이후 누적감수량 − 미보상감수량 − 자기부담감수량) × 가입가격
= (4,000kg − 100kg − 800kg) × 1만원/kg
= 3,100kg × 1만원/kg
= 3,100만원

46 농업재해보험 손해평가요령에 따른 농작물의 보험가액 산정에 관한 설명으로 옳은 것은?

① 특정위험방식 보험가액은 적과후 착과수조사를 통해 산정한 가입수확량에 보험가입 당시의 단위당 가입가격을 곱하여 산정한다.
② 종합위험방식 보험가액은 보험증권에 기재된 보험목적물의 가입수확량에 보험가입 당시의 단위당 가입가격을 곱하여 산정한다.
③ 적과전 종합위험방식의 보험가액은 적과후 착과수조사를 통해 산정한 기준수확량에 보험가입 당시의 단위당 가입가격을 곱하여 산정한다.
④ 나무손해보장의 보험가액은 기재된 보험목적물이 나무인 경우로 최종 보험사고발생 시의 해당 농지 내에 심어져 있는 전체 나무 수(피해 나무 수 포함)에 보험가입 당시의 나무당 가입가격을 곱하여 산정한다.

해설 콕

③ 농업재해보험 손해평가요령 제13조 제1항 제2호
① 특정위험방식 보험가액은 적과후 착과수조사를 통해 산정한 기준수확량에 보험가입 당시의 단위당 가입가격을 곱하여 산정한다(농업재해보험 손해평가요령 제13조 제1항 제1호).
② 종합위험방식 보험가액은 보험증권에 기재된 보험목적물의 평년수확량에 보험가입 당시의 단위당 가입가격을 곱하여 산정한다(농업재해보험 손해평가요령 제13조 제1항 제3호).
④ 나무손해보장의 보험가액은 기재된 보험목적물이 나무인 경우로 최초 보험사고발생 시의 해당 농지 내에 심어져 있는 과실생산이 가능한 나무 수(피해 나무 수 포함)에 보험가입 당시의 나무당 가입가격을 곱하여 산정한다(농업재해보험 손해평가요령 제13조 제1항 제5호).

정답 43 ③ 44 ④ 45 ① 46 ③

47 농업재해보험 손해평가요령에 따른 손해평가결과 검정에 관한 설명으로 옳은 것은?

① 재해보험사업자 및 재해보험사업의 재보험사업자는 손해평가반이 실시한 손해평가결과를 확인하고자 하는 경우에는 손해평가를 실시한 전체 보험목적물에 대하여 검증조사를 하여야 한다.

② 농림축산식품부장관은 재해보험사업자로 하여금 검증조사를 하게 할 수 있으며, 재해보험사업자는 특별한 사유가 없는 한 이에 응하여야 한다.

③ 재해보험사업자는 검증조사결과 현저한 차이가 발생되어 재조사가 불가피하다고 판단될 경우라도 해당 손해평가반이 조사한 전체 보험목적물에 대하여 재조사를 할 수 없다.

④ 보험가입자가 정당한 사유 없이 검증조사를 거부하는 경우 검증조사반은 검증조사결과 작성을 생략하고 재해보험사업자에게 제출하지 않아도 된다.

해설 콕

② 농업재해보험 손해평가요령 제11조 제2항

① 재해보험사업자 및 재해보험사업의 재보험사업자는 손해평가반이 실시한 손해평가결과를 확인하기 위하여 손해평가를 실시한 보험목적물 중에서 일정수를 임의 추출하여 검증조사를 할 수 있다(농업재해보험 손해평가요령 제11조 제1항).

③ 검증조사결과 현저한 차이가 발생되어 재조사가 불가피하다고 판단될 경우에는 해당 손해평가반이 조사한 전체 보험목적물에 대하여 재조사를 할 수 있다(농업재해보험 손해평가요령 제11조 제3항).

④ 보험가입자가 정당한 사유 없이 검증조사를 거부하는 경우 검증조사반은 검증조사가 불가능하여 손해평가 결과를 확인할 수 없다는 사실을 보험가입자에게 통지한 후 검증조사결과를 작성하여 재해보험사업자에게 제출하여야 한다(농업재해보험 손해평가요령 제11조 제4항).

48 농업재해보험 손해평가요령에 따른 피해사실 확인 내용으로 옳은 것은? 기출수정

① 손해평가반은 보험책임기간에 관계없이 발생한 피해에 대해서는 재해보험사업자에게 피해발생을 통지하여야 한다.

② 재해보험사업자는 손해평가반으로 하여금 일정기간을 정하여 보험목적물의 피해사실을 확인하게 하여야 한다.

③ 재해보험사업자는 손해평가반으로 하여금 일정기간을 정하여 보험목적물의 손해평가를 실시하게 하여야 한다.

④ 손해평가반이 손해평가를 실시할 때에는 재해보험사업자가 해당 보험가입자의 보험계약사항 중 손해평가와 관련된 사항을 손해평가반에게 통보하여야 한다.

해설 콕

①·④ 손해평가반이 손해평가를 실시할 때에는 재해보험사업자가 해당 보험가입자의 보험계약사항 중 손해평가와 관련된 사항을 손해평가반에게 통보하여야 한다(농업재해보험 손해평가요령 제9조 제2항).

②·③ 보험가입자가 보험책임기간 중에 피해발생 통지를 한 때에는 재해보험사업자는 손해평가반으로 하여금 지체 없이 보험목적물의 피해사실을 확인하고 손해평가를 실시하게 하여야 한다(농업재해보험 손해평가요령 제9조 제1항).

49 농업재해보험 손해평가요령에 따른 보험목적물별 손해평가 단위로 옳지 않은 것은?

① 벼 – 농가별
② 사과 – 농지별
③ 돼지 – 개별가축별
④ 비닐하우스 – 보험가입 목적물별

해설 콕

보험목적물별 손해평가 단위(농업재해보험 손해평가요령 제12조 제1항)
1. **농작물** : 농지별
2. **가축** : 개별가축별(단, 벌은 벌통 단위)
3. **농업시설물** : 보험가입 목적물별

50 농업재해보험 손해평가요령에 따른 농업시설물의 보험가액 및 손해액 산정과 관련하여 옳지 않은 것은?

① 보험가액은 보험사고가 발생한 때와 곳에서 평가한다.
② 보험가액은 피해목적물의 재조달가액에서 내용연수에 따른 감가상각률을 적용하여 계산한 감가상각액을 차감하여 산정한다.
③ 손해액은 보험사고가 발생한 때와 곳에서 산정한 피해목적물의 원상복구비용을 말한다.
④ 보험가입 당시 보험가액 및 손해액 산정방식에 대해서는 보험가입자와 재해보험사업자가 별도로 정할 수 없다.

해설 콕

보험가입 당시 보험가입자와 재해보험사업자가 보험가액 및 손해액 산정 방식을 별도로 정한 경우에는 그 방법에 따른다(농업재해보험 손해평가요령 제15조 제3항).
①·② 농업재해보험 손해평가요령 제15조 제1항
③ 농업재해보험 손해평가요령 제15조 제2항

제 3 과목 농학개론 중 재배학 및 원예작물학

51 농업상 용도에 의한 작물의 분류로 옳지 않은 것은?

① 공예작물 ② 사료작물
③ 주형작물 ④ 녹비작물

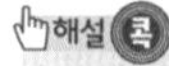

주형작물은 생태적 특성에 따른 분류로서 벼, 맥류 등과 같이 하나하나의 식물체가 각각 포기를 형성하는 작물을 말한다.

TIP 용도에 따른 작물의 분류

식용작물(식량작물)		벼, 밀, 옥수수
공예작물(특용작물)	유 료	참깨, 들깨, 땅콩, 옥수수, 유채 등
	섬유료	목화, 삼, 모시 등
	전분료	고구마, 감자 등
	약 료	박하, 인삼 등
	기 타	기호료(담배, 차), 당료(사탕무), 염료(쪽)
사료작물(녹비작물)		옥수수, 귀리 등
원예작물		채소, 과수, 화훼 및 관상식물

52 토양의 물리적 특성이 아닌 것은?

① 보수성 ② 환원성
③ 통기성 ④ 배수성

환원성은 일정한 온도에서 여러 가지 광석들이 일산화탄소나 수소에 의해 환원되는 능력이나 성질을 말한다. 이러한 성질은 물리적 특성이라기보다는 화학적 특성에 가깝다.

토양의 물리적 특성
보수성, 통기성, 배수성은 토양의 물리적 성질로서, 이들 인자는 토성(土性), 토양구조, 토양입단(粒團)의 정도에 따라서 달라진다.

53 토양의 입단파괴 요인은?

① 경운 및 쇄토
② 유기물 시용
③ 토양 피복
④ 두과작물 재배

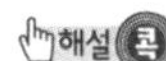

유기물을 시용하거나, 두과작물을 재배하고, 토양을 피복하는 것은 입단형성에 효과적이지만, 경운 및 쇄토는 입단을 파괴한다.

54 토양수분에 관한 설명으로 옳지 않은 것은?

① 결합수는 식물이 흡수·이용할 수 없다.
② 물은 수분포텐셜(water potential)이 높은 곳에서 낮은 곳으로 이동한다.
③ 중력수는 pF 7.0 정도로 중력에 의해 지하로 흡수되는 수분이다.
④ 토양수분장력은 토양입자가 수분을 흡착하여 유지하려는 힘이다.

해설 콕

중력수는 토양 대공극에 있는 물로 토양에 보유되는 힘이 약하여 중력에 의해 지하로 흘러내리는 물을 말하며, pF 2.7 이하이다.

55 다음 (　　) 안에 들어갈 내용을 순서대로 옳게 나열한 것은?

> 식물의 생육이 가능한 온도를 (　　)(이)라고 한다. 배추, 양배추, 상추는 (　　) 채소로 분류되고, (　　)는 종자 때부터 저온에 감응하여 화아분화가 되며, (　　)는 고온에 의해 화아분화가 이루어진다.

① 생육적온, 호온성, 배추, 상추
② 유효온도, 호냉성, 배추, 상추
③ 생육적온, 호냉성, 상추, 양배추
④ 유효온도, 호온성, 상추, 배추

손해평가사 1차 2015년 제1회

정답 51 ③ 52 ② 53 ① 54 ③ 55 ②

해설 콕

식물의 생육이 가능한 온도를 (유효온도)라고 한다. 배추, 양배추, 상추는 (호냉성) 채소로 분류되고, (배추)는 종자 때부터 저온에 감응하여 화아분화가 되며, (상추)는 고온에 의해 화아분화가 이루어진다.

생육적온에 따른 작물의 분류

발아나 생육에 적합한 온도 범위가 어느 정도인지에 따라 작물을 분류하는 방법이다.

- **호냉성(저온성) 작물** : 가을에 파종하는 밀이나 보리, 상추, 배추 등과 같이 비교적 저온에서 잘 자라는 작물
- **호온성(고온성) 작물** : 벼, 콩, 토마토, 고추, 수박 등과 같이 비교적 높은 온도에서 잘 자라는 작물

56 이앙 및 수확시기에 따른 벼의 재배양식에 관한 설명이다. (　　) 안에 들어갈 내용으로 옳은 것은?

> • (　　　)는 조생종을 가능한 한 일찍 파종, 육묘하고 조기에 이앙하여 조기에 벼를 수확하는 재배형이다.
> • (　　　)는 앞작물이 있거나 병충해회피 등의 이유로 보통기재배에 비해 모내기가 현저히 늦은 재배형이다.

① 조생재배, 만생재배
② 조식재배, 만기재배
③ 조생재배, 만기재배
④ 조기재배, 만식재배

해설 콕

- (조기재배)는 조생종을 가능한 한 일찍 파종, 육묘하고 조기에 이앙하여 조기에 벼를 수확하는 재배형이다.
- (만식재배)는 앞작물이 있거나 병충해회피 등의 이유로 보통기재배에 비해 모내기가 현저히 늦은 재배형이다.

보통기재배

농작물은 파종하거나 이식하는 시기에 따라 조기재배, 보통기재배, 만식재배 등으로 나뉘는데 보통기재배는 농작물을 제철에 파종하거나 이식하여 재배하는 양식이다.

57 식물의 종자가 발아한 후 또는 줄기의 생장점이 발육하고 있을 때 일정기간의 저온을 거침으로써 화아가 형성되는 현상은?

① 휴 지
② 춘 화
③ 경 화
④ 좌 지

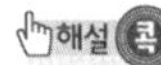

식물체가 생육의 일정시기(주로 초기)에 저온에 의하여 화성, 즉 화아의 분화·발육이 유도·촉진되거나 또는 생육의 일정시기에 일정기간 인위적인 저온에 의해서 화성을 유도·촉진하는 것을 춘화(버널리제이션)라고 한다.

① 휴지란 배양세포가 증식 능력을 가진 상태로 증식 정지 상태에 들어가는 것을 말한다.
③ 경화란 작물 또는 종자를 저온, 고온, 건조 환경 하에서 내동성, 내염성, 내건성을 증대시키기 위한 처리를 말한다.
④ 좌지란 보통 가을에 파종하는 맥류를 이듬해 봄 늦게 파종하여 잎만 자라다가 출수하지 못하고 주저앉고 마는 현상을 말한다.

58 한계일장이 없어 일정조건에 관계없이 개화하는 중성식물은?

① 상 추
② 국 화
③ 딸 기
④ 고 추

상추는 장일식물, 딸기와 국화는 단일식물이다.

장일식물과 단일식물
- **장일식물** : 꽃을 피우는데 한계일장보다 긴 일장조건이 필요한 식물
- **단일식물** : 꽃을 피우는데 한계일장 이하의 일장조건이 필요한 식물

59 다음 설명에 해당되는 해충은?

- 알 상태로 눈 기부에서 월동하고 연(年) 10세대 정도 발생하며 잎 뒷면에서 가해한다.
- 사과나무에서 잎을 뒤로 말리게 하고 심하면 조기낙엽을 발생시킨다.

① 사과혹진딧물
② 복숭아심식나방
③ 사과굴나방
④ 조팝나무진딧물

정답 56 ④ 57 ② 58 ④ 59 ①

해설 콕

사과혹진딧물은 사과나무의 초기에 문제가 되는 해충으로, 신초가 나오는 5월초부터 피해를 입힌다. 초기에 어린잎을 가해할 경우 잎이 앞뒤로 말리지만 전개된 잎을 가해할 경우 잎의 양쪽이 중앙부의 엽맥을 중심으로 뒤쪽을 향해 세로로 말리며, 그 속에서 무리지어 가해한다. 연(年) 10세대 정도 경과하고 알 상태로 가지의 눈 기부, 잔가지의 교차점, 조피 등에서 월동한다.

② **복숭아심식나방의 피해** : 부화한 유충이 뚫고 들어간 과실의 피해 구멍은 바늘로 찌른 정도로 작으며, 거기서 즙액이 나와 이슬방울처럼 맺혔다가 시간이 지나면 말라붙어 흰가루 같이 보이며, 피해 구멍은 약간 부풀게 된다. 과피 부분의 비교적 얕은 부분을 먹고 다니므로 그 흔적이 선상으로 착색이 되고, 약간 기형과로 되며, 점차로 과심부까지 도달하는 경우가 있다.

③ **사과굴나방의 피해** : 알에서 부화한 유충이 잎의 내부로 잠입해서 무각유충기에는 선상으로 다니며 섭식하나 유각유충기에는 타원형 굴모양으로 가해하여 그 부분의 잎 뒤가 오그라든다.

④ **조팝나무진딧물의 피해** : 어린가지에 집단으로 발생하여도 눈에 띄게 사과의 생육에는 별다른 영향을 주지 않는다. 5월 하순에서 6월 중순까지 신초 선단의 어린잎에 많이 발생하며, 밀도가 급증하면 배설물인 감로가 잎이나 과실을 오염시키고 그을음병균이 되어 검게 더러워진다.

60 작물의 병해충 방제법 중 경종적 방제에 관한 설명으로 옳은 것은?

① 적극적인 방제기술이다.

② 윤작과 무병종묘재배가 포함된다.

③ 친환경농업에는 적용되지 않는다.

④ 병이 발생한 후에 더욱 효과적인 방제기술이다.

해설 콕

경종적 방제

병해충, 잡초의 생태적 특징을 이용하여 작물의 재배조건을 변경(윤작 등)시키고, 내충・내병성 품종의 이용, 토양관리의 개선 등에 의하여 병충해, 잡초의 발생을 억제하여 피해를 경감시키는 방법이다. 이 방법은 생태적 특징을 이용하기 때문에 화학적 방제법과 같이 적극적인 방제기술이라 할 수 없으나, 친환경농업에 적용할 수 있고, 병이 발생하기 전에 더욱 효과적이다.

61 작물의 취목번식 방법 중에서 가지의 선단부를 휘어서 묻는 방법은?

① 선취법
② 성토법
③ 당목취법
④ 고취법

해설 콕

② 성토법은 어미 나무를 잘라 여러 개의 가지가 나오게 한 다음, 새 가지에 흙을 복돋아 쌓고 발근시킨 후 뿌리와 함께 가지를 떼어내어 새 개체를 만드는 식물의 번식방법이다.
③ 당목취법은 가지를 수평으로 묻고, 각 마디에서 발생하는 새 가지를 발근시켜 한가지에서 여러개 취목하는 방법이다.
④ 고취법은 큰 나무의 가지를 취목하고자 할 때 실시되는 방법이며, 정원에 식재된 나무의 짜임새 있는 가지의 부분을 취목하고자 할 때 실시되는 방법이다.

62 일소현상에 관한 설명으로 옳은 것은?

① 시설재배시 차광막을 설치하여 일소를 경감시킬 수 있다.
② 겨울철 직사광선에 의해 원줄기나 원가지의 남쪽 수피 부위에 피해를 주는 경우는 일소로 진단하지 않는다.
③ 개심자연형 나무에서는 배상형 나무에 비해 더 많이 발생한다.
④ 과수원이 평지에 위치할 때 동향의 과수원이 서향의 과수원보다 일소가 더 많이 발생한다.

해설 콕

일소현상이란 식물이나 작물에 맺히는 물방울이 렌즈 작용을 하게 되어 작물체가 타들어가는 현상을 말한다. 따라서 햇볕을 막는 차광막으로 일소를 경감시킬 수 있다.
② 겨울철 밤에 동결되었던 조직이 낮에 직사광선에 의하여 나무의 온도가 급격하게 변함에 따라 원줄기나 원가지의 남쪽 수피부위에 피해를 주는 현상도 일소에 포함시키기도 한다.
③ 일소의 발생은 수형과도 관계가 있어 배상형 나무는 개심자연형 나무보다 더 많이 발생하고, 주지의 분지각도가 넓을수록 많이 발생한다.
④ 과수원이 평지에 위치할 때 서향의 과수원이 동향의 과수원보다 일소가 더 많이 발생한다.

63 벼 재배시 풍수해의 예방 및 경감 대책으로 옳지 않은 것은?

① 내도복성 품종으로 재배한다.
② 밀식재배를 한다.
③ 태풍이 지나간 후 살균제를 살포한다.
④ 침·관수된 논은 신속히 배수시킨다.

해설 콕

밀식재배를 하면 작물이 밀생하게 되고 이로 인하여 통풍, 통광이 불량하게 되므로 연약하게 생장되어 풍수해에 약해지게 된다.

정답 60 ② 61 ① 62 ① 63 ②

64 과수작물의 동해 및 상해(서리피해)에 관한 설명으로 옳지 않은 것은?

① 배나무의 경우 꽃이 일찍 피는 따뜻한 지역에서 늦서리 피해가 많이 일어난다.
② 핵과류에서 늦서리 피해에 민감하다.
③ 꽃눈이 잎눈보다 내한성이 강하다.
④ 서리를 방지하는 방법에는 방상팬 이용, 톱밥 및 왕겨 태우기 등이 있다.

해설 콕

일반적으로 잎눈이 꽃눈보다 내한성이 강하다. 동해나 서리피해의 경우 발육 정도에 따라 차이가 있지만 개화 전까지는 내한성이 비교적 강하고 개화 직전부터 낙화 후 1주까지는 가장 약하다.

65 벼 담수표면 산파재배시 도복에 관한 설명으로 옳은 것은?

① 벼 무논골뿌림재배에 비해 도복이 경감된다.
② 도복경감제를 살포하면 벼의 하위절간장이 짧아져서 도복이 경감된다.
③ 질소질 비료를 다량 시비하면 도복이 경감된다.
④ 파종 직후에 1회 낙수를 강하게 해 주면 도복이 경감된다.

해설 콕

① 담수표면 산파재배는 벼 뿌리가 표층에 많이 분포되어 있어 토양의 줄기 지지력이 작아서 뿌리 도복이 발생하기 쉽다.
③ 질소질 비료를 다량 시비하면 벼가 과번무(포개진 상태가 너무 과함)되어 병충해 피해를 받기 쉽고, 도복의 위험성이 커진다.
④ 파종 직후에는 뿌리가 잘 활착할 수 있도록 5~7일 정도 담수관리를 하는 것이 좋다.

66 우리나라 우박피해에 관한 설명으로 옳지 않은 것은?

① 전국적으로 7~8월에 집중적으로 발생한다.
② 과실 또는 새가지에 타박상이나 열상 등을 일으킨다.
③ 비교적 단시간에 많은 피해를 일으키고, 피해지역이 국지적인 경우가 많다.
④ 그물(방포망)을 나무에 씌워 피해를 경감시킬 수 있다.

해설 콕

우박은 주로 늦봄부터 여름으로 접어드는 5~6월과 여름에서 가을로 접어드는 9~10월에 많다. 우박은 잘 내리는 곳이 대체로 정해져 있다. 한국에서는 낙동강 상류지역이 가장 많고, 다음은 청천강, 한강의 순이다.

67 일반적으로 딸기와 감자의 무병주 생산을 위한 방법은?

① 자가수정
② 종자번식
③ 타가수정
④ 조직배양

해설 콕

조직배양은 단기간내 급속대량증식 및 생장점 배양의 무병주 생산을 주목적으로 한다.
※ **무병주 생산** : 바이러스가 없는 상태의 작물 생산
① 자가수정은 자기의 화분이 자기의 암술에 수분되어 수정하는 것이다.
② 종자번식은 유성번식이라고도 하며, 종자를 이용하여 개체를 증식시키는 방법이다.
③ 타가수정은 곤충, 바람, 새, 동물 등에 의해 수정하는 것이다.

68 과채류의 결실 조절방법으로 모두 고른 것은?

ㄱ. 적 과
ㄴ. 적 화
ㄷ. 인공수분

① ㄱ
② ㄱ, ㄴ
③ ㄴ, ㄷ
④ ㄱ, ㄴ, ㄷ

해설 콕

ㄱ. **적과** : 과실의 착생수가 과다할 때에 여분의 것을 어릴 때에 적재하는 것, 해거리를 방지하고 크고 올바른 모양의 과실을 수확하기 위하여 알맞은 양의 과실만 남기고 따버리는 것이다.
ㄴ. **적화** : 꽃을 따내는 것, 꽃 솎음이라고도 한다.
ㄷ. **인공수분** : 인공으로 수분시키는 것이다. 과수는 자기 꽃가루를 거부하는 성질이 있어서 친화성이 있는 다른 나무를 섞어 심고 방화곤충에 의한 수분작용이 있어야 결실되는데 수분수가 부족하거나 개화기에 기상이 불량하여 방화곤충이 활동하지 못하면 결실이 불량해 지므로 이러한 경우 인력으로 과수의 꽃에 꽃가루를 묻혀주어 결실이 잘 되도록 하는 방법이다.

정답 64 ③ 65 ② 66 ① 67 ④ 68 ④

69 다음은 식물호르몬인 에틸렌에 관한 설명이다. 옳은 것을 모두 고른 것은?

ㄱ. 원예작물의 숙성호르문이다.
ㄴ. 무색 무취의 가스형태이다.
ㄷ. 에테폰이 분해될 때 발생된다.
ㄹ. AVG(aminoethoxyvinyl glycine)처리에 의해 발생이 촉진된다.

① ㄱ
② ㄴ, ㄷ
③ ㄱ, ㄴ, ㄷ
④ ㄱ, ㄴ, ㄷ, ㄹ

해설 콕

ㄹ. AVG(aminoethoxyvinyl glycine)는 에틸렌의 합성을 저해하는 물질이다.

에틸렌(Ethylene)

- 에틸렌은 화학적 구조가 매우 간단한 기체이다($CH_2 = CH_2$).
- 공기보다 질량이 가벼워 식물조직에서 확산되어 나옴으로써 세포 사이와 공기 중으로 퍼져 식물의 노화 촉진 등의 여러 가지 효과를 가져온다. 예를 들면, 과일의 숙성, 개화와 꽃의 노화, 낙엽 현상 등을 일으킨다.

70 호흡 비급등형 과실인 것은?

① 사 과
② 자 두
③ 포 도
④ 복숭아

해설 콕

호흡 비급등형 과실이란 성숙과 숙성 과정에서 호흡의 변화가 없는 과실을 말한다. 호흡 비급등형 과실에는 포도, 감귤, 오렌지, 레몬 등이 있다.

호흡 급등형 과실

성숙과 숙성 과정에서는 호흡이 급격하게 증가하는 과실로 사과, 자두, 복숭아, 참다래, 멜론 등이 있다.

71 다음 중 생육에 적합한 토양 pH가 가장 낮은 것은?

① 블루베리나무
② 무화과나무
③ 감나무
④ 포도나무

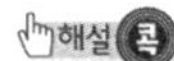

블루베리나무 재배에 적합한 토양은 pH 4.5 정도이며, 무화과나무는 pH 6.2~7.3, 감나무는 pH 5.5~6.5, 포도나무는 pH 5.5~7.7이다.

72 과수원의 토양표면 관리법 중 초생법의 장점이 아닌 것은?

① 토양의 입단화가 촉진된다.
② 지력유지에 도움이 된다.
③ 토양침식과 양분유실을 방지한다.
④ 유목기에 양분경합이 일어나지 않는다.

초생법이란 1년생 또는 다년생 목초를 인위적으로 파종하여 재배하거나 자연적으로 자란 잡초를 그대로 이용하는 방법을 말한다.
초생법은 토양의 입단화를 촉진시키고, 토양침식과 양분유실을 방지하며, 지력유지에 도움이 되는 장점이 있다. 그러나 경토가 얕은 토양에서나 건조가 심한 토양에서는 풀과의 사이에 서로 양분과 수분 쟁탈이 일어나게 된다.

73 절화의 수명연장방법으로 옳지 않은 것은?

① 화병의 물에 살균제와 당을 첨가한다.
② 산성물(pH 3.2~3.5)에 침지한다.
③ 에틸렌을 엽면 살포한다.
④ 줄기 절단부를 수초간 열탕처리한다.

해설 콕

에틸렌은 식물호르몬의 일종으로 과실의 성숙이나 엽채류의 황색화 등 식물조직의 성숙·노화를 촉진하는 작용을 한다. 즉 에틸렌을 엽면에 살포할 경우 절화의 노화를 촉진할 수 있다.

정답 69 ③ 70 ③ 71 ① 72 ④ 73 ③

74 작물의 시설재배에서 연질 피복재만을 고른 것은?

ㄱ. 폴리에틸렌필름
ㄴ. 에틸렌아세트산필름
ㄷ. 폴리에스테르필름
ㄹ. 불소수지필름

① ㄱ, ㄴ
② ㄱ, ㄹ
③ ㄴ, ㄷ
④ ㄷ, ㄹ

해설 콕

시설재배에 사용되는 연질 피복재는 폴리에틸렌필름과 에틸렌아세트산필름이다.
폴리에스테르필름과 불소수지필름은 경질 피복재이다.

75 작물의 시설재배에 사용되는 기화냉방법이 아닌 것은?

① 팬 앤드 패드(fan & pad)
② 팬 앤드 미스트(fan & mist)
③ 팬 앤드 포그(fan & fog)
④ 팬 앤드 덕트(fan & duct)

해설 콕

팬 앤드 덕트(fan & duct)가 아니라 덕트(duct)를 이용하는 방식이다. 이 방식은 덕트(duct)를 사용하여 벤치 하단부로 패드를 통과한 습공기를 공급하여 증발냉각시키는 방법이다.

① **팬 앤드 패드(fan & pad)** : 물의 증발냉각력을 이용한 온실냉각법의 하나로서 온실의 가장자리 또는 측벽부에 물을 흘려 물기를 흡착한 패드를 설치하고 반대쪽의 벽부에 설치한 팬의 흡인에 의해서 패드를 통한 외기를 실내로 집어넣음으로써 실내를 냉각하는 방법이다.
② **팬 앤드 미스트(fan & mist)** : 온실 벽면 한쪽에 분무실을 설치하고 그 분무실에 안개를 뿜을 수 있도록 노즐을 달고 다른쪽 벽에는 배출 핀을 달아 실내의 고온을 배출함으로 인해 분무실의 차가운 습기를 흡입하여 실내의 온도를 내리는 방법이다.
③ **팬 앤드 포그(fan & fog)** : 이 방식은 시설의 벽면위 또는 아래에 흡기창을 만들고 여기에 세무를 분무하는 노즐을 장치하고 용마루에 잇대어 풍량형 환풍기를 설치하여 실내공기를 뽑아내면 외부공기가 이 흡기창을 통하여 유입된다. 순간적으로 기화가 일어나 실내공기를 냉각시키는 방법이다.

2016년

제2회 손해평가사 1차 시험문제

제 1 과목 상법(보험편)

01 보험약관의 중요한 내용에 대한 보험자의 설명의무가 발생하지 않는 경우를 모두 고른 것은? (다툼이 있으면 판례에 따름)

> ㄱ. 설명의무의 이행 여부가 보험계약의 체결 여부에 영향을 미치지 않는 경우
> ㄴ. 보험약관에 정하여진 사항이 거래상 일반적이고 공통된 것이어서 보험계약자가 별도의 설명 없이도 충분히 예상할 수 있었던 사항인 경우
> ㄷ. 보험계약자의 대리인이 그 약관의 내용을 충분히 잘 알고 있는 경우

① ㄷ　② ㄱ, ㄴ
③ ㄴ, ㄷ　④ ㄱ, ㄴ, ㄷ

해설 콕

ㄱ. 어떤 보험계약의 당사자 사이에서 이러한 명시·설명의무가 제대로 이행되었더라도 그러한 사정이 그 보험계약의 체결 여부에 영향을 미치지 아니하였다고 볼 만한 특별한 사정이 인정된다면 비록 보험사고의 내용이나 범위를 정한 보험약관이라고 하더라도 이러한 명시·설명의무의 대상이 되는 보험계약의 중요한 내용으로 볼 수 없다(대판 2005. 10. 7. 선고 2005다28808).
ㄴ. 보험약관에 정하여진 사항이라고 하더라도 거래상 일반적이고 공통된 것이어서 보험계약자가 별도의 설명 없이도 충분히 예상할 수 있었던 사항이거나 이미 법령에 의하여 정하여진 것을 되풀이하거나 부연하는 정도에 불과한 사항이라면 그러한 사항에 대하여서까지 보험자에게 명시·설명의무가 인정된다고 할 수 없다(대판 2003. 5. 30. 선고 2003다15556).
ㄷ. 보험약관의 중요한 내용에 해당하는 사항이라고 하더라도 보험계약자나 그 대리인이 그 내용을 충분히 잘 알고 있는 경우에는 당해 약관이 바로 계약 내용이 되어 당사자에 대하여 구속력을 갖는 것이므로, 보험자로서는 보험계약자 또는 그 대리인에게 약관의 내용을 따로 설명할 필요가 없다(대판 2005. 8. 25. 선고 2004다18903).

정답 74 ① 75 ④ / 01 ④

02 보험증권에 관한 설명으로 옳지 않은 것은?

① 보험계약자가 보험료의 전부 또는 최초의 보험료를 지급하지 아니한 때에는 보험자의 보험증권교부의무가 발생하지 않는다.

② 기존의 보험계약을 변경한 경우에는 보험자는 그 보험증권에 그 사실을 기재함으로써 보험증권의 교부에 갈음할 수 있다.

③ 보험계약의 당사자는 보험증권의 교부가 있은 날로부터 10일 내에 한하여 그 증권내용의 정부에 관한 이의를 할 수 있음을 약정할 수 있다.

④ 보험계약자의 청구에 의하여 보험증권을 재교부하는 경우 그 증권작성의 비용은 보험계약자가 부담한다.

해설 콕

보험계약의 당사자는 보험증권의 교부가 있은 날로부터 일정한 기간 내에 한하여 그 증권내용의 정부에 관한 이의를 할 수 있음을 약정할 수 있다. 이 기간은 1월을 내리지 못한다(상법 제641조).

① 상법 제640조 제1항

② 상법 제640조 제2항

④ 상법 제642조

03 보험대리상이 아니면서 특정한 보험자를 위하여 계속적으로 보험계약의 체결을 중개하는 자가 행사할 수 있는 권한으로 옳은 것은?

① 보험자가 작성한 영수증을 보험계약자에게 교부하지 않고 보험계약자로부터 보험료를 수령할 수 있는 권한

② 보험계약자로부터 보험계약의 청약에 관한 의사표시를 수령할 수 있는 권한

③ 보험계약자에게 보험계약의 체결에 관한 의사표시를 할 수 있는 권한

④ 보험자가 작성한 보험증권을 보험계약자에게 교부할 수 있는 권한

해설 콕

보험대리상이 아니면서 특정한 보험자를 위하여 계속적으로 보험계약의 체결을 중개하는 자는 보험대리상 등의 권한 중 보험계약자로부터 보험료를 수령할 수 있는 권한(보험자가 작성한 영수증을 보험계약자에게 교부하는 경우만 해당한다) 및 보험자가 작성한 보험증권을 보험계약자에게 교부할 수 있는 권한이 있다(상법 제646조의2 제3항).

04 보험계약의 해지와 특별위험의 소멸에 관한 설명으로 옳은 것은?

① 타인을 위한 보험계약의 경우 보험증권을 소지하지 않은 보험계약자는 그 타인의 동의를 얻지 않은 경우에도 보험사고가 발생하기 전에는 언제든지 계약의 전부 또는 일부를 해지할 수 있다.
② 보험사고의 발생으로 보험자가 보험금액을 지급한 때에도 보험금액이 감액되지 아니하는 보험의 경우에는 보험계약자는 그 사고발생 후에도 보험계약을 해지할 수 있다.
③ 보험사고가 발생하기 전에 보험계약의 전부 또는 일부를 해지하는 경우에 보험계약자는 당사자 간에 다른 약정이 없으면 미경과보험료의 반환을 청구할 수 없다.
④ 보험계약의 당사자가 특별한 위험을 예기하여 보험료의 액을 정한 경우에 보험기간 중 그 예기한 위험이 소멸한 때에도 보험계약자는 그 후의 보험료의 감액을 청구할 수 없다.

해설 콕

② 상법 제649조 제2항
① 타인을 위한 보험계약의 경우에는 보험계약자는 그 타인의 동의를 얻지 아니하거나 보험증권을 소지하지 아니하면 그 계약을 해지하지 못한다(상법 제649조 제1항).
③ 보험계약자는 당사자 간에 다른 약정이 없으면 미경과보험료의 반환을 청구할 수 있다(상법 제649조 제2항).
④ 보험계약의 당사자가 특별한 위험을 예기하여 보험료의 액을 정한 경우에 보험기간 중 그 예기한 위험이 소멸한 때에는 보험계약자는 그 후의 보험료의 감액을 청구할 수 있다(상법 제647조).

05 보험계약의 부활에 관하여 (　　)에 들어갈 내용으로 옳은 것은?

> (　　　　)되고 해지환급금이 지급되지 아니한 경우에 보험계약자는 일정한 기간 내에 연체보험료에 약정이자를 붙여 보험자에게 지급하고 그 계약의 부활을 청구할 수 있다.

① 위험변경증가의 통지의무 위반으로 인하여 보험계약이 해지
② 고지의무위반으로 인하여 보험계약이 해지
③ 계속보험료의 불지급으로 인하여 보험계약이 해지
④ 보험계약의 전부가 무효로

해설 콕

계속보험료가 약정한 시기에 지급되지 아니한 때에는 보험자는 상당한 기간을 정하여 보험계약자에게 최고하고 그 기간 내에 지급되지 아니한 때에는 그 계약을 해지할 수 있다(상법 제650조 제2항). 이에 따라 보험계약이 해지되고 해지환급금이 지급되지 아니한 경우에 보험계약자는 일정한 기간 내에 연체보험료에 약정이자를 붙여 보험자에게 지급하고 그 계약의 부활을 청구할 수 있다(상법 제650조의2).

정답 02 ③ 03 ④ 04 ② 05 ③

06 보험료의 지급과 지체에 관한 설명으로 옳지 않은 것은?

① 보험료는 보험계약자만이 지급의무를 부담하므로 특정한 타인을 위한 보험의 경우에 보험계약자가 보험료의 지급을 지체한 때에는 보험자는 그 타인에 대한 최고 없이도 그 계약을 해지할 수 있다.

② 보험자의 책임은 당사자 간에 다른 약정이 없으면 최초의 보험료의 지급을 받은 때로부터 개시한다.

③ 보험계약자가 보험료를 지급하지 아니하는 경우에는 다른 약정이 없는 한 계약 성립 후 2월이 경과하면 그 계약은 해제된 것으로 본다.

④ 계속보험료가 약정한 시기에 지급되지 아니한 때에는 보험자는 상당한 기간을 정하여 보험계약자에게 최고하고 그 기간 내에 지급되지 아니한 때에는 그 계약을 해지할 수 있다.

해설 콕

특정한 타인을 위한 보험의 경우에 보험계약자가 보험료의 지급을 지체한 때에는 보험자는 그 타인에게도 상당한 기간을 정하여 보험료의 지급을 최고한 후가 아니면 그 계약을 해제 또는 해지하지 못한다(상법 제650조 제3항).

② 상법 제656조
③ 상법 제650조 제1항
④ 상법 제650조 제2항

07 보험계약의 성질이 아닌 것은?

① 낙성계약
② 무상계약
③ 불요식계약
④ 선의계약

해설 콕

보험계약은 보험사고의 발생을 전제로 보험계약자의 보험료 지급에 대하여 보험자는 일정한 보험금액, 기타의 급여를 지급할 것을 약정하므로 유상계약이다.

08 (　　)에 들어갈 내용이 순서대로 올바르게 연결된 것은?

ㄱ. 보험자가 보험계약자로부터 보험계약의 청약과 함께 보험료 상당액의 전부 또는 일부의 지급을 받은 때에는 다른 약정이 없으면 (　　) 그 상대방에 대하여 낙부의 통지를 발송하여야 한다.
ㄴ. 보험자가 보험약관의 교부·설명 의무를 위반한 경우 보험계약자는 보험계약이 성립한 날부터 (　　) 그 계약을 취소할 수 있다.
ㄷ. 보험자는 보험계약이 성립한 때에는 (　　) 보험증권을 작성하여 보험계약자에게 교부하여야 한다.

① 30일 내에 – 3개월 이내에 – 지체 없이
② 30일 내에 – 30일 내에 – 지체 없이
③ 지체 없이 – 3개월 이내에 – 30일 내에
④ 지체 없이 – 30일 내에 – 30일 내에

해설 콕

ㄱ. 보험자가 보험계약자로부터 보험계약의 청약과 함께 보험료 상당액의 전부 또는 일부의 지급을 받은 때에는 다른 약정이 없으면 (30일 내에) 그 상대방에 대하여 낙부의 통지를 발송하여야 한다(상법 제638조의2 제1항).
ㄴ. 보험자가 보험약관의 교부·설명 의무를 위반한 경우 보험계약자는 보험계약이 성립한 날부터 (3개월 이내에) 그 계약을 취소할 수 있다(상법 제638조의3 제2항).
ㄷ. 보험자는 보험계약이 성립한 때에는 (지체 없이) 보험증권을 작성하여 보험계약자에게 교부하여야 한다(상법 제640조 제1항).

09 손해보험계약에서의 보험가액에 관한 설명으로 옳지 않은 것은?

① 초과보험에서 보험가액은 계약 당시의 가액에 의하여 정한다.
② 일부보험이란 보험가액의 일부를 보험에 붙인 경우를 말한다.
③ 당사자 간에 보험가액을 정하지 아니한 때에는 사고발생 시의 가액을 보험가액으로 한다.
④ 기평가보험에서의 보험가액이 사고발생 시의 가액을 현저하게 초과할 때에는 계약 당시에 정한 보험가액으로 한다.

해설 콕

기평가보험에서 당사자 간에 보험가액을 정한 때에는 그 가액은 사고발생 시의 가액으로 정한 것으로 추정한다. 그러나 그 가액이 사고발생 시의 가액을 현저하게 초과할 때에는 사고발생 시의 가액을 보험가액으로 한다(상법 제670조).

10 손해보험계약에 관한 설명으로 옳지 않은 것은?

① 피보험자도 손해방지의무를 부담한다.

② 보험자는 손해의 방지와 경감을 위하여 필요 또는 유익하였던 비용과 보상액이 보험금액을 초과하는 경우에도 이를 부담한다.

③ 보험목적의 양도 사실의 통지의무는 양도인만이 부담한다.

④ 보험자는 보험목적의 하자로 인한 손해를 보상할 책임이 없다.

해설 콕

피보험자가 보험의 목적을 양도한 때에는 양수인은 보험계약상의 권리와 의무를 승계한 것으로 추정한다. 이 경우에 보험의 목적의 양도인 또는 양수인은 보험자에 대하여 지체 없이 그 사실을 통지하여야 한다(상법 제679조 제1항, 제2항).

①・② 상법 제680조 제1항

④ 상법 제678조

11 손해보험에서 보험가액과 보험금액과의 관계에 관한 설명으로 옳지 않은 것은?

① 보험금액이 보험계약의 목적의 가액을 현저하게 초과한 때에 보험자는 보험금액의 감액을 청구할 수 있지만, 보험계약자는 보험료의 감액을 청구할 수 없다.

② 일부보험의 경우에 보험계약의 당사자들은 보험자가 보험금액의 보험가액에 대한 비율과 상관없이 보험금액의 한도 내에서 그 손해를 보상할 책임이 있다는 약정을 할 수 있다.

③ 중복보험에서 수인의 보험자 중 1인에 대하여 피보험자가 권리를 포기하여도 다른 보험자의 권리의무에 영향을 미치지 않는다.

④ 중복보험에서 보험자가 각자의 보험금액의 한도에서 연대책임을 지는 경우 각 보험자의 보상책임은 각자의 보험금액의 비율에 따른다.

해설 콕

보험금액이 보험계약의 목적의 가액을 현저하게 초과한 때에는 보험자 또는 보험계약자는 보험료와 보험금액의 감액을 청구할 수 있다. 그러나 보험료의 감액은 장래에 대하여서만 그 효력이 있다(상법 제669조 제1항).

② 상법 제674조

③ 상법 제673조

④ 상법 제672조 제1항

12 손해보험계약에 관한 설명으로 옳은 것은?

① 피보험이익은 반드시 금전으로 산정할 수 있어야 하는 것은 아니다.
② 보험사고로 인하여 상실된 피보험자가 얻을 이익은 당사자 간에 다른 약정이 없으면 보험자가 보상할 손해액에 산입한다.
③ 피보험이익은 보험의 목적을 의미한다.
④ 보험자는 보험의 목적인 기계의 자연적 소모로 인한 손해에 대하여는 보상책임이 없다.

해설 콕

보험의 목적의 성질, 하자 또는 자연소모로 인한 손해는 보험자가 이를 보상할 책임이 없다(상법 제678조).
① 보험계약은 금전으로 산정할 수 있는 이익에 한하여 보험계약의 목적으로 할 수 있다(상법 제668조).
② 보험사고로 인하여 상실된 피보험자가 얻을 이익이나 보수는 당사자 간에 다른 약정이 없으면 보험자가 보상할 손해액에 산입하지 아니한다(상법 제667조).
③ 피보험이익은 '보험계약의 목적'을 의미한다.

13 고지의무에 관한 설명으로 옳은 것은?

① 보험자는 보험대리상의 고지수령권을 제한할 수 없다.
② 보험자가 서면으로 질문한 사항은 중요한 고지사항으로 간주된다.
③ 보험계약자는 고지의무가 있다.
④ 보험자는 보험사고발생 전에 한하여 고지의무위반을 이유로 하여 해지할 수 있다.

해설 콕

고지의무자는 보험계약자와 피보험자이며, 대리인에 의해 보험계약이 체결된 경우에는 그 대리인도 포함한다.
① 고지수령권자는 보험자와 보험대리상이며, 보험자는 보험대리상의 고지수령권을 제한할 수 있다(상법 제646조의2 제2항).
② 보험자가 서면으로 질문한 사항은 중요한 사항으로 추정한다(상법 제651조의2).
④ 보험자는 보험사고발생 전·후를 불문하고 고지의무위반을 이유로 하여 해지할 수 있다.

정답 10 ③ 11 ① 12 ④ 13 ③

14 위험변경증가의 통지의무에 관한 설명으로 옳지 않은 것은?

① 보험자는 보험계약자 또는 피보험자가 위험변경증가의 통지의무를 고의 또는 중과실로 해태한 경우에만 그 통지의무위반을 이유로 계약을 해지할 수 있다.

② 보험기간 중에 보험계약자는 사고발생의 위험의 현저한 증가 사실을 안 때에는 지체 없이 보험자에게 통지하여야 한다.

③ 보험기간 중에 피보험자는 사고발생의 위험의 현저한 변경 사실을 안 때에는 지체 없이 보험자에게 통지하여야 한다.

④ 보험자가 피보험자로부터 위험변경증가의 통지를 받은 때에는 1월 내에 보험료의 증액을 청구하거나 계약을 해지할 수 있다.

해설 콕

①·④ 보험기간 중에 보험계약자, 피보험자 또는 보험수익자의 고의 또는 중대한 과실로 인하여 사고발생의 위험이 현저하게 변경 또는 증가된 때에는 보험자는 그 사실을 안 날부터 1월 내에 보험료의 증액을 청구하거나 계약을 해지할 수 있다(상법 제653조).

②·③ 보험기간 중에 보험계약자 또는 피보험자가 사고발생의 위험이 현저하게 변경 또는 증가된 사실을 안 때에는 지체 없이 보험자에게 통지하여야 한다. 이를 해태한 때에는 보험자는 그 사실을 안 날로부터 1월 내에 한하여 계약을 해지할 수 있다(상법 제652조 제1항).

15 소멸시효기간이 다른 하나는?

① 보험금청구권

② 보험료청구권

③ 보험료의 반환청구권

④ 적립금의 반환청구권

해설 콕

보험금청구권은 3년간, 보험료 또는 적립금의 반환청구권은 3년간, 보험료청구권은 2년간 행사하지 아니하면 시효의 완성으로 소멸한다(상법 제662조).

16 보험약관의 교부 · 설명의무에 관한 설명으로 옳은 것을 모두 고른 것은?

ㄱ. 보험약관에 기재되어 있는 보험료와 그 지급방법, 보험자의 면책사유는 보험자가 보험계약을 체결할 때 보험계약자에게 설명하여야 하는 중요한 내용에 해당한다.
ㄴ. 보험자는 보험계약이 성립하면 지체 없이 보험약관을 보험계약자에게 교부하여야 하나, 그 보험계약자가 보험료의 전부나 최초보험료를 지급하지 아니한 때에는 보험약관을 교부하지 않아도 된다.
ㄷ. 보험계약이 성립한 날로부터 2개월이 경과한 시점이라면 보험자가 상법상 보험약관의 교부 · 설명의무를 위반한 경우에도 그 계약을 취소할 수 없다.

① ㄱ　　② ㄷ
③ ㄱ, ㄴ　　④ ㄴ, ㄷ

해설 콕

ㄱ. (○) 보험계약자에게 설명하여야 하는 '중요한 내용'이란 보험료의 금액과 그 지급방법, 보험금액, 보험기간, 보험사고의 내용, 보험계약의 해지사유, 보험회사의 면책사유 등 고객의 이해관계에 중대한 영향을 미치는 사항으로서 사회통념상 그 사항의 알고 모름이 계약 체결 여부에 영향을 줄 수 있는 사항을 말한다.
ㄴ. (×) 보험증권의 교부에 대한 설명이다. 보험자는 보험계약이 성립한 때에는 지체 없이 보험증권을 작성하여 보험계약자에게 교부하여야 한다. 그러나 보험계약자가 보험료의 전부 또는 최초의 보험료를 지급하지 아니한 때에는 그러하지 아니하다(상법 제640조 제1항).
ㄷ. (×) 보험자가 보험약관의 교부 · 설명의무를 위반한 경우 보험계약자는 보험계약이 성립한 날부터 3개월 이내에 그 계약을 취소할 수 있다(상법 제638조의3 제2항).

17 손해보험에 관한 설명으로 옳은 것은?

① 집합된 물건을 일괄하여 보험의 목적으로 한 때에는 그 목적에 속한 물건이 보험기간 중 수시로 교체된 경우에도 보험사고의 발생 시에 현존하는 물건은 보험의 목적에 포함된 것으로 한다.
② 보험계약자는 불특정의 타인을 위하여는 보험계약을 체결할 수 없다.
③ 손해가 피보험자와 생계를 같이 하는 가족의 고의로 인하여 발생한 경우에 보험금의 전부를 지급한 보험자는 그 지급한 금액의 한도에서 그 가족에 대한 피보험자의 권리를 취득하지 못한다.
④ 타인을 위한 보험에서 보험계약자가 보험료의 지급을 지체한 때에는 그 타인이 그 권리를 포기하여도 그 타인은 보험료를 지급하여야 한다.

정답 14 ① 15 ② 16 ① 17 ①

해설 콕

① 상법 제687조
② 보험계약자는 위임을 받거나 위임을 받지 아니하고 특정 또는 불특정의 타인을 위하여 보험계약을 체결할 수 있다(상법 제639조 제1항).
③ 보험계약자나 피보험자의 권리가 그와 생계를 같이 하는 가족에 대한 것인 경우 보험자는 그 권리를 취득하지 못한다. 다만, 손해가 그 가족의 고의로 인하여 발생한 경우에는 그러하지 아니하다(상법 제682조 제2항).
④ 타인을 위한 보험에서 보험계약자가 파산선고를 받거나 보험료의 지급을 지체한 때에는 그 타인이 그 권리를 포기하지 아니하는 한 그 타인도 보험료를 지급할 의무가 있다(상법 제639조 제3항).

18 손해보험에 있어서 보험사고와 보험금 지급에 관한 설명으로 옳지 않은 것은?

① 피보험자는 보험사고의 발생을 안 때에는 지체 없이 보험자에게 그 통지를 발송하여야 한다.
② 보험자는 보험금액의 지급에 관하여 약정기간이 없는 경우는 보험사고발생의 통지를 받은 날로부터 10일 내에 피보험자 또는 보험수익자에게 보험금액을 지급하여야 한다.
③ 보험사고가 보험계약자의 중대한 과실로 인하여 생긴 때에는 보험자는 보험금액을 지급할 책임이 없다.
④ 보험사고가 전쟁으로 인하여 생긴 때에는 당사자 간에 다른 약정이 없으면 보험자는 보험금액을 지급할 책임이 없다.

해설 콕

보험자는 보험금액의 지급에 관하여 약정기간이 있는 경우에는 그 기간 내에, 약정기간이 없는 경우에는 보험사고발생의 통지를 받은 후 지체 없이 지급할 보험금액을 정하고 그 정하여진 날부터 10일 내에 피보험자 또는 보험수익자에게 보험금액을 지급하여야 한다(상법 제658조).
① 상법 제657조 제1항
③ 상법 제659조 제1항
④ 상법 제660조

19 손해보험증권에 반드시 기재해야 하는 사항이 아닌 것은?

① 보험의 목적
② 보험자의 설립연월일
③ 보험료와 그 지급방법
④ 무효와 실권의 사유

해설 콕

손해보험증권의 기재사항(상법 제666조)

손해보험증권에는 다음의 사항을 기재하고 보험자가 기명날인 또는 서명하여야 한다.

1. 보험의 목적
2. 보험사고의 성질
3. 보험금액
4. 보험료와 그 지급방법
5. 보험기간을 정한 때에는 그 시기와 종기
6. 무효와 실권의 사유
7. 보험계약자의 주소와 성명 또는 상호
8. 피보험자의 주소, 성명 또는 상호
9. 보험계약의 연월일
10. 보험증권의 작성지와 그 작성연월일

20 일부보험에 있어서 일부손해가 발생하여 비례보상원칙을 적용한 결과에 관한 설명으로 옳지 않은 것은?

① 손해액은 보험가액보다 적다.
② 보험가액은 보상액보다 크다.
③ 보상액은 손해액보다 적다.
④ 보험금액은 보험가액보다 크다.

해설 콕

일부보험의 경우 보험자는 보험금액의 보험가액에 대한 비율에 따라 보상할 책임을 지므로, 보험금액은 보험가액보다 미달하여야 한다(보험금액 < 보험가액).

21 보험대리상이 갖는 권한이 아닌 것은?

① 보험계약자로부터 보험료를 수령할 수 있는 권한
② 보험계약자로부터 보험계약의 취소에 관한 의사표시를 수령할 수 있는 권한
③ 보험자로부터 보험금을 수령할 수 있는 권한
④ 보험계약자에게 보험계약의 변경에 관한 의사표시를 할 수 있는 권한

해설 콕

보험대리상 등의 권한(상법 제646조의2 제1항)

1. 보험계약자로부터 보험료를 수령할 수 있는 권한
2. 보험자가 작성한 보험증권을 보험계약자에게 교부할 수 있는 권한
3. 보험계약자로부터 청약, 고지, 통지, 해지, 취소 등 보험계약에 관한 의사표시를 수령할 수 있는 권한
4. 보험계약자에게 보험계약의 체결, 변경, 해지 등 보험계약에 관한 의사표시를 할 수 있는 권한

정답 18 ② 19 ② 20 ④ 21 ③

22 손해보험에서 손해액 산정에 관한 설명으로 옳은 것은?

① 당사자 간에 다른 약정이 없으면 보험자가 보상할 손해액은 그 손해가 발생한 때와 곳의 가액에 의한다.

② 손해가 발생한 때와 곳의 가액보다 신품가액이 작은 경우에는 당사자 간에 다른 약정이 없으면 신품가액에 따라 손해액을 산정하여야 한다.

③ 손해액의 산정에 관한 비용은 보험계약자의 부담으로 한다.

④ 보험사고로 인하여 상실된 피보험자의 보수는 당사자 간에 다른 약정이 없으면 보험자가 보상할 손해액에 산입한다.

해설 콕

① 상법 제676조 제1항

② 당사자 간에 다른 약정이 있는 때에는 그 신품가액에 의하여 손해액을 산정할 수 있다(상법 제676조 제1항).

③ 손해액의 산정에 관한 비용은 보험자의 부담으로 한다(상법 제676조 제2항).

④ 보험사고로 인하여 상실된 피보험자가 얻을 이익이나 보수는 당사자 간에 다른 약정이 없으면 보험자가 보상할 손해액에 산입하지 아니한다(상법 제667조).

23 상법 제681조(보험목적에 관한 보험대위)의 내용이다. (　　)에 들어갈 내용을 순서대로 올바르게 연결된 것은?

> 보험의 목적의 (　　)가 멸실한 경우에 보험금액의 (　　)를 지급한 보험자는 그 목적에 대한 피보험자의 권리를 취득한다. 그러나 보험가액의 (　　)를 보험에 붙인 경우에는 보험자가 취득할 권리는 보험금액의 보험가액에 대한 비율에 따라 이를 정한다.

① 전부 또는 일부 - 일부 - 전부

② 전부 - 일부 - 일부

③ 전부 또는 일부 - 일부 - 일부

④ 전부 - 전부 - 일부

해설 콕

보험목적에 관한 보험대위(상법 제681조)

보험의 목적의 (전부)가 멸실한 경우에 보험금액의 (전부)를 지급한 보험자는 그 목적에 대한 피보험자의 권리를 취득한다. 그러나 보험가액의 (일부)를 보험에 붙인 경우에는 보험자가 취득할 권리는 보험금액의 보험가액에 대한 비율에 따라 이를 정한다.

24 보험계약에 관한 설명으로 옳지 않은 것은?

① 보험계약은 그 계약 전의 어느 시기를 보험기간의 시기로 할 수 있다.
② 대리인에 의하여 보험계약을 체결한 경우에 대리인이 안 사유는 그 본인이 안 것과 동일한 것으로 한다.
③ 보험자가 손해를 보상할 경우에 보험료의 지급을 받지 아니한 잔액은 그 지급기일이 도래한 이후에만 보상할 금액에서 공제할 수 있다.
④ 보험자는 보험사고로 인하여 부담할 책임에 대하여 다른 보험자와 재보험계약을 체결할 수 있다.

보험자가 손해를 보상할 경우에 보험료의 지급을 받지 아니한 잔액이 있으면 그 지급기일이 도래하지 아니한 때라도 보상할 금액에서 이를 공제할 수 있다(상법 제677조).
① 상법 제643조
② 상법 제646조
④ 상법 제661조

25 화재보험에 관한 설명으로 옳지 않은 것은?

① 건물을 보험의 목적으로 한 때에는 그 소재지, 구조와 용도를 화재보험증권에 기재하여야 한다.
② 보험자는 화재의 소방에 따른 손해를 보상할 책임이 있다.
③ 보험자는 화재의 손해의 감소에 필요한 조치로 인한 손해를 보상할 책임이 있다.
④ 동산은 화재보험의 목적으로 할 수 없다.

해설 콕

화재보험의 목적은 보험사고의 객체로서 동산뿐만 아니라 부동산도 그 대상에 포함될 수 있다(상법 제685조).
① 상법 제685조 제1호
② 상법 제684조
③ 상법 제684조

제 2 과목 농어업재해보험법령

26 농어업재해보험법령상 농업재해보험심의회 및 회의에 관한 설명으로 옳지 않은 것은?

① 심의회는 위원장 및 부위원장 각 1명을 포함한 21명 이내의 위원으로 구성한다.
② 위원장은 심의회의 회의를 소집하며, 그 의장이 된다.
③ 심의회의 회의는 재적위원 5분의 1 이상의 요구가 있을 때 또는 위원장이 필요하다고 인정할 때에 소집한다.
④ 심의회의 회의는 재적위원 과반수의 출석으로 개의(開議)하고, 출석위원 과반수의 찬성으로 의결한다.

해설 콕

심의회의 회의는 재적위원 3분의 1 이상의 요구가 있을 때 또는 위원장이 필요하다고 인정할 때에 소집한다(농어업재해보험법 시행령 제3조 제2항).
① 농어업재해보험법 제3조 제2항
② 농어업재해보험법 시행령 제3조 제1항
④ 농어업재해보험법 시행령 제3조 제3항

27 농어업재해보험법상 다음 설명에 해당되는 용어는?

> 보험가입자에게 재해로 인한 재산 피해에 따른 손해가 발생한 경우 보험가입자와 보험사업자 간의 약정에 따라 보험사업자가 보험가입자에게 지급하는 금액

① 보험료 ② 손해평가액
③ 보험가입금액 ④ 보험금

"보험금"이란 보험가입자에게 재해로 인한 재산 피해에 따른 손해가 발생한 경우 보험가입자와 보험사업자 간의 약정에 따라 보험사업자가 보험가입자에게 지급하는 금액을 말한다(농어업재해보험법 제2조 제5호).
① "보험료"란 보험가입자와 보험사업자 간의 약정에 따라 보험가입자가 보험사업자에게 내야 하는 금액을 말한다(농어업재해보험법 제2조 제4호).
② "손해평가액"이란 농업재해에 따른 피해가 발생한 경우 손해평가인, 손해평가사 또는 손해사정사가 그 피해사실을 확인하고 평가한 손해액을 말한다.
③ "보험가입금액"이란 보험가입자의 재산 피해에 따른 손해가 발생한 경우 보험에서 최대로 보상할 수 있는 한도액으로서 보험가입자와 보험사업자 간에 약정한 금액을 말한다(농어업재해보험법 제2조 제3호).

28 농어업재해보험법상 재해보험의 종류와 보험목적물로 옳지 않은 것은?

① 농작물재해보험 : 농작물 및 농업용 시설물
② 임산물재해보험 : 임산물 및 임업용 시설물
③ 축산물재해보험 : 축산물 및 축산시설물
④ 양식수산물재해보험 : 양식수산물 및 양식시설물

해설 콕

재해보험의 종류와 보험목적물(농어업재해보험법 제4조, 제5조)

- **농작물재해보험** : 농작물 및 농업용 시설물
- **임산물재해보험** : 임산물 및 임업용 시설물
- **가축재해보험** : 가축 및 축산시설물
- **양식수산물재해보험** : 양식수산물 및 양식시설물

29 농업재해보험 손해평가요령에 따른 손해평가인의 업무에 해당하는 것을 모두 고른 것은?

ㄱ. 보험가액 평가
ㄴ. 손해액 평가
ㄷ. 보험금 산정

① ㄱ　② ㄱ, ㄴ
③ ㄱ, ㄷ　④ ㄴ, ㄷ

해설 콕

ㄷ. 보험금 산정은 손해사정사의 업무에 해당된다.

TIP

손해평가인의 업무(농업재해보험 손해평가요령 제3조)
1. 피해사실 확인
2. 보험가액 및 손해액 평가
3. 그 밖에 손해평가에 관하여 필요한 사항

정답 26 ③ 27 ④ 28 ③ 29 ②

30 농어업재해보험법령상 손해평가인으로 위촉될 수 없는 자는?

① 재해보험 대상 농작물을 6년간 경작한 경력이 있는 농업인
② 공무원으로 농촌진흥청에서 농작물재배 분야에 관한 연구・지도 업무를 2년간 담당한 경력이 있는 사람
③ 교원으로 고등학교에서 농작물재배 분야 관련 과목을 6년간 교육한 경력이 있는 사람
④ 조교수 이상으로 「고등교육법」 제2조에 따른 학교에서 농작물재배 관련학을 5년간 교육한 경력이 있는 사람

해설 콕

손해평가인으로 위촉될 수 있는 자는 공무원으로 농림축산식품부, 농촌진흥청, 통계청 또는 지방자치단체나 그 소속기관에서 농작물재배 분야에 관한 연구・지도, 농산물 품질관리 또는 농업 통계조사 업무를 3년 이상 담당한 경력이 있는 사람이어야 한다(농어업재해보험법 시행령 별표 2).

31 농어업재해보험법상 손해평가사의 자격 취소사유에 해당되는 자를 모두 고른 것은?

ㄱ. 손해평가사의 자격을 부정한 방법으로 취득한 사람
ㄴ. 거짓으로 손해평가를 한 사람
ㄷ. 손해평가사의 직무를 수행하면서 부적절한 행위를 하였다고 인정되는 사람
ㄹ. 다른 사람에게 손해평가사의 자격증을 대여한 사람

① ㄱ, ㄴ
② ㄷ, ㄹ
③ ㄱ, ㄴ, ㄹ
④ ㄴ, ㄷ, ㄹ

해설 콕

ㄷ. 농림축산식품부장관은 손해평가사가 그 직무를 게을리하거나 직무를 수행하면서 부적절한 행위를 하였다고 인정하면 1년 이내의 기간을 정하여 업무의 정지를 명할 수 있다(농어업재해보험법 제11조의6 제1항).

손해평가사의 자격 취소(농어업재해보험법 제11조의5 제1항)
농림축산식품부장관은 다음 각 호의 어느 하나에 해당하는 사람에 대하여 손해평가사 자격을 취소할 수 있다. 다만, 제1호 및 제5호에 해당하는 경우에는 자격을 취소하여야 한다.

1. 손해평가사의 자격을 거짓 또는 부정한 방법으로 취득한 사람
2. 거짓으로 손해평가를 한 사람
3. 다른 사람에게 손해평가사의 명의를 사용하게 하거나 그 자격증을 대여한 사람
4. 손해평가사 명의의 사용이나 자격증의 대여를 알선한 사람
5. 업무정지 기간 중에 손해평가 업무를 수행한 사람

32 농어업재해보험법령상 내용으로 옳지 않은 것은?

① 재해보험가입자가 재해보험에 가입된 보험목적물을 양도하는 경우 그 양수인은 재해보험계약에 관한 양도인의 권리 및 의무를 승계한 것으로 추정하지 않는다.
② 재해보험의 보험금을 지급받을 권리는 압류할 수 없다. 다만, 보험목적물이 담보로 제공된 경우에는 그러하지 아니하다.
③ 재해보험사업자는 재해보험사업을 원활히 수행하기 위하여 필요한 경우에는 보험모집 및 손해평가 등 재해보험 업무의 일부를 대통령령으로 정하는 자에게 위탁할 수 있다.
④ 농림축산식품부장관은 손해평가사의 손해평가 능력 및 자질 향상을 위하여 교육을 실시할 수 있다.

해설 콕

재해보험가입자가 재해보험에 가입된 보험목적물을 양도하는 경우 그 양수인은 재해보험계약에 관한 양도인의 권리 및 의무를 승계한 것으로 추정한다(농어업재해보험법 제13조).
② 농어업재해보험법 제12조 제1항
③ 농어업재해보험법 제14조
④ 농어업재해보험법 시행령 제12조의8

33 농어업재해보험법상 재정지원에 관한 내용이다. ( )에 들어갈 용어를 순서대로 나열한 것은?

> 정부는 예산의 범위에서 재해보험가입자가 부담하는 ( )의 일부와 재해보험사업자의 ( )의 운영 및 관리에 필요한 비용(이하 "운영비"라 한다)의 전부 또는 일부를 지원할 수 있다. 이 경우 지방자치단체는 예산의 범위에서 재해보험가입자가 부담하는 ( )의 일부를 추가로 지원할 수 있다.

① 재해보험, 보험료, 재해보험
② 보험료, 재해보험, 보험료
③ 보험금, 재해보험, 보험금
④ 보험가입액, 보험료, 보험가입액

해설 콕

정부는 예산의 범위에서 재해보험가입자가 부담하는 (보험료)의 일부와 재해보험사업자의 (재해보험)의 운영 및 관리에 필요한 비용(이하 "운영비"라 한다)의 전부 또는 일부를 지원할 수 있다. 이 경우 지방자치단체는 예산의 범위에서 재해보험가입자가 부담하는 (보험료)의 일부를 추가로 지원할 수 있다(농어업재해보험법 제19조 제1항).

정답 30 ② 31 ③ 32 ① 33 ②

34 농어업재해보험법상 재해보험을 모집할 수 있는 자가 아닌 것은?

① 수협중앙회 및 그 회원조합의 임직원
② 산림조합중앙회 및 그 회원조합의 임직원
③ 「산림조합법」 제48조의 공제규정에 따른 공제모집인으로서 농림축산식품부장관이 인정하는 자
④ 「보험업법」 제83조(모집할 수 있는 자) 제1항에 따라 보험을 모집할 수 있는 자

해설 콕

재해보험을 모집할 수 있는 자(농어업재해보험법 제10조 제1항)

1. 산림조합중앙회와 그 회원조합의 임직원, 수협중앙회와 그 회원조합 및 「수산업협동조합법」에 따라 설립된 수협은행의 임직원
2. 「수산업협동조합법」 제60조의 공제규약에 따른 공제모집인으로서 수협중앙회장 또는 그 회원조합장이 인정하는 자
3. 「산림조합법」 제48조의 공제규정에 따른 공제모집인으로서 산림조합중앙회장이나 그 회원조합장이 인정하는 자
4. 「보험업법」 제83조 제1항에 따라 보험을 모집할 수 있는 자

35 농어업재해보험법상 농어업재해재보험기금의 용도에 해당하지 않는 것은?

① 재해보험가입자가 부담하는 보험료의 일부 지원
② 제20조 제2항 제2호에 따른 재보험금의 지급
③ 제22조 제2항에 따른 차입금의 원리금 상환
④ 기금의 관리·운용에 필요한 경비(위탁경비를 포함한다)의 지출

해설 콕

농어업재해재보험기금의 용도(농어업재해보험법 제23조)

1. 제20조 제2항 제2호에 따른 재보험금의 지급
2. 제22조 제2항에 따른 차입금의 원리금 상환
3. 기금의 관리·운용에 필요한 경비(위탁경비를 포함한다)의 지출
4. 그 밖에 농림축산식품부장관이 해양수산부장관과 협의하여 재보험사업을 유지·개선하는 데에 필요하다고 인정하는 경비의 지출

36 농어업재해보험법령상 기금의 관리 · 운용 등에 관한 내용으로 옳은 것을 모두 고른 것은?

ㄱ. 기금수탁관리자는 기금의 관리 및 운용을 명확히 하기 위하여 기금을 다른 회계와 구분하여 회계처리하여야 한다.
ㄴ. 기금수탁관리자는 회계연도마다 기금결산보고서를 작성하여 다음 회계연도 2월 말일까지 농림축산식품부장관 및 해양수산부장관에게 제출하여야 한다.
ㄷ. 기금수탁관리자는 회계연도마다 기금결산보고서를 작성한 후 심의회의 심의를 거쳐 다음 회계연도 2월 말일까지 기획재정부장관에게 제출하여야 한다.

① ㄱ
② ㄱ, ㄴ
③ ㄱ, ㄷ
④ ㄴ, ㄷ

해설 콕

ㄱ. (O) 기금의 관리 · 운용을 위탁받은 농업정책보험금융원(이하 "기금수탁관리자"라 한다)은 기금의 관리 및 운용을 명확히 하기 위하여 기금을 다른 회계와 구분하여 회계처리하여야 한다(농어업재해보험법 시행령 제18조 제2항).
ㄴ. (×) 기금수탁관리자는 회계연도마다 기금결산보고서를 작성하여 다음 회계연도 2월 15일까지 농림축산식품부장관 및 해양수산부장관에게 제출하여야 한다(농어업재해보험법 시행령 제19조 제1항).
ㄷ. (×) 농림축산식품부장관은 해양수산부장관과 협의하여 기금수탁관리자로부터 제출받은 기금결산보고서를 검토한 후 심의회의 심의를 거쳐 다음 회계연도 2월 말일까지 기획재정부장관에게 제출하여야 한다(농어업재해보험법 시행령 제19조 제2항).

37 농어업재해보험법령상 농림축산식품부장관으로부터 재보험사업에 관한 업무의 위탁을 받을 수 있는 자는?

① 「보험업법」에 따른 보험회사
② 「농업 · 농촌 및 식품산업기본법」 제63조의2 제1항에 따라 설립된 농업정책보험금융원
③ 「정부출연연구기관 등의 설립 · 운영 및 육성에 관한 법률」 제8조에 따라 설립된 연구기관
④ 「공익법인의 설립 · 운영에 관한 법률」 제4조에 따라 농림축산식품부장관 또는 해양수산부장관의 허가를 받아 설립된 공익법인

해설 콕

농림축산식품부장관은 해양수산부장관과 협의를 거쳐 재보험사업에 관한 업무의 일부를 「농업 · 농촌 및 식품산업기본법」 제63조의2 제1항에 따라 설립된 농업정책보험금융원에 위탁할 수 있다(농어업재해보험법 제20조 제3항)

정답 34 ③ 35 ① 36 ① 37 ②

38 농업재해보험 손해평가요령에 따른 보험목적물별 손해평가 단위로 옳은 것은?

① 사과 : 농지별
② 벼 : 필지별
③ 가축 : 개별축사별
④ 농업시설물 : 지번별

해설 콕

보험목적물별 손해평가 단위(농업재해보험 손해평가요령 제12조)
1. **농작물** : 농지별
2. **가축** : 개별가축별(단, 벌은 벌통 단위)
3. **농업시설물** : 보험가입 목적물별

TIP '농지'라 함은 하나의 보험가입금액에 해당하는 토지로 필지(지번) 등과 관계없이 농작물을 재배하는 하나의 경작지를 말한다.

39 종합위험방식 중 "인삼 해가림시설"의 경우 다음 조건에 해당되는 보험금은?

• 보험가입금액 : 800만원
• 보험가액 : 1,000만원
• 손해액 : 500만원
• 자기부담금 : 100만원

① 300만원
② 320만원
③ 350만원
④ 400만원

해설 콕

보험가입금액이 보험가액보다 작을 때 보험금 산정식
(손해액 − 자기부담금) × (보험가입금액 ÷ 보험가액)
= (500만원 − 100만원) × (800만원 ÷ 1,000만원)
= 320만원

40 농업재해보험 손해평가요령에 따른 손해수량 조사방법 중 「적과후~수확기종료」 생육시기에 태풍으로 인하여 발생한 낙엽피해에 대하여 낙엽피해정도 조사를 하는 과수 품목은?

기출수정

① 사 과 ② 배
③ 감 귤 ④ 단 감

해설 콕

「적과후~수확기종료」 낙엽률조사(농업재해보험 손해평가요령 별표 2 참고)
- 낙엽피해정도 조사
- 단감·떫은감에 대해서만 실시
- 조사방법 : 표본조사

41 농업재해보험 손해평가요령에 따른 농작물 및 농업시설물의 보험가액 산정 방법으로 옳은 것은?

① 특정위험방식은 적과전 착과수조사를 통해 산정한 기준수확량에 보험가입 당시의 단위당 가입가격을 곱하여 산정한다.
② 적과전 종합위험방식은 보험증권에 기재된 보험목적물의 평년수확량에 보험가입 당시의 단위당 가입가격을 곱하여 산정한다.
③ 종합위험방식은 적과후 착과수조사를 통해 산정한 기준수확량에 보험가입 당시의 단위당 가입가격을 곱하여 산정한다.
④ 농업시설물에 대한 보험가액은 보험사고가 발생한 때와 곳에서 평가한 피해목적물의 재조달가액에서 내용연수에 따른 감가상각률을 적용하여 계산한 감가상각액을 차감하여 산정한다.

해설 콕

④ 농업재해보험 손해평가요령 제15조 제1항
① 특정위험방식의 보험가액은 적과후 착과수조사를 통해 산정한 기준수확량에 보험가입 당시의 단위당 가입가격을 곱하여 산정한다(농업재해보험 손해평가요령 제13조 제1항 제1호).
② 적과전 종합위험방식의 보험가액은 적과후 착과수조사를 통해 산정한 기준수확량에 보험가입 당시의 단위당 가입가격을 곱하여 산정한다(농업재해보험 손해평가요령 제13조 제1항 제2호).
③ 종합위험방식의 보험가액은 보험증권에 기재된 보험목적물의 평년수확량에 보험가입 당시의 단위당 가입가격을 곱하여 산정한다(농업재해보험 손해평가요령 제13조 제1항 제3호).

42 농업재해보험 손해평가요령에 관한 내용이다. (　　)에 들어갈 용어는?

> (　　　　)라 함은 「농어업재해보험법」 제2조 제1호에 따른 피해가 발생한 경우 법 제11조 및 제11조의3에 따라 손해평가인, 손해평가사 또는 손해사정사가 그 피해사실을 확인하고 평가하는 일련의 과정을 말한다.

① 피해조사
② 손해평가
③ 검증조사
④ 현지조사

해설 콕

(손해평가)라 함은 「농어업재해보험법」 제2조 제1호에 따른 피해가 발생한 경우 법 제11조 및 제11조의3에 따라 손해평가인, 손해평가사 또는 손해사정사가 그 피해사실을 확인하고 평가하는 일련의 과정을 말한다(농업재해보험 손해평가요령 제2조 제1호).

43 농업재해보험 손해평가요령에 따른 손해평가인의 위촉 및 교육에 관한 설명으로 옳지 않은 것은? 기출수정

① 재해보험사업자는 손해평가인으로 위촉된 자를 대상으로 2년마다 1회 이상의 보수교육을 실시하여야 한다.
② 재해보험사업자는 농어업재해보험이 실시되는 시·군·자치구별 보험가입자의 수 등을 고려하여 적정 규모의 손해평가인을 위촉하여야 한다.
③ 재해보험사업자는 손해평가인을 위촉한 경우에는 그 자격을 표시할 수 있는 손해평가인증을 발급하여야 한다.
④ 재해보험사업자 및 재해보험사업자의 업무를 위탁받은 자는 손해평가보조인을 운용할 수 있다.

해설 콕

재해보험사업자는 손해평가인으로 위촉된 자를 대상으로 3년마다 1회 이상의 보수교육을 실시하여야 한다(농업재해보험 손해평가요령 제5조 제2항).
※ 이 규정은 농림축산식품부고시 제2017-107호(2017. 12. 11., 일부개정)에서 삭제되었다.
② 농업재해보험 손해평가요령 제4조 제2항
③ 농업재해보험 손해평가요령 제4조 제1항
④ 농업재해보험 손해평가요령 제4조 제3항

44 농업재해보험 손해평가요령에 따른 손해평가인 위촉의 취소 사유에 해당되지 않는 자는?

① 파산선고를 받은 자로서 복권되지 아니한 자
② 손해평가인 위촉이 취소된 후 1년이 경과되지 아니한 자
③ 거짓 그 밖의 부정한 방법으로 손해평가인으로 위촉된 자
④ 「농어업재해보험법」 제30조에 의하여 벌금 이상의 형을 선고받고 그 집행이 종료되거나 집행이 면제된 날로부터 3년이 경과된 자

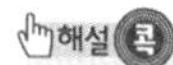

「농어업재해보험법」 제30조에 의하여 벌금 이상의 형을 선고받고 그 집행이 종료되거나 집행이 면제된 날로부터 2년이 경과되지 아니한 자가 취소 사유에 해당된다(농업재해보험 손해평가요령 제6조 제1항 제3호).

45 농업재해보험 손해평가요령에 따른 손해평가준비 및 평가결과 제출에 관한 내용이다. (　　)에 들어갈 숫자는?

> 재해보험사업자는 보험가입자가 손해평가반의 손해평가결과에 대하여 설명 또는 통지를 받은 날로부터 (　　)일 이내에 손해평가가 잘못되었음을 증빙하는 서류 또는 사진 등을 제출하는 경우 재해보험사업자는 다른 손해평가반으로 하여금 재조사를 실시하게 할 수 있다.

① 5　　② 7
③ 10　　④ 14

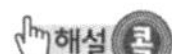

재해보험사업자는 보험가입자가 손해평가반의 손해평가결과에 대하여 설명 또는 통지를 받은 날로부터 (7)일 이내에 손해평가가 잘못되었음을 증빙하는 서류 또는 사진 등을 제출하는 경우 재해보험사업자는 다른 손해평가반으로 하여금 재조사를 실시하게 할 수 있다(농업재해보험 손해평가요령 제10조 제5항).

46 농업재해보험 손해평가요령에 따른 손해평가반 구성으로 잘못된 것은?

① 손해평가인 1인을 포함하여 3인으로 구성
② 손해사정사 1인을 포함하여 4인으로 구성
③ 손해평가인 1인과 손해평가사 1인을 포함하여 5인으로 구성
④ 손해평가보조인 5인으로 구성

정답 42 ② 43 ① 44 ④ 45 ② 46 ④

해설 콕

손해평가반의 구성(농업재해보험 손해평가요령 제8조 제2항)
손해평가반은 다음 각 호의 어느 하나에 해당하는 자를 1인 이상 포함하여 5인 이내로 구성한다.
1. 손해평가인
2. 손해평가사
3. 「보험업법」 제186조에 따른 손해사정사

47 농업재해보험 손해평가요령에 따른 손해평가결과의 검증조사에 관한 설명으로 옳은 것은?

① 재해보험사업자 및 재해보험사업의 재보험사업자는 손해평가결과를 확인하기 위하여 손해평가를 미실시한 보험목적물 중에서 일정수를 임의 추출하여 검증조사를 할 수 있다.
② 농림축산식품부장관은 재해보험사업자로 하여금 검증조사를 하게 할 수 있으며, 재해보험사업자는 이에 반드시 응하여야 한다.
③ 검증조사결과 현저한 차이가 발생되어 재조사가 불가피하다고 판단될 경우 해당 손해평가반이 조사한 전체 보험목적물에 대하여 재조사를 할 수 있다.
④ 보험가입자가 정당한 사유없이 검증조사를 거부하는 경우 검증조사반은 검증조사가 불가능하여 손해평가 결과를 확인할 수 없다는 사실을 보험사업자에게 통지한 후 검증조사결과를 작성하여 제출하여야 한다.

해설 콕

③ 농업재해보험 손해평가요령 제11조 제3항
① 재해보험사업자 및 재해보험사업의 재보험사업자는 손해평가반이 실시한 손해평가결과를 확인하기 위하여 손해평가를 실시한 보험목적물 중에서 일정수를 임의 추출하여 검증조사를 할 수 있다(농업재해보험 손해평가요령 제11조 제1항).
② 농림축산식품부장관은 재해보험사업자로 하여금 검증조사를 하게 할 수 있으며, 재해보험사업자는 특별한 사유가 없는 한 이에 응하여야 한다(농업재해보험 손해평가요령 제11조 제2항).
④ 보험가입자가 정당한 사유없이 검증조사를 거부하는 경우 검증조사반은 검증조사가 불가능하여 손해평가 결과를 확인할 수 없다는 사실을 보험가입자에게 통지한 후 검증조사결과를 작성하여 재해보험사업자에게 제출하여야 한다(농업재해보험 손해평가요령 제11조 제4항).

48 농어업재해보험법상 재해보험사업자가 재해보험사업의 회계를 다른 회계와 구분하지 않고 회계 처리한 경우에 해당하는 벌칙은?

① 300만원 이하의 과태료
② 500만원 이하의 과태료
③ 500만원 이하의 벌금
④ 1년 이하의 징역 또는 1,000만원 이하의 벌금

재해보험사업의 회계를 다른 회계와 구분하지 않고 회계를 처리한 자는 500만원 이하의 벌금에 처한다(농어업재해보험법 제30조 제3항).

49 손해평가인이 업무수행과 관련하여 「개인정보보호법」, 「신용정보의 이용 및 보호에 관한 법률」 등 정보보호와 관련된 법령을 위반한 경우, 재해보험사업자가 손해평가인에게 명할 수 있는 최대 업무 정지기간은?

① 6개월 ② 1년
③ 2년 ④ 3년

재해보험사업자는 손해평가인이 업무수행과 관련하여 「개인정보보호법」, 「신용정보의 이용 및 보호에 관한 법률」 등 정보보호와 관련된 법령을 위반한 때에는 6개월 이내의 기간을 정하여 그 업무의 정지를 명하거나 그 위촉을 해지할 수 있다(농업재해보험 손해평가요령 제6조 제2항 제3호).

50 농어업재해보험법상 농업재해보험사업의 효율적 추진을 위하여 농림축산식품부장관이 수행하는 업무가 아닌 것은?

① 재해보험사업의 관리・감독
② 재해보험 상품의 개발 및 보험요율의 산정
③ 손해평가인력의 육성
④ 손해평가기법의 연구・개발 및 보급

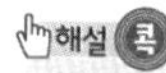

농림축산식품부장관 또는 해양수산부장관은 재해보험사업을 효율적으로 추진하기 위하여 다음 각 호의 업무를 수행한다(농어업재해보험법 제25조의2 제1항).

1. 재해보험사업의 관리・감독
2. 재해보험 상품의 연구 및 보급
3. 재해 관련 통계 생산 및 데이터베이스 구축・분석
4. 손해평가인력의 육성
5. 손해평가기법의 연구・개발 및 보급

정답 47 ③ 48 ③ 49 ① 50 ②

51 추파 일년초에 속하는 화훼작물은?

① 팬 지
② 맨드라미
③ 샐비어
④ 칸 나

해설 콕

추파 일년초는 한해살이 화초로 가을에 파종하여 이듬해 꽃을 피우는 화훼작물이다. 예 팬지, 금잔화, 시네라리아 등
②·③ 맨드라미와 샐비어는 춘파 일년초로 봄에 파종하여 이듬해 꽃을 피우는 화훼작물이다.
④ 칸나는 알뿌리화초로 여러해살이 화초에 해당된다.

52 식물체내 물의 기능으로 옳지 않은 것은?

① 세포의 팽압 형성
② 감수분열 촉진
③ 양분 흡수와 이동의 용매
④ 물질의 합성과 분해과정 매개

해설 콕

식물체내 물의 기능
- 식물체의 구성물질
- 양분 흡수와 이동의 용매
- 세포의 팽압 유지
- 물질의 합성과 분해과정에서 용매역할
- 각종 효소활성의 촉매작용
- 증산을 통한 식물체의 온도유지

53 (　　)에 들어갈 내용은?

작물의 광합성에 의한 이산화탄소의 흡수량과 호흡에 의한 이산화탄소의 방출량이 같은 지점의 광도를 (　　　)이라 한다.

① 광반응점
② 광보상점
③ 광순화점
④ 광포화점

광보상점은 식물체의 광합성에 의해 이산화탄소의 흡수량과 호흡에 의한 이산화탄소의 방출량이 같아져서 식물체가 외부 공기 중에서 실질적으로 흡수하는 이산화탄소의 양이 0이 되는 광의 강도를 말한다.
※ **광포화점** : 식물의 광합성 속도가 더 이상 증가하지 않을 때의 빛의 세기를 말한다.

54 단일일장(short day length) 조건에서 개화 억제를 위해 야간에 보광을 실시하는 작물은?

① 장 미　　② 가 지
③ 국 화　　④ 토마토

단일식물은 암기가 길어야 개화하는데 야간에 보광을 실시하면 개화가 억제된다. 단일식물은 국화, 벼, 콩, 옥수수, 나팔꽃, 목화 등이 대표적이다.
① 장미는 장일상태(보통 16~18시간 조명)에서 개화하는 장일식물이다.
②·④ 가지와 토마토는 낮과 밤의 길이와 상관없이 개화하는 중성식물이다.

55 건물 1g을 생산하는데 필요한 수분량인 요수량(要水量)이 가장 높은 작물은?

① 기 장　　② 옥수수
③ 밀　　④ 호 박

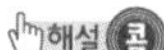

요수량
호박 > 완두 > 오이 > 감자 > 귀리 > 보리 > 밀 > 옥수수 > 수수 > 기장

56 종자번식에서 자연교잡률이 4% 이하인 자식성 작물에 속하는 것은?

① 토마토　　② 양 파
③ 매리골드　　④ 베고니아

해설 콕

자식성 작물에는 토마토, 가지, 고추, 벼, 보리, 밀, 콩, 땅콩, 아마 등이 있다.

정답 51 ① 52 ② 53 ② 54 ③ 55 ④ 56 ①

TIP 자식성 식물과 타식성 식물

같은 식물체에서 생긴 정세포와 난세포가 수정하는 것을 자가수정 또는 자식이라 하고 서로 다른 개체의 정세포와 난세포가 만나 수정되는 것을 타가수정 또는 타식이라고 한다. 자식에 의해 번식하는 식물을 자식성 식물(self-fertilization)이라 하고, 그 반대를 타식성 식물(cross-fertilization)이라 한다.

자식성 식물	• 곡류 : 벼, 보리, 밀, 조, 수수, 귀리 등 • 콩류 : 대두, 팥, 완두, 땅콩, 강낭콩 등 • 채소 : 토마토, 가지, 고추, 갓 등 • 과수 : 복숭아, 포도(일부), 귤(일부) 등 • 기타 : 참깨, 담배, 아마, 목화, 서양유채 등
타식성 식물	• 자웅이주 : 시금치, 호프, 아스파라거스, 삼, 파파야 등 • 자웅동주 : 옥수수, 감, 딸기, 밤, 호두, 오이, 수박 등 • 양성화 웅예선숙 : 양파, 마늘, 셀러리, 치자 등 • 양성화 자가불화합성 : 배추, 무, 양배추, 뽕나무, 차, 메밀, 호밀, 고구마, 사과, 일본배, 서양배 등

57 작물의 병해충 방제법 중 생물적 방제에 해당하는 것은?

① 윤작 등 작부체계의 변경
② 멀칭 및 자외선 차단필름 활용
③ 천적 곤충 이용
④ 태양열 소독

생물적 방제는 해충의 천적을 이용하는 방법으로 가장 환경 친화적인 방법이다.
① 재배적 방제방법
②・④ 기계적・물리적 방제방법

58 해충과 천적의 관계가 바르게 짝지어지지 않은 것은?

① 잎응애류 – 칠레이리응애
② 진딧물류 – 온실가루이
③ 총채벌레류 – 애꽃노린재
④ 굴파리류 – 굴파리좀벌

해설 콕

진딧물 천적에는 기생성인 진디벌과 포식성인 파리류(*Aphidoletes aphidimyza*), 무당벌레(*Harmonia axyridis*), 풀잠자리(*Chrysoperla spp.*) 등이 있다.
※ 온실가루이의 천적에는 온실가루이좀벌(*Encarsia formosa*)이 가장 널리 이용되고 있다.

59 (　　)에 들어갈 내용을 순서대로 바르게 나열한 것은?

- 작물이 생육하고 있는 중에 이랑 사이의 흙을 그루 밑에 긁어모아 주는 것을 (　　)(이)라고 한다.
- 짚이나 건초를 깔아 작물이 생육하고 있는 토양 표면을 피복해 주는 것을 (　　)(이)라고 한다.

① 중경, 멀칭　② 배토, 복토
③ 배토, 멀칭　④ 중경, 복토

해설 콕

- 작물이 생육하고 있는 중에 이랑 사이의 흙을 그루 밑에 긁어모아 주는 것을 (배토)라 한다.
- 짚이나 건초를 깔아 작물이 생육하고 있는 토양 표면을 피복해 주는 것을 (멀칭)이라 한다.
- 씨뿌리기나 옮겨심기를 한 후 작물이 심겨진 골 사이의 흙을 갈거나 쪼아 주는 것을 중경(매기)이라 한다.
- 뿌린 종자 위에 흙을 덮는 것을 복토라 한다.

60 영양번식(무성번식)에 관한 설명으로 옳지 않은 것은?

① 과수의 결실연령을 단축시킬 수 있다.
② 모주의 유전형질이 똑같이 후대에 계승된다.
③ 번식체의 취급이 간편하고 수송 및 저장이 용이하다.
④ 종자번식이 불가능한 작물의 번식수단이 된다.

해설 콕

번식체의 취급이 간편하고 수송 및 저장이 용이한 것은 종자번식(유성번식)의 장점이다.

TIP 영양번식(무성번식)과 종자번식(유성번식)

구 분	영양번식(무성번식)	종자번식(유성번식)
정 의	잎, 줄기, 뿌리의 일부를 분리하여 독립된 식물체로 만드는 방법	암수 생식세포를 만들어 번식하는 방법(생식세포의 수정)
특 징	• 교잡을 하지 않기 때문에 유전적 성질이 그대로 보존된다. • 어버이와 똑같은 품종을 짧은 기간에 대량 생산할 수 있다. • 종자번식이 불가능한 경우에 유일한 번식수단이 된다. • 초기 생장이 빠르고, 개화와 과수의 결실연령을 단축시킬 수 있다. • 일시에 많은 식물을 번식하고자 할 경우 영양번식법이 사용된다.	• 종자결실이 안 되는 식물에 사용되는 번식법이다 • 번식체의 취급이 간편하고 수송 및 저장이 용이하다. • 다양한 유전적 특징을 가지는 자손이 생겨난다. • 환경변화에 잘 적응한다. 즉 종족 유지에 유리하다. • 성장이 느리고, 개화와 결실이 장기간 걸리는 경우가 있다.

정답 57 ③ 58 ② 59 ③ 60 ③

61 작휴법 중 성휴법에 관한 설명으로 옳은 것은?

① 이랑을 세우고 낮은 고랑에 파종하는 방식
② 이랑을 보통보다 넓고 크게 만드는 방식
③ 이랑을 세우고 이랑 위에 파종하는 방식
④ 이랑을 평평하게 하여 이랑과 고랑의 높이가 같게 하는 방식

해설 콕

성휴법은 이랑을 보통보다 넓고 크게 만드는 방식이다.
① 휴립구파법
③ 휴립휴파법
④ 평휴법

62 작물 생육기간 중 수분부족 환경에 노출될 때 일어나는 반응을 모두 고른 것은?

ㄱ. 기공폐쇄
ㄴ. 앱시스산(ABA) 합성 촉진
ㄷ. 엽면적 증가

① ㄱ
② ㄱ, ㄴ
③ ㄴ, ㄷ
④ ㄱ, ㄴ, ㄷ

수분부족시 뿌리에서 앱시스산(abscissic acid, ABA) 합성이 촉진되어 잎으로 이동하여 기공을 폐쇄함으로써 증산을 억제한다. 또한 수분부족은 팽압 저하로 엽면적을 감소시킨다.

63 작물 재배 중 온도의 영향에 관한 설명으로 옳은 것은?

① 조직 내에 결빙이 생겨 탈수로 인한 피해가 발생하는 것을 냉해라고 한다.
② 세포내 유기물 생성이 증가하면 에너지 소비가 심해져 내열성은 감소한다.
③ 춘화작용은 처리기간과 상관없이 온도의 영향을 받는다.
④ 탄소동화작용의 최적온도 범위는 호흡작용보다 낮다.

탄소동화작용의 최적온도 범위는 20~30℃, 호흡작용은 45~50℃이다.

① 조직 내에 결빙이 생겨 탈수로 인한 피해가 발생하는 것을 동해라고 한다. 냉해란 낮은 기온 또는 낮은 수온의 결과로 수확량이 감소되는 기상장해를 말한다.

② 작물이 열해에 견디는 성질을 내열성이라고 하는데, 세포내 유기물 생성이 증가하면 내열성은 증가한다.

③ 춘화작용은 생육의 일정시기(주로 초기)에 일정기간 인위적인 저온을 주어 화성을 유도・촉진시키는 것이다.

64 토양습해 예방대책으로 옳은 것은?

① 내습성 품종 선택

② 고랑 파종

③ 미숙유기물 사용

④ 밀식 재배

토양습해 예방대책

- **배수** : 배수는 습해의 기본 대책이다.
- **정지** : 밭에서는 휴립휴파를 하고, 습답에서는 휴립재배를 한다.
- **토양개량** : 세사를 객토하거나, 부식・토양개량제를 시용하여 입단을 조성하고 투수・투기를 좋게 한다.
- **작물 및 품종의 선택** : 내습성인 작물과 품종을 선택한다.
- **시비** : 미숙유기물과 황산근비료의 시용을 피한다.
- **기타** : 과산화석회(CaO_2)를 시용한다.

65 작물 피해를 발생시키는 대기오염 물질이 아닌 것은?

① 아황산가스

② 이산화탄소

③ 오 존

④ 불화수소

해설 콕

이산화탄소는 대기의 0.03% 농도로 존재하며, 광합성을 수행하여 작물의 생장을 촉진한다.

① 아황산가스는 가장 대표적인 대기오염물질로 광합성 속도를 크게 저하시키고 줄기・잎을 퇴색시킨다.

③ 오존은 잎을 황백화~적색화시키며, 암갈색의 점상반점이 생기게 한다.

④ 불화수소(HF)는 독성이 가장 강하며, 잎의 끝이나 가장자리를 백변시킨다.

정답 61 ② 62 ② 63 ④ 64 ① 65 ②

66 염해(salt stress)에 관한 설명으로 옳지 않은 것은?

① 토양수분의 증발량이 강수량보다 많을 때 발생할 수 있다.
② 시설재배시 비료의 과용으로 생기게 된다.
③ 토양의 수분포텐셜이 높아진다.
④ 토양수분 흡수가 어려워지고 작물의 영양소 불균형을 초래한다.

해설 콕

염해(salt stress)
토양 중 염류농도가 증가하게 되면, 염류의 과도한 축적으로 인해 식물체내의 수분포텐셜보다 토양의 수분포텐셜이 낮아진다.

TIP 수분포텐셜 : 물이 이동하는데 사용할 수 있는 에너지량

67 강풍이 작물에 미치는 영향으로 옳지 않은 것은?

① 상처로 인한 호흡률 증가
② 매개곤충의 활동저하로 인한 수정률 감소
③ 기공폐쇄로 인한 광합성률 감소
④ 병원균 감소로 인한 병해충 피해 약화

해설 콕

강풍이 작물에 미치는 영향
- 과수에 상처를 입히고, 낙화를 유발한다.
- 기공폐쇄로 광합성률이 감소한다.
- 꿀벌 등 수정매개곤충의 활동저하로 수정률이 감소한다.
- 비닐하우스를 파손시킨다.
- 정식된 작물에 저온 피해를 유발한다.
- 태풍(강풍) 후에는 병해충 피해가 우려된다.

68 채소작물 중 조미채소류가 아닌 것은?

① 마 늘　　② 고 추
③ 생 강　　④ 배 추

해설 콕

조미(양념)채소는 음식에 맛을 내는데 쓰이는 채소로 마늘, 고추, 생강, 양파, 파(대파, 쪽파) 등이 있다.

69 과수의 엽면시비에 관한 설명으로 옳지 않은 것은?

① 뿌리가 병충해 또는 침수 피해를 받았을 때 실시할 수 있다.
② 비료의 흡수율을 높이기 위해 전착제를 첨가하여 살포한다.
③ 잎의 윗면보다는 아랫면에 살포하여 흡수율을 높게 한다.
④ 고온기에는 살포농도를 높여 흡수율을 높게 한다.

해설 콕

고온기에는 엽면시비를 피한다. 또한 살포농도가 높으면 잎이 타는 부작용이 있으므로 규정 농도를 잘 지켜야 하며, 대략 0.1~0.3%이다.

70 과수와 그 생육특성이 바르게 짝지어지지 않은 것은?

① 사과나무 - 교목성 온대과수
② 블루베리나무 - 관목성 온대과수
③ 참다래나무 - 덩굴성 아열대과수
④ 온주밀감나무 - 상록성 아열대과수

해설 콕

참다래나무(키위)는 포도처럼 덩굴성 식물이지만 아열대과수가 아니라 온대과수이다.

71 과수 재배조건이 과실의 성숙과 저장에 미치는 영향으로 옳지 않은 것은?

① 질소를 과다시용하면 과실의 크기가 비대해지고 저장성도 높아진다.
② 토양수분이 지나치게 많으면 이상숙성 현상이 일어나 저장성이 떨어진다.
③ 평균기온이 높은 해에는 과실의 성숙이 빨라지므로 조기수확을 통해 저장 중 품질을 유지할 수 있다.
④ 생장 후기에 흐린 날이 많으면 저장 중 생리장해가 발생하기 쉽다.

해설 콕

질소를 과다시용하면 가지와 잎의 생장에만 동화양분이 대부분 소비되어 식물체가 웃자라고, 꽃눈형성과 과실이 불량하게 된다.

정답 66 ③ 67 ④ 68 ④ 69 ④ 70 ③ 71 ①

72 과수재배시 봉지씌우기의 목적이 아닌 것은?

① 과실에 발생하는 병충해를 방제한다.
② 생산비를 절감하고 해거리를 유도한다.
③ 과피의 착색도를 향상시켜 상품성을 높인다.
④ 농약이 직접 과실에 부착되지 않도록 하여 상품성을 높인다.

해설 콕

봉지씌우기는 수작업으로 이루어지기 때문에 생산비가 증가하는 단점이 있지만, 병해충의 피해 방지, 과피의 착색도 향상, 과피가 약한 열과성 품종(특히 천도)의 열과 방지, 과육이 깨끗한 과실 생산, 농약 등으로 오염되는 것을 방지하기 위해 실시한다.

TIP

해거리

해거리는 과일나무에서 과일이 많이 열리는 해와 아주 적게 열리는 해가 교대로 반복해서 나타나는 현상을 말한다. 즉 같은 땅에 작물을 연속하여 재배하면 지력(地力)이 떨어지므로, 작물을 재배하지 않고 쉬게 하여 지력을 스스로 회복할 수 있도록 해주어야 한다.

73 화훼재배에 이용되는 생장조절물질에 관한 설명으로 옳은 것은?

① 루톤(rootone)은 옥신(auxin)계 생장조절물질로 발근을 촉진한다.
② 에테폰(ethephon)은 에틸렌 발생을 위한 기체 화합물로 아나나스류의 화아분화를 억제한다.
③ 지베렐린(gibberellin) 처리는 국화의 줄기신장을 억제한다.
④ 시토키닌(cytokinin)은 옥신류와 상보작용을 통해 측지발생을 억제한다.

해설 콕

루톤(rootone)은 옥신(auxin)을 이용하는 대표적인 생장조절물질로 발근을 촉진한다.
② 에테폰(ethephon)은 식물의 노화를 촉진하는 에틸렌(ethylene)을 생성함으로써 아나나스류의 화아분화를 유도한다.
③ 지베렐린(gibberellin) 처리는 국화의 줄기신장을 촉진한다.
④ 시토키닌(cytokinin)은 옥신류와 상보작용을 통해 측지발생을 촉진한다.

74 (　　)에 들어갈 내용으로 옳은 것은?

> 조직배양은 식물의 세포, 조직, 또는 기관이 완전한 식물체로 만들어질 수 있다는 (　　　　)에 기반을 둔 것이다.

① 전형성능
② 유성번식
③ 발아세
④ 결실률

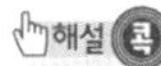

조직배양은 식물의 일부 조직을 무균적으로 배양해 조직 자체의 증식 생장 및 각종 조직, 기관의 분화 발달에 의해 개체를 육성하는 방법이다. 즉 식물의 **전형성능(totipotency)**을 이용하여 무균상태에서 식물조직의 세포, 조직, 기관, 배 등 식물체의 일부를 이용하여 완전한 식물체를 얻는 것을 의미한다.

75 시설원예 피복자재의 조건으로 옳지 않은 것은?

① 열전도율이 낮아야 한다.
② 겨울철 보온성이 커야 한다.
③ 외부 충격에 강해야 한다.
④ 광투과율이 낮아야 한다.

해설 콕

피복자재는 열전도율이 낮고, 광투과율이 높아야 한다.

정답 72 ② 73 ① 74 ① 75 ④

2017년

제3회 손해평가사 1차 시험문제

제 1 과목 상법(보험편)

01 보험계약의 법적 성격으로 옳은 것은 몇 개인가?

선의계약성, 유상계약성, 요식계약성, 사행계약성

① 1개
② 2개
③ 3개
④ 4개

해설 콕

보험계약은 청약과 승낙이라는 당사자 쌍방의 의사표시의 합치만으로 성립하고(낙성계약), 그 의사표시에는 특별한 방식이 필요 없으므로 불요식계약이다.

- 보험계약은 사법상의 신의성실의 원칙에 기초하고 있으므로, 선의계약성이 요구된다.
- 보험계약은 보험사고의 발생을 전제로 보험계약자의 보험료 지급에 대하여 보험자가 일정한 보험금액, 기타의 급여를 지급할 것을 약정하므로 유상계약이다.
- 보험계약은 우연한 사고의 발생으로 인하여 보험금액의 지급 또는 그 액수가 정하여지므로 사행계약이다.

02 상법상 보험약관의 교부·설명의무에 관한 설명으로 옳지 않은 것은?

① 상법에 따르면 약관에 없는 사항은 비록 보험계약상 중요한 내용일지라도 설명할 의무가 없다.
② 보험자가 해당 보험계약 약관의 중요사항을 충분히 설명한 경우에도 해당 보험계약의 약관을 교부하여야 한다.
③ 보험자가 보험증권을 교부한 경우에는 따로 보험약관을 교부하지 않아도 된다.
④ 보험자가 보험약관의 교부·설명의무를 위반한 경우 보험계약자는 보험계약이 성립한 날부터 3개월 이내에 그 계약을 취소할 수 있다.

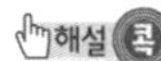

상법 제640조에 의하면 보험자는 보험계약이 성립한 때에는 지체 없이 보험증권을 작성하여 보험계약자에게 교부하여야 한다고 규정하고 있으며, 상법 제638조의3 제1항에 의하면 보험자는 보험계약을 체결할 때에 보험계약자에게 보험약관을 교부하고 그 약관의 중요한 내용을 설명하여야 한다고 규정하고 있다. 따라서 보험자는 보험계약자에 보험증권을 교부한 경우에도 보험약관의 교부의무는 면제되지 않는다.

03 보험계약에 관한 설명으로 옳지 않은 것은?

① 손해보험계약의 경우 보험자가 보험계약자로부터 보험계약의 청약과 함께 보험료 상당액의 전부를 지급받은 때에는 다른 약정이 없으면 30일 내에 그 상대방에 대하여 낙부의 통지를 발송하여야 한다.

② 보험계약은 청약과 승낙뿐만 아니라 보험료 지급이 이루어진 때에 성립한다.

③ 손해보험계약의 경우 보험자가 보험계약자로부터 보험계약의 청약과 함께 보험료 상당액의 전부를 지급 받은 경우에 그 청약을 승낙하기 전에 보험계약에서 정한 보험사고가 생긴 때에는 그 청약을 거절할 사유가 없는 한 보험자는 보험계약상의 책임을 진다.

④ 보험자가 낙부의 통지 기간 내에 낙부의 통지를 해태한 때에는 승낙한 것으로 본다.

해설 콕

보험계약은 청약과 승낙이라는 당사자 쌍방의 의사표시의 합치만으로 성립하고, 아무런 급여를 요하지 않으므로 낙성계약이다.

① 상법 제638조의2 제1항

③ 상법 제638조의2 제3항

④ 상법 제638조의2 제2항

04 타인을 위한 보험계약에 관한 설명으로 옳은 것은?

① 타인을 위한 보험계약의 타인은 따로 수익의 의사표시를 하지 않은 경우에도 그 이익을 받는다.

② 타인을 위한 보험계약에서 그 타인은 불특정 다수이어야 한다.

③ 손해보험계약의 경우에 그 타인의 위임이 없는 때에는 보험계약자는 이를 보험자에게 고지하여야 하나, 그 고지가 없는 때에도 타인이 그 보험계약이 체결된 사실을 알지 못하였다는 사유로 보험자에게 대항할 수 있다.

④ 타인은 어떠한 경우에도 보험료를 지급하고 보험계약을 유지할 수 없다.

정답 01 ③ 02 ③ 03 ② 04 ①

해설 콕

타인(피보험자 또는 보험수익자)은 수익의 의사를 표시하지 않더라도 당연히 그 계약의 이익을 받으므로, 보험사고가 발생하면 직접 보험자에 대하여 보험금, 그 밖의 급여청구권을 갖는다(상법 제639조 제2항).

② 보험계약자는 위임을 받거나 위임을 받지 아니하고 특정 또는 불특정의 타인을 위하여 보험계약을 체결할 수 있다(상법 제639조 제1항).

③ 손해보험계약의 경우에 그 타인의 위임이 없는 때에는 보험계약자는 이를 보험자에게 고지하여야 하고, 그 고지가 없는 때에는 타인이 그 보험계약이 체결된 사실을 알지 못하였다는 사유로 보험자에게 대항하지 못한다(상법 제639조 제1항).

④ 보험계약자가 파산선고를 받거나 보험료의 지급을 지체한 때에는 그 타인이 그 권리를 포기하지 아니하는 한 그 타인도 보험료를 지급할 의무가 있다(상법 제639조 제3항).

05 보험계약의 당사자 간에 다른 약정이 없는 경우 보험자의 책임개시 시기는?

① 최초의 보험료의 지급을 받은 때로부터 개시한다.

② 보험계약자의 청약에 대하여 보험자가 승낙하여 계약이 성립한 때로부터 개시한다.

③ 보험사고발생 사실이 통지된 때로부터 개시한다.

④ 보험자가 재보험에 가입하여 보험자의 보험금 지급 위험에 대한 보장이 확보된 때로부터 개시한다.

해설 콕

보험자의 책임은 당사자 간에 다른 약정이 없으면 최초의 보험료의 지급을 받은 때로부터 개시한다(상법 제656조).

06 다음 설명 중 옳지 않은 것은?

① 보험계약은 그 계약 전의 어느 시기를 보험기간의 시기로 할 수 있다.

② 건물에 대한 화재보험계약 체결 시에 이미 건물이 화재로 전소하는 사고가 발생한 경우 당사자 쌍방과 피보험자가 이를 알지 못한 때에는 그 계약은 무효가 아니다.

③ 보험증권을 멸실 또는 현저하게 훼손한 때에는 보험계약자는 보험자에 대하여 증권의 재교부를 청구할 수 있다.

④ 보험증권내용의 정부에 관한 이의기간은 약관에서 15일 이내로 정해야 한다.

해설 콕

보험증권내용의 정부에 관한 이의기간은 "1월을 내리지 못한다"고 규정(상법 제641조)되어 있으므로, 15일 이내로 정해야 한다는 약관 규정은 옳지 않다.

07 다음 설명 중 옳지 않은 것은?

① 타인을 위한 보험계약의 경우에는 보험계약자는 그 타인의 동의를 얻지 아니하거나 보험증권을 소지하지 아니하면 그 계약을 해지하지 못한다.
② 자기를 위한 보험계약의 경우 보험사고가 발생하기 전 보험계약의 당사자는 언제든지 계약의 전부 또는 일부를 해지할 수 있다.
③ 보험사고의 발생으로 보험자가 보험금액을 지급한 때에도 보험금액이 감액되지 아니하는 보험의 경우에는 보험계약자는 그 사고발생 후에도 보험계약을 해지할 수 있다.
④ 보험사고발생 전에 보험계약을 해지한 보험계약자는 당사자 간에 다른 약정이 없으면 미경과보험료의 반환을 청구할 수 있다.

해설 콕

보험사고가 발생하기 전에는 보험계약자는 언제든지 계약의 전부 또는 일부를 해지할 수 있다(상법 제649조 제1항). 그러나 보험계약의 당사자 중 보험자는 언제든지 해지할 수 없다.
① 상법 제649조 제1항
③ 상법 제649조 제2항
④ 상법 제649조 제3항

08 보험료 부지급에 관한 설명으로 옳지 않은 것은?

① 계약 성립 후 2월 이내에 제1회 보험료를 지급하지 아니하는 경우에는 다른 약정이 없는 한 그 계약은 해제된 것으로 본다.
② 보험계약자가 계속보험료의 지급을 지체한 경우에 보험자는 상당한 기간을 정하여 이행을 최고하여야 하고, 그 최고기간 내에 지급되지 아니한 때에는 그 계약을 해지할 수 있다.
③ 특정한 타인을 위한 보험의 경우에 보험계약자가 계속보험료의 지급을 지체한 때에는 보험자는 그 타인에게도 상당한 기간을 정하여 보험료의 지급을 최고한 후가 아니면 그 계약을 해지하지 못한다.
④ 대법원 전원합의체 판결에 의하면 약관에서 제2회 분납보험료가 그 지급유예기간까지 납입되지 아니하였음을 이유로 상법 소정의 최고절차를 거치지 않고, 막바로 보험계약이 실효됨을 규정한 이른바 실효약관은 유효하다.

해설 콕

대법원 선원합의체 판결에 의하면 보험계약자에게 상법 제650조의 최고절차를 무시하고 지급유예기간 경과 후에 보험계약이 자동실효 됨을 규정한 실효약관은 보험계약자 등에게 불이익하게 변경된 조항(상법 제663조)이기 때문에 무효이다. 그러므로 보험자는 상법 제650조의 최고절차를 이행해야 한다.
① 상법 제650조 제1항
② 상법 제650조 제2항
③ 상법 제650조 제3항

정답 05 ① 06 ④ 07 ② 08 ④

09 다음 설명 중 옳은 것을 모두 고른 것은?

ㄱ. 보험자가 서면으로 질문한 사항은 중요한 사항으로 간주하므로 보험계약자는 그 중요성을 다툴 수 없다.
ㄴ. 보험계약자뿐만 아니라 피보험자도 고지의무를 진다.
ㄷ. 고지의무위반의 요건으로 보험계약자 또는 피보험자의 고의 또는 중대한 과실은 필요 없다.
ㄹ. 보험자가 계약 당시에 고지의무위반 사실을 알았거나 중대한 과실로 인하여 알지 못한 때에는 고지의무위반을 이유로 계약을 해지할 수 없다.

① ㄱ, ㄴ　　② ㄴ, ㄷ
③ ㄴ, ㄹ　　④ ㄷ, ㄹ

해설 콕

ㄱ. (×) 보험자가 서면으로 질문한 사항은 중요한 사항으로 추정하므로 보험계약자는 그 중요성을 다툴 수 있다(상법 제651조의2).
ㄴ. (○) 보험계약법상 보험계약자뿐만 아니라 피보험자도 고지의무를 진다(상법 제651조).
ㄷ. (×) 고지의무위반의 요건은 보험계약자 또는 피보험자의 고의 또는 중대한 과실로 인한 것이어야 한다(상법 제651조). 여기서 고의란 해의(害意)가 아니고 중요한 사실에 관하여 알면서 고지하지 아니하거나 허위인 줄 알면서 고지하지 않는 것을 말하며, 중대한 과실이란 보험계약자 등이 조금만 주위를 기울였다면 그 사실의 중요성과 고지의 당위성을 알았을 것을 부주의로 불고지, 부실고지를 한 것을 말한다.
ㄹ. (○) 보험자가 계약 당시에 그 사실을 알았거나 중대한 과실로 인하여 알지 못한 때에는 계약을 해지할 수 없다(상법 제651조).

10 위험변경증가 시의 통지와 보험계약해지에 관한 설명으로 옳지 않은 것은?

① 보험기간 중에 피보험자가 사고발생의 위험이 현저하게 변경 또는 증가된 사실을 안 때에는 지체 없이 보험자에게 통지하여야 한다.
② 보험기간 중에 보험계약자의 고의로 사고발생의 위험이 현저하게 변경 또는 증가된 때에는 보험자는 그 사실을 안 날로부터 1월 내에 계약을 해지할 수 있다.
③ 보험기간 중에 피보험자의 중대한 과실로 인하여 사고발생의 위험이 현저하게 변경 또는 증가된 때에는 보험자는 그 사실을 안 날부터 1월 내에 계약을 해지할 수 있다.
④ 보험기간 중에 피보험자의 고의로 인하여 사고발생의 위험이 현저하게 변경 또는 증가된 경우에는 보험자는 계약을 해지할 수 없다.

해설 콕

②·③·④ 보험기간 중에 보험계약자, 피보험자 또는 보험수익자의 고의 또는 중대한 과실로 인하여 사고발생의 위험이 현저하게 변경 또는 증가된 때에는 보험자는 그 사실을 안 날부터 1월 내에 보험료의 증액을 청구하거나 계약을 해지할 수 있다(상법 제653조).
① 상법 제652조 제1항

11 보험계약해지 등에 관한 설명으로 옳은 것은?

① 보험사고가 발생한 후라도 보험자가 계속보험료의 지급 지체를 이유로 보험계약을 해지하였을 때에는 보험자는 보험금을 지급할 책임이 있다.

② 고지의무를 위반한 사실이 보험사고발생에 영향을 미치지 아니하였음이 증명된 경우, 보험자는 보험금을 지급할 책임이 있다.

③ 보험계약자의 중대한 과실로 인하여 사고발생의 위험이 현저하게 변경 또는 증가되어 계약을 해지한 경우, 보험자는 언제나 보험금을 지급할 책임이 있다.

④ 보험계약자가 위험변경증가 시의 통지의무를 위반하여 보험자가 보험계약을 해지한 경우, 보험자는 언제나 이미 지급한 보험금의 반환을 청구할 수 있다.

해설 콕

고지의무를 위반한 사실 또는 위험이 현저하게 변경되거나 증가된 사실이 보험사고발생에 영향을 미치지 아니하였음이 증명된 경우에는 보험금을 지급할 책임이 있다(상법 제655조).

① 보험사고가 발생한 후라도 보험자가 계속보험료의 지급 지체를 이유로 보험계약을 해지하였을 때에는 보험자는 보험금을 지급할 책임이 없다(상법 제655조).

③ 보험계약자의 중대한 과실로 인하여 사고발생의 위험이 현저하게 변경 또는 증가되어 계약을 해지한 경우, 보험자는 보험금을 지급할 책임이 없다(상법 제655조).

④ 언제나 이미 지급한 보험금의 반환을 청구할 수 있는 것이 아니다. 위험의 현저한 변경 또는 증가된 사실이 보험사고발생과 인과관계가 없음이 증명된 경우에 보험자는 보험금 지급의무를 부담해야 하기 때문이다(상법 제655조 단서).

12 재보험계약에 관한 설명으로 옳지 않은 것은?

① 보험자는 보험사고로 인하여 부담할 책임에 대하여 다른 보험자와 재보험계약을 체결할 수 있다.

② 재보험은 원보험자가 인수한 위험의 전부 또는 일부를 분산시키는 기능을 한다.

③ 재보험계약의 전제가 되는 최초로 체결된 보험계약을 원보험계약 또는 원수보험계약이라 한다.

④ 재보험계약은 원보험계약의 효력에 영향을 미친다.

해설 콕

재보험계약은 법률상으로 원보험계약과는 구별되는 독립된 계약이므로, 원보험계약의 효력에 영향을 미치지 아니한다(상법 제661조).

정답 09 ③ 10 ④ 11 ② 12 ④

13 손해보험에서 보험자의 보험금액 지급과 면책사유에 관한 설명으로 옳지 않은 것은?

① 보험자는 보험금액의 지급에 관하여 약정기간이 있는 경우에는 그 기간 내에 피보험자에게 보험금액을 지급하여야 한다.

② 보험자는 보험금액의 지급에 관하여 약정기간이 없는 경우에는 보험사고발생의 통지를 받은 후 지체 없이 지급할 보험금액을 정하고, 그 정하여진 날부터 10일 내에 피보험자에게 보험금액을 지급하여야 한다.

③ 보험사고가 보험계약자 또는 피보험자의 중대한 과실로 인하여 생긴 때에는 보험자는 언제나 보험금액을 지급할 책임이 있다.

④ 보험사고가 전쟁 기타의 변란으로 인하여 생긴 때에는 당사자 간에 다른 약정이 없으면 보험자는 보험금액을 지급할 책임이 없다.

해설 콕

보험사고가 보험계약자 또는 피보험자나 보험수익자의 고의 또는 중대한 과실로 인하여 생긴 때에는 보험자는 보험금액을 지급할 책임이 없다(상법 제659조 제1항).

①·② 상법 제658조

④ 상법 제660조

14 상법 제662조(소멸시효)에 관한 설명으로 옳은 것을 모두 고른 것은?

ㄱ. 보험금청구권은 3년간 행사하지 아니하면 시효의 완성으로 소멸한다.
ㄴ. 보험료반환청구권은 3년간 행사하지 아니하면 시효의 완성으로 소멸한다.
ㄷ. 적립금의 반환청구권은 2년간 행사하지 아니하면 시효의 완성으로 소멸한다.
ㄹ. 보험료청구권은 2년간 행사하지 아니하면 시효의 완성으로 소멸한다.

① ㄱ, ㄴ, ㄷ
② ㄱ, ㄴ, ㄹ
③ ㄱ, ㄷ, ㄹ
④ ㄴ, ㄷ, ㄹ

해설 콕

보험금청구권은 3년간, 보험료 또는 적립금의 반환청구권은 3년간, 보험료청구권은 2년간 행사하지 아니하면 시효의 완성으로 소멸한다(상법 제662조).

15 화재보험계약에 관한 설명으로 옳지 않은 것은?

① 보험자가 손해를 보상함에 있어서 화재와 손해 간에 상당인과관계는 필요하지 않다.
② 보험자는 화재의 소방에 필요한 조치로 인하여 생긴 손해를 보상할 책임이 있다.
③ 보험자는 화재 발생시 손해의 감소에 필요한 조치로 인하여 생긴 손해를 보상할 책임이 있다.
④ 화재보험계약은 화재로 인하여 생긴 손해를 보상할 것을 목적으로 하는 손해보험계약이다.

해설 콕

화재보험계약에서 보험자는 화재로 인한 직접적인 손해뿐만 아니라, 인과관계가 있는 간접손해에 대하여도 책임을 진다. 즉 보험자가 보상할 손해의 범위에 관하여는 화재와 손해와의 사이에 상당인과관계가 있어야 한다는 것이 통설이다.
②・③ 상법 제684조
④ 상법 제683조

16 보험계약자 등의 불이익변경금지에 관한 설명으로 옳지 않은 것은?

① 불이익변경금지는 보험자와 보험계약자의 관계에서 계약의 교섭력이 부족한 보험계약자 등을 보호하기 위한 것이다.
② 상법 보험편의 규정은 가계보험에서 당사자 간의 특약으로 보험계약자의 불이익으로 변경하지 못한다.
③ 상법 보험편의 규정은 가계보험에서 당사자 간의 특약으로 피보험자의 불이익으로 변경하지 못한다.
④ 재보험은 당사자의 특약으로 보험계약자의 불이익으로 변경할 수 없다.

해설 콕

화재보험 및 해상보험 기타 이와 유사한 보험의 경우에는 보험계약자 등의 불이익변경금지원칙이 적용되지 않는다(상법 제663조). 즉 재보험은 당사자의 특약으로 보험계약자의 불이익으로 변경할 수 있다.

정답 13 ③ 14 ② 15 ① 16 ④

17 화재보험증권에 기재하여야 할 사항으로 옳은 것을 모두 고른 것은?

ㄱ. 보험의 목적
ㄴ. 보험계약 체결 장소
ㄷ. 동산을 보험의 목적으로 한 때에는 그 존치한 장소의 상태와 용도
ㄹ. 피보험자의 주소, 성명 또는 상호
ㅁ. 보험계약자의 주민등록번호

① ㄱ, ㄴ, ㄷ　　② ㄱ, ㄷ, ㄹ
③ ㄴ, ㄷ, ㅁ　　④ ㄴ, ㄹ, ㅁ

해설 콕

화재보험증권의 기재사항(상법 제685조)
화재보험증권에는 제666조에 게기한 사항 외에 다음의 사항을 기재하여야 한다.
1. 건물을 보험의 목적으로 한 때에는 그 소재지, 구조와 용도
2. 동산을 보험의 목적으로 한 때에는 그 존치한 장소의 상태와 용도
3. 보험가액을 정한 때에는 그 가액

TIP

손해보험증권의 기재사항(상법 제666조)
1. 보험의 목적
2. 보험사고의 성질
3. 보험금액
4. 보험료와 그 지급방법
5. 보험기간을 정한 때에는 그 시기와 종기
6. 무효와 실권의 사유
7. 보험계약자의 주소와 성명 또는 상호
8. 피보험자의 주소, 성명 또는 상호
9. 보험계약의 연월일
10. 보험증권의 작성지와 그 작성연월일

18 집합보험에 관한 설명으로 옳지 않은 것은?

① 집합보험이란 경제적으로 독립한 여러 물건의 집합물을 보험의 목적으로 한 보험을 말한다.

② 집합된 물건을 일괄하여 보험의 목적으로 한 때에는 피보험자의 사용인의 물건도 보험의 목적에 포함된 것으로 본다.

③ 집합된 물건을 일괄하여 보험의 목적으로 한 때에는 그 목적에 속한 물건이 보험기간 중에 수시로 교체된 경우에도 보험계약 체결 시에 존재한 물건은 보험의 목적에 포함된 것으로 한다.

④ 집합된 물건을 일괄하여 보험의 목적으로 한 때에는 피보험자의 가족의 물건도 보험의 목적에 포함된 것으로 본다.

해설 콕

집합된 물건을 일괄하여 보험의 목적으로 한 때에는 그 목적에 속한 물건이 보험기간 중에 수시로 교체된 경우에도 보험사고의 발생 시에 현존한 물건은 보험의 목적에 포함된 것으로 한다(상법 제687조).

19 중복보험에 관한 설명으로 옳은 것은?

① 중복보험에서 보험금액의 총액이 보험가액을 초과한 경우 보험자는 각자의 보험금액의 한도에서 연대책임을 진다.

② 피보험이익이 다를 경우에도 중복보험이 성립할 수 있다.

③ 중복보험에서 수인의 보험자 중 1인에 대한 권리의 포기는 다른 보험자의 권리의무에 영향을 미친다.

④ 중복보험이 성립하기 위해서는 보험계약자가 동일하여야 한다.

해설 콕

중복보험은 동일한 보험계약의 목적과 동일한 사고에 관하여 수개의 보험계약이 동시에 또는 순차로 체결된 경우에 그 보험금액의 총액이 보험가액을 초과한 때에는 보험자는 각자의 보험금액의 한도에서 연대책임을 진다(상법 제672조 제1항).

② 피보험이익(보험계약의 목적)이 동일해야 중복보험이 성립할 수 있다.

③ 중복보험에서 수인의 보험자 중 1인에 대한 권리의 포기는 다른 보험자의 권리의무에 영향을 미치지 아니한다(상법 제673조).

④ 중복보험이 성립하기 위해서는 수인의 보험자와 수개의 보험계약이 체결되어야 하는데, 이때 보험계약자가 동일할 필요는 없으나, 피보험자는 동일하여야 한다.

정답 17 ② 18 ③ 19 ①

20 손해보험계약에 관한 설명으로 옳지 않은 것은?

① 손해보험은 정액보험으로만 운영된다.
② 손해보험계약은 피보험자의 손해의 발생을 요소로 한다.
③ 손해보험계약의 보험자는 보험사고로 인하여 생길 피보험자의 재산상의 손해를 보상할 책임이 있다.
④ 보험사고의 성질은 손해보험증권의 필수적 기재사항이다.

해설 콕

손해보험은 보험사고발생 시에 보험가액과 보험금액의 한도 내에서 보상액이 결정되는 부정액보험인 반면, 생명보험은 보험사고발생 시에 계약상의 일정한 금액을 지급하는 정액보험이다.

21 보험가액에 관한 설명으로 옳은 것은?

① 당사자 간에 보험가액을 정한 때에는 그 가액은 보험기간 개시 시의 가액으로 정한 것으로 추정한다.
② 미평가보험의 경우 사고발생 시의 가액을 보험가액으로 한다.
③ 보험가액은 변동되지 않는다.
④ 기평가보험에서 보험가액이 사고발생 시의 가액을 현저하게 초과할 때에는 보험기간 개시 시의 가액을 보험가액으로 한다.

해설 콕

당사자 간에 보험가액을 정하지 아니한 때에는 사고발생 시의 가액을 보험가액으로 한다(상법 제671조).
① 당사자 간에 보험가액을 정한 때에는 그 가액은 사고발생 시의 가액으로 정한 것으로 추정한다(상법 제670조).
③ 보험가액은 피보험이익을 금전으로 평가한 가액으로, 원칙적으로 언제나 일정한 것이 아니다.
④ 기평가보험에서 보험가액이 사고발생 시의 가액을 현저하게 초과할 때에는 사고발생 시의 가액을 보험가액으로 한다(상법 제670조 단서).

22 초과보험에 관한 설명으로 옳지 않은 것은?

① 초과보험이 성립하기 위해서는 보험금액이 보험계약의 목적의 가액을 현저하게 초과하여야 한다.
② 보험가액이 보험기간 중에 현저하게 감소한 경우에 보험자 또는 보험계약자는 보험료와 보험금액의 감액을 청구할 수 있다.
③ 보험계약자의 사기로 인하여 체결된 초과보험계약은 무효로 한다.
④ 초과보험의 효과로서 보험료 감액 청구에 따른 보험료의 감액은 소급효가 있다.

보험료의 감액은 장래에 대하여서만 그 효력이 있다(상법 제669조 제1항 단서).

23 보험자대위에 관한 설명으로 옳지 않은 것은?

① 실손보상의 원칙을 구현하기 위한 제도이다.
② 일부보험의 경우에도 잔존물대위가 인정된다.
③ 잔존물대위는 보험의 목적의 일부가 멸실한 경우에도 성립한다.
④ 보험금을 일부 지급한 경우 피보험자의 권리를 해하지 않는 범위 내에서 청구권대위가 인정된다.

해설 콕

보험의 목적의 전부가 멸실한 경우에 보험금액의 전부를 지급한 보험자는 그 목적에 대한 피보험자의 권리를 취득한다(상법 제681조). 즉 잔존물대위는 보험의 목적이 전부멸실, 즉 전손되어야 한다.

24 일부보험에 관한 설명으로 옳지 않은 것은?

① 일부보험에 관한 상법의 규정은 강행규정으로 당사자간 다른 약정으로 손해보상액을 보험금액의 한도로 변경할 수 없다.
② 일부보험의 경우 당사자 간에 다른 약정이 없는 때에는 보험자는 보험금액의 보험가액에 대한 비율에 따라 보상할 책임을 진다.
③ 일부보험은 보험계약자가 보험료를 절약할 목적 등으로 활용된다.
④ 일부보험은 보험가액의 일부를 보험에 붙인 보험이다.

정답 20 ① 21 ② 22 ④ 23 ③ 24 ①

해설 콕

보험가액의 일부를 보험에 붙인 경우에는 보험자는 보험금액의 보험가액에 대한 비율에 따라 보상할 책임을 진다. 그러나 당사자 간에 다른 약정이 있는 때에는 보험자는 보험금액의 한도 내에서 그 손해를 보상할 책임을 진다(상법 제674조). 즉 일부보험에 관한 상법의 규정은 임의규정으로 당사자간 다른 약정으로 손해보상액을 보험금액의 한도로 변경할 수 있다.

25 손해액의 산정기준에 관한 설명으로 옳은 것을 모두 고른 것은?

ㄱ. 보험자가 보상할 손해액은 그 손해가 발생한 때와 곳의 가액에 의하여 산정하는 것을 원칙으로 한다.
ㄴ. 보험자가 보상할 손해액에 관하여 당사자 간에 다른 약정이 있는 때에는 신품가액에 의하여 손해액을 산정할 수 있다.
ㄷ. 손해액의 산정에 관한 비용은 보험자가 부담한다.

① ㄱ
② ㄱ, ㄴ
③ ㄱ, ㄷ
④ ㄱ, ㄴ, ㄷ

해설 콕

ㄱ. (O) 보험자가 보상할 손해액은 그 손해가 발생한 때와 곳의 가액에 의하여 산정한다(상법 제676조 제1항).
ㄴ. (O) 당사자 간에 다른 약정이 있는 때에는 그 신품가액에 의하여 손해액을 산정할 수 있다(상법 제676조 제1항 단서).
ㄷ. (O) 손해액의 산정에 관한 비용은 보험자의 부담으로 한다(상법 제676조 제2항).

26 농어업재해보험법령상 가축재해보험의 목적물이 아닌 것은?

① 소　② 오 리
③ 개　④ 타 조

해설 콕

가축재해보험의 목적물

가축재해보험	소 · 말 · 돼지 · 닭 · 오리 · 꿩 · 메추리 · 칠면조 · 사슴 · 거위 · 타조 · 양 · 벌 · 토끼 · 오소리 · 관상조
	위 가축의 축사(부대시설 포함)

농업재해보험에서 보상하는 보험목적물의 범위

재해보험의 종류	보험목적물
농작물재해보험	사과 · 배 · 포도 · 단감 · 감귤 · 복숭아 · 참다래 · 자두 · 감자 · 콩 · 양파 · 고추 · 옥수수 · 고구마 · 마늘 · 매실 · 벼 · 오디 · 차 · 느타리버섯 · 양배추 · 밀 · 유자 · 무화과 · 메밀 · 인삼 · 브로콜리 · 양송이버섯 · 새송이버섯 · 배추 · 무 · 파 · 호박 · 당근 · 팥 · 살구 · 시금치 · 보리 · 시설(수박 · 딸기 · 토마토 · 오이 · 참외 · 풋고추 · 호박 · 국화 · 장미 · 멜론 · 파프리카 · 부추 · 시금치 · 상추 · 배추 · 가지 · 파 · 무 · 백합 · 카네이션 · 미나리 · 쑥갓)
	위 농작물의 재배시설(부대시설 포함)
임산물재해보험	떫은감 · 밤 · 대추 · 복분자 · 표고버섯 · 오미자 · 호두
	위 임산물의 재배시설(부대시설 포함)
가축재해보험	소 · 말 · 돼지 · 닭 · 오리 · 꿩 · 메추리 · 칠면조 · 사슴 · 거위 · 타조 · 양 · 벌 · 토끼 · 오소리 · 관상조(觀賞鳥)
	위 가축의 축사(부대시설 포함)

27 농어업재해보험법령상 재해보험사업의 약정을 체결하려는 자가 농림축산식품부장관 또는 해양수산부장관에게 제출하여야 하는 서류에 해당하지 않는 것은?

① 정 관
② 사업방법서
③ 보험약관
④ 보험요율의 산정자료

정답 25 ④ 26 ③ 27 ④

해설 콕

약정을 체결하려는 자는 다음의 서류를 농림축산식품부장관 또는 해양수산부장관에게 제출하여야 한다(농어업재해보험법 제8조 제3항, 동법 시행령 제10조 제3항).

1. 사업방법서, 보험약관, 보험료 및 책임준비금산출방법서
2. 그 밖에 대통령령으로 정하는 서류(정관)

28 농어업재해보험법령상 재해보험의 종류에 따른 보험가입자의 기준에 해당하지 않는 것은?

① 농작물재해보험 : 농업재해보험심의회를 거쳐 농림축산식품부장관이 고시하는 농작물을 재배하는 개인

② 임산물재해보험 : 농업재해보험심의회를 거쳐 농림축산식품부장관이 고시하는 임산물을 재배하는 법인

③ 가축재해보험 : 농업재해보험심의회를 거쳐 농림축산식품부장관이 고시하는 가축을 사육하는 개인

④ 양식수산물재해보험 : 어업재해보험심의회를 거쳐 해양수산부장관이 고시하는 자연수산물을 채취하는 법인

해설 콕

보험가입자의 기준(농어업재해보험법 제7조, 동법 시행령 제9조)

재해보험에 가입할 수 있는 자는 농림업, 축산업, 양식수산업에 종사하는 개인 또는 법인으로 하고, 구체적인 보험가입자의 기준은 다음의 구분에 따른다.

- **농작물재해보험** : 농업재해보험심의회를 거쳐 농림축산식품부장관이 고시하는 농작물을 재배하는 자
- **임산물재해보험** : 농업재해보험심의회를 거쳐 농림축산식품부장관이 고시하는 임산물을 재배하는 자
- **가축재해보험** : 농업재해보험심의회를 거쳐 농림축산식품부장관이 고시하는 가축을 사육하는 자
- **양식수산물재해보험** : 어업재해보험심의회를 거쳐 해양수산부장관이 고시하는 양식수산물을 양식하는 자

29 농어업재해보험법령상 가축재해보험의 손해평가인으로 위촉될 수 있는 자격요건을 갖춘 자는?

① 「수의사법」에 따른 수의사

② 농촌진흥청에서 가축사육분야에 관한 연구・지도 업무를 1년간 담당한 공무원

③ 「수산업협동조합법」에 따른 중앙회와 조합의 임직원으로 수산업지원 관련 업무를 3년간 담당한 경력이 있는 사람

④ 재해보험 대상 가축을 3년간 사육한 경력이 있는 농업인

가축재해보험의 손해평가인으로 위촉될 수 있는 자격요건(농어업재해보험법 시행령 별표 2)

1. 재해보험 대상 가축을 5년 이상 사육한 경력이 있는 농업인
2. 공무원으로 농림축산식품부, 농촌진흥청, 통계청 또는 지방자치단체나 그 소속기관에서 가축사육 분야에 관한 연구·지도 또는 가축 통계조사 업무를 3년 이상 담당한 경력이 있는 사람
3. 교원으로 고등학교에서 가축사육 분야 관련 과목을 5년 이상 교육한 경력이 있는 사람
4. 조교수 이상으로 「고등교육법」 제2조에 따른 학교에서 가축사육 관련학을 3년 이상 교육한 경력이 있는 사람
5. 「보험업법」에 따른 보험회사의 임직원이나 「농업협동조합법」에 따른 중앙회와 조합의 임직원으로 영농 지원 또는 보험·공제 관련 업무를 3년 이상 담당하였거나 손해평가 업무를 2년 이상 담당한 경력이 있는 사람
6. 「고등교육법」 제2조에 따른 학교에서 가축사육 관련학을 전공하고 축산전문 연구기관 또는 연구소에서 5년 이상 근무한 학사학위 이상 소지자
7. 「고등교육법」 제2조에 따른 전문대학에서 보험 관련 학과를 졸업한 사람
8. 「학점인정 등에 관한 법률」 제8조에 따라 전문대학의 보험 관련 학과 졸업자와 같은 수준 이상의 학력이 있다고 인정받은 사람이나 「고등교육법」 제2조에 따른 학교에서 80학점(보험 관련 과목 학점이 45학점 이상이어야 한다) 이상을 이수한 사람 등 제7호에 해당하는 사람과 같은 수준 이상의 학력이 있다고 인정되는 사람
9. 「수의사법」에 따른 수의사
10. 「국가기술자격법」에 따른 축산기사 이상의 자격을 소지한 사람

30 「농어업재해보험법령」상 손해평가사의 시험에 관한 설명으로 옳은 것은?

① 손해평가사 자격이 취소된 사람은 그 취소 처분이 있은 날부터 2년이 지나지 아니한 경우 손해평가사 자격시험에 응시하지 못한다.

② 「보험업법」에 따른 손해사정사에 대하여는 손해평가사 제1차 시험을 면제할 수 없다.

③ 농림축산식품부장관은 손해평가사의 수급(需給)상 필요와 무관하게 손해평가사 자격시험을 매년 1회 실시하여야 한다.

④ 손해평가인으로 위촉된 기간이 3년 이상인 사람으로서 손해평가업무를 수행한 경력이 있는 사람은 손해평가사 제2차 시험의 일부과목을 면제한다.

해설 콕

① 농어업재해보험법 제11조의4 제4항 제2호
② 「보험업법」에 따른 손해사정사에 대하여는 손해평가사 제1차 시험을 면제할 수 있다(농어업재해보험법 제11조의4 제2항, 동법 시행령 제12조의5 제1항 제2호).
③ 손해평가사 자격시험은 매년 1회 실시한다. 다만, 농림축산식품부장관이 손해평가사의 수급(需給)상 필요하다고 인정하는 경우에는 2년마다 실시할 수 있다(농어업재해보험법 시행령 제12조의2 제1항).
④ 손해평가인으로 위촉된 기간이 3년 이상인 사람으로서 손해평가업무를 수행한 경력이 있는 사람은 손해평가사 제1차 시험을 면제한다(농어업재해보험법 시행령 제12조의5 제2항).

정답 28 ④ 29 ① 30 ①

31 「농어업재해보험법」상 손해평가사가 그 직무를 게을리 하거나 직무를 수행하면서 부적절한 행위를 하였다고 인정될 경우, 농림축산식품부장관이 손해평가사에게 명할 수 있는 업무정지의 최장 기간은?

① 6개월　　② 1년
③ 2년　　④ 3년

해설 콕

농림축산식품부장관은 손해평가사가 그 직무를 게을리하거나 직무를 수행하면서 부적절한 행위를 하였다고 인정하면 1년 이내의 기간을 정하여 업무의 정지를 명할 수 있다(농어업재해보험법 제11조의6 제1항).

32 「농어업재해보험법」상 손해평가사의 자격 취소의 사유에 해당하지 않는 것은? 기출수정

① 손해평가사가 다른 사람에게 자격증을 대여한 경우
② 손해평가사가 정당한 사유 없이 손해평가 업무를 거부한 경우
③ 손해평가사가 다른 사람에게 손해평가사의 명의를 사용하게 한 경우
④ 손해평가사가 그 자격을 부정한 방법으로 취득한 경우

해설 콕

손해평가사의 자격 취소(농어업재해보험법 제11조의5 제1항)
농림축산식품부장관은 다음 각 호의 어느 하나에 해당하는 사람에 대하여 손해평가사 자격을 취소할 수 있다. 다만, 제1호 및 제5호에 해당하는 경우에는 자격을 취소하여야 한다.

1. 손해평가사의 자격을 거짓 또는 부정한 방법으로 취득한 사람
2. 거짓으로 손해평가를 한 사람
3. 다른 사람에게 손해평가사의 명의를 사용하게 하거나 그 자격증을 대여한 사람
4. 손해평가사 명의의 사용이나 자격증의 대여를 알선한 사람
5. 업무정지 기간 중에 손해평가 업무를 수행한 사람

33 농어업재해보험법령의 내용으로 옳지 않은 것은?

① 보험가입자는 재해로 인한 사고의 예방을 위하여 노력하여야 한다.
② 보험목적물이 담보로 제공된 경우에도 재해보험의 보험금을 지급받을 권리는 압류할 수 없다.
③ 재해보험가입자가 재해보험에 가입된 보험목적물을 양도하는 경우 그 양수인은 재해보험계약에 관한 양도인의 권리 및 의무를 승계한 것으로 추정한다.
④ 재해보험사업자는 손해평가인으로 위촉된 사람에 대하여 보험에 관한 기초지식, 보험약관 및 손해평가요령 등에 관한 실무교육을 하여야 한다.

해설 콕

보험목적물이 담보로 제공된 경우에는 재해보험의 보험금을 지급받을 권리를 압류할 수 있다(농어업재해보험법 제12조 제1항).
① 농어업재해보험법 제10조의2 제1항
③ 농어업재해보험법 제13조
④ 농어업재해보험법 시행령 제12조 제2항

34 농업재해보험 손해평가요령에 따른 손해평가반 구성에 포함될 수 있는 자를 모두 고른 것은?

ㄱ. 손해평가인	ㄴ. 손해평가사
ㄷ. 재물손해사정사	ㄹ. 신체손해사정사

① ㄱ, ㄴ
② ㄴ, ㄷ
③ ㄱ, ㄴ, ㄷ
④ ㄱ, ㄴ, ㄷ, ㄹ

해설 콕

손해평가반 구성(농업재해보험 손해평가요령 제8조 제2항)
손해평가반은 다음 각 호의 어느 하나에 해당하는 자를 1인 이상 포함하여 5인 이내로 구성한다.
1. 제2조 제2호에 따른 손해평가인
2. 제2조 제3호에 따른 손해평가사
3. 「보험업법」 제186조에 따른 손해사정사

35 농어업재해보험법상 회계구분에 관한 내용이다. (　　)에 들어갈 용어는?

> (　　　)은(는) 재해보험사업의 회계를 다른 회계와 구분하여 회계처리함으로써 손익관계를 명확히 하여야 한다.

① 손해평가사
② 농림축산식품부장관
③ 재해보험사업자
④ 지방자치단체의 장

해설 콕

(재해보험사업자)는 재해보험사업의 회계를 다른 회계와 구분하여 회계처리함으로써 손익관계를 명확히 하여야 한다(농어업재해보험법 제15조).

정답 31 ② 32 ② 33 ② 34 ④ 35 ③

36 농어업재해보험법에서 사용하는 용어의 정의로 옳지 않은 것은?

① "농어업재해보험"이란 농어업재해로 발생하는 재산 피해에 따른 손해를 보상하기 위한 보험을 말한다.

② "보험료"란 보험가입자와 보험사업자 간의 약정에 따라 보험가입자가 보험사업자에게 내야하는 금액을 말한다.

③ "보험가입금액"이란 보험가입자의 재산 피해에 따른 손해가 발생한 경우 보험에서 최대로 보상할 수 있는 한도액으로서 보험가입자와 보험사업자 간에 약정한 금액을 말한다.

④ "보험금"이란 보험가입자에게 재해로 인한 재산 피해에 따른 손해가 발생한 경우 그 정도에 따라 정부가 보험가입자에게 지급하는 금액을 말한다.

해설 콕

"보험금"이란 보험가입자에게 재해로 인한 재산 피해에 따른 손해가 발생한 경우 보험가입자와 보험사업자 간의 약정에 따라 보험사업자가 보험가입자에게 지급하는 금액을 말한다(농어업재해보험법 제2조 제5호).

37 농어업재해보험법령상 농림축산식품부장관이 재보험에 가입하려는 재해보험사업자와 재보험약정 체결시 포함되어야 할 사항으로 옳지 않은 것은?

① 재보험수수료

② 정부가 지급하여야 할 보험금

③ 농어업재해재보험기금의 운용수익금

④ 재해보험사업자가 정부에 내야 할 보험료

해설 콕

농림축산식품부장관 또는 해양수산부장관은 재보험에 가입하려는 재해보험사업자와 다음 각 호의 사항이 포함된 재보험약정을 체결하여야 한다(농어업재해보험법 제20조 제2항).

1. 재해보험사업자가 정부에 내야 할 보험료(**재보험료**)에 관한 사항
2. 정부가 지급하여야 할 보험금(**재보험금**)에 관한 사항
3. 그 밖에 재보험수수료 등 재보험약정에 관한 것으로서 대통령령으로 정하는 사항

38 농어업재해보험법령상 농어업재해재보험기금의 관리·운용에 관한 설명으로 옳지 않은 것은?

① 기금은 농림축산식품부장관이 해양수산부장관과 협의하여 관리·운용한다.
② 농림축산식품부장관은 기획재정부장관과 협의를 거쳐 기금의 관리·운용에 관한 사무의 전부를 농업정책보험금융원에 위탁할 수 있다.
③ 기금수탁관리자는 회계연도마다 기금결산보고서를 작성하여 다음 회계연도 2월 15일까지 농림축산식품부장관 및 해양수산부장관에게 제출하여야 한다.
④ 농림축산식품부장관은 해양수산부장관과 협의하여 기금의 여유자금을 「은행법」에 따른 은행에의 예치의 방법으로 운용할 수 있다.

해설 콕

농림축산식품부장관은 해양수산부장관과 협의를 거쳐 기금의 관리·운용에 관한 사무의 일부를 농업정책보험금융원에 위탁할 수 있다(농어업재해보험법 제24조 제2항).
① 농어업재해보험법 제24조 제1항
③ 농어업재해보험법 시행령 제19조 제1항
④ 농어업재해보험법 시행령 제20조 제1호

39 농어업재해보험법령상 재정지원에 관한 설명으로 옳은 것은?

① 정부는 재해보험가입자가 부담하는 보험료와 재해보험사업자의 재해보험의 운영 및 관리에 필요한 비용을 지원하여야 한다.
② 지방자치단체는 재해보험사업자의 운영비를 추가로 지원하여야 한다.
③ 농림축산식품부장관·해양수산부장관 및 지방자치단체의 장은 보험료의 일부를 재해보험가입자에게 지급하여야 한다.
④ 「풍수해보험법」에 따른 풍수해보험에 가입한 자가 동일한 보험목적물을 대상으로 재해보험에 가입할 경우에는 정부가 재정지원을 하지 아니한다.

해설 콕

④ 농어업재해보험법 제19조 제3항
① 정부는 예산의 범위에서 재해보험가입자가 부담하는 보험료의 일부와 재해보험사업자의 재해보험의 운영 및 관리에 필요한 비용(운영비)의 전부 또는 일부를 지원할 수 있다(농어업재해보험법 제19조 제1항).
② 지방자치단체는 예산의 범위에서 재해보험가입자가 부담하는 보험료의 일부를 추가로 지원할 수 있다(농어업재해보험법 제19조 제1항).
③ 농림축산식품부장관·해양수산부장관 및 지방자치단체의 장은 지원 금액을 재해보험사업자에게 지급하여야 한다(농어업재해보험법 제19조 제2항).

정답 36 ④ 37 ③ 38 ② 39 ④

40 농어업재해보험법상 농림축산식품부장관이 농작물 재해보험사업을 효율적으로 추진하기 위하여 수행하는 업무로 옳지 않은 것은?

① 피해 관련 분쟁조정
② 손해평가인력의 육성
③ 재해보험 상품의 연구 및 보급
④ 손해평가기법의 연구·개발 및 보급

해설 콕

농림축산식품부장관 또는 해양수산부장관은 재해보험사업을 효율적으로 추진하기 위하여 다음 각 호의 업무를 수행한다(농어업재해보험법 제25조의2 제1항).

1. 재해보험사업의 관리·감독
2. 재해보험 상품의 연구 및 보급
3. 재해 관련 통계 생산 및 데이터베이스 구축·분석
4. 손해평가인력의 육성
5. 손해평가기법의 연구·개발 및 보급

41 농어업재해보험법상 농작물재해보험에 관한 손해평가사 업무로 옳지 않은 것은?

① 손해액 평가
② 보험가액 평가
③ 피해사실 확인
④ 손해평가인증의 발급

손해평가인증은 재보험사업자가 발급하여야 한다(농업재해보험 손해평가요령 제4조 제1항).

손해평가사의 업무(농어업재해보험법 제11조의3)
손해평가사는 농작물재해보험 및 가축재해보험에 관하여 다음 각 호의 업무를 수행한다.

1. 피해사실의 확인
2. 보험가액 및 손해액의 평가
3. 그 밖의 손해평가에 필요한 사항

42 농어업재해보험법령상 재해보험사업자가 수립하는 보험가입촉진계획에 포함되어야 할 사항에 해당하지 않는 것은?

① 농어업재해재보험기금 관리 · 운용계획
② 해당 연도의 보험상품 운영계획
③ 보험상품의 개선 · 개발계획
④ 전년도의 성과분석 및 해당 연도의 사업계획

해설 콕

보험가입촉진계획에 포함되어야 할 사항(농어업재해보험법 시행령 제22조의2 제1항)
보험가입촉진계획에는 다음 각 호의 사항이 포함되어야 한다.
1. 전년도의 성과분석 및 해당 연도의 사업계획
2. 해당 연도의 보험상품 운영계획
3. 농어업재해보험 교육 및 홍보계획
4. 보험상품의 개선 · 개발계획
5. 그 밖에 농어업재해보험 가입 촉진을 위하여 필요한 사항

43 농업재해보험 손해평가요령에 따른 손해평가 업무를 원활히 수행하기 위하여 손해평가보조인을 운용할 수 있는 자를 모두 고른 것은?

ㄱ. 재해보험사업자
ㄴ. 재해보험사업자의 업무를 위탁받은 자
ㄷ. 손해평가를 요청한 보험가입자
ㄹ. 재해발생 지역의 지방자치단체

① ㄱ
② ㄷ
③ ㄱ, ㄴ
④ ㄱ, ㄷ, ㄹ

해설 콕

재해보험사업자 및 재해보험사업자의 업무를 위탁받은 자는 손해평가 업무를 원활히 수행하게 하기 위하여 손해평가보조인을 운용할 수 있다(농업재해보험 손해평가요령 제4조 제3항).

정답 40 ① 41 ④ 42 ① 43 ③

44 농업재해보험 손해평가요령에 따른 농작물의 손해평가 단위는?

① 농가별
② 농지별
③ 필지(지번)별
④ 품종별

손해평가 단위(농업재해보험 손해평가요령 제12조 제1항)
보험목적물별 손해평가 단위는 다음 각 호와 같다.
1. **농작물** : 농지별
2. **가축** : 개별가축별(단, 벌은 벌통 단위)
3. **농업시설물** : 보험가입 목적물별

45 농업재해보험 손해평가요령에 따른 손해평가인 위촉의 취소 사유에 해당하지 않는 것은?

① 업무수행과 관련하여 「개인정보보호법」을 위반한 경우
② 위촉 당시 피성년후견인이었음이 판명된 경우
③ 거짓 그 밖의 부정한 방법으로 손해평가인으로 위촉된 경우
④ 「농어업재해보험법」 제30조에 의하여 벌금 이상의 형을 선고받고 그 집행이 종료된 날로부터 2년이 경과되지 않은 경우

해설 콕

업무수행과 관련하여 「개인정보보호법」을 위반한 경우에는 6개월 이내의 기간을 정하여 그 업무의 정지를 명하거나 그 위촉을 해지할 수 있다(농업재해보험 손해평가요령 제6조 제2항 제3호).

손해평가인 위촉의 취소 사유(농업재해보험 손해평가요령 제6조 제1항)
1. 피성년후견인 또는 피한정후견인
2. 파산선고를 받은 자로서 복권되지 아니한 자
3. 「농어업재해보험법」 제30조에 의하여 벌금 이상의 형을 선고받고 그 집행이 종료(집행이 종료된 것으로 보는 경우를 포함한다)되거나 집행이 면제된 날로부터 2년이 경과되지 아니한 자
4. 위촉이 취소된 후 2년이 경과하지 아니한 자
5. 거짓 그 밖의 부정한 방법으로 손해평가인으로 위촉된 자
6. 업무정지 기간 중에 손해평가업무를 수행한 자

46 농업재해보험 손해평가요령에 따른 보험가액 산정에 관한 설명으로 옳지 않은 것은?

① 농작물의 생산비보장 보험가액은 작물별로 보험가입 당시 정한 보험가액을 기준으로 산정한다. 다만, 보험가액에 영향을 미치는 가입면적 등이 가입 당시와 다를 경우 변경할 수 있다.

② 나무손해보장 보험가액은 기재된 보험목적물이 나무인 경우로 최초 보험사고발생 시의 해당 농지 내에 심어져 있는 과실생산이 가능한 나무에서 피해 나무를 제외한 수에 보험가입 당시의 나무당 가입가격을 곱하여 산정한다.

③ 가축에 대한 보험가액은 보험사고가 발생한 때와 곳에서 평가한 보험목적물의 수량에 적용가격을 곱하여 산정한다.

④ 농업시설물에 대한 보험가액은 보험사고가 발생한 때와 곳에서 평가한 피해목적물의 재조달가액에서 내용연수에 따른 감가상각률을 적용하여 계산한 감가상각액을 차감하여 산정한다.

해설 콕

나무손해보장의 보험가액은 기재된 보험목적물이 나무인 경우로 최초 보험사고발생 시의 해당 농지 내에 심어져 있는 과실생산이 가능한 나무 수(피해 나무 수 포함)에 보험가입 당시의 나무당 가입가격을 곱하여 산정한다(농업재해보험 손해평가요령 제13조 제1항 제5호).

① 농업재해보험 손해평가요령 제13조 제1항 제4호
③ 농업재해보험 손해평가요령 제14조 제1항
④ 농업재해보험 손해평가요령 제15조 제1항

47 농업재해보험 손해평가요령상 농작물의 품목별 · 재해별 · 시기별 손해수량 조사방법 중 적과전 종합위험방식 상품 "사과"에 관한 기술이다. ( )에 들어갈 내용으로 옳은 것은?

기출수정

생육시기	재 해	조사시기	조사내용
적과후 ~ 수확기 종료	보상하는 재해	사고접수 후 지체 없이	( )

① 유과타박률조사
② 적과후 착과수조사
③ 낙과피해조사
④ 수확전 착과피해조사

해설 콕

적과전 종합위험방식 상품 "사과"의 손해수량 조사방법

생육시기	재 해	조사내용	조사시기	조사방법
적과후 ~ 수확기 종료	보상하는 재해	(낙과피해조사)	사고접수 후 지체 없이	재해로 인하여 떨어진 피해과실수를 조사 • 낙과피해조사는 보험약관에서 정한 과실 피해분류기준에 따라 구분하여 조사 • 조사방법 : 전수조사 또는 표본조사

48 **농업재해보험 손해평가요령에 따른 손해평가준비 및 평가결과 제출에 관한 설명으로 옳지 않은 것은?**

① 손해평가반은 손해평가결과를 기록할 수 있도록 현지조사서를 직접 마련해야 한다.
② 손해평가반은 보험가입자가 정당한 사유 없이 서명을 거부하는 경우 보험가입자에게 손해평가 결과를 통지한 후 서명 없이 현지조사서를 재해보험사업자에게 제출하여야 한다.
③ 손해평가반은 보험가입자가 정당한 사유 없이 손해평가를 거부하여 손해평가를 실시하지 못한 경우에는 그 피해를 인정할 수 없는 것으로 평가한다는 사실을 보험가입자에게 통지한 후 현지조사서를 재해보험사업자에게 제출하여야 한다.
④ 재해보험사업자는 보험가입자가 손해평가반의 손해평가결과에 대하여 설명 또는 통지를 받은 날로부터 7일 이내에 손해평가가 잘못되었음을 증빙하는 서류 또는 사진 등을 제출하는 경우 다른 손해평가반으로 하여금 재조사를 실시하게 할 수 있다.

해설 콕

재해보험사업자는 손해평가반이 실시한 손해평가결과를 기록할 수 있도록 현지조사서를 마련하여야 한다(농업재해보험 손해평가요령 제10조 제1항).
② 농업재해보험 손해평가요령 제10조 제3항 단서
③ 농업재해보험 손해평가요령 제10조 제4항
④ 농업재해보험 손해평가요령 제10조 제5항

49 **농업재해보험 손해평가요령상 농작물의 품목별 · 재해별 · 시기별 손해수량 조사방법 중 종합위험방식 상품인 "벼"에만 해당하는 조사내용으로 옳은 것은?**

① 피해사실확인조사
② 재이앙(재직파)조사
③ 경작불능조사
④ 수확량조사

해설 콕

재이앙(재직파)조사
- **해당 상품** : 종합위험방식 상품인 "벼"에만 해당
- **조사시기** : 사고접수 후 지체 없이
- **조사방법** : 해당 농지에 보상하는 손해로 인하여 재이앙(재직파)이 필요한 면적 또는 면적비율을 조사 (전수조사 또는 표본조사)

50 농업재해보험 손해평가요령상 농작물의 보험금 산정기준에 따른 종합위험방식 수확감소보장 "양파"의 경우, 다음의 조건으로 산정한 보험금은?

- 보험가입금액 : 1,000만원
- 자기부담비율 : 20%
- 가입수확량 : 10,000kg
- 평년수확량 : 20,000kg
- 수확량 : 5,000kg
- 미보상감수량 : 1,000kg

① 300만원　　② 400만원
③ 500만원　　④ 600만원

보험금 = 보험가입금액 × (피해율 − 자기부담비율)
- 피해율 = (평년수확량 − 수확량 − 미보상감수량) ÷ 평년수확량
  = (20,000kg − 5,000kg − 1,000kg) ÷ 20,000kg = 0.7(= 70%)
- 보험금 = 1,000만원 × (70% − 20%) = 500만원

51 과수 분류시 인과류에 속하는 것은?

① 자 두
② 포 도
③ 감 귤
④ 사 과

해설 콕

인과류(꽃턱이 발달하여 과육부를 형성한 것)에 속하는 것에는 배, 사과 등이 있다. 자두는 핵과류, 포도는 장과류, 감귤은 준인과류에 속한다.

52 작물 재배에 있어서 질소(N)에 관한 설명으로 옳지 않은 것은?

① 질산태(NO_3^-)와 암모늄태(NH_4^+)로 식물에 흡수된다.
② 작물체 건물 중의 많은 함량을 차지하는 중요한 무기성분이다.
③ 콩과작물은 질소 시비량이 적고, 벼과작물은 시비량이 많다.
④ 결핍증상은 늙은 조직보다 어린 생장점에서 먼저 나타난다.

해설 콕

질소화합물은 늙은 조직에서 어린 생장점으로 이동하므로 결핍증상은 늙은 조직에서 먼저 나타나며, 결국 엽록소가 소실되어 황백화 현상이 일어난다.

53 작물 재배시 건조해의 대책으로 옳지 않은 것은?

① 중경제초
② 질소비료 과용
③ 내건성 작물 및 품종 선택
④ 증발억제제 살포

해설 콕

질소비료를 과용하면 호흡작용이 왕성해지고 내병성이 약해져서 관수해가 커진다.

TIP 건조해(가뭄해)의 대책
- 관 개
- 내건성 작물과 품종의 선택
- 토양수분의 보유력 증대와 증발억제 : 토양입단의 조성, 드라이파밍(Dry Farming), 피복, 중경제초, 증발억제제의 살포 등

54 재배시 산성토양에 가장 약한 작물은?

① 벼　　② 콩
③ 감 자　　④ 수 박

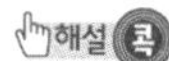

산성토양에 가장 강한 작물은 벼, 감자, 수박, 귀리, 기장, 호밀 등이며, 산성토양에 가장 약한 작물은 콩, 팥, 보리, 시금치, 양파 등이다.

55 작물 재배시 습해의 대책이 아닌 것은?

① 배 수
② 토양 개량
③ 황산근비료 시용
④ 내습성 작물과 품종 선택

황산근비료의 시용을 피하고, 표층시비를 하여 뿌리를 지표면 가까이로 유도한다. 뿌리의 흡수장해가 보이면 엽면시비를 꾀한다.

56 작물의 필수원소는?

① 염소(Cl)
② 규소(Si)
③ 코발트(Co)
④ 나트륨(Na)

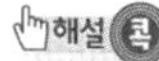

작물생육에 필수원소(16원소)는 탄소(C)·산소(O)·수소(H)·질소(N)·인(P)·칼륨(K)·칼슘(Ca)·마그네슘(Mg)·황(S)·철(Fe)·망간(Mn)·구리(Cu)·아연(Zn)·붕소(B)·몰리브덴(Mo)·염소(Cl) 등이다. 규소(Si), 코발트(Co), 나트륨(Na)은 필수원소는 아니지만 필요에 따라 작물의 생리작용에 관여한다.

정답 51 ④ 52 ④ 53 ② 54 ② 55 ③ 56 ①

57 작물 재배시 하고(夏枯)현상으로 옳지 않은 것은?

① 화이트클로버는 피해가 크고, 레드클로버는 피해가 경미하다.
② 다년생인 북방형 목초에서 여름철에 생장이 현저히 쇠퇴하는 현상이다.
③ 고온, 건조, 장일, 병충해, 잡초무성의 원인으로 발생한다.
④ 대책으로는 관개, 혼파, 방목이 있다.

해설 콕

하고(夏枯)현상이란 북방형 목초에서 여름철 무더위에 생육이 일시 정지되거나 고사하는 현상을 말하는 것으로 레드클로버는 피해가 크고, 화이트클로버는 피해가 경미하다.

58 다음이 설명하는 냉해는?

ㄱ. 냉온에 대한 저항성이 약한 시기인 감수분열기에 저온에 노출되어 수분수정이 안 되어 불임현상이 초래되는 냉해를 말한다.
ㄴ. 냉온에 의한 생육부진으로 외부 병균의 침입에 대한 저항성이 저하되어 병이 발생하는 냉해를 말한다.

	ㄱ	ㄴ
①	지연형 냉해	병해형 냉해
②	병해형 냉해	혼합형 냉해
③	장해형 냉해	병해형 냉해
④	혼합형 냉해	장해형 냉해

냉해의 구분

- **지연형 냉해** : 생육초기부터 출수기에 걸쳐서 냉온에 의해 출수가 지연되거나 등숙이 지연되어 등숙불량을 초래하는 냉해이다.
- **장해형 냉해** : 생식세포의 감수분열기에 냉온에 의해서 정상적인 생식기관이 형성되지 못하거나 수정 등에 장해를 일으켜 불임이상이 나타나는 냉해이다.
- **혼합형 냉해** : 지연형 냉해와 장해형 냉해가 겹쳐서 발생하는 경우로 병행형 냉해라고도 한다.
- **병해형 냉해** : 냉온 하에서 질소대사 이상 및 광합성 감퇴로 도열병균 등의 번식이 용이해져서 병이 발생하는 냉해이다.

59 다음에서 내한성(耐寒性)이 가장 강한 작물(A)과 가장 약한 작물(B)은?

① A : 사 과
　B : 서양배
② A : 사 과
　B : 유럽계 포도
③ A : 복숭아
　B : 서양배
④ A : 복숭아
　B : 유럽계 포도

해설 콕

사과는 내한성이 강하여 -30℃까지 견딜 수 있으며, 유럽계 포도는 서양배보다도 내한성이 약하기 때문에 우리나라에서는 노지에서 경제적인 재배가 곤란하다.

내한성(耐寒性) 작물의 한계온도
사과(-30℃) > 서양배(-27℃) > 미국계 포도(-22℃) > 복숭아(-20℃) > 유럽계 포도(-15℃)

60 장일일장 조건에서 개화가 유도 · 촉진되는 작물을 모두 고른 것은?

ㄱ. 상 추	ㄴ. 고 추
ㄷ. 딸 기	ㄹ. 시금치

① ㄱ, ㄴ　② ㄱ, ㄹ
③ ㄴ, ㄷ　④ ㄷ, ㄹ

해설 콕

장일식물(보통 16~18시간 조명)에 해당되는 작물은 상추와 시금치이다.
고추는 중성식물이고, 딸기는 단일식물이다.

정답 57 ① 58 ③ 59 ② 60 ②

61 작물 외관의 착색에 관한 설명으로 옳지 않은 것은?

① 작물 재배시 광이 없을 때에는 에티올린(Etiolin)이라는 담황색 색소가 형성되어 황백화현상을 일으킨다.

② 엽채류에서는 적색광과 청색광에서 엽록소의 형성이 가장 효과적이다.

③ 작물 재배시 광이 부족하면 엽록소의 형성이 저해된다.

④ 과일의 안토시안은 비교적 고온에서 생성이 조장되며 볕이 잘 쬘 때에 착색이 좋아진다.

해설 콕

사과, 포도, 딸기 등의 과일에는 안토시안(Anthocyan) 색소가 형성되어 착색되는데 안토시안은 비교적 저온에서 생성이 조장되고, 자외선이나 자색광이 효과적이며, 볕이 잘 쬘 때에 착색이 좋아진다.

62 우리나라의 과수 우박피해에 관한 설명으로 옳은 것은?

ㄱ. 피해 시기는 주로 착과기와 성숙기에 해당된다.
ㄴ. 다음해의 안정적인 결실을 위해 피해과원의 모든 과실을 제거한다.
ㄷ. 피해 후 2차적으로 병해를 발생시키는 간접적인 피해를 유발하기도 한다.

① ㄱ, ㄴ
② ㄱ, ㄷ
③ ㄴ, ㄷ
④ ㄱ, ㄴ, ㄷ

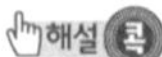

ㄴ. 우박피해 후 다음해의 안정적인 결실을 위해 피해의 정도에 따라 적과와 신초 제거 등 나무의 수세를 잘 관리해야 한다. 예를 들어 30% 이상 과일이 낙과한 사과밭의 경우 열상이 많은 가지는 제거하고, 착과량은 적정 착과량의 50% 이내로 적과해야 한다.

63 과수원의 태풍피해 대책으로 옳지 않은 것은?

① 방풍림으로 교목과 관목의 혼합 식재가 효과적이다.

② 방풍림은 바람의 방향과 직각 방향으로 심는다.

③ 과수원 내의 빈 공간 확보는 태풍피해를 경감시켜 준다.

④ 왜화도가 높은 대목은 지주 결속으로 피해를 줄여준다.

해설 콕

과수원 내의 빈 공간이 있으면 바람이 통과하는 길이 되어 태풍피해가 증가한다.

64 사과 과원에서 병해충종합관리(IPM)에 해당되지 않는 것은?

① 응애류 천적 제거
② 성페로몬 이용
③ 초생재배 실시
④ 생물농약 활용

병해충종합관리(IPM)에서는 응애류 천적을 이용하는 생물적 방제(Biological Controls)를 활용한다.

병해충종합관리(IPM)

다양한 병해충 방제기술을 동원하여 병해충 발생량을 경제적 피해수준 이하로 유지시킴으로써 병해충 방제효과의 경제성을 확보하고 환경과 인축에 미치는 위험은 최소화시키는 병해충관리전략이다.

- **수용가능한 병해충 발생 수준** : 병해충에 의하여 발생하는 농작물의 피해가 경제적 허용한계 수준 이하로 유지될 수 있는 병해충 발생량, 즉 병해충을 박멸시키는 것을 목표로 하지 않고 병해충에 의한 피해허용 수준을 정하는 것
- **병해충 발생 감시와 기상관측** : 병해충 발생 상황에 대한 정기적인 조사(병해충 피해증상에 대한 육안조사, 해충과 병원균 포자 채집, 병원균과 해충에 대한 동정) 및 기상관측자료 수집
- **예방적 경종기술** : 재배지역에 적합한 병해충 저항성 품종 선택, 병해충 전염원의 사전 제거 및 윤작 등과 같이 병해충 발생을 예방하여 작물을 건강하게 키우는 경종기술
- **물리적 방제** : 병해충 발생 초기에 피해 식물체 제거, 해충의 습성을 이용한 유인포집기 설치, 해충 이동을 막을 수 있는 모기장 설치 등
- **생물적 방제** : 환경피해가 없고 비용이 적게 드는 천적과 유용미생물 등을 활용
- **화학적 방제** : 가능한 화학농약 사용을 최소화하여 환경을 보전하고, 안전한 농산물을 생산하기 위해 특정 병충해에 작용하는 선택적 농약을 사용

65 다음 설명의 영양번식 방법은?

- 양취법(楊取法)이라고도 한다.
- 오래된 가지를 발근시켜 떼어낼 때 사용한다.
- 발근시키고자 하는 부분에 미리 박피를 해준다.

① 성토법(盛土法)
② 선취법(先取法)
③ 고취법(高取法)
④ 당목취법(撞木取法)

정답 61 ④ 62 ② 63 ③ 64 ① 65 ③

해설 콕

고취법(高取法)은 가지나 줄기를 땅 속에 묻을 수 없는 경우에 높은 곳에서 발근시키는 방법으로 양취법(楊取法)이라고도 한다.

① 성토법(盛土法)은 어미 나무를 짧게 잘라 여기에서 여러 개의 가지가 나오게 한 다음, 이 새 가지에 흙을 성토하여 발근시키며, 뽕나무, 사과, 양앵두, 자두 등에 이용된다.

② 선취법(先取法)은 가지의 선단부를 휘어묻는 방법으로 가지의 끝부분에 상처를 내고 발근시킨다.

④ 당목취법(撞木取法)은 가지를 수평으로 묻는 방법으로 각 마디에서 새가지를 발근시킨다.

66 다음의 과수원 토양관리 방법은?

- 과수원 관리가 쉽다.
- 양분용탈이 발생한다.
- 토양침식으로 입단형성이 어렵다.

① 초생재배
② 피복재배
③ 부초재배
④ 청경재배

청경재배는 김을 매서 잡초가 자라지 못하게 하거나, 제초제를 사용하여 잡초를 깨끗하게 제거하는 방법이다. 과수원 관리가 쉽고 노동력(비용)이 적게 드는 장점이 있는 반면, 양분용탈이 발생하고 토양침식으로 입단형성이 어려운 단점이 있다.

① 초생재배는 풀을 키워 지표면을 피복하는 방법으로 과원의 표토유실을 방지하고, 풀을 베어 퇴비로 사용함으로써 토양 유기물이 증가되어 비옥도를 높인다.

② 피복재배는 볏짚, 보리짚, 풀, 왕겨, 톱밥 등을 지표면에 덮어주는 방법으로 멀칭재배라고도 한다.

③ 부초재배는 풀이나 유기물을 이용하여 토양의 표면을 피복하는 방법으로 토양수분의 증발을 억제하고 빗방울과 빗물에 의한 표토의 유실을 방지한다.

67 작물의 육묘에 관한 설명으로 옳지 않은 것은?

① 수확기 및 출하기를 앞당길 수 있다.
② 육묘용 상토의 pH는 낮을수록 좋다.
③ 노지정식 전 경화과정(Hardening)이 필요하다.
④ 육묘와 재배의 분업화가 가능하다.

해설 콕

육묘용 상토는 pH 5.5~6.8이 적당하다.

68 호냉성 채소작물은?

① 상추, 가지
② 시금치, 고추
③ 오이, 토마토
④ 양배추, 딸기

해설 콕

호냉성 채소는 20℃ 안팎의 서늘한 온도에서 잘 생육되는 채소작물로, 상추, 시금치, 양배추, 딸기 등이 있다.
①·②·③ 가지, 고추, 오이, 토마토는 호온성 채소작물이다.

69 작물의 생육과정에서 칼슘결핍에 의해 나타나는 증상으로만 짝지어진 것은?

① 배추 잎끝마름증상, 토마토 배꼽썩음증상
② 토마토 배꼽썩음증상, 장미 로제트증상
③ 장미 로제트증상, 고추 청고증상
④ 고추 청고증상, 배추 잎끝마름증상

해설 콕

장미 로제트증상은 파이토플라스마(*C. Phytoplasma*)에 의한 병이고, 고추 청고증상(풋마름병)은 병원세균에 의한 병이다.

TIP

칼슘결핍으로 나타나는 증상
- **상추/백합/부추/양파/대파/마늘** : 잎끝마름증상
- **수박/고추/토마토** : 배꼽썩음병증상
- **참외** : 속이 물이 차는 물찬참외증상
- **대파/양파/벼** : 도복(쓰러짐)현상
- **배추** : 잎끝마름증상, 황화현상, 속썩음현상

70 채소작물 재배시 에틸렌에 의한 현상이 아닌 것은?

① 토마토 열매의 엽록소 분해를 촉진한다.
② 가지의 꼭지에서 이층(離層)형성을 촉진한다.
③ 아스파라거스의 육질 연화를 촉진한다.
④ 상추의 갈색 반점을 유발한다.

해설 콕

에틸렌(Ethylene)은 과일의 숙성, 개화와 노화 및 부패, 낙엽 현상 등을 일으킨다. 에틸렌에 의한 피해는 과일의 경우 일반적으로 숙성의 진행에 따른 과육의 연화현상이 관찰되지만, 아스파라거스와 같은 줄기 채소의 경우 조직이 질겨지는 육질 경화를 촉진한다.

71 시설 내의 온도를 낮추기 위해 시설의 벽면 위 또는 아래에서 실내로 세무(細霧)를 분사시켜 시설 상부에 설치된 풍량형 환풍기로 공기를 뽑아내는 냉각방법은?

① 팬 앤드 포그
② 팬 앤드 패드
③ 팬 앤드 덕트
④ 팬 앤드 팬

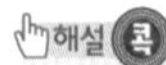

팬 앤드 포그(fan and fog) 방식은 외부에 설치된 분무실 사이로 외부공기를 통과 냉각시킨 후 냉각공기 및 공기와 함께 이동한 작은 물입자를 실내에 유입시키는 방법으로 시설 상부에 풍량형 환풍기를 설치한다.

72 화훼작물의 플러그묘 생산에 관한 옳은 설명을 모두 고른 것은?

ㄱ. 좁은 면적에서 대량육묘가 가능하다.
ㄴ. 최적의 생육조건으로 다양한 규격묘 생산이 가능하다.
ㄷ. 노동집약적이며, 관리가 용이하다.
ㄹ. 정밀기술이 요구된다.

① ㄱ, ㄴ, ㄷ
② ㄱ, ㄴ, ㄹ
③ ㄱ, ㄷ, ㄹ
④ ㄴ, ㄷ, ㄹ

해설 콕

ㄷ. 플러그묘는 노동력이 절감되고, 운반이 용이하다.

73 화훼작물의 진균병이 아닌 것은?

① *Fusarium*에 의한 시들음병
② *Botrytis*에 의한 잿빛곰팡이병
③ *Xanthomonas*에 의한 잎반점병
④ *Colletotrichum*에 의한 탄저병

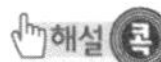

*Xanthomonas*에 의한 잎반점병은 세균병으로 토마토, 고추, 피망 등의 작물에서 볼 수 있다.

74 다음 과수 접목법의 분류기준은?

절접, 아접, 할접, 혀접, 호접

① 접목부위에 따른 분류
② 접목장소에 따른 분류
③ 접목시기에 따른 분류
④ 접목방법에 따른 분류

해설 콕

과수 접목법의 분류기준
- **접목위치에 따른 분류** : 고접, 근두접, 복접, 근접, 이중접
- **접목장소에 따른 분류** : 거접, 양접
- **접목시기에 따른 분류** : 봄접, 여름접, 가을접
- **접목방법에 따른 분류** : 절접, 아접, 할접, 혀접(설접), 호접, 박피접, 교접 등

75 다음이 설명하는 시설재배용 플라스틱 피복재는?

- 보온성이 떨어진다.
- 광투과율이 높고 연질피복재이다.
- 표면에 먼지가 잘 부착되지 않는다.
- 약품에 대한 내성이 크고 가격이 싸다.

① 폴리에틸렌(PE)필름
② 염화비닐(PVC)필름
③ 에틸렌아세트산(EVA)필름
④ 폴리에스터(PET)필름

해설 콕

시설재배용 주요 피복재

폴리에틸렌(PE)필름	• 장파장을 많이 투과시키므로 보온성이 떨어진다. • 광투과율이 높고 연질피복재이다. • 표면에 먼지가 잘 부착되지 않는다. • 약품에 대한 내성이 크고 가격이 싸기 때문에 피복재 중 가장 많이 이용하고 있다. • 주로 하우스의 외피복, 커튼, 멀칭 및 터널 피복재료로 이용된다.
염화비닐(PVC)필름	• 연질피복재 중 보온성이 가장 높다. • 내후성과 내한성, 인열강도, 충격강도가 양호하다. • 가소제가 용출되어 먼지가 잘 달라붙기 때문에 사용 중 광선투과율이 낮아진다. • 필름끼리 서로 달라붙는 성질이 있으며, 값이 비싸다. • 소각시 독성가스나 대기오염 원인물질을 많이 발생시킨다.
에틸렌아세트산(EVA)필름	• PE필름보다 보온성, 내후성 및 방적성이 좋다. • 먼지가 적게 부착되어 덜 더러워지고, 비료와 약품에 대한 내성도 강한 편이다. • 내구성은 PE와 PVC의 중간 정도이다. • 가격은 PE보다는 비싸고 PVC보다는 싸다. • 가스발생 및 독성이 없는 편이다.
폴리에스터(PET)필름	• 두께가 0.1~0.2mm 이상인 경질피복재이다. • 광선투과율은 90% 전후로 높은 편이고, 장파장이 투과되지 않으므로 보온성이 높다. • 수명이 길어 5년 이상 사용이 가능하며, 인열강도가 보강되어 있고 방적성도 좋은 편이다.

2018년

제4회 손해평가사 1차 시험문제

제 1 과목 상법(보험편)

01 보험계약에 관한 설명으로 옳지 않은 것은?

① 보험계약은 보험자의 청약에 대하여 보험계약자가 승낙함으로써 이루어진다.
② 보험계약은 보험자의 보험금 지급책임이 우연한 사고의 발생에 달려 있으므로 사행계약의 성질을 갖는다.
③ 보험계약의 효력발생에 특별한 요식행위를 요하지 않는다.
④ 상법 보험편의 보험계약에 관한 규정은 그 성질에 반하지 아니하는 범위에서 상호보험에 준용한다.

해설 콕

보험계약은 보험계약자의 청약에 대하여 보험자가 승낙함으로써 이루어진다.
② 보험계약의 사행계약성
③ 보험계약의 불요식성
④ 상법 제664조

02 보험약관의 교부 · 설명의무에 관한 설명으로 옳은 것을 모두 고른 것은? (다툼이 있으면 판례에 따름)

ㄱ. 고객이 약관의 내용을 충분히 잘 알고 있는 경우에는 보험자가 고객에게 그 약관의 내용을 따로 설명하지 않아도 되나, 그러한 따로 설명할 필요가 없는 특별한 사정은 이를 주장하는 보험자가 입증하여야 한다.
ㄴ. 약관에 정하여진 중요한 사항이라면 설사 거래상 일반적이고 공통된 것이어서 보험계약자가 별도의 설명 없이도 충분히 예상할 수 있었던 사항이라 할지라도 보험자는 설명의무를 부담한다.
ㄷ. 약관의 내용이 이미 법령에 의하여 정하여진 것을 되풀이 하는 것에 불과한 경우에는 고객에게 이를 따로 설명하지 않아도 된다.

① ㄱ　② ㄱ, ㄴ
③ ㄱ, ㄷ　④ ㄱ, ㄴ, ㄷ

해설 콕

ㄱ. (○) 약관의 규제에 관한 법률 제3조의 규정에 의하여 보험자는 보험계약을 체결할 때에 보험계약자에게 보험약관에 기재되어 있는 보험상품의 내용, 보험료율의 체계, 보험청약서상 기재사항의 변동 및 보험자의 면책사유 등 보험계약의 중요한 내용에 대하여 구체적이고 상세한 명시·설명의무를 지고 있으므로, 만일 보험자가 이러한 보험약관의 명시·설명의무에 위반하여 보험계약을 체결한 때에는 그 약관의 내용을 보험계약의 내용으로 주장할 수 없지만, 보험약관의 중요한 내용에 해당하는 사항이라 하더라도 보험계약자나 그 대리인이 그 내용을 충분히 잘 알고 있는 경우에는 당해 약관이 바로 계약 내용이 되어 당사자에 대하여 구속력을 가지므로 보험자로서는 보험계약자 또는 그 대리인에게 약관의 내용을 따로 설명할 필요가 없으며, 이 경우 보험계약자나 그 대리인이 그 약관의 내용을 충분히 잘 알고 있다는 점은 이를 주장하는 보험자 측에서 입증하여야 한다(대법원 2003. 8. 22. 선고 2003다27054 판결).

ㄴ. (×) 약관에 정하여진 사항이라고 하더라도 거래상 일반적이고 공통된 것이어서 보험계약자가 별도의 설명 없이도 충분히 예상할 수 있었던 사항이라면 보험자는 설명의무를 부담하지 않는다(대법원 2007. 4. 27. 선고 2006다87453 판결).

ㄷ. (○) 약관의 내용이 이미 법령에 의하여 정하여진 것을 되풀이하거나 부연하는 정도에 불과한 사항이라면, 보험자에게 설명의무가 없다(대법원 2007. 4. 27. 선고 2006다87453 판결).

03 보험증권에 관한 설명으로 옳은 것은?

① 보험기간을 정한 때에는 그 시기와 종기는 상법상 손해보험증권의 기재사항에 해당하지 않는다.

② 기존의 보험계약을 연장하는 경우에 보험자는 그 보험증권에 그 사실을 기재함으로써 보험증권의 교부에 갈음할 수 있다.

③ 보험계약의 당사자는 보험증권의 교부가 있은 날로부터 2주간 내에 한하여 그 증권내용의 정부에 관한 이의를 할 수 있음을 약정할 수 있다.

④ 보험증권을 현저하게 훼손한 때에는 보험계약자는 보험자에 대하여 증권의 재교부를 청구할 수 있는데 그 증권작성의 비용은 보험자의 부담으로 한다.

해설 콕

② 상법 제640조 제2항

① 보험기간을 정한 때에는 그 시기와 종기를 손해보험증권에 기재하고 보험자가 기명날인 또는 서명하여야 한다(상법 제666조 제5호).

③ 보험계약의 당사자는 보험증권의 교부가 있은 날로부터 일정한 기간 내에 한하여 그 증권내용의 정부에 관한 이의를 할 수 있음을 약정할 수 있다. 이 기간은 1월을 내리지 못한다(상법 제641조).

④ 보험증권을 멸실 또는 현저하게 훼손한 때에는 보험계약자는 보험자에 대하여 증권의 재교부를 청구할 수 있다. 그 증권작성의 비용은 보험계약자의 부담으로 한다(상법 제642조).

04 보험계약에 관한 설명으로 옳지 않은 것은?

① 보험계약 당사자 쌍방과 피보험자가 보험계약 당시 보험사고가 발생할 수 없는 것임을 알고 있었던 때에는 그 계약은 무효로 한다.

② 대리인에 의하여 보험계약을 체결한 경우에 대리인이 안 사유는 그 본인이 안 것과 동일한 것으로 한다.

③ 보험계약은 그 계약전의 어느 시기를 보험기간의 시기로 할 수 있다.

④ 보험계약 당시에 보험사고가 이미 발생한 때에는 당사자 쌍방과 피보험자가 이를 알지 못한 때에도 그 계약은 무효이다.

해설 콕

① 보험계약자 또는 피보험자가 보험계약 당시 보험사고가 발생할 수 없는 것임을 알고 있었던 때에는 그 계약은 무효로 한다(상법 제644조).
② 상법 제646조
③ 상법 제643조
④ 보험계약 당시에 보험사고가 이미 발생한 때에는 그 계약은 무효로 하지만, 당사자 쌍방과 피보험자가 이를 알지 못한 때에는 그러하지 아니하다(상법 제644조).

05 보험대리상 등의 권한에 관한 설명으로 옳은 것은?

① 보험계약자로부터 청약, 고지, 통지, 해지, 취소 등 보험계약에 관한 의사표시를 수령할 수 있는 보험대리상의 권한을 보험자가 제한한 경우 보험자는 그 제한을 이유로 선의의 보험계약자에게 대항하지 못한다.

② 보험자는 보험계약자로부터 보험료를 수령할 수 있는 보험대리상의 권한을 제한할 수 없다.

③ 특정한 보험자를 위하여 계속적으로 보험계약의 체결을 중개하는 자라 할지라도 보험대리상이 아니면 보험자가 작성한 보험증권을 보험계약자에게 교부할 수 있는 권한이 없다.

④ 보험대리상은 보험계약자에게 보험계약의 체결, 변경, 해지 등 보험계약에 관한 의사표시를 할 수 있는 권한이 없다.

해설 콕

① 상법 제646조의2 제1항 제3호, 제2항 단서
② 보험자는 보험대리상의 권한 중 일부를 제한할 수 있다(상법 제646조의2 제2항).
③ 보험대리상이 아니면서 특정한 보험자를 위하여 계속적으로 보험계약의 체결을 중개하는 자는 보험계약자로부터 보험료를 수령할 수 있는 권한(보험자가 작성한 영수증을 보험계약자에게 교부하는 경우만 해당한다) 및 보험자가 작성한 보험증권을 보험계약자에게 교부할 수 있는 권한이 있다(상법 제646조의2 제3항).
④ 보험대리상은 보험계약자에게 보험계약의 체결, 변경, 해지 등 보험계약에 관한 의사표시를 할 수 있는 권한이 있다(상법 제646조의2 제1항 제4호).

정답 03 ② 04 ①, ④ 05 ①

06 상법(보험편)에 관한 설명이다. 옳지 않은 것은 몇 개인가?

- 계속보험료가 약정한 시기에 지급되지 아니한 때에는 보험자는 다른 절차 없이 바로 그 계약을 해지할 수 있다.
- 보험계약의 당사자가 특별한 위험을 예기하여 보험료의 액을 정한 경우에 보험기간 중 그 예기한 위험이 소멸한 때에는 보험계약자는 그 후의 보험료의 감액을 청구할 수 있다.
- 보험기간 중에 보험계약자 또는 피보험자가 사고발생의 위험이 현저하게 변경 또는 증가된 사실을 안 때에는 지체 없이 보험자에게 통지하여야 한다.

① 0개
② 1개
③ 2개
④ 3개

해설 콕

- (×) 계속보험료가 약정한 시기에 지급되지 아니한 때에는 보험자는 상당한 기간을 정하여 보험계약자에게 최고하고 그 기간 내에 지급되지 아니한 때에는 그 계약을 해지할 수 있다(상법 제650조 제2항).
- (○) 보험계약의 당사자가 특별한 위험을 예기하여 보험료의 액을 정한 경우에 보험기간 중 그 예기한 위험이 소멸한 때에는 보험계약자는 그 후의 보험료의 감액을 청구할 수 있다(상법 제647조).
- (○) 보험기간 중에 보험계약자 또는 피보험자가 사고발생의 위험이 현저하게 변경 또는 증가된 사실을 안 때에는 지체 없이 보험자에게 통지하여야 한다(상법 제652조 제1항).

07 고지의무에 관한 설명으로 옳지 않은 것은?

① 보험계약 당시에 보험계약자 또는 피보험자가 고의 또는 중대한 과실로 인하여 중요한 사항을 부실의 고지를 한 때에는 보험자는 그 사실을 안 날로부터 3년 내에 계약을 해지할 수 있다.
② 보험자가 서면으로 질문한 사항은 중요한 사항으로 추정한다.
③ 손해보험의 피보험자는 고지의무자에 해당한다.
④ 보험자가 계약 당시에 고지의무위반의 사실을 알았거나 중대한 과실로 인하여 알지 못한 때에는 보험자는 그 계약을 해지할 수 없다.

해설 콕

보험계약 당시에 보험계약자 또는 피보험자가 고의 또는 중대한 과실로 인하여 중요한 사항을 고지하지 아니하거나 부실의 고지를 한 때에는 보험자는 그 사실을 안 날로부터 1월 내에, 계약을 체결한 날로부터 3년 내에 한하여 계약을 해지할 수 있다(상법 제651조).
② 상법 제651조의2
③ 고지의무자는 보험계약자와 피보험자이다.
④ 상법 제651조 단서

08 B는 A의 위임을 받아 A를 위하여 자신의 명의로 보험자 C와 손해보험계약을 체결하였다(단, B는 C에게 A를 위한 계약임을 명시하였고, A에게는 피보험이익이 존재함). 다음 설명으로 옳지 않은 것은? (다툼이 있으면 판례에 따름)

① A는 당연히 보험계약의 이익을 받는 자이므로, 특별한 사정이 없는 한 B의 동의 없이 보험금지급청구권을 행사할 수 있다.

② B가 파산선고를 받은 경우 A가 그 권리를 포기하지 아니하는 한 A도 보험료를 지급할 의무가 있다.

③ 만일 A의 위임이 없었다면 B는 이를 C에게 고지하여야 한다.

④ A는 위험변경증가의 통지의무를 부담하지 않는다.

해설 콕

타인을 위한 보험에 대한 설명이다. A는 손해보험에서는 피보험자, 인보험에서는 보험수익자이므로, 사고발생의 위험이 현저하게 변경 또는 증가된 사실을 안 때에는 지체 없이 보험자에게 통지하여야 한다(상법 제652조 제1항).

① 피보험자 또는 보험수익자는 수익의 의사를 표시하지 않더라도 당연히 그 계약의 이익을 받으므로, 보험사고가 발생하면 직접 보험자에 대하여 보험금, 그 밖의 급여청구권을 갖는다(상법 제639조 제1항).
② 보험계약자(B)가 파산선고를 받거나 보험료의 지급을 지체한 때에는 그 타인(A)이 그 권리를 포기하지 아니하는 한 그 타인도 보험료를 지급할 의무가 있다(상법 제639조 제3항).
③ 손해보험계약의 경우 타인의 위임이 없으면 보험계약자(B)는 이를 보험자(C)에게 고지하여야 한다(상법 제639조 제1항 단서).

09 상법(보험편)에 관한 설명으로 옳은 것은?

① 보험사고가 발생하기 전에 보험계약의 전부 또는 일부를 해지하는 경우에 보험계약자는 당사자 간에 다른 약정이 없으면 미경과보험료의 반환을 청구할 수 없다.

② 보험계약자는 계약 체결 후 지체 없이 보험료의 전부 또는 제1회 보험료를 지급하여야 하며, 보험계약자가 이를 지급하지 아니하는 경우에는 다른 약정이 없는 한 계약 성립 후 2월이 경과하면 그 계약은 해제된 것으로 본다.

③ 고지의무위반으로 인하여 보험계약이 해지되고 해지환급금이 지급되지 아니한 경우에 보험계약자는 일정한 기간 내에 연체보험료에 약정이자를 붙여 보험자에게 지급하고 그 계약의 부활을 청구할 수 있다.

④ 보험계약의 일부가 무효인 경우에는 보험계약자와 피보험자에게 중대한 과실이 있어도 보험자에 대하여 보험료 일부의 반환을 청구할 수 있다.

정답 06 ② 07 ① 08 ④ 09 ②

해설 콕

② 상법 제650조 제1항
① 보험사고가 발생하기 전에 보험계약의 전부 또는 일부를 해지하는 경우에 보험계약자는 당사자 간에 다른 약정이 없으면 미경과보험료의 반환을 청구할 수 있다(상법 제649조 제3항).
③ 계속보험료가 약정한 시기에 지급되지 아니하여 보험계약이 해지되고 해지환급금이 지급되지 아니한 경우에 보험계약자는 일정한 기간 내에 연체보험료에 약정이자를 붙여 보험자에게 지급하고 그 계약의 부활을 청구할 수 있다(상법 제650조의2).
④ 보험계약의 전부 또는 일부가 무효인 경우에 보험계약자와 피보험자가 선의이며 중대한 과실이 없는 때에는 보험자에 대하여 보험료의 전부 또는 일부의 반환을 청구할 수 있다(상법 제648조).

10 위험변경증가의 통지와 보험계약해지에 관한 설명으로 옳지 않은 것은?

① 보험기간 중에 보험계약자 또는 피보험자가 사고발생의 위험이 현저하게 변경 또는 증가된 사실을 안 때에는 지체 없이 보험자에게 통지하여야 한다.
② 보험자가 위험변경증가의 통지를 받은 때에는 1월 내에 보험료의 증액을 청구하거나 계약을 해지할 수 있다.
③ 위험변경증가의 통지를 해태한 때에는 보험자는 그 사실을 안 날로부터 1월 내에 한하여 계약을 해지할 수 있다.
④ 보험사고가 발생한 후라도 보험자가 위험변경통지의 해태로 계약을 해지하였을 때에는 보험금을 지급할 책임이 없고, 이미 지급한 보험금의 반환도 청구할 수 없다.

해설 콕

보험사고가 발생한 후라도 보험자가 위험변경통지의 해태(상법 제652조)에 따라 계약을 해지하였을 때에는 보험금을 지급할 책임이 없고, 이미 지급한 보험금의 반환을 청구할 수 있다(상법 제655조).
① 상법 제652조 제1항
② 상법 제652조 제2항
③ 상법 제653조

11 보험사고발생의 통지의무에 관한 설명으로 옳지 않은 것은?

① 보험사고발생의 통지의무자가 보험사고의 발생을 안 때에는 지체 없이 보험자에게 그 통지를 발송하여야 한다.
② 보험사고발생의 통지의무자는 보험계약자 또는 피보험자나 보험수익자이다.
③ 통지의 방법으로는 구두, 서면 등이 가능하다.
④ 보험자는 보험계약자가 보험사고발생의 통지의무를 해태하여 증가된 손해라도 이를 포함하여 보상할 책임이 있다.

해설 콕

보험계약자 또는 피보험자나 보험수익자가 통지의무를 해태함으로 인하여 손해가 증가된 때에는 보험자는 그 증가된 손해를 보상할 책임이 없다(상법 제657조 제2항).

12 보험자의 보험금액 지급과 면책에 관한 설명으로 옳지 않은 것은?

① 약정기간이 없는 경우에는 보험자는 보험사고발생의 통지를 받은 후 지체 없이 지급할 보험금액을 정하여야 한다.

② 보험자가 보험금액을 정하면 정하여진 날부터 10일 내에 보험금액을 지급하여야 한다.

③ 보험사고가 전쟁 기타의 변란으로 인하여 생긴 때에는 보험자의 보험금액 지급책임에 대하여 당사자 간에 다른 약정을 할 수 없다.

④ 보험사고가 보험계약자의 고의 또는 중대한 과실로 인하여 생긴 때에는 보험자는 보험금액을 지급할 책임이 없다.

해설 콕

상법 제660조에 따르면, 보험사고가 전쟁 기타의 변란으로 인하여 생긴 때에는 당사자 간에 다른 약정이 없으면 보험자는 보험금액을 지급할 책임이 없다고 규정되어 있다. 즉 다른 약정이 있으면, 보험자는 보험금액을 지급할 책임이 있게 된다.
①·② 상법 제658조
④ 상법 제659조

13 상법 제662조(소멸시효)에 관한 설명으로 옳지 않은 것은?

① 보험료의 반환청구권은 2년간 행사하지 아니하면 시효의 완성으로 소멸한다.

② 적립금의 반환청구권은 3년간 행사하지 아니하면 시효의 완성으로 소멸한다.

③ 보험금청구권은 3년간 행사하지 아니하면 시효의 완성으로 소멸한다.

④ 보험료청구권은 2년간 행사하지 아니하면 시효의 완성으로 소멸한다.

해설 콕

보험금청구권은 3년간, 보험료 또는 적립금의 반환청구권은 3년간, 보험료청구권은 2년간 행사하지 아니하면 시효의 완성으로 소멸한다.

정답 10 ④ 11 ④ 12 ③ 13 ①

14 상법 제663조(보험계약자 등의 불이익변경금지)에 관한 설명으로 옳지 않은 것은?

① 상법 보험편의 규정은 가계보험에서 당사자 간의 특약으로 피보험자의 불이익으로 변경하지 못한다.

② 상법 보험편의 규정은 재보험에서 당사자 간의 특약으로 피보험자의 불이익으로 변경하지 못한다.

③ 상법 보험편의 규정은 가계보험에서 당사자 간의 특약으로 보험계약자의 불이익으로 변경하지 못한다.

④ 상법 보험편의 규정은 해상보험에서 당사자 간의 특약으로 피보험자의 불이익으로 변경할 수 있다.

해설 콕

상법 보험편의 규정은 당사자 간의 특약으로 보험계약자 또는 피보험자나 보험수익자의 불이익으로 변경하지 못한다. 그러나 재보험 및 해상보험 기타 이와 유사한 보험의 경우에는 그러하지 아니하다.

15 상법 제666조(손해보험증권)의 기재사항으로 옳은 것을 모두 고른 것은?

ㄱ. 보험사고의 성질
ㄴ. 무효와 실권의 사유
ㄷ. 보험증권의 작성지와 그 작성연월일
ㄹ. 보험계약자의 주민등록번호

① ㄱ　　② ㄴ, ㄹ
③ ㄱ, ㄴ, ㄷ　　④ ㄴ, ㄷ, ㄹ

해설 콕

손해보험증권의 기재사항(상법 제666조)

1. 보험의 목적
2. 보험사고의 성질
3. 보험금액
4. 보험료와 그 지급방법
5. 보험기간을 정한 때에는 그 시기와 종기
6. 무효와 실권의 사유
7. 보험계약자의 주소와 성명 또는 상호
8. 피보험자의 주소, 성명 또는 상호
9. 보험계약의 연월일
10. 보험증권의 작성지와 그 작성연월일

16 초과보험에 관한 설명으로 옳은 것은?

① 초과보험은 보험계약 목적의 가액이 보험금액을 현저하게 초과한 보험이다.
② 보험계약자의 사기로 인하여 체결된 때의 초과보험은 무효로 한다.
③ 초과보험에서 보험료의 감액은 소급하여 그 효력이 있다.
④ 보험가액이 보험기간 중에 현저하게 감소된 때에는 초과보험에 관한 규정이 적용되지 않는다.

해설 콕

② 상법 제669조 제4항
① 초과보험은 보험금액이 보험계약 목적의 가액을 현저하게 초과한 보험이다.
③ 초과보험에서 보험료의 감액은 장래에 대하여서만 그 효력이 있다.
④ 보험가액이 보험기간 중에 현저하게 감소된 때에는 초과보험에 관한 규정이 적용된다(상법 제669조 제3항).

17 기평가보험과 미평가보험에 관한 설명으로 옳지 않은 것은?

① 당사자 간에 보험계약 체결시 보험가액을 미리 약정하는 보험은 기평가보험이다.
② 기평가보험에서 보험가액은 사고발생 시의 가액으로 정한 것으로 추정한다. 그러나 그 가액이 사고발생 시의 가액을 현저하게 초과할 때에는 사고발생 시의 가액을 보험가액으로 한다.
③ 미평가보험이란 보험사고의 발생 이전에는 보험가액을 산정하지 않고, 그 이후에 산정하는 보험을 말한다.
④ 미평가보험은 보험계약 체결 당시의 가액을 보험가액으로 한다.

해설 콕

미평가보험은 사고발생 시의 가액을 보험가액으로 한다(상법 제671조).

18 재보험에 관한 설명으로 옳지 않은 것은? (다툼이 있으면 판례에 따름)

① 재보험에 대하여도 제3자에 대한 보험자대위가 적용된다.
② 재보험은 원보험자가 인수한 위험의 전부 또는 일부를 분산시키는 기능을 한다.
③ 재보험계약은 원보험계약의 효력에 영향을 미친다.
④ 재보험자는 손해보험의 원보험자와 재보험계약을 체결할 수 있다.

정답 14 ② 15 ③ 16 ② 17 ④ 18 ③

해설 콕

재보험계약은 원보험계약의 효력에 영향을 미치지 아니한다(상법 제661조).

① 재보험자가 원보험자에게 재보험금을 지급하면 원보험자가 취득한 제3자에 대한 권리는 지급한 재보험금의 한도에서 다시 재보험자에게 이전된다(대법원 2013. 2. 14. 선고 2010다94908 판결).

② 재보험은 어떤 보험자가 인수한 보험계약상의 책임의 전부 또는 일부를 다른 보험자에게 인수시키는 보험이다(상법 제661조).

④ 보험자는 원보험이 손해보험이든 인보험이든 불문하고 보험사고로 인하여 부담할 책임의 전부 또는 일부에 대하여 다른 보험자와 재보험계약을 체결할 수 있다.

19 중복보험에 관한 설명으로 옳지 않은 것은?

① 동일한 보험계약의 목적과 동일한 사고에 관하여 수개의 보험계약이 동시에 또는 순차로 체결된 경우에 그 보험가액의 총액이 보험금액을 초과한 때에는 보험자는 각자의 보험금액의 한도에서 연대책임을 진다.

② 중복보험의 경우 보험자 1인에 대한 피보험자의 권리의 포기는 다른 보험자의 권리의무에 영향을 미치지 않는다.

③ 중복보험의 경우에는 보험계약자는 각 보험자에 대하여 각 보험계약의 내용을 통지하여야 한다.

④ 사기에 의한 중복보험계약은 무효이나 보험자는 그 사실을 안 때까지의 보험료를 청구할 수 있다.

해설 콕

동일한 보험계약의 목적과 동일한 사고에 관하여 수개의 보험계약이 동시에 또는 순차로 체결된 경우에 그 보험금액의 총액이 보험가액을 초과한 때에는 보험자는 각자의 보험금액의 한도에서 연대책임을 진다(상법 제672조 제1항).

② 상법 제673조

③ 상법 제672조 제2항

④ 상법 제672조 제3항

20 일부보험에 관한 설명으로 옳지 않은 것은?

① 일부보험이란 보험금액이 보험가액에 미달하는 보험을 말한다.

② 일부보험은 계약 체결 당시부터 의식적으로 약정하는 경우도 있고, 계약 성립 후 물가의 인상으로 인하여 자연적으로 발생하는 경우도 있다.

③ 일부보험에서는 보험자의 보상책임에 관하여 당사자 간에 다른 약정을 할 수 없다.

④ 의식적 일부보험의 여부는 계약 체결 시의 보험가액을 기준으로 판단한다.

당사자 간에 다른 약정이 있는 때에는 보험자는 보험금액의 한도 내에서 그 손해를 보상할 책임을 진다(상법 제674조).

21 손해보험에서 손해액 산정에 관한 설명으로 옳지 않은 것은?

① 보험자가 보상할 손해액은 그 손해가 발생한 때와 곳의 가액에 의하여 산정한다. 그러나 당사자 간에 다른 약정이 있는 때에는 그 신품가액에 의하여 손해액을 산정할 수 있다.

② 보험자가 손해를 보상할 경우에 보험료의 지급을 받지 아니한 잔액이 있어도 보상할 금액에서 이를 공제할 수 없다.

③ 손해보상은 원칙적으로 금전으로 하지만 당사자의 합의로 손해의 전부 또는 일부를 현물로 보상할 수 있다.

④ 손해액의 산정에 관한 비용은 보험자의 부담으로 한다.

해설 콕

보험자가 손해를 보상할 경우에 보험료의 지급을 받지 아니한 잔액이 있으면 그 지급기일이 도래하지 아니한 때라도 보상할 금액에서 이를 공제할 수 있다(상법 제677조).

① 상법 제676조 제1항

③ 보험금은 금전으로 지급하는 것이 원칙이나, 당사자 사이에 특약이 있는 경우에는 현물급여 또는 다른 급여 등의 방법으로도 할 수 있다.

④ 상법 제676조 제2항

22 화재보험에 관한 설명으로 옳지 않은 것은?

① 화재보험계약의 보험자는 화재로 인하여 생긴 손해를 보상할 책임이 있다.

② 화재보험자는 화재의 소방 또는 손해의 감소에 필요한 조치로 인하여 생긴 손해를 보상할 책임이 있다.

③ 화재보험증권에는 동산을 보험의 목적으로 한 때에는 그 존치한 장소의 상태와 용도를 기재하여야 한다.

④ 집합된 물건을 일괄하여 화재보험의 목적으로 하여도 피보험자의 사용인의 물건은 보험의 목적에 포함되지 않는다.

정답 19 ① 20 ③ 21 ② 22 ④

해설 콕

집합된 물건을 일괄하여 보험의 목적으로 한 때에는 피보험자의 가족과 사용인의 물건도 보험의 목적에 포함된 것으로 한다(상법 제686조).

① 상법 제683조
② 상법 제684조
③ 상법 제685조 제2호

23 손해보험에 관한 설명으로 옳은 것을 모두 고른 것은?

ㄱ. 보험의 목적의 성질, 하자 또는 자연소모로 인한 손해는 보험자가 이를 보상할 책임이 없다.
ㄴ. 피보험자가 보험의 목적을 양도한 때에는 양수인은 보험계약상의 권리와 의무를 승계한 것으로 추정한다.
ㄷ. 보험의 목적의 양도인 또는 양수인은 보험자에 대하여 지체 없이 보험목적의 양도 사실을 통지하여야 한다.
ㄹ. 손해의 방지와 경감을 위하여 보험계약자와 피보험자의 필요 또는 유익하였던 비용과 보상액이 보험금액을 초과한 경우에는 보험자가 이를 부담하지 아니한다.

① ㄱ
② ㄱ, ㄹ
③ ㄱ, ㄴ, ㄷ
④ ㄴ, ㄷ, ㄹ

해설 콕

ㄱ. (O) 상법 제678조
ㄴ. (O) 상법 제679조 제1항
ㄷ. (O) 상법 제679조 제2항
ㄹ. (×) 손해의 방지와 경감을 위하여 보험계약자와 피보험자의 필요 또는 유익하였던 비용과 보상액이 보험금액을 초과한 경우라도 보험자가 이를 부담한다(상법 제680조 제1항).

24 보험목적에 관한 보험대위에 관한 설명으로 옳지 않은 것은?

① 약관에 보험자의 대위권 포기를 정할 수 있다.
② 보험금액의 일부를 지급한 보험사도 그 목적에 대한 피보험자의 권리를 취득한다.
③ 보험가액의 일부를 보험에 붙인 경우에는 보험자가 취득할 권리는 보험금액의 보험가액에 대한 비율에 따라 이를 정한다.
④ 사고를 당한 보험목적에 대하여 피보험자가 가지고 있던 권리는 법률 규정에 의하여 보험자에게 이전되는 것으로 물권변동의 절차를 요하지 않는다.

보험의 목적의 전부가 멸실한 경우에 보험금액의 전부를 지급한 보험자는 그 목적에 대한 피보험자의 권리를 취득한다. 그러나 보험가액의 일부를 보험에 붙인 경우에는 보험자가 취득할 권리는 보험금액의 보험가액에 대한 비율에 따라 이를 정한다(상법 제681조).

25 화재보험에 관한 설명으로 옳지 않은 것은?

① 집합된 물건을 일괄하여 화재보험의 목적으로 하여도 피보험자의 가족의 물건은 화재보험의 목적에 포함되지 않는다.

② 집합된 물건을 일괄하여 화재보험의 목적으로 한 때에는 그 목적에 속한 물건이 보험기간 중에 수시로 교체된 경우에도 보험사고의 발생 시에 현존하는 물건은 화재보험의 목적에 포함된 것으로 한다.

③ 건물을 화재보험의 목적으로 한 때에는 그 소재지, 구조와 용도는 화재보험증권의 기재사항이다.

④ 유가증권은 화재보험증권에 기재하여 화재보험의 목적으로 할 수 있다.

해설 콕

집합된 물건을 일괄하여 보험의 목적으로 한 때에는 피보험자의 가족과 사용인의 물건도 보험의 목적에 포함된 것으로 한다. 이 경우에는 그 보험은 그 가족 또는 사용인을 위하여서도 체결한 것으로 본다(상법 제686조).

② 상법 제687조

③ 상법 제685조 제1호

④ 화재보험의 목적으로는 유체물로서 동산 또는 부동산도 포함되며, 유가증권·서화 등은 보험증권에 기재하여야만 보험의 목적이 된다.

정답 23 ③ 24 ② 25 ①

26 농어업재해보험법상 용어에 관한 설명이다. (　　)에 들어갈 내용은?

> "시범사업"이란 농어업재해보험사업을 전국적으로 실시하기 전에 보험의 효용성 및 보험 실시 가능성 등을 검증하기 위하여 일정기간 (　　　　)에서 실시하는 보험사업을 말한다.

① 보험대상 지역
② 재해 지역
③ 담당 지역
④ 제한된 지역

해설 콕

"시범사업"이란 농어업재해보험사업을 전국적으로 실시하기 전에 보험의 효용성 및 보험 실시 가능성 등을 검증하기 위하여 일정기간 (**제한된 지역**)에서 실시하는 보험사업을 말한다(농어업재해보험법 제2조 제6호).

27 농어업재해보험법령상 농업재해보험심의회 위원을 해촉할 수 있는 사유로 명시된 것이 아닌 것은?

① 심신장애로 인하여 직무를 수행할 수 없게 된 경우
② 직무와 관련 없는 비위사실이 있는 경우
③ 품위손상으로 인하여 위원으로 적합하지 아니하다고 인정되는 경우
④ 위원 스스로 직무를 수행하는 것이 곤란하다고 의사를 밝히는 경우

해설 콕

농업재해보험심의회 위원의 해촉(농어업재해보험법 시행령 제3조의2)
농림축산식품부장관 또는 해양수산부장관은 농업재해보험심의회 위원이 다음 각 호의 어느 하나에 해당하는 경우에는 해당 위원을 해촉(解囑)할 수 있다.
1. 심신장애로 인하여 직무를 수행할 수 없게 된 경우
2. 직무와 관련된 비위사실이 있는 경우
3. 직무태만, 품위손상이나 그 밖의 사유로 인하여 위원으로 적합하지 아니하다고 인정되는 경우
4. 위원 스스로 직무를 수행하는 것이 곤란하다고 의사를 밝히는 경우

28 농어업재해보험법상 손해평가사의 자격 취소사유에 해당하지 않는 것은?

① 손해평가사의 자격을 거짓 또는 부정한 방법으로 취득한 사람
② 거짓으로 손해평가를 한 사람
③ 다른 사람에게 손해평가사 자격증을 대여한 사람
④ 업무수행 능력과 자질이 부족한 사람

해설 콕

손해평가사의 자격 취소(농어업재해보험법 제11조의5 제1항)
농림축산식품부장관은 다음 각 호의 어느 하나에 해당하는 사람에 대하여 손해평가사 자격을 취소할 수 있다. 다만, 제1호 및 제5호에 해당하는 경우에는 자격을 취소하여야 한다.
1. 손해평가사의 자격을 거짓 또는 부정한 방법으로 취득한 사람
2. 거짓으로 손해평가를 한 사람
3. 다른 사람에게 손해평가사의 명의를 사용하게 하거나 그 자격증을 대여한 사람
4. 손해평가사 명의의 사용이나 자격증의 대여를 알선한 사람
5. 업무정지 기간 중에 손해평가 업무를 수행한 사람

29 농어업재해보험법령상 재해보험에 관한 설명으로 옳지 않은 것은?

① 재해보험의 종류는 농작물재해보험, 임산물재해보험, 가축재해보험 및 양식수산물재해보험으로 한다.
② 재해보험에서 보상하는 재해의 범위는 해당 재해의 발생 빈도, 피해 정도 및 객관적인 손해평가방법 등을 고려하여 재해보험의 종류별로 대통령령으로 정한다.
③ 보험목적물의 구체적인 범위는 농업재해보험심의회 또는 어업재해보험심의회를 거치지 않고 농업정책보험금융원장이 고시한다.
④ 자연재해, 조수해(鳥獸害), 화재 및 보험목적물별로 농림축산식품부장관이 정하여 고시하는 병충해는 농작물·임산물 재해보험이 보상하는 재해의 범위에 해당한다.

해설 콕

보험목적물의 구체적인 범위는 보험의 효용성 및 보험 실시 가능성 등을 종합적으로 고려하여 농업재해보험심의회 또는 어업재해보험심의회를 거쳐 농림축산식품부장관 또는 해양수산부장관이 고시한다(농어업재해보험법 제5조).
① 농어업재해보험법 제4조
② 농어업재해보험법 제6조 제1항
④ 농어업재해보험법 시행령 [별표 1] 참조

30 농어업재해보험법상 보험료율의 산정에 관한 내용이다. (　　)에 들어갈 용어는?

> 농림축산식품부장관 또는 해양수산부장관과 재해보험사업의 약정을 체결한 자는 재해보험의 보험료율을 객관적이고 합리적인 통계자료를 기초로 하여 보험목적물별 또는 보상방식별로 산정하되, 대통령령으로 정하는 행정구역 단위 또는 (　　　　)로 산정하여야 한다.

① 지역 단위
② 권역 단위
③ 보험목적물 단위
④ 보험금액 단위

해설 콕

농림축산식품부장관 또는 해양수산부장관과 재해보험사업의 약정을 체결한 자(이하 "재해보험사업자"라 한다)는 재해보험의 보험료율을 객관적이고 합리적인 통계자료를 기초로 하여 보험목적물별 또는 보상방식별로 산정하되, 대통령령으로 정하는 행정구역 단위 또는 (권역 단위)로 산정하여야 한다(농어업재해보험법 제9조).

31 농어업재해보험법령상 양식수산물재해보험 손해평가인으로 위촉될 수 있는 자격요건에 해당하지 않는 자는?

① 「농수산물품질관리법」에 따른 수산물품질관리사
② 「수산생물질병관리법」에 따른 수산질병관리사
③ 「국가기술자격법」에 따른 수산양식기술사
④ 조교수로서 「고등교육법」 제2조에 따른 학교에서 수산물양식 관련학을 2년간 교육한 경력이 있는 자

해설 콕

조교수 이상으로 「고등교육법」 제2조에 따른 학교에서 수산물양식 관련학 또는 수산생명의학 관련학을 3년 이상 교육한 경력이 있는 사람이어야 한다(농어업재해보험법 시행령 별표 2).

32 농어업재해보험법령상 재해보험사업자가 보험모집 및 손해평가 등 재해보험 업무의 일부를 위탁할 수 있는 자에 해당하지 않는 것은?

① 「보험업법」 제187조에 따라 손해사정을 업으로 하는 자
② 「농업협동조합법」에 따라 설립된 지역농업협동조합
③ 「수산업협동조합법」에 따라 설립된 지구별 수산업협동조합
④ 농어업재해보험 관련 업무를 수행할 목적으로 농림축산식품부장관의 허가를 받아 설립된 영리법인

해설 콕

농어업재해보험 관련 업무를 수행할 목적으로 「민법」 제32조에 따라 농림축산식품부장관 또는 해양수산부장관의 허가를 받아 설립된 비영리법인(손해평가 관련 업무를 위탁하는 경우만 해당한다)이어야 한다(농어업재해보험법 시행령 제13조 제4호).

33 농어업재해보험법령상 농업재해보험심의회 및 분과위원회에 관한 설명으로 옳지 않은 것은?

① 심의회는 위원장 및 부위원장 각 1명을 포함한 21명 이내의 위원으로 구성한다.
② 심의회의 회의는 재적위원 3분의 1 이상의 출석으로 개의(開議)하고, 출석위원 과반수의 찬성으로 의결한다.
③ 분과위원장 및 분과위원은 심의회의 위원 중에서 전문적인 지식과 경험 등을 고려하여 위원장이 지명한다.
④ 분과위원회의 회의는 위원장 또는 분과위원장이 필요하다고 인정할 때에 소집한다.

해설 콕

심의회의 회의는 재적위원 과반수의 출석으로 개의(開議)하고, 출석위원 과반수의 찬성으로 의결한다(농어업재해보험법 시행령 제3조 제3항).
① 농어업재해보험법 제3조 제2항
③ 농어업재해보험법 시행령 제4조 제4항
④ 농어업재해보험법 시행령 제4조 제5항

정답 30 ② 31 ④ 32 ④ 33 ②

34 농어업재해보험법령상 농어업재해재보험기금의 기금수탁관리자가 농림축산식품부장관 및 해양수산부장관에게 제출해야 하는 기금결산보고서에 첨부해야 할 서류로 옳은 것을 모두 고른 것은?

ㄱ. 결산 개요	ㄴ. 수입지출결산
ㄷ. 재무제표	ㄹ. 성과보고서

① ㄱ, ㄴ
② ㄴ, ㄷ
③ ㄱ, ㄷ, ㄹ
④ ㄱ, ㄴ, ㄷ, ㄹ

해설 콕

기금결산보고서의 첨부서류(농어업재해보험법 시행령 제19조 제3항)
1. 결산 개요
2. 수입지출결산
3. 재무제표
4. 성과보고서
5. 그 밖에 결산의 내용을 명확하게 하기 위하여 필요한 서류

35 농어업재해보험법령상 농어업재해재보험기금에 관한 설명으로 옳지 않은 것은?

① 기금 조성의 재원에는 재보험금의 회수 자금도 포함된다.
② 농림축산식품부장관은 해양수산부장관과 협의하여 기금의 수입과 지출을 명확히 하기 위하여 한국은행에 기금계정을 설치하여야 한다.
③ 농림축산식품부장관은 해양수산부장관과 협의를 거쳐 기금의 관리·운용에 관한 사무의 일부를 농업정책보험금융원에 위탁할 수 있다.
④ 농림축산식품부장관은 기금의 관리·운용에 관한 사무를 위탁한 경우에는 해양수산부장관과 협의하여 소속 공무원 중에서 기금지출원과 기금출납원을 임명한다.

해설 콕

농림축산식품부장관은 기금의 관리·운용에 관한 사무를 위탁한 경우에는 해양수산부장관과 협의하여 농업정책보험금융원의 임원 중에서 기금수입담당임원과 기금지출원인행위담당임원을, 그 직원 중에서 기금지출원과 기금출납원을 각각 임명하여야 한다(농어업재해보험법 제25조 제2항).
① 농어업재해보험법 제22조 제1항 제3호
② 농어업재해보험법 시행령 제17조
③ 농어업재해보험법 제24조 제2항

36 농어업재해보험법상 손해평가사가 거짓으로 손해평가를 한 경우에 해당하는 벌칙기준은?

① 1년 이하의 징역 또는 500만원 이하의 벌금
② 1년 이하의 징역 또는 1,000만원 이하의 벌금
③ 2년 이하의 징역 또는 1,000만원 이하의 벌금
④ 2년 이하의 징역 또는 2,000만원 이하의 벌금

해설 콕

고의로 진실을 숨기거나 거짓으로 손해평가를 한 자는 1년 이하의 징역 또는 1천만원 이하의 벌금에 처한다(농어업재해보험법 제30조 제2항 제2호).

37 농어업재해보험법령상 농어업재해재보험기금의 결산에 관한 내용이다. (   )에 들어갈 내용을 순서대로 옳게 나열한 것은?

- 기금수탁관리자는 회계연도마다 기금결산보고서를 작성하여 다음 회계연도 (ㄱ)까지 농림축산식품부장관 및 해양수산부장관에게 제출하여야 한다.
- 농림축산식품부장관은 해양수산부장관과 협의하여 기금수탁관리자로부터 제출받은 기금결산보고서를 검토한 후 심의회의 회의를 거쳐 다음 회계연도 (ㄴ)까지 기획재정부장관에게 제출하여야 한다.

	ㄱ	ㄴ
①	1월 31일	2월 말일
②	1월 31일	6월 30일
③	2월 15일	2월 말일
④	2월 15일	6월 30일

해설 콕

기금의 결산(농어업재해보험법 시행령 제19조)
- 기금수탁관리자는 회계연도마다 기금결산보고서를 작성하여 다음 회계연도 (2월 15일)까지 농림축산식품부장관 및 해양수산부장관에게 제출하여야 한다.
- 농림축산식품부장관은 해양수산부장관과 협의하여 기금수탁관리자로부터 제출받은 기금결산보고서를 검토한 후 심의회의 심의를 거쳐 다음 회계연도 (2월 말일)까지 기획재정부장관에게 제출하여야 한다.

정답 34 ④ 35 ④ 36 ② 37 ③

38 농어업재해보험법령상 보험가입촉진계획의 수립과 제출 등에 관한 내용이다. (   )에 들어갈 내용을 순서대로 옳게 나열한 것은?

> 재해보험사업자는 농어업재해보험 가입 촉진을 위해 수립한 보험가입촉진계획을 해당 연도 (   )까지 (   )에게 제출하여야 한다.

① 1월 31일, 농업정책보험금융원장
② 1월 31일, 농림축산식품부장관 또는 해양수산부장관
③ 2월 말일, 농업정책보험금융원장
④ 2월 말일, 농림축산식품부장관 또는 해양수산부장관

해설 콕

재해보험사업자는 농어업재해보험 가입 촉진을 위해 수립한 보험가입촉진계획을 해당 연도 (**1월 31일**)까지 (**농림축산식품부장관 또는 해양수산부장관**)에게 제출하여야 한다(농어업재해보험법 시행령 제22조의 2 제2항).

39 농어업재해보험법령상 과태료 부과의 개별기준에 관한 설명으로 옳은 것은?

① 재해보험사업자의 발기인이 법 제18조에서 적용하는 「보험업법」 제133조에 따른 검사를 기피한 경우 : 200만원
② 법 제29조에 따른 보고 또는 관계 서류 제출을 거짓으로 한 경우 : 200만원
③ 법 제10조 제2항에서 준용하는 「보험업법」 제97조 제1항을 위반하여 보험계약의 모집에 관한 금지행위를 한 경우 : 500만원
④ 법 제10조 제2항에서 준용하는 「보험업법」 제95조를 위반하여 보험안내를 한 자로서 재해보험사업자가 아닌 경우 : 1,000만원

해설 콕

① 농어업재해보험법 시행령 별표 3
② 법 제29조에 따른 보고 또는 관계 서류 제출을 거짓으로 한 경우 : **300만원**
③ 법 제10조 제2항에서 준용하는 「보험업법」 제97조 제1항을 위반하여 보험계약의 모집에 관한 금지행위를 한 경우 : **300만원**
④ 법 제10조 제2항에서 준용하는 「보험업법」 제95조를 위반하여 보험안내를 한 자로서 재해 보험사업자기 아닌 경우 : **500만원**

40 농업재해보험 손해평가요령에 따른 종합위험방식 상품에서 "수확감소보장 및 과실손해보장"의 「수확전」 조사내용과 조사시기를 바르게 연결한 것은? 기출수정

① 피해사실확인조사 - 결실완료 후
② 이앙(직파)불능피해조사 - 수정완료 후
③ 경작불능조사 - 사고접수 후 지체 없이
④ 재이앙(재직파)조사 - 이앙 한계일(7. 31) 이후

해설 콕

① 피해사실확인조사 - 사고접수 후 지체 없이
② 이앙(직파)불능피해조사 - 이앙 한계일(7. 31) 이후
④ 재이앙(재직파)조사 - 사고접수 후 지체 없이

41 농업재해보험 손해평가요령에 따른 손해수량 조사방법과 관련하여 적과전 종합위험방식 상품 "단감"의 「6월 1일~적과전」 생육시기에 해당되는 재해를 모두 고른 것은? 기출수정

ㄱ. 우 박　ㄴ. 지 진
ㄷ. 가을동상해　ㄹ. 집중호우

① ㄱ, ㄴ　② ㄴ, ㄷ
③ ㄱ, ㄴ, ㄹ　④ ㄱ, ㄷ, ㄹ

해설 콕

적과전 종합위험방식 상품 "단감"의 「6월 1일~적과전」 생육시기별 재해

생육시기	재 해
6월 1일~적과전	태풍(강풍), 우박, 집중호우, 화재, 지진

정답 38 ② 39 ① 40 ③ 41 ③

42 농업재해보험 손해평가요령에 따른 농업재해보험의 종류에 해당하는 것을 모두 고른 것은?

ㄱ. 농작물재해보험
ㄴ. 양식수산물재해보험
ㄷ. 임산물재해보험
ㄹ. 가축재해보험

① ㄱ, ㄴ
② ㄱ, ㄹ
③ ㄱ, ㄷ, ㄹ
④ ㄴ, ㄷ, ㄹ

해설 콕

"농업재해보험"이란 농어업재해보험법 제4조에 따른 농작물재해보험, 임산물재해보험 및 가축재해보험을 말한다(농업재해보험 손해평가요령 제2조 제5호).

43 농업재해보험 손해평가요령에 따른 손해평가인 정기교육의 세부내용으로 명시되어 있지 않은 것은?

① 손해평가의 절차 및 방법
② 농업재해보험의 종류별 약관
③ 풍수해보험에 관한 기초지식
④ 피해유형별 현지조사표 작성 실습

해설 콕

손해평가인 정기교육의 세부내용(농업재해보험 손해평가요령 제5조의2 제1항)

1. **농업재해보험에 관한 기초지식** : 농어업재해보험법 제정 배경·구성 및 조문별 주요내용, 농업재해보험 사업현황
2. **농업재해보험의 종류별 약관** : 농업재해보험 상품 주요내용 및 약관 일반 사항
3. **손해평가의 절차 및 방법** : 농업재해보험 손해평가 개요, 보험목적물별 손해평가 기준 및 피해유형별 보상사례
4. **피해유형별 현지조사표 작성 실습**

44 농어업재해보험법 및 농업재해보험 손해평가요령에 따른 교차손해평가에 관한 내용으로 옳지 않은 것은?

① 교차손해평가를 위해 손해평가반을 구성할 경우 손해평가사 2인 이상이 포함되어야 한다.
② 교차손해평가의 절차·방법 등에 필요한 사항은 농림축산식품부장관 또는 해양수산부장관이 정한다.
③ 재해보험사업자는 교차손해평가가 필요한 경우 재해보험 가입규모, 가입분포 등을 고려하여 교차손해평가 대상 시·군·구(자치구를 말한다)를 선정하여야 한다.
④ 재해보험사업자는 교차손해평가 대상지로 선정한 시·군·구(자치구를 말한다) 내에서 손해평가 경력, 타 지역 조사 가능여부 등을 고려하여 교차손해평가를 담당할 지역손해평가인을 선발하여야 한다.

해설 콕

교차손해평가를 위해 손해평가반을 구성할 경우에는 선발된 지역손해평가인 1인 이상이 포함되어야 한다(농업재해보험 손해평가요령 제8조의2 제3항).
② 농어업재해보험법 제11조 제3항 단서
③ 농업재해보험 손해평가요령 제8조의2 제1항
④ 농업재해보험 손해평가요령 제8조의2 제2항

45 농업재해보험 손해평가요령에 따른 보험목적물별 손해평가 단위를 바르게 연결한 것은?

ㄱ. 소 : 개별가축별
ㄴ. 벌 : 개체별
ㄷ. 농작물 : 농지별
ㄹ. 농업시설물 : 보험가입 농가별

① ㄱ, ㄴ ② ㄱ, ㄷ
③ ㄴ, ㄹ ④ ㄷ, ㄹ

해설 콕

보험목적물별 손해평가 단위(농업재해보험 손해평가요령 제12조 제1항)
1. **농작물** : 농지별
2. **가축** : 개별가축별(단, 벌은 벌통 단위)
3. **농업시설물** : 보험가입 목적물별

46 농업재해보험 손해평가요령에 따른 농작물의 보험금 산정에서 종합위험방식 "벼"의 보장 범위가 아닌 것은?

① 생산비보장
② 수확불능보장
③ 이앙·직파불능보장
④ 경작불능보장

생산비보장은 "브로콜리, 고추(시설 고추 제외), 배추·파·무·단호박·당근(시설 무 제외), 메밀, 시설작물"의 보장 범위에 해당한다(농업재해보험 손해평가요령 별표 1).

47 농업재해보험 손해평가요령에 따른 종합위험방식 「과실손해보장」에서 "오디"의 경우 다음 조건으로 산정한 보험금은?

- 보험가입금액 : 500만원
- 자기부담비율 : 20%
- 미보상감수결실수 : 20개
- 조사결실수 : 40개
- 평년결실수 : 200개

① 100만원
② 200만원
③ 250만원
④ 300만원

피해율 = (평년결실수 − 조사결실수 − 미보상감수결실수) ÷ 평년결실수
= (200개 − 40개 − 20개) ÷ 200개 = 0.7(= 70%)
보험금 = 보험가입금액 × (피해율 − 자기부담비율)
= 500만원 × (70% − 20%) = 250만원

48 농업재해보험 손해평가요령에 따른 종합위험방식 상품 「수확전」 "복분자"에 해당하는 조사 내용은?

① 결과모지 및 수정불량조사
② 결실수조사
③ 피해과실수조사
④ 재파종피해조사

해설 콕

결과모지 및 수정불량 조사(농업재해보험 손해평가요령 별표 2)
- **대상품목** : 복분자만 해당
- **조사시기** : 수정완료 후
- **조사방법** : 살아있는 결과모지수조사 및 수정불량(송이) 피해율조사(표본조사)

49

농업재해보험 손해평가요령에 따른 적과전 종합위험방식 상품 "사과, 배, 단감, 떫은감"의 조사방법으로서 전수조사가 명시된 조사내용은? 기출수정

① 낙과피해조사
② 착과피해조사
③ 적과후 착과수조사
④ 피해사실확인조사

낙과피해조사는 재해로 인하여 떨어진 피해과실수를 조사하며, 전수조사 또는 표본조사로 실시한다(농업재해보험 손해평가요령 별표 2).

50

농업재해보험 손해평가요령에 따른 적과전 종합위험방식 「과실손해보장」에서 "사과"의 경우 다음 조건으로 산정한 보험금은? 기출수정

- 가입가격 : 1만원/kg
- 자기부담감수량 : 100kg
- 기준수확량 : 20,000kg
- 미보상감수량 : 1,000kg
- 적과종료 이후 누적감수량 : 5,000kg

① 2,000만원 ② 3,900만원
③ 4,900만원 ④ 5,000만원

해설 콕

보험금 = (적과종료 이후 누적감수량 − 미보상감수량 − 자기부담감수량) × 가입가격
= (5,000kg − 1,000kg − 100kg) × 1만원/kg = 3,900만원

51 과실의 구조적 특징에 따른 분류로 옳은 것은?

① 인과류 – 사과, 배
② 핵과류 – 밤, 호두
③ 장과류 – 복숭아, 자두
④ 각과류 – 포도, 참다래

해설 콕

② 핵과류 – 복숭아, 자두
③ 장과류 – 포도, 참다래
④ 각과류 – 밤, 호두

52 다음이 설명하는 번식방법은?

ㄱ. 번식하고자 하는 모수의 가지를 잘라 다른 나무 대목에 붙여 번식하는 방법
ㄴ. 영양기관인 잎, 줄기, 뿌리를 모체로부터 분리하여 상토에 꽂아 번식하는 방법

	ㄱ	ㄴ
①	삽 목	접 목
②	취 목	삽 목
③	접 목	분 주
④	접 목	삽 목

해설 콕

ㄱ. **접목(접붙이기)** : 식물의 가지, 눈 또는 뿌리 따위를 잘라 다른 식물에 붙여 번식시키는 방법을 말한다.
ㄴ. **삽목(꺾꽂이)** : 식물체의 일부인 잎, 줄기, 뿌리를 잘라서 뿌리를 내리게 하고, 새싹을 돋게 하여 독립된 식물체를 만드는 방법을 말한다.

TIP 용어정의

- **취목(휘묻이)** : 꺾꽂이나 접붙이기가 잘 안 되는 나무류의 번식에 주로 이용하는데, 어미나무의 가지를 흙으로 덮거나 이끼로 감싼 다음 뿌리가 내리면 떼어 내어 번식시키는 방법이다.
- **분주(포기나누기)** : 관목류와 같이 땅속에서부터 여러 개의 줄기가 올라오는 나무의 번식에 이용하는데 뿌리가 달려 있는 포기를 나누어 개체를 얻는 번식방법이다.

53 다음 A농가가 실시한 휴면타파 처리는?

> 경기도에 있는 A농가에서는 작년에 콩의 발아율이 낮아 생산량 감소로 경제적 손실을 보았다. 금년에 콩 종자의 발아율을 높이기 위해 휴면타파 처리를 하여 손실을 만회할 수 있었다.

① 훈증 처리
② 콜히친 처리
③ 토마토톤 처리
④ 종피파상 처리

해설 콕

종피파상법은 콩 껍질에 상처를 내서 파종하는 방법으로, 수분 흡수를 돕고 발아를 균일하게 한다.
① 훈증 처리는 살충방법의 일종이다.
② 콜히친 처리는 씨없는 수박재배에 이용된다.
③ 토마토톤 처리는 토마토의 재배에서 착과제로 이용된다.

54 병해충의 물리적 방제 방법이 아닌 것은?

① 천적곤충
② 토양가열
③ 증기소독
④ 유인포살

해충의 천적을 이용하여 방제하는 방법은 생물학적 방제 방법으로, 최근 환경 친화적인 방법으로 각광받고 있다.

55 다음이 설명하는 채소는?

> • 무, 치커리, 브로콜리 종자를 주로 이용한다.
> • 재배기간이 짧고 무공해로 키울 수 있다.
> • 이식 또는 정식과정 없이 재배할 수 있다.

① 조미채소
② 뿌리채소
③ 새싹채소
④ 과일채소

정답 51 ① 52 ④ 53 ④ 54 ① 55 ③

해설 콕

새싹채소는 무, 브로콜리, 클로버, 순무 등 수십여 가지의 씨앗을 가지고 빠르게는 2일, 늦게는 6~7일간 길러낸 어린 싹을 말한다.

① 조미채소는 음식에 맛을 내는데 쓰이는 채소로 마늘, 고추, 생강, 양파, 파(대파, 쪽파) 등이 있다.

② 뿌리채소는 뿌리나 줄기의 일부분이 양분저장기관으로 변형된 채소로, 무, 당근, 고구마, 감자, 연근 등이 있다.

④ 과일채소는 열매채소로 토마토, 오이, 호박, 가지 등이 있다.

56 A농가가 오이의 성 결정시기에 받은 영농지도는?

지난해 처음으로 오이를 재배했던 A농가에서 오이의 암꽃 수가 적어 주변 농가보다 생산량이 적었다. 올해 지역 농업기술센터의 영농지도를 받은 후 오이의 암꽃 수가 지난해 보다 많아져 생산량이 증가되었다.

① 고온 및 단일 환경으로 관리
② 저온 및 장일 환경으로 관리
③ 저온 및 단일 환경으로 관리
④ 고온 및 장일 환경으로 관리

해설 콕

오이의 암꽃 착생에 큰 영향을 끼치는 환경 조건은 온도와 일장이다. 즉 오이의 육묘기간에 저온(야간온도 15℃ 이하) 및 단일처리를 하면 암꽃 착생이 증가한다.

57 토마토의 생리장해에 관한 설명이다. 생리장해와 처방방법을 옳게 묶은 것은?

칼슘의 결핍으로 과실의 선단이 수침상(水浸狀)으로 썩게 된다.

① 공동과 – 엽면시비
② 기형과 – 약제 살포
③ 배꼽썩음과 – 엽면시비
④ 줄썩음과 – 약제 살포

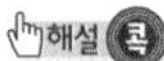

토마토의 배꼽썩음과는 칼슘 성분이 부족한 것이 원인이므로 석회를 충분히 뿌려준다.
① 토마토의 공동과는 일조부족이 가장 큰 원인이므로, 햇빛을 잘 받도록 하고 밤에 너무 온도가 높지 않도록 관리해야 한다.
② 토마토의 기형과는 잘못된 착과제 처리, 낮은 온도, 질소질 거름 성분의 과다, 습도가 높을 때 발생한다.
④ 토마토의 줄썩음과는 일조부족, 다온다습, 칼륨(K) 결핍 등으로 발생한다.

58 다음이 설명하는 것은?

• 벼의 결실기에 종실이 이삭에 달린 채로 싹이 트는 것을 말한다.
• 태풍으로 벼가 도복이 되었을 때 고온·다습 조건에서 자주 발생한다.

① 출수(出穗)
② 수발아(穗發芽)
③ 맹아(萌芽)
④ 최아(催芽)

벼의 결실기에 벼의 이삭이 도복이나 강우로 젖은 상태가 오래 지속되면 이삭에서 싹이 트는데 이를 **수발아(穗發芽)**라 한다.
① **출수(出穗)** : 벼꽃이 피는 것(이삭이 나오는 것)을 말한다.
③ **맹아(萌芽)** : 새싹이 움트거나 새싹 자체를 맹아라고 한다.
④ **최아(催芽)** : 종자를 인위적으로 싹 티우는 것을 말한다.

59 토양에 석회를 시용하는 주요 목적은?

① 토양 피복
② 토양 수분 증가
③ 산성 토양 개량
④ 토양생물 활성 증진

산성 토양을 개량하기 위해서는 석회 등의 알칼리성 물질을 공급하여 토양의 반응을 교정한다. 즉 산성 토양에 석회를 시용하면 토양의 산도가 중성에 가까워져 토양 중의 미생물의 활동을 촉진시키고 흙의 구조를 떼알조직으로 만들어 통기와 보습을 좋게 한다. 또한 석회는 식물체의 세포벽과 효소의 구성성분으로 세포벽을 견고하게 하며, 에틸렌 발생을 억제시키고 과실의 저장력을 향상시킨다.

정답 56 ③ 57 ③ 58 ② 59 ③

60 다음 설명이 틀린 것은?

① 동해는 물의 빙점보다 낮은 온도에서 발생한다.
② 일소현상, 결구장해, 조기추대는 저온장해 증상이다.
③ 온대과수는 내동성이 강한 편이나, 열대과수는 내동성이 약하다.
④ 서리피해 방지로 톱밥 및 왕겨 태우기가 있다.

해설 콕

일소현상, 결구장해, 조기추대는 고온장해 증상이다.

61 다음과 관련되는 현상은?

> A농가는 지난해 노지에 국화를 심고 가을에 절화를 수확하여 출하하였다. 재배지 주변의 가로등이 밤에 켜져 있어 주변 국화의 꽃눈분화가 억제되어 개화가 되지 않아 경제적 손실을 입었다.

① 도장 현상
② 광중단 현상
③ 순멎이 현상
④ 블라스팅 현상

해설 콕

국화는 단일성 식물이므로 단일처리로 꽃눈분화를 촉진시키거나, 장일처리로 꽃눈분화를 억제시킬 수 있다. 재배지 주변의 가로등이 밤에 켜져 있으면 긴 암기를 조명으로 분단하는 광중단(또는 암기중단) 현상으로 국화의 꽃눈분화가 억제되어 개화가 되지 않을 수 있다.

62 B씨가 저장한 화훼는?

> B씨가 화훼류를 수확하여 4℃ 저장고에 2주간 저장한 후 출하·유통하려 하였더니 저장전과 달리 저온장해가 발생하였다.

① 장 미
② 금어초
③ 카네이션
④ 안스리움

해설 콕

안스리움은 고온에서 잘 자라는 관엽식물로, 저온에 노출되는 시간이 길어질수록 피해가 발생한다.
① 장미는 수확 직후에 5~6℃의 저온저장고에서 예냉처리를 한다.
② 금어초는 저온 발아성 작물로 생육최저온도는 4℃이다.
③ 저장전처리가 끝난 카네이션 절화는 수분유지가 가능한 상자에 포장하여 일정기간 동안 저온저장 한다.

63 시설원예 자재에 관한 설명으로 옳지 않은 것은?

① 피복자재는 열전도율이 높아야 한다.
② 피복자재는 외부 충격에 강해야 한다.
③ 골격자재는 내부식성이 강해야 한다.
④ 골격자재는 철재 및 경합금재가 사용된다.

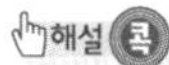

피복자재는 광투과율이 높고, 열전도율이 낮아야 한다.

64 작물 재배시 습해 방지대책으로 옳지 않은 것은?

① 배 수
② 토양개량
③ 증발억제제 살포
④ 내습성 작물 선택

해설 콕

습해의 가장 큰 원인은 토양의 과습상태가 지속되어 토양의 통기 불량에 의한 산소 부족 때문이다. 따라서 배수는 습해의 기본 대책이다. '증발억제제 살포'는 토지의 수분증발을 억제하기 때문에 가뭄해의 방지대책으로 사용된다.

65 다음이 설명하는 현상은?

- 온도자극에 의해 화아분화가 촉진되는 것을 말한다.
- 추파성 밀 종자를 저온에 일정기간 둔 후 파종하면 정상적으로 출수할 수 있다.

① 춘화 현상
② 경화 현상
③ 추대 현상
④ 하고 현상

해설 콕

식물체가 생육의 일정시기(주로 초기)에 저온에 의하여 화성, 즉 화아의 분화, 발육의 유도・촉진하는 것을 춘화(버널리제이션)라고 한다.
② 작물 또는 종자를 저온, 고온, 건조 환경 하에서 내동성, 내염성, 내건성을 증대시키기 위해 처리하는 것을 경화라 한다.
③ 화아분화가 진행되어 이삭이나 꽃대가 올라오는 현상을 추대(抽薹)라 한다.
④ 북방형 목초에서 여름철 무더위에 생육이 일시 정지되거나 고사하는 현상을 하고(夏枯)라 한다.

정답 60 ② 61 ② 62 ④ 63 ① 64 ③ 65 ①

66 토양입단 파괴요인을 모두 고른 것은?

ㄱ. 유기물 시용　　ㄴ. 피복작물 재배
ㄷ. 비와 바람　　ㄹ. 경 운

① ㄱ, ㄴ　　② ㄱ, ㄹ
③ ㄴ, ㄷ　　④ ㄷ, ㄹ

해설 콕

토양입단의 형성요인 및 파괴요인

형성요인	파괴요인
• 유기물 시용 • 석회의 시용 • 토양의 피복 • 피복작물의 재배 • 토양개량제 사용	• 경 운 • 입단의 팽창과 수축 • 비와 바람 • Na^+ 이온(점토결합을 분산)

67 토양 수분을 pF값이 낮은 것부터 옳게 나열한 것은?

ㄱ. 결합수
ㄴ. 모관수
ㄷ. 흡착수

① ㄱ – ㄴ – ㄷ
② ㄴ – ㄱ – ㄷ
③ ㄴ – ㄷ – ㄱ
④ ㄷ – ㄴ – ㄱ

해설 콕

ㄱ. **결합수** : 점토광물에 결합되어 있어 분리시킬 수 없는 수분으로, pF 7.0 이상이다.
ㄴ. **모관수** : 표면장력에 의하여 토양 공극 내에서 중력에 저항하여 유지되는 수분으로, pF 2.7~4.5이다.
ㄷ. **흡착수** : 건토를 공기 중에 둘 때 분자간 인력에 의해서 토양 표면에 수증기가 피막상으로 응축한 수분으로, pF 4.5 이상이다.

68 사과 모양과 온도와의 관계를 설명한 것이다. (　　)에 들어갈 내용을 순서대로 나열한 것은?

> 생육 초기에는 (　　)생장이, 그 후에는 (　　)생장이 왕성하므로 따뜻한 지방에서는 후기 생장이 충분히 이루어져 과실이 대체로 (　　)모양이 된다.

편원형　　　　장원형

① 종축, 횡축, 편원형
② 종축, 횡축, 장원형
③ 횡축, 종축, 편원형
④ 횡축, 종축, 장원형

해설 콕

과실의 생장은 초기에는 세포분열에 의한 종축생장, 후기에는 세포비대에 의한 횡축생장으로 이루어지는데 온도가 높은 따뜻한 지역은 후기 생장이 충분히 이루어져 과실모양이 편원형이 되기 쉽고, 생육후기의 온도가 낮은 지역은 후기 생장이 일찍 정지되어 원형 또는 장원형이 된다.

69 우리나라의 우박 피해에 관한 설명으로 옳지 않은 것은?

① 사과, 배의 착과기와 성숙기에 많이 발생한다.
② 돌발적이고 단기간에 큰 피해가 발생한다.
③ 지리적 조건과 관계없이 광범위하게 분포한다.
④ 수관 상부에 그물을 씌워 피해를 경감시킬 수 있다.

해설 콕

우리나라의 우박 피해는 돌발적이고 단기간에 큰 피해가 발생하며, 피해지역이 국지적인 경우가 많다.

정답 66 ④　67 ③　68 ①　69 ③

70 다음이 설명하는 것은?

- 경작지 표면의 흙을 그루 주변에 모아 주는 것을 말한다.
- 일반적으로 잡초 방지, 도복 방지, 맹아 억제 등의 목적으로 실시한다.

① 멀 칭　　② 배 토
③ 중 경　　④ 쇄 토

해설 콕

① **멀칭** : 짚, 풀, 종이, 플라스틱 필름 등으로 작물이 자라고 있는 토양의 표면을 덮어주는 것
③ **중경** : 씨뿌리기나 옮겨심기를 한 후 작물이 심겨진 골 사이의 흙을 갈거나 쪼아주는 것
④ **쇄토** : 갈아 일으킨 흙덩이를 곱게 부수고 지면을 평평하게 고르는 작업

71 과수작물에서 무기양분의 불균형으로 발생하는 생리장해는?

① 일 소　　② 동 록
③ 열 과　　④ 고두병

해설 콕

고두병은 과실내 칼슘 성분의 부족으로 생기는 병으로, 과실 껍질 바로 밑의 과육에 죽은 부위가 나타나고 점차 갈색 병반이 생기면서 약간 오목하게 들어간다.
① **일소** : 식물이나 작물에 맺히는 물방울이 렌즈 작용을 하게 되어 작물체가 타들어가는 현상
② **동록** : 과피가 매끈하지 않고 쇠에 녹이 낀 것처럼 거칠어지는 증상
③ **열과** : 수분장해에 의한 것으로 다량의 수분이 흡수되어 과실의 껍질이 터지는 현상

72 다음이 설명하는 해충과 천적의 연결이 옳은 것은?

- 즙액을 빨아 먹고, 표면에 배설물을 부착시켜 그을음병을 유발시킨다.
- 고추의 전 생육기간에 걸쳐 발생하며 CMV 등 바이러스를 옮기는 매개충이다.

① 진딧물 – 진디벌
② 잎응애류 – 칠레이리응애
③ 잎굴파리 – 굴파리좀벌
④ 총채벌레 – 애꽃노린재

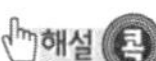

진딧물은 어린잎이나 잎의 뒷면에 서식하여 즙액을 빨아 식물체의 생육을 정지시키고 CMV(모자이크병) 등 식물 바이러스를 전파시킨다. 진딧물 천적에는 기생성인 진디벌과 포식성인 파리류, 무당벌레, 풀잠자리 등이 있다.

② 잎응애류는 대부분 잎의 표면에 기생하는데 천적인 칠레이리응애는 잎응애의 알, 약충, 성충 등 모든 세대의 체액을 흡즙하여 사멸시킨다.

③ 잎굴파리 유충은 잎이나 줄기속에서 굴을 파고 다니면서 식물체의 엽육을 갉아 먹어 피해를 준다. 잎굴파리의 천적에는 외부 기생봉인 굴파리좀벌과 내부 기생봉인 굴파리고치벌이 있다.

④ 총채벌레는 주로 꽃과 잎을 가해하여 작물의 생육지장, 농산물의 상품성을 저하시킬 뿐만 아니라 바이러스 병 등을 매개시키는 해충이다. 천적인 애꽃노린재는 해충의 몸에 구침을 찔러 넣어 체액을 빨아 먹는다.

73 작물의 로제트(rosette) 현상을 타파하기 위한 생장조절물질은?

① 옥 신　　② 지베렐린
③ 에틸렌　　④ 아브시스산

해설 콕

로제트(rosette) 현상이란 저온으로 인해 마디 사이가 매우 짧아지고 생장점 부근에 잎이 밀생하는 것을 말한다. 이러한 현상은 생육온도가 적온이 되면 다시 생장을 하게 된다. 로제트(rosette) 현상을 타파하기 위해 지베렐린을 처리하면 줄기의 생장을 촉진하며, 휴면 타파와 화아분화 및 개화를 촉진하기도 한다.

① 옥신은 세포분열과 세포신장을 촉진하여 생장을 촉진하는 생장조절물질이다.

③ 에틸렌은 작물의 숙성, 개화와 노화 및 부패, 낙엽 현상 등을 일으키는 식물호르몬이다.

④ 아브시스산은 식물의 생장을 억제하는 대표적인 식물호르몬이다.

74 과수재배시 일조(日照) 부족 현상은?

① 신초 웃자람
② 꽃눈 형성 촉진
③ 과실 비대 촉진
④ 사과 착색 촉진

해설 콕

일조(日照)가 부족하게 되면 광합성이 저하되고, 새가지(신초)의 웃자람, 꽃눈 형성 억제, 과실 비대와 착색 지연, 과실품질이 떨어진다.

정답 70 ② 71 ④ 72 ① 73 ② 74 ①

75 다음 피복재 중 보온성이 가장 높은 연질 필름은?

① 폴리에틸렌(PE)필름
② 염화비닐(PVC)필름
③ 불소계수지(ETFE)필름
④ 에틸렌아세트산비닐(EVA)필름

해설 콕

염화비닐(PVC)필름은 내후성과 내한성, 인열강도, 충격강도가 양호하고, 연질피복재 중 보온성이 가장 높다.

① 폴리에틸렌(PE)필름은 광투과율이 높으므로 보온성이 떨어진다.
③ 불소계수지(ETFE)필름은 비점착성, 내약품성, 광투과성, 내후성, 방오성, 내열성, 방습성, 난연성 등의 특성을 지닌 피복재이다.
④ 에틸렌아세트산비닐(EVA)필름은 폴리에틸렌(PE)필름보다 보온성, 내후성 및 방적성이 좋다.

2019년

제5회 손해평가사 1차 시험문제

제 1 과목 상법(보험편)

01 보험계약에 관한 설명으로 옳지 않은 것은? (다툼이 있으면 판례에 따름)

① 보험계약은 당사자 일방이 약정한 보험료를 지급하고, 상대방은 일정한 보험금이나 그 밖의 급여를 지급할 것을 약정함으로써 효력이 발생한다.
② 보험계약은 당사자 사이의 청약과 승낙의 의사합치에 의하여 성립한다.
③ 보험계약은 요물계약이다.
④ 보험계약은 부합계약의 일종이다.

해설 콕

보험계약은 계약 당사자의 의사가 합치함으로써 성립하는 낙성계약이며, 급여를 요건으로 하는 요물계약이 아니다.
① 상법 제638조
② 보험계약은 청약과 승낙이라는 당사자 쌍방의 의사표시의 합치만으로 성립하고, 아무런 급여를 요하지 않으므로 낙성계약이다.
④ 보험계약은 보험자가 미리 작성한 보통보험약관에 의하여 계약을 체결하므로 부합계약의 일종이다.

02 상법상 보험약관의 교부 · 설명의무에 관한 내용으로 옳은 것은? (다툼이 있으면 판례에 따름)

① 보험약관이 계약 당사자에 대하여 구속력을 갖는 것은 계약 당사자 사이에서 계약내용에 포함시키기로 합의하였기 때문이다.
② 보험계약이 성립한 후 3월 이내에 보험계약자는 보험자의 보험약관 교부 · 설명의무 위반을 이유로 그 계약을 철회할 수 있다.
③ 보험자의 보험약관 교부 · 설명의무 위반시 보험계약자는 해당 계약을 소급해서 무효로 할 수 있는데, 그 권리의 행사시점은 보험사고발생 시부터이다.
④ 보험자는 보험계약을 체결한 후에 보험계약자에게 중요한 사항을 설명하여야 한다.

정답 75 ② / 01 ③ 02 ①

해설 콕

보통보험약관이 계약 당사자에 대하여 구속력을 갖는 것은 그 자체가 법규범 또는 법규범적 성질을 가진 약관이기 때문이 아니라 당사자가 계약내용에 포함시키기로 합의하였기 때문이다(대법원 1989. 3. 28. 선고 88다4645 판결).

② 보험자가 보험계약을 맺을 때에 보험약관의 교부・설명의무를 위반한 때에는 보험계약자는 보험계약이 성립한 날로부터 3개월 이내에 그 계약을 취소할 수 있다(상법 제638조의3 제2항).

③ 보험자의 보험약관 교부・설명의무 위반시 보험계약자가 그 보험계약을 취소하면 처음부터 그 계약은 무효로 된다(민법 제141조).

④ 보험자는 보험계약을 체결할 때에 보험계약자에게 보험약관을 교부하고 그 약관의 중요한 내용을 설명하여야 한다(상법 제638조의3 제1항).

03 타인을 위한 보험에 관한 설명으로 옳지 않은 것은?

① 보험계약자는 위임을 받아 특정의 타인을 위하여 보험계약을 체결할 수 있다.

② 보험계약자는 위임을 받지 아니하고 불특정의 타인을 위하여 보험계약을 체결할 수 있다.

③ 타인을 위한 손해보험계약의 경우에 그 타인의 위임이 없는 때에는 이를 보험자에게 고지하여야 한다.

④ 타인을 위한 보험계약의 경우에 그 타인은 수익의 의사표시를 하여야 그 계약의 이익을 받게 된다.

해설 콕

보험수익자는 수익의 의사를 표시하지 않더라도 당연히 그 계약의 이익을 받는다(상법 제639조 제2항).
①・②・③ 상법 제639조 제1항

04 보험증권에 관한 설명으로 옳지 않은 것은?

① 보험자는 보험계약이 성립한 때에는 지체 없이 보험증권을 작성하여 보험계약자에게 교부하여야 한다. 그러나 보험계약자가 보험료의 전부 또는 최초의 보험료를 지급하지 아니한 때에는 그러하지 아니하다.

② 기존의 보험계약을 연장하거나 변경한 경우에 보험자는 그 보험증권에 그 사실을 기재함으로써 보험증권의 교부에 갈음할 수 없다.

③ 보험계약의 당사자는 보험증권의 교부가 있은 날로부터 일정한 기간 내에 한하여 그 증권내용의 정부에 관한 이의를 할 수 있음을 약정할 수 있다. 이 기간은 1월을 내리지 못한다.

④ 보험증권을 멸실 또는 현저하게 훼손한 때에는 보험계약자는 보험자에 대하여 증권의 재교부를 청구할 수 있다. 그 증권작성의 비용은 보험계약자의 부담으로 한다.

해설 콕

기존의 보험계약을 연장하거나 변경한 경우에는 보험자는 그 보험증권에 그 사실을 기재함으로써 보험증권의 교부에 갈음할 수 있다(상법 제640조 제2항).
① 상법 제640조 제1항
③ 상법 제641조
④ 상법 제642조

05 보험계약 등에 관한 설명으로 옳지 않은 것은?

① 보험계약은 그 계약전의 어느 시기를 보험기간의 시기로 할 수 있다.
② 보험계약 당시에 보험사고가 이미 발생하였거나 또는 발생할 수 없는 것인 때에는 그 계약은 무효로 한다. 그러나 당사자 쌍방과 피보험자가 이를 알지 못한 때에는 그러하지 아니하다.
③ 대리인에 의하여 보험계약을 체결한 경우에 대리인이 안 사유는 그 본인이 안 것과 동일한 것으로 한다.
④ 최초보험료 지급 지체에 따라 보험계약이 해지된 경우 보험계약자는 그 계약의 부활을 청구할 수 있다.

해설 콕

계속보험료 지급 지체에 따라 보험계약이 해지된 경우 보험계약자는 그 계약의 부활을 청구할 수 있다.
① 상법 제643조
② 상법 제644조
③ 상법 제646조

손해평가사 1차 2019년 제5회

06 보험대리상 등의 권한에 관한 설명으로 옳은 것은?

① 보험대리상은 보험계약자로부터 보험료를 수령할 권한이 없다.
② 보험대리상의 권한에 대한 일부 제한이 가능하고, 이 경우 보험자는 선의의 제3자에 대하여 대항할 수 있다.
③ 보험대리상은 보험계약자에게 보험계약의 체결, 변경, 해지 등 보험계약에 관한 의사표시를 할 수 있는 권한이 있다.
④ 보험대리상이 아니면서 특정한 보험자를 위하여 계속적으로 보험계약의 체결을 중개하는 자는 보험계약자로부터 고지를 수령할 수 있는 권한이 있다.

정답 03 ④ 04 ② 05 ④ 06 ③

해설 콕

③ 상법 제646조의2 제1항 제4호

① 보험대리상은 보험계약자로부터 보험료를 수령할 권한이 있다(상법 제646조의2 제1항 제1호).

② 보험자는 보험대리상의 권한 중 일부를 제한할 수 있다. 다만, 보험자는 그러한 권한 제한을 이유로 선의의 보험계약자에게 대항하지 못한다(상법 제646조의2 제2항).

④ 보험대리상이 아니면서 특정한 보험자를 위하여 계속적으로 보험계약의 체결을 중개하는 자는 보험계약자로부터 보험료를 수령할 수 있는 권한(보험자가 작성한 영수증을 보험계약자에게 교부하는 경우만 해당한다) 및 보험자가 작성한 보험증권을 보험계약자에게 교부할 수 있는 권한이 있다(상법 제646조의2 제3항).

TIP

보험대리상 등의 권한(상법 제646조의2 제1항)

1. 보험계약자로부터 보험료를 수령할 수 있는 권한
2. 보험자가 작성한 보험증권을 보험계약자에게 교부할 수 있는 권한
3. 보험계약자로부터 청약, 고지, 통지, 해지, 취소 등 보험계약에 관한 의사표시를 수령할 수 있는 권한
4. 보험계약자에게 보험계약의 체결, 변경, 해지 등 보험계약에 관한 의사표시를 할 수 있는 권한

07 보험계약에 관한 내용으로 옳은 것을 모두 고른 것은?

ㄱ. 보험계약의 당사자가 특별한 위험을 예기하여 보험료의 액을 정한 경우에 보험기간 중 그 예기한 위험이 소멸한 때에는 보험계약자는 그 후의 보험료의 감액을 청구할 수 있다.
ㄴ. 보험계약의 전부 또는 일부가 무효인 경우에 보험계약자와 피보험자가 선의이며, 중대한 과실이 없는 때에는 보험자에 대하여 보험료의 전부 또는 일부의 반환을 청구할 수 있다.
ㄷ. 보험사고가 발생하기 전 보험계약자나 보험자는 언제든지 보험계약을 해지할 수 있다.
ㄹ. 타인을 위한 보험계약의 경우에는 보험계약자는 그 타인의 동의를 얻지 아니 하거나 보험증권을 소지하지 아니하면 그 계약을 해지하지 못한다.

① ㄱ, ㄴ, ㄷ
② ㄱ, ㄴ, ㄹ
③ ㄱ, ㄷ, ㄹ
④ ㄴ, ㄷ, ㄹ

해설 콕

ㄱ. (O) 상법 제647조
ㄴ. (O) 상법 제648조
ㄷ. (×) 보험사고가 발생하기 전에 보험계약자는 언제든지 계약의 전부 또는 일부를 해지할 수 있다(상법 제649조 제1항). 보험자에 의한 해지에는 보험료 납입연체, 고지의무위반, 보험기간 중에 위험변경·증가에 대한 통지의무 위반, 고의나 중과실로 위험변경·증가된 경우, 약관 규정에 의한 경우 등이 있다.
ㄹ. (O) 상법 제649조 제1항 단서

08 고지의무위반으로 인한 계약해지에 관한 내용으로 옳지 않은 것은?

① 보험자가 보험계약 당시에 보험계약자나 피보험자의 고지의무위반 사실을 경미한 과실로 알지 못했던 때라도 계약을 해지할 수 없다.
② 보험계약 당시에 피보험자가 중대한 과실로 부실의 고지를 한 경우에 보험자는 해지권을 행사할 수 있다.
③ 보험자가 보험계약 당시에 보험계약자나 피보험자의 고지의무위반 사실을 알았던 경우에는 계약을 해지할 수 없다.
④ 보험계약 당시에 보험계약자가 고의로 중요한 사항을 고지하지 아니한 경우 보험자는 해지권을 행사할 수 있다.

해설 콕

보험계약 당시에 보험계약자 또는 피보험자가 고의 또는 중대한 과실로 인하여 중요한 사항을 고지하지 아니하거나 부실의 고지를 한 때에는 보험자는 그 사실을 안 날로부터 1월 내에, 계약을 체결한 날로부터 3년 내에 한하여 계약을 해지할 수 있다. 그러나 보험자가 계약 당시에 그 사실을 알았거나 중대한 과실로 인하여 알지 못한 때에는 계약을 해지할 수 없다(상법 제651조).

09 다음 설명 중 옳은 것은?

① 상법상 보험계약자 또는 피보험자는 보험자가 서면으로 질문한 사항에 대하여만 답변하면 된다.
② 상법에 따르면 보험기간 중에 보험계약자 등의 고의로 인하여 사고발생의 위험이 현저하게 증가된 때에는 보험자는 계약체결일로부터 3년 이내에 한하여 계약을 해지할 수 있다.
③ 보험자는 보험금액의 지급에 관하여 약정기간이 없는 경우에는 보험사고발생의 통지를 받은 후 지체 없이 보험금액을 지급하여야 한다.
④ 보험자가 파산의 선고를 받은 때에는 보험계약자는 계약을 해지할 수 있다.

해설 콕

④ 상법 제654조 제1항
① 질문표상에 없는 사항이라도 보험계약자가 알고 있는 그 사실이 사고발생에 영향을 줄 수 있다고 인식하는 경우에는 고지의 대상이 될 수 있다.
② 보험기간 중에 보험계약자, 피보험자 또는 보험수익자의 고의 또는 중대한 과실로 인하여 사고발생의 위험이 현저하게 변경 또는 증가된 때에는 보험자는 그 사실을 안 날부터 1월 내에 보험료의 증액을 청구하거나 계약을 해지할 수 있다(상법 제653조).
③ 보험자는 보험금액의 지급에 관하여 약정기간이 있는 경우에는 그 기간 내에, 약정기간이 없는 경우에는 통지를 받은 후 지체 없이 지급할 보험금액을 정하고 그 정하여진 날부터 10일 내에 피보험자 또는 보험수익자에게 보험금액을 지급하여야 한다(상법 제658조).

정답 07 ② 08 ① 09 ④

10 2년간 행사하지 아니하면 시효의 완성으로 소멸하는 것은 모두 몇 개인가?

- 보험금청구권
- 보험료반환청구권
- 보험료청구권
- 적립금반환청구권

① 1개 ② 2개
③ 3개 ④ 4개

해설 콕

보험금청구권은 3년간, 보험료 또는 적립금의 반환청구권은 3년간, 보험료청구권은 2년간 행사하지 아니하면 시효의 완성으로 소멸한다(상법 제662조).

11 다음 설명 중 옳은 것은?

① 손해보험계약의 보험자가 보험계약의 청약과 함께 보험료 상당액의 전부를 지급 받은 때에는 다른 약정이 없으면 2주 이내에 낙부의 통지를 발송하여야 한다.
② 손해보험계약의 보험자가 보험계약의 청약과 함께 보험료 상당액의 일부를 지급 받은 때에 상법이 정한 기간 내에 낙부의 통지를 해태한 때에는 승낙한 것으로 추정한다.
③ 손해보험계약의 보험자가 보험계약의 청약과 함께 보험료 상당액의 전부를 지급 받은 때에 다른 약정이 없으면 상법이 정한 기간 내에 낙부의 통지를 해태한 때에는 승낙한 것으로 본다.
④ 손해보험계약의 보험자가 청약과 함께 보험료 상당액의 전부를 받은 경우에 언제나 보험계약상의 책임을 진다.

해설 콕

③ 상법 제638조의2 제1항, 제2항
① 보험자가 보험계약자로부터 보험계약의 청약과 함께 보험료 상당액의 전부 또는 일부의 지급을 받은 때에는 다른 약정이 없으면 30일 내에 그 상대방에 대하여 낙부의 통지를 발송하여야 한다(상법 제638조의2 제1항).
② '~ 추정한다.'가 아니라 '~ 본다.'가 옳다(상법 제638조의2 제2항).
④ 보험자가 보험계약자로부터 보험계약의 청약과 함께 보험료 상당액의 전부 또는 일부를 받은 경우에 그 청약을 승낙하기 전에 보험계약에서 정한 보험사고가 생긴 때에는 그 청약을 거절할 사유가 없는 한 보험자는 보험계약상의 책임을 진다(상법 제638조의2 제3항).

12 가계보험의 약관조항으로 허용될 수 있는 것은?

① 약관설명의무 위반시 계약 성립일부터 1개월 이내에 보험계약자가 계약을 취소할 수 있도록 한 조항
② 보험증권의 교부가 있은 날로부터 2주 내에 한하여 그 증권내용의 정부에 관한 이의를 할 수 있도록 한 조항
③ 해지환급금을 반환한 경우에도 그 계약의 부활을 청구할 수 있도록 한 조항
④ 고지의무를 위반한 사실이 보험사고발생에 영향을 미치지 아니하였음이 증명된 경우에도 보험자의 보험금 지급책임을 면하도록 한 조항

해설 콕

상법상 해약환급금이 지급되지 아니한 경우에 보험계약자는 일정한 기간 내에 연체보험료에 약정이자를 붙여 보험자에게 지급하고 그 계약의 부활을 청구할 수 있다(상법 제650조의2). 그런데 해지환급금을 반환한 경우에도 그 계약의 부활을 청구할 수 있도록 한 조항은 보험계약자에게 유리한 약관조항이므로 허용될 수 있다.

① 상법 제638조의3 제2항의 규정에 의하면 약관설명의무 위반시 계약 성립일부터 3개월 이내에 보험계약자가 계약을 취소할 수 있다. 그런데 그 조건이 1개월 이내로 축소되었기 때문에 보험계약자에게 불리한 약관조항이므로 허용될 수 없다.
② 상법 제641조의 규정에 의하면 보험계약의 당사자는 보험증권의 교부가 있은 날로부터 일정한 기간 내에 한하여 그 증권내용의 정부에 관한 이의를 할 수 있음을 약정할 수 있다. 이 기간은 1월을 내리지 못한다. 즉 1월 미만으로 할 수 없으므로 약관조항으로 허용될 수 없다.
④ 상법 제655조의 단서 규정에 의하면 고지의무를 위반한 사실 또는 위험이 현저하게 변경되거나 증가된 사실이 보험사고발생에 영향을 미치지 아니하였음이 증명된 경우에는 보험금을 지급할 책임이 있으므로, 이 약관조항도 허용될 수 없다.

13 다음 설명 중 옳지 않은 것은?

① 손해보험계약의 보험자는 보험사고로 인하여 생길 피보험자의 재산상의 손해를 보상할 책임이 있다.
② 손해보험증권에는 보험증권의 작성지와 그 작성연월일을 기재하여야 한다.
③ 보험사고로 인하여 상실된 피보험자가 얻을 이익이나 보수는 당사자 간에 다른 약정이 없으면 보험자가 보상할 손해액에 산입하지 아니한다.
④ 집합된 물건을 일괄하여 보험의 목적으로 한 때에는 그 목적에 속한 물건이 보험기간 중에 수시로 교체된 경우에도 보험계약의 체결 시에 현존한 물건은 보험의 목적에 포함된 것으로 한다.

정답 10 ① 11 ③ 12 ③ 13 ④

해설 콕

집합된 물건을 일괄하여 보험의 목적으로 한 때에는 그 목적에 속한 물건이 보험기간 중에 수시로 교체된 경우에도 보험사고의 발생 시에 현존한 물건은 보험의 목적에 포함된 것으로 한다(상법 제687조).
① 상법 제665조
② 상법 제666조 제9호
③ 상법 제667조

14 초과보험에 관한 설명으로 옳지 않은 것은?

① 보험금액이 보험계약 당시의 보험계약의 목적의 가액을 현저히 초과한 때를 말한다.
② 보험자 또는 보험계약자는 보험료와 보험금액의 감액을 청구할 수 있다.
③ 보험료의 감액은 보험계약 체결 시에 소급하여 그 효력이 있으나, 보험금액의 감액은 장래에 대하여만 그 효력이 있다.
④ 보험계약자의 사기로 인하여 체결된 초과보험계약은 무효이며, 보험자는 그 사실을 안 때까지의 보험료를 청구할 수 있다.

해설 콕

①·②·③ 보험금액이 보험계약의 목적의 가액을 현저하게 초과한 때에는 보험자 또는 보험계약자는 보험료와 보험금액의 감액을 청구할 수 있다. 그러나 보험료의 감액은 장래에 대하여서만 그 효력이 있다(상법 제669조 제1항).
④ 상법 제669조 제4항

15 상법상 기평가보험과 미평가보험에 관한 설명으로 옳은 것은?

① 당사자 간에 보험가액을 정하지 아니한 때에는 계약 체결 시의 가액을 보험가액으로 한다.
② 당사자 간에 보험가액을 정한 때 그 가액이 사고발생 시의 가액을 현저하게 초과할 때에는 사고발생 시의 가액을 보험가액으로 한다.
③ 당사자 간에 보험가액을 정한 때에는 그 가액은 계약 체결 시의 가액으로 정한 것으로 추정한다.
④ 당사자 간에 보험가액을 정한 때에는 그 가액은 사고발생 시의 가액을 정한 것으로 본다.

해설 콕

② 상법 제670조 단서
① 당사자 간에 보험가액을 정하지 아니한 때에는 사고발생 시의 가액을 보험가액으로 한다(상법 제671조).
③ 당사자 간에 보험가액을 정한 때에는 그 가액은 사고발생 시의 가액으로 정한 것으로 추정한다(상법 제670조).
④ '~ 본다.'가 아니라 '~ 추정한다.'가 옳다.

16 피보험이익에 관한 설명으로 옳지 않은 것은?

① 우리 상법은 손해보험뿐만 아니라 인보험에서도 피보험이익이 있을 것을 요구한다.
② 상법은 피보험이익을 보험계약의 목적이라고 표현하며, 보험의 목적과는 다르다.
③ 밀수선이 압류되어 입을 경제적 손실은 피보험이익이 될 수 없다.
④ 보험계약의 동일성을 판단하는 표준이 된다.

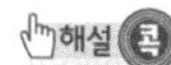

피보험이익은 상법상 "보험계약의 목적(상법 제668조)"이며, "보험사고의 발생 여부에 관하여 가지는 경제상의 이해관계"를 의미한다. 피보험이익은 손해발생 여부를 판단하는 기준으로서 손해보험에서는 피보험이익의 가액을 한도로 보상한다. 반면에 인보험에서는 원칙적으로 피보험이익의 개념이 없다.

17 상법상 당사자 간에 다른 약정이 있으면 허용되는 것을 모두 고른 것은?

ㄱ. 보험사고가 전쟁 기타 변란으로 인하여 생긴 때의 위험을 담보하는 것
ㄴ. 최초의 보험료의 지급이 없는 때에도 보험자의 책임이 개시되도록 하는 것
ㄷ. 사고발생전 임의해지시 미경과보험료의 반환을 청구하지 않기로 하는 것
ㄹ. 특정한 타인을 위한 보험의 경우에 보험계약자가 보험료의 지급을 지체한 때에는 보험자가 보험계약자에게만 최고하고, 그의 지급이 없는 경우 그 계약을 해지하기로 하는 것

① ㄱ, ㄴ
② ㄴ, ㄷ
③ ㄱ, ㄴ, ㄷ
④ ㄱ, ㄷ, ㄹ

해설 콕

ㄱ. 보험사고가 전쟁 기타의 변란으로 인하여 생긴 때에는 당사자 간에 다른 약정이 없으면 보험자는 보험금액을 지급할 책임이 없다(상법 제660조). 즉 다른 약정이 있으면 보험사고가 전쟁 기타 변란으로 인하여 생긴 때의 위험을 담보한다.
ㄴ. 보험자의 책임은 당사자 간에 다른 약정이 없으면 최초의 보험료의 지급을 받은 때로부터 개시한다(상법 제656조).
ㄷ. 사고발생전 임의해지시 보험계약자는 당사자 간에 다른 약정이 없으면 미경과보험료의 반환을 청구할 수 있다(상법 제649조 제3항).
ㄹ. 특정한 타인을 위한 보험의 경우에 보험계약자가 보험료의 지급을 지체한 때에는 보험자는 그 타인에게도 상당한 기간을 정하여 보험료의 지급을 최고한 후가 아니면 그 계약을 해제 또는 해지하지 못한다(상법 제650조 제3항).

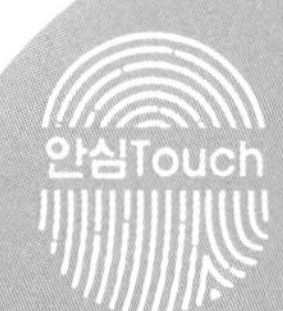

18 중복보험에 관한 설명으로 옳은 것은?

① 동일한 보험계약의 목적과 동일한 사고에 관하여 수개의 보험계약이 동시에 또는 순차로 체결된 경우에 그 보험금액의 총액이 보험가액을 현저히 초과한 경우에만 상법상 중복보험에 해당한다.
② 동일한 보험계약의 목적과 동일한 사고에 관하여 수개의 보험계약을 체결하는 경우에는 보험계약자는 각 보험자에 대하여 각 보험계약의 내용을 통지하여야 한다.
③ 중복보험의 경우 보험자 1인에 대한 피보험자의 권리의 포기는 다른 보험자의 권리의무에 영향을 미친다.
④ 보험자는 보험가액의 한도에서 연대책임을 진다.

해설 콕

② 상법 제672조 제2항
① 동일한 보험계약의 목적과 동일한 사고에 관하여 수개의 보험계약이 수인의 보험자와 동시에 또는 순차로 체결된 경우에 그 보험금액의 총액이 보험가액을 초과한 경우에 상법상 중복보험에 해당한다(상법 제672조 제1항).
③ 중복보험의 경우 보험자 1인에 대한 피보험자의 권리의 포기는 다른 보험자의 권리의무에 영향을 미치지 아니한다(상법 제673조).
④ 보험자는 각자의 보험금액의 한도에서 연대책임을 진다(상법 제672조 제1항).

19 다음 (　　)에 들어갈 용어로 옳은 것은?

(ㄱ)의 일부를 보험에 붙인 경우에는 보험자는 (ㄴ)의 (ㄷ)에 대한 비율에 따라 보상할 책임을 진다. 그러나 당사자 간에 다른 약정이 있는 때에는 보험자는 (ㄹ)의 한도 내에서 그 손해를 보상할 책임을 진다.

	ㄱ	ㄴ	ㄷ	ㄹ
①	보험금액	보험가액	보험금액	보험금
②	보험금액	보험금액	보험가액	보험가액
③	보험가액	보험가액	보험금액	보험가액
④	보험가액	보험금액	보험가액	보험금액

해설 콕

(보험가액)의 일부를 보험에 붙인 경우에는 보험자는 (보험금액)의 (보험가액)에 대한 비율에 따라 보상할 책임을 진다. 그러나 당사자 간에 다른 약정이 있는 때에는 보험자는 (보험금액)의 한도 내에서 그 손해를 보상할 책임을 진다(상법 제674조).

20 손해액의 산정기준 등에 관한 설명으로 옳은 것은?

① 보험의 목적에 관하여 보험자가 부담할 손해가 생긴 경우에는 그 후 그 목적이 보험자가 부담하지 아니하는 보험사고의 발생으로 인하여 멸실된 때에도 보험자는 이미 생긴 손해를 보상할 책임을 면하지 못한다.
② 당사자 간에 다른 약정이 있는 때에도 이득금지의 원칙상 신품가액에 의하여 손해액을 산정할 수는 없다.
③ 보험자가 보상할 손해액은 보험계약이 체결된 때와 곳의 가액에 의하여 산정한다.
④ 손해액의 산정에 관한 비용은 보험계약자의 부담으로 한다.

해설 콕

① 상법 제675조
②·③ 보험자가 보상할 손해액은 그 손해가 발생한 때와 곳의 가액에 의하여 산정한다. 그러나 당사자 간에 다른 약정이 있는 때에는 그 신품가액에 의하여 손해액을 산정할 수 있다(상법 제676조 제1항).
④ 손해액의 산정에 관한 비용은 보험자의 부담으로 한다(상법 제676조 제2항).

21 다음 (   )에 들어갈 상법 규정으로 옳은 것은?

> 상법 제679조(보험목적의 양도)
> ① 피보험자가 보험의 목적을 양도한 때에는 양수인은 보험계약상의 권리와 의무를 승계한 것으로 추정한다.
> ② 제1항의 경우에 보험의 목적의 (   )은 보험자에 대하여 지체 없이 그 사실을 통지하여야 한다.

① 양도인
② 양수인
③ 양도인과 양수인
④ 양도인 또는 양수인

해설 콕

상법 제679조(보험목적의 양도)
① 피보험자가 보험의 목적을 양도한 때에는 양수인은 보험계약상의 권리와 의무를 승계한 것으로 추정한다.
② 제1항의 경우에 보험의 목적의 (양도인 또는 양수인)은 보험자에 대하여 지체 없이 그 사실을 통지하여야 한다.

정답 18 ② 19 ④ 20 ① 21 ④

22 손해방지의무 등에 관한 상법 규정의 설명으로 옳은 것은?

① 피보험자뿐만 아니라 보험계약자도 손해방지의무를 부담한다.
② 손해방지비용과 보상액의 합계액이 보험금액을 초과한 때에는 보험자의 지시에 의한 경우에만 보험자가 이를 부담한다.
③ 상법은 피보험자는 보험자에 대하여 손해방지비용의 선급을 청구할 수 있다고 규정한다.
④ 손해의 방지와 경감을 위하여 유익하였던 비용은 보험자가 이를 부담하지 않는다.

해설 콕

①·②·④ 보험계약자와 피보험자는 손해의 방지와 경감을 위하여 노력하여야 한다. 그러나 이를 위하여 필요 또는 유익하였던 비용과 보상액이 보험금액을 초과한 경우라도 보험자가 이를 부담한다(상법 제680조 제1항).
③ 피보험자가 손해의 확대를 방지하기 위하여 지출한 필요 또는 유익한 비용을 보험자가 부담하게 되어 있는 경우, 이는 원칙적으로 보험사고의 발생을 전제로 하는 것이므로 보험자가 보상책임을 지지 아니하는 사고에 대하여는 이 의무를 부담하지 않는다. 따라서 이로 인한 보험자의 비용부담 등의 문제도 발생할 수 없다. 즉 손해방지비용의 선급을 청구할 수 없다.

23 제3자에 대한 보험자대위에 관한 설명으로 옳지 않은 것은?

① 손해가 제3자의 행위로 인하여 발생한 경우에 보험금을 지급한 보험자는 그 지급한 금액의 한도에서 그 제3자에 대한 보험계약자 또는 피보험자의 권리를 취득한다.
② 보험자가 보상할 보험금의 일부를 지급한 경우에는 피보험자의 권리를 침해하지 아니하는 범위에서 그 권리를 행사할 수 있다.
③ 보험계약자나 피보험자의 제3자에 대한 권리가 그와 생계를 같이 하는 가족에 대한 것인 경우 보험자는 그 권리를 취득하지 못한다. 다만, 손해가 그 가족의 과실로 인하여 발생한 경우에는 그러하지 아니하다.
④ 보험계약에서 담보하지 아니하는 손해에 해당하여 보험금 지급의무가 없음에도 보험자가 피보험자에게 보험금을 지급한 경우라면, 보험자대위가 인정되지 않는다.

해설 콕

보험계약자나 피보험자의 제3자에 대한 권리가 그와 생계를 같이 하는 가족에 대한 것인 경우 보험자는 그 권리를 취득하지 못한다. 다만, 손해가 그 가족의 고의로 인하여 발생한 경우에는 그러하지 아니하다(상법 제682조 제2항).
①·② 상법 세682조 제1항
④ 상법 제682조 제1항에서 정한 보험자의 제3자에 대한 보험자대위가 인정되기 위하여는 보험자가 피보험자에게 보험금을 지급할 책임이 있는 경우라야 하고, 보험계약에서 담보하지 아니하는 손해에 해당하여 보험금 지급의무가 없는데도 보험자가 피보험자에게 보험금을 지급한 경우에는 보험자대위의 법리에 따라 피보험자의 손해배상청구권을 대위행사할 수 없는데, 이러한 이치는 상법 제729조 단서에 따른 보험자대위의 경우에도 마찬가지로 적용된다(대법원 2014. 10. 15. 선고 2012다88716 판결).

24 보험자가 손해를 보상할 경우에 보험료의 지급을 받지 아니한 잔액이 있는 경우, 상법 규정으로 옳은 것은?

① 보상할 금액을 전액 지급한 후 그 지급기일이 도래한 때 보험자는 잔액의 상환을 청구할 수 있다.

② 그 지급기일이 도래하지 아니한 때라도 보상할 금액에서 이를 공제할 수 있다.

③ 그 지급기일이 도래하지 아니한 때라면 보상할 금액에서 이를 공제할 수 없다.

④ 상법은 보험소비자의 보호를 위하여 어떠한 경우에도 보상할 금액에서 이를 공제할 수 없다고 규정한다.

해설 콕

보험자가 손해를 보상할 경우에 보험료의 지급을 받지 아니한 잔액이 있으면 그 지급기일이 도래하지 아니한 때라도 보상할 금액에서 이를 공제할 수 있다(상법 제677조).

25 화재보험에 관한 설명으로 옳지 않은 것은?

① 건물을 보험의 목적으로 한 때에는 그 소재지, 구조와 용도를 화재보험증권에 기재하여야 한다.

② 동산을 보험의 목적으로 한 때에는 그 존치한 장소의 상태와 용도를 화재보험증권에 기재하여야 한다.

③ 보험가액을 정한 때에는 그 가액을 화재보험증권에 기재하여야 한다.

④ 보험계약자의 주소와 성명 또는 상호는 화재보험증권의 기재사항이 아니다.

해설 콕

보험계약자의 주소와 성명 또는 상호는 화재보험증권의 기재사항이다(상법 제685조, 제666조 제7호).

화재보험증권(상법 제685조)

화재보험증권에는 제666조에 게기한 사항 외에 다음의 사항을 기재하여야 한다.

1. 건물을 보험의 목적으로 한 때에는 그 소재지, 구조와 용도
2. 동산을 보험의 목적으로 한 때에는 그 존치한 장소의 상태와 용도
3. 보험가액을 정한 때에는 그 가액

정답 22 ① 23 ③ 24 ② 25 ④

26 농어업재해보험법령상 재보험사업에 관한 설명으로 옳은 것은?

① 정부는 재해보험에 관한 재보험사업을 할 수 없다.
② 재보험수수료 등 재보험 약정에 포함되어야 할 사항은 농림축산식품부령에서 정하고 있다.
③ 재보험약정서에는 재보험금의 지급에 관한 사항뿐 아니라 분쟁에 관한 사항도 포함되어야 한다.
④ 농림축산식품부장관이 재보험사업에 관한 업무의 일부를 농업정책보험금융원에 위탁하는 경우에는 해양수산부장관과의 협의를 요하지 않는다.

해설 콕

③ 농어업재해보험법 시행령 제16조 제5호
① 정부는 재해보험에 관한 재보험사업을 할 수 있다(농어업재해보험법 제20조 제1항).
② 재보험수수료 등 재보험 약정에 포함되어야 할 사항은 대통령령에서 정하고 있다(농어업재해보험법 제20조 제2항 제3호).
④ 농림축산식품부장관은 해양수산부장관과 협의를 거쳐 재보험사업에 관한 업무의 일부를 「농업·농촌 및 식품산업 기본법」 제63조의2 제1항에 따라 설립된 농업정책보험금융원에 위탁할 수 있다(농어업재해보험법 제20조 제3항).

27 농어업재해보험법령상 농어업재해재보험기금에 관한 설명이다. ( )에 들어갈 내용을 순서대로 옳게 나열한 것은?

농림축산식품부장관은 (ㄱ)과 협의하여 법 제21조에 따른 농어업재해재보험기금의 수입과 지출을 명확히 하기 위하여 한국은행에 (ㄴ)을 설치하여야 한다.

	ㄱ	ㄴ
①	기획재정부장관	보험계정
②	기획재정부장관	기금계정
③	해양수산부장관	보험계정
④	해양수산부장관	기금계정

해설 콕

농림축산식품부장관은 (해양수산부장관)과 협의하여 법 제21조에 따른 농어업재해재보험기금의 수입과 지출을 명확히 하기 위하여 한국은행에 (기금계정)을 설치하여야 한다(농어업재해보험법 시행령 제17조).

28 농어업재해보험법 시행령에서 정하고 있는 다음 사항에 대한 과태료 부과기준액을 모두 합한 금액은?

> • 법 제10조 제2항에서 준용하는 「보험업법」 제95조를 위반하여 보험안내를 한 자로서 재해보험사업자가 아닌 경우
> • 법 제29조에 따른 보고 또는 관계 서류 제출을 하지 아니하거나 보고 또는 관계 서류 제출을 거짓으로 한 경우
> • 법 제10조 제2항에서 준용하는 「보험업법」 제97조 제1항을 위반하여 보험계약의 체결 또는 모집에 관한 금지행위를 한 경우

① 1,000만원　　② 1,100만원
③ 1,200만원　　④ 1,300만원

해설 콕

• 법 제10조 제2항에서 준용하는 「보험업법」 제95조를 위반하여 보험안내를 한 자로서 재해보험사업자가 아닌 경우 : 500만원
• 법 제29조에 따른 보고 또는 관계 서류 제출을 하지 아니하거나 보고 또는 관계 서류 제출을 거짓으로 한 경우 : 300만원
• 법 제10조 제2항에서 준용하는 「보험업법」 제97조 제1항을 위반하여 보험계약의 체결 또는 모집에 관한 금지행위를 한 경우 : 300만원
• 과태료 부과기준액 합계 = 500만원 + 300만원 + 300만원 = 1,100만원

29 농어업재해보험법령과 농업재해보험 손해평가요령상 다음의 설명 중 옳지 않은 것은?

① 손해평가사나 손해사정사가 아닌 경우에는 손해평가인이 될 수 없다.
② 농업재해보험 손해평가요령은 농림축산식품부고시의 형식을 갖추고 있다.
③ 가축재해보험도 농업재해보험의 일종이다.
④ 손해평가보조인이라 함은 손해평가 업무를 보조하는 자를 말한다.

해설 콕

재해보험사업자는 보험목적물에 관한 지식과 경험을 갖춘 자 또는 그 밖의 관계 전문가를 손해평가인으로 위촉하여 손해평가를 담당하게 하거나 제11조의2에 따른 손해평가사 또는 「보험업법」 제186조에 따른 손해사정사에게 손해평가를 담당하게 할 수 있다(농어업재해보험법 제11조 제1항).
② 농업재해보험 손해평가요령은 「농어업재해보험법」 제11조 제2항에 따른 손해평가에 필요한 세부사항을 규정함을 목적으로 하며, 농림축산식품부고시의 형식을 갖추고 있다.
③ 농업재해보험 손해평가요령 제2조 제5호
④ 농업재해보험 손해평가요령 제2조 제4호

30 농어업재해보험법령상 "시범사업"을 하기 위해 재해보험사업자가 농림축산식품부장관에게 제출하여야 하는 사업계획서 내용에 해당하는 것을 모두 고른 것은?

> ㄱ. 사업지역 및 사업기간에 관한 사항
> ㄴ. 보험상품에 관한 사항
> ㄷ. 보험계약사항 등 전반적인 사업운영 실적에 관한 사항
> ㄹ. 그 밖에 금융감독원장이 필요하다고 인정하는 사항

① ㄱ, ㄴ
② ㄱ, ㄷ
③ ㄴ, ㄷ
④ ㄴ, ㄹ

해설 콕

재해보험사업자는 법 제27조 제1항에 따른 시범사업을 하려면 다음 각 호의 사항이 포함된 사업계획서를 농림축산식품부장관 또는 해양수산부장관에게 제출하고 협의하여야 한다(농어업재해보험법 시행령 제22조 제1항).

1. 대상목적물, 사업지역 및 사업기간에 관한 사항
2. 보험상품에 관한 사항
3. 정부의 재정지원에 관한 사항
4. 그 밖에 농림축산식품부장관 또는 해양수산부장관이 필요하다고 인정하는 사항

31 농업재해보험 손해평가요령상 손해평가인의 업무가 아닌 것은?

① 손해액 평가
② 보험가액 평가
③ 보험료의 평가
④ 피해사실 확인

해설 콕

손해평가인의 업무(농업재해보험 손해평가요령 제3조 제1항)

1. 피해사실 확인
2. 보험가액 및 손해액 평가
3. 그 밖에 손해평가에 관하여 필요한 사항

32 농업재해보험 손해평가요령상 손해평가인의 교육에 관한 설명으로 옳지 않은 것은?

① 재해보험사업자는 위촉된 손해평가인을 대상으로 농업재해보험에 관한 손해평가의 방법 및 절차의 실무교육을 실시하여야 한다.
② 피해유형별 현지조사표 작성실습은 손해평가인 정기교육의 내용이다.
③ 손해평가인 정기교육시 농업재해보험에 관한 기초지식의 교육내용에는 농어업재해보험법 제정 배경 및 조문별 주요내용 등이 포함된다.
④ 위촉된 손해평가인의 실무교육시 재해보험사업자에 대하여 손해평가인은 교육비를 지급한다.

해설 콕

①·④ 재해보험사업자는 위촉된 손해평가인을 대상으로 농업재해보험에 관한 기초지식, 보험상품 및 약관, 손해평가의 방법 및 절차 등 손해평가에 필요한 실무교육을 실시하여야 하며, 손해평가인에 대하여 재해보험사업자는 소정의 교육비를 지급할 수 있다(농업재해보험 손해평가요령 제5조).
② 농업재해보험 손해평가요령 제5조의2 제1항 제4호
③ 농업재해보험 손해평가요령 제5조의2 제1항 제1호

33 농업재해보험 손해평가요령상 재해보험사업자가 손해평가인 업무의 정지나 위촉의 해지를 할 수 있는 사항에 관한 설명으로 옳지 않은 것은?

① 손해평가인이 농업재해보험 손해평가요령의 규정을 위반한 경우 위촉을 해지할 수 있다.
② 손해평가인이 농어업재해보험법에 따른 명령을 위반한 때 3개월간 업무의 정지를 명할 수 있다.
③ 부정한 방법으로 손해평가인으로 위촉된 경우 위촉을 해지할 수 있다.
④ 업무수행과 관련하여 동의를 받지 않고 개인정보를 수집하여 개인정보보호법을 위반한 경우 3개월간 업무의 정지를 명할 수 있다.

해설 콕

거짓 그 밖의 부정한 방법으로 손해평가인으로 위촉된 자는 그 위촉을 취소하여야 한다(농업재해보험 손해평가요령 제6조 제1항 제5호).

손해평가인 업무의 정지나 위촉의 해지(농업재해보험 손해평가요령 제6조 제2항)
재해보험사업자는 손해평가인이 다음 각 호의 어느 하나에 해당하는 때에는 6개월 이내의 기간을 정하여 그 업무의 정지를 명하거나 그 위촉을 해지할 수 있다.

1. 법 제11조 제2항 및 이 요령의 규정을 위반 한 때
2. 법 및 이 요령에 의한 명령이나 처분을 위반한 때
3. 업무수행과 관련하여 「개인정보보호법」, 「신용정보의 이용 및 보호에 관한 법률」 등 정보보호와 관련된 법령을 위반한 때

정답 30 ① 31 ③ 32 ④ 33 ③

34 농업재해보험 손해평가요령상 손해평가반 구성에 관한 설명으로 옳은 것은?

① 손해평가인은 법에 따른 손해평가를 하는 경우 손해평가반을 구성하고 손해평가반별로 평가일정계획을 수립하여야 한다.

② 자기가 모집하지 않았더라도 자기와 생계를 같이하는 친족이 모집한 보험계약이라면 해당자는 그 보험계약에 관한 손해평가의 손해평가반 구성에서 배제되어야 한다.

③ 자기가 가입하였어도 자기가 모집하지 않은 보험계약이라면 해당자는 그 보험계약에 관한 손해평가의 손해평가반 구성에 참여할 수 있다.

④ 손해평가반에는 손해평가인, 손해평가사, 손해사정사에 해당하는 자를 2인 이상 포함시켜야 한다.

해설 콕

② 농업재해보험 손해평가요령 제8조 제3항 제1호

① 재해보험사업자는 손해평가를 하는 경우에는 손해평가반을 구성하고 손해평가반별로 평가일정계획을 수립하여야 한다(농업재해보험 손해평가요령 제8조 제1항).

③ 자기 또는 이해관계자가 모집한 보험계약에 관한 손해평가에 대하여는 해당자를 손해평가반 구성에서 배제하여야 한다(농업재해보험 손해평가요령 제8조 제3항 제2호).

④ 손해평가반에는 손해평가인, 손해평가사, 손해사정사에 해당하는 자를 1인 이상 포함하여 5인 이내로 구성한다(농업재해보험 손해평가요령 제8조 제2항).

35 농어업재해보험법상 농어업재해에 해당하지 않는 것은?

① 농작물에 발생하는 자연재해

② 임산물에 발생하는 병충해

③ 농업용 시설물에 발생하는 화재

④ 농어촌 주민의 주택에 발생하는 화재

해설 콕

"농어업재해"란 농작물·임산물·가축 및 농업용 시설물에 발생하는 자연재해·병충해·조수해(鳥獸害)·질병 또는 화재(이하 "농업재해"라 한다)와 양식수산물 및 어업용 시설물에 발생하는 자연재해·질병 또는 화재(이하 "어업재해"라 한다)를 말한다(농어업재해보험법 제2조 제1호).

36 농어업재해보험법령상 농업재해보험심의회의 심의사항에 해당하는 것을 모두 고른 것은?

ㄱ. 재해보험목적물의 선정에 관한 사항
ㄴ. 재해보험사업에 대한 재정지원에 관한 사항
ㄷ. 손해평가의 방법과 절차에 관한 사항

① ㄱ, ㄴ
② ㄱ, ㄷ
③ ㄴ, ㄷ
④ ㄱ, ㄴ, ㄷ

해설 콕

농업재해보험심의회의 심의사항(농어업재해보험법 제3조 제1항)
1. 재해보험 목적물의 선정에 관한 사항
2. 재해보험에서 보상하는 재해의 범위에 관한 사항
3. 재해보험사업에 대한 재정지원에 관한 사항
4. 손해평가의 방법과 절차에 관한 사항
5. 농어업재해재보험사업에 대한 정부의 책임범위에 관한 사항
6. 재보험사업 관련 자금의 수입과 지출의 적정성에 관한 사항
7. 다른 법률에서 농업재해보험심의회 또는 어업재해보험심의회의 심의 사항으로 정하고 있는 사항
8. 그 밖에 농림축산식품부장관 또는 해양수산부장관이 필요하다고 인정하는 사항

37 농어업재해보험법령상 재해보험사업에 관한 내용으로 옳지 않은 것은?

① 재해보험사업을 하려는 자는 기획재정부장관과 재해보험사업의 약정을 체결하여야 한다.
② 재해보험의 종류는 농작물재해보험, 임산물재해보험, 가축재해보험 및 양식수산물재해보험으로 한다.
③ 재해보험에 가입할 수 있는 자는 농림업, 축산업, 양식수산업에 종사하는 개인 또는 법인으로 한다.
④ 재해보험에서 보상하는 재해의 범위는 해당 재해의 발생 빈도, 피해 정도 및 객관적인 손해평가방법 등을 고려하여 재해보험의 종류별로 대통령령으로 정한다.

해설 콕

재해보험사업을 하려는 자는 농림축산식품부장관 또는 해양수산부장관과 재해보험사업의 약정을 체결하여야 한다(농어업재해보험법 제8조 제2항).
② 농어업재해보험법 제4조
③ 농어업재해보험법 제7조
④ 농어업재해보험법 제6조 제1항

38 농어업재해보험법령상 재해보험사업을 할 수 없는 자는?

① 「수산업협동조합법」에 따른 수산업협동조합중앙회
② 「새마을금고법」에 따른 새마을금고중앙회
③ 「보험업법」에 따른 보험회사
④ 「산림조합법」에 따른 산림조합중앙회

해설 콕

재해보험사업을 할 수 있는 자(농어업재해보험법 제8조 제1항)
1. 「수산업협동조합법」에 따른 수산업협동조합중앙회
2. 「산림조합법」에 따른 산림조합중앙회
3. 「보험업법」에 따른 보험회사

39 농어업재해보험법령상 재해보험사업 및 보험료율의 산정에 관한 설명으로 옳지 않은 것은?

① 재해보험사업의 약정을 체결하려는 자는 보험료 및 책임준비금 산출방법서 등을 농림축산식품부장관 또는 해양수산부장관에게 제출하여야 한다.
② 재해보험사업자는 보험료율을 객관적이고 합리적인 통계자료를 기초로 산정하여야 한다.
③ 보험료율은 보험목적물별 또는 보상방식별로 산정한다.
④ 보험료율은 대한민국 전체를 하나의 단위로 산정하여야 한다.

해설 콕

① 농어업재해보험법 제8조 제3항 제1호
②·③·④ 재해보험사업자는 재해보험의 보험료율을 객관적이고 합리적인 통계자료를 기초로 하여 보험목적물별 또는 보상방식별로 산정하되, 대통령령으로 정하는 행정구역 단위 또는 권역 단위로 산정하여야 한다(농어업재해보험법 제9조, 동법 시행령 제11조).
1. 행정구역 단위 : 특별시·광역시·도·특별자치도 또는 시·군·자치구
2. 권역 단위 : 농림축산식품부장관 또는 해양수산부장관이 행정구역 단위와는 따로 구분하여 고시하는 지역 단위

40 농어업재해보험법령상 재해보험을 모집할 수 있는 자가 아닌 것은?

① 「수산업협동조합법」에 따라 설립된 수협은행의 임직원
② 「수산업협동조합법」의 공제규약에 따른 공제모집인으로서 해양수산부장관이 인정하는 자
③ 「산림조합법」에 따른 산림조합중앙회의 임직원
④ 「보험업법」 제83조 제1항에 따라 보험을 모집할 수 있는 자

해설 콕

재해보험을 모집할 수 있는 자(농어업재해보험법 제10조 제1항)

1. 산림조합중앙회와 그 회원조합의 임직원, 수협중앙회와 그 회원조합 및 「수산업협동조합법」에 따라 설립된 수협은행의 임직원
2. 「수산업협동조합법」 제60조의 공제규약에 따른 공제모집인으로서 수협중앙회장 또는 그 회원조합장이 인정하는 자
3. 「산림조합법」 제48조의 공제규정에 따른 공제모집인으로서 산림조합중앙회장이나 그 회원조합장이 인정하는 자
4. 「보험업법」 제83조 제1항에 따라 보험을 모집할 수 있는 자

41 농어업재해보험법령상 손해평가사에 관한 설명으로 옳지 않은 것은?

① 농림축산식품부장관은 공정하고 객관적인 손해평가를 촉진하기 위하여 손해평가사 제도를 운영한다.
② 손해평가사 자격이 취소된 사람은 그 취소 처분이 있은 날부터 2년이 지나지 아니한 경우 손해평가사 자격시험에 응시하지 못한다.
③ 손해평가사 자격시험의 제1차 시험은 선택형으로 출제하는 것을 원칙으로 하되, 단답형 또는 기입형을 병행할 수 있다.
④ 보험목적물 또는 관련 분야에 관한 전문 지식과 경험을 갖추었다고 인정되는 대통령령으로 정하는 기준에 해당하는 사람에게는 손해평가사 자격시험 과목의 전부를 면제할 수 있다.

해설 콕

보험목적물 또는 관련 분야에 관한 전문 지식과 경험을 갖추었다고 인정되는 대통령령으로 정하는 기준에 해당하는 사람에게는 손해평가사 자격시험 과목의 일부를 면제할 수 있다(농어업재해보험법 제11조의4 제2항).

① 농어업재해보험법 제11조의2
② 농어업재해보험법 제11조의4 제4항
③ 농어업재해보험법 시행령 제12조의3 제2항

정답 38 ② 39 ④ 40 ② 41 ④

42 농어업재해보험법령상 손해평가에 관한 설명으로 옳지 않은 것은?

① 재해보험사업자는 손해평가인을 위촉하여 손해평가를 담당하게 할 수 있다.
② 농림축산식품부장관 또는 해양수산부장관은 손해평가인 간의 손해평가에 관한 기술·정보의 교환을 지원할 수 있다.
③ 농림축산식품부장관 또는 해양수산부장관은 손해평가인이 공정하고 객관적인 손해평가를 수행할 수 있도록 분기별 1회 이상 정기교육을 실시하여야 한다.
④ 농림축산식품부장관 또는 해양수산부장관은 손해평가 요령을 고시하려면 미리 금융위원회와 협의하여야 한다.

해설 콕

농림축산식품부장관 또는 해양수산부장관은 손해평가인이 공정하고 객관적인 손해평가를 수행할 수 있도록 연 1회 이상 정기교육을 실시하여야 한다(농어업재해보험법 제11조 제5항).
① 농어업재해보험법 제11조 제1항
② 농어업재해보험법 제11조 제6항
④ 농어업재해보험법 제11조 제4항

43 농어업재해보험법령상 재정지원에 관한 내용으로 옳지 않은 것은?

① 정부는 예산의 범위에서 재해보험사업자의 재해보험의 운영 및 관리에 필요한 비용의 전부 또는 일부를 지원할 수 있다.
② 「풍수해보험법」에 따른 풍수해보험에 가입한 자가 동일한 보험목적물을 대상으로 재해보험에 가입할 경우에는 정부가 재정지원을 하지 아니한다.
③ 보험료와 운영비의 지원 방법 및 지원 절차 등에 필요한 사항은 대통령령으로 정한다.
④ 지방자치단체는 예산의 범위에서 재해보험가입자가 부담하는 보험료의 일부를 추가로 지원할 수 있으며, 지방자치단체의 장은 지원 금액을 재해보험가입자에게 지급하여야 한다.

해설 콕

지방자치단체는 예산의 범위에서 재해보험가입자가 부담하는 보험료의 일부를 추가로 지원할 수 있으며, 지방자치단체의 장은 지원 금액을 재해보험사업자에게 지급하여야 한다(농어업재해보험법 제19조 제1항, 제2항).
① 농어업재해보험법 제19조 제1항
② 농어업재해보험법 제19조 제3항
③ 농어업재해보험법 제19조 제4항

44 농업재해보험 손해평가요령상 손해평가준비 및 평가결과 제출에 관한 설명으로 옳지 않은 것은?

① 재해보험사업자는 손해평가반이 실시한 손해평가결과를 기록할 수 있는 현지조사서를 마련해야 한다.

② 손해평가반은 보험가입자가 정당한 사유 없이 손해평가를 거부하여 손해평가를 실시하지 못한 경우에는 그 피해를 인정할 수 없는 것으로 평가한다는 사실을 보험가입자에게 통지한 후 현지조사서를 재해보험사업자에게 제출하여야 한다.

③ 보험가입자가 정당한 사유 없이 손해평가반이 작성한 현지조사서에 서명을 거부한 경우에는 손해평가반은 그 피해를 인정할 수 없는 것으로 평가한다는 현지조사서를 작성하여 재해보험사업자에게 제출하여야 한다.

④ 보험가입자가 손해평가반의 손해평가결과에 대하여 설명 또는 통지를 받은 날로부터 7일 이내에 손해평가가 잘못되었음을 증빙하는 서류 또는 사진 등을 제출하는 경우 재해보험사업자는 다른 손해평가반으로 하여금 재조사를 실시하게 할 수 있다.

해설 콕

손해평가반은 현지조사서에 손해평가 결과를 정확하게 작성하여 보험가입자에게 이를 설명한 후 서명을 받아 재해보험사업자에게 제출하여야 한다. 다만, 보험가입자가 정당한 사유 없이 서명을 거부하는 경우 손해평가반은 보험가입자에게 손해평가 결과를 통지한 후 서명 없이 현지조사서를 재해보험사업자에게 제출하여야 한다(농업재해보험 손해평가요령 제10조 제3항).

① 농업재해보험 손해평가요령 제10조 제1항
② 농업재해보험 손해평가요령 제10조 제4항
④ 농업재해보험 손해평가요령 제10조 제5항

45 농업재해보험 손해평가요령상 보험목적물별 손해평가의 단위로 옳은 것을 모두 고른 것은?

ㄱ. 벌 : 벌통 단위	ㄴ. 벼 : 농지별
ㄷ. 돼지 : 개별축사별	ㄹ. 농업시설물 : 보험가입 농가별

① ㄱ, ㄴ
② ㄱ, ㄷ
③ ㄴ, ㄹ
④ ㄷ, ㄹ

해설 콕

보험목적물별 손해평가 단위(농업재해보험 손해평가요령 제12조 제1항)
1. **농작물** : 농지별
2. **가축** : 개별가축별(단, 벌은 벌통 단위)
3. **농업시설물** : 보험가입 목적물별

정답 42 ③ 43 ④ 44 ③ 45 ①

46 농업재해보험 손해평가요령상 농작물의 보험가액 산정에 관한 설명이다. ( )에 들어 갈 내용으로 옳은 것은?

> ( ) 보험가액은 보험증권에 기재된 보험목적물의 평년수확량에 보험가입 당시의 단위당 가입가격을 곱하여 산정한다. 다만, 보험가액에 영향을 미치는 가입면적, 주수, 수령, 품종 등이 가입 당시와 다를 경우 변경할 수 있다.

① 종합위험방식
② 적과전 종합위험방식
③ 생산비보장
④ 특정위험방식

해설 콕

(종합위험방식) 보험가액은 보험증권에 기재된 보험목적물의 평년수확량에 보험가입 당시의 단위당 가입가격을 곱하여 산정한다. 다만, 보험가액에 영향을 미치는 가입면적, 주수, 수령, 품종 등이 가입 당시와 다를 경우 변경할 수 있다(농업재해보험 손해평가요령 제13조 제1항 제3호).

47 농어업재해보험법령상 정부의 재정지원에 관한 설명이다. ( )에 들어갈 내용으로 옳은 것은?

> 보험료 또는 운영비의 지원 금액을 지급받으려는 재해보험사업자는 농림축산식품부장관 또는 해양수산부장관이 정하는 바에 따라 ( )나 운영비 사용계획서를 농림축산식품부장관 또는 해양수산부장관에게 제출하여야 한다.

① 현지조사서
② 재해보험 가입현황서
③ 보험료 사용계획서
④ 기금결산보고서

해설 콕

보험료 또는 운영비의 지원 금액을 지급받으려는 재해보험사업자는 농림축산식품부장관 또는 해양수산부장관이 정하는 바에 따라 **(재해보험 가입현황서)**나 운영비 사용계획서를 농림축산식품부장관 또는 해양수산부장관에게 제출하여야 한다(농어업재해보험법 시행령 제15조 제1항).

48 농업재해보험 손해평가요령상 농업시설물의 보험가액 산정에 관한 설명이다. (   )에 들어갈 내용으로 옳은 것은?

> 농업시설물에 대한 보험가액은 보험사고가 발생한 때와 곳에서 평가한 피해목적물의 (   )에서 내용연수에 따른 감가상각률을 적용하여 계산한 감가상각액을 차감하여 산정한다.

① 재조달가액
② 보험가입금액
③ 원상복구비용
④ 손해액

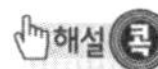

농업시설물에 대한 보험가액은 보험사고가 발생한 때와 곳에서 평가한 피해목적물의 (**재조달가액**)에서 내용연수에 따른 감가상각률을 적용하여 계산한 감가상각액을 차감하여 산정한다(농업재해보험 손해평가요령 제15조 제1항).

49 농업재해보험 손해평가요령상 종합위험방식 상품에서 조사내용으로 「수확전 사고조사」를 하는 품목은? 기출수정

① 복분자
② 오 디
③ 감 귤
④ 단 감

해설 콕

수확전 사고조사(농업재해보험 손해평가요령 별표 2)
- **해당 품목** : 감귤
- **조사시기** : 사고접수 후 지체 없이
- **조사방법** : 표본주의 과실 구분(표본조사)

정답 46 ① 47 ② 48 ① 49 ③

50 농업재해보험 손해평가요령상 적과전 종합위험방식 상품 중 「보험계약체결일~적과전」 생육시기에 우박으로 인한 손해수량의 조사내용인 것은? 기출수정

① 나무피해조사
② 피해사실확인조사
③ 낙엽피해조사
④ 수확량조사

해설 콕

적과전 종합위험방식 상품의 재해별·시기별 손해수량 조사방법(농업재해보험 손해평가요령 별표 2)

생육시기	재 해	조사내용	조사시기	조사방법	비 고
보험계약체결일 ~ 적과전	보상하는 재해 전부	피해사실 확인조사	사고접수 후 지체 없이	보상하는 재해로 인한 피해발생 여부를 조사	피해사실이 명백한 경우 생략 가능
	우 박		사고접수 후 지체 없이	• 우박으로 인한 유과(어린과실) 및 꽃(눈) 등의 타박비율을 조사 • 조사방법 : 표본조사	적과종료 이전 특정위험 5종 한정 보장 특약 가입건에 한함
6월 1일 ~ 적과전	태풍(강풍), 우박, 집중호우, 화재, 지진		사고접수 후 지체 없이	• 보상하는 재해로 발생한 낙엽피해 정도를 조사 ※ 단감·떫은감에 대해서만 실시 • 조사방법 : 표본조사	

제 3 과목 농학개론 중 재배학 및 원예작물학

51 과실의 구조적 특징에 따른 분류로 옳은 것은?

① 인과류 – 사과, 자두
② 핵과류 – 복숭아, 매실
③ 장과류 – 포도, 체리
④ 각과류 – 밤, 키위

해설 콕

① 인과류 – 사과, 배 (※ 자두 – 핵과류)
③ 장과류 – 포도, 딸기 (※ 체리 – 핵과류)
④ 각과류 – 밤, 호두 (※ 키위 – 장과류)

52 토양 입단 형성에 부정적 영향을 주는 것은?

① 나트륨 이온 첨가
② 유기물 시용
③ 콩과작물 재배
④ 피복작물 재배

해설 콕

나트륨 이온을 첨가하면 점토 결합을 분산시켜 토양 입단을 파괴한다.

53 작물 재배에 있어서 질소에 관한 설명으로 옳은 것은?

① 벼과작물에 비해 콩과작물은 질소 시비량을 늘여주는 것이 좋다.
② 질산이온(NO_3^-)으로 식물에 흡수된다.
③ 결핍증상은 노엽(老葉)보다 유엽(幼葉)에서 먼저 나타난다.
④ 암모니아태 질소비료는 석회와 함께 시용하는 것이 효과적이다.

해설 콕

식물 뿌리로부터 토양 속의 질산이온(NO_3^-)을 흡수하여 식물체내의 효소군에 의해 질산동화가 이루어진다.
① 콩과작물은 질소고정 능력이 있으므로 벼과작물에 비해 질소 시비량을 줄여주는 것이 좋다.
③ 결핍증상은 유엽(幼葉 ; 어린잎)보다 노엽(老葉 ; 늙은잎)에서 먼저 나타난다.
④ 암모니아태 질소비료를 석회와 함께 시용하면 휘발하는 성질이 있어 비효율적이다.

정답 50 ② 51 ② 52 ① 53 ②

54 식물체내 물의 기능을 모두 고른 것은?

ㄱ. 양분 흡수의 용매	ㄴ. 세포의 팽압 유지
ㄷ. 식물체의 항상성 유지	ㄹ. 물질 합성과정의 매개

① ㄱ, ㄴ
② ㄱ, ㄷ, ㄹ
③ ㄴ, ㄷ, ㄹ
④ ㄱ, ㄴ, ㄷ, ㄹ

해설 콕

식물체내 물의 기능
- 식물체의 구성물질
- 양분 흡수와 이동의 용매
- 세포의 팽압 유지
- 물질의 합성과 분해과정에서 용매역할
- 각종 효소활성의 촉매작용
- 식물체의 항상성 유지

55 토양 습해대책으로 옳지 않은 것은?

① 밭의 고랑재배
② 땅속 배수시설 설치
③ 습답의 이랑재배
④ 토양개량제 시용

밭의 고랑재배는 가뭄대책에 해당한다. 습해대책으로 밭에서는 휴립휴파를 한다. 즉 이랑을 세워 이랑에 파종함으로써 습해에 대비한다.

56 작물 재배시 한해(旱害) 대책을 모두 고른 것은?

ㄱ. 중경제초
ㄴ. 밀식재배
ㄷ. 토양입단 조성

① ㄱ, ㄴ
② ㄱ, ㄷ
③ ㄴ, ㄷ
④ ㄱ, ㄴ, ㄷ

해설 콕

ㄱ. **중경제초** : 표토를 쪼아서 모세관을 절단한 다음 잡초를 제거하면 토양의 증발·증산이 경감된다.
ㄴ. **밀식재배** : 밀식재배를 하면 작물의 내건성이 약화된다.
ㄷ. **토양입단 조성** : 토양입단을 조성하면 토양수분의 보유력이 증대하고 증발을 억제한다.

57 다음 (　　)에 들어갈 내용을 순서대로 옳게 나열한 것은?

> 과수작물의 동해 및 서리피해에서 (　　)의 경우 꽃이 일찍 피는 따뜻한 지역에서 늦서리 피해가 많이 일어난다. 최근에는 온난화의 영향으로 개화기가 빨라져 (　　)에서 서리피해가 빈번하게 발생한다. (　　)은 상층의 더운 공기를 아래로 불어내려 과수원의 기온 저하를 막아주는 방법이다.

① 사과나무, 장과류, 살수법
② 배나무, 핵과류, 송풍법
③ 배나무, 인과류, 살수법
④ 사과나무, 각과류, 송풍법

해설 콕

- **배나무** : 꽃이 일찍 피는 따뜻한 지역에서 늦서리 피해가 많이 일어난다.
- **핵과류** : 늦서리 피해에 민감하다.
- **송풍법** : 지상 10m 정도 높이에서 프로펠러를 회전하여 따뜻한 공기를 지면으로 송풍하여 서리를 막는다.

58 작물의 생육적온에 관한 설명으로 옳지 않은 것은?

① 대사작용에 따라 적온이 다르다.
② 발아 후 생육단계별로 적온이 있다.
③ 품종에 따른 차이가 존재한다.
④ 주간과 야간의 적온은 동일하다.

해설 콕

작물의 생육적온은 대부분 20~25℃이며, 일반적으로 주간의 생육적온이 야간의 생육적온보다 높다.
예 장미의 생육적온 : 낮 24~27℃, 밤 15~18℃

정답 54 ④ 55 ① 56 ② 57 ② 58 ④

59 다음 ( )의 내용을 순서대로 옳게 나열한 것은?

> 광보상점은 광합성에 의한 이산화탄소 ( )과 호흡에 의한 이산화탄소 ( )이 같은 지점이다. 그리고 내음성이 ( ) 작물은 ( ) 작물보다 광보상점이 높다.

① 방출량, 흡수량, 약한, 강한
② 방출량, 흡수량, 강한, 약한
③ 흡수량, 방출량, 약한, 강한
④ 흡수량, 방출량, 강한, 약한

해설 콕

광보상점은 작물의 광합성에 의한 이산화탄소의 (흡수량)과 호흡에 의한 이산화탄소의 (방출량)이 같은 지점의 광도를 말한다. 내음성이 (약한) 작물은 (강한) 작물보다 광보상점이 높다.
※ **내음성** : 식물이 광도가 낮은 조건에서 생육할 수 있는 능력

60 우리나라 우박 피해로 옳은 것을 모두 고른 것은?

> ㄱ. 전국적으로 7월에 집중적으로 발생한다.
> ㄴ. 돌발적이고 단기간에 큰 피해가 발생한다.
> ㄷ. 피해지역이 비교적 좁은 범위에 한정된다.
> ㄹ. 피해과원의 모든 과실을 제거하여 이듬해 결실률을 높인다.

① ㄱ, ㄹ
② ㄴ, ㄷ
③ ㄴ, ㄷ, ㄹ
④ ㄱ, ㄴ, ㄷ, ㄹ

해설 콕

ㄱ. (×) 국지적으로 5~6월에 간헐적으로 발생하고, 9~10월에도 발생한다.
ㄴ. ㄷ. (○) 우리나라의 우박 피해는 돌발적이고 단기간에 큰 피해가 발생하며, 피해지역이 국지적인 경우가 많다.
ㄹ. (×) 피해과원의 적과 및 신초제거 등의 수체관리로 이듬해 결실률을 높인다. 즉 우박피해가 심한 과원에서는 대부분의 잎이 파열되고 열상이 많은 가지를 제거하고 적정 착과량의 50% 이내로 적과한다. 우박피해가 경미한 과원에서는 피해를 심하게 받은 신초만 제거하고, 피해를 받은 과실도 적과하여 적정 착과량을 유지한다.

61 다음이 설명하는 재해는?

> 시설 재배시 토양수분의 증발량이 관수량보다 많을 때 주로 발생하며, 비료성분의 집적으로 작물의 토양수분 흡수가 어려워지고 영양소 불균형을 초래한다.

① 한 해 ② 습 해
③ 염 해 ④ 냉 해

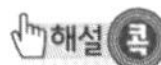

염해(salt stress)
- 토양수분의 증발량이 강수량보다 많을 때 발생할 수 있다.
- 시설 재배시 비료의 과용으로 생기게 된다.
- 식물체내의 수분포텐셜보다 토양의 수분포텐셜이 낮아진다.
- 토양수분 흡수가 어려워지고 작물의 영양소 불균형을 초래한다.

62 과수재배에 이용되는 생장조절물질에 관한 설명으로 옳지 않은 것은?

① 삽목시 발근촉진제로 옥신계 물질을 사용한다.
② 사과나무 적과제로 옥신계 물질을 사용한다.
③ 씨없는 포도를 만들 때 지베렐린을 사용한다.
④ 사과나무 낙과방지제로 시토키닌계 물질을 사용한다.

사과나무 낙과방지제로 옥신계 물질(2,4-D, 2,4,5-T)을 사용한다.
※ **시토키닌(Cytokinins)** : 적정량의 옥신이 포함된 조직에서 세포분열 및 기관분화를 촉진한다.

63 다음이 설명하는 것은?

> 낙엽과수는 가을 노화기간에 자연적인 기온 저하와 함께 내한성 증대를 위해 점진적으로 저온에 노출되어야 한다.

① 경 화 ② 동 화
③ 적 화 ④ 춘 화

정답 59 ③ 60 ② 61 ③ 62 ④ 63 ①

해설 콕

낙엽과수는 가을 노화기간 동안 자연적인 기온의 저하와 함께 내한성이 증대된다. 이와 같이 내한성을 증진시키기 위해서는 점진적으로 저온에 노출되어야 하는데, 이것을 **순화** 또는 **경화**라고 한다.
② **동화**는 물질대사를 통해 생화학적으로 생물체 내에서 물질이 합성되는 것을 말한다.
③ **적화**는 개화수가 너무 많은 때에 꽃망울이나 꽃을 솎아서 따주는 것을 말한다.
④ **춘화**는 식물의 종자가 발아한 후 또는 줄기의 생장점이 발육하고 있을 때 일정기간의 저온처리를 함으로써 화성을 유도·촉진하는 것을 말한다.

64 재래육묘에 비해 플러그육묘의 장점이 아닌 것은?

① 노동·기술집약적이다.
② 계획생산이 가능하다.
③ 정식 후 생장이 빠르다.
④ 기계화 및 자동화로 대량생산이 가능하다.

해설 콕

플러그육묘는 기계화 및 자동화로 대량생산이 가능하고 노동력이 절감된다.

65 육묘 재배의 이유가 아닌 것은?

① 과채류 재배시 수확기를 앞당길 수 있다.
② 벼 재배시 감자와 1년 2작이 가능하다.
③ 봄 결구배추 재배시 추대를 유도할 수 있다.
④ 맥류 재배시 생육촉진으로 생산량 증가를 기대할 수 있다.

해설 콕

봄 결구배추를 보온육묘해서 이식하면 저온을 피할 수 있어 추대(抽薹)를 방지할 수 있다.
※ **추대(抽薹)** : 화아분화가 진행되어 이삭이나 꽃대가 올라오는 현상

66 삽목번식에 관한 설명으로 옳지 않은 것은?

① 과수의 결실연령을 단축시킬 수 있다.
② 모주의 유전형질이 후대에 똑같이 계승된다.
③ 종자번식이 불가능한 작물의 번식수단이 된다.
④ 수세를 조절하고 병해충 저항성을 높일 수 있다.

해설 콕

수세를 조절하고 병해충 저항성을 높일 수 있는 번식법은 **접목(접붙이기)**이다.

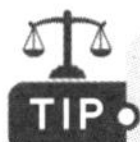

삽목(꺾꽂이)
식물체의 일부인 잎, 줄기, 뿌리를 잘라서 뿌리를 내리게 하고, 새싹을 돋게 하여 독립된 식물체를 만드는 방법을 말한다.
- 모주의 유전형질을 그대로 이어 받는다.
- 결실이 불량한 수목의 번식에 적합하다.
- 묘목의 양성기간이 단축되고, 개화결실이 빠르다.
- 종자번식이 불가능한 작물의 번식수단이 된다.
- 병충해에 대한 저항력이 커진다.

67 담배모자이크 바이러스의 주요 피해작물이 아닌 것은?

① 가 지
② 사 과
③ 고 추
④ 배 추

해설 콕

담배모자이크 바이러스는 담배, 사과, 가지과(가지, 고추, 토마토, 감자 등) 작물 등의 잎에 얼룩무늬 피해를 입힌다. 배추의 대표적인 식물병은 뿌리혹병, 무름병, 노균병, 탄저병 등이다.

정답 64 ① 65 ③ 66 ④ 67 ④

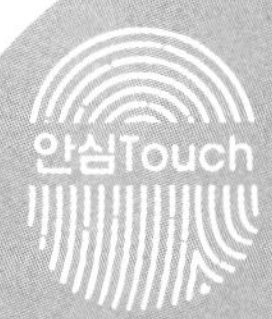

68 식용부위에 따른 분류에서 엽경채류가 아닌 것은?

① 시금치
② 미나리
③ 마 늘
④ 오 이

해설 ④

오이는 과채류(열매채소) 중 박과채소에 속한다.

TIP

채소의 분류
- **엽경채류(잎줄기채소)** : 배추, 시금치, 상추, 미나리, 브로콜리, 아스파라거스, 죽순, 마늘, 양파 등
- **근채류** : 무, 당근, 우엉, 고구마, 감자, 마, 토란 등
- **과채류** : 완두, 강낭콩, 오이, 호박, 가지, 토마토, 고추 등

69 다음 ( )의 내용을 순서대로 옳게 나열한 것은?

> 저온에 의하여 꽃눈형성이 유기되는 것을 ( )라 말하며, 당근・양배추 등은 ( )으로 식물체가 일정한 크기에 도달해야만 저온에 감응하여 화아분화가 이루어진다.

① 춘화, 종자춘화형
② 이춘화, 종자춘화형
③ 춘화, 녹식물춘화형
④ 이춘화, 녹식물춘화형

해설 ③

춘화현상
식물체가 생육의 일정시기(주로 초기)에 저온에 의하여 화성, 즉 화아의 분화, 발육의 유도・촉진하는 것을 (춘화)라 한다.
- **종자춘화형** : 종자가 물을 흡수하여 배(embryo)가 활동을 개시한 이후에는 언제든지 저온에 감응하여 춘화가 일어나는 식물(무, 배추)
- **녹식물춘화형** : 식물체가 어느 정도 영양생장을 한 다음에 저온을 받아야 춘화가 일어나는 식물(당근, 양배추, 양파)

70 다음 두 농가가 재배하고 있는 품목은?

> • **A농가** : 과실이 자람에 따라 서서히 호흡이 저하되다 성숙기를 지나 완숙이 진행되는 전환기에 호흡이 일시적으로 상승하는 과실
> • **B농가** : 성숙기가 되어도 특정한 변화가 일어나지 않는 과실

	A농가	B농가
①	사 과	블루베리
②	살 구	키 위
③	포 도	바나나
④	자 두	복숭아

해설 콕

• **A농가** : 호흡 급등형 과실을 재배하며, 사과, 서양배, 살구, 자두, 복숭아, 키위, 바나나 등이 대표적인 품목이다.
• **B농가** : 호흡 비급등형 과실을 재배하며, 포도, 블루베리, 동양배, 가지 등이 대표적인 품목이다.

71 도로건설로 야간 조명이 늘어나는 지역에서 개화 지연에 대한 대책이 필요한 화훼작물은?

① 국화, 시클라멘
② 장미, 페튜니아
③ 금어초, 제라늄
④ 칼랑코에, 포인세티아

해설 콕

단일성 식물은 밤의 길이가 상대적으로 길어야 꽃이 피는데 도로 건설로 야간 조명이 켜져 있으면 긴 암기를 조명으로 분단하는 광중단(또는 암기중단) 현상으로 꽃눈분화가 억제되어 개화가 지연 될 수 있다.
단일성 식물은 대개 일조시간이 짧아지는 가을에 꽃이 피는 식물로 맨드라미, 국화, 칼랑코에, 포인세티아, 과꽃, 코스모스, 살비아 등이다.
장미, 시클라멘, 제라늄은 중성식물이고, 페튜니아, 금어초는 장일식물이다.

정답 68 ④ 69 ③ 70 ① 71 ④

72 A농가에서 실수로 2℃에 저장하여 저온장해를 받게 될 품목은?

① 장 미
② 백 합
③ 극락조화
④ 국 화

해설 콕

극락조화는 비내한성 작물로 추위에 매우 약하다.
① 장미는 수확 직후에 5~6℃의 저온저장고에서 예냉처리를 한다.
② 백합은 저온처리를 해야 싹이 트는 저온성 작물이다.
④ 국화의 저장온도는 1~2℃가 좋고, 4~5℃에도 2주간 저장이 가능하다.

73 A농가의 하우스 오이 재배시 낙과가 발생하였다. B손해평가사가 주요 원인으로 조사할 항목은?

① 유인끈
② 재배방식
③ 일조량
④ 탄산시비

해설 콕

오이 낙과의 직접적인 원인은 꽃과 과일의 생장비대가 촉진되는 시기에 일조량 부족으로 광합성에 의한 동화양분이 부족하기 때문이다.

74 시설재배에서 연질피복재가 아닌 것은?

① 폴리에틸렌필름
② 폴리에스테르필름
③ 염화비닐필름
④ 에틸렌아세트산비닐필름

해설 콕

연질피복재는 두께 0.05~0.2mm의 연질필름으로 폴리에틸렌필름, 염화비닐필름, 에틸렌아세트산비닐필름 등이 있다. 폴리에스테르필름은 광선투과율(90% 전후)이 높고 보온성이 좋은 경질피복재이다.

75 수경재배에 사용 가능한 원수는?

① 철분 함량이 높은 물
② 나트륨, 염소의 함량이 100ppm 이상인 물
③ 산도가 pH 7에 가까운 물
④ 중탄산 함량이 100ppm 이상인 물

해설 콕

배양액의 적정 pH는 일반적으로 5.5~6.5 범위가 적당하나, 5.0~7.0의 범위라도 생육에 지장이 없다.
① 일반적으로 원수 중에 함유된 Fe는 $Fe(HCO_3)_2$로 용해되어 있고 공기와 접촉하면 산화되어 $Fe(OH)_3$로 되어 침전되므로 작물이 직접 이용할 수 없다. 또한 $Fe(OH)_3$는 점적 관수시 노즐을 막히게 하는 원인이 되므로 제거해야 한다.
② 일반적으로 용수 중에 나트륨과 염소의 함량이 30~40ppm 정도가 되면 문제가 발생할 가능성이 있으며, 75ppm 이상에서는 급액방법과 배액방법을 적절히 조절하여야 한다. 100ppm 이상이 되면 용수로서 장기간 이용이 곤란하다.
④ 고농도의 중탄산은 pH 상승의 원인이 되므로 산으로 중화시켜야 하며, 원수 속의 중탄산 함량은 30~50ppm 수준으로 유지하는 것이 좋다.

배양액의 구비조건
- pH 5.5~6.5 범위에 있을 것
- 필수 무기양분을 함유할 것
- 뿌리에서 흡수하기 쉬운 물에 용해된 이온 상태일 것
- 작물에 유해한 이온을 함유하지 않을 것
- 각각의 이온이 적당한 농도로 용해되어 총이온 농도가 적절할 것
- 재배기간이 계속되어도 농도, 무기원소 간의 비율 및 pH 변화가 적을 것

정답 72 ③ 73 ③ 74 ② 75 ③

2020년

제6회 손해평가사 1차 시험문제

제1과목 상법(보험편)

01 보험계약의 의의와 성립에 관한 설명으로 옳지 않은 것은?

① 보험계약의 성립은 특별한 요식행위를 요하지 않는다.
② 보험계약의 사행계약성으로 인하여 상법은 도덕적 위험을 방지하고자 하는 다수의 규정을 두고 있다.
③ 보험자가 상법에서 정한 낙부통지 기간 내에 통지를 해태한 때에는 청약을 거절한 것으로 본다.
④ 보험계약은 쌍무・유상계약이다.

해설 콕

보험자가 보험계약자로부터 보험계약의 청약과 함께 보험료 상당액의 전부 또는 일부의 지급을 받은 때에는 다른 약정이 없으면 30일 내에 그 상대방에 대하여 낙부의 통지를 발송하여야 하며, 낙부통지 기간 내에 낙부의 통지를 해태한 때에는 승낙한 것으로 본다(상법 제638조의2 제1항, 제2항).

02 다음 ( )에 들어갈 기간으로 옳은 것은?

보험자가 파산의 선고를 받은 때에는 보험계약자는 계약을 해지할 수 있으며, 해지하지 아니한 보험계약은 파산선고 후 ( )을 경과한 때에는 그 효력을 잃는다.

① 10일 ② 1월
③ 3월 ④ 6월

해설 콕

보험자의 파산선고와 계약해지(상법 제654조)
보험자가 파산의 선고를 받은 때에는 보험계약자는 계약을 해지할 수 있으며, 해지하지 아니한 보험계약은 파산선고 후 (3월)을 경과한 때에는 그 효력을 잃는다.

03 일부보험에 관한 설명으로 옳지 않은 것은?

① 일부보험은 보험금액이 보험가액에 미달하는 보험이다.
② 특약이 없을 경우, 일부보험에서 보험자는 보험금액의 보험가액에 대한 비율에 따라 보상할 책임을 진다.
③ 일부보험에 관하여 당사자 간에 다른 약정이 있는 때에는 보험자는 실제 발생한 손해 전부를 보상할 책임을 진다.
④ 일부보험은 당사자의 의사와 상관없이 발생할 수 있다.

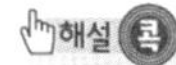

일부보험에 관하여 당사자 간에 다른 약정이 있는 때에는 보험자는 보험금액의 한도 내에서 그 손해를 보상할 책임을 진다(상법 제674조).

04 손해액의 산정에 관한 설명으로 옳지 않은 것은?

① 보험자가 보상할 손해액은 그 손해가 발생한 때와 곳의 가액에 의하여 산정하는 것이 원칙이다.
② 손해액 산정에 관하여 당사자 간에 다른 약정이 있는 때에는 신품가액에 의하여 산정할 수 있다.
③ 특약이 없는 한 보험자가 보상할 손해액에는 보험사고로 인하여 상실된 피보험자가 얻을 이익이나 보수를 산입하지 않는다.
④ 손해액 산정에 필요한 비용은 보험자와 보험계약자가 공동으로 부담한다.

해설 콕

손해액의 산정에 관한 비용은 보험자의 부담으로 한다(상법 제676조 제2항).
①·② 상법 제676조 제1항
③ 상법 제667조

05 보험자가 손해를 보상할 경우에 보험료의 지급을 받지 아니한 잔액이 있을 경우와 관련하여 상법 제677조(보험료 체납과 보상액의 공제)의 내용으로 옳은 것은?

① 보험자는 보험계약에 대한 납입최고 및 해지예고 통보를 하지 않고도 보험계약을 해지 수 있다.
② 보험자는 보상할 금액에서 지급기일이 도래하지 않은 보험료는 공제할 수 없다.
③ 보험자는 보험금 전부에 대한 지급을 거절할 수 있다.
④ 보험자는 보상할 금액에서 지급기일이 도래한 보험료를 공제할 수 있다.

정답 01 ③ 02 ③ 03 ③ 04 ④ 05 ④

해설 콕

보험자가 손해를 보상할 경우에 보험료의 지급을 받지 아니한 잔액이 있으면 그 지급기일이 도래하지 아니한 때라도 보상할 금액에서 이를 공제할 수 있다(상법 제677조). 따라서 지급기일이 도래한 보험료를 당연히 공제할 수 있다(**보험료불가분의 원칙 적용**).

06 보험계약에 관한 설명으로 옳은 것은?

① 보험의 목적의 성질, 하자 또는 자연소모로 인한 손해는 보험자가 보상할 책임이 없다.
② 피보험자가 보험의 목적을 양도한 때에는 양수인은 보험계약상의 권리와 의무를 승계한 것으로 간주한다.
③ 손해방지의무는 보험계약자에게만 부과되는 의무이다.
④ 보험의 목적이 양도된 경우 보험의 목적의 양도인 또는 양수인은 보험자에 대하여 30일 이내에 그 사실을 통지하여야 한다.

해설 콕

보험의 목적의 성질, 하자 또는 자연소모로 인한 손해는 보험자가 이를 보상할 책임이 없다(상법 제678조).
② 피보험자가 보험의 목적을 양도한 때에는 양수인은 보험계약상의 권리와 의무를 승계한 것으로 추정한다(상법 제679조 제1항).
③ 손해방지의무는 보험계약자와 피보험자에게 부과되는 의무이다(상법 제680조 제1항).
④ 보험의 목적이 양도된 경우 보험의 목적의 양도인 또는 양수인은 보험자에 대하여 지체 없이 그 사실을 통지하여야 한다(상법 제679조 제2항).

07 보험목적에 관한 보험대위(잔존물대위)의 설명으로 옳지 않은 것은?

① 일부보험에서도 보험금액의 보험가액에 대한 비율에 따라 잔존물대위권을 취득할 수 있다.
② 잔존물대위가 성립하기 위해서는 보험목적의 전부가 멸실하여야 한다.
③ 피보험자는 보험자로부터 보험금을 지급받기 전에는 잔존물을 임의로 처분할 수 있다.
④ 잔존물에 대한 권리가 보험자에게 이전되는 시점은 보험자가 보험금액을 전부 지급하고, 물권변동 절차를 마무리한 때이다.

해설 콕

잔존물에 대한 권리가 보험자에게 이전되는 시점은 보험자가 보험금을 전부 지급한 때이며(상법 제681조), 물권변동 절차는 불필요하다. 따라서 피보험자가 보험금을 지급받기 전에 그 목적물을 임의로 처분하였을 때 지급보험금에서 그 부분만큼 공제할 수 있고, 보험금을 지급받은 후에 이를 처분한 때에는 보험자는 피보험자에게 그에 대한 손해배상을 청구할 수 있다.

08 화재보험에 관한 설명으로 옳지 않은 것은? (다툼이 있으면 판례에 따름)

① 화재보험에서는 일반적으로 위험개별의 원칙이 적용된다.
② 화재가 발생한 건물의 철거비와 폐기물처리비는 화재와 상당인과관계가 있는 건물수리비에 포함된다.
③ 화재보험계약의 보험자는 화재로 인하여 생긴 손해를 보상할 책임이 있다.
④ 보험자는 화재의 소방 또는 손해의 감소에 필요한 조치로 인하여 생긴 손해에 대해서도 보상할 책임이 있다.

해설 콕

화재보험에서는 일반적으로 위험보편의 원칙이 적용된다. 즉 화재보험계약의 보험자는 화재로 인하여 손해가 발생한 때에는 그 화재의 원인이 무엇인지를 묻지 않고 모든 손해를 보상할 책임이 있다(상법 제683조).

② 화재로 인한 건물수리 시에 지출한 철거비와 폐기물처리비는 화재와 상당인과관계가 있는 건물수리비에 포함된다고 보아야 할 것이고, 이를 손해액에 산입되지 아니하는 별도의 비용으로 볼 것은 아니다(대법원 2003. 4. 25. 선고 2002다64520 판결).
③ 상법 제683조
④ 상법 제684조

09 화재보험증권에 관한 설명으로 옳은 것은?

① 화재보험증권의 교부는 화재보험계약의 성립요건이다.
② 화재보험증권은 불요식증권의 성질을 가진다.
③ 화재보험계약에서 보험가액을 정했다면 이를 화재보험증권에 기재하여야 한다.
④ 건물을 화재보험의 목적으로 한 경우에는 건물의 소재지, 구조와 용도는 화재보험증권의 법정 기재사항이 아니다.

해설 콕

화재보험증권에는 보험가액을 정한 때에는 그 가액을 기재하여야 한다(상법 제685조 제3호).

① 화재보험증권은 화재보험계약이 성립한 후에 계약 당사자의 편의를 위해 발행되는 것이므로 화재보험계약의 성립요건이 아니다.
② 화재보험증권은 보험계약에 관한 증거증권이며, 요식증권의 성질을 가진다.
④ 건물을 화재보험의 목적으로 한 경우에는 건물의 소재지, 구조와 용도는 화재보험증권의 법정 기재사항이다(상법 제685조 제1호).

정답 06 ① 07 ④ 08 ① 09 ③

10 집합보험에 관한 설명으로 옳은 것은? (다툼이 있으면 판례에 따름)

① 집합보험에서는 피보험자의 가족과 사용인의 물건도 보험의 목적에 포함된다.
② 집합보험 중에서 보험의 목적이 특정되어 있는 것을 담보하는 보험을 총괄보험이라고 하며, 보험목적의 일부 또는 전부가 수시로 교체될 것을 예정하고 있는 보험을 특정보험이라 한다.
③ 집합된 물건을 일괄하여 보험의 목적으로 한 때에는 그 목적에 속한 물건이 보험기간 중에 수시로 교체된 경우에 보험사고의 발생 시에 현존한 물건에 대해서는 보험의 목적에서 제외된 것으로 한다.
④ 집합보험에서 보험목적의 일부에 대해서 고지의무위반이 있는 경우, 보험자는 원칙적으로 계약 전체를 해지할 수 있다.

해설 콕

① 상법 제686조
② 집합보험 중에서 보험의 목적이 특정되어 있는 것을 담보하는 보험을 특정보험이라고 하며, 보험목적의 일부 또는 전부가 수시로 교체될 것을 예정하고 있는 보험을 총괄보험이라 한다.
③ 집합된 물건을 일괄하여 보험의 목적으로 한 때에는 그 목적에 속한 물건이 보험기간 중에 수시로 교체된 경우에도 보험사고의 발생 시에 현존한 물건은 보험의 목적에 포함된 것으로 한다(상법 제687조).
④ 보험의 목적이 된 수개의 물건 가운데 일부에 대하여만 고지의무위반이 있는 경우에 보험자는 나머지 부분에 대하여도 동일한 조건으로 그 부분만에 대하여 보험계약을 체결하지 아니하였으리라는 사정이 없는 한 그 고지의무위반이 있는 물건에 대하여만 보험계약을 해지할 수 있고, 나머지 부분에 대하여는 보험계약의 효력에 영향이 없다고 할 것이다(대법원 1999. 4. 23. 선고 99다8599 판결).

11 보험계약의 성립에 관한 설명으로 옳지 않은 것은?

① 보험계약은 보험계약자의 청약과 이에 대한 보험자의 승낙으로 성립한다.
② 보험계약자로부터 청약을 받은 보험자는 보험료 지급 여부와 상관없이 청약일로부터 30일 이내에 승낙의사표시를 발송하여야 한다.
③ 보험자의 승낙의사표시는 반드시 서면으로 할 필요는 없다.
④ 보험자가 보험계약자로부터 보험계약의 청약과 함께 보험료 상당액의 전부 또는 일부를 받은 경우에 그 청약을 승낙하기 전에 보험계약에서 정한 보험사고가 생긴 때에는 그 청약을 거절할 사유가 없는 한 보험자는 보험계약상의 책임을 진다.

해설 콕

보험자가 보험계약자로부터 보험계약의 청약과 함께 보험료 상당액의 전부 또는 일부의 지급을 받은 때에는 다른 약정이 없으면 30일 내에 그 상대방에 대하여 낙부의 통지를 발송하여야 한다(상법 제638조의2 제1항).

12 타인을 위한 보험에 관한 설명으로 옳은 것은?

① 보험계약자는 위임을 받아야만 특정한 타인을 위하여 보험계약을 체결할 수 있다.
② 타인을 위한 손해보험계약의 경우에 보험계약자는 그 타인의 서면위임을 받아야만 보험자와 계약을 체결할 수 있다.
③ 타인을 위한 손해보험계약의 경우에 보험계약자가 그 타인에게 보험사고의 발생으로 생긴 손해의 배상을 한 때에는 타인의 권리를 해하지 않는 범위 내에서 보험자에게 보험금액의 지급을 청구할 수 있다.
④ 타인을 위해서 보험계약을 체결한 보험계약자는 보험자에게 보험료를 지급할 의무가 없다.

해설 콕

③ 상법 제639조 제2항
① 보험계약자는 위임을 받거나 위임을 받지 아니하고 특정 또는 불특정의 타인을 위하여 보험계약을 체결할 수 있다(상법 제639조 제1항).
② 타인을 위한 손해보험계약의 경우에 그 타인의 위임이 없는 때에는 보험계약자는 이를 보험자에게 고지하여야 하고, 그 고지가 없는 때에는 타인이 그 보험계약이 체결된 사실을 알지 못하였다는 사유로 보험자에게 대항하지 못한다(상법 제639조 제1항 후단).
④ 타인을 위해서 보험계약을 체결한 보험계약자는 보험자에 대하여 보험료를 지급할 의무가 있다(상법 제639조 제3항).

13 보험증권의 교부에 관한 내용으로 옳은 것을 모두 고른 것은?

ㄱ. 보험계약이 성립하고 보험계약자가 최초의 보험료를 지급했다면 보험자는 지체 없이 보험증권을 작성하여 보험계약자에게 교부하여야 한다.
ㄴ. 보험증권을 현저하게 훼손한 때에는 보험계약자는 보험증권의 재교부를 청구할 수 있다. 이 경우에 증권작성비용은 보험자의 부담으로 한다.
ㄷ. 기존의 보험계약을 연장한 경우에는 보험자는 그 사실을 보험증권에 기재하여 보험증권의 교부에 갈음할 수 있다.

① ㄱ, ㄴ　　② ㄱ, ㄷ
③ ㄴ, ㄷ　　④ ㄱ, ㄴ, ㄷ

해설 콕

ㄱ. (O) 보험계약이 성립하고 보험계약자가 최초의 보험료를 지급했다면 보험자는 지체 없이 보험증권을 작성하여 보험계약자에게 교부하여야 한다(상법 제640조 제1항).
ㄴ. (×) 증권작성의 비용은 보험계약자의 부담으로 한다(상법 제642조).
ㄷ. (O) 기존의 보험계약을 연장한 경우에는 보험자는 그 사실을 보험증권에 기재하여 보험증권의 교부에 갈음할 수 있다(상법 제640조 제2항).

정답 10 ① 11 ② 12 ③ 13 ②

14 보험사고의 객관적 확정의 효과에 관한 설명으로 옳은 것은?

① 보험계약 당시에 보험사고가 이미 발생하였더라도 그 계약은 무효로 하지 않는다.
② 보험계약 당시에 보험사고가 발생할 수 없는 것이라도 그 계약은 무효로 하지 않는다.
③ 보험계약 당시에 보험사고가 이미 발생하였지만 보험수익자가 이를 알지 못한 때에는 그 계약은 무효로 하지 않는다.
④ 보험계약 당시에 보험사고가 발생할 수 없는 것이었지만 당사자 쌍방과 피보험자가 그 사실을 몰랐다면 그 계약은 무효로 하지 않는다.

해설 콕

보험계약 당시에 보험사고가 이미 발생하였거나 또는 발생할 수 없는 것인 때에는 그 계약은 무효로 한다. 그러나 당사자 쌍방과 피보험자가 이를 알지 못한 때에는 그 계약은 무효로 하지 않는다(상법 제644조).

15 보험대리상이 아니면서 특정한 보험자를 위하여 계속적으로 보험계약의 체결을 중개하는 자의 권한을 모두 고른 것은?

ㄱ. 보험자가 작성한 보험증권을 보험계약자에게 교부할 수 있는 권한
ㄴ. 보험자가 작성한 영수증 교부를 조건으로 보험계약자로부터 보험료를 수령할 수 있는 권한
ㄷ. 보험계약자로부터 보험계약의 취소의 의사표시를 수령할 수 있는 권한
ㄹ. 보험계약자에게 보험계약의 체결에 관한 의사표시를 할 수 있는 권한

① ㄱ, ㄴ　　② ㄱ, ㄷ
③ ㄴ, ㄷ　　④ ㄷ, ㄹ

ㄷ.과 ㄹ.은 보험대리상의 권한이다(상법 제646조의2 제1항).
보험대리상이 아니면서 특정한 보험자를 위하여 계속적으로 보험계약의 체결을 중개하는 자는 다음의 권한이 있다(상법 제646조의2 제3항).

1. 보험계약자로부터 보험료를 수령할 수 있는 권한(보험자가 작성한 영수증을 보험계약자에게 교부하는 경우만 해당한다)
2. 보험자가 작성한 보험증권을 보험계약자에게 교부할 수 있는 권한

16 임의해지에 관한 설명으로 옳지 않은 것은?

① 보험계약자는 원칙적으로 보험사고가 발생하기 전에는 언제든지 계약의 전부 또는 일부를 해지할 수 있다.

② 보험사고가 발생하기 전이라도 타인을 위한 보험의 경우에 보험계약자는 그 타인의 동의를 얻지 못하거나 보험증권을 소지하지 않은 경우에는 계약의 전부 또는 일부를 해지할 수 없다.

③ 보험사고의 발생으로 보험자가 보험금액을 지급한 때에도 보험금액이 감액되지 아니하는 보험의 경우에는 보험계약자는 그 사고발생 후에도 보험계약을 해지할 수 없다.

④ 보험사고발생 전에 보험계약자가 계약을 해지하는 경우, 당사자 사이의 특약으로 미경과보험료의 반환을 제한할 수 있다.

해설 콕

보험사고의 발생으로 보험자가 보험금액을 지급한 때에도 보험금액이 감액되지 아니하는 보험의 경우에는 보험계약자는 그 사고발생 후에도 보험계약을 해지할 수 있다(상법 제649조 제2항).

17 보험계약자 甲은 보험자 乙과 손해보험계약을 체결하면서 계약에 관한 사항을 고지하지 않았다. 이에 대한 보험자 乙의 상법상 계약해지권에 관한 설명으로 옳은 것은?

① 甲의 고지의무위반 사실에 대한 乙의 계약해지권은 계약체결일로부터 최대 1년 내에 한하여 행사할 수 있다.

② 乙은 甲의 중과실을 이유로 상법상 보험계약해지권을 행사할 수 없다.

③ 乙의 계약해지권은 甲이 고지의무를 위반했다는 사실을 계약 당시에 乙이 알 수 있었는지 여부와 상관없이 행사할 수 있다.

④ 甲이 고지하지 않은 사실이 계약과 관련하여 중요하지 않은 것이라면 乙은 상법상 고지의무위반을 이유로 보험계약을 해지할 수 없다.

해설 콕

甲이 고지하지 않은 사실이 계약과 관련하여 중요한 사항이어야 한다. 여기서 '중요한 사항'이란 보험자가 위험을 측정하여 보험의 인수 여부 및 보험료 산정의 표준이 되는 사항으로 보험자가 그 사실을 알았다면 계약을 체결하지 않거나 적어도 동일조건으로는 계약을 체결하지 않을 것이라고 객관적으로 생각되는 사실이다. 따라서 고지하지 않은 사실이 계약과 관련하여 중요하지 않은 것이라면 乙은 상법상 고지의무위반을 이유로 보험계약을 해지할 수 없다.

① 甲의 고지의무위반 사실에 대한 乙의 계약해지권은 고지의무위반 사실을 안 날로부터 1월 내에, 계약을 체결한 날로부터 3년 이내에 한하여 계약을 해지할 수 있다(상법 제651조).

② 乙은 甲의 중과실을 이유로 상법상 보험계약해지권을 행사할 수 있다(상법 제651조).

③ 乙의 계약해지권은 甲이 고지의무를 위반했다는 사실을 계약 당시에 乙이 알았거나 중대한 과실로 인하여 알지 못한 때에는 계약해지권을 행사할 수 없다(상법 제651조).

정답 14 ④ 15 ① 16 ③ 17 ④

18 보험계약자 甲은 보험자 乙과 보험계약을 체결하면서 일정한 보험료를 매월 균등하게 10년간 지급하기로 약정하였다. 이에 관한 설명으로 옳지 않은 것은?

① 甲은 약정한 최초의 보험료를 계약 체결 후 지체 없이 납부하여야 한다.
② 甲이 계약이 성립한 후에 2월이 경과하도록 최초의 보험료를 지급하지 아니하면, 그 계약은 법률에 의거해 효력을 상실한다. 이에 관한 당사자 간의 특약은 계약의 효력에 영향을 미치지 않는다.
③ 甲이 계속보험료를 약정한 시기에 지급하지 아니하여 乙이 보험계약을 해지하려면 상당한 기간을 정하여 甲에게 최고하여야 한다.
④ 甲이 계속보험료를 지급하지 않아서 乙이 계약해지권을 적법하게 행사하였더라도 해지환급금이 지급되지 않았다면 甲은 일정한 기간 내에 연체보험료에 약정이자를 붙여 乙에게 지급하고 그 계약의 부활을 청구할 수 있다.

해설 콕

①·② 보험계약자는 계약 체결 후 지체 없이 보험료의 전부 또는 제1회 보험료를 지급하여야 하며, 보험계약자가 이를 지급하지 아니하는 경우에는 다른 약정이 없는 한 계약 성립 후 2월이 경과하면 그 계약은 해제된 것으로 본다(상법 제650조 제1항). 이에 관한 판례는 당사자 간의 특약으로 계약의 효력이 상실된다는 약관 규정은 무효라고 판시하였다. 즉 당사자 간의 특약은 계약의 효력에 영향을 미친다.
③ 계속보험료가 약정한 시기에 지급되지 아니한 때에는 보험자는 상당한 기간을 정하여 보험계약자에게 최고하고, 그 기간 내에 지급되지 아니한 때에는 그 계약을 해지할 수 있다(상법 제650조 제2항).
④ 보험계약이 해지되고 해지환급금이 지급되지 아니한 경우에 보험계약자는 일정한 기간 내에 연체보험료에 약정이자를 붙여 보험자에게 지급하고 그 계약의 부활을 청구할 수 있다(상법 제650조의2).

판례

대법원 1995. 11. 16. 선고 94다56852 전원합의체 판결
제650조는 보험료가 적당한 시기에 지급되지 아니한 때에는 보험자는 상당한 기간을 정하여 보험계약자에게 최고하고, 그 기간 내에 지급하지 아니한 때에는 계약을 해지할 수 있도록 규정하고, 같은 법 제663조는 위 규정을 보험당사자 간의 특약으로 보험계약자 또는 보험수익자의 불이익으로 변경하지 못한다고 규정하고 있으므로, 분납 보험료가 소정의 시기에 납입되지 아니하였음을 이유로 그와 같은 절차를 거치지 아니하고 막바로 보험계약이 해지되거나 실효됨을 규정하고 보험자의 보험금 지급책임을 면하도록 규정한 보험약관은 위 상법의 규정에 위배되어 무효이다.

19 위험변경증가와 계약해지에 관한 설명으로 옳은 것을 모두 고른 것은?

> ㄱ. 위험변경증가의 통지를 해태한 때에는 보험자는 그 사실을 안 날부터 1월 내에 보험료의 증액을 청구하거나 계약을 해지할 수 있다.
> ㄴ. 보험계약자 등의 고의나 중과실로 인하여 위험이 현저하게 변경 또는 증가된 때에는 보험자는 그 사실을 안 날부터 1월 내에 보험료의 증액을 청구하거나 계약을 해지할 수 있다.
> ㄷ. 보험사고가 발생한 후라도 보험사가 위험변경증가에 따라 계약을 해지하였을 때에는 보험금을 지급할 책임이 없고, 이미 지급한 보험금의 반환을 청구할 수 있다. 다만, 위험이 현저하게 변경되거나 증가된 사실이 보험사고발생에 영향을 미치지 아니하였음이 증명된 경우에는 보험금을 지급할 책임이 있다.

① ㄱ, ㄴ
② ㄱ, ㄷ
③ ㄴ, ㄷ
④ ㄱ, ㄴ, ㄷ

해설 콕

ㄱ. (×) 위험변경증가의 통지를 해태한 때에는 보험자는 그 사실을 안 날부터 1월 내에 한하여 계약을 해지할 수 있다. 보험자가 위험변경증가의 통지를 받은 때에는 1월 내에 보험료의 증액을 청구하거나 계약을 해지할 수 있다(상법 제652조 제1항, 제2항).
ㄴ. (O) 상법 제653조
ㄷ. (O) 상법 제655조

20 다음은 중복보험에 관한 설명이다. (   )에 들어갈 용어로 옳은 것은?

> 동일한 보험계약의 목적과 동일한 사고에 관하여 수개의 보험계약이 동시에 또는 순차로 체결된 경우에 그 (ㄱ)의 총액이 (ㄴ)을 초과한 때에는 보험자는 각자의 (ㄷ)의 한도에서 연대책임을 진다.

	ㄱ	ㄴ	ㄷ
①	보험금액	보험가액	보험금액
②	보험금액	보험가액	보험가액
③	보험료	보험가액	보험금액
④	보험료	보험금액	보험금액

해설 콕

중복보험(상법 제672조 제1항)
동일한 보험계약의 목적과 동일한 사고에 관하여 수개의 보험계약이 동시에 또는 순차로 체결된 경우에 그 (보험금액)의 총액이 (보험가액)을 초과한 때에는 보험자는 각자의 (보험금액)의 한도에서 연대책임을 진다.

정답 18 ② 19 ③ 20 ①

21 청구권에 관한 소멸시효 기간으로 옳지 않은 것은?

① 보험금청구권 : 3년
② 보험료청구권 : 3년
③ 적립금반환청구권 : 3년
④ 보험료반환청구권 : 3년

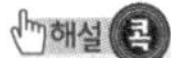

보험금청구권은 3년간, 보험료 또는 적립금의 반환청구권은 3년간, 보험료청구권은 2년간 행사하지 아니하면 시효의 완성으로 소멸한다(상법 제662조).

22 손해보험에 관한 설명으로 옳지 않은 것은?

① 보험자는 보험사고로 인하여 생길 보험계약자의 재산상의 손해를 보상할 책임이 있다.
② 금전으로 산정할 수 있는 이익에 한하여 보험계약의 목적으로 할 수 있다.
③ 보험계약의 목적은 상법 보험편 손해보험 장에서 규정하고 있으나, 인보험 장에서는 그러하지 아니하다.
④ 중복보험의 경우에 보험자 1인에 대한 권리의 포기는 다른 보험자의 권리의무에 영향을 미치지 아니한다.

해설 콕

손해보험계약의 보험자는 보험사고로 인하여 생길 피보험자의 재산상의 손해를 보상할 책임이 있다(상법 제665조).

② 상법 제668조
③ 상법 보험편 손해보험 장에서 보험계약의 목적은 제668조에서 규정하고 있으나, 인보험 장에서는 그러하지 아니하다. 인보험의 목적은 사람이고, 사람의 생명・신체에 관한 사고를 보험사고로 하는 점에서 물건이나 재산에 생기는 사고를 보험사고로 하는 손해보험과는 다르다.
④ 상법 제673조

23 초과보험에 관한 설명으로 옳지 않은 것은?

① 보험금액이 보험계약의 목적의 가액을 현저하게 초과한 경우에 성립한다.
② 보험가액이 보험기간 중 현저하게 감소된 때에도 초과보험에 관한 규정이 적용된다.
③ 보험계약자 또는 보험자는 보험료와 보험금액의 감액을 청구할 수 있으나, 보험료의 감액은 장래에 대하여서만 그 효력이 있다.
④ 계약이 보험계약자의 사기로 인하여 체결된 때에는 보험자는 그 사실을 안 날로부터 1월 내에 계약을 해지할 수 있다.

해설 콕

계약이 보험계약자의 사기로 인하여 체결된 때에는 그 계약은 무효로 한다(상법 제669조 제4항).

24 손해보험증권의 법정 기재사항이 아닌 것은?

① 보험의 목적
② 보험금액
③ 보험료의 산출방법
④ 무효와 실권의 사유

해설 콕

손해보험증권의 법정 기재사항(상법 제666조)
1. 보험의 목적
2. 보험사고의 성질
3. 보험금액
4. 보험료와 그 지급방법
5. 보험기간을 정한 때에는 그 시기와 종기
6. 무효와 실권의 사유
7. 보험계약자의 주소와 성명 또는 상호
8. 피보험자의 주소, 성명 또는 상호
9. 보험계약의 연월일
10. 보험증권의 작성지와 그 작성연월일

25 보험가액에 관한 설명으로 옳지 않은 것은?

① 당사자 간에 보험가액을 정한 때에는 그 가액은 사고발생 시의 가액으로 정한 것으로 추정한다.
② 당사자 간에 정한 보험가액이 사고발생 시의 가액을 현저하게 초과할 때에는 그 원인에 따라 당사자 간에 정한 보험가액과 사고발생 시의 가액 중 협의하여 보험가액을 정한다.
③ 상법상 초과보험을 판단하는 보험계약의 목적의 가액은 계약 당시의 가액에 의하여 정하는 것이 원칙이다.
④ 당사자 간에 보험가액을 정하지 아니한 때에는 사고발생 시의 가액을 보험가액으로 한다.

해설 콕

당사자 간에 보험가액을 정한 때에는 그 가액은 사고발생 시의 가액으로 정한 것으로 추정한다. 그러나 그 가액이 사고발생 시의 가액을 현저하게 초과할 때에는 사고발생 시의 가액을 보험가액으로 한다(상법 제670조).
① 상법 제670조(기평가보험)
③ 상법 제669조 제2항
④ 상법 제671조(미평가보험)

정답 21 ② 22 ① 23 ④ 24 ③ 25 ②

26 농어업재해보험법령상 농림축산식품부장관 또는 해양수산부장관이 재해보험사업을 하려는 자와 재해보험사업의 약정을 체결할 때에 포함되어야 하는 사항이 아닌 것은?

① 약정기간에 관한 사항
② 재해보험사업의 약정을 체결한 자가 준수하여야 할 사항
③ 국가에 대한 재정지원에 관한 사항
④ 약정의 변경·해지 등에 관한 사항

해설 콕

농림축산식품부장관 또는 해양수산부장관은 재해보험사업을 하려는 자와 재해보험사업의 약정을 체결할 때에는 다음 각 호의 사항이 포함된 약정서를 작성하여야 한다(농어업재해보험법 시행령 제10조 제2항).

1. 약정기간에 관한 사항
2. 재해보험사업의 약정을 체결한 자(이하 "재해보험사업자"라 한다)가 준수하여야 할 사항
3. 재해보험사업자에 대한 재정지원에 관한 사항
4. 약정의 변경·해지 등에 관한 사항
5. 그 밖에 재해보험사업의 운영에 관한 사항

27 농어업재해보험법상 농어업재해에 관한 설명이다. ( )에 들어갈 내용을 순서대로 옳게 나열한 것은?

> "농어업재해"란 농작물·임산물·가축 및 농업용 시설물에 발생하는 자연재해·병충해·(ㄱ)·질병 또는 화재와 양식수산물 및 어업용 시설물에 발생하는 자연재해·질병 또는 (ㄴ)를 말한다.

	ㄱ	ㄴ
①	지 진	조수해(鳥獸害)
②	조수해(鳥獸害)	풍수해
③	조수해(鳥獸害)	화 재
④	지 진	풍수해

해설 콕

"농어업재해"란 농작물·임산물·가축 및 농업용 시설물에 발생하는 자연재해·병충해·조수해(鳥獸害)·질병 또는 화재(이하 "농업재해"라 한다)와 양식수산물 및 어업용 시설물에 발생하는 자연재해·질병 또는 화재(이하 "어업재해"라 한다)를 말한다(농어업재해보험법 제2조 제1호).

28 농어업재해보험법령상 농업재해보험심의회 또는 어업재해보험심의회에 관한 설명으로 옳지 않은 것은?

① 심의회는 위원장 및 부위원장 각 1명을 포함한 21명 이내의 위원으로 구성한다.

② 심의회의 위원장은 각각 농림축산식품부장관 및 해양수산부장관으로 하고, 부위원장은 위원 중에서 호선(互選)한다.

③ 심의회의 회의는 재적위원 3분의 1 이상의 요구가 있을 때 또는 위원장이 필요하다고 인정할 때에 소집한다.

④ 심의회의 회의는 재적위원 과반수의 출석으로 개의(開議)하고, 출석위원 과반수의 찬성으로 의결한다.

해설 콕

심의회의 위원장은 각각 농림축산식품부차관 및 해양수산부차관으로 하고, 부위원장은 위원 중에서 호선(互選)한다(농어업재해보험법 제3조 제3항).
① 농어업재해보험법 제3조 제2항
③ 농어업재해보험법 시행령 제3조 제2항
④ 농어업재해보험법 시행령 제3조 제3항

29 농어업재해보험법령상 보험료율의 산정에 있어서 기준이 되는 행정구역 단위가 아닌 것은?

① 특별시　② 광역시
③ 자치구　④ 읍·면

행정구역 단위 또는 권역 단위(농어업재해보험법 시행령 제11조)
1. **행정구역 단위** : 특별시·광역시·도·특별자치도 또는 시·군·자치구
2. **권역 단위** : 농림축산식품부장관 또는 해양수산부장관이 행정구역 단위와는 따로 구분하여 고시하는 지역 단위

30 농어업재해보험법령상 양식수산물재해보험의 손해평가인으로 위촉될 수 있는 자격요건을 갖추지 않은 자는?

① 재해보험 대상 양식수산물을 3년 동안 양식한 경력이 있는 어업인

② 「고등교육법」 제2조에 따른 전문대학에서 보험 관련 학과를 졸업한 사람

③ 「수산생물질병관리법」에 따른 수산질병관리사

④ 「농수산물품질관리법」에 따른 수산물품질관리사

해설 콕

재해보험 대상 양식수산물을 5년 동안 양식한 경력이 있는 어업인이어야 한다(농어업재해보험법 시행령 별표 2 참조).

31 농어업재해보험법령상 재해보험사업에 관한 내용으로 옳지 않은 것은?

① 재해보험의 종류는 농작물재해보험, 임산물재해보험, 가축재해보험 및 양식수산물재해보험으로 한다.

② 재해보험에서 보상하는 재해의 범위는 해당 재해의 발생 범위, 피해 정도 및 주관적인 손해평가방법 등을 고려하여 재해보험의 종류별로 대통령령으로 정한다.

③ 정부는 재해보험에서 보상하는 재해의 범위를 확대하기 위하여 노력하여야 한다.

④ 가축재해보험에서 보상하는 재해의 범위는 자연재해, 화재 및 보험목적물별로 농림축산식품부장관이 정하여 고시하는 질병이다.

해설 콕

재해보험에서 보상하는 재해의 범위는 해당 재해의 발생 빈도, 피해 정도 및 객관적인 손해평가방법 등을 고려하여 재해보험의 종류별로 대통령령으로 정한다(농어업재해보험법 제6조 제1항).

① 농어업재해보험법 제4조

③ 농어업재해보험법 제6조 제2항

④ 농어업재해보험법 시행령 별표 1 참조

32 농어업재해보험법상 손해평가사의 감독에 관한 내용이다. (   )에 들어갈 숫자는?

> 농림축산식품부장관은 손해평가사가 그 직무를 게을리 하거나 직무를 수행하면서 부적절한 행위를 하였다고 인정하면 (   )년 이내의 기간을 정하여 업무의 정지를 명할 수 있다.

① 1　　② 2

③ 3　　④ 5

해설 콕

농림축산식품부장관은 손해평가사가 그 직무를 게을리 하거나 직무를 수행하면서 부적절한 행위를 하였다고 인정하면 (1)년 이내의 기간을 정하여 업무의 정지를 명할 수 있다(농어업재해보험법 제11조의6 제1항).

33 농어업재해보험법상 손해평가사의 자격 취소사유로 명시되지 않은 것은? 기출수정

① 손해평가사의 자격을 거짓 또는 부정한 방법으로 취득한 사람
② 업무정지 기간 중에 손해평가 업무를 수행한 사람
③ 거짓으로 손해평가를 한 사람
④ 다른 사람에게 손해평가사의 명의를 사용하게 하거나 자격증을 대여한 사람

해설 콕

출제 당시 '② 업무정지 기간 중에 손해평가 업무를 수행한 사람'은 취소사유로 명시되지 않아 정답이었으나, 2020년 2월 11일 법 개정으로 추가되었다.

※ 손해평가사의 자격 취소(농어업재해보험법 제11조의5 제1항)
농림축산식품부장관은 다음 각 호의 어느 하나에 해당하는 사람에 대하여 손해평가사 자격을 취소할 수 있다. 다만, 제1호 및 제5호에 해당하는 경우에는 자격을 취소하여야 한다.
1. 손해평가사의 자격을 거짓 또는 부정한 방법으로 취득한 사람
2. 거짓으로 손해평가를 한 사람
3. 다른 사람에게 손해평가사의 명의를 사용하게 하거나 그 자격증을 대여한 사람
4. 손해평가사 명의의 사용이나 자격증의 대여를 알선한 사람
5. 업무정지 기간 중에 손해평가 업무를 수행한 사람

34 농어업재해보험법령상 재정지원에 관한 설명으로 옳은 것은?

① 정부는 예산의 범위에서 재해보험사업자가 지급하는 보험금의 일부를 지원할 수 있다.
② 「풍수해보험법」에 따른 풍수해보험에 가입한 자가 동일한 보험목적물을 대상으로 재해보험에 가입할 경우에는 정부가 재정지원을 하여야 한다.
③ 재해보험의 운영에 필요한 지원 금액을 지급받으려는 재해보험사업자는 농림축산식품부장관 또는 해양수산부장관이 정하는 바에 따라 재해보험 가입현황서나 운영비 사용계획서를 농림축산식품부장관 또는 해양수산부장관에게 제출하여야 한다.
④ 농림축산식품부장관・해양수산부장관이 예산의 범위에서 지원하는 재정지원의 경우 그 지원 금액을 재해보험가입자에게 지급하여야 한다.

해설 콕

③ 농어업재해보험법 시행령 제15조 제1항
① 정부는 예산의 범위에서 재해보험가입자가 부담하는 보험료의 일부와 재해보험사업자의 재해보험의 운영 및 관리에 필요한 비용(이하 "운영비"라 한다)의 전부 또는 일부를 지원할 수 있다(농어업재해보험법 제19조 제1항).
② 「풍수해보험법」에 따른 풍수해보험에 가입한 자가 동일한 보험목적물을 대상으로 재해보험에 가입할 경우에는 정부가 재정지원을 하지 아니한다(농어업재해보험법 제19조 제3항).
④ 농림축산식품부장관・해양수산부장관 및 지방자치단체의 장은 지원 금액을 재해보험사업자에게 지급하여야 한다(농어업재해보험법 제19조 제2항).

정답 31 ② 32 ① 33 ② 34 ③

35 농어업재해보험법상 분쟁조정에 관한 내용이다. (　　)에 들어갈 법률로 옳은 것은?

기출수정

재해보험과 관련된 분쟁의 조정(調停)은 (　　) 제33조부터 제43조까지의 규정에 따른다.

① 보험업법
② 풍수해보험법
③ 금융소비자 보호에 관한 법률
④ 화재로 인한 재해보상과 보험가입에 관한 법률

해설 콕

재해보험과 관련된 분쟁의 조정(調停)은 「금융소비자 보호에 관한 법률」 제33조부터 제43조까지의 규정에 따른다(농어업재해보험법 제17조).

36 농업재해보험 손해평가요령상 용어의 정의로 옳지 않은 것은?

① "농업재해보험"이란 「농어업재해보험법」 제4조에 따른 농작물재해보험, 임산물재해보험 및 양식수산물재해보험을 말한다.
② "손해평가인"이라 함은 「농어업재해보험법」 제11조 제1항과 농어업재해보험법 시행령 제12조 제1항에서 정한 자 중에서 재해보험사업자가 위촉하여 손해평가업무를 담당하는 자를 말한다.
③ "손해평가보조인"이라 함은 「농어업재해보험법」에 따라 손해평가인, 손해평가사 또는 손해사정사가 그 피해사실을 확인하고 평가하는 업무를 보조하는 자를 말한다.
④ "손해평가사"라 함은 「농어업재해보험법」 제11조의4 제1항에 따른 자격시험에 합격한 자를 말한다.

해설 콕

"농업재해보험"이란 「농어업재해보험법」 제4조에 따른 농작물재해보험, 임산물재해보험 및 가축재해보험을 말한다(농업재해보험 손해평가요령 제2조 제5호).

37 농어업재해보험법령상 농어업재해재보험기금을 조성하기 위한 재원으로 옳지 않은 것은?

기출수정

① 재해보험사업자가 정부에 낸 보험료
② 재보험금의 회수 자금
③ 기금의 운용수익금과 그 밖의 수입금
④ 재해보험가입자가 약정에 따라 재해보험사업자에게 내야 하는 금액

기금의 재원(농어업재해보험법 제22조 제1항)

1. 재해보험사업자가 정부에 내야 할 보험료(**재보험료**)
2. 정부, 정부 외의 자 및 다른 기금으로부터 받은 출연금
3. 재보험금의 회수 자금
4. 기금의 운용수익금과 그 밖의 수입금
5. 차입금
6. 「농어촌구조개선 특별회계법」 제5조 제2항 제7호에 따라 농어촌구조개선 특별회계의 농어촌특별세 사업계정으로부터 받은 전입금

38 농어업재해보험법령상 시범사업의 실시에 관한 설명으로 옳은 것은?

① 기획재정부장관이 신규 보험상품을 도입하려는 경우 재해보험사업자와의 협의를 거치지 않고 시범사업을 할 수 있다.

② 재해보험사업자가 시범사업을 하려면 사업계획서를 농림축산식품부장관에게 제출하고 기획재정부장관과 협의하여야 한다.

③ 재해보험사업자는 시범사업이 끝나면 정부의 재정지원에 관한 사항이 포함된 사업결과보고서를 제출하여야 한다.

④ 농림축산식품부장관 또는 해양수산부장관은 시범사업의 사업결과보고서를 받으면 그 사업결과를 바탕으로 신규 보험상품의 도입 가능성 등을 검토・평가하여야 한다.

해설 콕

④ 농어업재해보험법 시행령 제22조 제3항

① 재해보험사업자는 신규 보험상품을 도입하려는 경우 등 필요한 경우에는 농림축산식품부장관 또는 해양수산부장관과 협의하여 시범사업을 할 수 있다(농어업재해보험법 제27조 제1항).

② 재해보험사업자는 시범사업을 하려면 사업계획서를 농림축산식품부장관 또는 해양수산부장관에게 제출하고 협의하여야 한다(농어업재해보험법 시행령 제22조 제1항).

③ 정부의 재정지원에 관한 사항은 사업결과보고서가 아니라, 사업계획서에 포함된 내용이다(농어업재해보험법 시행령 제22조 제1항 제3호).

39 농어업재해보험법령상 농림축산식품부장관이 해양수산부장관과 협의하여 농어업재해재보험기금의 수입과 지출에 관한 사무를 수행하게 하기 위하여 소속 공무원 중에서 임명하는 자에 해당하지 않는 것은?

① 기금수입징수관 ② 기금출납원

③ 기금지출관 ④ 기금재무관

정답 35 ③ 36 ① 37 ④ 38 ④ 39 ②

해설 콕

농림축산식품부장관은 해양수산부장관과 협의하여 농어업재해재보험기금의 수입과 지출에 관한 사무를 수행하게 하기 위하여 소속 공무원 중에서 기금수입징수관, 기금재무관, 기금지출관 및 기금출납공무원을 임명한다(농어업재해보험법 제25조 제1항).

40 농어업재해보험법령상 농림축산식품부장관 또는 해양수산부장관으로부터 보험상품의 운영 및 개발에 필요한 통계자료의 수집·관리업무를 위탁받아 수행할 수 있는 자를 모두 고른 것은?

ㄱ. 「수산업협동조합법」에 따른 수협은행
ㄴ. 「보험업법」에 따른 보험회사
ㄷ. 농업정책보험금융원
ㄹ. 지방자치단체의 장

① ㄱ, ㄴ
② ㄴ, ㄷ
③ ㄷ, ㄹ
④ ㄱ, ㄴ, ㄷ

보험상품의 운영 및 개발에 필요한 통계자료의 수집·관리업무를 위탁받아 수행할 수 있는 자(농어업재해보험법 시행령 제21조 제1항)

1. 「농업협동조합법」에 따른 농업협동조합중앙회
2. 「산림조합법」에 따른 산림조합중앙회
3. 「수산업협동조합법」에 따른 수산업협동조합중앙회 및 수협은행
4. 「정부출연연구기관 등의 설립·운영 및 육성에 관한 법률」 제8조에 따라 설립된 연구기관
5. 「보험업법」에 따른 보험회사, 보험요율산출기관 또는 보험계리를 업으로 하는 자
6. 「민법」 제32조에 따라 농림축산식품부장관 또는 해양수산부장관의 허가를 받아 설립된 비영리법인
7. 「공익법인의 설립·운영에 관한 법률」 제4조에 따라 농림축산식품부장관 또는 해양수산부장관의 허가를 받아 설립된 공익법인
8. 농업정책보험금융원

41 농어업재해보험법령상 고의로 진실을 숨기거나 거짓으로 손해평가를 한 손해평가인과 손해평가사에게 부과될 수 있는 벌칙이 아닌 것은?

① 징역 6월
② 과태료 2,000만원
③ 벌금 500만원
④ 벌금 1,000만원

고의로 진실을 숨기거나 거짓으로 손해평가를 한 자는 1년 이하의 징역 또는 1천만원 이하의 벌금에 처한다(농어업재해보험법 제30조 제2항 제2호). 과태료 처분사유가 아니다.

42 농업재해보험 손해평가요령상 손해평가인의 위반행위 중 1차 위반행위에 대한 개별 처분기준의 종류가 다른 것은?

① 고의로 진실을 숨기거나 거짓으로 손해평가를 한 경우
② 검증조사 결과 부당·부실 손해평가로 확인된 경우
③ 현장조사 없이 보험금 산정을 위해 손해평가행위를 한 경우
④ 정당한 사유없이 손해평가반 구성을 거부하는 경우

해설 콕

개별 처분기준(농업재해보험 손해평가요령 별표 3 참조)

위반행위	처분기준		
	1차	2차	3차
검증조사 결과 부당·부실 손해평가로 확인된 경우	경 고	업무정지 3개월	위촉해지
고의로 진실을 숨기거나 거짓으로 손해평가를 한 경우	위촉해지	–	–
현장조사 없이 보험금 산정을 위해 손해평가행위를 한 경우	위촉해지	–	–
정당한 사유없이 손해평가반 구성을 거부하는 경우	위촉해지	–	–

43 농어업재해보험법령상 재해보험사업자가 재해보험사업을 원활히 수행하기 위하여 재해보험 업무의 일부를 위탁할 수 있는 자에 해당하지 않는 것은?

① 「농업협동조합법」에 따라 설립된 지역농업협동조합·지역축산업협동조합 및 품목별·업종별 협동조합
② 「산림조합법」에 따라 설립된 지역산림조합 및 품목별·업종별 산림조합
③ 「보험업법」 제187조에 따라 손해사정을 업으로 하는 자
④ 농어업재해보험 관련 업무를 수행할 목적으로 「민법」 제32조에 따라 기획재정부장관의 허가를 받아 설립된 영리법인

해설 콕

농어업재해보험 관련 업무를 수행할 목적으로 「민법」 제32조에 따라 농림축산식품부장관 또는 해양수산부장관의 허가를 받아 설립된 비영리법인(손해평가 관련 업무를 위탁하는 경우만 해당한다)에 해당한다(농어업재해보험법 시행령 제13조 제4호).

정답 40 ④ 41 ② 42 ② 43 ④

44 농업재해보험 손해평가요령상 손해평가에 관한 설명으로 옳지 않은 것은?

① 교차손해평가에 있어서도 평가인력 부족 등으로 신속한 손해평가가 불가피하다고 판단되는 경우에는 손해평가반구성에 지역손해평가인을 배제할 수 있다.

② 손해평가 단위와 관련하여 농지란 하나의 보험가입금액에 해당하는 토지로 필지(지번) 등과 관계없이 농작물을 재배하는 하나의 경작지를 말한다.

③ 손해평가반이 손해평가를 실시할 때에는 재해보험사업자가 해당 보험가입자의 보험계약사항 중 손해평가와 관련된 사항을 해당 지방자치단체에 통보하여야 한다.

④ 보험가입자가 정당한 사유없이 검증조사를 거부하는 경우 검증조사반은 검증조사가 불가능하여 손해평가 결과를 확인할 수 없다는 사실을 보험가입자에게 통지한 후 검증조사결과를 작성하여 재해보험사업자에게 제출하여야 한다.

해설 콕

손해평가반이 손해평가를 실시할 때에는 재해보험사업자가 해당 보험가입자의 보험계약사항 중 손해평가와 관련된 사항을 손해평가반에게 통보하여야 한다(농업재해보험 손해평가요령 제9조 제2항).
① 농업재해보험 손해평가요령 제8조의2 제3항
② 농업재해보험 손해평가요령 제12조 제2항
④ 농업재해보험 손해평가요령 제11조 제4항

45 농업재해보험 손해평가요령상 종합위험방식 상품(농업수입보장 포함)의 「수확전」 생육시기에 "오디"의 과실손해조사 시기로 옳은 것은?

① 결실완료 후　　② 수정완료 후
③ 조사가능일　　④ 사고접수 후 지체 없이

종합위험방식 상품(농업수입보장 포함)의 과실손해조사(농업재해보험 손해평가요령 별표 2 참조)

생육시기	재 해	조사내용	조사시기	조사방법	비 고
수확전	보상하는 재해 전부	과실손해조사	수정완료 후	• 살아있는 결과모지수조사 및 수정불량(송이) 피해율조사 • 조사방법 : 표본조사	복분자만 해당
			결실완료 후	• 결실수조사 • 조사방법 : 표본조사	오디만 해당

46 농업재해보험 손해평가요령 제10조(손해평가준비 및 평가결과 제출)의 일부이다. (   )에 들어갈 내용을 순서대로 옳게 나열한 것은?

> 재해보험사업자는 보험가입자가 손해평가반의 손해평가 결과에 대하여 설명 또는 통지를 (ㄱ)로부터 (ㄴ) 이내에 손해평가가 잘못되었음을 증빙하는 서류 또는 사진 등을 제출하는 경우 재해보험사업자는 다른 손해평가반으로 하여금 재조사를 실시하게 할 수 있다.

	ㄱ	ㄴ
①	받은 날	7일
②	받은 다음 날	7일
③	받은 날	10일
④	받은 다음 날	10일

해설 콕

재해보험사업자는 보험가입자가 손해평가반의 손해평가 결과에 대하여 설명 또는 통지를 (받은 날)로부터 (7일) 이내에 손해평가가 잘못되었음을 증빙하는 서류 또는 사진 등을 제출하는 경우 재해보험사업자는 다른 손해평가반으로 하여금 재조사를 실시하게 할 수 있다(농업재해보험 손해평가요령 제10조 제5항).

47 농업재해보험 손해평가요령상 "손해평가업무방법서" 및 "농업재해보험 손해평가요령의 재검토기한"에 관한 설명이다. (   )에 들어갈 내용을 순서대로 옳게 나열한 것은?

> • (ㄱ)은(는) 이 요령의 효율적인 운용 및 시행을 위하여 필요한 세부적인 사항을 규정한 손해평가업무방법서를 작성하여야 한다.
> • 농림축산식품부장관은 이 고시에 대하여 2020년 1월 1일 기준으로 매 (ㄴ)이 되는 시점마다 그 타당성을 검토하여 개선 등의 조치를 하여야 한다.

	ㄱ	ㄴ
①	손해평가반	2년
②	재해보험사업자	2년
③	손해평가반	3년
④	재해보험사업자	3년

해설 콕

• (재해보험사업자)는 이 요령의 효율적인 운용 및 시행을 위하여 필요한 세부적인 사항을 규정한 손해평가업무방법서를 작성하여야 한다(농업재해보험 손해평가요령 제16조).
• 농림축산식품부장관은 이 고시에 대하여 2020년 1월 1일 기준으로 매 (3년)이 되는 시점(매 3년째의 12월 31일까지를 말한다)마다 그 타당성을 검토하여 개선 등의 조치를 하여야 한다(농업재해보험 손해평가요령 제17조).

정답 44 ③ 45 ① 46 ① 47 ④

48 농업재해보험 손해평가요령상 농작물의 보험가액 산정에 관한 설명으로 옳지 않은 것을 모두 고른 것은?

ㄱ. 인삼의 특정위험방식 보험가액은 적과후 착과수조사를 통해 산정한 기준수확량에 보험가입 당시의 단위당 가입가격을 곱하여 산정한다.
ㄴ. 적과전 종합위험방식의 보험가액은 적과후 착과수조사를 통해 산정한 기준수확량에 보험가입 당시의 단위당 가입가격을 곱하여 산정한다.
ㄷ. 종합위험방식 보험가액은 특별한 사정이 없는 한 보험증권에 기재된 보험목적물의 평년수확량에 최초 보험사고발생 시의 단위당 가입가격을 곱하여 산정한다.

① ㄱ
② ㄷ
③ ㄱ, ㄷ
④ ㄴ, ㄷ

해설 콕

ㄱ. (×) 특정위험방식 보험가액은 적과후 착과수조사를 통해 산정한 기준수확량에 보험가입 당시의 단위당 가입가격을 곱하여 산정한다. 다만, 인삼은 가입면적에 보험가입 당시의 단위당 가입가격을 곱하여 산정하되, 보험가액에 영향을 미치는 가입면적, 연근 등이 가입 당시와 다를 경우 변경할 수 있다(농업재해보험 손해평가요령 제13조 제1항 제1호).
ㄴ. (○) 적과전 종합위험방식의 보험가액은 적과후 착과수조사를 통해 산정한 기준수확량에 보험가입 당시의 단위당 가입가격을 곱하여 산정한다(농업재해보험 손해평가요령 제13조 제1항 제2호).
ㄷ. (×) 종합위험방식 보험가액은 보험증권에 기재된 보험목적물의 평년수확량에 보험가입 당시의 단위당 가입가격을 곱하여 산정한다. 다만, 보험가액에 영향을 미치는 가입면적, 주수, 수령, 품종 등이 가입 당시와 다를 경우 변경할 수 있다(농업재해보험 손해평가요령 제13조 제1항 제3호).

49 농어업재해보험법령과 농업재해보험 손해평가요령상 손해평가 및 손해평가인에 관한 설명으로 옳지 않은 것은?

① 농어업재해보험법의 구성 및 조문별 주요내용은 농림축산식품부장관 또는 해양수산부장관이 실시하는 손해평가인 정기교육의 세부내용에 포함된다.
② 손해평가인이 적법한 절차에 따라 위촉이 취소된 후 3년이 되었다면 새로이 손해평가인으로 위촉될 수 있다.
③ 재해보험사업자로부터 소정의 절차에 따라 손해평가 업무의 일부를 위탁받은 자는 손해평가보조인을 운용할 수 없다.
④ 재해보험사업자는 손해평가인의 업무의 정지를 명하고자 하는 때에는 손해평가인이 청문에 응하지 않는 경우가 아닌 한 청문을 실시하여야 한다.

재해보험사업자 및 손해평가 업무를 위탁받은 자는 손해평가 업무를 원활히 수행하기 위하여 손해평가보조인을 운용할 수 있다(농업재해보험 손해평가요령 제4조 제3항).
① 농업재해보험 손해평가요령 제5조의2 제1항 제1호
② 농업재해보험 손해평가요령 제6조 제1항 제4호
④ 농업재해보험 손해평가요령 제6조 제3항

50 농업재해보험 손해평가요령상 적과전 종합위험방식 상품(사과, 배, 단감, 떫은감)의 「6월 1일~적과전」 생육시기에 해당되는 재해가 아닌 것은? (단, 적과종료 이전 특정위험 5종 한정 보장 특약 가입건에 한함)

① 일 소　　② 화 재
③ 지 진　　④ 강 풍

해설 콕

적과전 종합위험방식 상품(사과, 배, 단감, 떫은감)의 품목별・재해별・시기별 손해수량 조사방법(농업재해보험 손해평가요령 별표 2 참조)

생육시기	재 해	조사내용	조사시기	조사방법	비 고
보험계약 체결일 ~ 적과전	보상하는 재해 전부	피해사실 확인조사	사고접수 후 지체 없이	보상하는 재해로 인한 피해발생 여부를 조사	피해사실이 명백한 경우 생략 가능
	우 박		사고접수 후 지체 없이	• 우박으로 인한 유과(어린과실) 및 꽃(눈) 등의 타박비율을 조사 • 조사방법 : 표본조사	적과종료 이전 특정위험 5종 한정 보장 특약 가입건에 한함
6월 1일 ~ 적과전	태풍(강풍), 우박, 집중호우, 화재, 지진		사고접수 후 지체 없이	• 보상하는 재해로 발생한 낙엽피해 정도를 조사 • 단감・떫은감에 대해서만 실시 • 조사방법 : 표본조사	

손해평가사 1차 2020년 제6회

51 인과류에 해당하는 것은?

① 과피가 밀착・건조하여 껍질이 딱딱해진 과실
② 성숙하면서 씨방벽 전체가 다육질로 되는 과즙이 많은 과실
③ 과육의 내부에 단단한 핵을 형성하여 이 속에 종자가 있는 과실
④ 꽃받기의 피층이 발달하여 과육 부위가 되고 씨방은 과실 안쪽에 위치하여 과심 부위가 되는 과실

해설 콕

인과류는 꽃받기의 피층이 발달하여 과육 부위가 되고 씨방은 과실 안쪽에 위치하여 과심 부위가 되는 과실로 사과, 배가 대표적인 품종이다.
① 각과류(밤, 호두 등)
② 장과류(포도, 딸기, 무화과 등)
③ 핵과류(복숭아, 자두, 살구, 앵두 등)

52 산성 토양에 관한 설명으로 옳은 것은?

① 토양 용액에 녹아 있는 수소 이온은 치환 산성 이온이다.
② 석회를 시용하면 산성 토양을 교정할 수 있다.
③ 토양 입자로부터 치환성 염기의 용탈이 억제되면 토양이 산성화된다.
④ 콩은 벼에 비해 산성 토양에 강한 편이다.

해설 콕

산성 토양은 석회질비료 등의 알칼리성 물질을 공급하여 토양을 교정할 수 있다.
① 토양 용액에 녹아 있는 수소 이온에 의한 산성을 활산성(활산도, active acidity)라 하며, 치환 산성 이온에 의한 산성을 잠산성(또는 치환산성)이라 한다.
③ 토양 입자로부터 치환성 염기가 많이 용탈되고, 그 대신 수소 이온이 흡착되면 토양이 산성화된다.
④ 벼는 콩에 비해 산성 토양에 강한 편이다.

53 작물 생육에 영향을 미치는 토양 환경에 관한 설명으로 옳지 않은 것은?

① 유기물을 투입하면 지력이 증진된다.
② 사양토는 점토에 비해 통기성이 낮다.
③ 토양이 입단화 되면 보수성과 통기성이 개선된다.
④ 깊이갈이를 하면 토양의 물리성이 개선된다.

해설 콕

점토(<0.002mm)는 사양토(모래, 미사, 점토가 고루 섞임)보다 입경이 매우 작기 때문에 통기성이 낮다.

54 가뭄이 지속될 때 작물의 잎에 나타날 수 있는 특징으로 옳지 않은 것은?

① 엽면적이 감소한다.
② 증산이 억제된다.
③ 광합성이 촉진된다.
④ 조직이 치밀해진다.

해설 콕

가뭄이 지속되면 작물세포의 수분이 부족하게 되어 광합성이 감소한다.

55 A농가가 작물에 나타나는 토양 습해를 줄이기 위해 실시할 수 있는 대책으로 옳은 것을 모두 고른 것은?

ㄱ. 이랑 재배
ㄴ. 표층 시비
ㄷ. 토양개량제 시용

① ㄱ, ㄴ　② ㄱ, ㄷ
③ ㄴ, ㄷ　④ ㄱ, ㄴ, ㄷ

습해대책
- 배 수
- 이랑 재배
- 토양개량제 시용
- 표층 시비
- 과산화석회(CaO_2)의 시용
- 내습성 작물 및 품종의 선택

정답 51 ④ 52 ② 53 ② 54 ③ 55 ④

56 A농가가 과수작물 재배시 동해를 예방하기 위해 실시할 수 있는 조치가 아닌 것은?

① 과실 수확전 토양에 질소를 시비한다.
② 과다하게 결실이 되지 않도록 적과를 실시한다.
③ 배수 관리를 통해 토양의 과습을 방지한다.
④ 강전정을 피하고 분지 각도를 넓게 한다.

해설 콕

과실 수확전 토양에 질소를 시비하면 늦게까지 자라나게 되고, 저장양분이 적게 되어 동해에 견디는 힘이 약해진다.

57 작물 생육의 일정한 시기에 저온을 경과해야 개화가 일어나는 현상은?

① 경 화
② 순 화
③ 춘 화
④ 분 화

해설 콕

춘화란 식물의 종자가 발아한 후 또는 줄기의 생장점이 발육하고 있을 때 일정기간의 저온처리를 함으로써 화성을 유도·촉진하는 것을 말한다.

① **경화**란 작물 또는 종자를 저온, 고온, 건조 환경 하에서 내동성, 내염성, 내건성을 증대시키기 위한 처리를 말한다.
② **순화**란 적응한 종들이 어떤 생태조건에서 오래 생육하게 되면 그 생태조건에 더욱 잘 적응하게 되는 것을 말한다.
④ **분화**란 작물이 원래의 것과 다른 여러 갈래의 것으로 갈라지는 현상을 말한다.

58 벼와 옥수수의 광합성을 비교한 내용으로 옳지 않은 것은?

① 옥수수는 벼에 비해 광포화점이 높은 광합성 특성을 보인다.
② 옥수수는 벼에 비해 온도가 높을수록 광합성이 유리하다.
③ 옥수수는 벼에 비해 이산화탄소 보상점이 높은 광합성 특성을 보인다.
④ 옥수수는 벼에 비해 수분 공급이 제한된 조건에서 광합성이 유리하다.

해설 콕

광합성에 의한 유기물의 생성속도와 호흡에 의한 유기물의 소모속도가 같아지는 이산화탄소 농도를 이산화탄소 보상점이라고 한다. 옥수수(C4식물)는 벼(C3식물)에 비해 이산화탄소 농도가 낮은 환경에서도 광합성을 할 수 있다.

59 종자나 눈이 휴면에 들어가면서 증가하는 식물호르몬은?

① 옥신(auxin)
② 시토키닌(cytokinin)
③ 지베렐린(gibberellin)
④ 아브시스산(abscisic acid)

아브시스산(abscisic acid)은 식물의 생장을 억제하는 대표적인 식물호르몬이다.
옥신(auxin), 시토키닌(cytokinin), 지베렐린(gibberellin)은 과실의 생장 과정에서 세포분열이나 비대를 촉진시키는 식물호르몬이다.

60 과수작물의 조류(鳥類) 피해방지 대책으로 옳지 않은 것은?

① 방조망 설치
② 페로몬 트랩 설치
③ 폭음기 설치
④ 광반사물 설치

해설 콕

페로몬 트랩은 해충 방제에도 사용되지만, 해충의 발생밀도를 예찰(병해충의 발생이나 증가 가능성을 미리 예측하는 것)하는데 사용되고 있다.
※ **과수작물의 조류(鳥類) 피해방지 대책** : 방조망 설치, 광반사물 설치, 폭음기 설치 등

61 강풍으로 인해 작물에 나타나는 생리적 반응을 모두 고른 것은?

ㄱ. 세포 팽압 증대
ㄴ. 기공 폐쇄
ㄷ. 작물 체온 저하

① ㄱ, ㄴ
② ㄱ, ㄷ
③ ㄴ, ㄷ
④ ㄱ, ㄴ, ㄷ

해설 콕

ㄱ. **세포 팽압 감소** : 강풍으로 수분흡수가 감소하므로 세포 팽압이 감소한다.
ㄴ. **기공 폐쇄** : 강풍으로 기공이 닫혀 이산화탄소의 흡수가 감소되므로 광합성이 감퇴한다.
ㄷ. **작물 체온 저하** : 강풍은 작물 체온을 저하시키고, 심하면 냉해를 유발한다.

정답 56 ① 57 ③ 58 ③ 59 ④ 60 ② 61 ③

62 육묘용 상토에 이용하는 경량 혼합 상토 중 유기물 재료는?

① 버미큘라이트(vermiculite)
② 피트모스(peatmoss)
③ 펄라이트(perlite)
④ 제올라이트(zeolite)

해설 콕

육묘용 상토

유기물 재료	피트모스, 나무껍질, 코코넛 섬유, 부엽, 왕겨, 가축분 등
무기물 재료	펄라이트, 버미큘라이트, 제올라이트, 모래, 소성점토, 마사토 등

63 작물을 육묘한 후 이식 재배하여 얻을 수 있는 효과를 모두 고른 것은?

ㄱ. 수량 증대
ㄴ. 토지 이용률 증대
ㄷ. 뿌리 활착 증진

① ㄱ, ㄴ
② ㄱ, ㄷ
③ ㄴ, ㄷ
④ ㄱ, ㄴ, ㄷ

해설 콕

이식 재배의 효과

- **생육의 촉진 및 수량 증대** : 생육기간의 연장으로 작물의 발육이 크게 조장되어 증수를 기대할 수 있고 초기 생육촉진으로 수확을 빠르게 하여 경제적으로 유리하다.
- **토지 이용률 증대** : 본포에 전작물이 있는 경우 묘상 등에서 모의 양성으로 전작물 수확 후 또는 전작물 사이에 정식함으로써 경영을 집약화 할 수 있다.
- **숙기 단축** : 채소의 이식은 경엽의 도장을 억제하고 생육을 양호하게 하여 숙기를 빠르게 하고, 상추·양배추 등의 결구를 촉진한다.
- **뿌리 활착 증진** : 육묘 중 가식은 단근으로 새로운 세근이 밀생하여 근군을 충실하게 하므로 정식시 활착을 빠르게 하는 효과가 있다.

64 다음 (   )에 들어갈 내용으로 옳은 것은?

> 포도·무화과 등에서와 같이 생장이 중지되어 약간 굳어진 상태의 가지를 삽목하는 것을 (ㄱ)이라 하고, 사과·복숭아·감귤 등에서와 같이 1년 미만의 연한 새순을 이용하여 삽목하는 것을 (ㄴ)이라고 한다.

	ㄱ	ㄴ
①	신초삽	숙지삽
②	신초삽	일아삽
③	숙지삽	일아삽
④	숙지삽	신초삽

해설 콕

- **숙지삽(= 경지삽, 묵은가지꽂이)** : 묵은 가지를 이용해 삽목하는 것
- **신초삽(새순꽂이)** : 1년 미만의 새 가지를 이용하여 삽목하는 것
- **일아삽(一芽揷)** : 눈이 달린 가지에 삽목하는 것

65 형태에 따른 영양 번식 기관과 작물이 바르게 짝지어진 것은?

① 괴경 – 감자
② 인경 – 글라디올러스
③ 근경 – 고구마
④ 구경 – 양파

해설 콕

- **괴경(덩이줄기)** : 감자, 토란
- **괴근(덩이뿌리)** : 고구마, 달리아
- **인경(비늘줄기)** : 양파, 마늘, 쪽파, 백합, 튤립
- **근경(뿌리줄기)** : 둥굴레, 칸나, 연꽃(연근)
- **구경(구슬줄기)** : 글라디올러스, 프리지어

66 A농가가 요소 엽면시비를 하고자 하는 이유가 아닌 것은?

① 신속하게 영양을 공급하여 작물 생육을 회복시키고자 할 때
② 토양 해충의 피해를 받아 뿌리의 기능이 크게 저하되었을 때
③ 강우 등으로 토양의 비료 성분이 유실되었을 때
④ 작물의 생식 생장을 촉진하고자 할 때

정답 62 ② 63 ④ 64 ④ 65 ① 66 ④

해설 콕

엽면시비를 하는 이유
- 미량요소의 공급
- 뿌리의 흡수력이 약해졌을 경우
- 급속한 영양회복
- 품질향상
- 비료 성분의 유실방지
- 시비의 노력 절약
- 토양시비가 곤란할 경우

67 해충 방제에 이용되는 천적을 모두 고른 것은?

ㄱ. 애꽃노린재류	ㄴ. 콜레마니진디벌
ㄷ. 칠레이리응애	ㄹ. 점박이응애

① ㄱ, ㄹ　　② ㄱ, ㄴ, ㄷ
③ ㄴ, ㄷ, ㄹ　　④ ㄱ, ㄴ, ㄷ, ㄹ

점박이응애는 천적이 아니라, 대상 해충이다.

대상 해충별 천적의 종류

대상 해충	천 적
점박이응애	칠레이리응애
	긴이리응애
	갤리포니아커스이리응애
	팔리시스이리응애
온실가루이	온실가루이좀벌
	황온좀벌
진딧물	콜레마니진딧벌
총채벌레	애꽃노린재류
	오이이리응애
나방류, 잎굴파리	명충알벌
	굴파리좀벌
	굴파리고치벌

68 세균에 의해 작물에 발생하는 병해는?

① 궤양병
② 탄저병
③ 역 병
④ 노균병

해설 콕

병원체의 종류에 따른 분류

병원체	병의 종류
곰팡이	벼도열병, 모잘록병, 흰가루병, 녹병, 깜부기병, 잿빛곰팡이병, 역병, 탄저병, 균핵병, 노균병
세 균	벼흰마름병, 풋마름병, 무름병, 둘레썩음병, **궤양병**, 반점세균병, 뿌리혹병
바이러스	모자이크병, 오갈병
선 충	뿌리썩이선충병, 시스트선충병, 뿌리혹선충병
기생충	새삼, 겨우살이 등

69 시설 내에서 광 부족이 지속될 때 나타날 수 있는 박과 채소 작물의 생육 반응은?

① 낙화 또는 낙과의 발생이 많아진다.
② 잎이 짙은 녹색을 띤다.
③ 잎이 작고 두꺼워진다.
④ 줄기의 마디 사이가 짧고 굵어진다.

해설 콕

시설 내에서 광 부족이 지속되면 광합성 억제로 잎, 뿌리, 줄기의 생장이 저조해지고, 결구지연, 과실비대 불량, 낙화 또는 낙과의 발생이 많아진다.

70 백합과에 속하는 다년생 작물로 순을 이용하는 채소는?

① 셀러리
② 아스파라거스
③ 브로콜리
④ 시금치

해설 콕

아스파라거스는 새로 돋아나는 어린순(줄기)을 이용하는 줄기채소이다.
① 셀러리는 미나리과의 한해살이 또는 두해살이 채소이다.
③ 브로콜리는 꽃 덩어리를 이용하는 꽃채소이다.
④ 시금치는 정상적인 잎을 이용하는 잎채소이다.

정답 67 ② 68 ① 69 ① 70 ②

71 사과 과실에 봉지씌우기를 하여 얻을 수 있는 효과를 모두 고른 것은?

ㄱ. 당도 증진
ㄴ. 병해충 방지
ㄷ. 과피 착색 증진
ㄹ. 동록 방지

① ㄱ, ㄴ, ㄷ
② ㄱ, ㄴ, ㄹ
③ ㄱ, ㄷ, ㄹ
④ ㄴ, ㄷ, ㄹ

해설 콕

봉지씌우기의 효과

- 검은무늬병, 심식나방, 흡즙성나방, 탄저병 등의 병충해가 방제된다.
- 과피의 착색이 향상된다.
- 사과 등에서는 동록이 방지된다.
  ※ **동록** : 과일껍질이 매끈하지 않고 쇠에 녹이 낀 것처럼 거칠어지는 증상으로 과일 적도부(허리 부분)에 띠를 두른 것처럼 나타나기도 한다.
- 농약이 직접 과실에 부착되지 않아 상품성이 좋아진다.

72 과실의 수확 적기를 판정하는 항목으로 옳은 것을 모두 고른 것은?

ㄱ. 만개 후 일수
ㄴ. 당산비
ㄷ. 단백질 함량

① ㄱ, ㄴ
② ㄱ, ㄷ
③ ㄴ, ㄷ
④ ㄱ, ㄴ, ㄷ

해설 콕

ㄱ. **만개 후 일수** : 개화기는 꽃이 80% 이상 개화된 만개 일시를 기준으로 한다.
ㄴ. **당산비** : 당과 산의 비율로 과일의 맛은 당산비에 의해 결정한다.

과실의 수확 적기를 판정하는 항목

- 착색정도
- 만개 후부터 성숙기까지의 일수
- 당 및 산 함량비율(당산비)
- 전분의 요오드반응

73 절화의 수확 및 수확 후 관리 기술에 관한 설명으로 옳지 않은 것은?

① 스탠더드 국화는 꽃봉오리가 1/2 정도 개화하였을 때 수확하여 출하한다.
② 장미는 조기에 수확할수록 꽃목굽음이 발생하기 쉽다.
③ 글라디올러스는 수확 후 눕혀서 저장하면 꽃이 구부러지지 않는다.
④ 카네이션은 수확 후 에틸렌 작용 억제제를 사용하면 절화 수명을 연장할 수 있다.

해설 콕

글라디올러스는 수확 후 눕혀서 저장하면 중력의 반대 방향으로 휘어지는 경곡현상(stem-bending)이 일어난다. 이러한 현상은 주로 체내 옥신에 의한다고 알려져 있으며, 줄기 위쪽으로 갈수록 민감하여 절화의 품질을 감소시킨다. 또한 온도가 높을 때 심하며, 이러한 현상을 방지하기 위해서는 반드시 세워서 저장한다.

① 스탠더드 국화는 꽃봉오리가 1/2 정도 개화하였을 때, 스프레이 국화는 꽃봉오리가 3~4개 정도 개화되고 전체적인 조화를 이룰 때 수확하여 출하한다.
② 절화 장미는 꽃봉오리가 너무 미숙할 때 수확을 하면 꽃목굽음(bent neck)이 많이 발생하여 완전한 개화가 불가능하다.
④ 에틸렌은 작물의 숙성, 개화 및 노화를 촉진하는 식물호르몬이므로, 카네이션의 수확 후 에틸렌 작용 억제제를 사용하면 절화 수명을 연장할 수 있다.

74 토양 재배에 비해 무토양 재배의 장점이 아닌 것은?

① 배지의 완충능이 높다.
② 연작 재배가 가능하다.
③ 자동화가 용이하다.
④ 청정 재배가 가능하다.

해설 콕

배지의 완충능이 없다는 것이 단점이다.

TIP 무토양 재배(양액 재배)의 장·단점

장 점	단 점
• 품질과 수량성이 좋다. • 농약 사용량이 적다. • 청정 재배가 가능하다. • 자동화가 용이하다. • 토양을 사용하지 않기 때문에 연작 재배가 가능하다.	• 초기 자본 및 전문적인 지식과 기술이 필요하다. • 배지의 완충능이 없다. • 재배 가능한 작물의 종류가 많지 않다. • 작물이 병해를 입으면 치명적인 손실을 초래할 수 있다. • 폐자재의 활용이 어렵다.

정답 71 ④ 72 ① 73 ③ 74 ①

75 시설 내의 환경 특이성에 관한 설명으로 옳지 않은 것은?

① 위치에 따라 온도 분포가 다르다.
② 위치에 따라 광 분포가 불균일하다.
③ 노지에 비해 토양의 염류 농도가 낮아지기 쉽다.
④ 노지에 비해 토양이 건조해지기 쉽다.

강우차단, 다비재배, 흡비력 약화로 인해 노지에 비해 토양의 염류 농도가 높다.

시설토양의 특성

- 노지에 비하여 염류 농도가 높다.
- 위치에 따라 온도 분포가 다르고, 광 분포가 불균일하다.
- 노지에 비해 토양이 건조해지기 쉽다.
- 특정성분이 결핍되기 쉽다.
- 토양 pH가 낮다.
- 저온기에 지온은 노지보다 높지만 적정 지온유지가 안 된다.
- 공극률이 낮고, 통기성이 불량하다.
- 연작장해가 발생하기 쉽다.

2021년

제 7 회 손해평가사 1차 시험문제

제 1 과목 상법(보험편)

01 보험계약에 관한 설명으로 옳지 않은 것은?

① 보험계약은 유상・쌍무계약이다.
② 보험계약은 보험자의 청약에 대하여 보험계약자가 승낙함으로써 성립한다.
③ 보험계약은 보험자의 보험금 지급책임이 우연한 사고의 발생에 달려 있으므로 사행계약의 성질을 갖는다.
④ 보험계약은 부합계약이다.

해설 콕

보험계약은 낙성・불요식 계약으로 보험계약자의 청약에 대해서 보험자가 승낙함으로써 성립하고, 특별한 방식을 필요로 하지 않는다(상법 제638조의2).

02 상법상 보험에 관한 설명으로 옳은 것은?

① 보험증권의 멸실로 보험계약자가 증권의 재교부를 청구한 경우 증권의 작성비용은 보험자의 부담으로 한다.
② 보험기간의 시기는 보험계약 이후로만 하여야 한다.
③ 보험계약 당시에 보험사고가 이미 발생하였을 경우 당사자 쌍방과 피보험자가 이를 알지 못하였어도 그 계약은 무효이다.
④ 보험계약의 당사자는 보험증권의 교부가 있은 날로부터 일정한 기간 내에 한하여 그 증권내용의 정부(正否)에 관한 이의를 할 수 있음을 약정할 수 있다.

해설 콕

④ 상법 제641조
① 보험증권의 멸실로 보험계약자가 증권의 재교부를 청구한 경우 증권의 작성비용은 보험계약자의 부담으로 한다(상법 제642조).
② 보험계약은 그 계약 전의 어느 시기를 보험기간의 시기로 할 수 있다[상법 제643조(소급보험)].
③ 보험계약 당시에 보험사고가 이미 발생하였거나 또는 발생할 수 없는 것인 때에는 그 계약은 무효로 하지만, 당사자 쌍방과 피보험자가 이를 알지 못한 때에는 유효하다(상법 제644조).

정답 75 ③ / 01 ② 02 ④

03 타인을 위한 보험에 관한 설명으로 옳은 것은?

① 보험계약자는 위임을 받지 아니하면 특정의 타인을 위하여 보험계약을 체결할 수 없다.
② 타인을 위한 보험계약의 경우에 그 타인은 수익의 의사표시를 하여야 그 계약의 이익을 받을 수 있다.
③ 보험계약자가 불특정의 타인을 위한 보험을 그 타인의 위임 없이 체결할 경우에는 이를 보험자에게 고지할 필요가 없다.
④ 타인을 위한 보험계약의 경우 보험계약자가 보험료의 지급을 지체한 때에는 그 타인이 그 권리를 포기하지 아니하는 한 그 타인도 보험료를 지급할 의무가 있다.

해설 콕

타인을 위한 보험계약의 경우 그 타인이 보험계약상 권리를 포기하지 않는 한 그 타인도 보험료 지급의무를 부담하므로 보험자는 그 타인에게 보험료의 지급을 청구할 수 있다(상법 제639조 제3항).
① 보험계약자는 위임을 받거나 위임을 받지 아니하고 특정 또는 불특정의 타인을 위하여 보험계약을 체결할 수 있다(상법 제639조 제1항).
② 타인을 위한 보험계약의 경우에 그 타인은 수익의 의사표시를 하지 않아도 당연히 그 계약의 이익을 받는다(상법 제639조 제2항).
③ 손해보험계약의 경우에 그 타인의 위임이 없는 때에는 보험계약자는 이를 보험자에게 고지하여야 한다(상법 제639조 제1항).

04 보험대리상 등의 권한에 관한 설명으로 옳지 않은 것은?

① 보험대리상은 보험계약자로부터 보험계약에 관한 청약의 의사표시를 수령할 수 있다.
② 보험자는 보험계약자로부터 보험료를 수령할 수 있는 보험대리상의 권한을 제한할 수 있다.
③ 보험대리상은 보험계약자에게 보험계약에 관한 해지의 의사표시를 할 수 없다.
④ 보험대리상이 아니면서 특정한 보험자를 위하여 계속적으로 보험계약의 체결을 중개하는 자는 보험계약자로부터 보험계약에 관한 취소의 의사표시를 수령할 수 없다.

해설 콕

보험대리상은 보험계약의 체결, 변경, 해지 등 보험계약에 관한 의사표시를 할 수 있다(상법 제646조의2 제1항 제4호).
① 상법 제646조의2 제1항 제3호
② 상법 제646조의2 제2항
④ 상법 제646조의2 제3항

05 보험계약의 해지에 관한 설명으로 옳지 않은 것은?

① 보험계약자가 보험계약을 전부 해지했을 때에는 언제든지 미경과보험료의 반환을 청구할 수 있다.

② 타인을 위한 보험의 경우를 제외하고, 보험사고가 발생하기 전에는 보험계약자는 언제든지 보험계약의 전부를 해지할 수 있다.

③ 타인을 위한 보험계약의 경우 보험사고가 발생하기 전에는 그 타인의 동의를 얻으면 그 계약을 해지할 수 있다.

④ 보험금액이 지급된 때에도 보험금액이 감액되지 아니하는 보험의 경우에는 보험계약자는 그 사고발생 후에도 보험계약을 해지할 수 있다.

해설 콕

보험사고발생 전에는 보험계약자는 언제든지 계약의 전부 또는 일부를 해지할 수 있으며, 이 경우 당사자간에 다른 약정이 없으면 보험계약자는 미경과보험료의 반환을 청구할 수 있다(상법 제649조)

②·③ 상법 제649조 제1항

④ 상법 제649조 제2항

06 보험료의 지급과 지체의 효과에 관한 설명으로 옳은 것은?

① 보험계약자는 계약 체결 후 지체 없이 보험료의 전부 또는 제1회 보험료를 지급하여야 한다.

② 계속보험료가 약정한 시기에 지급되지 아니한 때에는 보험자는 상당한 기간을 정하여 보험계약자에게 최고하고, 그 기간 내에 지급되지 아니한 때에는 그 계약은 해지된 것으로 본다.

③ 특정한 타인을 위한 보험의 경우에 보험계약자가 보험료의 지급을 지체한 때에는 보험자는 그 계약을 해제 또는 해지할 수 있다.

④ 보험계약자가 최초보험료를 지급하지 아니한 경우에는 다른 약정이 없는 한 계약 성립 후 1월이 경과하면 그 계약은 해제된 것으로 본다.

해설 콕

① 상법 제650조 제1항

② 계속보험료가 약정한 시기에 지급되지 아니한 때에는 보험자는 상당한 기간을 정하여 보험계약자에게 최고하고, 그 기간 내에 지급되지 아니한 때에는 그 계약을 해지할 수 있다(상법 제650조 제2항). '~**해지된 것으로 본다.**'라는 지문이 틀린 내용이다.

③ 특정한 타인을 위한 보험의 경우에 보험계약자가 보험료의 지급을 지체한 때에는 보험자는 그 타인에게도 상당한 기간을 정하여 보험료의 지급을 최고한 후가 아니면 그 계약을 해제 또는 해지하지 못한다(상법 제650조 제3항).

④ 보험계약자가 최초보험료를 지급하지 아니한 경우에는 다른 약정이 없는 한 계약 성립 후 2월이 경과하면 그 계약은 해제된 것으로 본다(상법 제650조 제1항).

정답 03 ④ 04 ③ 05 ① 06 ①

07 고지의무에 관한 설명으로 옳지 않은 것은?

① 고지의무를 부담하는 자는 보험계약상의 보험계약자 또는 보험수익자이다.

② 보험계약자가 고의로 중요한 사항을 고지하지 아니한 경우, 보험자는 계약체결일로부터 1월이 된 시점에는 계약을 해지할 수 있다.

③ 보험자가 계약 당시에 보험계약자의 고지의무위반 사실을 알았을 때에는 계약을 해지할 수 없다.

④ 보험계약자가 중대한 과실로 중요한 사항을 고지하지 아니한 경우, 보험자는 계약체결일로부터 5년이 경과한 시점에는 계약을 해지할 수 없다.

해설 콕

고지의무를 부담하는 자는 보험계약상의 보험계약자 또는 피보험자이다.

②·③·④ 보험계약 당시에 보험계약자 또는 피보험자가 고의 또는 중대한 과실로 인하여 중요한 사항을 고지하지 아니하거나 부실의 고지를 한 때에는 보험자는 그 사실을 안 날로부터 1월 내에, 계약을 체결한 날로부터 3년 내에 한하여 계약을 해지할 수 있다. 그러나 보험자가 계약 당시에 그 사실을 알았거나 중대한 과실로 인하여 알지 못한 때에는 그러하지 아니하다(상법 제651조).

08 보험약관에 관한 설명으로 옳은 것을 모두 고른 것은? (다툼이 있으면 판례에 따름)

ㄱ. 보통보험약관이 계약 당사자에 대하여 구속력을 가지는 것은 보험계약 당사자 사이에서 계약내용에 포함시키기로 합의하였기 때문이다.

ㄴ. 보험자가 약관의 교부·설명의무를 위반한 경우에 보험계약이 성립한 날부터 3개월 이내에는 피보험자 또는 보험수익자도 그 계약을 해지할 수 있다.

ㄷ. 약관의 내용이 이미 법령에 의하여 정하여진 것을 되풀이 하는 정도에 불과한 경우, 보험자는 고객에게 이를 따로 설명하지 않아도 된다.

① ㄱ, ㄴ　　② ㄱ, ㄷ

③ ㄴ, ㄷ　　④ ㄱ, ㄴ, ㄷ

해설 콕

ㄱ. (O) 보통보험약관이 계약 당사자에 대하여 구속력을 갖는 것은 그 자체가 법규범 또는 법규범적 성질을 가진 약관이기 때문이 아니라 당사자가 계약내용에 포함시키기로 합의하였기 때문이다(대법원 1989. 3. 28. 선고 88다4645 판결).

ㄴ. (×) 보험자가 약관의 교부 및 설명의무를 위반한 경우 보험계약자는 보험계약이 성립한 날부터 3개월 이내에 그 계약을 취소할 수 있다(상법 제638조의3 제2항).

ㄷ. (O) 보험약관에 정하여진 사항이라고 하더라도 거래상 일반적이고 공통된 것이어서 보험계약자가 별도의 설명 없이도 충분히 예상할 수 있었던 사항이거나 이미 법령에 의하여 정하여진 것을 되풀이하거나 부연하는 정도에 불과한 사항이라면 그러한 사항에 대하여서까지 보험자에게 명시·설명의무가 인정된다고 할 수 없다(대법원 1998. 11. 27. 선고 98다32564 판결).

09 위험변경증가의 통지와 계약해지에 관한 설명으로 옳은 것은?

① 보험기간 중에 피보험자가 사고발생의 위험이 현저하게 변경 또는 증가된 사실을 안 때에는 지체 없이 보험자에게 통지하여야 한다.

② 보험계약 체결 직전에 보험계약자가 사고발생의 위험이 변경 또는 증가된 사실을 안 때에는 지체 없이 보험자에게 통지하여야 한다.

③ 보험기간 중에 위험변경증가의 통지를 받은 때에는 보험자는 3개월 내에 보험료의 증액을 청구할 수 있다.

④ 보험기간 중에 위험변경증가의 통지를 받은 때에는 보험자는 3개월 내에 계약을 해지할 수 있다.

해설 콕

① 상법 제652조 제1항

② 보험기간 중에 보험계약자가 사고발생의 위험이 '현저하게' 변경 또는 증가된 사실을 안 때에는 지체 없이 보험자에게 통지하여야 한다(상법 제652조 제1항).

③ 보험기간 중에 위험변경증가의 통지를 받은 때에는 보험자는 1개월 내에 보험료의 증액을 청구할 수 있다(상법 제652조 제2항).

④ 보험기간 중에 위험변경증가의 통지를 받은 때에는 보험자는 1개월 내에 계약을 해지할 수 있다(상법 제652조 제2항).

10 보험사고발생의 통지의무에 관한 설명으로 옳은 것은?

① 상법은 보험사고발생의 통지의무위반시 보험자의 계약해지권을 규정하고 있다.

② 보험계약자는 보험사고의 발생을 안 때에는 상당한 기간 내에 보험자에게 그 통지를 발송하여야 한다.

③ 피보험자가 보험사고발생의 통지의무를 해태함으로 인하여 손해가 증가된 때에는 보험자는 그 증가된 손해를 보상할 책임이 없다.

④ 보험수익자는 보험사고발생의 통지의무자에 포함되지 않는다.

해설 콕

③ 상법 제657조 제2항

① 보험사고발생의 통지의무위반시 보험자의 계약해지권에 대한 상법의 규정은 없다.

② 보험계약자는 보험사고의 발생을 안 때에는 지체 없이 보험자에게 그 통지를 발송하여야 한다(상법 제657조 제1항).

④ 보험수익자도 보험사고발생의 통지의무자에 포함된다(상법 제657조 제1항).

정답 07 ① 08 ② 09 ① 10 ③

11 보험계약자 등의 고의나 중과실로 인한 위험증가와 계약해지에 관한 설명으로 옳지 않은 것은? (다툼이 있으면 판례에 따름)

① 보험기간 중에 보험계약자의 중대한 과실로 인하여 사고발생의 위험이 현저하게 증가된 때에는 보험자는 그 사실을 안 날부터 1월내에 보험료의 증액을 청구할 수 있다.
② 위험의 현저한 변경이나 증가된 사실과 보험사고발생과의 사이에 인과관계가 부존재한다는 점에 관한 주장·입증책임은 보험자 측에 있다.
③ 보험기간 중에 피보험자의 고의로 인하여 사고발생의 위험이 현저하게 증가된 때에는 보험자는 그 사실을 안 날부터 1월내에 계약을 해지할 수 있다.
④ 사고발생의 위험이 현저하게 변경 또는 증가된 사실이라 함은 그 변경 또는 증가된 위험이 보험계약의 체결 당시에 존재하고 있었다면 보험자가 보험계약을 체결하지 않았거나 적어도 그 보험료로는 보험을 인수하지 않았을 것으로 인정되는 정도의 것을 말한다.

해설 콕

고지의무에 위반한 사실 또는 위험의 현저한 변경이나 증가된 사실과 보험사고발생과의 사이에 인과관계가 부존재한다는 점에 관한 주장·입증책임은 보험계약자 측에 있다(대법원 1997. 9. 5. 선고 95다25268 판결).

①·③ 보험기간 중에 보험계약자, 피보험자 또는 보험수익자의 고의 또는 중대한 과실로 인하여 사고발생의 위험이 현저하게 변경 또는 증가된 때에는 보험자는 그 사실을 안 날부터 1월 내에 보험료의 증액을 청구하거나 계약을 해지할 수 있다(상법 제653조).

④ 보험기간 중에 보험계약자 또는 피보험자가 사고발생의 위험이 현저하게 변경 또는 증가된 사실을 안 때에는 지체 없이 보험자에게 통지하여야 하는데(상법 제652조 제1항), 여기서 '사고발생의 위험이 현저하게 변경 또는 증가된 사실'이란 변경 또는 증가된 위험이 보험계약의 체결 당시에 존재하고 있었다면 보험자가 계약을 체결하지 않았거나 적어도 그 보험료로는 보험을 인수하지 않았을 것으로 인정되는 사실을 말하고, '사고발생의 위험이 현저하게 변경 또는 증가된 사실을 안 때'란 특정한 상태의 변경이 있음을 아는 것만으로는 부족하고 그 상태의 변경이 사고발생 위험의 현저한 변경·증가에 해당된다는 것까지 안 때를 의미한다(대법원 2014. 7. 24. 선고 2012다62318 판결).

12 보험자의 계약해지와 보험금청구권에 관한 설명으로 옳은 것을 모두 고른 것은?

ㄱ. 보험사고발생 후라도 보험계약자의 계속보험료 지급 지체를 이유로 보험자가 계약을 해지하였을 때에는 보험금을 지급할 책임이 있다.
ㄴ. 보험사고발생 후에 보험계약자가 고지의무를 위반한 사실이 보험사고발생에 영향을 미치지 아니하였음이 증명된 경우에는 보험자는 보험금을 지급할 책임이 있다.
ㄷ. 보험수익자의 중과실로 인하여 사고발생의 위험이 현저하게 변경되거나 증가된 사실이 보험사고발생에 영향을 미치지 아니하였음이 증명된 경우에는 보험자는 보험금을 지급할 책임이 있다.

① ㄷ
② ㄱ, ㄴ
③ ㄴ, ㄷ
④ ㄱ, ㄴ, ㄷ

해설 콕

ㄱ. (×) 보험사고가 발생한 후라도 보험자가 계속보험료 지급 지체를 이유로 보험계약을 해지하였을 때에는 보험자는 보험금을 지급할 책임이 없다(상법 제655조).

ㄴ. (○) 고지의무를 위반한 사실 또는 위험이 현저하게 변경되거나 증가된 사실이 보험사고발생에 영향을 미치지 아니하였음이 증명된 경우에는 보험금을 지급할 책임이 있다(상법 제655조 단서).

ㄷ. (○) 보험수익자의 중과실로 인하여 사고발생의 위험이 현저하게 변경되거나 증가된 사실이 보험사고발생에 영향을 미치지 아니하였음이 증명된 경우에는 보험자는 보험금을 지급할 책임이 있다(상법 제655조 단서).

13 손해보험에 관한 설명으로 옳지 않은 것은? (단, 다른 약정이 없음을 전제로 함)

① 보험사고로 인하여 상실된 피보험자가 얻을 보수는 보험자가 보상할 손해액에 산입하여야 한다.

② 보험계약은 금전으로 산정할 수 있는 이익에 한하여 보험계약의 목적으로 할 수 있다.

③ 무효와 실권의 사유는 손해보험증권의 기재사항이다.

④ 당사자 간에 보험가액을 정하지 아니한 때에는 사고발생 시의 가액을 보험가액으로 한다.

보험사고로 인하여 상실된 피보험자가 얻을 이익이나 보수는 당사자 간에 다른 약정이 없으면 보험자가 보상할 손해액에 산입하지 아니한다(상법 제667조).

② 상법 제668조

③ 상법 제666조 제6호

④ 상법 제671조

14 보험금액의 지급에 관한 설명으로 옳지 않은 것은? (다툼이 있으면 판례에 따름)

① 보험금액의 지급에 관하여 약정기간이 있는 경우, 보험자는 그 기간 내에 보험금액을 지급하여야 한다.

② 보험금액의 지급에 관하여 약정기간이 없는 경우, 보험자는 보험사고발생의 통지를 받은 후 지체 없이 지급할 보험금액을 정하여야 한다.

③ 보험금액의 지급에 관하여 약정기간이 없는 경우, 보험금액이 정하여진 날부터 1월 내에 보험수익자에게 보험금액을 지급하여야 한다.

④ 보험계약자의 동의 없이 보험자와 피보험자 사이에 한 보험금 지급기한 유예의 합의는 유효하다.

정답 11 ② 12 ③ 13 ① 14 ③

해설 콕

①·②·③ 보험자는 보험금액의 지급에 관하여 약정기간이 있는 경우에는 그 기간 내에, 약정기간이 없는 경우에는 통지를 받은 후 지체 없이 지급할 보험금액을 정하고 그 정하여진 날부터 10일 내에 피보험자 또는 보험수익자에게 보험금액을 지급하여야 한다(상법 제658조).

④ 보험계약자의 동의 없이 보험자와 피보험자 사이에 한 보험금 지급기한 유예의 합의는 유효하다(대법원 1981. 10. 6. 선고 80다2699 판결).

15 상법 제662조(소멸시효)에 관한 설명으로 옳은 것은?

① 보험금청구권은 2년간 행사하지 아니하면 시효의 완성으로 소멸한다.
② 보험료의 반환청구권은 3년간 행사하지 아니하면 시효의 완성으로 소멸한다.
③ 보험료청구권은 1년간 행사하지 아니하면 시효의 완성으로 소멸한다.
④ 적립금의 반환청구권은 2년간 행사하지 아니하면 시효의 완성으로 소멸한다.

해설 콕

보험금청구권은 3년간, 보험료 또는 적립금의 반환청구권은 3년간, 보험료청구권은 2년간 행사하지 아니하면 시효의 완성으로 소멸한다(상법 제662조).

16 보험계약자 등의 불이익변경금지에 관한 설명으로 옳지 않은 것은?

① 상법 보험편의 규정은 당사자 간의 특약으로 피보험자의 이익으로 변경하지 못한다.
② 상법 보험편의 규정은 당사자 간의 특약으로 보험수익자의 불이익으로 변경하지 못한다.
③ 해상보험의 경우 보험계약자 등의 불이익변경금지 규정은 적용되지 아니한다.
④ 재보험의 경우 보험계약자 등의 불이익변경금지 규정은 적용되지 아니한다.

해설 콕

상법 보험편의 규정은 당사자 간의 특약으로 보험계약자 또는 피보험자나 보험수익자의 불이익으로 변경하지 못한다. 그러나 재보험 및 해상보험 기타 이와 유사한 보험의 경우에는 그러하지 아니하다(상법 제663조).

17 중복보험에 관한 설명으로 옳은 것을 모두 고른 것은?

ㄱ. 중복보험의 경우 보험자 1인에 대한 권리의 포기는 다른 보험자의 권리의무에 영향을 미치지 않는다.
ㄴ. 중복보험계약을 체결하는 경우에는 보험계약자는 각 보험자에 대하여 각 보험계약의 내용을 통지하여야 한다.
ㄷ. 중복보험에서 보험금액의 총액이 보험가액을 초과한 때에는 보험자는 각자의 보험금액의 한도에서 연대책임을 진다.

① ㄱ ② ㄱ, ㄴ
③ ㄴ, ㄷ ④ ㄱ, ㄴ, ㄷ

해설 콕

ㄱ. (O) 중복보험의 경우 보험자 1인에 대한 권리의 포기는 다른 보험자의 권리의무에 영향을 미치지 않는다(상법 제673조).
ㄴ. (O) 중복보험계약을 체결하는 경우에는 보험계약자는 각 보험자에 대하여 각 보험계약의 내용을 통지하여야 한다(상법 제672조 제2항).
ㄷ. (O) 중복보험에서 보험금액의 총액이 보험가액을 초과한 때에는 보험자는 각자의 보험금액의 한도에서 연대책임을 진다(상법 제672조 제1항).

손해평가사 1차 2021년 제7회

18 甲은 보험가액이 2억원인 건물에 대하여 보험금액을 1억원으로 하는 손해보험에 가입하였다. 이에 관한 설명으로 옳지 않은 것은? (단, 다른 약정이 없음을 전제로 함)

① 일부보험에 해당한다.
② 전손(全損)인 경우에는 보험자는 1억원을 지급한다.
③ 1억원의 손해가 발생한 경우에는 보험자는 1억원을 지급한다.
④ 8천만원의 손해가 발생한 경우에는 보험자는 4천만원을 지급한다.

해설 콕

$$\text{지급보험금} = \text{손해액} \times \frac{\text{보험금액}}{\text{보험가액}}$$

1억원의 손해가 발생한 경우

$$\text{지급보험금} = \text{1억원} \times \frac{\text{1억원}}{\text{2억원}} = \textbf{5천만원}$$

19 일부보험에 관한 설명으로 옳은 것은?

① 계약 체결의 시점에 의도적으로 보험가액보다 낮게 보험금액을 약정하는 것은 허용되지 않는다.
② 일부보험에 관한 상법의 규정은 강행규정이다.
③ 일부보험의 경우에는 잔존물대위가 인정되지 않는다.
④ 일부보험에 있어서 일부손해가 발생하여 비례보상원칙을 적용하면 손해액은 보상액보다 크다.

해설 콕

일부보험은 보험금액이 보험가액에 미달하는 보험이고, 보험자는 보험금액의 보험가액에 대한 비율로 보상할 책임(비례보상원칙, 상법 제674조)이 있으므로, 손해액은 보험자의 보상액보다 크게 된다(**손해액 > 보상액**).

① 계약 체결의 시점에 보험료를 절감하기 위하여 의도적으로 보험가액보다 낮게 보험금액을 약정하기도 한다.
② 일부보험에 관한 상법의 규정(상법 제674조 단서)은 강행규정이 아니므로, 당사자 간의 특약으로 보험금액의 범위 내에서 손해액의 전부를 보상하기로 약정할 수 있는데, 이를 '실손보상계약', '제1차 위험보험'이라고 한다.
③ 일부보험의 경우에는 잔존물대위가 인정된다. 즉 보험가액의 일부를 보험에 붙인 경우에는 보험자가 취득할 권리는 보험금액의 보험가액에 대한 비율에 따라 이를 정한다(상법 제681조 단서).

20 손해액 산정에 관한 설명으로 옳지 않은 것은?

① 보험사고로 인하여 상실된 피보험자가 얻을 이익은 당사자 간에 다른 약정이 없으면 보험자가 보상할 손해액에 산입하지 아니한다.
② 당사자 간에 다른 약정이 있는 때에는 신품가액에 의하여 보험자가 보상할 손해액을 산정할 수 있다.
③ 손해액 산정에 필요한 비용은 보험자와 보험계약자 및 보험수익자가 공동으로 부담한다.
④ 손해보상은 원칙적으로 금전으로 하지만 당사자의 합의로 손해의 전부 또는 일부를 현물로 보상할 수 있다.

해설 콕

손해액 산정에 필요한 비용은 보험자의 부담으로 한다(상법 제676조 제2항).

① 상법 제667조
② 상법 제676조 제1항 단서
④ 손해보험의 손해보상의 방법은 특별한 규정이 없으나, 금전급여를 원칙으로 한다. 다만, 약관에 따라 현물보상을 정한 경우 손해의 전부 또는 일부를 현물로 보상할 수 있다.

21 손해보험에 관한 설명으로 옳지 않은 것은?

① 보험자가 손해를 보상할 경우에 보험료의 지급을 받지 아니한 잔액이 있으면 그 지급기일이 도래하지 아니한 때라도 보상할 금액에서 이를 공제할 수 있다.

② 보험계약자가 손해의 방지와 경감을 위하여 필요 또는 유익하였던 비용과 보상액이 보험금액을 초과한 경우에는 보험자는 보험금액의 한도 내에서 이를 부담한다.

③ 보험의 목적에 관하여 보험자가 부담할 손해가 생긴 경우에는 그 후 그 목적이 보험자가 부담하지 아니하는 보험사고의 발생으로 인하여 멸실된 때에도 보험자는 이미 생긴 손해를 보상할 책임을 면하지 못한다.

④ 보험의 목적의 자연소모로 인한 손해는 보험자가 이를 보상할 책임이 없다.

해설 콕

보험계약자와 피보험자는 손해의 방지와 경감을 위하여 필요 또는 유익하였던 비용과 보상액이 보험금액을 초과한 경우라도 보험자가 이를 부담한다(상법 제680조 제1항).

① 상법 제677조

③ 상법 제675조

④ 상법 제678조

22 보험대위에 관한 설명으로 옳은 것은? (다툼이 있으면 판례에 따름)

① 손해가 제3자의 행위로 인하여 발생한 경우에 보험금을 지급하기 전이라도 보험자는 그 제3자에 대한 보험계약자의 권리를 취득한다.

② 잔존물대위가 성립하기 위해서는 보험목적의 전부가 멸실하여야 한다.

③ 잔존물에 대한 권리가 보험자에게 이전되는 시점은 보험자가 보험금액을 전부 지급하고, 물권변동 절차를 마무리한 때이다.

④ 재보험에 대하여는 제3자에 대한 보험자대위가 적용되지 않는다.

해설 콕

보험목적에 대한 보험대위가 성립하기 위해선 보험계약의 체결 당시에 보험목적이 가지는 경제적 가치가 전부 멸실되어야 한다. 즉 일부만 멸실된 경우에는 보험목적에 대한 보험대위가 성립하지 않는다. 또한, 보험자가 보험금액의 전부를 피보험자에게 지급해야 한다(상법 제681조).

① 손해가 제3자의 행위로 인하여 발생한 경우에 보험금을 지급한 보험자는 그 지급한 금액의 한도에서 그 제3자에 대한 보험계약자 또는 피보험자의 권리를 취득한다(상법 제682조 제1항).

③ 잔존물에 대한 권리가 보험자에게 이전되는 시점은 보험사고가 발생한 때가 아니고, 보험금액을 전부 지급한 때이다. 즉 물권변동 절차(민법 제186조, 제188조)가 불필요하다.

④ 보험자가 피보험자에게 보험금을 지급하면 보험자대위의 법리에 따라 피보험자가 보험사고의 발생에 책임이 있는 제3자에 대하여 가지는 권리는 지급한 보험금의 한도에서 보험자에게 당연히 이전되고(상법 제682조), 이는 재보험자가 원보험자에게 재보험금을 지급한 경우에도 마찬가지이다. 따라서 재보험관계에서 재보험자가 원보험자에게 재보험금을 지급하면 원보험자가 취득한 제3자에 대한 권리는 지급한 재보험금의 한도에서 다시 재보험자에게 이전된다(대법원 2015. 6. 11. 선고 2012다10386 판결).

정답 19 ④ 20 ③ 21 ② 22 ②

23 화재보험에 관한 설명으로 옳은 것은? (다툼이 있으면 판례에 따름)

① 화재가 발생한 건물을 수리하면서 지출한 철거비와 폐기물처리비는 화재와 상당인과관계가 있는 건물수리비에는 포함되지 않는다.
② 피보험자가 화재 진화를 위해 살포한 물로 보험목적이 훼손된 손해는 보상하지 않는다.
③ 불에 탈 수 있는 목조교량은 화재보험의 목적이 될 수 없다.
④ 보험자가 손해를 보상함에 있어서 화재와 손해 간에 상당인과관계가 필요하다.

해설 콕

화재보험계약에서 보험자는 화재로 인한 직접적인 손해뿐만 아니라, 인과관계가 있는 간접손해에 대하여도 책임을 진다. 즉 보험자가 보상할 손해의 범위에 관하여는 화재와 손해 사이에 상당인과관계가 있어야 한다는 것이 통설이다.
① 화재가 발생한 건물을 수리하면서 지출한 철거비와 폐기물처리비는 화재와 상당인과관계가 있는 건물수리비에는 포함된다(대법원 2003. 4. 25. 선고 2002다64520 판결).
② 피보험자가 화재 진화를 위해 살포한 물로 보험목적이 훼손된 손해는 보상한다(상법 제684조).
③ 화재보험의 목적은 건물이나 동산 이외에도 불에 탈 수 있는 교량 · 입목 · 삼림 · 원료 · 기구 등 유체물이기만 하면 동산이든 부동산이든 모두 그 대상이 될 수 있다.

24 건물을 화재보험의 목적으로 한 경우 화재보험증권의 법정 기재사항이 아닌 것은?

① 건물의 소재지, 구조와 용도
② 보험가액을 정한 때에는 그 가액
③ 보험기간을 정한 때에는 그 시기와 종기
④ 설계감리법인의 주소와 성명 또는 상호

해설 콕

화재보험증권의 법정 기재사항(상법 제685조)
화재보험증권에는 제666조에 게기한 사항(보험기간을 정한 때에는 그 시기와 종기) 외에 다음의 사항을 기재하여야 한다.
1. 건물을 보험의 목적으로 한 때에는 그 소재지, 구조와 용도
2. 동산을 보험의 목적으로 한 때에는 그 존치한 장소의 상태와 용도
3. 보험가액을 정한 때에는 그 가액

25 집합보험에 관한 설명으로 옳은 것은?

① 피보험자의 가족의 물건은 보험의 목적에 포함되지 않는 것으로 한다.
② 피보험자의 사용인의 물건은 보험의 목적에 포함되지 않는 것으로 한다.
③ 보험의 목적에 속한 물건이 보험기간 중에 수시로 교체된 경우에는 보험사고의 발생 시에 현존한 물건이라도 보험의 목적에 포함되지 않는 것으로 한다.
④ 집합보험이란 경제적으로 독립한 여러 물건의 집합물을 보험의 목적으로 한 보험을 말한다.

해설 콕

집합보험은 다수의 물건을 보험의 목적으로 하는 보험이다. 특히 보험의 목적이 물건의 집합이면 '집합보험'이라 하고, 사람의 집합이면 '단체보험'이라 한다.

①·② 피보험자의 가족과 사용인의 물건도 보험의 목적에 포함된 것으로 한다(상법 제686조).
③ 보험의 목적에 속한 물건이 보험기간 중에 수시로 교체된 경우에도 보험사고의 발생 시에 현존한 물건은 보험의 목적에 포함된 것으로 한다(상법 제687조).

정답 23 ④ 24 ④ 25 ④

26 농어업재해보험법상 용어의 설명으로 옳지 않은 것은?

① "농어업재해보험"은 농어업재해로 발생하는 인명 및 재산 피해에 따른 손해를 보상하기 위한 보험을 말한다.
② "어업재해"란 양식수산물 및 어업용 시설물에 발생하는 자연재해·질병 또는 화재를 말한다.
③ "농업재해"란 농작물·임산물·가축 및 농업용 시설물에 발생하는 자연재해·병충해·조수해(鳥獸害)·질병 또는 화재를 말한다.
④ "보험료"란 보험가입자와 보험사업자 간의 약정에 따라 보험가입자가 보험사업자에게 내야 하는 금액을 말한다.

해설 콕

"농어업재해보험"은 농어업재해로 발생하는 재산 피해에 따른 손해를 보상하기 위한 보험을 말한다(농어업재해보험법 제2조 제2호). 인명 피해에 따른 손해를 보상하지 않는다.
② 농어업재해보험법 제2조 제1호
③ 농어업재해보험법 제2조 제1호
④ 농어업재해보험법 제2조 제4호

27 농어업재해보험법상 재해보험사업을 할 수 없는 자는?

① 「농업협동조합법」에 따른 농업협동조합중앙회
② 「수산업협동조합법」에 따른 수산업협동조합중앙회
③ 「보험업법」에 따른 보험회사
④ 「산림조합법」에 따른 산림조합중앙회

해설 콕

재해보험사업을 할 수 있는 자(농어업재해보험법 제8조 제1항)
1. 「수산업협동조합법」에 따른 수산업협동조합중앙회(이하 "수협중앙회"라 한다)
2. 「산림조합법」에 따른 산림조합중앙회
3. 「보험업법」에 따른 보험회사

28 농어업재해보험법상 재해보험에 관한 설명으로 옳지 않은 것은?

① 재해보험에 가입할 수 있는 자는 농림업, 축산업, 양식수산업에 종사하는 개인 또는 법인으로 하고, 구체적인 보험가입자의 기준은 대통령령으로 정한다.

② 「산림조합법」의 공제규정에 따른 공제모집인으로서 산림조합중앙회장이나 그 회원조합장이 인정하는 자는 재해보험을 모집할 수 있다.

③ 재해보험사업자는 사고 예방을 위하여 보험가입자가 납입한 보험료의 일부를 되돌려 줄 수 있다.

④ 「수산업협동조합법」에 따른 조합이 그 조합원에게 재해보험의 보험료 일부를 지원하는 경우에는 「보험업법」상 해당 보험계약의 체결 또는 모집과 관련한 특별이익의 제공으로 본다.

해설 콕

「농업협동조합법」, 「수산업협동조합법」, 「산림조합법」에 따른 조합이 그 조합원에게 이 법에 따른 보험상품의 보험료 일부를 지원하는 경우에는 「보험업법」 제98조에도 불구하고 해당 보험계약의 체결 또는 모집과 관련한 특별이익의 제공으로 보지 아니한다(농어업재해보험법 제10조 제2항).

① 농어업재해보험법 제7조
② 농어업재해보험법 제10조 제1항 제2호
③ 농어업재해보험법 제10조의2 제2항

29 농어업재해보험법령상 손해평가에 관한 설명으로 옳은 것은?

① 재해보험사업자는 「보험업법」에 따른 손해평가인에게 손해평가를 담당하게 할 수 있다.

② 「고등교육법」에 따른 전문대학에서 임산물재배 관련 학과를 졸업한 사람은 손해평가인으로 위촉될 자격이 인정된다.

③ 농림축산식품부장관은 손해평가사가 공정하고 객관적인 손해평가를 수행할 수 있도록 연 1회 이상 정기교육을 실시하여야 한다.

④ 농림축산식품부장관 또는 해양수산부장관은 손해평가요령을 고시하려면 미리 금융위원회와 협의하여야 한다.

해설 콕

④ 농어업재해보험법 제11조 제4항
① 재해보험사업자는 보험목적물에 관한 지식과 경험을 갖춘 사람 또는 그 밖의 관계 전문가를 손해평가인으로 위촉하여 손해평가를 담당하게 하거나 손해평가사 또는 「보험업법」 제186조에 따른 손해사정사에게 손해평가를 담당하게 할 수 있다(농어업재해보험법 제11조 제4항).
② 「고등교육법」 제2조에 따른 학교에서 임산물재배 관련학을 전공하고 임업전문 연구기관 또는 연구소에서 5년 이상 근무한 학사학위 이상 소지자는 손해평가인으로 위촉될 수 있다(농어업재해보험법 시행령 별표 2).
③ 농림축산식품부장관 또는 해양수산부장관은 손해평가인이 공정하고 객관적인 손해평가를 수행할 수 있도록 연 1회 이상 정기교육을 실시하여야 한다(농어업재해보험법 제11조 제5항).

정답 26 ① 27 ① 28 ④ 29 ④

30 농어업재해보험법상 손해평가사에 관한 설명으로 옳은 것은?

① 농림축산식품부장관과 해양수산부장관은 공정하고 객관적인 손해평가를 촉진하기 위하여 손해평가사 제도를 운영한다.

② 임산물재해보험에 관한 피해사실의 확인은 손해평가사가 수행하는 업무에 해당하지 않는다.

③ 손해평가사 자격이 취소된 사람은 그 처분이 있은 날부터 3년이 지나지 아니한 경우 손해평가사 자격시험에 응시하지 못한다.

④ 손해평가사는 다른 사람에게 그 자격증을 대여해서는 아니 되나, 손해평가사 자격증의 대여를 알선하는 것은 허용된다.

해설 콕

손해평가사는 농작물재해보험 및 가축재해보험에 관한 업무를 수행한다(농어업재해보험법 제11조의3).

① 농림축산식품부장관은 공정하고 객관적인 손해평가를 촉진하기 위하여 손해평가사 제도를 운영한다(농어업재해보험법 제11조의2).

③ 손해평가사 자격이 취소된 사람은 그 처분이 있은 날부터 2년이 지나지 아니한 경우 손해평가사 자격시험에 응시하지 못한다(농어업재해보험법 제11조의4 제4항 제2호).

④ 손해평가사는 다른 사람에게 그 자격증을 대여해서는 안 되고, 손해평가사 자격증의 대여를 알선해서도 안 된다(농어업재해보험법 제11조의4 제6항, 제7항).

31 농어업재해보험법상 농림축산식품부장관이 손해평가사 자격을 취소하여야 하는 대상을 모두 고른 것은?

ㄱ. 업무정지 기간 중에 손해평가 업무를 수행한 사람
ㄴ. 업무 수행과 관련하여 향응을 제공받은 사람
ㄷ. 손해평가사의 자격을 부정한 방법으로 취득한 사람
ㄹ. 손해평가요령을 준수하지 않고 손해평가를 한 사람

① ㄱ, ㄴ
② ㄱ, ㄷ
③ ㄴ, ㄹ
④ ㄷ, ㄹ

해설 콕

손해평가사의 자격 취소(농어업재해보험법 제11조의5 제1항)

농림축산식품부장관은 다음 각 호의 어느 하나에 해당하는 사람에 대하여 손해평가사 자격을 취소할 수 있다. 다만, 제1호 및 제5호에 해당하는 경우에는 자격을 취소하여야 한다.

1. 손해평가사의 자격을 거짓 또는 부정한 방법으로 취득한 사람
2. 거짓으로 손해평가를 한 사람
3. 다른 사람에게 손해평가사의 명의를 사용하게 하거나 그 자격증을 대여한 사람
4. 손해평가사 명의의 사용이나 자격증의 대여를 알선한 사람
5. 업무정지 기간 중에 손해평가 업무를 수행한 사람

32 농어업재해보험법령상 보험금 수급권에 관한 설명으로 옳은 것은?

① 재해보험사업자는 보험금을 현금으로 지급하여야 하나, 불가피한 사유가 있을 때에는 수급권자의 신청이 없더라도 수급권자 명의의 계좌로 입금할 수 있다.

② 재해보험가입자가 재해보험에 가입된 보험목적물을 양도하는 경우 그 양수인은 재해보험계약에 관한 양도인의 권리 및 의무를 승계한다.

③ 재해보험의 보험목적물이 담보로 제공된 경우에는 보험금을 지급받을 권리를 압류할 수 있다.

④ 농작물의 재생산에 직접적으로 소요되는 비용의 보장을 목적으로 보험금수급전용계좌로 입금된 보험금의 경우 그 2분의 1에 해당하는 액수 이하의 금액에 관하여는 채권을 압류할 수 있다.

해설 콕

재해보험의 보험금을 지급받을 권리는 압류할 수 없지만, 보험목적물이 담보로 제공된 경우에는 압류할 수 있다(농어업재해보험법 제12조 제1항).

① 재해보험사업자는 수급권자의 신청이 있는 경우에는 보험금을 수급권자 명의의 지정된 계좌(이하 "보험금수급전용계좌"라 한다)로 입금하여야 한다(농어업재해보험법 제11조의7 제1항).

② 재해보험가입자가 재해보험에 가입된 보험목적물을 양도하는 경우 그 양수인은 재해보험계약에 관한 양도인의 권리 및 의무를 승계한 것으로 추정한다(농어업재해보험법 제13조).

④ 농작물의 재생산에 직접적으로 소요되는 비용의 보장을 목적으로 보험금수급전용계좌로 입금된 보험금의 경우 그 2분의 1에 해당하는 액수 이하의 금액에 관하여는 채권을 압류할 수 없다(농어업재해보험법 제12조 제2항, 동법 시행령 제12조의12 제2호).

33 농어업재해보험법령상 재해보험사업자가 재해보험 업무의 일부를 위탁할 수 있는 자가 아닌 것은?

① 「농업협동조합법」에 따라 설립된 지역축산업협동조합

② 「농업 · 농촌 및 식품산업기본법」에 따라 설립된 농업정책보험금융원

③ 「산림조합법」에 따라 설립된 품목별 · 업종별 산림조합

④ 「보험업법」에 따라 손해사정을 업으로 하는 자

해설 콕

재해보험 업무의 일부를 위탁할 수 있는 자(농어업재해보험법 시행령 제13조)

1. 「농업협동조합법」에 따라 설립된 지역농업협동조합 · 지역축산업협동조합 및 품목별 · 업종별 협동조합
2. 「산림조합법」에 따라 설립된 지역산림조합 및 품목별 · 업종별 산림조합
3. 「수산업협동조합법」에 따라 설립된 지구별 수산업협동조합, 업종별 수산업협동조합, 수산물가공 수산업협동조합 및 수협은행
4. 「보험업법」 제187조에 따라 손해사정을 업으로 하는 자
5. 농어업재해보험 관련 업무를 수행할 목적으로 「민법」 제32조에 따라 농림축산식품부장관 또는 해양수산부장관의 허가를 받아 설립된 비영리법인(손해평가 관련 업무를 위탁하는 경우만 해당한다)

정답 30 ② 31 ② 32 ③ 33 ②

34 농어업재해보험법상 재정지원에 관한 설명으로 옳은 것은?

① 정부는 예산의 범위에서 재해보험가입자가 부담하는 보험료의 전부 또는 일부를 지원할 수 있다.

② 지방자치단체는 예산의 범위에서 재해보험사업자의 재해보험의 운영 및 관리에 필요한 비용의 전부 또는 일부를 지원할 수 있다.

③ 농림축산식품부장관은 정부의 보험료 지원 금액을 재해보험가입자에게 지급하여야 한다.

④ 「풍수해보험법」에 따른 풍수해보험에 가입한 자가 동일한 보험목적물을 대상으로 재해보험에 가입할 경우에는 정부가 재정지원을 하지 아니한다.

해설 콕

④ 농어업재해보험법 제19조 제3항

① 정부는 예산의 범위에서 재해보험가입자가 부담하는 보험료의 일부와 재해보험사업자의 재해보험의 운영 및 관리에 필요한 비용(이하 "운영비"라 한다)의 전부 또는 일부를 지원할 수 있다(농어업재해보험법 제19조 제1항).

② 지방자치단체는 예산의 범위에서 재해보험가입자가 부담하는 보험료의 일부를 추가로 지원할 수 있다(농어업재해보험법 제19조 제1항 단서).

③ 농림축산식품부장관·해양수산부장관 및 지방자치단체의 장은 정부의 보험료 지원 금액을 재해보험사업자에게 지급하여야 한다(농어업재해보험법 제19조 제2항).

35 농어업재해보험법령상 재보험사업 및 농어업재해재보험기금(이하 "기금"이라 함)에 관한 설명으로 옳지 않은 것은?

① 기금은 기금의 관리·운용에 필요한 경비의 지출에 사용할 수 없다.

② 농림축산식품부장관은 해양수산부장관과 협의하여 기금의 수입과 지출을 명확히 하기 위하여 한국은행에 기금계정을 설치하여야 한다.

③ 재보험금의 회수 자금은 기금 조성의 재원에 포함된다.

④ 정부는 재해보험에 관한 재보험사업을 할 수 있다.

해설 콕

기금은 기금의 관리·운용에 필요한 경비의 지출에 사용할 수 있다(농어업재해보험법 제23조 제3호).

② 농어업재해보험법 시행령 제17조

③ 농어업재해보험법 제22조 제1항 제3호

④ 농어업재해보험법 제20조 제1항

36 농어업재해보험법상 농어업재해재보험기금(이하 "기금"이라 함)에 관한 설명으로 옳지 않은 것은?

① 기금은 농림축산식품부장관이 해양수산부장관과 협의하여 관리・운용한다.
② 농림축산식품부장관은 해양수산부장관과 협의를 거쳐 기금의 관리・운용에 관한 사무의 일부를 농업정책보험금융원에 위탁할 수 있다.
③ 농림축산식품부장관은 해양수산부장관과 협의하여 기금의 수입과 지출에 관한 사무를 수행하게 하기 위하여 소속 공무원 중에서 기금수입징수관 등을 임명한다.
④ 농림축산식품부장관이 농업정책보험금융원의 임원 중에서 임명한 기금지출원인행위담당임원은 기금지출관의 업무를 수행한다.

해설 콕

농림축산식품부장관은 기금의 관리・운용에 관한 사무를 위탁한 경우에는 해양수산부장관과 협의하여 농업정책보험금융원의 임원 중에서 기금수입담당임원과 기금지출원인행위담당임원을, 그 직원 중에서 기금지출원과 기금출납원을 각각 임명하여야 한다. 이 경우 기금수입담당임원은 기금수입징수관의 업무를, 기금지출원인행위담당임원은 기금재무관의 업무를, 기금지출원은 기금지출관의 업무를, 기금출납원은 기금출납공무원의 업무를 수행한다(농어업재해보험법 제25조 제2항).
① 농어업재해보험법 제24조 제1항
② 농어업재해보험법 제24조 제2항
③ 농어업재해보험법 제25조 제1항

37 농어업재해보험법령상 보험가입촉진계획에 포함되어야 하는 사항을 모두 고른 것은?

ㄱ. 전년도의 성과분석 및 해당 연도의 사업계획
ㄴ. 해당 연도의 보험상품 운영계획
ㄷ. 농어업재해보험 교육 및 홍보계획

① ㄱ, ㄴ
② ㄱ, ㄷ
③ ㄴ, ㄷ
④ ㄱ, ㄴ, ㄷ

해설 콕

보험가입촉진계획에 포함되어야 하는 사항(농어업재해보험법 시행령 제22조의2 제1항)
1. 전년도의 성과분석 및 해당 연도의 사업계획
2. 해당 연도의 보험상품 운영계획
3. 농어업재해보험 교육 및 홍보계획
4. 보험상품의 개선・개발계획
5. 그 밖에 농어업재해보험 가입 촉진을 위하여 필요한 사항

38 농어업재해보험법상 벌칙에 관한 설명이다. ( )에 들어갈 내용은?

> 「보험업법」 제98조에 따른 금품 등을 제공(같은 조 제3호의 경우에는 보험금 지급의 약속을 말한다)한 자 또는 이를 요구하여 받은 보험가입자는 (ㄱ)년 이하의 징역 또는 (ㄴ)천만원 이하의 벌금에 처한다.

① ㄱ : 1, ㄴ : 1
② ㄱ : 1, ㄴ : 3
③ ㄱ : 3, ㄴ : 3
④ ㄱ : 3, ㄴ : 5

해설 콕

「보험업법」 제98조에 따른 금품 등을 제공(같은 조 제3호의 경우에는 보험금 지급의 약속을 말한다)한 자 또는 이를 요구하여 받은 보험가입자는 (3)년 이하의 징역 또는 (3)천만원 이하의 벌금에 처한다(농어업재해보험법 제30조 제1항).

39 농업재해보험 손해평가요령상 손해평가인 위촉에 관한 규정이다. ( )에 들어갈 내용은?

> 재해보험사업자는 피해 발생시 원활한 손해평가가 이루어지도록 농업재해보험이 실시되는 ( )별 보험가입자의 수 등을 고려하여 적정 규모의 손해평가인을 위촉하여야 한다.

① 시・도
② 읍・면・동
③ 시・군・자치구
④ 특별자치도・특별자치시

해설 콕

재해보험사업자는 피해 발생시 원활한 손해평가가 이루어지도록 농업재해보험이 실시되는 (시・군・자치구)별 보험가입자의 수 등을 고려하여 적정 규모의 손해평가인을 위촉하여야 한다(농업재해보험 손해평가요령 제4조 제2항).

40 농업재해보험 손해평가요령상 손해평가인 정기교육의 세부내용에 명시적으로 포함되어 있지 않은 것은?

① 농어업재해보험법 제정 배경
② 손해평가 관련 민원사례
③ 피해유형별 보상사례
④ 농업재해보험 상품 주요내용

해설 콕

손해평가인 정기교육의 세부내용(농업재해보험 손해평가요령 제5조의2 제1항)
1. **농업재해보험에 관한 기초지식** : 농어업재해보험법 제정 배경·구성 및 조문별 주요내용, 농업재해보험 사업현황
2. **농업재해보험의 종류별 약관** : 농업재해보험 상품 주요내용 및 약관 일반 사항
3. **손해평가의 절차 및 방법** : 농업재해보험 손해평가 개요, 보험목적물별 손해평가 기준 및 피해유형별 보상사례
4. **피해유형별 현지조사표 작성 실습**

41 농업재해보험 손해평가요령상 재해보험사업자가 손해평가인에 대하여 위촉을 취소하여야 하는 경우는?

① 피한정후견인이 된 때
② 업무수행과 관련하여 「개인정보보호법」 등 정보보호와 관련된 법령을 위반한 때
③ 업무수행상 과실로 손해평가의 신뢰성을 약화시킨 경우
④ 현지조사서를 허위로 작성한 경우

해설 콕

손해평가인 위촉의 취소(농업재해보험 손해평가요령 제6조 제1항)
재해보험사업자는 손해평가인이 다음 각 호의 어느 하나에 해당하게 되거나 위촉 당시에 해당하는 자이었음이 판명된 때에는 그 위촉을 취소하여야 한다.
1. 피성년후견인 또는 피한정후견인
2. 파산선고를 받은 자로서 복권되지 아니한 자
3. 「농어업재해보험법」 제30조에 의하여 벌금 이상의 형을 선고받고, 그 집행이 종료(집행이 종료된 것으로 보는 경우를 포함한다)되거나 집행이 면제된 날로부터 2년이 경과되지 아니한 자
4. 위촉이 취소된 후 2년이 경과하지 아니한 자
5. 거짓 그 밖의 부정한 방법으로 손해평가인으로 위촉된 자
6. 업무정지 기간 중에 손해평가업무를 수행한 자

정답 38 ③ 39 ③ 40 ② 41 ①

42 농업재해보험 손해평가요령상 손해평가사 甲을 손해평가반 구성에서 배제하여야 하는 경우를 모두 고른 것은?

ㄱ. 甲의 이해관계자가 가입한 보험계약에 관한 손해평가
ㄴ. 甲의 이해관계자가 모집한 보험계약에 관한 손해평가
ㄷ. 甲의 이해관계자가 실시한 손해평가에 대한 검증조사

① ㄱ, ㄴ
② ㄱ, ㄷ
③ ㄴ, ㄷ
④ ㄱ, ㄴ, ㄷ

해설 콕

손해평가반 구성에서 배제하여야 하는 경우(농업재해보험 손해평가요령 제8조 제3항)
다음 각 호의 어느 하나에 해당하는 손해평가에 대하여는 해당자를 손해평가반 구성에서 배제하여야 한다.

1. 자기 또는 자기와 생계를 같이 하는 친족(이하 "이해관계자"라 한다)이 가입한 보험계약에 관한 손해평가
2. 자기 또는 이해관계자가 모집한 보험계약에 관한 손해평가
3. 직전 손해평가일로부터 30일 이내의 보험가입자간 상호 손해평가
4. 자기가 실시한 손해평가에 대한 검증조사 및 재조사

43 농업재해보험 손해평가요령상 손해평가에 관한 설명으로 옳지 않은 것은?

① 손해평가반은 손해평가인, 손해평가사, 손해사정사 중 어느 하나에 해당하는 자를 1인 이상 포함하여 5인 이내로 구성한다.
② 교차손해평가에 있어서 거대재해 발생 등으로 신속한 손해평가가 불가피하다고 판단되는 경우에도 손해평가반 구성에 지역손해평가인을 포함하여야 한다.
③ 재해보험사업자는 손해평가반이 실시한 손해평가결과를 기록할 수 있도록 현지조사서를 마련하여야 한다.
④ 손해평가반이 손해평가를 실시할 때에는 재해보험사업자가 해당 보험가입자의 보험계약사항 중 손해평가와 관련된 사항을 손해평가반에게 통보하여야 한다.

해설 콕

교차손해평가를 위해 손해평가반을 구성할 경우에는 선발된 지역손해평가인 1인 이상이 포함되어야 하지만, 거대재해 발생, 평가인력 부족 등으로 신속한 손해평가가 불가피하다고 판단되는 경우 그러하지 아니할 수 있다(농업재해보험 손해평가요령 제8조의2 제3항).
① 농업재해보험 손해평가요령 제8조 제2항
③ 농업재해보험 손해평가요령 제10조 제1항
④ 농업재해보험 손해평가요령 제9조 제2항

44 농업재해보험 손해평가요령상 손해평가결과 검증에 관한 설명으로 옳지 않은 것은?

① 검증조사결과 현저한 차이가 발생된 경우 해당 손해평가반이 조사한 전체 보험목적물에 대하여 검증조사를 하여야 한다.

② 보험가입자가 정당한 사유 없이 검증조사를 거부하는 경우 검증조사반은 검증조사가 불가능하여 손해평가결과를 확인할 수 없다는 사실을 보험가입자에게 통지한 후 검증조사결과를 작성하여 재해보험사업자에게 제출하여야 한다.

③ 재해보험사업자 및 재해보험사업의 재보험사업자는 손해평가반이 실시한 손해평가결과를 확인하기 위하여 손해평가를 실시한 보험목적물 중에서 일정수를 임의 추출하여 검증조사를 할 수 있다.

④ 농림축산식품부장관은 재해보험사업자로 하여금 검증조사를 하게 할 수 있다.

해설 콕

검증조사결과 현저한 차이가 발생되어 재조사가 불가피하다고 판단될 경우에는 해당 손해평가반이 조사한 전체 보험목적물에 대하여 재조사를 할 수 있다(농업재해보험 손해평가요령 제11조 제3항). '**~하여야 한다.**'가 틀린 문장이다. 즉 강행규정이 아니라 임의규정이다.

② 농업재해보험 손해평가요령 제11조 제4항

③ 농업재해보험 손해평가요령 제11조 제1항

④ 농업재해보험 손해평가요령 제11조 제2항

45 농업재해보험 손해평가요령상 보험목적물별 손해평가 단위이다. (　　)에 들어갈 내용은?

- 농작물 : (ㄱ)
- 가축(단, 벌은 제외) : (ㄴ)
- 농업시설물 : (ㄷ)

① ㄱ : 농지별　ㄴ : 축사별　ㄷ : 보험가입 목적물별

② ㄱ : 품종별　ㄴ : 축사별　ㄷ : 보험가입자별

③ ㄱ : 농지별　ㄴ : 개별가축별　ㄷ : 보험가입 목적물별

④ ㄱ : 품종별　ㄴ : 개별가축별　ㄷ : 보험가입자별

해설 콕

보험목적물별 손해평가 단위(농업재해보험 손해평가요령 제12조 제1항)

1. **농작물** : 농지별
2. **가축** : 개별가축별(단, 벌은 벌통 단위)
3. **농업시설물** : 보험가입 목적물별

정답 42 ① 43 ② 44 ① 45 ③

46 농업재해보험 손해평가요령상 종합위험방식 수확감소보장에서 "벼"의 경우, 다음의 조건으로 산정한 보험금은?

- 보험가입금액 : 100만원
- 자기부담비율 : 20%
- 보장수확량 : 1,000kg
- 수확량 : 500kg
- 미보상감수량 : 50kg

① 10만원　② 20만원
③ 25만원　④ 45만원

해설 콕

- 보험금 = 보험가입금액 × (피해율 − 자기부담비율)
- 피해율(벼) = (보장수확량 − 수확량 − 미보상감수량) ÷ 보장수확량
  = (1,000kg − 500kg − 50kg) ÷ 1,000kg
  = 0.45(= 45%)
- 보험금 = 100만원 × (45% − 20%) = **25만원**

※ 약관 및 업무방법서에 따르면, 피해율 산정식의 "보장수확량"은 "평년수확량"으로 개정되었다.

47 농업재해보험 손해평가요령상 종합위험방식 "마늘"의 재파종보험금 산정에 관한 내용이다. (　　)에 들어갈 내용은?

보험가입금액 × (　　)% × 표준출현 피해율
단, 10a당 출현주수가 30,000주보다 작고, 10a당 30,000주 이상으로 재파종한 경우에 한함

① 10　② 20
③ 25　④ 35

해설 콕

"마늘"의 재파종보험금 산정

보험가입금액 × (35)% × 표준출현 피해율
단, 10a당 출현주수가 30,000주보다 작고, 10a당 30,000주 이상으로 재파종한 경우에 한함

48 농업재해보험 손해평가요령에 따른 종합위험방식 상품의 조사내용 중 "재정식조사"에 해당되는 품목은?

① 벼 ② 콩

③ 양배추 ④ 양 파

해설 콕

재정식조사는 해당 농지에 보상하는 손해로 인하여 재정식이 필요한 면적 또는 면적비율을 조사하며, 양배추 품목만 해당한다(농업재해보험 손해평가요령 별표 2 참조).

49 농업재해보험 손해평가요령상 농작물의 품목별 · 재해별 · 시기별 손해수량 조사방법 중 적과전 종합위험방식 "떫은감"에 관한 기술이다. ( )에 들어갈 내용은?

생육시기	재 해	조사내용	조사시기	조사방법
적과후 ~ 수확기 종료	가을동상해	(ㄱ)	(ㄴ)	• 재해로 인하여 달려있는 과실의 피해과실수를 조사 – (ㄱ)는 보험약관에서 정한 과실피해분류 기준에 따라 구분하여 조사 • 조사방법 : 표본조사

① ㄱ : 피해사실 확인 조사 ㄴ : 사고접수 후 지체 없이

② ㄱ : 피해사실 확인 조사 ㄴ : 수확 직전

③ ㄱ : 착과피해조사 ㄴ : 사고접수 후 지체 없이

④ ㄱ : 착과피해조사 ㄴ : 수확 직전

해설 콕

적과전 종합위험방식 "떫은감"의 품목별 · 재해별 · 시기별 손해수량 조사방법

생육시기	재 해	조사내용	조사시기	조사방법	품 목
적과후 ~ 수확기 종료	가을동상해	(착과피해조사)	(수확 직전)	• 재해로 인하여 달려있는 과실의 피해과실수를 조사 – (착과피해조사)는 보험약관에서 정한 과실피해분류기준에 따라 구분하여 조사 • 조사방법 : 표본조사	단감 · 떫은감

50 **농업재해보험 손해평가요령상 가축 및 농업시설물의 보험가액 및 손해액 산정에 관한 설명으로 옳은 것은?**

① 가축에 대한 보험가액은 보험사고가 발생한 때와 곳에서 평가한 보험목적물의 수량에 적용가격을 곱한 후 감가상각액을 차감하여 산정한다.

② 보험가입 당시 보험가입자와 재해보험사업자가 가축에 대한 보험가액 및 손해액 산정방식을 별도로 정한 경우에는 그 방법에 따른다.

③ 농업시설물에 대한 보험가액은 보험사고가 발생한 때와 곳에서 평가한 재조달가액으로 한다.

④ 농업시설물에 대한 손해액은 보험사고가 발생한 때와 곳에서 산정한 피해목적물 수량에 적용가격을 곱하여 산정한다.

해설 콕

② 농업재해보험 손해평가요령 제14조 제3항 단서

① 가축에 대한 보험가액은 보험사고가 발생한 때와 곳에서 평가한 보험목적물의 수량에 적용가격을 곱하여 산정한다(농업재해보험 손해평가요령 제14조 제1항).

③ 농업시설물에 대한 보험가액은 보험사고가 발생한 때와 곳에서 평가한 피해목적물의 재조달가액에서 내용연수에 따른 감가상각률을 적용하여 계산한 감가상각액을 차감하여 산정한다(농업재해보험 손해평가요령 제15조 제1항).

④ 농업시설물에 대한 손해액은 보험사고가 발생한 때와 곳에서 산정한 피해목적물의 원상복구비용을 말한다(농업재해보험 손해평가요령 제15조 제2항).

51 채소의 식용부위에 따른 분류 중 화채류에 속하는 것은?

① 양배추
② 브로콜리
③ 우 엉
④ 고 추

해설 콕

화채류(꽃채소) : 브로콜리, 콜리플라워 등
① **양배추** : 엽채류(잎채소)
③ **우엉** : 근채류(뿌리채소)
④ **고추** : 과채류(열매채소)

52 작물의 건물량을 생산하는데 필요한 수분량을 말하는 요수량이 가장 작은 것은?

① 호 박
② 기 장
③ 완 두
④ 오 이

해설 콕

요수량
호박 > 완두 > 오이 > 감자 > 귀리 > 보리 > 밀 > 옥수수 > 수수 > 기장

53 수분과잉장해에 관한 설명으로 옳지 않은 것은?

① 생장이 쇠퇴하며 수량도 감소한다.
② 건조 후에 수분이 많이 공급되면 열과 등이 나타난다.
③ 뿌리의 활력이 높아진다.
④ 식물이 웃자라게 된다.

해설 콕

수분이 많이 공급되면 뿌리 자체의 생육도 불량해지므로, 뿌리의 활력이 떨어진다.
※ **열과** : 수분과잉장해에 의한 것으로 다량의 수분이 흡수되어 과실의 껍질이 터지는 현상

정답 50 ② 51 ② 52 ② 53 ③

54 고온장해에 관한 증상으로 옳지 않은 것은?

① 발아불량　　② 품질저하
③ 착과불량　　④ 추대지연

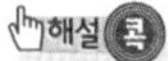

고온장해
- **의의** : 고온에서 생장이 억제되고 호흡이 증가하여 동화물질의 소모가 커지고 단백질변성으로 효소활성이 저하된다. 대사작용의 교란 및 독성물질의 축적으로 장해가 발생한다.
- **피해증상** : 일소현상, 발아불량, 결구장해, 착과불량, 조기추대, 품질저하 등
  ※ 조기추대는 품종에 따라 다소 차이는 있지만 모두 고온과 장일에 의해 촉진된다. 상추는 잎 수가 충분히 확보되기 전에 추대에 필요한 적산온도에 도달하여 단기간 내에 추대하게 된다.

55 다음에서 설명하는 냉해로 올바르게 짝지어진 것은?

> ㄱ. 작물생육기간 중 특히 냉온에 대한 저항성이 약한 시기에 저온의 접촉으로 뚜렷한 피해를 받게 되는 냉해
> ㄴ. 오랜 기간 동안 냉온이나 일조 부족으로 생육이 늦어지고 등숙이 충분하지 못해 감수를 초래하게 되는 냉해

① ㄱ : 지연형 냉해, ㄴ : 장해형 냉해
② ㄱ : 접촉형 냉해, ㄴ : 감수형 냉해
③ ㄱ : 장해형 냉해, ㄴ : 지연형 냉해
④ ㄱ : 피해형 냉해, ㄴ : 장기형 냉해

해설 콕

냉해의 구분
- **지연형 냉해** : 오랜 기간 동안 냉온이나 일조 부족으로 생육이 늦어지고 등숙이 충분하지 못해 감수를 초래하게 되는 냉해이다.
- **장해형 냉해** : 작물생육기간 중 특히 냉온에 대한 저항성이 약한 시기에 저온과의 접촉으로 뚜렷한 장해를 받게 되는 냉해이다.
- **혼합형 냉해** : 지연형 냉해와 장해형 냉해가 겹쳐서 발생하는 경우로 '병행형 냉해'라고도 한다.
- **병해형 냉해** : 냉온 하에서 질소대사 이상 및 광합성 감퇴로 도열병균 등의 번식이 용이해져서 병이 발생하는 냉해이다.

56 C4 작물이 아닌 것은?

① 보 리
② 사탕수수
③ 수 수
④ 옥수수

해설 콕

- C3 작물 : 캘빈회로(Calvin cycle)인 C3 광합성 메커니즘을 수행하는 작물 예 벼, 보리, 밀, 담배 등
- C4 작물 : 4탄당(C4) 화합물이 관여하는 추가적인 경로(C4회로)를 이용해 이산화탄소(CO_2) 농도가 낮은 환경에서도 광합성 효율이 높은 작물 예 옥수수, 수수, 사탕수수 등

57 작물의 일장형에 관한 설명으로 옳지 않은 것은?

① 보통 16~18시간의 장일조건에서 개화가 유도, 촉진되는 식물을 장일식물이라고 하며, 시금치, 완두, 상추, 양파, 감자 등이 있다.
② 보통 8~10시간의 단일조건에서 개화가 유도, 촉진되는 식물을 단일식물이라고 하며, 가지, 콩, 오이, 호박 등이 있다.
③ 일장의 영향을 받지 않는 식물을 중성식물이라고 하며 토마토, 당근, 강낭콩 등이 있다.
④ 좁은 범위에서만 화성이 유도, 촉진되는 식물을 정일식물 또는 중간식물이라고 한다.

해설 콕

② 보통 8~10시간의 단일조건에서 개화가 유도, 촉진되는 식물을 단일식물이라고 하며, 콩, 오이, 호박, 벼, 수수, 옥수수, 담배 등이 있다. 가지는 중성식물에 해당한다.
③ 개화에 일정한 한계일장이 없고, 대단히 넓은 범위의 일장에서 개화하는 식물을 중성식물이라고 하며 토마토, 당근, 강낭콩 등이 있다.

58 과수원의 바람 피해에 관한 설명으로 옳지 않은 것은?

① 강풍은 증산작용을 억제하여 광합성을 촉진한다.
② 강풍은 매개곤충의 활동을 저하시켜 수분과 수정을 방해한다.
③ 작물의 열을 빼앗아 작물체온을 저하시킨다.
④ 해안지방은 염분 피해를 받을 수 있다.

해설 콕

강풍은 잎의 증산작용을 촉진시켜 건조해 또는 가뭄해를 일으킨다. 또한 잎의 기공을 닫게 함으로써 이산화탄소의 흡수를 감소시켜 광합성 작용을 방해한다.

정답 54 ④ 55 ③ 56 ① 57 ②, ③ 58 ①

59 식물의 필수원소 중 엽록소의 구성성분으로 다양한 효소반응에 관여하는 것은?

① 아연(Zn) ② 몰리브덴(Mo)
③ 칼슘(Ca) ④ 마그네슘(Mg)

마그네슘(Mg)은 엽록소의 구성원소이며, 광합성, 인산대사에 관여하는 효소의 활성을 높이는 작용을 한다. 마그네슘(Mg)이 결핍되면 황백화 현상이 일어나고, 줄기나 뿌리의 생장점 발육이 저해된다.
① **아연(Zn)** : 촉매 또는 반응조절물질로 작용하며, 단백질과 탄수화물의 대사에 관여한다.
② **몰리브덴(Mo)** : 질산환원효소의 구성성분이며, 콩과작물의 질소고정에도 필요하다.
③ **칼슘(Ca)** : 세포막 중간막의 주성분이며, 단백질의 합성, 물질전류에 관여한다.

60 염류 집적에 대한 대책이 아닌 것은?

① 흡비작물 재배 ② 무기물 시용
③ 심경과 객토 ④ 담수 처리

염류 집적에 대한 대책
근래 하우스재배 등으로 작토층에 염류가 과잉 집적하여 작물의 생육을 저해하는 경우가 있다. 염류 집적에 대한 대책으로는 담수에 의한 제염, 흡비작물(녹비작물) 재배, 심경(깊이갈이)과 객토, 유기물 시용(양분보존능 증대) 등이 있다.

61 정식기에 가까워지면 묘를 외부환경에 미리 노출시켜 적응시키는 것은?

① 춘 화 ② 동 화
③ 이 화 ④ 경 화

생육성기 이후, 특히 정식기에 가까워지면 직사광과 외부환경에 서서히 순화시키는 것을 '경화' 또는 '순화'라 한다.
① 춘화(vernalization)는 식물의 종자가 발아한 후 또는 줄기의 생장점이 발육하고 있을 때 일정기간의 저온처리를 함으로써 화성을 유도・촉진하는 것을 말한다.
② 동화(anabolism)는 물질대사를 통해 생화학적으로 생물체 내에서 물질을 합성하는 것을 말한다.
③ 이화(catabolism)는 세포호흡을 통하여 유기분자를 분해하고 에너지를 얻는 반응을 말한다.

62 벼의 수발아에 관한 설명으로 옳지 않은 것은?

① 결실기에 종실이 이삭에 달린 채로 싹이 트는 것을 말한다.
② 결실기의 벼가 우기에 도복이 되었을 때 자주 발생한다.
③ 조생종이 만생종보다 수발아가 잘 발생한다.
④ 휴면성이 강한 품종이 약한 것보다 수발아가 잘 발생한다.

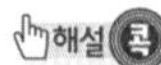

수발아는 품종의 휴면성과 밀접한 관련성이 있으며, 휴면성이 약한 품종이 강한 것보다 잘 발생한다.

63 다음이 설명하는 번식 방법으로 올바르게 짝지어진 것은?

> ㄱ. 식물의 잎, 줄기, 뿌리를 모체로부터 분리하여 상토에 꽂아 번식하는 방법
> ㄴ. 뿌리 부근에서 생겨난 포기나 부정아를 나누어 번식하는 방법

① ㄱ : 삽목, ㄴ : 분주
② ㄱ : 취목, ㄴ : 삽목
③ ㄱ : 삽목, ㄴ : 접목
④ ㄱ : 접목, ㄴ : 분주

해설 콕

- **삽목** : 식물의 잎, 줄기, 뿌리를 잘라서 뿌리를 내리게 하고, 새싹을 돋게 하여 독립된 식물체를 만드는 방법(꺾꽂이)
- **분주** : 지상줄기에서 싹과 뿌리를 내거나 지하줄기나 뿌리에서 싹과 뿌리를 내어 포기수를 분리하는 방법(포기나누기)
- **접목** : 서로 다른 식물의 조직을 결합시켜 번식시키는 방법(접붙이기)
- **취목** : 어미나무의 가지를 흙으로 덮거나 이끼로 감싼 다음 뿌리가 내리면 떼어 내어 번식시키는 방법(휘묻이)

64 육묘에 관한 설명으로 옳지 않은 것은?

① 직파에 비해 종자가 절약된다.
② 토지이용도가 낮아진다.
③ 직파에 비해 발아가 균일하다.
④ 수확기 및 출하기를 앞당길 수 있다.

해설 콕

육묘란 종자를 경작지에 직접 뿌리지 않고 뿌리가 있는 어린작물을 일정기간 시설 등에서 생육시키는 것을 말한다. 육묘이식을 하면 토지이용도를 증대시킬 수 있다.

정답 59 ④ 60 ② 61 ④ 62 ④ 63 ① 64 ②

65 한계일장보다 짧을 때 개화하는 식물끼리 올바르게 짝지어진 것은?

① 국화, 포인세티아 ② 장미, 시클라멘
③ 카네이션, 페튜니아 ④ 금잔화, 금어초

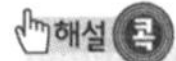

한계일장보다 짧을 때 개화하는 식물은 단일식물(예 국화, 포인세티아)이다.
장미, 시클라멘은 중성식물이고, 카네이션, 페튜니아, 금잔화, 금어초는 장일식물이다.

66 4℃에 저장시 저온장해가 발생하는 절화류로 짝지어진 것은?

① 장미, 카네이션 ② 백합, 금어초
③ 극락조화, 안스리움 ④ 국화, 글라디올러스

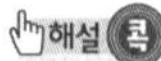

극락조화와 안스리움은 고온에서 잘 자라는 작물로, 추위에 매우 약하기 때문에 4℃에 저장시 저온장해가 발생한다.
① 장미는 수확 직후에 5~6℃의 저온저장고에서 예냉처리를 하고, 카네이션 절화는 수분유지가 가능한 상자에 포장하여 일정기간 동안 저온저장 한다.
② 백합과 금어초는 저온 발아성 작물이다.
④ 국화와 글라디올러스는 저온조건에서 개화율이 높다.

67 채소 작물의 온도 적응성에 따른 분류가 같은 것끼리 짝지어진 것은?

① 가지, 무 ② 고추, 마늘
③ 딸기, 상추 ④ 오이, 양파

해설 콕

딸기, 상추, 무, 마늘, 양파는 호냉성 채소이고, 가지, 고추, 오이는 호온성 채소이다.
※ 온도 적응성에 따른 채소 작물의 분류
- **호냉성 채소** : 20℃ 안팎의 서늘한 온도에서 잘 생육되는 채소
  예 딸기, 상추, 배추, 양배추, 시금치, 파, 양파, 마늘, 무, 당근, 감자, 완두 등
- **호온성 채소** : 25℃ 안팎의 비교적 높은 온도에서 잘 생육되는 채소
  예 가지, 토마토, 고추, 수박, 참외, 오이, 멜론, 고구마, 토란, 생강 등

68 저장성을 향상시키기 위한 저장전 처리에 관한 설명으로 옳지 않은 것은?

① 수박은 고온기 수확시 품온이 높아 바로 수송할 경우 부패하기 쉬우므로 예냉을 실시한다.
② 감자는 수확시 생긴 상처를 빨리 아물게 하기 위해 큐어링을 실시한다.
③ 마늘은 휴면이 끝나면 싹이 자라 상품성이 저하될 수 있으므로 맹아 억제 처리를 한다.
④ 결구배추는 수분 손실을 줄이기 위해 수확한 후 바로 저장고에 넣어 보관한다.

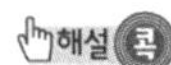

결구배추는 수확한 후 바로 저장하지 말고 살짝 말린 후 저장하는 것이 무르는 것을 막아 줄 수 있다.
※ **결구배추** : 배추 잎이 여러 겹으로 겹쳐져 둥글게 속이 꽉 차는 배추

69 식물 분류학적으로 같은 과(科)에 속하지 않는 것은?

① 배
② 블루베리
③ 복숭아
④ 복분자

블루베리(Blueberry)는 쌍떡잎식물 진달래목 진달래과의 식물로, 북아메리카가 원산지이다.
① 배는 장미과의 배나무속에 속하는 과일이다.
③ 복숭아는 장미과 벚나무속에 속하는 복사나무의 열매이다.
④ 복분자는 장미과의 낙엽 관목이다.

70 멀칭의 목적으로 옳은 것은?

① 휴면 촉진
② 단일 촉진
③ 잡초발생 억제
④ 단위결과 억제

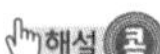

멀칭(mulching)은 농작물을 재배할 때 경지 토양의 표면을 짚, 풀, 종이, 플라스틱필름 등으로 덮어주는 작업을 말한다. 멀칭을 하면 지온의 조절, 토양의 건조방지, 토양의 유실방지, 비료성분의 유실방지, 잡초발생 억제효과가 있다.

정답 65 ① 66 ③ 67 ③ 68 ④ 69 ② 70 ③

71 물리적 병충해 방제방법을 모두 고른 것은?

ㄱ. 토양 가열	ㄴ. 천적 곤충 이용
ㄷ. 증기 소독	ㄹ. 윤작 등 작부체계의 변경

① ㄱ, ㄷ
② ㄱ, ㄹ
③ ㄴ, ㄷ
④ ㄴ, ㄹ

해설 콕

물리적 병충해 방제는 병원체를 죽이기 위한 토양 가열, 증기 소독, 물대기 등을 포함한다.
ㄴ. **천적 곤충 이용** : 생물학적 방제
ㄹ. **윤작 등 작부체계의 변경** : 재배적 방제

72 다음이 설명하는 온실형은?

- 처마가 높고 폭이 좁은 양쪽 지붕형 온실을 연결한 형태이다.
- 토마토, 파프리카(착색단고추) 등 과채류 재배에 적합하다.

① 양쪽 지붕형
② 터널형
③ 벤로형
④ 쓰리쿼터형

해설 콕

벤로형 온실은 처마가 높고 폭이 좁은 양쪽 지붕형 온실을 여러개 연결한 것으로, 연동형 온실의 결점을 보완한 것이다. 토마토, 파프리카(착색단고추), 오이 등 과채류 재배에 적합하다.

① **양쪽 지붕형** : 양쪽 지붕의 길이가 같은 온실로, 광선이 사방으로 균일하게 입사하고 통풍이 잘되는 장점이 있다. 재배관리가 편리하기 때문에 토마토, 오이 등의 열매채소와 카네이션, 국화 등의 화훼류 재배에 널리 이용되고 있다.
② **터널형** : 우리나라 시설원예 초창기의 대표적인 시설로, 형태는 반원형이며, 골격은 대나무를 많이 사용하였으나, 지금은 파이프를 주로 사용한다. 보온성이 크고 바람에 잘 견디며, 빛이 잘 드는 등의 장점이 있다.
④ **쓰리쿼터형(3/4 지붕형)** : 남쪽 지붕의 길이가 지붕 전체 길이의 3/4 정도 되는 온실로, 동서 방향으로 설치한다. 채광과 보온성이 뛰어나기 때문에 고온성 원예작물인 멜론재배에 많이 이용되고 있다.

73 과수에서 세균에 의한 병으로만 나열한 것은?

① 근두암종병, 화상병, 궤양병
② 근두암종병, 탄저병, 부란병
③ 화상병, 탄저병, 궤양병
④ 화상병, 근두암종병, 부란병

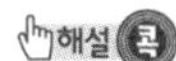

사과, 배 등 과수에서 세균에 의한 병은 근두암종병, 화상병, 궤양병이고, 탄저병과 부란병은 곰팡이에 의한 병이다.

74 다음 피복재 중 투과율이 가장 높은 연질필름은?

① 염화비닐(PVC)필름
② 불소계수지(ETFE)필름
③ 에틸렌아세트산비닐(EVA)필름
④ 폴리에틸렌(PE)필름

해설 콕

폴리에틸렌(PE)필름은 연질피복재 중 광투과율이 높지만 장파장을 많이 투과시키므로 보온성이 떨어진다. 약품에 대한 내성이 크고 가격이 싸기 때문에 피복재 중 가장 많이 이용하고 있다.

① **염화비닐(PVC)필름** : 연질피복재 중 보온성이 가장 높지만 사용 중 광투과율이 낮아진다.
② **불소계수지(ETFE)필름** : 광투과율은 90% 전후로 높은 편이고, 두께가 0.1~0.2mm 이상인 경질피복재이다.
③ **에틸렌아세트산비닐(EVA)필름** : 폴리에틸렌(PE)필름보다 광투과율은 다소 낮지만, 보온성, 내후성 및 방적성이 좋다.

손해평가사 1차 2021년 제7회

75 담액수경의 특징에 관한 설명으로 옳은 것은?

① 산소 공급 장치를 설치해야 한다.
② 베드의 바닥에 일정한 구배를 만들어 양액이 흐르게 해야 한다.
③ 배지로는 펄라이트와 암면 등이 사용된다.
④ 베드를 높이 설치하여 작업효율을 높일 수 있다.

해설 콕

담액수경은 뿌리가 액체배지, 즉 배양액 속에 담근 채로 재배하는 가장 단순하고 고전적인 방식이다. 배양액의 산소가 부족하기 쉬우므로 산소 공급 장치를 설치해야 하며, 산소의 공급방법에 따라 유동식, 액면 저하식, 통기식 등으로 나눈다.

② 베드의 바닥에 일정한 구배를 만들어 양액이 흐르게 해야 하는 것은 박막수경(NFT식 수경)이다.
③ 배지로 펄라이트와 암면 등을 사용하는 것은 고형배지경(medium culture)이다.
④ 베드의 높이는 작업효율과 작업환경을 고려하여 허리높이에서 작업을 할 수 있도록 설치한다.

정답 71 ① 72 ③ 73 ① 74 ④ 75 ①

손해평가사 2차 시험문제

손해평가사 2차

핵심 요약 정리

〈출처〉 NH농협손해보험 홈페이지(2021)

농작물재해보험

1 과수작물

(1) 적과전 종합위험(Ⅱ)

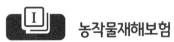

구 분					보험기간	
약 관	보 장	대상재해		품 목	보장개시	보장종료
보통 약관	과실 손해 보장	적과 종료 이전	자연재해, 조수해, 화재	사과, 배	계약체결일 24시	적과 종료 시점 단, 판매개시연도 6월 30일을 초과할 수 없음
				단감, 떫은감	계약체결일 24시	적과 종료 시점 단, 판매개시연도 7월 31일을 초과할 수 없음
		적과 종료 이후	태풍(강풍), 우박, 집중호우, 화재, 지진	사과, 배, 단감, 떫은감	적과 종료 이후	수확기 종료 시점 단, 판매개시연도 11월 30일을 초과할 수 없음
			가을동상해	사과, 배	판매개시연도 9월 1일	수확기 종료 시점 단, 판매개시연도 11월 10일을 초과할 수 없음
				단감, 떫은감	판매개시연도 9월 1일	수확기 종료 시점 단, 판매개시연도 11월 15일을 초과할 수 없음
			일소피해	사과, 배, 단감, 떫은감	적과 종료 이후	판매개시연도 9월 30일
특별 약관	나무 손해 보장	자연재해, 조수해, 화재		사과, 배, 단감, 떫은감	판매개시연도 2월 1일 단, 2월 1일 이후에 가입하는 경우에는 계약체결일 24시	이듬해 1월 31일

(2) 종합위험방식

보험목적 : 밤, 호두, 살구, 대추, 참다래, 매실, 자두, 복숭아, 오미자, 감귤, 오디, 포도, 유자

<table>
<tr><th colspan="4">구 분</th><th colspan="2">보험기간</th></tr>
<tr><th>약 관</th><th>보 장</th><th>보상재해</th><th>보험의 목적</th><th>보장개시</th><th>보장종료</th></tr>
<tr><td rowspan="11">보통
약관</td><td rowspan="5">수확
감소
보장</td><td rowspan="4">자연재해,
조수해, 화재</td><td>밤</td><td>발아기
단, 발아기가 지난 경우에는 계약체결일 24시</td><td>수확기 종료 시점
단, 10월 31일을 초과할 수 없음</td></tr>
<tr><td>호 두</td><td>발아기
단, 발아기가 지난 경우에는 계약체결일 24시</td><td>수확기 종료 시점
단, 9월 30일을 초과할 수 없음</td></tr>
<tr><td>살구, 매실,
자두, 오미자</td><td>계약체결일 24시</td><td>수확기 종료 시점
단, 아래 날짜를 초과할 수 없음
• 살구 : 7월 20일
• 매실 : 7월 31일
• 자두 : 9월 30일
• 오미자 : 10월 10일</td></tr>
<tr><td>이듬해에 맺은
유자 과실</td><td>계약체결일 24시</td><td>수확 개시 시점
단, 10월 31일을 초과할 수 없음</td></tr>
<tr><td>자연재해,
조수해,
화재, 병충해
(세균구멍병)</td><td>복숭아</td><td>계약체결일 24시</td><td>수확기 종료 시점
단, 10월 10일을 초과할 수 없음</td></tr>
<tr><td rowspan="2">과실
손해
보장</td><td rowspan="2">자연재해,
조수해, 화재</td><td>감 귤</td><td>발아기
단, 발아기가 지난 경우에는 계약체결일 24시</td><td>11월 30일</td></tr>
<tr><td>오 디</td><td>계약체결일 24시</td><td>결실 완료 시점
단, 5월 31일을 초과할 수 없음</td></tr>
<tr><td rowspan="4">비가림
과수
손해
보장</td><td rowspan="3">자연재해,
조수해, 화재</td><td>대 추</td><td>신초발아기
단, 신초발아기가 지난 경우에는 계약체결일 24시</td><td>수확기 종료 시점
단, 10월 31일을 초과할 수 없음</td></tr>
<tr><td>포 도</td><td>계약체결일 24시</td><td>수확기 종료 시점
단, 10월 10일을 초과할 수 없음</td></tr>
<tr><td>이듬해에 맺은
참다래 과실</td><td>꽃눈분화기
단, 꽃눈분화기가 지난 경우에는 계약체결일 24시</td><td>해당 꽃눈이 성장하여 맺은 과실의 수확기 종료 시점
단, 11월 30일을 초과할 수 없음</td></tr>
<tr><td>자연재해,
조수해</td><td>비가림시설</td><td>계약체결일 24시</td><td>• 대추 : 10월 31일
• 포도 : 10월 10일
• 참다래 : 이듬해 6월 30일</td></tr>
<tr><td rowspan="2">특별
약관</td><td rowspan="2">나무
손해
보장</td><td rowspan="2">자연재해,
조수해, 화재</td><td>참다래</td><td>판매개시연도 7월 1일
단, 7월 1일 이후 보험에 가입하는 경우에는 계약체결일 24시</td><td>이듬해 6월 30일</td></tr>
<tr><td>자두, 복숭아,
포도, 매실,
유자, 살구</td><td>판매개시연도 12월 1일
단, 12월 1일 이후 보험에 가입하는 경우에는 계약체결일 24시</td><td>이듬해 11월 30일</td></tr>
</table>

<table>
<tr><td rowspan="5">특별
약관</td><td>나무
손해
보장</td><td>자연재해,
조수해, 화재</td><td>감 귤</td><td>발아기
단, 발아기가 지난 경우에는 계약체결일 24시</td><td>이듬해 2월 말일</td></tr>
<tr><td>수확량
감소
추가
보장</td><td>자연재해,
조수해, 화재</td><td>복숭아, 포도</td><td>계약체결일 24시</td><td>수확기 종료 시점
단, 아래 날짜를 초과할 수 없음
• 복숭아 : 10월 10일
• 포도 : 10월 10일</td></tr>
<tr><td>동상해
과실
손해
보장</td><td>동상해</td><td>감 귤</td><td>판매개시연도 12월 1일</td><td>이듬해 2월 말일</td></tr>
<tr><td>과실
손해
추가
보장</td><td>자연재해,
조수해, 화재</td><td>감 귤</td><td>발아기
단, 발아기가 지난 경우에는 계약체결일 24시</td><td>11월 30일</td></tr>
<tr><td>화재
위험
보장</td><td>화 재</td><td>비가림시설</td><td>계약체결일 24시</td><td>• 대추 : 10월 31일
• 포도 : 10월 10일
• 참다래 : 이듬해 6월 30일</td></tr>
</table>

(3) 수확전 종합위험보장방식

보험목적 : 복분자, 무화과

<table>
<tr><th colspan="5">구 분</th><th colspan="2">보험기간</th></tr>
<tr><th>약 관</th><th>보 장</th><th colspan="2">보상재해</th><th>보험의 목적</th><th>보장개시</th><th>보장종료</th></tr>
<tr><td rowspan="5">보통
약관</td><td>경작
불능
보장</td><td colspan="2">자연재해, 조수해, 화재</td><td>복분자</td><td>계약체결일 24시</td><td>수확 개시 시점
단, 이듬해 5월 31일을 초과할 수 없음</td></tr>
<tr><td rowspan="4">과실
손해
보장</td><td>이듬해
5월
31일
이전</td><td>자연재해,
조수해,
화재</td><td rowspan="2">복분자</td><td>계약체결일 24시</td><td>이듬해 5월 31일</td></tr>
<tr><td>이듬해
6월 1일
이후</td><td>태풍(강풍),
우박</td><td>이듬해 6월 1일</td><td>이듬해 수확기 종료 시점
단, 이듬해 6월 20일을 초과할 수 없음</td></tr>
<tr><td>이듬해
7월
31일
이전</td><td>자연재해,
조수해,
화재</td><td rowspan="2">무화과</td><td>계약체결일 24시</td><td>이듬해 7월 31일</td></tr>
<tr><td>이듬해
8월 1일
이후</td><td>태풍(강풍),
우박</td><td>이듬해 8월 1일</td><td>이듬해 수확기 종료 시점
단, 이듬해 10월 31일을 초과할 수 없음</td></tr>
<tr><td>특별
약관</td><td>나무
손해
보장</td><td colspan="2">자연재해, 조수해, 화재</td><td>무화과</td><td>판매개시연도 12월 1일
단, 12월 1일 이후 보험에 가입하는 경우에는 계약체결일 24시</td><td>이듬해 11월 30일</td></tr>
</table>

2 밭작물

(1) 종합위험방식

구 분	보상하는 재해		보험기간	
	대상재해	보험의 목적	보장개시	보장종료
생산비 보장	종합위험	고 추	계약체결일 24시	정식일부터 150일째 되는 날 24시
		고랭지무	계약체결일 24시와 파종완료일 24시 중 늦은 때 단, 파종완료일은 아래의 일자를 초과할 수 없음 • 고랭지무 : 7월 31일 • 월동무 : 10월 15일 • 당근 : 8월 31일 • 쪽파(실파)[1형] : 10월 15일 • 쪽파(실파)[2형] : 10월 15일 • 시금치 : 10월 31일	파종일부터 80일째 되는 날 24시
		월동무		최초 수확 직전 단, 이듬해 3월 31일을 초과할 수 없음
		당 근		최초 수확 직전 단, 이듬해 2월 29일을 초과할 수 없음
		쪽파(실파) [1형]		최초 수확 직전 단, 이듬해 12월 31일을 초과할 수 없음
		쪽파(실파) [2형]		최초 수확 직전 단, 이듬해 5월 31일을 초과할 수 없음
		시금치		최초 수확 직전 단, 이듬해 1월 15일을 초과할 수 없음
		고랭지배추	계약체결일 24시와 정식완료일 24시 중 늦은 때 단, 정식완료일은 아래의 일자를 초과할 수 없음 • 고랭지배추 : 7월 31일 • 월동배추 : 9월 25일 • 대파 : 5월 20일 • 단호박 : 5월 20일	정식일부터 70일째 되는 날 24시
		월동배추		최초 수확 직전 단, 이듬해 3월 31일을 초과할 수 없음
		대 파		정식일부터 200일째 되는 날 24시
		단호박		정식일부터 90일째 되는 날 24시
		메 밀	파종완료일 24시 단, 보험계약시 파종완료일이 경과한 경우에는 계약체결일 24시	최초 수확 직전 단, 11월 20일을 초과할 수 없음
		브로콜리	정식완류일 24시 단, 보험계약시 정식완료일이 경과한 경우에는 계약체결일 24시이며, 정식완료일은 9월 30일을 초과할 수 없음	정식일로부터 160일이 되는 날 24시
재파종 보장	종합위험	마 늘	계약체결일 24시	판매개시연도 10월 31일

<table>
<tr><td>재정식 보장</td><td>종합위험</td><td>양배추</td><td>정식완료일 24시
단, 보험계약시 정식완료일이 경과한 경우에는 계약체결일 24시이며, 정식완료일은 9월 30일을 초과할 수 없음</td><td>재정식 종료 시점
단, 10월 15일을 초과할 수 없음</td></tr>
<tr><td rowspan="15">경작 불능 보장</td><td rowspan="15">종합위험</td><td>콩, 팥</td><td>계약체결일 24시</td><td>종실비대기 전</td></tr>
<tr><td>감자(고랭지재배), 고구마, 옥수수, 사료용 옥수수, 마늘, 양파</td><td>계약체결일 24시</td><td rowspan="3">수확 개시 시점
단, 사료용 옥수수는 8월 31일을 초과할 수 없음</td></tr>
<tr><td>감자(봄재배), 감자(가을재배)</td><td>파종완료일 24시
단, 보험계약시 파종완료일이 경과한 경우에는 계약체결일 24시</td></tr>
<tr><td>양배추</td><td>정식완료일 24시
단, 보험계약시 정식완료일이 경과한 경우에는 계약체결일 24시이며, 정식완료일은 9월 30일을 초과할 수 없음</td></tr>
<tr><td>고랭지무</td><td rowspan="6">파종완료일 24시
단, 보험계약시 파종완료일이 경과한 경우에는 계약체결일 24시이며, 파종완료일은 아래의 일자를 초과할 수 없음
• 고랭지무 : 7월 31일
• 월동무 : 10월 15일
• 당근 : 8월 31일
• 쪽파(실파)[1형] : 10월 15일
• 쪽파(실파)[2형] : 10월 15일
• 시금치 : 10월 31일</td><td rowspan="10">수확 개시 시점
단, 종합위험생산비보장에서 정하는 보장종료일을 초과할 수 없음</td></tr>
<tr><td>월동무</td></tr>
<tr><td>당 근</td></tr>
<tr><td>쪽파(실파) [1형]</td></tr>
<tr><td>쪽파(실파) [2형]</td></tr>
<tr><td>시금치</td></tr>
<tr><td>고랭지배추</td><td rowspan="4">정식완료일 24시
단, 보험계약시 정식완료일이 경과한 경우에는 계약체결일 24시이며, 정식완료일은 아래의 일자를 초과할 수 없음
• 고랭지배추 : 7월 31일
• 월동배추 : 9월 25일
• 대파 : 5월 20일
• 단호박 : 5월 20일</td></tr>
<tr><td>월동배추</td></tr>
<tr><td>대 파</td></tr>
<tr><td>단호박</td></tr>
<tr><td>메 밀</td><td>파종완료일 24시
단, 보험계약시 파종완료일이 경과한 경우에는 계약체결일 24시</td><td>최초 수확 직전
단, 11월 20일을 초과할 수 없음</td></tr>
</table>

수확 감소 보장	종합위험	감자(고랭지재배), 고구마, 옥수수, 콩, 마늘, 양파, 팥	계약체결일 24시	수확기 종료 시점 단, 아래의 날짜를 초과할 수 없음 • 감자(고랭지재배) : 10월 31일 • 고구마 : 10월 31일 • 옥수수 : 9월 30일 • 콩 : 11월 30일 • 마늘 : 6월 30일 • 양파 : 6월 30일 • 팥 : 11월 13일
		감자(가을재배)	파종완료일 24시 단, 보험계약시 파종완료일이 경과한 경우에는 계약체결일 24시	수확기 종료 시점 단, 11월 30일을 초과할 수 없음
		감자(봄재배)	파종완료일 24시 단, 보험계약시 파종완료일이 경과한 경우에는 계약체결일 24시	수확기 종료 시점 단, 7월 31일을 초과할 수 없음
		양배추	정식완료일 24시 단, 보험계약시 정식완료일이 경과한 경우에는 계약체결일 24시이며, 정식완료일은 9월 30일을 초과할 수 없음	수확기 종료 시점 단, 아래의 날짜를 초과할 수 없음 • 극조생, 조생 : 이듬해 2월 28일 • 중생 : 이듬해 3월 15일 • 만생 : 이듬해 3월 31일
		차(茶)	계약체결일 24시	햇차 수확 종료 시점 단, 5월 10일을 초과할 수 없음

(2) 작물특정 및 시설종합위험방식

구 분	보상하는 재해		보험기간	
	대상재해	보험의 목적	보장개시	보장종료
작물 특정 및 시설 종합 위험 보장	태풍(강풍), 폭설, 집중호우, 침수, 화재, 우박, 냉해, 폭염, 화재	인 삼	1형(5월 가입) : 판매개시연도 5월 1일 단, 5월 1일 이후 보험에 가입하는 경우에는 계약체결일 24시	1형(5월 가입) : 이듬해 4월 30일
			2형(10~11월 가입) : 판매개시연도 11월 1일 단, 11월 1일 이후 보험에 가입하는 경우에는 계약체결일 24시	2형(10~11월 가입) : 이듬해 10월 31일 단, 10월 31일 이전에 수확이 완료된 경우에는 보장 종료
	자연재해, 조수해, 화재	해가림 시설	1형(5월 가입) : 판매개시연도 5월 1일 단, 5월 1일 이후 보험에 가입하는 경우에는 계약체결일 24시	1형(5월 가입) : 이듬해 4월 30일
			2형(10~11월 가입) : 판매개시연도 11월 1일 단, 11월 1일 이후 보험에 가입하는 경우에는 계약체결일 24시	2형(10~11월 가입) : 이듬해 10월 31일 단, 10월 31일 이전에 수확이 완료된 경우에는 보장 종료

3 원예시설

(1) 농업용 시설물, 부대시설

• **보험목적** : 농업용 시설물(단동・연동하우스, 유리온실), 부대시설(단, 동산은 제외)

• **대상 재해** : 자연재해, 조수해, 화재(해당 특약 가입시 보장)

보 장	약 관	지급사유
종합위험보장	보통약관	보상하는 손해로 보험목적에 자기부담금[주)]을 초과하는 손해가 발생한 경우 재조달가액을 기준으로 보상
재조달가액보장	특별약관	보상하는 손해로 보험목적에 자기부담금을 초과하는 손해가 발생한 경우 재조달가액을 기준으로 보상
수재위험부보장		수재로 인하여 보험목적에 손해가 발생한 경우 보상하지 않음
화재위험보장		화재로 인하여 보험목적에 손해가 발생한 경우 보상
화재대물배상책임보장		화재로 인해 타인의 재산에 손해를 끼친 경우 보상(화재위험보장 특별약관 가입자에 한하여 가입 가능)

※ 주) 자기부담금은 손해액의 10%로 30만원 이상 100만원 이하를 한도로 한다(단, 피복재 단독사고는 10만원 이상 30만원 이하 한도).

※ 화재로 입은 손해는 자기부담금을 적용하지 아니한다.

(2) 시설작물

• **보험목적** : 딸기, 오이, 토마토, 참외, 풋고추, 호박, 수박, 멜론, 파프리카, 가지, 국화, 장미, 상추, 부추, 시금치, 배추, 대파, 쪽파, 파, 카네이션, 무, 백합, 미나리, 쑥갓

• **대상 재해** : 자연재해, 조수해, 화재(해당 특약 가입시 보장)

보 장	약 관	지급사유
종합위험보장	보통약관	보상하는 손해로 약관에 따라 계산한 생산비보장보험금이 10만원을 초과할 때 보상
화재위험보장	특별약관	화재로 인하여 보험목적에 손해가 발생한 경우 보상
수재위험부보장		수재로 인하여 보험목적에 손해가 발생한 경우 보상하지 않음

4 벼 · 맥류

보 장	대상 재해	보험의 목적	지급사유
이앙 · 직파불능보장	자연재해, 조수해, 화재	벼	보상하는 손해로 농지 전체를 이앙 · 직파하지 못하게 된 경우(보험계약 소멸)
재이앙 · 재직파보장			보상하는 손해로 면적 피해율이 10%를 초과하고, 재이앙(재직파)한 경우 1회 지급
경작불능보장		벼, 조사료용 벼, 밀, 보리	보상하는 손해로 식물체 피해율이 65% 이상이고, 계약자가 경작불능보험금을 신청한 경우(계약소멸)
수확불능보장		벼	보상하는 손해로 벼(조곡) 제현율이 65% 미만으로 떨어진 경우(보험계약 소멸)
수확감소보장		벼, 밀, 보리	보상하는 손해로 피해율이 자기부담비율을 초과하는 경우

※ 벼 품목의 경우, 병해충 특약에 가입한 경우에 한하여 병해충(7종) 피해를 보장한다.
※ 병해충(7종) : 흰잎마름병, 줄무늬잎마름병, 벼멸구, 도열병, 깨씨무늬병, 먹노린재, 세균성벼알마름병
※ 경작불능 및 수확불능보장의 경우 산지폐기가 확인되어야 한다.

5 버 섯

(1) 농업용 시설물, 부대시설

- 보험목적 : 농업용 시설물(단동 · 연동하우스, 경량철골조), 부대시설(단, 동산은 제외)
- 대상 재해 : 태풍(강풍), 우박, 동상해, 호우, 한해, 냉해, 조해, 설해, 기타 자연재해, 조수해(鳥獸害), 화재(해당 특약 가입시 보장)

보 장	약 관	지급사유
종합위험보장	보통약관	보상하는 손해로 보험목적에 자기부담금[주)]을 초과하는 손해가 발생한 경우 재조달가액을 기준으로 보상
재조달가액보장	특별약관	보상하는 손해로 보험목적에 자기부담금을 초과하는 손해가 발생한 경우 재조달가액을 기준으로 보상
수재위험부보장		수재로 인하여 보험목적에 손해가 발생한 경우 보상하지 않음
화재위험보장		화재로 인하여 보험목적에 손해가 발생한 경우 보상
화재대물배상책임보장		화재로 인해 타인의 재산에 손해를 끼친 경우 보상(화재위험보장 특별약관 가입자에 한하여 가입 가능)

※ 주) 자기부담금은 손해액의 10%로 30만원 이상 100만원 이하를 한도로 한다(단, 피복재 단독사고는 10만원 이상 30만원 이하 한도).
※ 화재로 입은 손해는 자기부담금을 적용하지 아니한다.

(2) 버 섯

- 보험목적 : 표고버섯(원목재배, 톱밥배지재배), 느타리버섯(균상재배, 병재배), 새송이버섯(병재배), 양송이버섯(균상재배)
- 대상 재해 : 태풍(강풍), 우박, 동상해, 호우, 한해, 냉해, 조해, 설해, 기타 자연재해, 조수해(鳥獸害), 화재(해당 특약 가입시 보장)

보 장	약 관	지급사유
종합위험보장	보통약관	보상하는 손해로 약관에 따라 계산한 생산비보장 보험금이 10만원을 초과할 때 보상
수재위험부보장	특별약관	수재로 인하여 보험목적에 손해가 발생한 경우 보상하지 않음
화재위험보장	특별약관	화재로 인하여 보험목적에 손해가 발생한 경우 보상
표고버섯 확장위험보장	특별약관	농업용 시설물에 직접적인 피해가 발생하지 않더라도 버섯 피해율이 70% 이상 발생하여 전체 재배를 포기하거나 기상특보 발령지역의 기상특보 관련 재해로 버섯에 피해가 발생한 경우 보상(표고버섯에 한함)

6 농업수입보장보험

(1) 농업수입보장방식

구 분				보험기간	
약 관	보 장	보험의 목적	보상재해	보장개시	보장종료
보통약관	재파종보장	마 늘	자연재해, 조수해, 화재	계약체결일 24시	판매개시연도 10월 31일
보통약관	재정식보장	양배추	자연재해, 조수해, 화재	정식완료일 24시 다만, 보험계약시 정식완료일이 경과한 경우에는 계약체결일 24시이며, 정식완료일은 9월 30일을 초과할 수 없음	재정식 종료 시점 다만, 10월 15일을 초과할 수 없음
보통약관	경작불능보장	콩, 고구마	자연재해, 조수해, 화재	계약체결일 24시	• 콩 : 종실비대기 전 • 콩 외 : 수확 개시 시점 ※ 종실비대기 : 꼬투리 형성기
보통약관	경작불능보장	양 파	자연재해, 조수해, 화재	계약체결일 24시	• 콩 : 종실비대기 전 • 콩 외 : 수확 개시 시점 ※ 종실비대기 : 꼬투리 형성기
보통약관	경작불능보장	마 늘	자연재해, 조수해, 화재	계약체결일 24시	• 콩 : 종실비대기 전 • 콩 외 : 수확 개시 시점 ※ 종실비대기 : 꼬투리 형성기

보통약관	경작불능보장	감 자(가을재배)	자연재해, 조수해, 화재, 병충해	파종완료일 24시 다만, 보험계약시 파종완료일이 경과한 경우에는 계약체결일 24시	
		양배추	자연재해, 조수해, 화재	정식완료일 24시 다만, 보험계약시 정식완료일이 경과한 경우에는 계약체결일 24시이며, 정식완료일은 9월 30일을 초과할 수 없음	
	농업수입감소보장	콩, 고구마	자연재해, 조수해, 화재	계약체결일 24시	수확기 종료 시점 다만, 아래 날짜를 초과할 수 없음 • 콩 : 11월 30일 • 양파, 마늘 : 6월 30일 • 고구마 : 10월 31일
		양 파	자연재해, 조수해, 화재		
		마 늘	자연재해, 조수해, 화재		
		감자(가을재배)	자연재해, 조수해, 화재, 병충해	파종완료일 24시 다만, 보험계약시 파종완료일이 경과한 경우에는 계약체결일 24시	수확기 종료 시점 다만, 11월 30일을 초과할 수 없음
		양배추	자연재해, 조수해, 화재	정식완료일 24시 다만, 보험계약시 정식완료일이 경과한 경우에는 계약체결일 24시이며, 정식완료일은 9월 30일을 초과할 수 없음	수확기 종료 시점 다만, 아래의 날짜를 초과할 수 없음 • 극조생, 조생 : 이듬해 2월 28일 • 중생 : 이듬해 3월 15일 • 만생 : 이듬해 3월 31일
		콩, 고구마	가격하락	계약체결일 24시	수확기가격 공시시점
		양 파			
		마 늘			
		감 자(가을재배)		파종완료일 24시 다만, 보험계약시 파종완료일이 경과한 경우에는 계약체결일 24시	
		양배추		정식완료일 24시 다만, 보험계약시 정식완료일이 경과한 경우에는 계약체결일 24시이며, 정식완료일은 9월 30일을 초과할 수 없음	

(2) 농업수입보장 및 비가림시설보장 방식

구 분				보험기간	
약 관	보 장	보험의 목적	보상재해	보장개시	보장종료
보통약관	농업수입감소보장	포 도	자연재해, 조수해, 화재	계약체결일 24시	수확기 종료 시점 다만, 10월 10일을 초과할 수 없음
		포 도	가격하락	계약체결일 24시	수확기가격 공시시점
		비가림시설	자연재해, 조수해	계약체결일 24시	10월 10일
특별약관	화재위험보장	비가림시설	화 재	계약체결일 24시	10월 10일
	나무손해보장	포 도	자연재해, 조수해, 화재	판매개시연도 12월 1일 다만, 12월 1일 이후 보험에 가입하는 경우에는 계약체결일 24시	이듬해 11월 30일
	수확량감소추가보장	포 도	자연재해, 조수해, 화재	계약체결일 24시	수확기 종료 시점 다만, 10월 10일을 초과할 수 없음

※ "판매개시연도"는 해당 품목의 판매개시일이 속하는 연도를 말하며, "이듬해"는 판매개시연도 이후에 도래하는 연도를 말한다.

가축재해보험

1 보험종목별 상품구성

소, 돼지, 말, 가금, 기타 가축은 물론 축사까지 보장한다.

보험종목	주계약(대상가축)	특별약관
소 보험	한우 · 육우 · 젖소 · 종모우	• 소도체결함보상 특약 • 축사 특약 • 화재대물배상책임 특약 • 동물복지인증계약 특약 • 구내폭발위험보장 특약 • 협정보험가액 특약
돼지 보험	돼 지	• 질병위험보장 특약 • 축산휴지위험보장 특약 • 전기적장치위험보장 특약 • 폭염재해보장 추가특약 • 협정보험가액 특약 • 축사 특약 • 화재대물배상책임 특약 • 동물복지인증계약 특약 • 구내폭발위험보장 특약
가금 보험	닭 · 오리 · 꿩 · 메추리 · 타조 · 거위 · 관상조	• 전기적장치위험보장 특약 • 폭염손해 부보장 특약 • 협정보험가액 특약 • 축사 특약 • 화재대물배상책임 특약 • 동물복지인증계약 특약 • 구내폭발위험보장 특약
말 보험	말	• 경주마부적격 특약 • 말운송위험확장보장 특약 • 씨수말 번식 첫 해 선천성 불임확장보장 특약 • 축사 특약 • 화재대물배상책임 특약 • 구내폭발위험보장 특약 • 동물복지인증계약 특약
기타 가축 보험	사슴 · 양(염소포함)	• 폐사 · 긴급도축확장보장 특약(자동부가 특약) • 축사 특약 • 화재대물배상책임 특약 • 동물복지인증계약 특약 • 구내폭발위험보장 특약

기타 가축 보험	꿀벌・토끼・오소리	• 꿀벌 낭충봉아부패병보장 특약 • 꿀벌 부저병보장 특약 • 축사 특약 • 화재대물배상책임 특약 • 구내폭발위험보장 특약

※ 화재대물배상책임 특약은 축사 특약 가입자에 한하여 가입할 수 있다.

※ 동물복지인증계약 특약은 소, 돼지, 오리, 닭, 염소만 가입 가능하다.

2 소 보험

(1) 가입대상

구 분		가입대상	가입형태
소	한우・육우・젖소	생후 15일령 ~ 13세 미만	포괄가입
축 사		가축사육 건물 및 관련 시설 (태양광, 태양열 등 관련 시설은 제외)	

(2) 보장내용

구 분		보상하는 손해	자기부담금
보통약관 (주계약)		• 법정전염병을 제외한 질병 또는 각종 사고(풍재・수재・설해・지진 등 자연재해, 화재)로 인한 사망 ※ 신규가입일 경우 가입일로부터 1개월 이내 긴급 도축 외 질병관련 사고는 보상하지 않는다. • 부상(사지골절, 경추골절, 탈골), 난산, 산욕마비, 급성고창증 및 젖소의 유량감소로 긴급도축을 하여야 하는 경우 ※ 젖소유량감소는 유방염, 불임 및 각종 대사성 질병으로 인하여 젖소로서의 경제적 가치가 없는 경우에 한한다. • 도난・행방불명	손해액의 20%, 30%, 40%
특 약	소도체결함보상 특약	도축장에서 도축되어 경매 시까지 발견된 도체의 결함(근출혈, 수종, 근염, 외상, 근육제거, 기타 등)으로 손해가 발생한 경우	손해액의 20%
	축사 특약	• 화재에 의한 손해 • 풍재・수재・설해・지진에 의한 손해	풍・수재, 설해 : 50만원
	화재대물배상책임 특약	화재로 인해 타인의 재물에 손해를 끼침으로서 부담하게 될 법률적 배상책임액 보상	없 음
	동물복지인증계약 특약	동물복지축산농장 인증(농림축산검역본부)시 5% 할인	–
	구내폭발위험보장 특약	구내에서의 폭발・파열로 인한 손해	없 음

3 돼지보험

(1) 가입대상

종돈(모돈, 웅돈), 자돈, 육성돈, 비육돈 등을 가입할 수 있다.

구 분	가입대상	가입형태
돼 지	종돈(모돈, 웅돈), 자돈, 육성돈, 비육돈	포괄가입
축 사	가축사육 건물 및 관련 시설 (태양광, 태양열 등 관련 시설은 제외)	

(2) 보장내용

구 분		보상하는 손해	자기부담금
보통약관 (주계약)		• 화재에 의한 손해 • 풍재・수재・설해・지진에 의한 손해	손해액의 5%, 10%, 20%
특 약	질병위험보장 특약	TGE, PED, Rota virus에 의한 손해 ※ 신규가입일 경우 가입일로부터 1개월 이내 질병 관련 사고는 보상하지 않는다.	손해액의 10%, 20%, 30%, 40% 중 자기부담금과 200만원 중 큰 금액
	축산휴지 위험보장 특약	돼지보험(보통약관 및 특약)에서 보상하는 사고로 인한 경영손실 손해	없 음
	전기적장치 위험보장 특약	전기적장치의 고장에 따른 손해	손해액의 10%, 20%, 30%, 40% 중 자기부담금과 200만원 중 큰 금액
	폭염재해보장 추가특약	폭염에 의한 손해	손해액의 10%, 20%, 30%, 40% 중 자기부담금과 200만원 중 큰 금액
	협정보험가액 특약	상호 협의 평가하여 보험가입한 금액 ※ 시가와 관계없이 가입금액을 보험가액으로 평가	없 음
	축사 특약	• 화재에 의한 손해 • 풍재・수재・설해・지진에 의한 손해	풍・수재, 설해 : 50만원
	화재대물배상책임 특약	화재로 인해 타인의 재물에 손해를 끼침으로서 부담하게 될 법률적 배상책임액 보상	없 음
	동물복지인증계약 특약	동물복지축산농장 인증(농림축산검역본부)시 5% 할인	–
	구내폭발위험보장 특약	구내에서의 폭발・파열로 인한 손해	없 음

※ 폭염재해보장 추가특약은 전기적장치위험보장 특약 가입자에 한하여 가입 가능하다.

※ 축사 특약 가입자에 한해 설해손해부보장 추가특약을 가입할 수 있다.

4 가금보험

(1) 가입대상

구 분	가입대상	가입형태
가 금	닭, 오리, 꿩, 메추리, 칠면조, 타조, 거위, 관상조	포괄가입
축 사	가축사육 건물 및 관련 시설 (태양광, 태양열 등 관련 시설은 제외)	

(2) 보장내용

구 분		보상하는 손해	자기부담금
보통약관 (주계약)		• 화재에 의한 손해 • 풍재 · 수재 · 설해 · 지진에 의한 손해	손해액의 10%, 20%, 30% 단, 폭염사고는 선택한 자기부담금과 200만원 중 큰 금액으로 함
특 약	전기적장치 위험보장 특약	전기적장치의 고장에 따른 손해	손해액의 10%, 20%, 30%, 40% 중 자기부담금과 200만원 중 큰 금액
	협정보험가액 특약	상호 협의 평가하여 보험가입한 금액 ※ 시가와 관계없이 가입금액을 보험가액으로 평가	없 음
	축사 특약	• 화재에 의한 손해 • 풍재 · 수재 · 설해 · 지진에 의한 손해	풍 · 수재, 설해 : 50만원
	화재대물배상책임 특약	화재로 인해 타인의 재물에 손해를 끼침으로서 부담하게 될 법률적 배상책임액 보상	없 음
	동물복지인증계약 특약	동물복지축산농장 인증(농림축산검역본부)시 5% 할인	–
	구내폭발위험보장 특약	구내에서의 폭발 · 파열로 인한 손해	없 음

※ 주계약에서 폭염손해를 보장받지 않을 시에는 '폭염손해부보장 특약'을 가입할 수 있다. 다만, '폭염손해부보장 특약' 가입 시에만 '전기적장치위험보장 특약'을 미가입할 수 있고, '폭염손해부보장 특약'을 가입하지 않은 경우에는 '전기적장치위험보장 특약'을 필수로 가입하여야 한다.

※ 축사 특약 가입자에 한하여 설해손해부보장 추가특약을 가입할 수 있다.

5 말보험

(1) 가입대상

종모마, 종빈마, 경주마, 육성마, 일반마 등을 가입할 수 있다.

구 분	가입대상	가입형태
말	종빈마, 종모마, 경주마, 육성마, 일반마	개별가입
축 사	가축사육 건물 및 관련 시설 (태양광, 태양열 등 관련 시설은 제외)	포괄가입

(2) 보장내용

구 분		보상하는 손해	자기부담금
보통약관 (주계약)		• 법정전염병을 제외한 질병 또는 각종 사고(풍재・수재・설해・지진 등 자연재해, 화재)로 인한 사망 ※ 신규가입일 경우 가입일로부터 1개월 이내 질병 관련 사고는 보상하지 않는다. • 부상(사지골절, 경추골절, 탈구), 난산, 산욕마비, 산통, 경주마의 실명으로 인하여 즉시 도살하여야 할 손해 • 불임	손해액의 20% (경주마는 장외 30%, 장내 5%, 10%, 20%, 30% 중 선택)
특 약	경주마부적격 특약	경주마가 건염, 인대염, 골절로 인한 손해. 다만, 경주마부적격 판정 이후 종모마 혹은 종빈마로 용도 변경된 경우는 보상하지 않는다.	주계약 자기부담금 적용
	말운송위험 확장보장 특약	말 운송 중 발생되는 주계약 손해	주계약 자기부담금 적용
	씨수말번식 첫해 담보 특약	종모마(수컷)의 번식장애 보상	주계약 자기부담금 적용
	축사 특약	• 화재에 의한 손해 • 풍재・수재・설해・지진에 의한 손해	풍・수재, 설해 : 50만원
	화재대물배상책임 특약	화재로 인해 타인의 재물에 손해를 끼침으로서 부담하게 될 법률적 배상책임액 보상	없 음
	동물복지인증계약 특약	동물복지축산농장 인증(농림축산검역본부)시 5% 할인	–
	구내폭발위험보장 특약	구내에서의 폭발・파열로 인한 손해	없 음

6 기타 가축보험

(1) 가입대상

사슴, 양[면양・산양(염소)], 꿀벌, 토끼, 오소리를 가입할 수 있다.

구 분	가입대상	가입형태
기타 가축	사슴, 양[면양・산양(염소)], 꿀벌, 토끼, 오소리	포괄가입
축 사	가축사육 건물 및 관련 시설 (태양광, 태양열 등 관련 시설은 제외)	포괄가입

(2) 보장내용

① 사슴, 양

구 분		보상하는 손해	자기부담금
보통약관 (주계약)		• 화재에 의한 손해 • 풍재·수해·설해·폭염·지진에 의한 손해	손해액의 20%, 30%, 40%
특 약	폐사·긴급 도축확장보장 (사슴·양) 특약	• 법정전염병을 제외한 질병 또는 각종 사고(풍재·수재·설해·지진 등 자연재해, 화재)로 인한 폐사 • 부상(사지골절, 경추골절, 탈구), 난산, 산욕마비로 인하여 즉시 도살하여야 하는 경우 ※ 신규가입일 경우 가입일로부터 1개월 이내 긴급 도축 외 질병 관련 사고는 보상하지 않는다.	손해액의 20%, 30%, 40%
	축사 특약	• 화재에 의한 손해 • 풍재·수재·설해·지진에 의한 손해	풍·수재, 설해 : 50만원
	화재대물배상책임 특약	화재로 인해 타인의 재물에 손해를 끼침으로서 부담하게 될 법률적 배상책임액 보상	없 음
	동물복지인증계약 특약	동물복지축산농장 인증(농림축산검역본부)시 5% 할인	–
	구내폭발위험보장 특약	구내에서의 폭발·파열로 인한 손해	없 음

② 꿀벌, 토끼, 오소리

구 분		보상하는 손해	자기부담금
보통약관 (주계약)		• 화재에 의한 손해 • 풍재·수해·설해·폭염·지진에 의한 손해	손해액의 20%, 30%, 40%
특 약	꿀벌 낭충봉아부패병 보장 특약	낭충봉아부패병으로 폐사(감염벌통 소각 포함) ※ 신규가입일 경우 가입일로부터 1개월 이내 손해는 보상하지 않는다.	손해액의 20%, 30%, 40%
	꿀벌 부저병보장 특약	부저병으로 폐사(감염벌통 소각 포함) ※ 신규가입일 경우 가입일로부터 1개월 이내 손해는 보상하지 않는다.	
	축사 특약	• 화재에 의한 손해 • 풍재·수재·설해·지진에 의한 손해	풍·수재, 설해 : 50만원
	화재대물배상책임 특약	화재로 인해 타인의 재물에 손해를 끼침으로서 부담하게 될 법률적 배상책임액 보상	없 음
	동물복지인증계약 특약	동물복지축산농장 인증(농림축산검역본부)시 5% 할인	–
	구내폭발위험보장 특약	구내에서의 폭발·파열로 인한 손해	없 음

손해평가사 2차 시험문제

시험과목	1 농작물재해보험 및 가축재해보험의 이론과 실무 2 농작물재해보험 및 가축재해보험 손해평가의 이론과 실무

수험자 확인사항	1. 답안지 인적사항 기재란 외에 수험번호 및 성명 등 특정인임을 암시하는 표시가 없음을 확인하였습니다. 확인 □ 2. 연필류, 유색필기구 등을 사용하지 않았습니다. 확인 □ 3. 답안지 작성시 유의사항을 읽고 확인하였습니다. 확인 □

[수험자 유의사항]

1. 답안지 표지 앞면 빈칸에는 시행연도 · 자격시험명 · 과목명을 정확히 기재하여야 합니다.
2. 답안지 작성은 반드시 검정색 필기구만을 계속 사용하여야 합니다.
   (그 외 연필류, 유색필기구 등을 사용한 답항은 채점하지 않으며, 0점 처리됩니다.)
3. 수험번호 및 성명은 반드시 연습지 첫 장 좌측 인적사항 기재란에만 작성하여야 하며, 답안지의 인적사항 기재란 외의 부분에 특정인임을 암시하거나 답안과 관련 없는 특수한 표시를 하는 경우 답안지 전체를 채점하지 않으며, 0점 처리합니다.
4. 계산문제는 반드시 계산과정, 답, 단위를 정확히 기재하여야 합니다.
5. 답안 정정 시에는 두 줄(=)로 긋고 다시 기재 또는 수정테이프 사용이 가능하며, 수정액을 사용할 경우 채점상의 불이익을 받을 수 있으므로 사용하지 마시기 바랍니다.
6. 기 작성한 문항 전체를 삭제하고자 할 경우 반드시 해당 문항의 답안 전체에 명확하게 ×를 하시기 바랍니다. (× 표시한 답안은 채점대상에서 제외)
7. 답안 작성시 문제번호 순서에 관계없이 답안을 작성하여도 되나, 문제번호 및 문제를 기재(긴 경우 요약기재 가능)하고, 해당 답안을 기재하여야 합니다.
8. 각 문제의 답안작성이 끝나면 바로 옆에 "끝"이라고 쓰고, 최종 답안작성이 끝나면 줄을 바꾸어 중앙에 "이하 여백"이라고 써야 합니다.
9. 수험자는 시험시간이 종료되면 즉시 답안작성을 멈춰야 하며, 종료시간 이후 계속 답안을 작성하거나 감독위원의 답안지 제출지시에 불응할 때에는 당회 시험을 무효처리 합니다.

○ 본 문제는 2020년 12월 31일 기준 농업정책보험금융원의 업무방법서에 따라 기술되었습니다.

2015년

제 1 회 손해평가사 2차 시험문제

제 1 과목 농작물재해보험 이론과 실무

※ 단답형 문제에 답하시오. (1 ~ 5번 문제)

01 농작물재해보험 업무방법에서 정하는 용어를 순서대로 답란에 쓰시오. [5점]

○ (　　) : 영양조건, 기간, 기온, 일조시간 등 필요조건이 다차서 꽃눈이 형성되는 현상
○ (　　) : 가입수확량 산정 및 적과종료전 보험사고시 감수량 산정의 기준이 되는 수확량
○ (　　) : 햇가지가 1~2mm 정도 자라기 시작하는 현상
○ (　　) : 보상하는 재해 이외의 원인으로 수확량이 감소되었다고 평가되는 부분을 말하며, 계약 당시 이미 발생한 피해, 병해충으로 인한 피해 및 제초상태 불량 등으로 인한 수확감소량으로서 피해율 산정시 감수량에서 제외되는 것
○ (　　) : 보험의 목적에 대한 피보험이익을 금전으로 평가한 금액 또는 보험의 목적에 발생할 수 있는 최대손해액

정답

꽃눈 분화, 평년착과량, 신초 발아, 미보상감수량, 보험가액

해설

- **꽃눈 분화** : 영양조건, 기간, 기온, 일조시간 등 필요조건이 다차서 꽃눈이 형성되는 현상을 말한다.
- **평년착과량** : 가입수확량 산정 및 적과종료전 보험사고시 감수량 산정의 기준이 되는 수확량으로, 해당 과수원의 과거 적과후착과량 조사자료를 감안하여 산출한다.
- **신초 발아** : 신초(新梢, 햇가지)가 1~2mm 정도 자라기 시작하는 현상을 말한다.
- **미보상감수량** : 보상하는 재해 이외의 원인으로 수확량이 감소되었다고 평가되는 부분을 말하며, 계약 당시 이미 발생한 피해나 병해충으로 인한 피해 및 제초상태 불량 등으로 인한 수확감소량으로서 피해률 산정시 감수량에서 제외한다.
- **보험가액** : 농작물재해보험에 있어 피보험이익을 금전으로 평가한 금액으로 보험의 목적에 발생할 수 있는 최대손해액을 말한다. 회사가 실제 지급하는 보험금은 보험가액을 초과할 수 없다.

02 다음 종합위험보장 상품의 보험가입자격 및 기준으로 (　　)의 내용을 순서대로 쓰시오.

[5점] 기출수정

> ○ 콩 : 개별 농지당 최저 보험가입금액은 (　　) 이상
> ○ 고구마 : 개별 농지당 최저 보험가입금액은 (　　) 이상
> ○ 가을감자 : 개별 농지당 최저 보험가입금액은 (　　) 이상
> ○ 차 : 개별 농지당 최저 보험가입면적은 (　　) 이상
> ○ 옥수수 : 개별 농지당 최저 보험가입금액은 (　　) 이상

정답

- 콩 : 100만원
- 고구마 : 200만원
- 가을감자 : 200만원
- 차 : 1,000m^2
- 옥수수 : 100만원

03 종합위험보장 벼 상품 및 업무방법에서 정하는 용어를 순서대로 답란에 쓰시오.

[5점] 기출수정

> ○ (　　) : 못자리 등에서 기른 모를 농지로 옮겨 심는 일
> ○ (　　) : 물이 있는 논에 종자를 파종하는 방법
> ○ (　　) : 벼(조곡)의 이삭이 줄기 밖으로 자란 상태
> ○ (　　) : 개간, 복토 등을 통해 논으로 변경한 농지
> ○ (　　) : 자연현상으로 인하여 간석지 등 연안지대에 바닷물의 유입으로 발생하는 피해

정답

이앙, 직파(담수직파), 출수, 전환지, 조해(潮害)

04 다음 적과전 종합위험방식Ⅱ 과수 품목별 보험가입이 가능한 주수의 합을 구하시오.

[5점] 기출수정

구 분	재배형태	가입하는 해의 수령	주 수
사 과	밀식재배	2년	200주
배	–	3년	250주
단 감	–	4년	180주
떫은감	–	5년	260주
사 과	일반재배	6년	195주

정답

705주

해설

가입하는 해의 나무의 수령(나이)이 다음 기준 미만인 경우 보험가입이 제한된다.

- 사과 : 밀식재배 3년, 반밀식재배 4년, 일반재배 5년
- 배 : 3년
- 단감·떫은감 : 5년

따라서, 보험가입이 가능한 품목은 배, 떫은감, 사과(일반재배)이므로,

∴ 주수의 합 = 250주 + 260주 + 195주 = **705주**

05 다음 농작물재해보험의 청약철회기준에 관한 설명 중 괄호 안에 들어갈 내용을 순서대로 답란에 쓰시오.

[5점]

> 청약철회는 보험증권을 받은 날부터 (　　)일 이내에서 그 청약을 철회할 수 있다. 다만, (　　)로부터 (　　)일을 초과한 경우에는 청약을 철회할 수 없다.

정답

15, 청약을 한 날, 30

해설

철회기준

> 청약철회는 보험증권을 받은 날부터 (15)일(계약을 체결할 때 15일보다 긴 기간을 약정한 경우에는 그 기간) 이내에서 그 청약을 철회할 수 있다. 다만, (**청약을 한 날**)로부터 (30)일을 초과한 경우에는 청약을 철회할 수 없으며, 법인은 청약철회가 불가하다.

※ 서술형 문제에 답하시오. (6 ~ 10번 문제)

06 다음은 보험가입 거절 사례이다. 농작물재해보험 가입이 거절된 사유를 보험가입자격과 인수제한 과수원 기준으로 모두 서술하시오. [15점] 기출수정

> 2013년 A씨는 아내와 경북 ○○시로 귀농하여 B씨 소유의 농지를 아내명의로 임차하였다. 해당 농지는 하천에 소재하는 면적 990m^{2}의 과수원으로 2015년 태풍으로 제방과 둑이 유실되어 2019년 현재 복구되지 않은 상태이다. A씨는 2017년 4월 반밀식재배방식으로 사과 1년생 묘목 300주를 가식한 후 2019년 3월 농작물재해보험 적과전 종합위험방식Ⅱ로 가입하려 한다. 실제 경작은 A씨 본인이 하지만 보험계약자를 서울에서 직장생활하는 아들 명의로 요청하였다.

정답

1. 보험가입 자격기준
   보험가입 자격기준은 농업인 및 임차농 여부와 관계없이 국내에서 보험대상 농작물을 통상의 영농방법으로 실제 경작하는 주된 경작자이어야 하며, 보험계약자를 주된 경작자가 아닌 가족 등의 명의로 할 수 없다. 따라서 보험계약자를 서울에서 직장생활하는 아들 명의로 요청하였기 때문에 거절 사유에 해당된다.

2. 인수제한 과수원 기준
   적과전 종합위험방식Ⅱ 농작물재해보험 가입할 때 사과 품목의 경우 나무의 수령이 반밀식재배시 4년 미만인 경우 인수제한 과수원에 해당된다. 또한, A씨가 임차한 농지는 태풍으로 제방과 둑이 유실되었고, 실질적으로 하천부지에 소재한 과수원으로 이 경우에도 인수제한 과수원에 해당하며, 과수원에 식재한 사과나무는 가식되어 있는 상태로 역시 인수제한 과수원에 해당한다.

해설

농작물재해보험 적과전 종합위험방식Ⅱ 과수품목(사과, 배, 단감·떫은감)

(1) 보험가입 자격

① **「농어업경영체 육성 및 지원에 관한 법률」 제4조에 따른 농업경영체로 등록한 자(농업인, 농업법인)로서 농업인 및 임차농 여부와 관계없이 국내에서 보험대상 농작물을 통상의 영농방법으로 실제 경작하는 주된 경작자**
- 계약자를 주된 경작자가 아닌 가족 등의 명의로 할 수 없다.
- 과수원을 다른 사람에게 임대한 경우에 임차농은 보험에 가입할 수 있지만, 과수원 소유자는 가입할 수 없다.

② **법인, 외국인, 미성년자, 피한정후견인, 피성년후견인의 보험 가입**
미성년자, 피한정후견인은 법정대리인(친권자, 후견인)의 동의 또는 대리가 있어야 하며, 피성년후견인은 법정대리인이 대리하여야 한다.

(2) 인수제한 목적물

① 보험가입금액이 200만원 미만인 과수원
② 가입하는 해의 나무 수령(나이)이 다음 기준 미만인 경우
- 사과 : 밀식재배 3년, 반밀식재배 4년, 일반재배 5년
- 배 : 3년
- 단감·떫은감 : 5년

③ 품목이 혼식된 과수원(다만, 주력품목의 결과주수가 90% 이상인 과수원은 해당 품목에 한하여 가입 가능)
④ 전정, 비배관리 잘못 또는 품종갱신 등의 이유로 수확량이 현저하게 감소할 것이 예상되는 과수원
⑤ 시험연구를 위해 재배되는 과수원

⑥ 하나의 과수원에 식재된 나무 중 일부 나무만 가입하는 과수원
⑦ 통상적인 영농활동(병충해방제, 시비관리, 전지전정, 적과 등)을 하지 않는 과수원
⑧ 하천부지 및 상습침수 지역에 소재한 과수원
⑨ 판매를 목적으로 경작하지 않는 과수원
⑩ 가식(假植)되어 있는 과수원
⑪ 보험가입 이전에 자연재해 등의 피해로 인하여 당해 연도의 정상적인 결실에 영향이 있는 과수원
⑫ 가입사무소 또는 계약자를 달리하여 중복 가입하는 과수원
⑬ 도서지역의 경우 연륙교가 설치되어 있지 않고 정기선이 운항하지 않는 등 신속한 손해평가가 불가능한 지역에 소재한 과수
⑭ 도시계획 등에 편입되어 수확종료 전에 소유권 변동 또는 과수원 형질변경 등이 예정되어 있는 과수원
⑮ 기타 인수가 부적절한 과수원

07 다음 상품에 해당하는 보장방식을 보기에서 모두 선택하고 보장종료일을 (예)와 같이 서술하시오. [15점]

(예) 양파 : 수확감소보장 – 이듬해 수확기 종료시점(단, 6월 30을 초과할 수 없음)
경작불능보장 – 이듬해 수확 개시시점

〈보기〉

수확감소보장, 생산비보장, 경작불능보장, 과실손해보장, 재파종보장

옥수수	
마 늘	
고구마	
차	
복분자	

정답

옥수수	① 수확감소보장 – 수확기 종료시점(단, 9월 30일을 초과할 수 없음) ② 경작불능보장 – 수확 개시시점
마 늘	① 수확감소보장 – 수확기 종료시점(단, 6월 30일을 초과할 수 없음) ② 경작불능보장 – 수확 개시시점 ③ 재파종보장 – 판매개시연도 10월 31일
고구마	① 수확감소보장 – 수확기 종료시점(단, 10월 31일을 초과할 수 있음) ② 경작불능보장 – 수확 개시시점
차	수확감소보장 – 햇차 수확기 종료시점(단, 5월 10일을 초과할 수 없음)
복분자	① 경작불능보장 – 수확 개시시점 ② 과실손해보장 • 수확 개시전 – 이듬해 5월 31일 • 수확 개시후 – 이듬해 수확기 종료시점(단, 이듬해 6월 20일을 초과할 수 없음)

08 종합위험방식 원예시설 업무방법에서 정하는 잔가율에 관하여 서술하시오. [15점]

정답

잔가율

① 유형고정자산의 내용연수 만료 시에 있어서의 잔존가액의 재조달가액에 대한 비율로 보통 10~20% 정도로 정하는데 하우스의 경우 20%를 적용한다.

② 내용연수가 경과한 경우라도 현재 정상 사용 중에 있는 하우스는 당해 목적물의 경제성을 고려하여 최대 30%로 수정한다.

③ 고정식하우스의 경우 보험가입전 5년 이내 구조체의 20% 이상을 교체하는 개보수가 이루어진 경우에는 그 경과연수와 관계없이 현재가액을 재조달가액의 50%까지 수정하여 평가할 수 있다.

해설

※ 본 문제는 출제 당시 2017년 업무방법서에 따라 서술하였다.

기출수정 최근 개정된 업무방법서(2020년 12월 기준)에 따른 기출수정 문제

08 특정위험보장 인삼재배시설(해가림시설)에서 정하는 잔가율에 관하여 서술하시오. [15점]

정답

잔가율

잔가율 20%와 자체 유형별 내용연수를 기준으로 경년감가율을 산출하였고, 내용연수가 경과한 경우라도 현재 정상 사용 중에 있는 시설을 당해 목적물의 경제성을 고려하여 잔가율을 최대 30%로 수정한다.

09 농작물재해보험 업무방법에서 정하는 적과전 종합위험방식Ⅱ 과수 상품의 보상하지 않는 손해에 관하여 서술하시오(단, 적과종료 이후에 한함). [15점] 기출수정

정답

적과종료 이후에 보상하지 않는 손해

① 계약자, 피보험자 또는 이들의 법정대리인의 고의 또는 중대한 과실로 생긴 손해

② 수확기에 계약자 또는 피보험자의 고의 또는 중대한 과실로 수확하지 못하여 발생한 손해

③ 제초작업, 시비관리 등 통상적인 영농활동을 하지 않아 발생한 손해

④ 원인의 직·간접을 묻지 아니하고 병해충으로 발생한 손해

⑤ 보상하지 아니하는 재해로 제방, 댐 등이 붕괴되어 발생한 손해

⑥ 최대순간풍속 14m/sec 미만의 바람으로 발생한 손해
⑦ 보상하는 자연재해로 인하여 발생한 동녹(과실에 발생하는 검은 반점 병) 등 간접손해
⑧ 보상하는 손해에 해당하지 않은 재해로 발생한 손해
⑨ 저장한 과실에서 나타나는 손해
⑩ 저장성 약화, 과실경도 약화 등 육안으로 판별되지 않는 손해
⑪ 농업인의 부적절한 잎소지(잎제거)로 인하여 발생한 손해
⑫ 병으로 인해 낙엽이 발생하여 태양광에 과실이 노출됨으로써 발생한 손해

10 **다음 사례를 읽고 농작물재해보험 업무방법에서 정하는 기준에 따라 인수가능 여부와 해당 사유를 서술하시오.** [15점]

A씨는 ○○시에서 6년전 간척된 △△리 1번지(본인소유 농지 4,200m^2)와 4년전 간척된 △△리 100번지(임차한 농지 1,000m^2, △△리 1번지와 인접한 농지)에 벼를 경작하고 있다. 최근 3년 연속으로 ○○시에 집중호우가 내려 호우경보가 발령되었고, A씨가 경작하고 있는 농지(△△리 1번지, △△리 100번지)에도 매년 침수피해가 발생하였다. 이에 A씨는 농작물재해보험에 가입하고자 가입금액을 산출한 결과 △△리 1번지 농지는 180만원, △△리 100번지 농지는 50만원이 산출되었다.

(1) 인수가능 여부 :
(2) 해당 사유 :

정답

(1) 인수가능 여부
△△리 1번지 농지는 인수가능하지만, △△리 100번지 농지는 인수불가능하다.

(2) 해당 사유
① 보험계약인수 단위는 개별 농지당 가입금액은 50만원 이상이어야 하므로, △△리 1번지 농지와 △△리 100번지 농지는 인수가능하다.
② 최근 3년 연속 침수피해를 입은 농지는 인수제한되지만, 호우주의보 및 호우경보 등 기상특보에 해당되는 재해로 피해를 입은 경우는 제외하기 때문에 인수가능하다.
③ 그런데 최근 5년 이내에 간척된 농지는 인수제한 농지에 해당되므로 4년전 간척된 △△리 100번지 농지는 인수제한된다.
④ 또한, 출제 당시 업무방법서에는 '농가당 농지의 가입금액 합계가 200만원 이상이어야 한다'는 조건이 있어 △△리 1번지 농지도 보험가입이 불가능하였다. 그런데 2020년 12월 기준 업무방법서에는 **개별 농지당 가입금액은 50만원 이상이면 가입가능하게 되어** 결과적으로 △△리 1번지 농지는 보험인수가 가능하게 되었다.

해설

※ 최근 개정된 업무방법서(2020년 12월 기준)에 따라 서술하였다.

(1) 보험가입기준

① 개별 농지당 최저 보험가입금액은 50만원 이상이다.

② 다만, 가입금액 50만원 미만의 농지라도 인접농지의 면적과 합하여 50만원 이상이 되면 통합하여 하나의 농지로 가입할 수 있다. 통합하는 농지의 개수 제한은 없으나, 가입 후 농지를 분리할 수 없다.

(2) 인수제한 목적물

① 하천부지에 소재한 농지

② 최근 3년 연속 침수피해를 입은 농지(다만, 호우주의보 및 호우경보 등 기상특보에 해당되는 재해로 피해를 입은 경우는 제외함)

③ 오염 및 훼손 등의 피해를 입어 복구가 완전히 이루어지지 않은 농지

④ 최근 5년 이내에 간척된 농지

⑤ 밭벼를 재배하는 농지

⑥ 농업용지가 다른 용도로 전용되어 수용예정농지로 결정된 농지

⑦ 보험가입전 벼의 피해가 확인된 농지

⑧ 통상적인 재배 및 영농활동을 하지 않는 농지

⑨ 보험목적물을 수확하여 판매를 목적으로 경작하지 않는 농지(채종농지 등)

⑩ 군사시설보호구역 중 통제보호구역 내의 농지(단, 통상적인 영농활동 및 손해평가가 가능하다고 판단되는 농지는 인수 가능)

※ **통제보호구역** : 민간인통제선 이북 지역 또는 군사기지 및 군사시설의 최외곽경계선으로부터 300m 범위 이내의 지역

⑪ 전환지(개간, 복토 등을 통해 논으로 변경한 농지), 휴경지 등 농지로 변경하여 경작한지 3년 이내인 농지

⑫ 기타 인수가 부적절한 농지

※ 단답형 문제에 답하시오. (11 ~ 15번 문제)

11 다음은 농작물재해보험 업무방법에서 정하는 손해평가 업무 절차상 손해평가반 구성 및 손해평가 일정계획 수립에 관한 내용이다. 괄호에 알맞은 내용을 답란에 쓰시오. [5점]

> 농협 담당자 등은 사고 접수가 된 계약에 대하여 (   ), (   ), (   ) 등에 따라 조사종류를 결정하고, 이에 따른 손해평가반 구성 및 손해평가 일정을 수립한다.

정답

품목, 생육시기, 재해종류

해설

손해평가반 구성 및 손해평가 일정계획 수립
농협 담당자 등은 사고 접수가 된 계약에 대하여 (**품목**), (**생육시기**), (**재해종류**) 등에 따라 조사종류를 결정하고, 이에 따라 손해평가반 구성 및 손해평가 일정을 수립한다.

① 손해평가반은 손해평가인 또는 손해사정사 또는 손해평가사 1인 이상을 포함하여 5인 이내로 구성한다.
② 손해평가 일정은 손해평가반별로 수립한다.
③ 다음의 어느 하나에 해당하는 손해평가에 대하여는 해당자를 손해평가반 구성에서 배제하여야 한다.
  가. 자기 또는 자기와 생계를 같이하는 친족(이하 "이해관계자"라 한다)이 가입한 보험계약에 관한 손해평가
  나. 자기 또는 이해관계자가 모집한 보험계약에 관한 손해평가
  다. 직전 손해평가일로부터 30일 이내의 보험가입자간 상호 손해평가
  라. 자기가 실시한 손해평가에 대한 검증조사 및 재조사

12 A과수원의 종합위험방식 복숭아 품목의 과중조사를 실시하고자 한다. 다음 조건을 이용하여 과중조사 횟수, 최소 표본주수 및 최소 추출과실개수를 답란에 쓰시오. [5점]

〈조건〉

○ A과수원의 품종은 4종이다.
○ 각 품종별 수확시기는 다르다.
○ 최소 표본주수는 회차별 표본주수의 합계로 본다.
○ 최소 추출과실개수는 회차별 추출과실개수의 합계로 본다.
○ 위 조건외 단서조항은 고려하지 않는다.

정답

① 과중조사 횟수 : 4회
② 최소 표본주수 : 12주수
③ 최소 추출과실개수 : 80개

해설

농지에서 품종별로 착과가 평균적인 3주 이상의 표본주에서 크기가 평균적인 과실을 품종별 20개 이상(포도는 농지당 30개 이상, 복숭아·자두는 농지당 60개 이상) 추출하여 품종별 과실 개수와 무게를 조사한다.
① A과수원의 품종은 4종이므로, 과중조사 횟수는 **4회** 실시한다.
② 최소 표본주수는 회차별 표본주수의 합계로 하므로, 4 × 3주 = **12주수**
③ 품종별 20개 이상(농지별 60개 이상) 추출하므로, 최소 추출과실개수는 4 × 20개 = **80개**

13 종합위험방식 과수 품목별 피해인정계수를 다음 (예)와 같이 빈칸에 쓰시오.

[5점] 기출수정

(예)	복숭아	정상과(0)	50%(0.5)	80%(0.8)	피해과(1)	병충해(0.5)

참다래				
포 도				
밤				

정답

참다래	정상과(0)	50%(0.5)	80%(0.8)	피해과(1)
포 도	정상과(0)	50%(0.5)	80%(0.8)	피해과(1)
밤	정상과(0)	50%(0.5)	80%(0.8)	피해과(1)

해설

과실 분류에 따른 피해인정계수(복숭아 외)

과실의 분류	피해인정계수	비 고
정상과	0	피해가 없거나 경미한 과실
50%형 피해과실	0.5	일반시장에 출하할 때 정상과실에 비해 50% 정도의 가격하락이 예상되는 품질의 과실(단, 가공공장 공급 및 판매 여부와 무관)
80%형 피해과실	0.8	일반시장 출하가 불가능하나 가공용으로 공급될 수 있는 품질의 과실(단, 가공공장 공급 및 판매 여부와 무관)
100%형 피해과실	1.0	일반시장 출하가 불가능하고 가공용으로도 공급될 수 없는 품질의 과실

14 다음은 농작물재해보험 업무방법에서 정하는 농작물의 손해평가와 관련한 내용이다. 괄호에 알맞은 내용을 답란에 순서대로 쓰시오. [5점]

○ 인삼 품목의 수확량을 산출할 경우 기초자료인 칸넓이 산정은 두둑폭과 고랑폭을 더한 합계에 (　　)을/를 곱하여 산출한다.
○ 매실 품목의 경우 적정 수확시기 이전에 수확하는 경우에는 품종별로 과실 (　　)을/를 조사한다.
○ 복분자의 피해율은 (　　)을/를 (　　)로/으로 나누어 산출한다.

정답

지주목간격, 비대추정지수, 고사결과모지수, 평년결과모지수

해설

- 인삼 품목의 수확량을 산출할 경우 기초자료인 칸넓이 산정은 두둑폭과 고랑폭을 더한 합계에 (**지주목간격**)을 곱하여 산출한다.
  ※ 칸 넓이 = 지주목간격 × (두둑폭 + 고랑폭)
- 매실 품목의 경우 적정 수확시기 이전에 수확하는 경우에는 품종별로 과실 (**비대추정지수**)를 조사한다.
  ※ 표본주 착과무게 = 조사착과량 × 품종별 비대추정지수(매실) × 2(절반조사시)
- 복분자의 피해율은 (**고사결과모지수**)를 (**평년결과모지수**)로 나누어 산출하며, 고사결과모지수는 종합위험 과실손해조사와 특정위험 과실손해조사를 통해 계산된 고사결과모지수를 합하여 산출한다.

15 다음은 농작물재해보험 업무방법에서 정하는 종합위험방식 밭작물 품목별 수확량조사 적기에 관한 내용이다. 괄호에 알맞은 내용을 답란에 순서대로 쓰시오. [5점]

○ 고구마 : (　　)로/으로부터 120일 이후에 농지별로 조사
○ 감자(고랭지재배) : (　　)로/으로부터 110일 이후 농지별로 조사
○ 마늘 : (　　)와/과 (　　)이/가 1/2~2/3 황변하여 말랐을 때와 해당 지역에 통상 수확기가 도래하였을 때 농지별로 조사
○ 옥수수 : (　　)이/가 나온 후 25일 이후 농지별로 조사

정답

삽식일, 파종일, 잎, 줄기, 수염

해설

품목별 수확량조사 적기

품 목	수확량조사 적기
양 파	양파의 비대가 종료된 시점(식물체의 도복이 완료된 때)
마 늘	마늘의 비대가 종료된 시점(잎과 줄기가 1/2~2/3 황변하여 말랐을 때와 해당 지역의 통상 수확기가 도래하였을 때)
고구마	고구마의 비대가 종료된 시점(삽식일로부터 120일 이후에 농지별로 적용)
감 자 (고랭지재배)	감자의 비대가 종료된 시점(파종일로부터 110일 이후)
감 자 (봄재배)	감자의 비대가 종료된 시점(파종일로부터 95일 이후)
감 자 (가을재배)	감자의 비대가 종료된 시점(파종일로부터 제주지역은 110일 이후, 이외 지역은 95일 이후)
옥수수	옥수수의 수확적기(수염이 나온 후 25일 이후)
차(茶)	조사 가능일 직전[조사 가능일은 대상 농지에 식재된 차나무의 대다수 신초가 1심2엽의 형태를 형성하며 수확이 가능할 정도의 크기(신초장 4.8cm 이상, 엽장 2.8cm 이상, 엽폭 0.9cm 이상)로 자란 시기를 의미하며, 해당 시기가 5월 10일을 초과하는 경우에는 5월 10일을 기준으로 함]
콩	콩의 수확 적기[콩잎이 누렇게 변하여 떨어지고 꼬투리의 80~90% 이상이 고유한 성숙(황색) 색깔로 변하는 시기인 생리적 성숙기로부터 7~14일이 지난 시기]
팥	팥의 수확적기(꼬투리가 70~80% 이상이 성숙한 시기)
양배추	양배추의 수확 적기(결구 형성이 완료된 때)

※ 서술형 문제에 답하시오. (16 ~ 20번 문제)

16 농작물재해보험 업무방법에서 정하는 적과전 종합위험방식(Ⅱ) 과수 품목에 관한 다음 조사방법에 관하여 서술하시오. [15점] 기출수정

피해사실 확인조사	
적과후 착과수조사	
태풍(강풍) 낙엽률조사 (단감, 떫은감)	
우박 착과피해조사	

정답

피해사실확인조사	① 보상하는 재해로 인한 피해 여부 확인 : 기상청 자료 확인 및 현지 방문 등을 통하여 보상하는 재해로 인한 피해가 맞는지 확인한다. 단, 태풍 등과 같이 재해 내용이 명확하거나 사고 접수 후 바로 추가조사가 필요한 경우 등에는 피해사실확인조사를 생략할 수 있다. ② 피해규모 확인 : 조수해 및 화재 등으로 전체 나무 중 일부 나무에만 국한되어 피해가 발생된 경우에 실시한다. ③ 추가 조사 필요 여부 판단 및 해당 조사 실시 : 재해종류 및 특별약관 가입 여부에 따라 추가 확인 사항을 조사한다.
적과후 착과수조사	① 과수원내 품종·재배방식·수령별 실제결과주수에서 미보상주수, 고사주수, 수확불능주수를 파악한다. ② 품종·재배방식·수령별 실제결과주수에서 미보상주수, 고사주수, 수확불능주수를 빼고 조사대상주수를 계산한다. ③ 조사대상주수 기준으로 품목별 표본주수표에 따라 과수원별 전체 표본주수를 정한다. ④ 표본주수는 품종·재배방식·수령별 조사대상주수에 비례하여 배정하며, 품종·재배방식·수령별 표본주수의 합은 전체 표본주수보다 크거나 같아야 한다. ⑤ 품종·재배방식·수령별 표본주수를 기준으로 표본주를 선정 후 리본을 부착한다. ⑥ 선정된 표본주의 품종, 수령, 재배방식 및 착과수(착과과실수)를 조사하고, 리본 및 현지조사서에 조사내용을 기재한다. ⑦ 미보상비율 확인 : 보상하는 손해 이외의 원인으로 인해 감소한 과실의 비율을 조사한다.
태풍(강풍) 낙엽률조사 (단감, 떫은감)	① 조사대상주수 기준으로 품목별 표본주수표의 표본주수에 따라 주수를 산정한다. ② 표본주 간격에 따라 표본주를 정하고, 선정된 표본주에 리본을 묶고 동서남북 4곳의 결과지(신초, 1년생 가지)를 무작위로 정하여 각 결과지별로 낙엽수와 착엽수를 조사하여 리본에 기재한 후 낙엽률을 산정한다(낙엽수는 잎이 떨어진 자리를 센다). ③ 사고 당시 착과수에 낙엽률에 따른 인정피해율을 곱하여 해당 감수과실수로 산정한다. ④ 보상하는 손해 이외의 원인으로 감소한 과실의 비율을 조사한다.
우박 착과피해조사	① 착과피해조사는 착과된 과실에 대한 피해정도를 조사하는 것으로 해당 피해에 대한 확인이 가능한 시기에 실시하며, 대표품종(적과후착과수 기준 60% 이상 품종) 또는 품종별로 각각 실시할 수 있다. ② 착과피해조사에서는 가장 먼저 착과수를 확인하여야 하며, 이때 확인할 착과수는 적과후착과수조사와는 별개의 조사를 의미한다. 다만, 이전 실시한 착과수조사(이전 착과피해조사시 실시한 착과수조사 포함)의 착과수와 착과피해조사 시점의 착과수가 큰 차이가 없는 경우에는 별도의 착과수 확인 없이 이전에 실시한 착과수조사 값으로 대체할 수 있다. ③ 착과수 확인은 실제결과주수에서 수확완료주수, 미보상주수 및 고사나무주수를 뺀 조사대상주수를 기준으로 적정 표본주수를 산정하며, 이후 조사 방법은 위 「적과후착과수조사」 방법과 같다. ④ 착과수 확인이 끝나면 수확이 완료되지 않은 품종별로 표본 과실을 추출한다. 이때 추출하는 표본 과실수는 품종별 1주 이상(과수원당 3주 이상)으로 하며, 추출한 표본 과실을 「과실 분류에 따른 피해인정계수」에 따라에 따라 품종별로 구분하여 해당 과실 개수를 조사한다(다만, 거대재해 등 필요 시에는 해당 기준 표본수의 1/2만 조사도 가능). ⑤ 조사 당시 수확이 완료된 품종이 있거나 피해가 경미하여 피해구성조사가 의미가 없을 때에는 품종별로 피해구성조사를 생략할 수 있다. 대표품종만 조사한 경우에는 품종별 피해상태에 따라 대표품종의 조사 결과를 동일하게 적용할 수 있다.

17 다음의 계약사항과 조사내용에 관한 누적감수과실수를 구하시오(단, 계약사항은 계약 1, 2 조건에 따르고, 조사내용은 아래 표와 같으며, 감수과실수는 소수점 이하에서 반올림함).

[20점] 기출수정

○ 계약사항

구 분	상품명	특 약	평년착과수	가입과실수	실제결과주수
계약 1	적과전 종합위험방식(Ⅱ) 배	적과종료 이전 특정위험 5종 한정보장 특별약관	10,000개	8,000개	100주
계약 2	적과전 종합위험방식(Ⅱ) 배	없 음	20,000개	15,000개	200주

<table>
<tr><th rowspan="2">구 분</th><th rowspan="2">재해 종류</th><th rowspan="2">사고 일자</th><th rowspan="2">조사 일자</th><th colspan="2">조사내용</th></tr>
<tr><th>적과전 종합위험방식(Ⅱ)(계약 1)</th><th>적과전 종합위험방식(Ⅱ)(계약 2)</th></tr>
<tr><td rowspan="2">적과 종료 이전</td><td>태 풍</td><td>4월 20일</td><td>4월 21일</td><td>〈피해사실확인조사〉
최대 인정피해율 : 50%
미보상감수과실수 : 없음</td><td>해당 조사 : 없음
미보상감수과실수 : 없음</td></tr>
<tr><td>우 박</td><td>5월 15일</td><td>5월 16일</td><td>〈유과타박률조사〉
유과타박률 : 28%
미보상감수과실수 : 없음</td><td>해당 조사 : 없음
미보상감수과실수 : 없음</td></tr>
<tr><td>적과후 착과수</td><td colspan="2">–</td><td>7월 10일</td><td>적과후착과수 : 6,000개</td><td>적과후착과수 : 9,000개</td></tr>
<tr><td rowspan="2">적과 종료 이후</td><td>태 풍</td><td>8월 25일</td><td>8월 26일</td><td>〈낙과피해조사(전수조사)〉
총낙과과실수 : 1,000개 / 나무피해 없음
<table><tr><th>피해과실 구분</th><th>100%</th><th>80%</th><th>50%</th><th>정 상</th></tr><tr><td>과실수 (개)</td><td>500</td><td>300</td><td>120</td><td>80</td></tr></table>미보상감수과실수 : 없음</td><td>〈낙과피해조사(전수조사)〉
총낙과과실수 : 2,000개 / 나무피해 없음
<table><tr><th>피해과실 구분</th><th>100%</th><th>80%</th><th>50%</th><th>정 상</th></tr><tr><td>과실수 (개)</td><td>700</td><td>800</td><td>320</td><td>180</td></tr></table>미보상감수과실수 : 없음</td></tr>
<tr><td>우 박</td><td>5월 15일</td><td>9월 10일</td><td>〈착과피해조사〉
<table><tr><th>피해과실 구분</th><th>100%</th><th>80%</th><th>50%</th><th>정 상</th></tr><tr><td>과실수 (개)</td><td>10</td><td>10</td><td>14</td><td>66</td></tr></table>미보상감수과실수 : 없음</td><td>〈착과피해조사〉
<table><tr><th>피해과실 구분</th><th>100%</th><th>80%</th><th>50%</th><th>정 상</th></tr><tr><td>과실수 (개)</td><td>20</td><td>50</td><td>20</td><td>10</td></tr></table>미보상감수과실수 : 없음</td></tr>
</table>

[계약1(적과전 종합위험방식Ⅱ 배)]

① 계산과정 :

② 누적감수과실수 : ________개

[계약2(적과전 종합위험방식Ⅱ 배)]

① 계산과정 :

② 누적감수과실수 : ________개

정답

[계약1(적과전 종합위험방식Ⅱ 배)]

① 계산과정 :

- 적과종료 이전 착과감소과실수

  착과감소과실수 = 최솟값(평년착과수 − 적과후착과수, 최대인정감소과실수)

  = 최솟값(10,000개 − 6,000개, 5,000개) = **4,000개**

  ※ 최대인정감소과실수 = 평년착과수 × 최대인정피해율

  = 10,000개 × 0.5 = **5,000개**

  ※ 최대인정피해율은 가장 큰 값을 적용

- 적과종료 이후 태풍 낙과피해 감수과실수(전수조사)

  총 낙과과실수 × (낙과피해구성률 − max A) × 1.07

  $$= 1{,}000\text{개} \times \left[\frac{(500 \times 1) + (300 \times 0.8) + (120 \times 0.5)}{1{,}000\text{개}} - 0 \right] \times 1.07$$

  = 856개

  ※ 낙과피해구성률

  $$= \frac{(100\%\text{형 피해과실수} \times 1) + (80\%\text{형 피해과실수} \times 0.8) + (50\%\text{형 피해과실수} \times 0.5)}{100\%\text{형 피해과실수} + 80\%\text{형 피해과실수} + 50\%\text{형 피해과실수} + \text{정상과실수}}$$

  ※ max A : 금차 사고전 기조사된 착과피해구성률 중 최댓값(= 0)

- 우박 착과피해 감수과실수

  사고 당시 착과과실수 × (착과피해구성률 − max A)

  ※ 사고 당시 착과과실수

  = 적과후착과수 − 총 낙과과실수 − 총 적과종료후 나무피해과실수 − 총 기수확과실수

  = 6,000개 − 1,000개 − 0개 − 0개 = 5,000개

  ※ 착과피해구성률

  $$= \frac{(100\%\text{형 피해과실수} \times 1) + (80\%\text{형 피해과실수} \times 0.8) + (50\%\text{형 피해과실수} \times 0.5)}{100\%\text{형 피해과실수} + 80\%\text{형 피해과실수} + 50\%\text{형 피해과실수} + \text{정상과실수}}$$

  ※ max A : 금차 사고전 기조사된 착과피해구성률 중 최댓값(= 0)

  우박 착과피해 감수과실수

  $$= 5{,}000\text{개} \times \left[\frac{(10 \times 1) + (10 \times 0.8) + (14 \times 0.5)}{100\text{개}} - 0 \right]$$

  = 1,250개

  ∴ 누적감수과실수 = 856개 + 1,250개 = **2,106개**

② 누적감수과실수 : **2,106개**

[계약2(적과전 종합위험방식Ⅱ 배)]

① 계산과정 :

• 적과종료 이전 감수과실수 : 적과후착과수가 평년착과수의 60% 미만인 경우

감수과실수 = 적과후착과수 × 5%

※ 착과율 = 적과후착과수 ÷ 평년착과수 = 9,000개 ÷ 20,000개 = 0.45

감수과실수 = 9,000개 × 0.05 = 450개

※ 착과피해율 = 감수과실수 ÷ 적과후착과수 = 450개 ÷ 9,000개 = 0.05(= 5%)

• 적과종료 이후 태풍 낙과피해 감수과실수(전수조사)

총 낙과과실수 × (낙과피해구성률 − max A) × 1.07

$$= 2{,}000\text{개} \times \left[\frac{(700 \times 1) + (800 \times 0.8) + (320 \times 0.5)}{2{,}000\text{개}} - 0.05 \right] \times 1.07$$

= **1,498개**

※ max A : 금차 사고전 기조사된 착과피해구성률 중 최고값(= 0.05)

• 우박 착과피해 감수과실수

사고 당시 착과과실수 × (착과피해구성률 − max A)

※ 사고 당시 착과과실수

= 적과후착과수 − 총 낙과과실수 − 총 적과종료후 나무피해과실수 − 총 기수확과실수

= 9,000개 − 2,000개 − 0개 − 0개 = 7,000개

※ 착과피해구성률

$$= \frac{(100\%\text{형 피해과실수} \times 1) + (80\%\text{형 피해과실수} \times 0.8) + (50\%\text{형 피해과실수} \times 0.5)}{100\%\text{형 피해과실수} + 80\%\text{형 피해과실수} + 50\%\text{형 피해과실수} + \text{정상과실수}}$$

※ max A : 금차 사고전 기조사된 착과피해구성률 중 최고값(= 0.05)

우박 착과피해 감수과실수

$$= 7{,}000\text{개} \times \left[\frac{(20 \times 1) + (50 \times 0.8) + (20 \times 0.5)}{100\text{개}} - 0.05 \right]$$

= **4,550개**

∴ 누적감수과실수 = 450개 + 1,498개 + 4,550개 = **6,498개**

② 누적감수과실수 : **6,498개**

18 종합위험방식 밭작물 고추에 관하여 수확기 이전에 보험사고가 발생한 경우 〈보기〉의 조건에 따른 생산비보장보험금을 산정하시오. [10점] 기출수정

〈조건〉

- ○ 잔존보험가입금액 : 10,000,000원
- ○ 자기부담금 : 500,000원
- ○ 준비기생산비계수 : 55.7%
- ○ 병충해 등급별 인정비율 : 70%
- ○ 생장일수 : 50일
- ○ 표준생장일수 : 100일
- ○ 피해비율 : 50%
- ○ 손해정도비율 : 80%
- ○ 미보상비율 : 0%

① 계산과정 :

② 생산비보장보험금 : ____________원

정답

① 계산과정 :

보험금 = 잔존보험가입금액 × 경과비율 × 피해율 × 병충해 등급별 인정비율 − 자기부담금

- 경과비율 = 준비기생산비계수 + (1 − 준비기생산비계수) × $\frac{\text{생장일수}}{\text{표준생장일수}}$

  $= 0.557 + (1 - 0.557) \times \frac{50}{100} = 0.7785$

- 피해율 = 피해비율 × 손해정도비율(심도) × (1 − 미보상비율)

  = 0.5 × 0.8 × (1 − 0) = 0.4

∴ 생산비보장보험금 = 10,000,000원 × 0.7785 × 0.4 × 0.7 − 500,000원

= **1,679,800원**

② 생산비보장보험금 : **1,679,800원**

19 업무방법에서 정하는 종합위험방식 벼 상품에 관한 다음 2가지 물음에 답하시오. [15점]

(1) 재이앙·재직파보험금, 경작불능보험금, 수확감소보험금의 지급사유를 각각 서술하시오.

〈지급사유〉

구분	지급사유
재이앙·재직파보험금	
경작불능보험금	
수확감소보험금	

(2) 아래 조건(1, 2, 3)에 따른 보험금을 산정하시오(단, 아래의 조건들은 지급사유에 해당된다고 가정한다).

〈조건 1 : 재이앙·재직파보험금〉

- ○ 보험가입금액 : 2,000,000원
- ○ 자기부담비율 : 20%
- ○ (면적)피해율 : 50%
- ○ 미보상감수면적 : 없음

① 계산과정 :

② 보험금 : ＿＿＿＿＿＿원

〈조건 2 : 경작불능보험금〉

- ○ 보험가입금액 : 2,000,000원
- ○ 자기부담비율 : 15%
- ○ 식물체 80% 고사

① 계산과정 :

② 보험금 : ＿＿＿＿＿＿원

〈조건 3 : 수확감소보험금〉

- ○ 보험가입금액 : 2,000,000원
- ○ 자기부담비율 : 20%
- ○ 평년수확량 : 1,400kg
- ○ 수확량 : 500kg
- ○ 미보상감수량 : 200kg

① 계산과정 :

② 보험금 : ＿＿＿＿＿＿원

정답

(1) 재이앙 · 재직파보험금, 경작불능보험금, 수확감소보험금의 지급사유

〈지급사유〉

재이앙 · 재직파보험금	보상하는 손해로 면적피해율이 10%를 초과하고, 재이앙 · 재직파를 한 경우에 1회 지급한다.
경작불능보험금	보상하는 손해로 인해 식물체 피해율이 65% 이상이고, 계약자가 경작불능보험금을 신청한 경우에 지급한다.
수확감소보험금	보상하는 재해로 인해 피해율이 자기부담비율을 초과하는 경우 수확감소 보험금을 지급한다.

(2) 아래 조건에 따른 보험금 산정

〈조건 1 : 재이앙 · 재직파보험금〉

○ 보험가입금액 : 2,000,000원
○ 자기부담비율 : 20%
○ (면적)피해율 : 50%
○ 미보상감수면적 : 없음

① 계산과정 :
지급금액 = 보험가입금액 × 25% × 면적피해율
= 2,000,000원 × 0.25 × 0.5 = 250,000원
② 보험금 : **250,000원**

〈조건 2 : 경작불능보험금〉

○ 보험가입금액 : 2,000,000원
○ 자기부담비율 : 15%
○ 식물체 80% 고사

① 계산과정 :
지급금액 = 자기부담비율별 경작불능보험금
자기부담비율이 15%일 때
지급금액 = 보험가입금액 × 42% = 2,000,000원 × 0.42 = 840,000원
② 보험금 : **840,000원**

자기부담비율별 경작불능보험금

자기부담비율	경작불능보험금
10%형	보험가입금액 × 45%
15%형	보험가입금액 × 42%
20%형	보험가입금액 × 40%
30%형	보험가입금액 × 35%
40%형	보험가입금액 × 30%

〈조건 3 : 수확감소보험금〉

- ○ 보험가입금액 : 2,000,000원
- ○ 자기부담비율 : 20%
- ○ 평년수확량 : 1,400kg
- ○ 수확량 : 500kg
- ○ 미보상감수량 : 200kg

① 계산과정 :

지급금액 = 보험가입금액 × (피해율 - 자기부담비율)

피해율 = (평년수확량 - 수확량 - 미보상감수량) ÷ 평년수확량

= (1,400kg - 500kg - 200kg) ÷ 1,400kg = 0.5

지급금액 = 2,000,000원 × (0.5 - 0.2) = 600,000원

② 보험금 : **600,000원**

20 벼 상품의 수확량조사 3가지 유형을 구분하고, 각 유형별 수확량조사 시기와 조사방법에 관하여 서술하시오. [15점]

유 형	조사시기	조사방법

정답

유 형	조사시기	조사방법
수량요소조사	수확전 14일 전후	① 표본포기 수 : 4포기(가입면적과 무관함) ② 표본포기 선정 : 재배방법 및 품종 등을 감안하여 조사대상면적에 동일한 간격으로 골고루 배치될 수 있도록 표본포기를 선정한다. 다만, 선정한 포기가 표본으로서 부적합한 경우(해당 포기의 수확량이 현저히 많거나 적어서 표본으로서의 대표성을 가지기 어려운 경우 등)에는 가까운 위치의 다른 포기를 표본으로 선정한다. ③ 표본포기 조사 : 선정한 표본 포기별로 이삭상태 점수 및 완전낟알상태 점수를 조사한다.

수량요소조사	수확전 14일 전후	④ 수확비율 산정 ㉠ 표본포기별 이삭상태 점수(4개) 및 완전낟알상태 점수(4개)를 합산한다. ㉡ 합산한 점수에 따라 조사수확비율 환산표에서 해당하는 수확비율구간을 확인한다. ㉢ 해당하는 수확비율구간 내에서 조사 농지의 상황을 감안하여 적절한 수확비율을 산정한다. ⑤ 피해면적 보정계수 산정 : 피해정도에 따른 보정계수를 산정한다. ⑥ 병해충 단독사고 여부 확인 : 농지의 피해가 자연재해, 조수해 및 화재와는 상관없이 보상하는 병해충만으로 발생한 병해충 단독사고인지 여부를 확인한다. 이 때, 병해충 단독사고로 판단될 경우에는 가장 주된 병해충명을 조사한다.
표본조사	알곡이 여물어 수확이 가능한 시기	① 표본구간 수 선정 : 조사대상면적에 따라 적정 표본구간 수 이상의 표본구간 수를 선정한다. 다만, 가입면적과 실제경작면적이 10% 이상 차이가 날 경우(계약 변경 대상)에는 실제경작면적을 기준으로 표본구간 수를 선정한다. ② 표본구간 선정 : 선정한 표본구간 수를 바탕으로 재배방법 및 품종 등을 감안하여 조사대상면적에 동일한 간격으로 골고루 배치될 수 있도록 표본구간을 선정한다. 다만, 선정한 구간이 표본으로서 부적합한 경우(해당 작물의 수확량이 현저히 많거나 적어서 표본으로서의 대표성을 가지기 어려운 경우 등)에는 가까운 위치의 다른 구간을 표본구간으로 선정한다. ③ 표본구간 면적 및 수량 조사 ㉠ 표본구간 면적 : 표본구간마다 4포기의 길이와 포기당 간격을 조사한다(단, 농지 및 조사 상황 등을 고려하여 4포기를 2포기로 줄일 수 있다). ㉡ 표본중량 조사 : 표본구간의 작물을 수확하여 해당 중량을 측정한다. ㉢ 함수율 조사 : 수확한 작물에 대하여 함수율을 3회 이상 실시하여 평균값을 산출한다. ④ 병해충 단독사고 여부 확인 : 농지의 피해가 자연재해, 조수해 및 화재와는 상관없이 보상하는 병해충만으로 발생한 병해충 단독사고인지 여부를 확인한다. 이 때, 병해충 단독사고로 판단될 경우에는 가장 주된 병해충명을 조사한다.
전수조사	수확시	① 전수조사 대상 농지 여부 확인 : 전수조사는 기계수확(탈곡 포함)을 하는 농지에 한한다. ② 조곡의 중량 조사 : 대상 농지에서 수확한 전체 조곡의 중량을 조사하며, 전체 중량 측정이 어려운 경우에는 콤바인, 톤백, 콤바인용 포대, 곡물적재함 등을 이용하여 중량을 산출한다. ③ 조곡의 함수율 조사 : 수확한 작물에 대하여 함수율을 3회 이상 실시하여 평균값을 산출한다. ④ 병해충 단독사고 여부 확인 : 농지의 피해가 자연재해, 조수해 및 화재와는 상관없이 보상하는 병해충만으로 발생한 병해충 단독사고인지 여부를 확인한다. 이 때, 병해충 단독사고로 판단될 경우에는 가장 주된 병해충명을 조사한다.

2016년

제2회 손해평가사 2차 시험문제

제 1 과목 농작물재해보험 이론과 실무

※ 단답형 문제에 대해 답하시오. (1 ~ 5번 문제)

01 다음은 농작물재해보험 업무방법 통칙내 용어의 정의로 괄호 안에 들어갈 옳은 내용을 답란에 쓰시오. [5점]

> "평년수확량"이란 가입연도 직전 (㉠) 중 보험에 가입한 연도의 (㉡)와(과) (㉢)을(를) (㉣)에 따라 가중평균하여 산출한 해당 과수원(농지)에 기대되는 수확량을 말한다.

정답

㉠ 5년, ㉡ 실제수확량, ㉢ 표준수확량, ㉣ 가입횟수

해설

> "평년수확량"이란 가입연도 직전 (**5년**) 중 보험에 가입한 연도의 (**실제수확량**)과 (**표준수확량**)을 (**가입횟수**)에 따라 가중평균하여 산출한 해당 과수원(농지)에 기대되는 수확량을 말하며, 평년수확량의 산출과 관련된 세부사항은 회사가 작성한 업무방법을 따른다.
> ※ **표준수확량** : 가입품목의 품종, 수령, 재배방식 등에 따라 정해진 수확량

02 다음과 같이 4개의 사과 과수원을 경작하고 있는 A씨가 적과전 종합위험방식Ⅱ 보험상품에 가입하고자 할 경우, 계약인수단위 규정에 따라 보험가입이 가능한 과수원 구성과 그 이유를 쓰시오(단, 밀식재배 조건임). [5점] 기출수정

구 분	가입 조건	소재지
1번 과수원	'후지' 품종 4년생 보험가입금액 120만원	서울시 종로구 부암동
2번 과수원	'홍로' 품종 3년생 보험가입금액 70만원	서울시 종로구 부암동
3번 과수원	'미얀마' 품종 5년생 보험가입금액 110만원	서울시 종로구 부암동
4번 과수원	'쓰가루' 품종 6년생 보험가입금액 190만원	서울시 종로구 신영동

① 과수원 구성 :

② 이 유 :

정답

① **과수원 구성 : 1번 과수원 + 3번 과수원**
1번, 2번, 3번, 4번 과수원은 모두 최저 보험가입금액이 200만원 미만으로 가입이 불가하다. 다만, 하나의 리, 동 안에 있는 각각 보험가입금액 200만원 미만의 두 개의 과수원은 하나의 과수원으로 취급하여 계약 가능하다. 따라서, 서울시 종로구 부암동 안에 있는 1번 과수원과 3번 과수원의 보험가입금액을 합하면, 120만원 + 110만원 = 230만원이 되므로, 이를 하나의 과수원으로 계약 가능하다.

② **이유** : 계약인수는 과수원 단위로 가입하고, 최저 보험가입금액은 200만원 이상으로 한다. 다만, 하나의 리, 동 안에 있는 각각 보험가입금액 200만원 미만의 두 개의 과수원은 하나의 과수원으로 취급하여 계약 가능하며, 보험가입금액 200만원 이상인 과수원에 다른 과수원을 더하여 계약 인수불가하다.

하나의 동 안에 있는 1번 과수원 + 2번 과수원, 2번 과수원 + 3번 과수원, 4번 과수원은 모두 200만원 미만이므로 가입이 불가하다.

03 **다음의 조건으로 농업용 시설물 및 시설작물을 종합위험방식 원예시설보험에 가입하려고 하는 경우 보험가입 여부를 판단하고, 그 이유를 쓰시오(단, 주어진 조건 외에는 고려하지 않는다).** [5점] 기출수정

○ 시설하우스 조건 : 폭 10m, 높이 3.5m, 길이 100m, 구조안전성 분석결과 허용풍속 10.2m/s
○ 시설작물의 재식밀도 : 오이 1,600주/10a

정답

(1) 보험가입 여부

출제 당시 2016년 업무방법서에 따르면 인수제한 되지만, 2020년 12월 기준 업무방법서에 따르면 인수제한 조건에 해당하지 않아 보험가입이 가능하다.

(2) 이 유

① 출제 당시 2016년 업무방법서에는 '구조안전성 분석결과 허용풍속이 10.5m/s 미만인 시설은 인수제한 된다'는 규정으로 보험가입이 거절되었으나, 2017년 업무방법서의 개정으로 이 규정이 삭제되었다.
② 또한, '시설 폭 3m 미만, 시설 높이 1.5m 미만, 시설 길이 5m 미만인 시설일 경우 인수제한 된다'는 규정이 있었으나, 이 규정도 삭제되었다.
③ 시설작물인 오이의 재식밀도가 1,500주/10a 미만일 경우 인수제한 되지만, 이 인수제한 조건에는 해당되지 않는다.

(3) 결 론

2020년 12월 기준 업무방법서에 따르면, 인수제한 조건에 해당하지 않으므로 보험가입이 가능하게 되었다.

해설

1. 농업용 시설물 및 부대시설의 인수제한 목적물
   ① 판매를 목적으로 하는 시설작물을 경작하지 않는 시설
   ② 작업동, 창고동 등 시설작물 경작용으로 사용되지 않는 시설(단, 농업용 시설물 한 동 면적의 80% 이상을 작물재배용으로 사용하는 경우 가입 가능)
   ③ 피복재가 없거나 시설작물을 재배하고 있지 않은 시설(단, 지역적 기후특성에 따른 한시적 휴경은 제외)
   ④ 목재, 죽재로 시공된 시설
   ⑤ 버섯재배사 및 비가림시설
   ⑥ 구조체, 피복재 등 목적물이 변형되거나 훼손된 시설
   ⑦ 목적물의 소유권에 대한 확인이 불가능한 시설
   ⑧ 건축 또는 공사 중인 시설
   ⑨ 1년 이내에 철거 예정인 고정식 시설
   ⑩ 하천부지 및 상습침수지역에 소재한 시설(다만, 수재위험부보장 특약에 가입하여 풍재만을 보장하는 것은 가능함)
   ⑪ 정부에서 보험료의 일부를 지원하는 다른 계약에 이미 가입되어 있는 시설
   ⑫ 도서지역의 경우 연륙교가 설치되어 있지 않거나, 정기선이 운항하지 않는 등 신속한 손해평가가 불가능한 농지
   ⑬ 기타 인수가 부적절한 하우스

2. 시설작물의 인수제한 목적물
   ① 작물의 재배면적이 시설 면적의 50% 미만인 경우 인수 제한(단, 시설백합, 카네이션의 경우 시설별 200 m^2 미만인 경우 인수제한)
   ② 분화류의 국화, 장미, 백합, 카네이션을 재배하는 경우
   ③ 판매를 목적으로 재배하지 않는 시설작물
   ④ 한 시설에서 화훼류와 비화훼류를 혼식 재배중이거나, 또는 재배 예정인 경우
   ⑤ 통상적인 재배시기, 재배품목, 재배방식이 아닌 경우
      예 여름재배 토마토가 불가능한 지역에서 여름재배 토마토를 가입하는 경우
         파프리카 토경재배가 불가능한 지역에서 토경재배 파프리카를 가입하는 경우
   ⑥ 시설작물별 10a당 인수제한 재식밀도 미만인 경우 예 오이 : 1,500주/10a 미만

04 농작물재해보험계약이 무효로 되었을 때의 보험료 환급에 관한 설명이다. 괄호 안에 들어갈 내용을 답란에 쓰시오. [5점]

> ㄱ. 계약자 또는 피보험자의 책임 없는 사유에 의하는 경우에는 계약자가 납입한 보험료를 (㉠) 환급한다.
> ㄴ. 계약자 또는 피보험자의 책임 있는 사유에 의하는 경우에는 품목별 해당 월 (㉡)에 따라 계산된 환급보험료를 지급한다.
> ㄷ. 계약자 또는 피보험자의 고의 또는 (㉢)로 무효가 된 경우는 보험료를 환급하지 않는다.
> ㄹ. 회사의 고의 또는 과실로 인하여 계약이 무효로 된 경우와 회사가 승낙 전에 무효임을 알았거나 알 수 있었음에도 불구하고 보험료를 반환하지 않은 경우에는 보험료를 납입한 날의 다음날부터 반환일까지의 기간에 대하여 보험개발원이 공시하는 (㉣)을(를) 연단위 복리로 계산한 금액을 더하여 환급한다.

정답

㉠ 전액, ㉡ 미경과비율, ㉢ 중대한 과실, ㉣ 보험계약대출이율

해설

ㄱ. 계약자 또는 피보험자의 책임 없는 사유에 의하는 경우에는 계약자가 납입한 보험료를 (**전액**) 환급하며, 환급전 본사의 승인을 받아야 한다.
ㄴ. 계약자 또는 피보험자의 책임 있는 사유에 의하는 경우에는 품목별 해당 월 (**미경과비율**)에 따라 계산된 환급보험료를 지급한다.
ㄷ. 계약자 또는 피보험자의 고의 또는 (**중대한 과실**)로 무효가 된 경우는 보험료를 환급하지 않는다.
ㄹ. 회사의 고의 또는 과실로 인하여 계약이 무효로 된 경우와 회사가 승낙 전에 무효임을 알았거나 알 수 있었음에도 불구하고 보험료를 반환하지 않은 경우에는 보험료를 납입한 날의 다음날부터 반환일까지의 기간에 대하여 보험개발원이 공시하는 (**보험계약대출이율**)을 연단위 복리로 계산한 금액을 더하여 환급한다.

05 다음 조건에 따라 적과전 종합위험방식Ⅱ 보험상품에 가입할 경우, 과실손해보장 보통약관 보험료를 산출하시오.

[5점] 기출수정

○ 품목 : 사과
○ 보험가입금액 : 10,000,000원
○ 지역별 보통약관 보험요율 : 20%
○ 손해율에 따른 할인·할증률 : 20%
○ 방재시설할인율 : 10%
○ 전년도 무사고 할인율 : 5%
○ 부보장 및 한정보장 특별약관 할인율 : 10%

정답

보험료 : 1,863,000원

해설

보험료
= 보험가입금액 × 지역별 보통약관 보험요율 × (1 − 부보장 및 한정보장 특별약관 할인율) × (1 + 손해율에 따른 할인·할증률 − 전년도 무사고할인율) × (1 − 방재시설할인율)
= 10,000,000원 × 0.2 × (1 − 0.1) × (1 + 0.2 − 0.05) × (1 − 0.1)
= 1,863,000원

※ 서술형 문제에 대해 답하시오. (6 ~ 10번 문제)

06 적과전 종합위험방식Ⅱ 보험상품에 가입하는 경우 다음과 같은 조건에서 과실손해보장의 자기부담금과 태풍(강풍)·집중호우 나무손해보장특약의 보험가입금액 및 자기부담금을 산출하시오(단, 결과주수 1주당 가입가격은 10만원이다). [15점] 기출수정

> '신고' 배 6년생 700주를 실제 경작하고 있는 A씨는 최근 3년간 동 보험에 가입하였으며, 3년간 수령한 보험금이 순보험료의 50% 이하였다. 과실손해보장의 보험가입금액은 1,000만원으로서 최저 자기부담비율을 선택하고, 특약으로는 태풍(강풍)·집중호우 나무손해보장 특약만을 선택하여 보험에 가입하고자 한다.

구 분	내 용
과실손해보장의 자기부담금	① 풀이과정 : ② 답 :
태풍(강풍)·집중호우 나무손해보장특약의 보험가입금액	① 풀이과정 : ② 답 :
태풍(강풍)·집중호우 나무손해보장특약의 자기부담금	① 풀이과정 : ② 답 :

정답

구 분	내 용
과실손해보장의 자기부담금	① 풀이과정 : 과실손해보장의 자기부담비율은 지급보험금을 계산할 때 피해율에서 차감하는 비율로서, 계약할 때 계약자가 선택한 비율(10%, 15%, 20%, 30%)로 한다. 자기부담비율의 적용 기준은 다음과 같다. • 10%형 : 최근 3년간 연속 보험가입 과수원으로서 3년간 수령한 보험금이 순보험료의 50% 이하인 경우에 한하여 선택 가능 • 15%형 : 최근 2년간 연속 보험가입 과수원으로서 2년간 수령한 보험금이 순보험료의 100% 이하인 경우에 한하여 선택 가능 • 20%형 및 30%형 : 제한 없음 따라서, 최근 3년간 연속 보험가입 과수원으로서 3년간 수령한 보험금이 순보험료의 50% 이하인 경우에 해당하므로 10%형 자기부담비율을 선택한다. 자기부담금 = 1,000만원 × 0.1 = 100만원 ② 답 : **100만원**
태풍(강풍)·집중호우 나무손해보장특약의 보험가입금액	① 풀이과정 : 나무손해보장특약의 보험가입금액은 결과주수 1주당 가입가격(10만원)을 곱하여 산정한다. 보험가입금액 = 700주 × 10만원/주 = 7,000만원 ② 답 : **7,000만원**
태풍(강풍)·집중호우 나무손해보장특약의 자기부담금	① 풀이과정 : 나무손해보장특약의 자기부담비율은 5%로 한다. 자기부담금 = 7,000만원 × 0.05 = 350만원 ② 답 : **350만원**

07 종합위험방식 포도 품목의 표준수확량, 면적에 대한 산출식을 쓰고, 주간거리 · 열간거리 측정방법에 관하여 서술하시오(단, 단위를 사용할 경우는 반드시 기입하시오).

[15점] 기출수정

구 분	내 용
표준수확량	
면 적	
주간거리 · 열간거리 측정방법	

정답

구 분	내 용
표준수확량	품종별 · 수령별 표준수확량 × 면적
면 적	주간거리(m) × 열간거리(m) × 주수(주)
주간거리 · 열간거리 측정방법	① 전체 이랑의 약 30% 수준으로 표본이랑을 선정한다. ② 한 이랑당 연속되는 4개 나무의 주간거리 · 열간거리를 측정한다. ③ 전체 조사된 주간거리 · 열간거리의 평균을 소수점 첫째자리까지 m로 입력한다.

08 단감 '부유' 품종을 경작하는 A씨는 적과전 종합위험방식Ⅱ 보험에 가입하면서 적과종료 이전 특정위험 5종 한정보장 특별약관에도 가입하였다. (1) 보험가입금액이 감액된 경우의 차액보험료 산출방법에 대해 서술하고, (2) 다음 조건의 차액보험료를 계산하시오(단, 풀이과정을 반드시 쓰시오). [15점] 기출수정

○ 적과후착과량 : 1,000kg
○ 평년착과량 : 1,300kg
○ 기준수확량 : 1,100kg
○ 주계약 보험가입금액 : 1,000만원
○ 계약자부담보험금 : 100만원
○ 과수원별 할인·할증률 : 0%
○ 감액분 계약자부담보험료 : 10만원
○ 감액미경과비율 : 83%
○ 미납입보험료 : 없음

(1) 차액보험료 산출방법 :
(2) 차액보험료 계산 :

정답

(1) 차액보험료 산출방법

적과전 사고가 없으나, 적과후착과량이 평년착과량보다 적게 되는 경우 보험가입금액을 감액한다. 보험가입금액을 감액한 경우 아래와 같이 계산한 차액보험료를 환급한다.

① 차액보험료 = (감액분 계약자부담보험료 × 감액미경과비율) − 미납입보험료
※ 감액분 계약자부담보험료는 계약자부담보험료 중 감액한 가입금액에 해당하는 부분이다.

② 차액보험료는 적과후착과수 조사일이 속한 달의 다음달 말일 이내에 지급한다.

(2) 차액보험료 계산

차액보험료 = (감액분 계약자부담보험료 × 감액미경과비율) − 미납입보험료
= (10만원 × 83%) − 0원 = 83,000원

∴ 차액보험료 = 83,000원

※ 적과종료 이전 특정위험 5종 한정보장 특별약관에 가입한 경우 단감의 감액미경과비율은 83%이다.

09 강원도 철원으로 귀농한 A씨는 100,000m^2 논의 '오대벼'를 주계약 보험가입금액 1억원, 병충해보장특약 보험가입금액 5천만원을 선택하여 친환경재배방식으로 농작물재해보험에 가입하고자 한다. 다음의 추가조건에 따른 (1) 주계약 보험료와 (2) 병충해보장특약 보험료를 계산하시오. [15점] 기출수정

〈추가조건〉

철원지역 주계약 기본영업요율(1%), 손해율에 따른 할인율(25%) 및 전년도 무사고 할인율(5%), 친환경재배시 할증률(30%), 직파재배 농지할증률(20%), 평년수확량 초과가입시 할증률(5%), 정부보조보험료는 순보험료의 50%와 부가보험료를 지원하고 지자체지원 보험료는 순보험료의 30%를 지원한다. 상기 보험요율은 순보험요율이다.

(1) 주계약 보험료
① 풀이과정 :
② 답 :

(2) 병충해보장특약 보험료
① 풀이과정 :
② 답 :

정답

(1) 주계약 보험료

① 풀이과정 :

주계약 보험료 = 주계약 보험가입금액 × 지역별 기본영업요율 × (1 + 손해율에 따른 할인・할증률) × (1 + 친환경재배시 할증률) × (1 + 직파재배 농지할증률)

주계약 보험료 = 1억원 × 0.01 × (1 − 0.25) × (1 + 0.3) × (1 + 0.2)
= 1,170,000원

② 답 : 1,170,000원

(2) 병충해보장특약 보험료

① 풀이과정 :

병충해보장특약 보험료 = 특약 보험가입금액 × 지역별 기본영업요율 × (1 + 손해율에 따른 할인・할증률) × (1 + 친환경재배시 할증률) × (1 + 직파재배 농지할증률)

병충해보장특약 보험료 = 5천만원 × 0.01 × (1 − 0.25) × (1 + 0.3) × (1 + 0.2)
= 585,000원

② 답 : 585,000원

10 농업수입감소보장방식의 양파 품목에 있어 경작불능보험금과 인수제한 농지(10개 이상)를 쓰시오(단, 경작불능보험금은 자기부담비율에 따른 지급액 포함). [15점]

구 분	내 용
경작불능보험금	
인수제한 목적물 (10개 이상)	

정답

<table>
<tr><th>구 분</th><th>내 용</th></tr>
<tr><td>경작불능보험금</td><td>① 경작불능보험금은 보상하는 재해로 식물체의 피해율이 65% 이상이고, 계약자가 경작불능보험금을 신청한 경우 아래의 표와 같이 계산한다.
<table><tr><th>자기부담비율</th><th>경작불능보험금</th></tr><tr><td>20%형</td><td>보험가입금액 × 40%</td></tr><tr><td>30%형</td><td>보험가입금액 × 35%</td></tr><tr><td>40%형</td><td>보험가입금액 × 30%</td></tr></table>② 경작불능보험금을 지급한 경우 그 손해보상의 원인이 생긴 때로부터 해당 농지의 계약은 소멸된다(수입감소보험금 미지급).
③ 경작불능보험금은 회사가 보험목적물이 산지폐기된 것을 확인하고 지급한다.
④ 계약자 또는 피보험자가 보험목적물을 수확하여 시장 등으로 유통한 것이 확인되는 경우에는 경작불능보험금을 지급하지 않는다.</td></tr>
<tr><td>인수제한 목적물
(10개 이상)</td><td>① 보험가입금액이 200만원 미만인 농지
② 통상적인 재배 및 영농활동을 하지 않는 농지
③ 극조생종, 조생종, 중만생종을 혼식한 농지
④ 재식밀도가 23,000주/10a 미만, 40,000주/10a 초과한 농지
⑤ 9월 30일 이전 정식한 농지
⑥ 양파 식물체가 똑바로 정식되지 않은 농지(70° 이하로 정식된 농지)
⑦ 부적절한 품종을 재배하는 농지
⑧ 다른 작물과 혼식되어 있는 농지
⑨ 무멀칭 농지
⑩ 시설재배 농지
⑪ 하천부지 및 상습침수 지역에 소재한 농지
⑫ 판매를 목적으로 경작하지 않는 농지
⑬ 군사시설보호구역 중 통제보호구역내의 농지(단, 통상적인 영농활동 및 손해평가가 가능하다고 판단되는 농지는 영업점장 전결로 인수가능)
⑭ 연륙교가 설치되지 않거나 정기선이 운항하지 않는 등 신속한 손해평가가 불가능한 도서지역 농지
⑮ 기타 인수가 부적절한 농지</td></tr>
</table>

※ 단답형 문제에 대해 답하시오. (11 ~ 15번 문제)

11 다음의 조건에 따른 적과전 종합위험방식Ⅱ 사과 품목의 실제결과주수와 태풍(강풍)·집중호우 나무손해보장 특별약관에 의한 보험금을 구하시오. [5점] 기출수정

태풍(강풍)·집중호우 나무손해보장 특별약관 보험가입금액	8,000만원
가입일자 기준 과수원에 식재된 모든 나무주수	1,000주
인수조건에 따라 보험에 가입할 수 없는 나무주수	50주
보상하는 손해(태풍)로 고사된 나무주수	95주
보상하는 손해 이외의 원인으로 고사한 나무주수	100주

(1) 실제결과주수 : ___________주
(2) 나무손해보장 특별약관 보험금 : ___________원

정답

(1) 실제결과주수 : 950주
(2) 나무손해보장 특별약관 보험금 : 400만원

해설

(1) 실제결과주수
"실제결과주수"라 함은 가입일자를 기준으로 농지(과수원)에 식재된 모든 나무 수를 의미한다. 다만, 인수조건에 따라 보험에 가입할 수 없는 나무(유목 및 제한 품종 등) 수는 제외한다.
실제결과주수 = 1,000주 − 50주 = 950주

(2) 나무손해보장 특별약관 보험금
① 피해율 = 피해주수(고사된 나무) ÷ 실제결과주수 = 95주 ÷ 950주 = 0.10 = 10%
② 지급보험금 = 보험가입금액 × (피해율 − 자기부담비율)에서 자기부담비율은 5%로 하므로
지급보험금 = 8,000만원 × (10% − 5%) = 400만원

12 다음은 특정위험방식 인삼 품목 해가림시설의 손해조사에 관한 내용이다. 밑줄 친 틀린 내용을 알맞은 내용으로 수정하시오. [5점] 기출수정

- ○ 피해 칸에 대하여 전파 및 ㉠ <u>분파(30%형, 60%형, 90%형)</u>로 나누어 각 칸수를 조사한다.
- ○ 산출된 피해액에 대하여 감가상각을 적용하여 손해액을 산정한다. 다만, 피해액이 보험가액의 20%를 초과하면서 감가 후 피해액이 보험가액의 20% 미만인 경우에는 ㉡ <u>감가상각을 적용하지 않는다</u>.
- ○ 해가림시설 보험금과 잔존물제거비용의 합은 보험가입금액을 한도로 한다. 단, 잔존물제거비용은 ㉢ <u>보험가입금액의 20%</u>를 초과할 수 없다.

정답

㉠ <u>분파(20%형, 40%형, 60%형, 80%형)</u>
㉡ <u>보험가액의 20%를 손해액으로 산출한다</u>.
㉢ <u>손해액의 10%</u>

해설

- 피해 칸에 대하여 전파 및 ㉠ <u>분파(20%형, 40%형, 60%형, 80%형)</u>로 나누어 각 칸수를 조사한다.
- 산출된 피해액에 대하여 감가상각을 적용하여 손해액을 산정한다. 다만, 피해액이 보험가액의 20% 이하인 경우에는 감가를 적용하지 않고, 피해액이 보험가액의 20%를 초과하면서 감가 후 피해액이 보험가액의 20% 미만인 경우에는 ㉡ <u>보험가액의 20%를 손해액으로 산출한다</u>.
- 해가림시설 보험금과 잔존물제거비용의 합은 보험가입금액을 한도로 한다. 단, 잔존물제거비용은 ㉢ <u>손해액의 10%</u>를 초과할 수 없다.

13 다음은 업무방법에서 정하는 종합위험방식 복분자 품목의 고사결과모지수 산정방법에 관한 내용이다. 괄호에 알맞은 내용을 답란에 쓰시오. [5점]

고사결과모지수는 기준 살아있는 결과모지수에서 (㉠) 고사결과모지수를 뺀 후 (㉡)고사결과모지수를 더한 값을 (㉢)결과모지수에서 빼어 산출한다.

정답

㉠ <u>수정불량환산</u>, ㉡ <u>미보상</u>, ㉢ <u>평년</u>

해설

고사결과모지수는 기준 살아있는 결과모지수에서 (**<u>수정불량환산</u>**) 고사결과모지수를 뺀 후 (**<u>미보상</u>**)고사결과모지수를 더한 값을 (**<u>평년</u>**)결과모지수에서 빼어 산출한다.

14 종합위험 수확감소보장방식 감자 품목의 병충해에 의한 피해사실 확인 후 보험금 산정을 위한 표본조사를 실시하였다. 한 표본구간에서 가루더뎅이병으로 입은 괴경의 무게가 10kg이고 손해정도가 50%인 경우 이 표본구간의 병충해감수량은?(단, 병충해감수량은 kg단위로 소수점 둘째자리에서 반올림하여 첫째자리까지 다음 예시와 같이 구하시오. 예시 : 1.234kg → 1.2kg) [5점] 기출수정

정답

5.4kg

해설

(1) 병충해감수량 산정

병충해감수량은 병충해를 입은 괴경의 무게에 손해정도비율과 인정비율을 곱하여 산출한다.

병충해감수량 = 병충해를 입은 괴경의 무게 × 손해정도비율 × 인정비율

(2) 손해정도비율

손해정도가 50%인 경우 손해정도비율은 **60%**이다.

[손해정도에 따른 손해정도 비율]

품 목	손해정도	손해정도비율	손해정도	손해정도비율
감 자	1~20%	20%	61~80%	80%
	21~40%	40%	81~100%	100%
	41~60%	**60%**		

(3) 인정비율

가루더뎅이병의 경우 인정비율은 90%이다.

[병 · 해충 등급별 인정비율]

구 분		병 · 해충	인정비율
품 목	급 수		
감 자	1급	역병, 갈쭉병, 모자이크병, 무름병, 둘레썩음병, **가루더뎅이병**, 잎말림병, 감자뿔나방	**90%**
	2급	홍색부패병, 시들음병, 마른썩음병, 풋마름병, 줄기검은병, 더뎅이병, 균핵병, 검은무늬썩음병, 줄기기부썩음병, 진딧물류, 아메리카잎굴파리, 방아벌레류	70%
	3급	반쪽시들음병, 흰비단병, 잿빛곰팡이병, 탄저병, 겹둥근무늬병, 오이총채벌레, 뿌리혹선충, 파밤나방, 큰28점박이무당벌레, 기타	50%

∴ 병충해감수량 = 10kg × 0.6 × 0.9 = **5.4kg**

15 업무방법에서 정하는 종합위험 수확감소보장방식 밭작물 품목의 표본구간별 수확량조사 방법에 관한 내용이다. 밑줄 친 부분에 알맞은 내용을 답란에 순서대로 쓰시오.

[5점] 기출수정

품 목	표본구간별 수확량조사 방법
양 파	표본구간내 작물을 수확한 후, 종구 (㉠)cm 윗부분 줄기를 절단하여 해당 무게를 조사(단, 양파의 최대지름이 (㉡)cm 미만인 경우에는 80%, 100% 피해로 인정하고 해당 무게의 20%, 0%를 수확량으로 인정)
마 늘	표본구간내 작물을 수확한 후, 종구 (㉢)cm 윗부분을 절단하여 무게를 조사(단, 마늘통의 최대지름이 (㉣)cm(한지형), (㉤)cm(난지형) 미만인 경우에는 80%, 100% 피해로 인정하고 해당 무게의 20%, 0%를 수확량으로 인정)
고구마	표본구간내 작물을 수확한 후 정상 고구마와 (㉥)%형 피해 고구마, 80% 피해 고구마, 100% 피해 고구마로 구분하여 무게를 조사
감 자	표본구간내 작물을 수확한 후 정상 감자, 병충해별 20% 이하, 21%~40% 이하, 41%~60% 이하, 61%~80% 이하, 81%~100% 이하 발병 감자로 구분하여 해당 병충해명과 무게를 조사하고, 최대 지름이 5cm 미만이거나 피해정도 50% 이상인 감자의 무게는 실제 무게의 (㉦)%를 조사 무게로 함

정답

㉠ 5, ㉡ 6, ㉢ 3, ㉣ 2, ㉤ 3.5, ㉥ 50, ㉦ 50

해설

품목별 표본구간별 수확량조사 방법

품 목	표본구간별 수확량조사 방법
양 파	표본구간내 작물을 수확한 후, 종구 5cm 윗부분 줄기를 절단하여 해당 무게를 조사한다(단, 양파의 최대지름이 6cm 미만인 경우에는 80%, 100% 피해로 인정하고 해당 무게의 20%, 0%를 수확량으로 인정).
마 늘	표본구간내 작물을 수확한 후, 종구 3cm 윗부분을 절단하여 무게를 조사한다[단, 마늘통의 최대지름이 2cm(한지형), 3.5cm(난지형) 미만인 경우에는 80%, 100% 피해로 인정하고 해당 무게의 20%, 0%를 수확량으로 인정].
고구마	표본구간내 작물을 수확한 후 정상 고구마와 50%형 피해 고구마(일반시장에 출하할 때, 정상 고구마에 비해 50% 정도의 가격하락이 예상되는 품질. 단, 가공공장 공급 및 판매 여부와 무관), 80% 피해 고구마(일반시장에 출하가 불가능하나, 가공용으로 공급될 수 있는 품질. 단, 가공공장 공급 및 판매 여부와 무관), 100% 피해 고구마(일반시장 출하가 불가능하고 가공용으로 공급될 수 없는 품질)로 구분하여 무게를 조사한다.
감 자	표본구간내 작물을 수확한 후 정상 감자, 병충해별 20% 이하, 21%~40% 이하, 41%~60% 이하, 61%~80% 이하, 81%~100% 이하 발병 감자로 구분하여 해당 병충해명과 무게를 조사하고, 최대 지름이 5cm 미만이거나 피해정도 50% 이상인 감자의 무게는 실제 무게의 50%를 조사 무게로 한다.

※ 서술형 문제에 대해 답하시오. (16 ~ 20번 문제)

16 업무방법에서 정하는 종합위험 수확감소보장방식 과수품목 중 자두 품목 수확량조사의 착과수조사방법에 관하여 서술하시오. [15점]

정답

착과수조사방법

① 착과수조사는 사고 여부와 상관없이 계약된 농지 전 건에 대하여 실시한다.
② 조사시기는 최초 수확 품종 수확기 직전으로 한다.
③ 품종별・수령별로 실제결과주수, 미보상주수 및 고사나무주수를 파악하고, 실제결과주수에서 미보상주수 및 고사나무주수를 빼서 조사대상주수를 계산한다.
④ 농지별 전체 조사대상주수를 기준으로 품목별 표본주수표에 따라 농지별 전체 표본주수를 산정하되, 품종별・수령별 표본주수는 품종별・수령별 조사대상주수에 비례하여 산정한다.
⑤ 산정한 품종별・수령별 표본주수를 바탕으로 품종별・수령별 조사대상주수의 특성이 골고루 반영될 수 있도록 표본주를 선정한다.
⑥ 선정된 표본주별로 착과된 전체 과실수를 조사하되, 품종별 수확 시기 차이에 따른 자연낙과를 감안한다.
⑦ 품목별 미보상비율 적용표에 따라 미보상비율을 조사한다.

17 다음의 계약사항과 조사내용으로 누적감수과실수와 기준착과수를 구하시오(단, 감수과실수와 기준착과수는 소수점 첫째자리에서 반올림하여 정수단위로 하여 구하시오). [20점] 기출수정

○ 계약사항

상품명	가입특약	평년착과수	가입과실수	실제결과주수
적과전 종합위험방식Ⅱ 단감	가을동상해 특약	10,000개	8,000개	100주
	적과종료 이전 특정위험 5종 한정보장 특별약관 가입	–		

○ 조사내용

구 분	재해 종류	사고 일자	조사 일자	조사내용
적과 종료 이전	우 박	5월 10일	5월 11일	〈유과타박률조사〉 유과타박률 15% 미보상감수과실수 : 없음 / 미보상비율 : 0%
적과후 착과수	–		7월 10일	적과후착과수 5,000개

<table>
<tr><td rowspan="2">적과
종료
이후</td><td>태 풍</td><td>9월
08일</td><td>9월
09일</td><td>〈낙과피해조사(전수조사)〉
총낙과과실수 : 1,000개 /
나무피해 없음 / 미보상감수과실수 없음
<table><tr><td>피해과실 구분</td><td>100%</td><td>80%</td><td>50%</td><td>정 상</td></tr><tr><td>과실수</td><td>1,000개</td><td>0</td><td>0</td><td>0</td></tr></table>〈낙엽피해조사〉
낙엽률 30%(경과일수 100일) / 미보상비율 0%</td></tr>
<tr><td>우 박</td><td>5월
10일</td><td>10월
30일</td><td>〈착과피해조사〉
단, 태풍 사고 이후 착과수는 변동 없음
<table><tr><td>피해과실 구분</td><td>100%</td><td>80%</td><td>50%</td><td>정 상</td></tr><tr><td>과실수</td><td>4개</td><td>20개</td><td>20개</td><td>56개</td></tr></table></td></tr>
<tr><td>적과
종료
이후</td><td>가을
동상해</td><td>11월
04일</td><td>11월
05일</td><td>〈가을동상해 착과피해조사〉
사고 당시 착과과실수 : 3,000개
<table><tr><td>피해과실 구분</td><td>100%</td><td>80%</td><td>50%</td><td>정 상</td></tr><tr><td>과실수</td><td>6개</td><td>30개</td><td>20개</td><td>44개</td></tr></table></td></tr>
</table>

정답

1. **누적감수과실수**

(1) **계산과정 :**

① 적과종료 이전

착과감소과실수 = 최솟값(평년착과수 − 적과후착과수, 최대인정감소과실수)

= 최솟값(10,000개 − 5,000개, 1,500개) = **1,500개**

※ 최대인정피해율 = 유과타박률 15%

※ 최대인정감소과실수 = 평년착과수 × 최대인정피해율 = 10,000개 × 0.15 = **1,500개**

② 적과후착과수 = 5,000개

③ 적과종료 이후 태풍피해조사

㉠ 낙과피해조사

총 낙과과실수 = **1,000개**

㉡ 낙엽피해조사

사고 당시 착과과실수 × (인정피해율 − max A) × (1 − 미보상비율)

※ 사고 당시 착과과실수

= 적과후착과수 − 총 낙과과실수 − 총 적과종료후 나무피해과실수 − 총 기수확과실수

= 5,000개 − 1,000개 − 0개 − 0개 = 4,000개

※ 인정피해율

= (1.0115 × 낙엽률) − (0.0014 × 경과일수)

= (1.0115 × 0.3) − (0.0014 × 100) = 0.30345 − 0.14 = 0.16345

※ max A : 금차 사고전 기조사된 착과피해구성률 또는 인정피해율 중 최댓값(= 0.15)

※ "(인정피해율 − max A)"이 영(0)보다 작은 경우 금차 감수과실수는 영(0)으로 한다.

낙엽피해조사 감수과실수 = (5,000개 − 1,000개) × (0.16345 − 0.15) × (1 − 0) ≒ **54개**

태풍피해 감수과실수 = 1,000개 + 54개 = **1,054개**

④ 적과종료 이후 우박 착과피해조사

사고 당시 착과과실수 × (착과피해구성률 − max A)

※ 착과피해구성률

$$= \frac{(100\%형\ 피해과실수 \times 1) + (80\%형\ 피해과실수 \times 0.8) + (50\%형\ 피해과실수 \times 0.5)}{100\%형\ 피해과실수 + 80\%형\ 피해과실수 + 50\%형\ 피해과실수 + 정상과실수}$$

$$= \frac{(4 \times 1) + (20 \times 0.8) + (20 \times 0.5)}{100}$$

= 0.3

※ max A : 금차 사고전 기조사된 착과피해구성률 또는 인정피해율 중 최댓값(= 0.16345)

우박 착과피해 감수과실수 = (5,000개 − 1,000개) × (0.3 − 0.16345) = <u>546개</u>

⑤ 가을동상해 착과피해조사

사고 당시 착과과실수 × (착과피해구성률 − max A)

※ 착과피해구성률 $= \frac{(6 \times 1) + (30 \times 0.8) + (20 \times 0.5)}{100} = 0.4$

※ max A : 금차 사고전 기조사된 착과피해구성률 또는 인정피해율 중 최댓값(= 0.3)

가을동상해피해 감수과실수 = 3,000개 × (0.4 − 0.3) = <u>300개</u>

∴ 누적감수과실수 = 1,054개 + 546개 + 300개 = <u>1,900개</u>

(2) 답 : <u>1,900개</u>

2. 기준착과수

(1) 계산과정 :

기준착과수 = 적과후착과수 + 착과감소과실수

= 5,000개 + 1,500개 = <u>6,500개</u>

(2) 답 : <u>6,500개</u>

18 **종합위험 수확감소보장방식 벼 품목에서 사고가 접수된 농지의 수량요소조사 방법에 의한 수확량조사 결과가 다음과 같을 경우 수확량과 피해율을 구하시오.** [15점] 기출수정

평년수확량	21,000kg	조사수확비율	70%
표준수확량	2,200kg	미보상비율	20%
기준수확량	2,000kg	피해면적 보정계수	0.95

(1) 수확량(단, kg단위로 소수점 첫째자리에서 반올림하여 다음 예시와 같이 구하시오. 예시 : 994.55kg → 995kg)

(2) 피해율(단, %단위로 소수점 둘째자리에서 반올림하여 첫째자리까지 다음 예시와 같이 구하시오. 예시 : 12.345% → 12.3%)

정답

(1) 수확량 : 1,463kg
(2) 피해율 : 24.3%

해설

(1) 수확량
조사수확량(kg) = 표준수확량(kg) × 조사수확비율(%) × 피해면적 보정계수
= 2,200kg × 0.7 × 0.95 = **1,463kg**

(2) 피해율
피해율(%) = (평년수확량 − 수확량 − 미보상감수량) ÷ 평년수확량
미보상감수량 = (평년수확량 − 수확량) × 미보상비율
= (2,100kg − 1,463kg) × 0.2 = 127.4kg ≒ 127kg
피해율(%) = (2,100kg − 1,463kg − 127kg) ÷ 2,100kg ≒ 0.24285(= **24.3%**)

19 업무방법에서 정하는 종합위험방식 마늘 품목에 관한 다음 2가지 물음에 답하시오.

[10점]

○ 계약사항

상품명	보험가입금액	가입면적	평년수확량	자기부담비율
종합위험방식 마늘	1,000만원	4,000m^2	5,000kg	20%

○ 조사내용

조사종류	조사방식	1m^2당 출현주수(1차조사)	1m^2당 재파종주수(2차조사)
재파종조사	표본조사	18주	32주

(1) 재파종보험금 산정방법을 서술하시오.
(2) 다음의 계약사항과 보상하는 손해에 따른 조사내용에 관하여 재파종보험금을 구하시오. (단, 1a는 100m^2이다.)

정답

(1) 재파종보험금 산정방법
① 재파종보험금은 재파종조사 결과 10a당 출현주수가 30,000주 미만이었으나, 10a당 30,000주 이상으로 재파종을 한 경우에 지급하며, 보험금은 보험가입금액에 35%를 곱한 후 다시 표준출현 피해율을 곱하여 산정한다.
② 표준출현 피해율은 10a 기준 출현주수를 30,000에서 뺀 후 이 값을 30,000으로 나누어 산출한다.

(2) **재파종보험금**

① 계산과정 :

• 재파종보험금 = 보험가입금액 × 0.35 × 표준출현 피해율

• 출현주수(1차조사)

10a(1,000m^2)당 출현주수 = 1,000 × 18주 = 18,000주

• 표준출현 피해율(10a 기준) = (30,000주 − 출현주수) ÷ 30,000주

= (30,000주 − 18,000주) ÷ 30,000주 = 0.4

∴ 재파종보험금 = 1,000만원 × 0.35 × 0.4 = 140만원

② 답 : **140만원**

20

다음의 계약사항과 보상하는 손해에 따른 조사내용에 관하여 수확량, 기준수입, 실제수입, 피해율, 농업수입감소보험금을 구하시오(단, 피해율은 % 단위로 소수점 셋째자리에서 반올림하여 둘째자리까지 다음 예시와 같이 구하시오. 예시 : 0.12345 → 12.35%). [15점]

○ 계약사항

상품명	보험가입금액	가입면적	평년수확량	자기부담비율	기준가격
농업수입감소 보장보험 콩	900만원	10,000m^2	2,470kg	20%	3,900원/kg

○ 조사내용

조사종류	조사방식	실제경작면적	수확불능면적	타작물 및 미보상면적
수확량조사	표본조사	10,000m^2	1,000m^2	0m^2

기수확면적	표본구간 수확량 합계	표본구간 면적 합계	미보상감수량	수확기가격
2,000m^2	1.2kg	12m^2	200kg	4,200원/kg

정답

(1) **수확량**

① 계산과정 :

수확량(표본조사) = (표본구간 단위면적당 수확량 × 조사대상면적) + {단위면적당 평년수확량 × (타작물 및 미보상면적 + 기수확면적)}

표본구간 단위면적당 수확량 = 표본구간 수확량 합계 ÷ 표본구간 면적 = 1.2kg ÷ 12m^2 = 0.1kg/m^2

조사대상면적 = 실제경작면적 − 수확불능면적 − 타작물 및 미보상면적 − 기수확면적

= 10,000m^2 − 1,000m^2 − 0m^2 − 2,000m^2 = 7,000m^2

단위면적당 평년수확량 = 평년수확량 ÷ 실제경작면적 = 2,470kg ÷ 10,000m^2 = 0.247kg/m^2

∴ 수확량(표본조사) = (0.1kg/m^2 × 7,000m^2) + {0.247kg/m^2 × (0m^2 + 2,000m^2)} = **1,194kg**

② 답 : **1,194kg**

(2) 기준수입

① 계산과정 :

기준수입 = 평년수확량 × 농지별 기준가격

= 2,470kg × 3,900원/kg = **9,633,000원**

② 답 : **9,633,000원**

(3) 실제수입

① 계산과정 :

실제수입 = (수확량 + 미보상감수량) × Min(농지별 기준가격, 농지별 수확기가격)

= (1,194kg + 200kg) × 3,900원/kg = **5,436,600원**

② 답 : **5,436,600원**

(4) 피해율

① 계산과정 :

피해율 = (기준수입 – 실제수입) ÷ 기준수입

= (9,633,000원 – 5,436,600원) ÷ 9,633,000원 ≒ 0.43563 = **43.56%**

② 답 : **43.56%**

(5) 농업수입감소보험금

① 계산과정 :

농업수입감소보험금 = 보험가입금액 × (피해율 – 자기부담비율)

= 9,000,000원 × (0.4356 – 0.2) = **2,120,400원**

② 답 : **2,120,400원**

2017년

제3회 손해평가사 2차 시험문제

제 1 과목 농작물재해보험 및 가축재해보험의 이론과 실무

※ 단답형 문제에 대해 답하시오. (1 ~ 5번 문제)

01 농작물재해보험의 업무방법 통칙에서 정하는 용어의 정의로 (　　)에 들어갈 내용을 답란에 쓰시오. [5점]

> ○ "보험의 목적"은 보험에 가입한 농작물로 보험증권에 기재된 농작물 또는 (㉠), (㉡), (㉢) 및 농작물을 말한다.
> ○ "표준수확량"이란 과거의 통계를 바탕으로 농지별 재배환경, (㉣), (㉤) 등을 고려하여 산출한 예상수확량을 말한다.

정답

㉠ 나무, ㉡ 시설작물 재배용 · 농업용 시설물, ㉢ 부대시설, ㉣ 비배관리, ㉤ 재배방식

해설

> • "보험의 목적"은 보험에 가입한 농작물로 보험증권에 기재된 농작물 또는 (**나무**), (**시설작물 재배용 · 농업용 시설물**), (**부대시설**) 및 농작물을 말한다.
> • "표준수확량"이란 과거의 통계를 바탕으로 농지별 재배환경, (**비배관리**), (**재배방식**) 등을 고려하여 산출한 예상수확량을 말한다.

02 다음은 농작물재해보험 적과전 종합위험방식Ⅱ 과수품목의 과실손해보장 보통약관의 대상재해별 보험기간에 대한 기준이다. (　　)에 들어갈 알맞은 날짜를 답란에 쓰시오.

[5점] 기출수정

<table>
<tr><th colspan="2" rowspan="2">구 분</th><th colspan="2">보험기간</th></tr>
<tr><th>시 기</th><th>종 기</th></tr>
<tr><td>적과종료 이전</td><td>자연재해</td><td>계약체결일 24시</td><td>사과, 배 : (　㉠　)</td></tr>
<tr><td rowspan="2">적과종료 이후</td><td rowspan="2">가을동상해</td><td rowspan="2">(　㉡　)</td><td>사과, 배 : (　㉢　)</td></tr>
<tr><td>단감, 떫은 감 : 수확기 종료 시점 (다만, 판매개시연도 11월 15일을 초과할 수 없음)</td></tr>
</table>

정답

㉠ 적과종료 시점(다만, 판매개시연도 6월 30일을 초과할 수 없음)
㉡ 판매개시연도 9월 1일,
㉢ 수확기 종료 시점(다만, 판매개시연도 11월 10일을 초과할 수 없음)

해설

적과전 종합위험방식Ⅱ 과수품목의 과실손해보장 보통약관

<table>
<tr><th colspan="2">구 분</th><th colspan="2" rowspan="2">대상재해</th><th rowspan="2">대상품목</th><th colspan="2">보험기간</th></tr>
<tr><th>보 장</th><th>약 관</th><th>시 기</th><th>종 기</th></tr>
<tr><td rowspan="6">과실 손해 보장</td><td rowspan="6">보통 약관</td><td rowspan="2">적과 종료 이전</td><td rowspan="2">자연재해, 조수해, 화재</td><td>사과, 배</td><td>계약체결일 24시</td><td>적과종료 시점 다만, 판매개시연도 6월 30일을 초과할 수 없음</td></tr>
<tr><td>단감, 떫은감</td><td>계약체결일 24시</td><td>적과종료 시점 다만, 판매개시연도 7월 31일을 초과할 수 없음</td></tr>
<tr><td rowspan="4">적과 종료 이후</td><td>태풍(강풍), 우박, 집중호우, 화재, 지진</td><td>사과, 배, 단감, 떫은감</td><td>적과종료 이후</td><td>수확기 종료 시점 다만, 판매개시연도 11월 30일을 초과할 수 없음</td></tr>
<tr><td rowspan="2">가을동상해 보장</td><td>사과, 배</td><td>판매개시연도 9월 1일</td><td>수확기 종료 시점 다만, 판매개시연도 11월 10일을 초과할 수 없음</td></tr>
<tr><td>단감, 떫은감</td><td>판매개시연도 9월 1일</td><td>수확기 종료 시점 다만, 판매개시연도 11월 15일을 초과할 수 없음</td></tr>
<tr><td>일소피해 보장</td><td>사과, 배, 단감, 떫은감</td><td>적과종료 이후</td><td>판매개시연도 9월 30일</td></tr>
</table>

03 농작물재해보험 자두 품목의 아래 손해 중 보상하는 손해는 "O"로, 보상하지 않는 손해는 "×"로 (　　)에 표기하시오. [5점]

① 원인의 직·간접을 묻지 아니하고 병해충으로 발생한 손해 ································ (　　)
② 제초작업, 시비관리 등 통상적인 영농활동을 하지 않아 발생한 손해 ················ (　　)
③ 기온이 0°C 이상에서 발생한 이상저온에 의한 손해 ·· (　　)
④ 계약 체결 시점 현재 기상청에서 발령하고 있는 기상특보 발령지역의 기상특보 관련 재해로 인한 손해 ·· (　　)
⑤ 최대순간풍속 14m/sec 미만의 바람으로 발생한 손해 ······································ (　　)

정답

① ×, ② ×, ③ O, ④ ×, ⑤ ×

해설

①·②·④ 자두 품목의 보상하지 않는 손해에 해당된다.
③ 기온이 0°C 이상에서 발생한 이상저온에 의한 손해는 보상하는 자연재해 중 '**냉해**'에 해당되므로 보상하는 손해이다.
⑤ 최대순간풍속 14m/sec 미만의 바람으로 발생한 손해는 보상하는 자연재해 중 '**강풍**'에 해당하지 않으므로 보상하지 않는다.

TIP 자두 품목의 보상하는 손해와 보상하지 않는 손해

구분	내용
보상하는 손해	• 자연재해 : 태풍, 우박, 동상해, 호우, 강풍, 냉해, 한해(가뭄피해), 조해, 설해, 폭염, 기타 자연재해 • 조수(鳥獸)해 • 화 재
보상하지 않는 손해	• 계약자, 피보험자 또는 이들의 법정대리인의 고의 또는 중대한 과실로 생긴 손해 • 수확기에 계약자 또는 피보험자의 고의 또는 중대한 과실로 수확하지 못하여 발생한 손해 • 제초작업, 시비관리 등 통상적인 영농활동을 하지 않아 발생한 손해 • 원인의 직·간접을 묻지 아니하고 병해충으로 발생한 손해 • 보상하지 아니하는 재해로 제방, 댐 등이 붕괴되어 발생한 손해 • 하우스, 부대시설 등의 노후 및 하자로 인하여 발생한 손해 • 계약 체결 시점 현재 기상청에서 발령하고 있는 기상특보 발령지역의 기상특보 관련 재해로 인한 손해 • 위의 보상하는 손해(자연재해, 조수해, 화재)에 해당하지 않은 재해로 발생한 손해

04 ○○도 △△시 관내에서 매실과수원(천매 10년생, 200주)을 하는 A씨는 농작물재해보험 매실품목의 나무손해보장특약에 200주를 가입한 상태에서 보험기간내 침수로 50주가 고사되는 피해를 입었다. A씨의 피해에 대한 나무손해보장특약의 보험금 산출식을 쓰고, 해당 보험금을 계산하시오(단, 1주당 가입가격은 50,000원임).

[5점] 기출수정

정답

① **산출식** :
보험금 = 보험가입금액 × [피해율 − 자기부담비율(5%)]
※ 피해율 = 피해주수(고사된 나무) ÷ 실제결과주수

② **보험금** : 2,000,000원

해설

- 나무손해보장특약 보험가입금액은 보험에 가입한 결과주수에 1주당 가입가격(50,000원)을 곱하여 산출한다.
- 피해율 = 피해주수(고사된 나무) ÷ 실제결과주수 = 50주 ÷ 200주 = 0.25(= **25%**)
- 보험금 = 보험가입금액 × [피해율 − 자기부담비율(5%)]
  = 200주 × 50,000원/주 × (25% − 5%) = **2,000,000원**

05 가축재해보험(한우 · 육우 · 젖소)의 정부지원 기준 중 ( )에 들어갈 내용을 답란에 쓰시오.

[5점] 기출수정

구분	내용
지원요건	•「농어업경영체법」 제4조에 따라 해당 축종으로 (㉠)를 등록한 자 •「축산법」 제22조 제1항 및 제3항에 따른 (㉡)를 받은 자 • 축사는 적법한 건물(시설 포함)로 건축물관리대장 또는 가설건축물관리대장이 있어야 하고, 가축 주계약 가입금액 최소 (㉢) 이상인 경우 정부 지원 가능
지원비율	• 가축재해보험에 가입한 재해보험가입자의 납입 보험료의 (㉣)% 지원 • 단, 농업인(주민등록번호) 또는 법인별(법인등록번호) (㉤) 한도 지원

정답

㉠ 농업경영정보, ㉡ 축산업 허가(등록), ㉢ 10만원, ㉣ 50, ㉤ 5천만원

해설

가축재해보험(한우 · 육우 · 젖소)의 정부지원 기준

구분	내용
지원요건	•「농어업경영체법」 제4조에 따라 해당 축종으로 (**농업경영정보**)를 등록한 자 •「축산법」 제22조 제1항 및 제3항에 따른 (**축산업 허가(등록)**)를 받은 자 • 축사는 적법한 건물(시설 포함)로 건축물관리대장 또는 가설건축물관리대장이 있어야 하고, 가축 주계약 가입금액 최소 (**10만원**) 이상인 경우 정부 지원 가능
지원비율	• 가축재해보험에 가입한 재해보험가입자의 납입 보험료의 (**50**)% 지원 • 단, 농업인(주민등록번호) 또는 법인별(법인등록번호) (**5천만원**) 한도 지원

※ 서술형 문제에 대해 답하시오. (6～10번 문제)

06 농작물재해보험 업무방법에 따른 적과전 종합위험방식Ⅱ 나무손해보장 특별약관에서 정하는 보상하는 손해와 보상하지 않는 손해를 답란에 각각 서술하시오. [15점] 기출수정

보상하는 손해	
보상하지 않는 손해	

정답

보상하는 손해	보험의 목적(나무)이 보통약관에서 보상하는 손해로 정한 재해로 인하여 입은 손해
보상하지 않는 손해	① 보상하지 아니하는 재해로 제방, 댐 등이 붕괴되어 발생한 손해 ② 피해를 입었으나 회생 가능한 나무의 손해 ③ 토양관리 및 재배기술의 잘못된 적용으로 인해 생기는 나무 손해 ④ 병충해 등 간접손해에 의해 생긴 나무 손해

07 농작물재해보험 원예시설 업무방법에서 정하는 자기부담금과 소손해면책금에 대하여 서술하시오. [15점]

정답

(1) 자기부담금
① 농업용 시설물 및 부대시설에 적용한다.
② 보험사고로 인하여 발생한 손해에 대하여 계약자 또는 피보험자가 부담하는 일정 금액으로 자기부담금 미만의 손해는 보험금이 지급되지 않는다.
③ 단지 단위, 1사고당 적용한다.
④ 구조체(농업용 시설물, 부대시설)는 30만원 ≦ 목적물별 손해액의 10% ≦ 100만원의 범위에서 자기부담금을 차감한다.
⑤ 피복재 단독사고는 10만원 ≦ 목적물별 손해액의 10% ≦ 30만원의 범위에서 자기부담금을 차감한다.
⑥ 화재 손해는 자기부담금을 적용하지 않는다.

(2) 소손해면책금
① 시설작물에 적용한다.
② 보상하는 재해로 1사고당 생산비보험금이 10만원 미만인 경우 보험금이 지급되지 않고, 소손해면책금을 초과하는 경우 손해액 전액을 보험금으로 지급한다.
③ 소손해면책금 : 10만원

08 농작물재해보험 종합위험방식 벼 품목의 업무방법에서 정하는 보험금 지급사유와 지급금액 산출식을 답란에 서술하시오(단, 자기부담비율은 15%형 기준임). [15점]

구 분	지급사유	지급금액 산출식
경작불능 보험금		
수확감소 보험금		
수확불능 보험금		

정답

구 분	지급사유	지급금액 산출식
경작불능 보험금	보상하는 손해로 식물체 피해율이 65% 이상이고, 계약자가 경작불능보험금을 신청한 경우에 지급한다.	보험가입금액 × 42%
수확감소 보험금	보상하는 재해로 피해율이 자기부담비율을 초과하는 경우에 지급한다.	보험가입금액 × (피해율 − 자기부담비율)
수확불능 보험금	보상하는 손해로 제현율이 65% 미만으로 떨어져 정상 벼로써 출하가 불가능하게 되고, 계약자가 수확불능보험금을 신청한 경우에 지급한다.	보험가입금액 × 57%

해설

보험금 지급금액 산출식

① **경작불능보험금**

보험금 = 보험가입금액 × 자기부담비율에 따른 일정비율

자기부담비율	경작불능보험금
10%형	보험가입금액 × 45%
15%형	보험가입금액 × 42%
20%형	보험가입금액 × 40%
30%형	보험가입금액 × 35%
40%형	보험가입금액 × 30%

② **수확감소보험금**

보험금 = 보험가입금액 × (피해율 − 자기부담비율)

※ 피해율 = (평년수확량 − 수확량 − 미보상감수량) ÷ 평년수확량

③ 수확불능보험금

보험금 = 보험가입금액 × 자기부담비율에 따른 일정비율

자기부담비율	수확불능보험금
10%	보험가입금액 × 60%
15%	보험가입금액 × 57%
20%	보험가입금액 × 55%
30%	보험가입금액 × 50%
40%	보험가입금액 × 45%

09 농업수입감소보장방식 포도 품목 캠벨얼리(노지)의 기준가격(원/kg)과 수확기가격(원/kg)을 구하고, 산출식을 답란에 서술하시오(단, 2017년에 수확하는 포도를 2016년 11월에 보험가입하였고, 농가수취비율은 80.0%로 정함). [15점]

연 도	서울 가락도매시장 캠벨얼리(노지) 연도별 평균가격(원/kg)	
	중 품	상 품
2011	3,500	3,700
2012	3,000	3,600
2013	3,200	5,400
2014	2,500	3,200
2015	3,000	3,600
2016	2,900	3,700
2017	3,000	3,900

정답

- 기준가격 : 2,640원
  산출식 : 기준가격 = 올림픽평균값 × 농가수취비율 = 3,300원 × 0.8 = 2,640원
- 수확기가격 : 2,760원
  산출식 : 수확기가격 = 수확연도 서울 가락도매시장 중품과 상품평균가격 × 농가수취비율
  = 3,450원 × 0.8 = 2,760원

해설

※ 본 문제는 2020년 업무방법서에서 삭제된 내용으로, 출제 당시 2017년 업무방법서에 근거하여 설명하였다.

1. 기준가격
   서울 가락도매시장 연도별 중품과 상품 평균가격의 보험가입 직전 5년(가입연도 포함) 올림픽평균값에 농가수취비율을 곱하여 산출한다.

① 연도별 평균가격 : 연도별 가격구분별 기초통계기간의 일별 가격을 평균하여 산출
② 올림픽평균값 : 최대값과 최소값을 제외한 평균값
③ 농가수취비율 : 80%

우선, 보험가입 직전 5년(가입연도 포함) 연도별 중품과 상품 평균가격을 구해보면,

연 도	서울 가락도매시장 캠벨얼리(노지) 연도별 평균가격(원/kg)		
	중 품	상 품	평균가격
2012	3,000	3,600	3,300
2013	3,200	5,400	4,300
2014	2,500	3,200	2,850
2015	3,000	3,600	3,300
2016	2,900	3,700	3,300

올림픽평균값은 최대값(4,300원)과 최소값(2,850원)을 제외한 평균값이므로,

- 올림픽평균값 = 3,300원
- 기준가격 = 3,300원 × 0.8 = 2,640원

2. 수확기가격

수확연도 가격구분별 기초통계기간의 서울 가락도매시장 중품과 상품 평균가격에 농가수취비율을 곱하여 산출한다.

- 수확연도 서울 가락도매시장 중품과 상품 평균가격 = (3,000원 + 3,900원) ÷ 2 = 3,450원
- 수확기가격 = 수확연도 서울 가락도매시장 중품과 상품평균가격 × 농가수취비율
  = 3,450원 × 0.8 = 2,760원

10 가축재해보험의 업무방법에서 정하는 유량검정젖소의 정의와 가입기준(대상농가, 대상젖소)에 관하여 답란에 서술하시오. [15점]

정답

※ 본 문제는 2020년 업무방법서에서 삭제된 내용으로, 2019년 업무방법서에 근거하여 설명하였다.

1. 정 의

유량검정젖소란 검정농가의 젖소 중 유량이 우수하여 상품성이 높은 젖소를 말하며, 시가에 관계없이 협정보험가액 특약으로 가입한다.

2. 가입기준

① 대상농가

농가 기준 직전 월의 305일 평균유량이 10,000kg 이상이고, 평균 체세포수가 30만 마리 이하를 충족하는 농가가 대상이다.

② 대상젖소

대상농가 기준을 충족하는 농가의 젖소 중 최근 산차 305일 유량이 11,000kg 이상이고, 체세포수가 20만 마리 이하인 젖소가 대상이다.

※ 단답형 문제에 대해 답하시오. (11 ~ 15번 문제)

11 다음은 업무방법에서 사용하는 용어의 정의이다. 설명하는 내용에 알맞은 용어를 답란에 쓰시오. [5점] 기출수정

> ㉠ 실제경작면적 중 보상하는 손해로 수확이 불가능한 면적을 의미한다.
> ㉡ 하나의 보험가입금액에 해당하는 농지 또는 과수원에서 경작한 목적물(수확물)을 모두 조사하는 것을 말한다.
> ㉢ 실제결과나무수에서 고사나무수, 미보상나무수 및 기수확나무수, 수확불능나무수를 뺀 나무수로 표본조사의 대상이 되는 나무 수를 의미한다.
> ㉣ 실제경작면적 중 조사일자를 기준으로 수확이 완료된 면적을 의미한다.
> ㉤ 실제결과나무수 중 보상하는 손해 이외의 원인으로 수확량(착과량)이 현저하게 감소한 나무수를 의미한다.

정답

㉠ 수확불능(고사)면적, ㉡ 전수조사, ㉢ 조사대상주수 또는 조사대상나무수, ㉣ 기수확면적, ㉤ 미보상주수 또는 미보상나무수

12 종합위험 수확감소보장방식 과수 품목의 과중조사를 실시하고자 한다. 아래 농지별 최소표본과실수를 답란에 쓰시오(단, 해당기준의 절반 조사는 고려하지 않는다). [5점]

계약사항			최소표본과실수(개)
농 지	품 목	품종 수	
A	포 도	1	㉠
B	포 도	2	㉡
C	자 두	1	㉢
D	복숭아	3	㉣
E	자 두	4	㉤

정답

㉠ 30개, ㉡ 40개, ㉢ 60개, ㉣ 60개, ㉤ 80개

해설

과중조사
과중조사는 사고 접수가 된 농지에 한하여 품종별로 수확시기에 각각 실시한다.
농지에서 과실을 추출할 때, 품종별로 착과가 평균적인 3주 이상의 표본주에서 크기가 평균적인 과실을 품종별 20개 이상(포도는 농지당 30개 이상, 복숭아・자두는 농지당 60개 이상) 추출하여 품종별 과실 개수와 무게를 조사한다.

계약사항			최소표본과실수(개)
농 지	품 목	품종 수	
A	포 도	1	30개 × 1 = 30개
B	포 도	2	20개 × 2 = 40개
C	자 두	1	60개 × 1 = 60개
D	복숭아	3	20개 × 3 = 60개
E	자 두	4	20개 × 4 = 80개

13 **다음은 업무방법에서 정하는 종합위험 수확감소보장방식 밭작물 품목별 수확량조사 적기에 관한 내용이다. 밑줄 친 부분에 알맞은 내용을 답란에 쓰시오.** [5점]

품 목	수확량조사 적기
양 파	양파의 비대가 종료된 시점(식물체의 ㉠ 이 완료된 때)
고구마	고구마의 비대가 종료된 시점(삽식일로부터 ㉡ 일 이후에 농지별로 적용)
감자(고랭지재배)	감자의 비대가 종료된 시점(파종일로부터 ㉢ 일 이후)
콩	콩의 수확 적기[콩잎이 누렇게 변하여 떨어지고 ㉣ 의 80~90% 이상이 고유한 성숙(황색)색깔로 변하는 시기인 생리적 성숙기로부터 7~14일이 지난 시기]
양배추	양배추의 수확 적기(㉤ 형성이 완료된 때)

정답

㉠ 도복, ㉡ 120, ㉢ 110, ㉣ 꼬투리, ㉤ 결구

해설

품목별 수확량조사 적기

품 목	수확량조사 적기
양 파	양파의 비대가 종료된 시점(식물체의 **도복**이 완료된 때)
고구마	고구마의 비대가 종료된 시점(삽식일로부터 **120**일 이후에 농지별로 적용)
감자(고랭지재배)	감자의 비대가 종료된 시점(파종일로부터 **110**일 이후)
콩	콩의 수확 적기[콩잎이 누렇게 변하여 떨어지고 **꼬투리**의 80~90% 이상이 고유한 성숙(황색)색깔로 변하는 시기인 생리적 성숙기로부터 7~14일이 지난 시기]
양배추	양배추의 수확 적기(**결구** 형성이 완료된 때)

14 다음은 가축재해보험의 보상하지 않는 손해의 내용 중 일부이다. 답란에 알맞은 내용을 쓰시오. [5점]

> ○ 계약자, 피보험자 및 이들의 법정대리인의 고의 또는 중대한 과실로 생긴 손해
> ○ 계약자, 피보험자의 (㉠) 및 (㉡)에 의한 가축폐사로 인한 손해
> ○ (㉢)에서 정하는 가축전염병에 의한 폐사로 인한 손해 및 정부 및 공공기관의 (㉣) 또는 (㉤)로 발생한 손해

정답

㉠ 도살, ㉡ 위탁도살, ㉢ 가축전염병예방법 제2조(정의), ㉣ 살처분, ㉤ 도태권고

해설

보상하지 않는 손해

① 계약자, 피보험자 및 이들의 법정대리인의 고의 또는 중대한 과실로 생긴 손해
② 계약자, 피보험자의 **도살** 및 **위탁도살**에 의한 가축폐사로 인한 손해
③ **가축전염병예방법 제2조(정의)**에서 정하는 가축전염병에 의한 폐사로 인한 손해 및 정부 및 공공기관의 **살처분** 또는 **도태권고**로 발생한 손해
④ 보험목적이 유실 또는 매몰되어 보험목적을 객관적으로 확인할 수 없는 손해. 다만, 풍수해 사고로 인한 직접손해 등 회사가 인정하는 경우에는 보상한다.
⑤ 원인의 직접·간접을 묻지 않고 전쟁, 혁명, 내란, 사변, 폭동, 소요, 노동쟁의, 기타 유사한 사태로 인한 손해
⑥ 지진의 경우 보험계약일 현재 이미 진행 중인 지진(본진, 여진을 포함한다)으로 인한 손해
⑦ 핵연료물질 또는 핵연료물질에 의하여 오염된 물질의 방사성, 폭발성 그 밖의 유해한 특성에 의한 사고로 인한 손해
⑧ 위 ⑦ 이외의 방사선을 쬐는 것 또는 방사능 오염으로 인한 손해
⑨ 계약 체결 시점 현재 기상청에서 발령하고 있는 기상 특보 발령 지역의 기상특보관련 재해(풍재, 수재, 설해, 지진, 폭염)로 인한 손해

15 업무방법에서 정하는 종합위험 수확감소보장방식 논작물 및 밭작물 품목에 대한 내용이다. ( )에 알맞은 내용을 답란에 쓰시오. [5점]

구 분	품 목
수확량 전수조사 대상 품목	(㉠), (㉡)
경작불능 비해당 품목	(㉢)
병충해를 보장하는 품목(특약 포함)	(㉣), (㉤)

정답

㉠ 벼(밀), ㉡ 콩 또는 팥, ㉢ 차(茶), ㉣ 벼, ㉤ 감자

해설

구 분	품 목
수확량 전수조사 대상 품목	수확량 전수조사 대상 품목은 논작물의 **벼와 밀**이고, 밭작물 중 **콩과 팥**이다.
경작불능 비해당 품목	경작불능조사 대상 품목은 논작물의 경우 벼・밀・보리이고, 밭작물의 경우 **차(茶)를 제외**한 양파, 마늘, 고구마, 옥수수, 감자(봄재배, 가을재배, 고랭지재배), 콩, 양배추 품목만 해당한다.
병충해를 보장하는 품목 (특약 포함)	병충해를 보장하는 품목(특약 포함)은 논작물 중 **벼**만 해당하고, 밭작물 중 **감자**만 해당한다.

※ 서술형 문제에 대해 답하시오. (16 ~ 20번 문제)

16 가축재해보험의 보상하는 손해 중 계약자 및 피보험자에게 지급할 수 있는 비용의 종류와 지급한도에 관하여 서술하시오(단, 비용의 종류에 대한 정의 포함). [15점]

정답

(1) 비용의 종류

① 잔존물처리비용 : 보험목적물이 폐사한 경우 사고현장에서의 잔존물의 견인비용 및 차에 싣는 비용
- 사고현장 및 인근지역의 토양, 대기, 수질 오염물질 제거비용과 차에 실은 후 폐기물 처리비용은 포함하지 않는다.
- 적법한 시설에서의 랜더링 비용을 포함한다.
  ※ 랜더링 : 사체를 고온・고압 처리하여 기름과 고형분으로 분리함으로써 유지(사료・공업용) 및 육분・육골분(사료・비료용)을 생산하는 과정

② 손해방지비용 : 손해의 방지 또는 경감을 위하여 지출한 필요 또는 유익한 비용. 다만, 보험목적의 관리의무(약관 제25조)를 위하여 지출한 비용은 제외한다.

③ 대위권보전비용 : 제3자로부터 손해의 배상을 받을 수 있는 경우에는 그 권리를 지키거나 행사하기 위하여 지출한 필요 또는 유익한 비용

④ 잔존물보전비용 : 잔존물을 보전하기 위하여 지출한 필요 또는 유익한 비용. 다만, 회사가 잔존물을 취득한 경우에 한한다.

⑤ 기타 협력비용 : 회사의 요구에 따르기 위하여 지출한 필요 또는 유익한 비용

(2) 지급한도

① 손해에 의한 보험금 및 잔존물처리비용의 합계액은 보험증권에 기재된 보험가입금액 한도 내에서 보상한다. 잔존물처리비용은 손해액의 10%를 초과할 수 없다.

② 비용손해 중 손해방지비용, 대위권보전비용, 잔존물보전비용은 보험가입금액을 초과하는 경우에도 지급한다.

17 다음의 계약사항과 보상하는 손해에 따른 조사내용에 관하여 피해수확량, 미보상감수량, 수확감소보험금을 구하시오(단, 재식시기지수와 재식밀도지수는 각각 1로 가정한다).

[15점] 기출수정

① 계약사항

상품명	보험가입금액	가입면적	표준수확량	가입가격	자기부담비율
수확감소보장 옥수수(미백2호)	15,000,000원	10,000m^2	5,000kg	3,000원/kg	20%

② 조사내용

조사종류	표준중량	실제경작면적	고사면적	기수확면적
수확량조사	180g	10,000m^2	1,000m^2	2,000m^2

표본구간 '상'품 옥수수 개수	표본구간 '중'품 옥수수 개수	표본구간 '하'품 옥수수 개수	표본구간 면적 합계	미보상비율
10개	10개	20개	10m^2	10%

(1) 피해수확량(kg단위로 소수점 셋째짜리에서 반올림하여 둘째자리까지 다음 예시와 같이 구하시오. 예시 : 3.456kg → 3.46kg로 기재)

(2) 미보상감수량

(3) 수확감소보험금

정답

(1) 피해수확량

① 계산과정 :

- 표본구간 피해수확량 합계 = (표본구간 '하'품 옥수수 개수 + 표본구간 '중'품 옥수수 개수 × 0.5) × 표준중량 × 재식시기지수 × 재식밀도지수
  = (20 + 10 × 0.5) × 180g × 1 × 1 = 4,500g = 4.5kg
- 표본구간 단위면적당 피해수확량 = 표본구간 피해수확량 합계 ÷ 표본구간 면적
  = 4.5kg ÷ 10m^2 = 0.45kg/m^2
- 표본조사대상면적 = 실제경작면적 – 고사면적 – 타작물 및 미보상면적 – 기수확면적
  = 10,000m^2 – 1,000m^2 – 0 – 2,000m^2 = 7,000m^2
- 단위면적당 표준수확량 = 표준수확량 ÷ 실제경작면적 = 5,000kg ÷ 10,000m^2 = 0.5kg/m^2
- 피해수확량 = (표본구간 단위면적당 피해수확량 × 표본조사대상면적) + (단위면적당 표준수확량 × 고사면적)
  = (0.45kg/m^2 × 7,000m^2) + (0.5kg/m^2 × 1,000m^2)
  = 3,650kg

② 답 : 3,650kg

(2) 미보상감수량

① 계산과정 :

미보상감수량 = 피해수확량 × 미보상비율
= 3,650kg × 0.1 = 365kg

② 답 : 365kg

(3) **수확감소보험금**

① 계산과정 :

수확감소보험금 = Min[보험가입금액, 손해액] − 자기부담금

• 손해액 = 피해수확량 × 가입가격
= 3,650kg × 3,000원/kg = 10,950,000원

• 자기부담금 = 보험가입금액 × 자기부담비율 = 15,000,000원 × 20% = 3,000,000원

• 수확감소보험금 = Min[15,000,000원, 10,950,000원] − 3,000,000원
= 10,950,000원 − 3,000,000원 = 7,950,000원

② 답 : **7,950,000원**

18 아래 조건에 의해 농업수입감소보장 포도 품목의 피해율 및 농업수입감소보험금을 산출하시오. [15점]

○ 평년수확량 : 1,000kg
○ 조사수확량 : 500kg
○ 미보상감수량 : 100kg
○ 농지별 기준가격 : 4,000원/kg
○ 농지별 수확기가격 : 3,000원/kg
○ 보험가입금액 : 4,000,000원
○ 자기부담비율 : 20%

(1) 피해율(피해율은 %단위로 소수점 셋째자리에서 반올림하여 둘째자리까지 다음 예시와 같이 구하시오. 예시 : 0.12345 → 12.35%로 기재)

(2) 농업수입감소보험금

정답

(1) **피해율**

① 계산과정 :

• 기준수입 = 평년수확량 × 농지별 기준가격 = 1,000kg × 4,000원/kg = 4,000,000원

• 실제수입 = (수확량 + 미보상감수량) × Min(농지별 기준가격, 농지별 수확기가격)
= (500kg + 100kg) × 3,000원/kg = 1,800,000원

• 피해율 = (기준수입 − 실제수입) ÷ 기준수입
= (4,000,000원 − 1,800,000원) ÷ 4,000,000원 = 0.55(= **55%**)

② 답 : **55%**

(2) **농업수입감소보험금**

① 계산과정 :

농업수입감소보험금 = 보험가입금액 × (피해율 − 자기부담비율)
= 4,000,000원 × (55% − 20%) = **1,400,000원**

② 답 : **1,400,000원**

19 다음의 계약사항과 조사내용에 관한 적과후착과수를 산정한 후 누적감수과실수와 기준착과수를 구하시오(단, 감수과실수와 기준착과수는 소수점 첫째자리에서 반올림하여 정수단위로, 피해율은 %단위로 소수점 셋째자리에서 반올림하여 다음 예시와 같이 구하시오. 예시 : 0.12345 → 12.35%). [15점] 기출수정

① 계약사항

상품명	가입특약	평년착과수	가입과실수	실제결과주수
적과전 종합위험방식Ⅱ 단감	가을동상해특약	15,000개	9,000개	100주

② 적과후착과수 조사내용(조사일자 : 7월 25일)

품 종	수 령	실제결과주수	표본주수	표본주 착과수 합계
부 유	10년	20주	3주	240개
부 유	15년	60주	8주	960개
서촌조생	20년	20주	3주	330개

<table>
<tr><th>구 분</th><th>재해
종류</th><th>사고
일자</th><th>조사
일자</th><th>조사내용</th></tr>
<tr><td>적과
종료
이전</td><td>우 박</td><td>5월
15일</td><td>5월
16일</td><td>• 착과감소과실수 : 4,000개
• 미보상감수과실수 : 0개
• 「적과종료 이전 특정위험 5종 한정보장 특별약관」에 미가입</td></tr>
<tr><td rowspan="3">적과
종료
이후</td><td>강 풍</td><td>7월
30일</td><td>7월
31일</td><td>• 낙과피해조사(전수조사)
총 낙과과실수 : 1,000개 / 나무피해 없음 / 미보상감수과실수 0개
<table><tr><td>피해과실 구분</td><td>100%</td><td>80%</td><td>50%</td><td>정 상</td></tr><tr><td>과실수</td><td>1,000개</td><td>0</td><td>0</td><td>0</td></tr></table>• 낙엽피해조사
낙엽률 50%(경과일수 60일) / 미보상비율 0%</td></tr>
<tr><td>태 풍</td><td>10월
08일</td><td>10월
09일</td><td>• 낙과피해조사(전수조사)
총 낙과과실수 : 500개, 나무피해 없음, 미보상감수과실수 0개
<table><tr><td>피해과실 구분</td><td>100%</td><td>80%</td><td>50%</td><td>정 상</td></tr><tr><td>과실수</td><td>200개</td><td>100개</td><td>100개</td><td>100개</td></tr></table>• 낙엽피해조사
낙엽률 60%(경과일수 130일) / 미보상비율 0%</td></tr>
<tr><td>우 박</td><td>5월
15일</td><td>10월
29일</td><td>• 착과피해조사
단, 태풍 사고 이후 착과수는 변동 없음
<table><tr><td>피해과실 구분</td><td>100%</td><td>80%</td><td>50%</td><td>정 상</td></tr><tr><td>과실수</td><td>20개</td><td>20개</td><td>20개</td><td>40개</td></tr></table></td></tr>
<tr><td>적과
종료
이후</td><td>가을
동상해</td><td>10월
30일</td><td>10월
31일</td><td>• 가을동상해 착과피해조사
사고 당시 착과과실수 : 3,000개
가을동상해로 인한 잎 피해율 : 70%
잔여일수 : 10일
<table><tr><td>피해과실 구분</td><td>100%</td><td>80%</td><td>50%</td><td>정 상</td></tr><tr><td>과실수</td><td>10개</td><td>20개</td><td>20개</td><td>50개</td></tr></table></td></tr>
</table>

정답

(1) 적과후착과수

① 계산과정 :

• 품종 · 재배방식 · 수령별 착과수

$$= \frac{\text{품종 · 재배방식 · 수령별 표본주의 착과수 합계}}{\text{품종 · 재배방식 · 수령별 표본주 합계}} \times \text{품종 · 재배방식 · 수령별 조사대상주수}$$

• 적과후착과수 $= \left(\frac{240}{3} \times 20\right) + \left(\frac{960}{8} \times 60\right) + \left(\frac{330}{3} \times 20\right) =$ **11,000개**

② 답 : 11,000개

(2) 누적감수과실수

① 계산과정 :

㉠ 적과종료 이전 자연재해(우박)로 인한 적과종료 이후 착과손해 감수과실수

적과후착과수가 평년착과수의 60% 이상 100% 미만인 경우,

$$\text{감수과실수} = \text{적과후착과수} \times 5\% \times \frac{100\% - \text{착과율}}{40\%}$$

※ 착과율 = 적과후착과수 ÷ 평년착과수 = 11,000개 ÷ 15,000개 = 0.73

$$\text{감수과실수} = 11{,}000\text{개} \times 0.05 \times \frac{1 - 0.73}{0.4} = \mathbf{371개}$$

※ 착과피해율 = 감수과실수 ÷ 적과후착과수 = 371개 ÷ 11,000개 = 0.03372(= **3.37%**)

㉡ 적과후착과수 = **11,000개**

㉢ 강풍피해조사

• 낙과피해조사(전수조사)

총 낙과과실수 × (낙과피해구성률 – max A)

$$= 1{,}000\text{개} \times \left[\frac{(1{,}000 \times 1) + (0 \times 0.8) + (0 \times 0.5)}{1{,}000 + 0 + 0 + 0} - 0.0337\right] = 966.3\text{개} = \mathbf{966개}$$

• 낙엽피해조사

사고 당시 착과과실수 × (인정피해율 – max A) × (1 – 미보상비율)

※ 사고 당시 착과과실수

= 적과후착과수 – 총 낙과과실수 – 총 적과종료후 나무피해과실수 – 총 기수확과실수

※ 인정피해율 = (1.0115 × 낙엽률) – (0.0014 × 경과일수)

※ max A : 금차 사고전 기조사된 착과피해구성률 또는 인정피해율 중 최댓값(= **0.0337**)

사고 당시 착과과실수 × {[(1.0115 × 낙엽률) – (0.0014 × 경과일수)] – max A} × (1 – 미보상비율)

= (11,000개 – 1,000개 – 0개 – 0개) × {[(1.0115 × 0.5) – (0.0014 × 60)] – 0.0337} × (1 – 0)

= 3,880.5개 = **3,881개**

강풍피해 감수과실수 = 966개 + 3,881개 = **4,847개**

㉣ 태풍피해조사

• 낙과피해조사(전수조사)

총 낙과과실수 × (낙과피해구성률 – max A)

$$= 500\text{개} \times \left[\frac{(200 \times 1) + (100 \times 0.8) + (100 \times 0.5)}{200 + 100 + 100 + 100} - 0.4218\right] = 119.1\text{개} = \mathbf{119개}$$

※ max A : 금차 사고전 기조사된 착과피해구성률 또는 인정피해율 중 최댓값

인정피해율 = [(1.0115 × 0.5) – (0.0014 × 60)] = **0.42175(= 42.18%)**

※ 낙과피해구성률

$$= \frac{(100\%\text{형 피해과실수} \times 1) + (80\%\text{형 피해과실수} \times 0.8) + (50\%\text{형 피해과실수} \times 0.5)}{100\%\text{형 피해과실수} + 80\%\text{형 피해과실수} + 50\%\text{형 피해과실수} + \text{정상과실수}}$$

• 낙엽피해조사
사고 당시 착과과실수 × (인정피해율 − max A) × (1 − 미보상비율)
※ 사고 당시 착과과실수 = 11,000개 − 1,000개 − 500개 = 9,500개
※ 인정피해율 = [(1.0115 × 낙엽률) − (0.0014 × 경과일수)]
= [(1.0115 × 0.6) − (0.0014 × 130)] = 0.4249(= 42.49%)
※ max A : 금차 사고전 기조사된 착과피해구성률 또는 인정피해율 중 최댓값(= **0.4218**)
낙엽피해 감수과실수 = 9,500개 × (0.4249 − 0.4218) × (1 − 0) = 29.45개 = **29개**
태풍피해 감수과실수 = 119개 + 29개 = **148개**

ⓜ 우박 착과피해조사
• 사고 당시 착과과실수 × (착과피해구성률 − max A)
※ 착과피해구성률

$$= \frac{(100\%\text{형 피해과실수} \times 1) + (80\%\text{형 피해과실수} \times 0.8) + (50\%\text{형 피해과실수} \times 0.5)}{100\%\text{형 피해과실수} + 80\%\text{형 피해과실수} + 50\%\text{형 피해과실수} + \text{정상과실수}}$$

$$= \frac{(20 \times 1) + (20 \times 0.8) + (20 \times 0.5)}{100}$$

= 0.46
※ max A : 금차 사고전 기조사된 착과피해구성률 또는 인정피해율 중 최댓값(= **0.4249**)
• 우박 착과피해 감수과실수
= 9,500개 × (0.46 − 0.4249) = 333.45개 = **333개**

ⓑ 가을동상해 착과피해조사
사고 당시 착과과실수 × (착과피해구성률 − max A)
※ 착과피해구성률

$$= \frac{(100\%\text{형 피해과실수} \times 1) + (80\%\text{형 피해과실수} \times 0.8) + (50\%\text{형 피해과실수} \times 0.5) + (\text{정상과실수} \times 0.0031 \times \text{잔여일수})}{100\%\text{형 피해과실수} + 80\%\text{형 피해과실수} + 50\%\text{형 피해과실수} + \text{정상과실수}}$$

$$= \frac{(10 \times 1) + (20 \times 0.8) + (20 \times 0.5) + (50 \times 0.0031 \times 10)}{100} = 0.3755$$

※ max A : 금차 사고전 기조사된 착과피해구성률 또는 인정피해율 중 최댓값(= **0.46**)
가을동상해 감수과실수 = 사고 당시 착과과실수 × (착과피해구성률 − max A)
= 3,000개 × (0.3755 − 0.46) = **0개**
즉, (착과피해구성률 − max A)의 값이 영(0)보다 작은 경우 금차 감수과실수는 "영(0)"으로 한다.
∴ 누적감수과실수 = 371개 + 4,847개 + 148개 + 333개 + 0개 = **5,699개**

② 답 : **5,699개**

(3) 기준착과수

① 계산과정 :
기준착과수 = 적과후착과수 + 착과감소과실수
= 11,000개 + 4,000개 = **15,000개**

② 답 : **15,000개**

20 아래의 계약사항과 조사내용에 따른 표본구간 유효중량, 피해율 및 보험금을 구하시오.

[15점] 기출수정

① 계약 사항

품목명	가입특약	가입금액	가입면적	가입 수확량	평년 수확량	자기부담 비율	품종 구분
벼	병해충 보장특약	5,500,000원	5,000m²	3,950kg	3,850kg	15%	새누리 (메벼)

② 조사 내용

조사 종류	재해 내용	실제경작 면적	고사 면적	타작물 및 미보상 면적	기수확 면적	표본구간 면적	표본구간 작물중량 합계	함수율
수확량 (표본)조사	병해충 (도열병) / 호우	5,000m²	1,000m²	0m²	0m²	0.5m²	300g	23.5%

(1) 표본구간 유효중량(표본구간 유효중량은 g단위로 소수점 첫째자리에서 반올림하여 다음 예시와 같이 구하시오. 예시 : 123.4g → 123g로 기재)

(2) 피해율(피해율은 % 단위로 소수점 셋째자리에서 반올림하여 둘째자리까지 다음 예시와 같이 구하시오. 예시 : 0.12345는 → 12.35%로 기재)

정답

(1) 표본구간 유효중량

① 계산과정 :

표본구간 유효중량 = 표본구간 작물중량 합계 × (1 − Loss율) × {(1 − 함수율) ÷ (1 − 기준함수율)}

※ Loss율 : 7%

※ 기준함수율 : 메벼(15%), 찰벼(13%)

표본구간 유효중량 = 300g × (1 − 0.07) × {(1 − 0.235) ÷ (1 − 0.15)}

= 251.1g

② 답 : 251g

(2) 피해율

① 계산과정 :

- 표본구간 단위면적당 유효중량 = 251g ÷ 0.5m² = 502g/m² = 0.502kg/m²
- 표본조사대상면적 = 실제경작면적 − 고사면적 − 타작물 및 미보상면적 − 기수확면적
  = 5,000m² − 1,000m² − 0 − 0 = 4,000m²
- 단위면적당 평년수확량 = 평년수확량 ÷ 실제경작면적 = 3,850kg ÷ 5,000m² = 0.77kg/m²
- 수확량 = (표본구간 단위면적당 유효중량 × 표본조사대상면적) + {단위면적당 평년수확량 × (타작물 및 미보상면적 + 기수확면적)}
  = (0.502kg/m² × 4,000m²) + {0.77kg/m² × (0 + 0)m²}
  = 2,008kg

안심Touch

• 미보상감수량 = (평년수확량 − 수확량) × 미보상비율
= (3,850kg − 2,008kg) × 0% = 0kg

• 피해율 = (평년수확량 − 수확량 − 미보상감수량) ÷ 평년수확량
= (3,850kg − 2,008kg − 0kg) ÷ 3,850kg = 0.47844 = **47.84%**

② 답 : **47.84%**

(3) 보험금

① 계산과정 :

보험금 = 보험가입금액 × (피해율 − 자기부담비율)
= 5,500,000원 × (47.84% − 15%) = **1,806,200원**

② 답 : **1,806,200원**

2018년 제4회 손해평가사 2차 시험문제

제 1 과목 농작물재해보험 및 가축재해보험의 이론과 실무

※ 단답형 문제에 대해 답하시오. (1 ~ 5번 문제)

01 다음은 계약인수 현지조사 요령에서 현지조사 항목에 관한 내용이다. (   )에 들어갈 용어를 순서대로 쓰시오. [5점]

> ○ 과수 작물 현지조사 항목 : 면적, 품종, 수령, 주수, (①), (②), (③), 기타 적정성
> ○ 밭작물, 원예시설 현지조사 항목 : 가입면적, 식재, (④), (⑤)의 적정성 등

정답

① 재식간격, ② 인수제한사항, ③ 방재시설, ④ 재배, ⑤ 농지구분

해설

※ 본 문제는 2020년 업무방법서에서 생략된 내용으로, 2019년 업무방법서에 근거하여 설명하였다.

계약인수 현지조사 요령

1. 과수 작물
   - 재해보험에 가입하고자 하는 모든 과수원을 대상으로 보험료 수납전에 과수원 방문을 통해 실시한다.
   - 현지조사 항목 : 면적, 품종, 수령, 주수, (**재식간격**), (**인수제한사항**) (**방재시설**), 기타 적정성

2. 밭작물, 원예시설
   - 재해보험에 가입하고자 하는 모든 농지를 대상으로 보험료 수납 전에 농지(하우스) 방문을 통해 실시한다. 벼의 경우 서류확인을 원칙으로 하되, 본사 인수심사 건에 한하여 현지조사를 실시한다.
   - 현지조사 항목 : 가입면적, 식재, (**재배**), (**농지구분**)의 적정성 등

02 종합위험보장 원예시설 보험의 계약인수와 관련하여 맞는 내용은 "O"로, 틀린 내용은 "×"로 표기하여 순서대로 나열하시오. [5점]

① 단동하우스와 연동하우스는 최소가입면적이 200m^2로 같고, 유리온실은 가입면적의 제한이 없다.
② 6개월 후에 철거 예정인 고정식 시설은 인수제한 목적물에 해당하지 않는다.
③ 작물의 재배면적이 시설면적의 50% 미만인 경우 인수제한 된다.
④ 고정식하우스는 존치기간이 1년 미만인 하우스로 시설작물 경작 후 하우스를 철거하여 노지작물을 재배하는 농지의 하우스를 말한다.

정답

① ×, ② ×, ③ O, ④ ×

해설

① 단동하우스와 연동하우스는 최소가입면적이 <u>300m^2</u>로 같고, 유리온실은 가입면적의 제한이 없다.
② <u>1년 이내에</u> 철거 예정인 고정식 시설은 인수제한 목적물에 해당한다.
③ 작물의 재배면적이 시설면적의 50% 미만인 경우 인수제한 된다.
④ <u>이동식하우스</u>는 존치기간이 1년 미만인 하우스로 시설작물 경작 후 하우스를 철거(피복재만의 철거 포함)하여 노지작물을 재배하는 농지의 하우스를 말한다. <u>고정식하우스</u>는 존치기간이 1년 이상인 하우스로 한시적 휴경기간을 포함한다.

03 적과전 종합위험방식Ⅱ 과수 상품에서 다음 조건에 따라 올해 2020년의 평년착과량을 구하시오(단, 제시된 조건 외의 다른 조건은 고려하지 않음). [5점] 기출수정

(단위 : 개)

구 분	2015년	2016년	2017년	2018년	2019년
표준수확량	7,900	7,300	8,700	8,900	9,200
적과후착과량	미가입	6,500	5,600	미가입	7,100

※ 기준표준수확량은 2015년부터 2019년까지 8,500개로 매년 동일한 것으로 가정함
※ 2020년 기준표준수확량은 9,350개임
※ 직전 5개년 중 3년 이상의 보험가입 실적이 있는 경우, 과거 적과후착과량 중 최저값 1개를 제외하고 산출함

정답

평년착과량 : <u>8,184개</u>

해설

평년착과량 산출방법

평년착과량 = [A + (B − A) × (1 − Y / 5)] × C / D

- A = Σ과거 5년간 적과후착과량 ÷ 과거 5년간 가입횟수
  = (6,500개 + 7,100개) ÷ 2 = 6,800개
  ※ 직전 5개년 중 3년 이상의 보험가입 실적이 있는 경우, 과거 적과후착과량 중 최저값 1개(5,600개)를 제외하고 산출함
- B = Σ과거 5년간 표준수확량 ÷ 과거 5년간 가입횟수
  = (7,300개 + 8,700개 + 9,200개) ÷ 3 = 8,400개
- Y = 과거 5년간 가입횟수 = 3회
- C = 금년도(2020년) 기준표준수확량 = 9,350개
- D = Σ과거 5년간 기준표준수확량 ÷ 과거 5년간 가입횟수
  = (8,500개 + 8,500개 + 8,500개) ÷ 3 = 8,500개
- 평년착과량 = {6,800개 + (8,400개 − 6,800개) × (1 − 3 / 5)} × 9,350개 / 8,500개
  = {6,800개 + 1,600개 × 0.4} × 1.1 = **8,184개**

04 **다음 밭작물의 품목별 보장내용에 관한 표의 빈칸에 담보가능은 "○"로, 부담보는 "×"로 표시할 때 다음 물음에 답하시오(단, '차' 품목 예시를 포함하여 개수를 산정함).** [5점]

밭작물	재파종 보장	경작불능 보장	수확감소 보장	수입보장	생산비 보장	해가림 시설보장
차	×	×	○	×	×	×
인 삼						
고구마, 감자						
콩, 양파						
마 늘						
고 추						

① '재파종보장' 열에서 "○"의 개수
② '경작불능보장' 열에서 "○"의 개수
③ '수입보장' 열에서 "○"의 개수
④ '인삼' 행에서 "○"의 개수
⑤ '고구마, 감자' 행에서 "○"의 개수

정답

① '재파종보장' 열에서 "○"의 개수 : 1
② '경작불능보장' 열에서 "○"의 개수 : 3
③ '수입보장' 열에서 "○"의 개수 : 3
④ '인삼' 행에서 "○"의 개수 : 1
⑤ '고구마, 감자' 행에서 "○"의 개수 : 3

해설

밭작물	재파종 보장	경작불능 보장	수확감소 보장	수입보장	생산비 보장	해가림 시설보장
차	×	×	○	×	×	×
인 삼	×	×	×	×	×	○
고구마, 감자	×	○	○	○	×	×
콩, 양파	×	○	○	○	×	×
마 늘	○	○	○	○	×	×
고 추	×	×	×	×	○	×

05 종합위험담보방식 대추 품목 비가림시설에 관한 내용이다. 다음 조건에서 계약자가 가입할 수 있는 보험가입금액의 ① 최솟값과 ② 최댓값을 구하고, ③ 계약자가 부담할 보험료의 최솟값은 얼마인지 쓰시오(단, 화재위험보장특약은 제외하고, m^2당 시설비는 19,000원임).

[5점] 기출수정

- ○ 가입면적 : 2,500m^2
- ○ 지역별 보험요율(순보험요율) : 5%
- ○ 순보험료 정부 보조금 비율 : 50%
- ○ 순보험료 지방자치단체 보조금 비율 : 30%
- ○ 손해율에 따른 할인·할증과 방재시설 할인 없음

정답

① 보험가입금액의 최솟값 = 38,000,000원
② 보험가입금액의 최댓값 = 61,750,000원
③ 계약자가 부담할 보험료의 최솟값 = 380,000원

해설

① **보험가입금액의 최솟값**
보험가입금액은 대추비가림시설의 m^2당 시설비(19,000원)에 비가림시설 면적을 곱하여 산정한다. 산정된 금액의 80%~130% 범위 내에서 보험가입금액을 결정한다.
- 보험가입금액의 최솟값 = 2,500m^2 × 19,000원/m^2 × 0.8 = **38,000,000원**

② **보험가입금액의 최댓값**
- 보험가입금액의 최댓값 = 2,500m^2 × 19,000원/m^2 × 1.3 = **61,750,000원**

③ **계약자가 부담할 보험료의 최솟값**
- 보험료 산출(비가림시설보장) = 보험가입금액 × 지역별 보험요율
- 지역별 보험요율 = 5% × {1 – (50% + 30%)}

따라서, 계약자가 부담할 보험료의 최솟값 = 38,000,000원 × 0.05 × 0.2 = **380,000원**

※ 서술형 문제에 대해 답하시오. (6～10번 문제)

06 적과전 종합위험방식Ⅱ 과실손해보장의 보험가입금액에 관하여 다음 내용을 서술하시오.

[15점] 기출수정

① 보험가입금액 설정방법
② 가입가격
③ 보험가입금액의 감액

정답

① **보험가입금액 설정방법**
가입수확량에 가입가격을 곱하여 산출하며, 만원 단위 미만은 절사한다.

② **가입가격**
보험에 가입할 때 결정한 과실의 kg당 평균가격으로 한 과수원에 다수의 품종이 혼식된 경우에도 품종과 관계없이 동일하다.

③ **보험가입금액의 감액**
가입수확량이 적과후착과수 조사결과에 의해 산출된 기준수확량을 초과하는 경우에는 그 초과분은 제외되도록 가입수확량이 조정되며, 보험가입금액을 감액할 수 있다.

07 종합위험방식 고추 품목에 관한 다음 내용을 각각 서술하시오. [15점]

① 다음 독립된 A, B, C 농지 각각의 보험가입 가능 여부와 그 이유(단, 각각 제시된 조건 이외는 고려하지 않음)

- A농지 : 가입금액이 100만원으로 농지 10a당 재식주수가 4,000주로 고추정식 1년전 인삼을 재배
- B농지 : 가입금액이 200만원, 농지 10a당 재식주수가 2,000주로 4월 2일 고추를 터널재배 형식만으로 식재
- C농지 : 연륙교가 설치된 도서 지역에 위치하여 10a당 재식주수가 5,000주로 전 농지가 비닐멀칭이 된 노지재배

② 병충해가 있는 경우 생산비보장보험금 계산식
③ 수확기 이전에 보험사고가 발생한 경우 경과비율 계산식

정답

① **독립된 A, B, C 농지 각각의 보험가입 가능 여부와 그 이유**

- **A농지** : 보험가입금액이 200만원 이상인 농지가 가입 가능하기 때문에 보험가입이 불가능하다.
- **B농지** : 보험가입이 가능하다. 그 이유는 가입금액이 200만원이고, 농지 10a당 재식주수가 1,500주 이상이고 4,000주 이하인 농지에 해당하며, 4월 1일 이전과 5월 31일 이후에 고추를 식재한 농지가 아니며, 터널재배형식만으로 식재한 농지이기 때문이다.
- **C농지** : 10a당 재식주수가 1,500주 이상이고 4,000주 이하인 농지가 가입 가능하기 때문에 보험가입이 불가능하다.

② **병충해가 있는 경우 생산비보장보험금 계산식**

생산비보장보험금 = (잔존보험가입금액 × 경과비율 × 피해율 × 병충해 등급별 인정비율) − 자기부담금

- 잔존보험가입금액 = 보험가입금액 − 보상액(기발생 생산비보장보험금 합계액)
- 자기부담금 : 잔존보험가입금액에 보험 가입을 할 때 계약자가 선택한 비율을 곱한 금액(잔존보험가입금액의 3% 또는 5%)

③ **수확기 이전에 보험사고가 발생한 경우 경과비율 계산식**

준비기생산비계수 + {(1 − 준비기생산비계수) × (생장일수 ÷ 표준생장일수)}

- 준비기생산비계수는 55.7%로 한다.
- 생장일수는 정식일로부터 사고발생일까지 경과일수로 한다.
- 표준생장일수(정식일로부터 수확개시일까지 표준적인 생장일수)는 사전에 설정된 값으로 100일로 한다.
- 생장일수를 표준생장일수로 나눈 값은 1을 초과할 수 없다.

08 과실손해보장의 일소피해보장 보통약관에 관한 다음 내용을 각각 서술하시오.

[15점] 기출수정

① 일소피해의 정의

② 일소피해보장 보통약관의 담보조건

③ 적과전 종합위험방식Ⅱ 과수 상품의 일소피해보장 보통약관의 보험기간

정답

① **일소피해의 정의**

폭염(暴炎)으로 인해 보험의 목적에 일소(日燒)가 발생하여 생긴 피해를 말하며, '일소'란 과실이 태양광에 노출되어 과피 또는 과육이 괴사되어 검게 그을리거나 변색되는 현상을 말한다.

② **일소피해보장 보통약관의 담보조건**

폭염은 대한민국 기상청에서 폭염특보(폭염주의보 또는 폭염경보)를 발령한 때 과수원에서 가장 가까운 3개소의 기상관측장비(기상청 설치 또는 기상청이 인증하고 실시간 관측 자료를 확인할 수 있는 관측소)로 측정한 낮 최고기온이 연속 2일 이상 33℃ 이상으로 관측된 경우를 말하며, 폭염특보가 발령한 때부터 해제한 날까지 일소가 발생한 보험의 목적에 한하여 보상한다. 이때 폭염특보는 과수원이 위치한 지역의 폭염특보를 적용한다.

③ **적과전 종합위험방식Ⅱ 과수 상품의 일소피해보장 보통약관의 보험기간**

구 분	보험기간	
	시 기	종 기
일소피해보장	적과종료 이후	판매개시연도 9월 30일

09 보험회사에 의한 보험계약 해지에 관한 다음 내용을 각각 서술하시오. [15점]

① 보험회사에 의한 보험계약 해지 불가 사유 4가지
② 보험회사에 의한 보험계약 해지시 보험회사가 지급할 환급보험료 산출식
③ 보험회사에 의한 보험계약 해지시 보험료 환급에 따른 적용이율

정답

※ 본 문제는 2020년 업무방법서에서 생략된 내용으로, 2019년 업무방법서에 근거하여 설명하였다.

① 보험회사에 의한 보험계약 해지 불가 사유 4가지

1. 회사가 계약 당시에 그 사실을 알았거나 과실로 인하여 알지 못하였을 때
2. 회사가 그 사실을 안 날부터 1개월 이상 지났거나 또는 제1회 보험료 등을 받은 때부터 보험금 지급사유가 발생하지 않고 2년이 지났을 때
3. 계약을 체결한 날부터 3년이 지났을 때
4. 보험을 모집한 자가 계약자 또는 피보험자에게 알릴 기회를 주지 않았거나 계약자 또는 피보험자가 사실대로 알리는 것을 방해한 경우, 계약자 또는 피보험자에게 사실대로 알리지 않게 하였거나 부실한 사항을 알릴 것을 권유했을 때

② 보험회사에 의한 보험계약 해지시 보험회사가 지급할 환급보험료 산출식

보험료 환급은 품목별 해당 월 미경과비율에 따라 계산된 환급보험료를 지급한다.

• 환급보험료 = 계약자부담보험료 × [해당 담보별 미경과비율]

③ 보험회사에 의한 보험계약 해지시 보험료 환급에 따른 적용이율

해지로 인하여 회사가 환급해야할 보험료가 있을 때에는 계약자는 환급금을 청구하여야 하며, 회사는 청구일의 다음 날부터 지급일까지의 기간에 대하여 보험개발원이 공시하는 보험계약대출이율을 연단위 복리로 계산한 금액을 더하여 지급한다.

10 가축재해보험(젖소) 사고시 월령에 따른 보험가액을 산출하고자 한다. 각 사례별(① ~ ⑤)로 보험가액 계산과정과 값을 쓰시오(단, 유량검정젖소 가입시는 제외, 만원 미만 절사). [15점]

〈사고 전전월 전국산지 평균가격〉

○ 분유떼기 암컷 : 100만원
○ 수정단계 : 300만원
○ 초산우 : 350만원
○ 다산우 : 480만원
○ 노산우 : 300만원

① 월령 2개월 질병사고 폐사
② 월령 11개월 대사성 질병 폐사
③ 월령 20개월 유량감소 긴급 도축
④ 월령 35개월 급성고창 폐사
⑤ 월령 60개월 사지골절 폐사

정답

※ 본 문제는 2020년 업무방법서에서 삭제된 내용이지만, 가축재해보험 약관에 근거하여 설명하였다.

① **월령 2개월 질병사고 폐사**

연령(월령)이 2개월 미만(질병사고는 3개월 미만)일 때는 분유떼기 암컷 가격의 50%를 적용하므로,

보험가액 = 100만원 × 50% = **50만원**

② **월령 11개월 대사성 질병 폐사**

$$\text{분유떼기 암컷가격} + \frac{\text{수정단계가격} - \text{분유떼기 암컷가격}}{6} \times (\text{사고월령} - 7\text{개월})$$

$$= 100\text{만원} + \frac{300\text{만원} - 100\text{만원}}{6} \times (11\text{개월} - 7\text{개월}) = 233.33\text{만원}$$

= **233만원**(만원 미만 절사)

③ **월령 20개월 유량감소 긴급 도축**

$$\text{수정단계가격} + \frac{\text{초산우가격} - \text{수정단계가격}}{6} \times (\text{사고월령} - 18\text{개월})$$

$$= 300\text{만원} + \frac{350\text{만원} - 300\text{만원}}{6} \times (20\text{개월} - 18\text{개월}) = 316.67\text{만원}$$

= **316만원**(만원 미만 절사)

④ **월령 35개월 급성고창 폐사**

$$\text{초산우가격} + \frac{\text{다산우가격} - \text{초산우가격}}{9} \times (\text{사고월령} - 31\text{개월})$$

$$= 350\text{만원} + \frac{480\text{만원} - 350\text{만원}}{9} \times (35\text{개월} - 31\text{개월}) = 407.78\text{만원}$$

= **407만원**(만원 미만 절사)

⑤ **월령 60개월 사지골절 폐사**

$$\text{다산우가격} + \frac{\text{노산우가격} - \text{다산우가격}}{12} \times (\text{사고월령} - 55\text{개월})$$

$$= 480\text{만원} + \frac{300\text{만원} - 480\text{만원}}{12} \times (60\text{개월} - 55\text{개월})$$

= 480만원 − 75만원 = **405만원**

제 2 과목 농작물재해보험 및 가축재해보험 손해평가의 이론과 실무

※ 단답형 문제에 대해 답하시오. (11 ~ 15번 문제)

11 적과전 종합위험방식(Ⅱ) 사과 품목에서 「적과종료 이후부터 수확기 종료」에 발생한 「태풍(강풍), 지진, 집중호우, 화재 피해」의 「낙과피해조사」 관련 설명이다. 다음 (　　)의 용어를 쓰시오. [5점] 기출수정

- 나무수조사는 과수원내 품종・재배방식・수령별 실제결과주수에서 (①), (②), (③), 수확완료주수 및 일부침수주수를 파악한다.
- 낙과수조사는 (④)을(를) 원칙으로 하며, (④)가 어려운 경우 (⑤)을(를) 실시한다.

정답

① 고사주수, ② 수확불능주수, ③ 미보상주수, ④ 전수조사, ⑤ 표본조사

해설

낙과피해조사

(1) 나무수조사

과수원내 품종・재배방식・수령별 실제결과주수에서 (**고사주수**), (**수확불능주수**), (**미보상주수**), 수확완료주수 및 일부침수주수(금번 침수로 인한 피해주수 중 침수로 인한 고사주수 및 수확불능주수는 제외한 주수)를 파악한다.

(2) 낙과수조사

낙과수조사는 (**전수조사**)를 원칙으로 하며, (**전수조사**)가 어려운 경우 (**표본조사**)를 실시한다.

12 「종합위험 수확감소보장방식 밭작물 품목」에 관한 내용이다. 다음 (　　)의 알맞은 용어를 순서대로 쓰시오. [5점] 기출수정

○ 적용품목은 (①), 마늘, 고구마, 옥수수, 감자(봄재배, 가을재배, 고랭지재배), 차, 콩, 팥, 양배추 품목으로 한다.

○ (②)는 마늘 품목에만 해당한다. (③)시 (②)가 필요하다고 판단된 농지에 대하여 실시하는 조사로, 조사시기는 (③) 직후로 한다.

○ (④)는 양배추 품목에만 해당한다. (③)시 (④)가 필요하다고 판단된 농지에 대하여 실시하는 조사로, 손해평가반은 피해농지를 방문하여 보상하는 재해 여부 및 (⑤)을 조사한다.

정답

① 양파, ② 재파종조사, ③ 피해사실확인조사, ④ 재정식조사, ⑤ 피해면적

해설

종합위험 수확감소보장방식 밭작물 품목

- 적용품목은 (양파), 마늘, 고구마, 옥수수, 감자(봄재배, 가을재배, 고랭지재배), 차, 콩, 팥, 양배추 품목으로 한다.
- (재파종조사)는 마늘 품목에만 해당한다. (피해사실확인조사)시 (재파종조사)가 필요하다고 판단된 농지에 대하여 실시하는 조사로, 조사시기는 (피해사실확인조사) 직후로 한다.
- (재정식조사)는 양배추 품목에만 해당한다. (피해사실확인조사)시 (재정식조사)가 필요하다고 판단된 농지에 대하여 실시하는 조사로, 손해평가반은 피해농지를 방문하여 보상하는 재해 여부 및 (피해면적)을 조사한다.

13 복분자 농사를 짓고 있는 △△마을의 A와 B농가는 4월에 저온으로 인해 큰 피해를 입어 경작이 어려운 상황에서 농작물재해보험 가입사실을 기억하고 경작불능보험금을 청구하였다. 두 농가의 피해를 조사한 결과에 따른 경작불능보험금을 구하시오(단, 피해는 면적 기준으로 조사하였으며 미보상 사유는 없다). [5점]

구 분	가입금액	가입면적	피해면적	자기부담비율
A농가	3,000,000원	1,200m^2	900m^2	20%
B농가	4,000,000원	1,500m^2	850m^2	10%

정답

- A농가의 경작불능보험금 : 1,200,000원
- B농가의 경작불능보험금 : 경작불능보험금을 지급하지 않음

해설

경작불능보험금

경작불능보험금은 경작불능조사 결과 식물체 피해율이 65% 이상이고, 계약자가 경작불능보험금을 신청한 경우에 지급하며, 보험금은 가입금액에 자기부담비율별 지급비율을 곱하여 산출한다.

[자기부담비율별 경작불능보험금 지급비율표]

자기부담비율	10%형	15%형	20%형	30%형	40%형
지급비율	45%	42%	40%	35%	30%

- A농가

면적피해율 = $\frac{900m^2}{1,200m^2}$ = 0.75(= 75%)이므로 경작불능보험금을 지급한다.

A농가의 경작불능보험금 = 3,000,000원 × 40% = **1,200,000원**

• B농가

면적피해율 = $\frac{850m^2}{1,500m^2}$ ≒ 0.5667(= 56.67%)로 피해율이 65% 미만이므로 경작불능보험금을 지급하지 않는다.

14 아래 조건의 적과전 종합위험방식(Ⅱ) 배 품목의 과실손해보장 담보 계약의 적과종료 이전 동상해(4월 3일), 우박사고(5월 15일)를 입은 경우 착과감소과실수와 기준착과수를 구하시오.

[5점] 기출수정

> ○ 평년착과수 : 20,000개
> ○ 적과후착과수 : 10,000개
> ○ 적과종료 이전 특정위험 5종 한정보장 특별약관 : 가입
> ○ 동상해 피해사실확인조사 : 피해 있음
> ○ 우박 유과타박률 : 50%
> ○ 미보상감수과실수 : 없음

정답

• 착과감소과실수 : **10,000개**
• 기준착과수 : **20,000개**

해설

(1) 착과감소과실수

적과종료 이전 사고는 보상하는 재해(자연재해, 조수해, 화재)가 중복해서 발생한 경우에도 아래 산식을 한번만 적용한다.

착과감소과실수 = 최솟값(평년착과수 − 적과후착과수, 최대인정감소과실수)
= 최솟값(20,000개 − 10,000개, 10,000개) = **10,000개**

※ 최대인정감소과실수 = 평년착과수 × 최대인정피해율 = 20,000개 × 0.5 = **10,000개**
※ 최대인정피해율 : 우박 유과타박률 50%

(2) 기준착과수

적과종료 전에 인정된 착과감소과실수가 있는 과수원의 기준착과수는 다음과 같다.

기준착과수 = 적과후착과수 + 착과감소과실수
= 10,000개 + 10,000개 = **20,000개**

15 가축재해보험에서 정의하는 다음 (　　)의 용어를 순서대로 쓰시오. [5점]

> ○ (①) : 식용불가 판정을 받아 권역별 소각장에서 소각하거나 사료용으로 판매, 매몰처리 하는 것을 말한다.
> ○ (②) : 사체를 고온·고압 처리하여 기름과 고형분으로 분리, 사료·공업용 유지 및 육분·육골분을 생산하는 공정을 말한다.
> ○ (③) : 고객이 보험금 부지급 결정에 동의하지 않는 경우 소비자보호실로 재청구하는 제도를 말한다.
> ○ (④) : 허위진술을 하거나 진실을 은폐하는 것을 말한다.
> ○ (⑤) : 제3자의 행위로 피보험자의 손해가 생긴 경우 보험금액을 지급한 보험자는 지급한 보험금액의 한도 내에서 제3자에 대한 피보험자의 권리를 취득하는 것을 말한다.

정답

① 폐사축 처리, ② 랜더링, ③ 재심의 청구, ④ 기망, ⑤ 보험자대위

해설

① **폐사축 처리**
식용불가 판정을 받은 폐사축은 권역별 소각장에서 소각하거나 사료용으로 판매, 매몰처리 한다.
※ 출제 당시에는 '사망축 처리'가 정답이었으나, 약관 용어 개정으로 '폐사축 처리'가 타당하다고 본다.

② **랜더링**
사체를 고온·고압 처리하여 기름과 고형분으로 분리하여 사료·공업용 유지 및 육분·육골분을 생산하는 공정을 말한다.

③ **재심의 청구**
고객이 보험금 부지급 결정에 동의하지 않는 경우 소비자보호실로 재청구하는 제도를 말한다.

④ **기 망**
허위진술을 하거나 진실을 은폐하는 것을 말한다. 통상 진실이 아닌 사실을 진실이라 표시하는 행위를 말하거나 알려야 할 경우에 침묵, 진실을 은폐하는 것도 기망행위에 해당한다.

⑤ **보험자대위**
피보험자의 손해가 제3자의 행위로 인하여 생긴 경우에는 보험금액을 지급한 보험자는 그 지급한 금액의 한도 내에서 그 제3자에 대한 보험계약자 또는 피보험자의 권리를 취득하는 것을 말한다(상법 제682조).

※ 서술형 문제에 대해 답하시오. (16 ~ 20번 문제)

16 농업수입보장보험 마늘 품목에 한해와 조해피해가 발생하여 아래와 같이 수확량조사를 하였다. 계약사항과 조사내용을 토대로 하여 ① 표본구간 단위면적당 수확량, ② 수확량, ③ 실제수입, ④ 피해율, ⑤ 보험가입금액 및 농업수입감소보험금의 계산과정과 값을 각각 구하시오 (단, 품종에 따른 환산계수는 미적용하고, 소수점 셋째자리에서 반올림하여 둘째자리까지 다음 예시와 같이 구하시오. 예시 : 수확량 3.456kg → 3.46kg, 피해율 0.12345 → 12.35%로 기재). [15점] 기출수정

〈계약사항〉

- ○ 품종 : 남도
- ○ 평년수확량 : 10,000kg
- ○ 실제경작면적 : 3,300m^2
- ○ 가입수확량 : 10,000kg
- ○ 자기부담비율 : 20%
- ○ 기준가격 : 3,000원/kg

〈조사내용〉

- ○ 실제경작면적 : 3,300m^2
- ○ 고사(수확불능)면적 : 300m^2
- ○ 타작물면적 : 500m^2
- ○ 표본구간 : 7구간
- ○ 표본구간 면적 : 10.50m^2
- ○ 표본구간 수확량 : 30kg
- ○ 미보상비율 : 20%
- ○ 수확기가격 : 2,500원/kg

정답

① 표본구간 단위면적당 수확량 : 2.86kg/m^2
② 수확량 : 8,665kg
③ 실제수입 : 22,330,000원
④ 피해율 : 25.57%
⑤ 보험가입금액 및 농업수입감소보험금
- 보험가입금액 : 30,000,000원
- 농업수입감소보험금 : 1,671,000원

해설

① **표본구간 단위면적당 수확량**

$$(\text{표본구간 수확량} \times \text{환산계수}) \div \text{표본구간 면적} = \frac{30kg}{10.50m^2} \fallingdotseq 2.857kg/m^2 = \mathbf{2.86kg/m^2}$$

※ 문제 조건에서 환산계수는 미적용함.

② 수확량

- 조사대상면적 = 실제경작면적 − 고사(수확불능)면적 − 타작물 및 미보상면적 − 기수확면적
  = $3,300m^2 - 300m^2 - 500m^2 - 0m^2 = 2,500m^2$
- 단위면적당 평년수확량 = 평년수확량 ÷ 실제경작면적 = $\frac{10,000kg}{3,300m^2} = 3.03kg/m^2$
- 수확량 = (표본구간 단위면적당 수확량 × 조사대상면적) + {단위면적당 평년수확량 × (타작물 및 미보상면적 + 기수확면적)}
  = $(2.86kg/m^2 \times 2,500m^2) + \{3.03kg/m^2 \times (500m^2 + 0m^2)\}$
  = 7,150kg + 1,515kg = **8,665kg**

③ 실제수입

- 미보상감수량 = (평년수확량 − 수확량) × 미보상비율
  = (10,000kg − 8,665kg) × 0.2 = 267kg
- 실제수입 = (수확량 + 미보상감수량) × 최솟값(농지별 기준가격, 농지별 수확기가격)
  = (8,665kg + 267kg) × 최솟값(3,000원/kg, 2,500원/kg)
  = 8,932kg × 2,500원/kg = **22,330,000원**

④ 피해율

- 기준수입 = 평년수확량 × 농지별 기준가격
  = 10,000kg × 3,000원/kg = 30,000,000원
- 피해율 = (기준수입 − 실제수입) ÷ 기준수입
  = (30,000,000원 − 22,330,000원) ÷ 30,000,000원
  ≒ 0.25566 = **25.57%**

⑤ 보험가입금액 및 농업수입감소보험금

- 보험가입금액 = 가입수확량 × 기준가격 = 10,000kg × 3,000원/kg = **30,000,000원**
- 농업수입감소보험금 = 보험가입금액 × (피해율 − 자기부담비율)
  = 30,000,000원 × (25.57% − 20%) = **1,671,000원**

17 **가축재해보험 보험가액 및 손해액 평가에서 ① 보험가액 및 손해액의 적용가격, ② 보험사에서 지급할 보험금의 계산, ③ 잔존물처리비용과 보험금 등의 지급한도에 관하여 각각 서술하시오.** [15점]

정답

(1) 보험가액 및 손해액의 적용가격

① 가축에 대한 보험가액은 보험사고가 발생한 때와 곳에서 평가한 보험목적물의 수량에 적용가격을 곱하여 산정한다.

② 가축에 대한 손해액은 보험사고가 발생한 때와 곳에서 폐사 등 피해를 입은 보험목적물의 수량에 적용가격을 곱하여 산정한다.

③ 보험가액 및 손해액의 적용가격은 보험사고 발생 시간과 장소에서 시장가격(고시가격) 등을 감안하여 보험약관에서 정한 방법에 따라 산정한다. 다만, 보험가입 당시 보험가입자와 재해보험사업자가 보험가액 및 손해액 산정 방식을 별도로 정한 경우에 그 방법에 따른다.

(2) **보험사에서 지급할 보험금의 계산**

보험사에서 지급할 보험금은 아래 계산한 금액에서 자기부담금을 차감한 금액을 지급한다.

① 보험가입금액(보상한도)이 보험가액(시세)과 같을 때 : 보험가입금액을 한도로 손해액 전액

② 보험가입금액이 보험가액보다 많을 때 : 보험가액을 한도로 손해액 전액

③ 보험가입금액이 보험가액보다 적을 때 : 보험가입금액을 한도로 비례 보상

- 손해액 × (보험가입금액 / 보험가액)으로 계산한 금액
- 손해액은 보험가액에서 이용물처분액 등을 차감한 금액

(3) **잔존물처리비용과 보험금 등의 지급한도**

① 손해에 의한 보험금과 잔존물처리비용의 합계액은 보험증권에 기재된 보험가입금액 한도 내에서 보상하며, 잔존물처리비용은 손해액의 10%를 초과할 수 없다.

② 비용손해 중 손해방지비용, 대위권보전비용, 잔존물보전비용은 보험가입금액을 초과하는 경우에도 지급한다.

18 **종합위험 수확감소보장방식 논작물 벼 품목의 통상적인 영농활동 중 보상하는 손해가 발생하였다. 아래 조사종류별 조사시기, 보험금 지급사유 및 지급보험금 계산식을 각각 쓰시오.**

[15점]

조사종류	조사시기	지급사유	지급보험금 계산식
① 이앙・직파불능조사			
② 재이앙・재직파조사			
③ 경작불능조사 (자기부담비율 20%형)			
④ 수확불능확인조사 (자기부담비율 20%형)			

정답

조사종류	조사시기	지급사유	지급보험금 계산식
① 이앙·직파불능조사	이앙한계일 (7월 31일) 이후	보상하는 손해로 이앙한계일 (7월 31일)까지 이앙·직파를 하지 못한 경우에 지급한다.	보험가입금액 × 10%
② 재이앙·재직파조사	사고후 ~ 재이앙 직후	보상하는 손해로 면적피해율이 10%를 초과하고, 재이앙·재직파를 한 경우에 1회 지급한다.	보험가입금액 × 25% × 면적피해율 ※ 면적피해율 = 피해면적 ÷ 보험가입면적
③ 경작불능조사 (자기부담비율 20%형)	사고후 ~ 수확 개시 시점	보상하는 손해로 인해 식물체 피해율이 65% 이상이고, 계약자가 경작불능보험금을 신청한 경우 산지폐기 등의 방법을 통해 시장으로 유통되지 않게 된 것을 확인한 후 지급한다.	보험가입금액 × 40%
④ 수확불능확인조사 (자기부담비율 20%형)	수확포기가 확인되는 시점	벼의 제현율이 65% 미만으로 떨어져 정상출하가 불가능하고, 해당 농지의 작물에 대한 수확포기가 확인된 경우에 지급한다.	보험가입금액 × 55%

19 종합위험 수확감소보장방식 벼 품목의 가입농가가 보상하는 재해로 피해를 입어 수확량조사 방법 중 수량요소조사를 실시하였다. 아래 계약사항 및 조사내용을 기준으로 주어진 조사표의 ①~⑫항의 해당 항목값을 구하시오(단, 조사수확비율 결정은 해당 구간의 가장 큰 비율을 적용하고 미보상 사유는 없으며, 항목별 요소점수는 조사표본포기 순서대로 기재하고, 소수점 셋째자리에서 반올림하여 둘째자리까지 다음 예시와 같이 구하시오. 예시 : 수확량 3.456kg → 3.46kg, 피해율 0.12345 → 12.35%로 기재). [15점] 기출수정

○ 이삭상태 점수표

포기당 이삭수	16개 미만	16개 이상
점 수	1	2

○ 완전낟알상태 점수표

이삭당 완전낟알수	51개 미만	51개 이상 61개 미만	61개 이상 71개 미만	71개 이상 81개 미만	81개 이상
점 수	1	2	3	4	5

○ 조사수확비율 환산표

점수 합계(점)	10점 미만	10 ~11	12 ~13	14 ~15	16 ~18	19 ~21	22 ~23	24점 이상
조사수확비율 (%)	0 ~20	21 ~40	41 ~50	51 ~60	61 ~70	71 ~80	81 ~90	91 ~100

○ 조사내용

표본포기	1포기	2포기	3포기	4포기
포기당 이삭수	19	22	18	13
완전낟알수	75	85	45	62

○ 수량요소조사 조사표

실제경작 면적(m^2)	항목별 요소점수조사									조사 수확 비율 (%)	표준 수확량 (kg)	조사 수확량 (kg)	평년 수확량 (kg)	피해율 (%)
	이삭상태				완전 낟알상태				합계					
3,500	①	②	③	④	⑤	⑥	⑦	⑧	⑨	⑩	1,600	⑪	1,650	⑫

정답

① 2점, ② 2점, ③ 2점, ④ 1점, ⑤ 4점, ⑥ 5점, ⑦ 1점, ⑧ 3점, ⑨ 20점, ⑩ 80%, ⑪ 1,280kg, ⑫ 22.42%

해설

① 1포기의 포기당 이삭수가 19이므로 이삭상태 점수표에서 2점에 해당한다.
② 2포기의 포기당 이삭수가 22이므로 이삭상태 점수표에서 2점에 해당한다.
③ 3포기의 포기당 이삭수가 18이므로 이삭상태 점수표에서 2점에 해당한다.
④ 4포기의 포기당 이삭수가 13이므로 이삭상태 점수표에서 1점에 해당한다.
⑤ 1포기의 완전낟알수가 75이므로 완전낟알상태 점수표에서 4점에 해당한다.
⑥ 2포기의 완전낟알수가 85이므로 완전낟알상태 점수표에서 5점에 해당한다.
⑦ 3포기의 완전낟알수가 45이므로 완전낟알상태 점수표에서 1점에 해당한다.
⑧ 4포기의 완전낟알수가 62이므로 완전낟알상태 점수표에서 3점에 해당한다.
⑨ 2점 + 2점 + 2점 + 1점 + 4점 + 5점 + 1점 + 3점 = 20점
⑩ 항목별 요소점수조사 합계가 20점이므로 조사수확비율 환산표에서 71~80%에 해당한다. 그런데 조사수확비율은 해당 구간의 가장 큰 비율을 적용하므로 80%가 된다.
⑪ 조사수확량(kg) = 표준수확량(kg) × 조사수확비율(%) = 1,600kg × 0.8 = 1,280kg
⑫ 피해율(%) = (평년수확량 − 수확량 − 미보상감수량) ÷ 평년수확량
= (1,650kg − 1,280kg − 0) ÷ 1,650kg = 0.2242(= 22.42%)

20 다음의 계약사항과 조사내용으로 ① 적과후착과수, ② 누적감수과실수, ③ 기준착과수의 계산과정과 값을 각각 구하시오(단, 적과후착과수, 누적감수과실수, 기준착과수는 소수점 첫째자리에서 반올림하여 정수단위로 구하시오). [15점] 기출수정

○ 계약사항

상품명	가입특약	적과종료 이전 최대인정피해율	평년착과수	가입과실수	실제결과주수
적과전 종합위험방식Ⅱ 사과	적과종료 이전 특정위험 5종 한정 보장 특약	100%	60,000개	40,000개	500주

○ 조사내용

<table>
<tr><th>구 분</th><th>재해 종류</th><th>사고 일자</th><th>조사 일자</th><th>조사 내용</th></tr>
<tr><td>적과 종료 이전</td><td>강 풍</td><td>5월 30일</td><td>6월 1일</td><td>• 피해사실확인조사 : 피해 있음(풍속 20.0m/s)
• 미보상감수과실수 : 없음</td></tr>
<tr><td>적과후 착과수</td><td>–</td><td>–</td><td>7월 3일</td><td>
<table>
<tr><th>품 종</th><th>재배 방식</th><th>수 령</th><th>실제 결과주수</th><th>표본 주수</th><th>표본주 착과수 합계</th></tr>
<tr><td>A품종</td><td>밀식</td><td>9</td><td>200</td><td>7</td><td>840</td></tr>
<tr><td>B품종</td><td>밀식</td><td>9</td><td>300</td><td>13</td><td>1,690</td></tr>
</table>
※ 고사주수 : A품종 50주(A품종 1주당 평년착과수 100개)
B품종 0주(B품종 1주당 평년착과수 100개)
※ 미보상주수, 수확불능주수 : 없음</td></tr>
<tr><td rowspan="2">적과 종료 이후</td><td>일 소</td><td>8월 15일</td><td>8월 16일</td><td>• 낙과피해조사(전수조사)
총 낙과과실수 : 1,000개
<table>
<tr><th>피해과실 구분</th><th>병해충 과실</th><th>100%</th><th>80%</th><th>50%</th><th>정 상</th></tr>
<tr><td>과실수</td><td>20개</td><td>80개</td><td>0개</td><td>0개</td><td>0개</td></tr>
</table></td></tr>
<tr><td>일 소</td><td>8월 15일</td><td>10월 25일</td><td>• 착과피해조사
단, 일소 사고 이후 착과수 : 변동 없음
<table>
<tr><th>피해과실 구분</th><th>병해충 과실</th><th>100%</th><th>80%</th><th>50%</th><th>정 상</th></tr>
<tr><td>과실수</td><td>30개</td><td>0개</td><td>50개</td><td>20개</td><td>100개</td></tr>
</table></td></tr>
<tr><td>적과 종료 이후</td><td>우 박</td><td>11월 10일</td><td>11월 11일</td><td>• 착과피해조사
사고 당시 착과과실수 : 5,000개
<table>
<tr><th>피해과실 구분</th><th>병해충 과실</th><th>100%</th><th>80%</th><th>50%</th><th>정 상</th></tr>
<tr><td>과실수</td><td>10개</td><td>0개</td><td>100개</td><td>40개</td><td>50개</td></tr>
</table></td></tr>
</table>

• 낙과피해조사(전수조사)
총 낙과과실수 : 500개

피해과실 구분	병해충 과실	100%	80%	50%	정 상
과실수	10개	90개	0개	0개	0개

정답

① **적과후착과수** : **57,000개**
② **누적감수과실수** : **16,375개**
③ **기준착과수** : **60,000개**

해설

① **적과후착과수**

• 품종 · 재배방식 · 수령별 착과수

$$= \frac{\text{품종 · 재배방식 · 수령별 표본주의 착과수 합계}}{\text{품종 · 재배방식 · 수령별 표본주 합계}} \times \text{품종 · 재배방식 · 수령별 조사대상주수}$$

• A품종 $= \frac{840}{7} \times (200 - 50) = 18,000$개

• B품종 : $\frac{1,690}{13} \times (300 - 0) = 39,000$개

• 품종 · 재배방식 · 수령별 착과수의 합계를 과수원별 적과후착과수로 하므로,
적과후착과수 = A품종 + B품종 = 18,000개 + 39,000개 = **57,000개**

② **누적감수과실수**

• 일소 낙과피해조사(전수조사)
총 낙과과실수 × (낙과피해구성률 − max A)

$$= 1,000\text{개} \times \left[\frac{(80 \times 1) + (0 \times 0.8) + (0 \times 0.5)}{20 + 80} - 0 \right] = \mathbf{800개}$$

※ 낙과피해구성률

$$= \frac{(100\%\text{형 피해과실수} \times 1) + (80\%\text{형 피해과실수} \times 0.8) + (50\%\text{형 피해과실수} \times 0.5)}{100\%\text{형 피해과실수} + 80\%\text{형 피해과실수} + 50\%\text{형 피해과실수} + \text{정상과실수}}$$

※ max A : 금차 사고전 기조사된 착과피해구성률 또는 인정피해율 중 최댓값(= 0)
※ "(낙과피해구성률 − max A)"의 값이 영(0)보다 작은 경우 : 금차 감수과실수는 영(0)으로 함

• 일소 착과피해조사
사고 당시 착과과실수 × (착과피해구성률 − max A)

$$= (57,000\text{개} - 1,000\text{개}) \times \left[\frac{(0 \times 1) + (50 \times 0.8) + (20 \times 0.5)}{30 + 50 + 20 + 100} - 0 \right] = \mathbf{14,000개}$$

※ 착과피해구성률

$$= \frac{(100\%\text{형 피해과실수} \times 1) + (80\%\text{형 피해과실수} \times 0.8) + (50\%\text{형 피해과실수} \times 0.5)}{100\%\text{형 피해과실수} + 80\%\text{형 피해과실수} + 50\%\text{형 피해과실수} + \text{정상과실수}}$$

※ max A : 금차 사고전 기조사된 착과피해구성률 또는 인정피해율 중 최댓값(= 0)
※ "(착과피해구성률 − max A)"의 값이 영(0)보다 작은 경우 : 금차 감수과실수는 영(0)으로 함

• 우박 착과피해조사

사고 당시 착과과실수 × (착과피해구성률 − max A)

$$= 5{,}000\text{개} \times \left[\frac{(0 \times 1) + (100 \times 0.8) + (40 \times 0.5)}{10 + 100 + 40 + 50} - 0.25 \right] = \mathbf{1{,}250\text{개}}$$

※ max A : 금차 사고전 기조사된 착과피해구성률 또는 인정피해율 중 최댓값(= 0.25)

※ "(착과피해구성률 − max A)"의 값이 영(0)보다 작은 경우 : 금차 감수과실수는 영(0)으로 함

• 우박 낙과피해조사(전수조사)

총 낙과과실수 × (낙과피해구성률 − max A)

$$= 500\text{개} \times \left[\frac{(90 \times 1) + (0 \times 0.8) + (0 \times 0.5)}{10 + 90} - 0.25 \right] = \mathbf{325\text{개}}$$

※ max A : 금차 사고전 기조사된 착과피해구성률 또는 인정피해율 중 최댓값(= 0.25)

※ "(낙과피해구성률 − max A)"의 값이 영(0)보다 작은 경우 : 금차 감수과실수는 영(0)으로 함

• 누적감수과실수

= 낙과피해조사(일소) + 착과피해조사(일소) + 착과피해조사(우박) + 낙과피해조사(우박)

= 800개 + 14,000개 + 1,250개 + 325개 = **16,375개**

③ **기준착과수**

• 착과감소과실수 = 최솟값(평년착과수 − 적과후착과수, 최대인정감소과실수)

※ 최대인정감소과실수 = 평년착과수 × 최대인정피해율

= 60,000개 × 100% = 60,000개

착과감소과실수 = 최솟값(60,000개 − 57,000개, 60,000개) = 3,000개

• 기준착과수

적과종료 이전에 착과감소과실수가 있는 경우

기준착과수 = 적과후착과수 + 착과감소과실수이므로,

기준착과수 = 57,000개 + 3,000개 = **60,000개**

2019년

제5회 손해평가사 2차 시험문제

제 1 과목 농작물재해보험 및 가축재해보험의 이론과 실무

※ 단답형 문제에 대해 답하시오. (1 ~ 5번 문제)

01 농작물재해보험의 업무방법 통칙에서 정하는 용어의 정의로 (   )에 들어갈 내용을 쓰시오. [5점]

> ○ "보험가액"이란 농작물재해보험에 있어 (①)을(를) (②)으로 평가한 금액으로 보험목적에 발생할 수 있는 (③)을(를) 말한다.
> ○ "적과후착과수"란 통상적인 (④) 및 (⑤) 종료시점의 나무에 달린 과실수(착과수)를 말한다.

정답

① 피보험이익, ② 금전, ③ 최대손해액, ④ 적과, ⑤ 자연낙과

해설

> • "보험가액"이란 농작물재해보험에 있어 (**피보험이익**)을 (**금전**)으로 평가한 금액으로 보험목적에 발생할 수 있는 (**최대손해액**)을 말한다.
> • "적과후착과수"란 통상적인 (**적과**) 및 (**자연낙과**) 종료시점의 나무에 달린 과실수(착과수)를 말한다.

02 농업수입감소보장 양파 상품의 내용 중 보험금의 계산식에 관한 것이다. 다음 내용에서 (   )의 ① 용어와 ② 정의를 쓰시오. [5점]

> ○ 실제수입 = {조사수확량 + (   )} × Min(농지별 기준가격, 농지별 수확기가격)

정답

① **용어** : **미보상감수량**
② **정의** : 미보상감수량란 보상하는 재해 이외의 원인으로 수확량이 감소되었다고 평가되는 부분을 말하며, 계약 당시 이미 발생한 피해, 병해충으로 인한 피해 및 제초상태 불량 등으로 인한 수확감소량으로서 피해율 산정시 감수량에서 제외한다.
• (평년수확량 − 수확량) × 미보상비율

해설

실제수입 = {조사수확량 + (**미보상감수량**)} × Min(농지별 기준가격, 농지별 수확기가격)

03 종합위험보장 참다래 상품에서 다음 조건에 따라 2020년의 평년수확량을 구하시오(단, 주어진 조건 외의 다른 조건은 고려하지 않음). [5점]

(단위 : kg)

구 분	2015년	2016년	2017년	2018년	2019년	합 계	평 균
평년수확량	8,000	8,100	8,100	8,300	8,400	40,900	8,180
표준수확량	8,200	8,200	8,200	8,200	8,200	41,000	8,200
조사수확량	7,000	4,000	무사고	무사고	8,500	–	–
가입 여부	가 입	가 입	가 입	가 입	가 입	–	–

※ 2020년의 표준수확량은 8,200kg임

정답

2020년 **평년수확량** : **7,540kg**

해설

(1) 과거수확량 산출

구 분	수확량
조사수확량 > 평년수확량 × 50%	조사수확량
조사수확량 ≤ 평년수확량 × 50%	평년수확량 × 50%

• 2015년 = 조사수확량 > 평년수확량 × 50%일 때 조사수확량이므로 7,000kg
• 2016년 = 조사수확량 ≤ 평년수확량 × 50%일 때 평년수확량의 50%이므로 8,100kg × 0.5 = **4,050kg**
• 2017년 = 보험에 가입된 과수원에 사고가 없어 수확량조사를 하지 않은 경우에는 표준수확량의 110%와 평년수확량 110% 중 큰 값을 사용한다. 즉 8,200kg × 1.1 = **9,020kg**
• 2018년 = 8,300kg × 1.1 = **9,130kg**
• 2019년 = 조사수확량 > 평년수확량 × 50%일 때 조사수확량이므로 8,500kg

(2) 2020년 평년수확량

2020년 평년수확량 산출식 = $\left\{A+(B-A)\times\left(1-\frac{Y}{5}\right)\right\}\times\frac{C}{B}$

- A(과거 평균수확량) = Σ(과거 5년간 수확량) ÷ Y
  A(과거 평균수확량) = Σ(7,000kg + 4,050kg + 9,020kg + 9,130kg + 8,500kg) ÷ 5 = 7,540kg
- B(과거 평균표준수확량) = Σ(과거 5년간 표준수확량) ÷ Y
  = 41,000kg ÷ 5 = 8,200kg
- C(표준수확량) = 가입하는 해의 표준수확량 = 8,200kg
- Y = 과거 5년간 가입횟수 = 5
- 2020년 평년수확량 = $\left\{A+(B-A)\times\left(1-\frac{Y}{5}\right)\right\}\times\frac{C}{B}$

$$= \left\{7{,}540\text{kg} + (8{,}200\text{kg} - 7{,}540\text{kg}) \times (1 - \frac{5}{5})\right\} \times \frac{8{,}200\text{kg}}{8{,}200\text{kg}}$$

= 7,540kg

04 돼지를 기르는 축산농 A씨는 ① 폭염으로 폐사된 돼지와 ② 축사 화재로 타인에게 배상할 손해를 대비하기 위해 가축재해보험에 가입하고자 한다. 이 때, 반드시 가입해야 하는 2가지 특약을 ①의 경우와 ②의 경우로 나누어 각각 쓰시오. [5점]

정답

(1) 폭염으로 폐사된 돼지

① 전기적장치위험보장 특별약관

② 폭염재해보장 추가특별약관

(※ 전기적장치위험보장 특별약관 가입자만 가입 가능)

(2) 축사 화재로 타인에게 배상할 손해

① 축사 특별약관

② 화재대물배상책임 특별약관

(※ 축사 특별약관 가입자만 가입 가능)

05 가축재해보험 소, 돼지 상품에 관한 다음 내용을 쓰시오. [5점]

> ① 협정보험가액 특약을 가입할 수 있는 세부 축종명
> ② 공통 인수제한 계약사항

정답

※ 본 문제는 2020년 업무방법서에서 삭제된 내용으로, 2019년 업무방법서에 근거하여 설명하였다.

(1) 협정보험가액 특약을 가입할 수 있는 세부 축종명

① 소 상품 : 유량검정젖소 가입시

② 돼지 상품 : 종돈 가입시

(2) 공통 인수제한 계약사항

① 사육장소내 가축 중 일부만을 보험에 가입하는 경우

가축재해보험은 사육장소내 모든 소 가축 또는 돼지 가축을 가입하여야 한다.

② 사육장소내 일부 축사만 가입하는 경우

가축재해보험은 사육장소내 모든 축사를 가입하여야 한다. 단, 축사의 경우 가축이 없는 관리사 및 퇴비사는 가입제외 할 수 있다.

※ 서술형 문제에 대해 답하시오. (6～10번 문제)

06 적과전 종합위험방식(Ⅱ) 과수 상품의 부보비율에 따른 보험금 계산에 관한 다음 내용을 서술하시오. [15점]

> ① 가입수확량이 기준수확량의 80% 미만인 경우 부보비율에 따른 보험금을 다시 계산하여 지급하는 사례
> ② 가입수확량이 기준수확량의 80% 미만임에도 불구하고 보험금을 다시 계산하여 지급하지 않는 사례
> ③ 부보비율에 따른 보험금 계산식

정답

(1) 가입수확량이 기준수확량의 80% 미만인 경우 부보비율에 따른 보험금을 다시 계산하여 지급하는 사례

① 고의 또는 중대한 과실로 중요한 사항에 대하여 사실과 다르게 알린 때

※ 이때, 중요한 사항이란 과수원의 주수, 수령, 품종 등을 의미한다.

② 뚜렷한 위험의 변경 또는 증가와 관련된 계약 후 알릴 의무를 이행하지 않았을 때

(2) 가입수확량이 기준수확량의 80% 미만임에도 불구하고 보험금을 다시 계산하여 지급하지 않는 사례

① 회사가 계약 당시에 그 사실을 알았거나 과실로 인하여 알지 못하였을 때

② 보험을 모집한 자가 계약자 또는 피보험자에게 알릴 기회를 주지 않았거나 사실대로 알리는 것을 방해한 경우, 계약자나 피보험자가 사실대로 알리지 않게 하였거나 부실한 사항을 알릴 것을 권유했을 때 다만, 보험을 모집한 자의 행위가 없었다 하더라도 계약자 또는 피보험자가 사실대로 알리지 않거나 부실한 사항을 알렸다고 인정되는 경우 보험금을 다시 계산하여 지급할 수 있다.

(3) 부보비율에 따른 보험금 계산식

$$\text{보험금} = \text{계산된 보험금} \times \frac{\text{가입수확량}}{\text{기준수확량의 80\%}}$$

07 ○○도 △△시 관내 농업용 시설물에서 딸기를 재배하는 A씨, 시금치를 재배하는 B씨, 부추를 재배하는 C씨, 장미를 재배하는 D씨는 모두 농작물재해보험 종합위험방식 원예시설 상품에 가입한 상태에서 자연재해로 시설물이 직접적인 피해를 받았다. 이 때, A, B, C, D씨의 작물에 대한 지급보험금 산출식을 각각 쓰시오(단, D씨의 장미는 보상하는 재해로 나무가 죽은 경우에 해당함). [15점]

정답

① 딸기를 재배하는 A씨
생산비보장보험금 = 피해작물 재배면적 × 피해작물 단위면적당 보장생산비 × 경과비율 × 피해율

② 시금치를 재배하는 B씨
생산비보장보험금 = 피해작물 재배면적 × 피해작물 단위면적당 보장생산비 × 경과비율 × 피해율

③ 부추를 재배하는 C씨
생산비보장보험금 = 부추 재배면적 × 부추 단위면적당 보장생산비 × 피해율 × 70%

④ 장미를 재배하는 D씨(보상하는 재해로 나무가 죽은 경우)
생산비보장보험금 = 장미 재배면적 × 장미 단위면적당 나무고사 보장생산비 × 피해율

08 농작물재해보험 종합위험 수확감소보장 상품에 관한 내용이다. 다음 보장방식에 대한 보험의 목적과 보험금 지급사유를 서술하고, 보험금 산출식을 쓰시오. [15점]

> ① 재이앙・재직파보장
> ② 재파종보장
> ③ 재정식보장

정답

(1) 재이앙・재직파보장

① 보험의 목적

- 보험약관에 따라 보험에 가입한 농작물로서 보험증권에 기재된 품목(벼)
- 보험료 납입일이 속하는 해에 가입한 농지에 이앙된 벼

② 보험금 지급사유 : 보상하는 재해로 면적피해율이 10%를 초과하고, 재이앙・재직파한 경우

③ 보험금 산출식 : 보험가입금액 × 25% × 면적피해율

※ 면적피해율 = 피해면적 ÷ 보험가입면적

※ 면적피해율 10% 이하는 면책사고임

(2) 재파종보장

① 보험의 목적

- 보험약관에 따라 보험에 가입한 농작물로서 보험증권에 기재된 품목(마늘)
- 보험료 납입일이 속하는 이듬해에 수확하는 마늘

② 보험금 지급사유 : 보험계약일 24시부터 당해연도 10월 31일까지 보상하는 재해로 인해 마늘이 10a당 30,000주 미만으로 출현되어 10a당 30,000주 이상으로 재파종을 한 경우

③ 보험금 산출식 : 보험가입금액 × 35% × 표준출현 피해율

※ 표준출현 피해율(10a기준) = (30,000주 − 출현주수) ÷ 30,000주

(3) 재정식보장

① 보험의 목적

- 보험약관에 따라 보험에 가입한 농작물로서 보험증권에 기재된 품목(양배추)
- 보험료 납입일이 속하는 해에 정식하는 노지 양배추

② 보험금 지급사유 : 보상하는 재해로 인해 면적피해율이 자기부담비율을 초과하고 재정식한 경우

③ 보험금 산출식 : 보험가입금액 × 20% × 면적피해율

※ 면적피해율 = 피해면적 ÷ 보험가입면적

09 농작물재해보험 종합위험 수확감소보장 복숭아 상품에 관한 내용이다. 다음 조건에 대한 ① 보험금 지급사유와 ② 지급시기를 서술하고, ③ 보험금을 구하시오(단, 보험금은 계산과정을 반드시 쓰시오). [15점]

1. 계약사항
   ○ 보험가입품목 : (종합)복숭아
   ○ 품종 : 백도
   ○ 수령 : 10년
   ○ 가입주수 : 150주
   ○ 보험가입금액 : ₩25,000,000
   ○ 평년수확량 : 9,000kg
   ○ 가입수확량 : 9,000kg
   ○ 자기부담비율 : 2년 연속가입 및 2년간 수령보험금이 순보험료의 100% 이하인 과수원으로 최저 자기부담비율 선택
   ○ 특별약관 : 수확량감소 추가보장

2. 조사내용
   ○ 사고접수 : 2019. 07. 05. 기타 자연재해, 병충해
   ○ 조사일 : 2019. 07. 06.
   ○ 사고조사내용 : 강풍, 병충해(복숭아순나방)
   ○ 수확량 : 4,500kg(병충해과실무게 포함)
   ○ 병충해과실무게 : 1,200kg
   ○ 미보상비율 : 10%

정답

(1) 보험금 지급사유

수확감소보험금은 보상하는 손해로 피해율이 자기부담비율을 초과하는 경우에 지급한다.

(2) 지급시기

① 수확기간 경과 후 보험금 청구서류를 접수하면, 지체 없이 지급할 보험금을 결정하고 지급할 보험금이 결정되면 7일 이내에 지급한다.

② 보험기간 경과 후 보험금 청구서류가 접수되면, 지급할 보험금이 결정되기 전이라도 피보험자의 청구가 있을 때에는 회사가 추정한 보험금의 50% 상당액을 가지급보험금으로 지급한다.

(3) 보험금 계산

① 수확감소보험금

보험금 = 보험가입금액 × (피해율 − 자기부담비율)

- 피해율 = {(평년수확량 − 수확량 − 미보상감수량) + 병충해감수량} ÷ 평년수확량
- 미보상감수량 = (평년수확량 − 수확량) × 최댓값(미보상비율)
  = (9,000kg − 4,500kg) × 10% = 450kg
- 병충해감수량 = 세균구멍병으로 입은 피해를 보상하므로 0kg

- 피해율 = {(평년수확량 - 수확량 - 미보상감수량) + 병충해감수량} ÷ 평년수확량
 = {(9,000kg - 4,500kg - 450kg) + 0kg} ÷ 9,000kg
 = **45%**
- 보험가입금액 = ₩25,000,000
- 자기부담비율 = 15%
※ 2년 연속가입 및 2년간 수령보험금이 순보험료의 100% 이하인 과수원은 자기부담비율이 15%이다.
- 지급액 = ₩25,000,000 × (45% - 15%)
 = **₩7,500,000**

② 수확량감소 추가보장 특약
보험금 = 보험가입금액 × (피해율 × 10%)
- 피해율 = (평년수확량 - 수확량 - 미보상감수량) ÷ 평년수확량
 = (9,000kg - 4,500kg - 450kg) ÷ 9,000kg
 = 45%
- 보험금 = 보험가입금액 × (피해율 × 10%)
 = ₩25,000,000 × (45% × 10%)
 = **₩1,125,000**

③ 총 보험금
① + ② = ₩7,500,000 + ₩1,125,000 = **₩8,625,000**

10 종합위험보장 유자, 무화과, 포도, 감귤 상품을 요약한 내용이다. 다음 (   )에 들어갈 내용을 쓰시오.

[15점] 기출수정

<table>
<tr><th rowspan="2">품 목</th><th rowspan="2">구 분</th><th rowspan="2">대상재해</th><th colspan="2">보험기간</th><th rowspan="2">나무(1주)당 보험가입금액</th></tr>
<tr><th>보장개시</th><th>보장종료</th></tr>
<tr><td rowspan="2">유 자</td><td>수확감소보장</td><td rowspan="2">자연재해, 조수해, 화재</td><td>계약체결일 24시</td><td>(①)</td><td>-</td></tr>
<tr><td>나무손해보장</td><td>판매개시연도 12월 1일 다만, 12월 1일 이후 보험에 가입하는 경우에는 계약체결일 24시</td><td>이듬해 11월 30일</td><td>(②)</td></tr>
<tr><td rowspan="3">무화과</td><td rowspan="2">과실손해 보장</td><td>자연재해, 조수해, 화재</td><td>계약체결일 24시</td><td>(③)</td><td>-</td></tr>
<tr><td>(④)</td><td>(⑤)</td><td>(⑥)</td><td>-</td></tr>
<tr><td>나무손해보장</td><td>자연재해, 조수해, 화재</td><td>판매개시연도 12월 1일 다만, 12월 1일 이후 보험에 가입하는 경우에는 계약체결일 24시</td><td>이듬해 11월 30일</td><td>(⑦)</td></tr>
</table>

<table>
<tr><td rowspan="2">포 도</td><td>비가림과수
손해보장</td><td rowspan="2">자연재해,
조수해,
화재</td><td>계약체결일 24시</td><td>(⑧)</td><td>–</td></tr>
<tr><td>나무손해보장</td><td>판매개시연도 12월 1일
다만, 12월 1일 이후 보험에 가입하는 경우에는 계약체결일 24시</td><td>이듬해 11월 30일</td><td>(⑨)</td></tr>
<tr><td rowspan="2">감 귤</td><td>종합위험과실
손해보장</td><td rowspan="2">자연재해,
조수해,
화재</td><td>발아기
다만, 발아기가 지난 경우에는 계약체결일 24시</td><td>11월 30일</td><td>–</td></tr>
<tr><td>나무손해보장</td><td>발아기
다만, 발아기가 지난 경우에는 계약체결일 24시</td><td>(⑩)</td><td>(⑪)</td></tr>
</table>

정답

※ 본 문제에서 나무(1주)당 보험가입금액은 출제 당시 2019년 업무방법서에 근거하여 설명하였다.

① 수확개시 시점(단, 10월 31일을 초과할 수 없음)
② 5만원(※ 2019년 업무방법서 기준)
③ 이듬해 7월 31일
④ 태풍(강풍), 우박
⑤ 이듬해 8월 1일
⑥ 이듬해 수확기 종료 시점(단, 이듬해 10월 31일을 초과할 수 없음)
⑦ 3만원(※ 2019년 업무방법서 기준)
⑧ 수확기 종료 시점(단, 10월 10일을 초과할 수 없음)
⑨ 4만원(※ 2019년 업무방법서 기준)
⑩ 이듬해 2월 말
⑪ 10만원(※ 2019년 업무방법서 기준)

※ 단답형 문제에 대해 답하시오. (11 ~ 15번 문제)

11 적과전 종합위험방식Ⅱ 적과종료 이전 특정 5종 위험한정 특약 사과품목에서 적과전 우박피해사고로 피해사실 확인을 위해 표본조사를 실시하고자 한다. 과수원의 품종과 주수가 다음과 같이 확인되었을 때 아래의 표본조사값(①~⑥)에 들어갈 표본주수, 나뭇가지 총수 및 유과 총수의 최솟값을 각각 구하시오(단, 표본주수는 소수점 첫째자리에서 올림하여 다음 예시와 같이 구하시오. 예시 : 12.6 → 13로 기재). [5점] 기출수정

○ 과수원의 품종과 주수

품 목	품 종		주 수	피해내용	피해조사내용
사 과	조생종	쓰가루	440	우 박	유과타박률
	중생종	감 홍	250		

○ 표본조사값

품 종	표본주수	나뭇가지 총수	유과 총수
쓰가루	①	②	③
감 홍	④	⑤	⑥

정답

※ 2019년 출제 당시 문제는 표본주수를 계산할 때 소수점 첫째자리에서 '반올림한다'는 조건이 제시되었으나, 2020년 개정된 업무방법서에는 '올림한다'는 조건으로 변경되었다.

① 표본주수 : $13주 \times \frac{440}{(440 + 250)} = 8.23주 = 9주$

② 나뭇가지 총수 : 9주 × 4가지/주 = **36가지**

③ 유과 총수 : 36가지 × 5개/가지 = **180개**

④ 표본주수 : $13주 \times \frac{250}{(440 + 250)} = 4.71주 = 5주$

⑤ 나뭇가지 총수 : 5주 × 4가지/주 = **20가지**

⑥ 유과 총수 : 20가지 × 5개/가지 = **100개**

(해설)

유과타박률 확인(우박피해시, 적과종료 이전 특정 5종 한정 특약 가입건)

① 적과종료 전의 착과된 유과 및 꽃눈 등에서 우박으로 피해를 입은 유과(꽃눈)의 비율을 표본조사 한다.

② 표본주수는 조사대상나무수를 기준으로 품목별 표본주수표의 표본주수에 따라 표본주수에 해당하는 수만큼 표본나무를 선정한 후 리본을 부착한다.

※ 과수원내 골고루 분포되도록 하고, 품목별 표본주수표의 표본주수 이상을 선정할 수 있음

[표본주(구간)수표(사과)]

조사대상주수	표본주수
50주 미만	5
50주 이상 100주 미만	6
100주 이상 150주 미만	7
150주 이상 200주 미만	8
200주 이상 300주 미만	9
300주 이상 400주 미만	10
400주 이상 500주 미만	11
500주 이상 600주 미만	12
600주 이상 700주 미만	13
700주 이상 800주 미만	14
800주 이상 900주 미만	15
900주 이상 1,000주 미만	16
1,000주 이상	17

③ 선정된 표본주마다 동서남북 4곳의 가지에 각 가지별로 5개 이상의 유과(꽃눈 등)를 표본으로 추출하여 피해유과(꽃눈 등)와 정상 유과(꽃눈 등)의 개수를 조사한다. 단, 사과, 배는 선택된 과(화)총당 동일한 위치(번호)의 유과(꽃)에 대하여 우박 피해 여부를 조사한다.

12 다음은 수확량 산출식에 관한 내용이다. ① ~ ④에 들어갈 작물을 〈보기〉에서 선택하여 쓰고, '마늘' 수확량 산출식의 ⑤ 환산계수를 쓰시오. [5점]

〈보기〉

마늘(난지형)　　감자　　고구마　　양파

○ 표본구간 수확량 산출식에서 50% 피해형이 포함되는 품목 ………… (①), (②)
○ 표본구간 수확량 산출식에서 80% 피해형이 포함되는 품목 ………… (③), (④)
○ 마늘(난지형)의 표본구간 단위면적당 수확량 : 표본구간 수확량 합계 ÷ 표본구간 면적
　※ 환산계수 : (⑤)

정답

① 감 자
② 고구마
③ 양 파
④ 마늘(난지형)
⑤ 0.72

해설

① 감 자
표본구간 수확량 합계 = 표본구간별 정상 감자 중량 + (최대 지름이 5cm 미만이거나 50%형 피해 감자 중량 × 0.5) + 병충해 입은 감자 중량

② 고구마
표본구간 수확량 합계 = 표본구간별 정상 고구마 중량 + (50%형 피해 고구마 중량 × 0.5) + (80%형 피해 고구마 중량 × 0.2)
※ 2020년 업무방법서 개정으로 고구마는 50% 피해형이 포함되는 품목과 80% 피해형이 포함되는 품목에 모두 해당된다.

③ 양 파
표본구간 수확량 합계 = (표본구간별 정상 양파 중량 + 80% 피해 양파 중량 × 0.2) × (1 + 비대추정지수) × 환산계수

④ 마늘(난지형)
표본구간 수확량 합계 = (표본구간별 정상 마늘 중량 + 80% 피해 마늘 중량 × 0.2) × (1 + 비대추정지수) × 환산계수

⑤ 마늘(난지형)의 표본구간 단위면적당 수확량 = (표본구간 수확량 합계 × 환산계수) ÷ 표본구간 면적
※ 환산계수 : 0.7(한지형), 0.72(난지형)

13 다음의 계약사항 및 조사내용에 따라 참다래 수확량(kg)을 구하시오(단, 수확량은 소수점 첫째 자리에서 반올림하여 다음 예시와 같이 구하시오. 예시 : 수확량 1.6kg → 2kg로 기재). [5점]

○ 계약사항

실제결과주수(주)	고사주수(주)	재식면적	
		주간거리(m)	열간거리(m)
300	50	4	5

○ 조사내용(수확전 사고)

표본주수	표본구간 면적조사			표본구간 착과수 합계	착과피해 구성률(%)	과중조사	
	윗변(m)	아랫변(m)	높이(m)			50g 이하	50g 초과
8주	1.2	1.8	1.5	850	30	1,440g/36개	2,160g/24개

정답

참다래 수확량(kg) : 8,686kg

해설

- 품종별 · 수령별 재식면적 = 주간거리 × 열간거리 = 4m × 5m = 20m²/주
- 품종별 · 수령별 표본조사 대상주수
  = 품종별 · 수령별 실제결과주수 − 품종별 · 수령별 미보상주수 − 품종별 · 수령별 고사나무주수
  = 300주 − 0주 − 50주 = 250주
- 품종별 · 수령별 표본조사 대상면적 = 품종별 · 수령별 표본조사 대상주수 × 품종별 · 수령별 재식면적
  = 250주 × 20m²/주= 5,000m²
- 표본구간 넓이 = (표본구간 윗변 길이 + 표본구간 아랫변 길이) × 표본구간 높이 ÷ 2
  = (1.2m + 1.8m) × 1.5m ÷ 2 = 2.25m²
- 품종별 · 수령별 m²당 착과수 = 품종별 · 수령별 표본구간 착과수 ÷ 품종별 · 수령별 표본구간 넓이
  = 850개 ÷ (8 × 2.25m²) = 47.22개/m² = 47개/m²
- 품종별 · 수령별 착과수 = 품종별 · 수령별 표본조사 대상면적 × 품종별 · 수령별 m²당 착과수
  = 5,000m² × 47개/m² = 235,000개
- 품종별 개당 과중 = 품종별 표본 과중 무게 합계 ÷ 표본 과실수
  = {(1,440g × 0.7) + 2,160g} ÷ (36개 + 24개) = 52.8g
  ※ 중량이 50g 이하인 과실은 조사수확량의 70%로 적용한다.
- 착과피해구성률(%) = 30%
- 품종별 · 수령별 m²당 평년수확량 = 0kg
- 품종별 · 수령별 미보상주수 = 0kg

∴ 수확량 = {품종별 · 수령별 착과수 × 품종별 개당 과중 × (1 − 피해구성률)} + (품종별 · 수령별 m²당 평년수확량 × 품종별 · 수령별 미보상주수 × 품종별 · 수령별 재식면적)
= {235,000개 × 52.8g/개 × (1 − 0.3)} + (0kg × 0kg × 20m²)
= 8,685,600g = 8,685.6kg = 8,686kg

14 돼지를 사육하는 축산농가에서 화재가 발생하여 사육장이 전소되고 사육장내 돼지가 모두 폐사하였다. 다음의 계약 및 조사내용을 참조하여 보험금을 구하시오. [5점]

○ 계약 및 조사내용

보험가입금액 (만원)	사육두수 (두)	두당 단가 (만원)	자기부담금	잔존물처리비용 (만원)	잔존물보전비용 (만원)
1,000	30	50	보험금의 10%	150	10

정답

(1) **보험금 : 910만원**
(2) **보험금 : 1,010만원**
(3) **보험금 : 900만원**
(별해) 보험금 = **1,010만원**

해설

한국산업인력공단 답변 내용

(1) **보험금 : 910만원**

$$보험금 = 손해액 \times \frac{보험가입금액}{보험가액} - (자기부담금) + (잔존물보전비용)$$

$$= 1,500만원 \times \frac{1,000만원}{1,500만원} - (100만원) + (10만원)$$

$$= 910만원$$

※ **이유** : 2019년 당시 업무방법서에서 잔존물처리비용은 보험가입금액 한도 내에서 보상한다는 부분을 적용함.

(2) **보험금 : 1,010만원**

$$보험금 = \{손해액 \times \frac{보험가입금액}{보험가액} - (자기부담금)\} + (잔존물처리비용) + (잔존물보전비용)$$

$$= \{1,500만원 \times \frac{1,000만원}{1,500만원} - (100만원)\} + (100만원) + (10만원)$$

$$= 1,010만원$$

※ **이유** : 잔존물처리비용(150만원)을 보험회사에서 지급할 보험금(900만원)과 합친 다음 보험가입금액 한도(1,000만원) 내에서 산출함.

(3) **보험금 : 900만원**

$$보험금 = 손해액 \times \frac{보험가입금액}{보험가액} - (자기부담금)$$

$$= 1,500만원 \times \frac{1,000만원}{1,500만원} - (100만원)$$

$$= 900만원$$

※ **이유** : 비용부분(잔존물처리비용 및 잔존물보전비용)을 제외한 단순 보험금을 900만원으로 계산한 것은 출제문제를 이해하고 업무방법서 내용을 숙지하고 있다고 판단되어 정답으로 인정함.

(별해)

가축재해보험약관(제3조~제15조)에 따른 해설

① 보험가액 = 30두 × 50만원/두 = 1,500만원

② 손해액

모두 폐사하였으므로, 손해액 = 30두 × 50만원/두 = 1,500만원

③ 보험가입금액이 보험가액보다 적을 때 지급할 보험금

보험가입금액을 한도로 비례보상하므로, 손해액 × $\frac{\text{보험가입금액}}{\text{보험가액}}$ 으로 계산한다. 즉

지급보험금 = 손해액 × $\frac{\text{보험가입금액}}{\text{보험가액}}$ = 1,500만원 × $\frac{\text{1,000만원}}{\text{1,500만원}}$ = 1,000만원

계산한 보험금에서 자기부담금(보험금의 10%)을 차감한 금액을 지급하므로,

• 보험금 = 1,000만원 − (1,000만원 × 10%) = **900만원**

④ 잔존물처리비용

손해에 의한 보험금과 잔존물처리비용은 지급보험금의 계산을 준용하여 계산하며, 그 합계액은 보험증권에 기재된 보험가입금액 한도로 한다. 다만, 잔존물처리비용은 손해액의 10%를 초과할 수 없다**(약관 조항)**. 그런데 보험금(900만원)과 잔존물처리비용(150만원)의 합은 보험가입금액(1,000만원)을 초과하므로, 잔존물처리비용은 **100만원**이 된다.

⑤ 잔존물보전비용

잔존물보전비용은 지급보험금의 계산을 준용하여 계산한 금액이 보험가입금액을 초과하는 경우에도 이를 지급한다. 다만, 회사가 잔존물을 취득한 경우에 한한다**(약관 조항)**.

• 잔존물보전비용 = 10만원

※ 문제 조건에서 회사가 잔존물을 취득했는지 여부는 알 수 없으나, 잔존물보전비용이 조사되었으므로, 잔존물을 취득했다고 본다.

⑥ 총 보험금

③ + ④ + ⑤ = 900만원 + 100만원 + 10만원 = **1,010만원**

15 다음의 계약사항 및 조사내용을 참조하여 피해율을 구하시오(단, 피해율은 소수점 셋째자리에서 반올림하여 둘째자리까지 다음 예시와 같이 구하시오. 예시 : 피해율 12.345% → 12.35%로 기재). [5점] 기출수정

○ 계약사항

상품명	보험가입금액(만원)	평년수확량(kg)	수확량(kg)	미보상감수량(kg)
무화과	1,000	200	150	10

○ 조사내용

보상고사결과지수 (개)	미보상고사결과지수 (개)	정상결과지수 (개)	사고일	수확전 사고피해율(%)
12	8	20	2019. 09. 07.	20

○ 잔여수확량(경과)비율 = [(100 − 33) − (1.13 × 사고발생일)]

정답

피해율 : 34.18%

해설

피해율은 7월 31일 이전 사고피해율과 8월 1일 이후 사고피해율을 합산한다.

① 7월 31일 이전 사고피해율(수확전 사고피해율) = 20%
수확전 사고피해율 = (평년수확량 − 수확량 − 미보상감수량) ÷ 평년수확량
= (200kg − 150kg − 10kg) ÷ 200kg = 0.2 = 20%

② 8월 1일 이후 사고피해율
(1 − 수확전 사고피해율) × 잔여수확량비율 × 결과지 피해율
- 잔여수확량(경과)비율 = [(100 − 33) − (1.13 × 7)] = 59.09
  ※ 사고 발생일자는 해당 월의 사고 발생일자를 의미한다.
- 결과지 피해율 = {고사결과지수 + (미고사결과지수 × 착과피해율) − 미보상고사결과지수} ÷ 기준결과지수
  = (20개 + 0개 − 8개) ÷ 40개 = 0.3
- 기준결과지수 = 고사결과지수 + 미고사결과지수(정상결과지수) = 20개 + 20개 = 40개
- 고사결과지수 = 보상고사결과지수 + 미보상고사결과지수 = 12개 + 8개 = 20개
- 사고피해율 = (1 − 0.2) × 59.09 × 0.3 = 14.1816% = 14.18%

③ 피해율
① + ② = 20% + 14.18% = 34.18%

※ 서술형 문제에 대해 답하시오. (16 ~ 20번 문제)

16 특정위험담보 인삼품목 해가림시설에 관한 내용이다. 태풍으로 인삼 해가림시설에 일부 파손 사고가 발생하여 아래와 같은 피해를 입었다. 가입조건이 아래와 같을 때 ① 감가율, ② 손해액, ③ 자기부담금, ④ 보험금, ⑤ 잔존보험가입금액을 계산 과정과 답을 각각 쓰시오. [15점]

○ 보험가입내용

재배칸수	칸당 면적(m^2)	시설 재료	설치비용(원/m^2)	설치 연월	가입금액(원)
2,200칸	3.3	목 재	5,500	2017. 06.	39,930,000

○ 보험사고내용

파손칸수	사고원인	사고 연월
800칸(전부 파손)	태 풍	2019. 07.

※ 2019년 설치비용은 설치연도와 동일한 것으로 함
※ 손해액과 보험금은 원단위 이하 버림

정답

① 감가율 : 13.33%
② 손해액 : 12,584,484원
③ 자기부담금 : 100만원
④ 보험금 : 11,584,484원
⑤ 잔존보험가입금액 : 23,010,000원

해설

① 감가율
연단위 감가상각을 적용하며, 경과기간이 1년 미만은 적용하지 않는다.
감가율 = 경과기간 × 경년감가율 = 1년 × 13.33%/년 = 13.33%
• 경과기간 = 2018년 11월 − 2017년 06월 = 1년 5월 = 1년
※ 해가림시설의 보험기간은 1년으로 판매개시연도 11월 1일에 보장개시하고, 이듬해 10월 31일 24시에 보장종료하므로, 문제에서 보험가입시기를 2018년 11월로 유추할 수 있다.
• 경년감가율

유 형	내용연수	경년감가율
목 재	6년	13.33%
철 재	18년	4.44%

② 손해액
산출된 피해액에 대하여 감가상각을 적용하여 손해액을 산정한다. 다만, 피해액이 보험가액의 20% 이하인 경우에는 감가를 적용하지 않고, 피해액이 보험가액의 20%를 초과하면서 감가 후 피해액이 보험가액의 20% 미만인 경우에는 보험가액의 20%를 손해액으로 산출한다.

㉠ 피해액
재조달가액으로 산출한 피해액을 산정한다. 재조달가액은 단위면적($1m^2$)당 설치비용에 재배면적(m^2)을 곱하여 산출한다.
800칸 × $3.3m^2$/칸 × 5,500원/m^2 = 14,520,000원

㉡ 감가 후 피해액 = 피해액 × (1 - 감가상각률) = 14,520,000원 × (1 - 0.1333)
= **12,584,484원**

㉢ 재조달가액 = 2,200칸 × 3.3m^2/칸 × 5,500원/m^2 = **39,930,000원**

㉣ 보험가액 = 재조달가액 × (1 - 감가상각률)
= 39,930,000원 × (1 - 0.1333) = 34,607,331원 = 34,600,000원(※ 만원 미만 절사)

㉤ 보험가입금액 = 재조달가액 × (1 - 감가상각률)
= 39,930,000원 × (1 - 0.1333) = 34,600,000원(※ 만원 미만 절사)

※ 인삼 해가림시설의 경우 기평가보험으로 재조달가액에서 감가상각을 적용한 보험가액을 보험가입금액으로 설정하기 때문에 보험가액 = 보험가입금액이다.

㉥ 보험가액의 20% = 34,600,000원 × 20% = 6,920,000원

㉤ 손해액 = **12,584,484원(∵ 감가 후 피해액 > 보험가액의 20%)**

③ **자기부담금**

10만원 ≦ 손해액×10% ≦ 100만원,

즉 1사고당 손해액의 10%를 자기부담금으로 하되 손해액의 10%가 10만원 이하인 경우 최저 자기부담금으로 10만원을 적용하며, 손해액의 10%가 100만원 이상인 경우 최고 자기부담금으로 100만원을 적용한다.

자기부담금 = 12,584,484원 × 10% = **1,258,448.4원** = **1,258,448원**(※ 원 단위 미만 버림)

따라서, 자기부담금은 100만원 이상이므로 **100만원**으로 한다.

④ **보험금**

보험가입금액이 보험가액과 같으므로, 보험금은 보험가입금액을 한도로 손해액에서 자기부담금을 차감한 금액이다.

보험금 = 12,584,484원 - 1,000,000원 = **11,584,484원**

⑤ **잔존보험가입금액**

보험가입금액에서 보상액을 뺀 잔액이다.

잔존보험가입금액 = 34,600,000원 - 11,584,484원 = **23,015,516원** = **23,010,000원**(※ 만원 미만 절사)

17 종합위험 수확감소보장 과수 비가림시설 피해조사에 관한 것으로 ① 해당되는 3가지 품목, ② 조사기준, ③ 조사방법에 대하여 각각 서술하시오. [15점]

정답

(1) 해당되는 3가지 품목

포도, 대추, 참다래

(2) 조사기준

해당 목적물인 비가림시설의 구조체와 피복재의 재조달가액을 기준금액으로 수리비를 산출한다.

(3) 조사방법

① 피복재 : 피복재의 피해면적을 조사한다.

② 구조체

㉠ 손상된 골조를 재사용할 수 없는 경우 : 교체수량 확인 후 교체비용 산정

㉡ 손상된 골조를 재사용할 수 있는 경우 : 보수면적 확인 후 보수비용 산정

18 종합위험 수확감소보장 논작물 벼보험에 관한 내용이다. 아래와 같이 보험가입을 하고 보험사고가 발생한 것을 가정한 경우 다음의 물음에 답하시오. [15점]

○ 보험가입내용

구 분	농지면적 (m^2)	가입면적 (m^2)	평년수확량 (kg/m^2)	가입가격 (원/kg)	자기부담비율 (%)	가입비율
A농지	18,000	16,000	0.85	1,300	20	평년수확량의 100%
B농지	12,500	12,500	0.84	1,400	15	평년수확량의 110%

※ 실제경작면적은 가입면적과 동일한 것으로 조사됨

○ 보험사고내용

구 분	사고내용	조사방법	수확량(kg)	미보상비율(%)	미보상사유
A농지	도열병	전수조사	4,080	10	방재 미흡
B농지	벼멸구	전수조사	4,000	10	방재 미흡

※ 위 보험사고는 각각 병해충 단독사고이며, 모두 병해충 특약에 가입함
※ 함수율은 배제하고 계산함
※ 피해율 계산은 소수점 셋째자리에서 반올림하여 둘째자리까지 구함(예시 : 123.456% → 123.46%)
※ 보험금은 원단위 이하 버림

(1) 병해충보장 특약에서 담보하는 7가지 병충해를 쓰시오.
(2) 수확감소에 따른 A농지 ① 피해율, ② 보험금과 B농지 ③ 피해율, ④ 보험금을 각각 구하시오.
(3) 각 농지의 식물체가 65% 이상 고사하여 경작불능보험금을 받을 경우, A농지 ⑤ 보험금과 B농지 ⑥ 보험금을 구하시오.

정답

(1) 병충해담보 특약에서 담보하는 7가지 병충해

① 흰잎마름병, ② 줄무늬잎마름병, ③ 도열병, ④ 벼멸구, ⑤ 먹노린재, ⑥ 깨씨무늬병, ⑦ 세균성벼알마름병

(2) 수확감소에 따른 A농지 ① 피해율, ② 보험금과 B농지 ③ 피해율, ④ 보험금

① A농지 피해율 = (평년수확량 − 수확량 − 미보상감수량) ÷ 평년수확량
- 평년수확량 = 16,000m^2 × 0.85kg/m^2 = <u>13,600kg</u>
- 피해율 = (13,600kg − 4,080kg − 0kg) ÷ 13,600kg = 0.7 = <u>70%</u>
  ※ 병해충 특약에 가입한 경우 미보상감수량을 적용하지 않는다(특약 제2조 제2항).

② A농지 보험금 = 보험가입금액 × (피해율 − 자기부담비율)
- 보험가입금액 = 가입수확량 × 가입가격 = 13,600kg × 1,300원/kg = 17,680,000원
  ※ 가입비율이 평년수확량의 100%이므로 가입수확량과 평년수확량은 같다.
- 보험금 = 17,680,000원 × (70% − 20%) = <u>8,840,000원</u>

③ B농지 피해율 = (평년수확량 − 수확량 − 미보상감수량) ÷ 평년수확량

- 평년수확량 = ($12,500m^2$ × $0.84kg/m^2$) = **10,500kg**
- 피해율 = (10,500kg − 4,000kg − 0kg) ÷ 10,500kg = 0.6190 = **61.90%**

④ B농지 보험금 = 보험가입금액 × (피해율 − 자기부담비율)

- 보험가입금액 = 가입수확량 × 가입가격 = 11,550kg × 1,400원/kg = **16,170,000원**
  ※ 가입비율이 평년수확량의 110%이므로 가입수확량 = 10,500kg × 1.1 = 11,550kg
- 보험금 = 16,170,000원 × (61.90% − 15%) = **7,583,730원**

(3) 각 농지의 식물체가 65% 이상 고사하여 경작불능보험금을 받을 경우, A농지 ⑤ 보험금과 B농지 ⑥ 보험금

보험금 = 보험가입금액 × 자기부담비율에 따른 일정비율

자기부담비율	경작불능보험금
10%형	보험가입금액×45%
15%형	보험가입금액×42%
20%형	보험가입금액×40%
30%형	보험가입금액×35%
40%형	보험가입금액×30%

⑤ A농지 보험금

자기부담비율이 20%이므로

보험금 = 보험가입금액 × 40% = 17,680,000원 × 0.4 = **7,072,000원**

⑥ B농지 보험금

자기부담비율이 15%이므로

보험금 = 보험가입금액 × 42% = 16,170,000원 × 0.42 = **6,791,400원**

19 종합위험방식 원예시설작물 딸기에 관한 내용이다. 아래의 내용을 참조하여 물음에 답하시오. [15점] 기출수정

○ 계약사항

품 목	보험가입금액(원)	피해작물 재배면적(m^2)	전작기 지급보험금(원)
종합위험방식 원예시설(딸기)	12,300,000	1,000	2,300,000

○ 조사내용

재배면적 (m^2)	손해정도 (%)	피해비율 (%)	정식일로부터 수확개시일까지의 기간	수확개시일로부터 수확종료일까지의 기간
800	30	30	90일	50일

(1) 수확일로부터 수확종료일까지의 기간 중 1/5 경과시점에서 사고가 발생한 경우 경과비율을 구하시오. (단, 풀이과정 기재)

(2) 정식일로부터 수확개시일까지의 기간 중 1/5 경과시점에서 사고가 발생한 경우 보험금을 구하시오. (단, 풀이과정 기재)

정답

(1) 수확일로부터 수확종료일까지의 기간 중 1/5 경과시점에서 사고가 발생한 경우 경과비율

경과비율 = 1 − (수확일수 ÷ 표준수확일수)

- 수확일수 : 수확개시일부터 사고발생일까지 경과일수 = 50일 × 1/5 = 10일
- 표준수확일수 : 수확개시일부터 수확종료일까지의 일수 = 50일
- 경과비율 = 1 − (10일 ÷ 50일) = **0.8**

(2) 정식일로부터 수확개시일까지의 기간 중 1/5 경과시점에서 사고가 발생한 경우 보험금

생산비보장보험금 = 피해작물 재배면적 × 단위면적당 보장생산비 × 경과비율 × 피해율

- 피해작물 재배면적 = **1,000m^2**
- 단위면적당 보장생산비 = 보험가입금액 ÷ 피해작물 재배면적 = 12,300,000원 ÷ 1,000m^2
  = **12,300원/m^2**
- 경과비율 = α + (1 − α) × (생장일수 ÷ 표준생장일수)
  = 0.4 + (1 − 0.4) × (18일 ÷ 90일) = **0.52**

  ※ α = 준비기생산비계수(40%)

  ※ 생장일수 : 정식(파종)일로부터 사고발생일까지 경과일수 = 90일 × 1/5 = 18일

  ※ 표준생장일수 : 정식일로부터 수확개시일까지 표준적인 생장일수 = 90일
- 피해비율 = 30%
- 손해정도비율 = 40%

손해정도	1~20%	21~40%	41~60%	61~80%	81~100%
손해정도비율	20%	40%	60%	80%	100%

- 피해율 = 피해비율 × 손해정도비율
  = 0.3 × 0.4 = **0.12 = 12%**
- 생산비보장보험금 = 1,000m^2 × 12,300원/m^2 × 0.52 × 0.12 = **767,520원**

20 다음의 계약사항과 조사내용에 따른 ① 착과감소보험금, ② 과실손해보험금, ③ 나무손해보험금을 구하시오(단, 감수과실수 산정시 소수점 이하 반올림함). [15점] 기출수정

○ 계약사항

상품명	특 약	평년착과수	가입과중	가입가격	실제결과주수	자기부담비율	
적과전 종합위험 방식Ⅱ단감	5종 한정보장 나무손해보장	75,000개	0.4kg	1,000원/kg	750주	과 실	10%
						나 무	5%

○ 조사내용

구 분	재해 종류	사고 일자	조사 일자	조사내용
계약일 24시 ~ 적과전	우 박	5월 3일	5월 4일	〈피해사실확인조사〉 • 표본주의 피해유과, 정상유과는 각각 66개, 234개 • 미보상비율 : 10%
	집중 호우	6월 25일	6월 26일	〈피해사실확인조사〉 (표 아래 참조) • 침수피해를 입은 나무수의 합계 : 40개 • 침수꽃(눈)·유과수의 합계 : 210개 • 미침수꽃(눈)·유과수의 합계 : 90개 • 미보상비율 : 20%
적과후 착과수 조사	–		6월 26일	〈적과후착과수조사〉 (표 아래 참조)
적과 종료 이후	태 풍	9월 8일	9월 10일	〈낙과피해조사〉 • 총 낙과과실수 : 5,000개(전수조사) (표 아래 참조) • 조사대상주수 중 50주는 강풍으로 1/2 이상 절단(A품목 30주, B품목 20주) • 낙엽피해표본조사 : 낙엽수 180개, 착엽수 120개 • 경과일수 : 100일 • 미보상비율 : 0%
	우 박	5월 3일	11월 4일	〈착과피해조사〉 (표 아래 참조)

집중호우 〈피해사실확인조사〉

피해형태	유 실	도 복	매 몰	미보상
주 수	100	10	90	20

〈적과후착과수조사〉

품 종	실제결과주수	조사대상주수	표본주1주당 착과수
A품목	390	300	140
B품목	360	200	100

〈낙과피해조사〉

피해과실구성	100%	80%	50%	정 상
과실수(개)	1,000	2,000	0	2,000

〈착과피해조사〉

피해과실구성	100%	80%	50%	정 상	병충해
과실수(개)	20	10	10	50	10

※ 적과 이후 자연낙과 등은 감안하지 않으며, 무피해나무의 평균착과수는 적과후착과수의 1주당 평균착과수와 동일한 것으로 본다.
※ 나무특약의 보험가입금액은 1주당 10만원을 적용한 것으로 본다.
※ 착과감소보험금 보장수준은 70%로 선택한다.

정답

전원 정답처리

농작물재해보험 업무에서의 '**품목**'과 '**품종**'은 다른 의미로 쓰이고 있으나, 해당 문제에서 '**품종**'을 '**품목**'으로 표기한 것은 용어의 잘못된 사용으로 인해 농작물재해보험 가입이 불가능한 혼식 과수원으로 인지가 될 수 있습니다. 이는 보험금 지급 대상이 아니므로 보험금 계산은 무의미해집니다. 이러한 문제점을 검토한 결과, 문제 오류가 있다고 판단되어 전원 정답으로 처리합니다.

해설

다음 해설은 '**품목**'을 '**품종**'으로 표기하고, 문제의 오류를 수정하여 서술하였다.

(1) 착과감소보험금

보험금 = (착과감소량 − 미보상감수량 − 자기부담감수량) × 가입가격 × (50%, 70%)

① 착과감소량 = 5,200kg

- 착과감소과실수 = 최솟값(평년착과수 − 적과후착과수, 최대인정감소과실수)
  = 최솟값(75,000개 − 62,000개, 22,800개)
  = 13,000개
- 적과후착과수 = 62,000개
  A품종 적과후착과수 = 조사대상주수 × 표본주 1주당 착과수 = 300주 × 140개/주 = 42,000개
  B품종 적과후착과수 = 조사대상주수 × 표본주 1주당 착과수 = 200주 × 100개/주 = 20,000개
- 착과감소량 : 착과감소량은 산출된 착과감소과실수에 가입과중을 곱하여 산출한다.
  착과감소과실수 × 과입과중 = 13,000개 × 0.4kg/개 = 5,200kg
- 최대인정피해율
  최대인정피해율은 적과종료 이전까지 조사한 (나무피해율, 낙엽률에 따른 인정피해율, 우박 발생시 유과타박률) 중 가장 큰 값으로 하므로, 0.304로 한다.
  ※ 나무피해율 : 농지별 유실·매몰·도복·절단(1/2)·소실(1/2)·침수주수를 실제결과주수로 나눈 값이다. 침수주수는 침수피해를 입은 나무수에 과실침수율을 곱하여 계산한다.
  (유실, 매몰, 도복, 절단(1/2), 소실(1/2), 침수주수) / 실제결과주수
  = (100주 + 10주 + 90주 + 28주) / 750주 = 0.304
  ※ 침수주수 = (침수피해를 입은 나무수) × 과실침수율
  = 40주 × 0.7 = 28주

$$※\ 과실침수율 = \frac{침수\ 꽃(눈)\cdot 유과수의\ 합계}{침수\ 꽃(눈)\cdot 유과수의\ 합계 + 미침수\ 꽃(눈)\cdot 유과수의\ 합계} = \frac{210}{210 + 90}$$
  = 0.7

$$※\ 유과타박률 = \frac{표본주의\ 피해유과수\ 합계}{표본주의\ 피해유과수\ 합계 + 표본주의\ 정상유과수\ 합계} = \frac{66}{66 + 234}$$
  = 0.22

- 최대인정감소과실수 = 평년착과수 × 최대인정피해율
  = 75,000개 × 0.304 = **22,800개**
- 최대인정감소량 : 착과감소량이 최대인정감소량을 초과하는 경우 최대인정감소량을 착과감소량으로 한다.

※ 최대인정감소량 = 평년착과량 × 최대인정피해율

따라서, 최대인정감소량 = 평년착과량 × 최대인정피해율

= (75,000개 × 0.4kg/개) × 0.304 = **9,120kg**

• 결국, 착과감소량이 최대인정감소량을 초과하지 않으므로, 착과감소량은 **5,200kg**이 된다.

② 미보상감수량

보상하는 재해 이외의 원인으로 감소되었다고 평가되는 부분을 말하며, 계약 당시 이미 발생한 피해, 병해충으로 인한 피해 및 제초상태불량 등으로 인한 수확량감소량으로서 감수량에서 제외된다.

• 미보상주수 감수과실수 = 미보상주수 × 1주당 평년착과수 = 20주 × (75,000개 ÷ 750주) = 2,000개

• 미보상감수과실수 = {(착과감소과실수 × 미보상비율) + 미보상주수 감수과실수}

= {(13,000개 × 0.2) + 2,000개} = 4,600개

• 미보상감수량 = 4,600개 × 0.4kg/개 = **1,840kg**

③ 자기부담감수량 = 기준수확량 × 자기부담비율

• 기준착과수 = 적과후착과수 + 착과감소과실수 = 62,000개 + 13,000개 = 75,000개

• 기준수확량 = 기준착과수 × 과입과중 = 75,000개 × 0.4kg/개 = 30,000kg

• 자기부담감수량 = 30,000kg × 0.1 = **3,000kg**

④ 가입가격 = 1,000원/kg

⑤ 착과감소보험금

보험금 = (착과감소량 − 미보상감수량 − 자기부담감수량) × 가입가격 × 70%

= (5,200kg − 1,840kg − 3,000kg) × 1,000원/kg × 0.7 = **252,000원**

(2) 과실손해보험금

보험금 = (적과종료 이후 누적감수량 − 미보상감수량 − 자기부담감수량) × 가입가격

① 적과종료 이후 누적감수량

㉠ 태풍낙과피해 감수과실수(전수조사)

총 낙과과실수 × (낙과피해구성률 − max A)

= 5,000개 × (0.52 − 0) = **2,600개**

※ 낙과피해구성률

$$= \frac{(100\%\text{형 피해과실수} \times 1) + (80\%\text{형 피해과실수} \times 0.8) + (50\%\text{형 피해과실수} \times 0.5)}{100\%\text{형 피해과실수} + 80\%\text{형 피해과실수} + 50\%\text{형 피해과실수} + \text{정상과실수}}$$

$$= \frac{(1{,}000 \times 1) + (2{,}000 \times 0.8) + (0 \times 0.5)}{1{,}000 + 2{,}000 + 0 + 2{,}000} = 0.52$$

※ max A : 금차 사고전 기조사된 착과피해구성률 또는 인정피해율 중 최댓값(= 0)

㉡ 태풍나무피해 감수과실수

• 나무의 고사 및 수확불능(유실, 매몰, 도복, 절단, 화재, 침수) 손해

(고사주수 + 수확불능주수) × 무피해 나무 1주당 평균착과수 × (1 − max A)

• **A품종** 나무피해 감수과실수 = 30주 × 140개/주 × (1 − 0) = 4,200개

※ 무피해나무의 평균착과수는 적과후착과수의 1주당 평균착과수와 동일한 것으로 본다.

• **B품종** 나무피해 감수과실수 = 20주 × 100개/주 × (1 − 0) = 2,000개

• 태풍나무피해 감수과실수 = 4,200개 + 2,000개 = **6,200개**

㉢ 태풍낙엽피해 감수과실수

사고 당시 착과과실수 × (인정피해율 − max A) × (1 − 미보상비율)

• 사고 당시 착과과실수

= 적과후착과수 − 총 낙과과실수 − 총 적과종료후 나무피해과실수 − 총 기수확과실수

= 62,000개 − 5,000개 − {(30주 × 140개/주) + (20주 × 100개/주)} − 0개

= **50,800개**

- 인정피해율 = (1.0115 × 낙엽률) − (0.0014 × 경과일수)
= (1.0115 × 0.6) − (0.0014 × 100)
= <u>0.4669</u>

※ 낙엽률 = $\frac{\text{표본주의 낙엽수 합계}}{\text{표본주의 낙엽수 합계} + \text{표본주의 착엽수 합계}} = \frac{180}{180 + 120} = 0.6$

※ max A : 금차 사고전 기조사된 착과피해구성률 또는 인정피해율 중 최댓값(= 0)

- 미보상비율은 금차 사고조사의 미보상비율을 적용함(= 0)
- 태풍낙엽피해 감수과실수 = 50,800개 × (0.4669 − 0) × (1 − 0)
= 23,718.52개 = **<u>23,719개</u>**

ⓡ 우박착과피해 감수과실수
사고 당시 착과과실수 × (착과피해구성률 − max A) = 50,800개 × (0.33 − 0.4669) = <u>0개</u>

※ 착과피해구성률 = $\frac{(20 \times 1) + (10 \times 0.8) + (10 \times 0.5)}{20 + 10 + 10 + 60} = 0.33$

※ 보상하지 않는 손해(병충해)에 해당하는 과실은 정상과실로 구분한다.

※ max A : 금차 사고전 기조사된 착과피해구성률 또는 인정피해율 중 최댓값(= <u>0.4669</u>)

※ (착과피해구성률 − max A)의 값이 영(0)보다 작은 경우 <u>감수과실수는 "0"으로 한다</u>.

ⓜ 적과종료 이후 누적감수량 : 적과종료 이후 감수과실수의 합계에 가입과중을 곱하여 산출한다.
(2,600개 + 6,200개 + 23,719개 + 0개) × 0.4kg/개 = **<u>13,007.6kg</u>**

② 미보상감수량 : <u>감수량에서 제외</u>된다.

③ 자기부담감수량 : 기준수확량에 자기부담비율을 곱한 양으로 한다. 다만, 산출된 착과감소량이 존재하는 경우에는 착과감소량에서 적과종료 이전에 산정된 미보상감수량을 뺀 값을 자기부담감수량에서 제외한다. 이때 <u>자기부담감수량은 0보다 작을 수 없다</u>.

- 자기부담감수량
= (기준수확량 × 자기부담비율) − (착과감소량 − 적과종료 이전에 산정된 미보상감수량)
= (30,000kg × 0.1) − (5,200kg − 1,840kg) < 0이므로, **<u>0kg</u>**이다.

④ 과실손해보험금
(적과종료 이후 누적감수량 − 미보상감수량 − 자기부담감수량) × 가입가격
= (13,007.6kg − 0kg − 0kg) × 1,000원/kg = **<u>13,007,600원</u>**

(3) 나무손해보험금

지급보험금은 보험가입금액에 피해율에서 자기부담비율을 차감한 값을 곱하여 산정하며, 피해율은 피해주수(고사된 나무)를 실제결과주수로 나눈 값으로 한다.

① 피해율 = 피해주수(고사된 나무) ÷ 실제결과주수 = 290주 ÷ 750주 = <u>0.38666</u> = <u>38.67%</u>
- 피해주수(고사된 나무) = (유실 + 도복 + 매몰 + 침수 + 절단)
= 100주 + 10주 + 90주 + 40주 + 50주 = 290주
- 실제결과주수 = 750주

② 지급보험금 = 보험가입금액 × (피해율 − 자기부담비율)
- 보험가입금액 = 750주 × 10만원/주 = 7,500만원
- 피해율 = <u>38.67%</u>
- 자기부담비율 = 5%(약관 조항)
- 지급보험금 = 75,000,000원 × (38.67% − 5%) = **<u>25,252,500원</u>**

2020년

제6회 손해평가사 2차 시험문제

제 1 과목 농작물재해보험 및 가축재해보험의 이론과 실무

※ 단답형 문제에 대해 답하시오. (1 ~ 5번 문제)

01 농작물재해보험의 업무방법 통칙에서 정하는 용어의 정의로 (   )에 들어갈 내용을 쓰시오. [5점]

> ○ "과수원(농지)"이라 함은 (①)의 토지의 개념으로 (②)와는 관계없이 과실(농작물)을 재배하는 하나의 경작지를 의미한다.
> ○ (③)이란 보험사고로 인하여 발생한 손해에 대하여 계약자 또는 피보험자가 부담하는 일정 비율로 보험가입금액에 대한 비율을 말한다.
> ○ "신초 발아기"란 과수원에서 전체 신초가 (④)% 정도 발아한 시점을 말한다.
> ○ "개화기"란 꽃이 피는 시기를 말하며, 작물의 생물조사에서의 개화기는 꽃이 (⑤)% 정도 핀 날의 시점을 말한다.

정답

① 한 덩어리, ② 필지(지번), ③ 자기부담비율, ④ 50, ⑤ 40

해설

- "과수원(농지)"이라 함은 (**한 덩어리**)의 토지의 개념으로 (**필지(지번)**)와는 관계없이 과실(농작물)을 재배하는 하나의 경작지를 의미한다.
- (**자기부담비율**)이란 보험사고로 인하여 발생한 손해에 대하여 계약자 또는 피보험자가 부담하는 일정비율로 보험가입금액에 대한 비율을 말한다.
- "신초 발아기"란 과수원에서 전체 신초가 (50)% 정도 발아한 시점을 말한다.
- "개화기"란 꽃이 피는 시기를 말하며, 작물의 생물조사에서의 개화기는 꽃이 (40)% 정도 핀 날의 시점을 말한다.

02 농작물재해보험 종합위험보장 밭작물 품목 중 출현율이 90% 미만인 농지를 인수제한 하는 품목 4가지를 모두 쓰시오(단, 농작물재해보험 판매상품 기준으로 한다). [5점]

정답

콩, 옥수수, 봄감자, 감자(고랭지재배)

해설

보험가입 당시 출현 후 고사된 싹은 출현이 안 된 것으로 판단한다.

03 농작물재해보험 종합위험보장 과수품목의 보험기간에 대한 기준이다. ( )에 들어갈 내용을 쓰시오. [5점]

구 분		보장개시	보장종료
해당 보장 및 약관	목적물		
수확감소보장, 보통약관	밤	(①) 단, (①)가 경과한 경우에는 계약체결일 24시	수확기 종료 시점 단, (②)을 초과할 수 없음
보통약관	이듬해에 맺은 참다래 과실	(③) 단, (③)가 지난 경우에는 계약체결일 24시	해당 꽃눈이 성장하여 맺은 과실의 수확기 종료 시점 단, 이듬해 (④)을 초과할 수 없음
비가림과수 손해보장	대 추	(⑤) 단, (⑤)가 경과한 경우에는 계약체결일 24시	수확기 종료 시점 단, (②)을 초과할 수 없음

정답

① 발아기, ② 10월 31일, ③ 꽃눈분화기, ④ 11월 30일, ⑤ 신초발아기

해설

구 분		보장개시	보장종료
해당 보장 및 약관	목적물		
수확감소보장, 보통약관	밤	(발아기) 단, (발아기)가 경과한 경우에는 계약체결일 24시	수확기 종료 시점 단, (10월 31일)을 초과할 수 없음
보통약관	이듬해에 맺은 참다래 과실	(꽃눈분화기) 단, (꽃눈분화기)가 지난 경우에는 계약체결일 24시	해당 꽃눈이 성장하여 맺은 과실의 수확기 종료 시점 단, 이듬해 (11월 30일)을 초과할 수 없음
비가림과수 손해보장	대 추	(신초발아기) 단, (신초발아기)가 경과한 경우에는 계약체결일 24시	수확기 종료 시점 단, (10월 31일)을 초과할 수 없음

04 종합위험보장 쪽파(실파) 상품은 사업지역, 파종 및 수확시기에 따라 1형과 2형으로 구분된다. (　　)에 들어갈 내용을 쓰시오. [5점]

> ○ 1형 : (①) 지역에서 (②) 이전에 파종하거나, (③) 지역에서 재배하여 (④)에 수확하는 노지 쪽파(실파)
> ○ 2형 : (①) 지역에서 (②) 이후에 파종하여 (⑤)에 수확하는 노지 쪽파(실파)

정답

① 충남 아산, ② 9월 15일, ③ 전남 보성, ④ 당해연도, ⑤ 이듬해 4~5월

해설

> • 1형 : (**충남 아산**) 지역에서 (**9월 15일**) 이전에 파종하거나, (**전남 보성**) 지역에서 재배하여 (**당해연도**)에 수확하는 노지 쪽파(실파)
> • 2형 : (**충남 아산**) 지역에서 (**9월 15일**) 이후에 파종하여 (**이듬해 4~5월**)에 수확하는 노지 쪽파(실파)

05 종합위험보장 고추 상품의 계약인수관련 생산비 산출방법이다. (　　)에 들어갈 내용을 쓰시오. [5점]

> ○ 농촌진흥청에서 매년 발행하는 "지역별 농산물 소득자료"의 경영비와 (①)에 (②)와 (③)를 합산하여 표준생산비를 도 또는 전국단위로 산출
> ○ 산출한 표준생산비를 (④)별(준비기, 생장기, 수확기)로 배분
> ○ 수확기에 투입되는 생산비는 수확과 더불어 회수되므로 표준생산비에서 (⑤)를 차감하여 보험가입대상 생산비 산출

정답

① 자가노력비, ② 자본용역비, ③ 토지용역비, ④ 재배기간, ⑤ 수확기생산비

해설

> • 농촌진흥청에서 매년 발행하는 "지역별 농산물 소득자류"의 경영비와 (**자가노력비**)에 (**자본용역비**)와 (**토지용역비**)를 합산하여 표준생산비를 도 또는 전국단위로 산출
> • 산출한 표준생산비를 (**재배기간**)별(준비기, 생장기, 수확기)로 배분
> • 수확기에 투입되는 생산비는 수확과 더불어 회수되므로 표준생산비에서 (**수확기생산비**)를 차감하여 보험가입대상 생산비 산출

※ 서술형 문제에 대해 답하시오. (6 ~ 10번 문제)

06 종합위험과수 자두 상품에서 수확감소보장의 자기부담비율과 그 적용 기준을 각 비율별로 서술하시오. [15점]

정답

자기부담비율 적용 기준

① **10%형** : 최근 3년간 연속 보험가입과수원으로서 3년간 수령한 보험금이 순보험료의 50% 이하인 경우에 한하여 선택 가능

② **15%형** : 최근 2년간 연속 보험가입과수원으로서 2년간 수령한 보험금이 순보험료의 100% 이하인 경우에 한하여 선택 가능

③ **20%형, 30%형, 40%형** : 제한 없음

해설

수확감소보장의 자기부담비율은 지급보험금을 계산할 때 피해율에서 차감하는 비율로서, 계약할 때 계약자가 선택한 비율(10%, 15%, 20%, 30%, 40%)이다.

07 종합위험보장 ① 복숭아 상품의 평년수확량 산출식을 쓰고, ② 산출식 구성요소에 대해 설명하시오[단, 과거수확량 자료가 있는 경우(최근 5년 이내 2회의 보험가입 경험이 있는 경우)에 해당하며, 과거수확량 산출 관련 다른 조건은 배제한다]. [15점]

정답

① 복숭아 상품의 평년수확량 산출식

$$\left\{A+(B-A)\times(1-\frac{Y}{5})\right\}\times\frac{C}{B}$$

② 산출식 구성요소

- A(과거 평균수확량) = Σ(과거 5년간 수확량) ÷ Y
- B(과거 평균표준수확량) = Σ(과거 5년간 표준수확량) ÷ Y
- C(표준수확량) = 가입하는 해의 표준수확량
- Y = 과거수확량 산출연도 횟수

해설

평년수확량

① 평년수확량은 농지의 기후가 평년수준이고 비배관리 등 영농활동을 평년수준으로 실시하였을 때 기대할 수 있는 수확량을 말하며, 보험가입금액의 결정 및 보험금 지급시 감수량 산정을 위한 기준으로 활용한다.

② 평년수확량은 자연재해가 없는 이상적인 상황에서 수확할 수 있는 수확량이 아니라, 평년수준의 재해가 있다는 것을 전제로 한다.

③ 최근 5년 이내에 보험가입 경험이 있는 과수원은 최근 5개년의 수확량 및 표준수확량에 의해 평년수확량을 산정하며, 신규 가입하는 과수원은 표준수확량을 기준으로 평년수확량을 산정한다.

08 종합위험과수 밤 상품의 ① 표준수확량 산출식을 쓰고, 다음 조건에 따라 가입한 과수원의 ② 재식밀도지수와 ③ 표준수확량(kg)을 구하시오. [15점]

○ 기준주수 면적 : 27,000m^2
○ 지역·품종·수령별 표준수확량 : 30kg
○ 최대인정주수 면적 : 18,000m^2
○ 가입주수 : 500주
○ 밤나무 재배면적 : 20,000m^2

정답

① **표준수확량 산출식**
표준수확량 = 지역·품종·수령별 표준수확량 × 재식밀도지수 × 가입주수

② **재식밀도지수**
재식밀도지수 = 0.64 + (C − B) ÷ {(A − B) ÷ 36} ÷ 100
(A : 기준주수 면적, B : 최대인정주수 면적, C : 밤나무 재배면적)
재식밀도지수 = 0.64 + (20,000m^2 − 18,000m^2) ÷ {(27,000m^2 − 18,000m^2) ÷ 36} ÷ 100
= **0.72**

③ **표준수확량(kg)**
표준수확량 = 지역·품종·수령별 표준수확량 × 재식밀도지수 × 가입주수
= 30kg × 0.72 × 500주 = **10,800kg**

09 농작물재해보험 상품 중 비가림시설 또는 해가림시설에 관한 다음 보험가입금액을 구하시오. [15점]

(1) 포도(단지 단위) 비가림시설의 최소 가입면적에서 최소 보험가입금액
(2) 대추(단지 단위) 비가림시설의 가입면적 300m^{2}에서 최대 보험가입금액
(3) 단위면적당 시설비 : 30,000원, 가입(재식)면적 : 300m^2, 시설유형 : 목재, 내용연수 : 6년, 시설년도 : 2014년 4월, 가입시기 : 2019년 11월일 때, 인삼 해가림시설의 보험가입금액

정답

(1) 포도(단지 단위) 비가림시설의 최소 가입면적에서 최소 보험가입금액
포도 비가림시설의 m^{2}당 시설비(18,000원)에 비가림시설 면적을 곱하여 산정한다.
※ m^{2}당 시설비는 출제 당시 2019년 업무방법서 기준에 따라 18,000원으로 산정한다.
※ 산정된 금액의 80%～130% 범위 내에서 계약자가 보험가입금액을 결정한다.
최소 가입면적은 200m^2 이상이므로,
최소 보험가입금액 = 200m^2 × 18,000원/m^2 × 80% = **2,880,000원**

(2) **대추(단지 단위) 비가림시설의 가입면적 300m²에서 최대 보험가입금액**

대추 비가림시설의 m²당 시설비(19,000원)에 비가림시설의 면적을 곱하여 산정한다.

※ m²당 시설비는 출제 당시 2019년 업무방법서 기준에 따라 19,000원으로 산정한다.

※ 산정된 금액의 80%～130% 범위 내에서 계약자가 보험가입금액을 결정한다.

최대 보험가입금액 = 300m² × 19,000원/m² × 130% = **7,410,000원**

(3) **단위면적당 시설비 : 30,000원, 가입(재식)면적 : 300m², 시설유형 : 목재, 내용연수 : 6년, 시설년도 : 2014년 4월, 가입시기 : 2019년 11월일 때, 인삼 해가림시설의 보험가입금액**

보험가입금액 = 재조달가액 × (1 − 감가상각률)

• 재조달가액 = 단위면적당 시설비 × 가입(재식)면적 = 30,000원/m² × 300m² = 9,000,000원

• 감가상각률 = 경과기간 × 경년감가율 = 5년 × 13.33% = 66.65%

※ 경과기간 = 2019년 11월 − 2014년 4월 = 5년 7개월 = 5년(연단위 감가상각을 적용)

※ 경년감과율

유 형	내용연수	경년감가율
목 재	6년	13.33%
철 재	18년	4.44%

보험가입금액 = 9,000,000원 × (1 − 0.6665) = 3,001,500원
= 3,000,000원(※ 만원 단위 미만은 절사함)

손해평가사 2차 2020년 제6회

10 가축재해보험 축사 특약에 관한 다음 내용을 쓰시오. [15점]

(1) 보험가액 계산식

(2) 수정잔가율 적용 사유와 적용 비율

(3) 수정잔가율 적용 예외 경우와 그 적용 비율

정답

(1) **보험가액 계산식**

현재가액 = 신축가액 − 감가공제액

※ 감가공제액 = 신축가액 × 감가율(= 경년감가율 × 경과년수)

※ 경년감가율은 한국감정원의 "건축물신축단가표"를 준용한다.

(2) **수정잔가율 적용 사유와 적용 비율**

가축재해보험의 축사 특약에서 보험목적물의 지속적인 개·보수가 이루어져 보험목적물의 가치증대가 인정된 경우 잔가율은 보온덮개·쇠파이프조인 축사구조물의 경우에는 최대 50%까지, 그 외 기타 구조물의 경우에는 최대 70%까지로 수정하여 보험가액을 평가할 수 있다.

(3) **수정잔가율 적용 예외 경우와 그 적용 비율**

보험목적물인 축사가 손해를 입은 장소에서 6개월 이내에 실제로 수리 또는 복구되지 않은 때에는 잔가율이 30% 이하인 경우에는 최대 30%로 수정하여 평가한다.

제 2 과목 농작물재해보험 및 가축재해보험 손해평가의 이론과 실무

※ 단답형 문제에 대해 답하시오. (11 ~ 15번 문제)

11 가축재해보험 약관에서 설명하는 보상하지 않는 손해에 관한 내용이다. 다음 (　　)에 들어갈 용어(약관의 명시된 용어)를 각각 쓰시오. [5점]

> ○ 계약자, 피보험자 또는 이들의 (①)의 고의 또는 중대한 과실
> ○ 계약자 또는 피보험자의 (②) 및 (③)에 의한 가축폐사로 인한 손해
> ○ 가축전염병예방법 제2조(정의)에서 정하는 가축전염병에 의한 폐사로 인한 손해 및 정부 및 공공기관의 (④) 또는 (⑤)(으)로 발생한 손해

정답

① 법정대리인, ② 도살, ③ 위탁도살, ④ 살처분, ⑤ 도태권고

해설

보상하지 않는 손해(제4조)

1. 계약자, 피보험자 또는 이들의 (**법정대리인**)의 고의 또는 중대한 과실
2. 계약자 또는 피보험자의 (**도살**) 및 (**위탁도살**)에 의한 가축폐사로 인한 손해
3. 가축전염병예방법 제2조(정의)에서 정하는 가축전염병에 의한 폐사로 인한 손해 및 정부 및 공공기관의 (**살처분**) 또는 (**도태권고**)로 발생한 손해
4. 보험목적이 유실 또는 매몰되어 보험목적을 객관적으로 확인할 수 없는 손해(다만, 풍수해 사고로 인한 직접손해 등 회사가 인정하는 경우에는 보상)
5. 원인의 직접, 간접을 묻지 않고 전쟁, 혁명, 내란, 사변, 폭동, 소요, 노동쟁의, 기타 이들과 유사한 사태로 인한 손해
6. 지진의 경우 보험계약일 현재 이미 진행 중인 지진(본진, 여진을 포함)으로 인한 손해
7. 핵연료물질 또는 핵연료물질에 의하여 오염된 물질의 방사성, 폭발성 그 밖의 유해한 특성 또는 이들의 특성에 의한 사고로 인한 손해
8. 위 제7호 이외의 방사선을 쬐는 것 또는 방사능 오염으로 인한 손해
9. 계약 체결 시점 현재 기상청에서 발령하고 있는 기상특보 발령 지역의 기상특보관련 재해(풍재, 수재, 설해, 지진, 폭염)로 인한 손해

12 다음은 종합위험 수확감소보장방식 논작물(벼)에 관한 내용이다. 아래의 내용을 참조하여 다음 물음에 답하시오. [5점]

(1) A농지의 재이앙·재직파보험금을 구하시오.

구 분	보험가입금액	보험가입면적	실제경작면적	피해면적
A농지	5,000,000원	2,000m^2	2,000m^2	500m^2

(2) B농지의 수확감소보험금을 구하시오(수량요소조사, 표본조사, 전수조사가 모두 실시됨).

구 분	보험가입금액	조사방법에 따른 피해율	자기부담비율
B농지	8,000,000원	• 수량요소조사 : 피해율 30% • 표본조사 : 피해율 40% • 전수조사 : 피해율 35%	20%

정답

(1) A농지의 재이앙·재직파보험금

지급금액 = 보험가입금액 × 25% × 면적피해율

※ 면적피해율 = 피해면적 ÷ 보험가입면적 = 500m^2 ÷ 2,000m^2 = 25%

지급금액 = 5,000,000원 × 25% × 25% = **312,500원**

(2) B농지의 수확감소보험금

지급금액 = 보험가입금액 × (피해율 − 자기부담비율)

※ 동일 농지에 대하여 복수의 조사방법을 실시한 경우 피해율 산정의 우선순위는 전수조사, 표본조사, 수량요소조사 순으로 적용한다.

지급금액 = 8,000,000원 × (35% − 20%) = **1,200,000원**

13 농작물재해보험 보험금 지급과 관련하여 회사는 지급기일 내에 보험금을 지급하지 아니하였을 때에는 그 다음날로부터 지급일까지의 기간에 대하여 〈보험금을 지급할 때의 적립이율표〉에 따라 연단위 복리로 계산한 금액을 더하여 지급한다. 다음 (　　)에 들어갈 내용을 각각 쓰시오. [5점]

기 간	지급이자
지급기일의 다음 날부터 30일 이내 기간	(①)이율
지급기일의 31일 이후부터 60일 이내 기간	(①)이율 + 가산이율(②)%
⋮	⋮

정답

① 보험계약대출, ② 4.0

해설

보험금을 지급할 때의 적립이율표

기 간	지급이자
지급기일의 다음 날부터 30일 이내 기간	(보험계약대출)이율
지급기일의 31일 이후부터 60일 이내 기간	(보험계약대출)이율 + 가산이율(4.0%)
지급기일의 61일 이후부터 90일 이내 기간	보험계약대출이율 + 가산이율(6.0%)
지급기일의 91일 이후 기간	보험계약대출이율 + 가산이율(8.0%)

14 **다음의 계약사항과 조사내용을 참조하여 아래 착과수조사 결과에 들어갈 값(① ~ ③)을 각각 구하시오(단, 해당 과수원에 있는 모든 나무의 품종 및 수령은 계약사항과 동일한 것으로 함).**

[5점]

○ 계약사항

품 목	품종 / 수령	가입일자(계약일자)
자 두	A / 9년생	2019년 11월 14일

○ 조사내용

※ 조사종류 : 착과수조사
※ 조사일자 : 2020년 8월 18일
※ 조사사항

- 상기 조사일자 기준 과수원에 살아있는 모든 나무수(고사된 나무수 제외) : 270주
- 2019년 7월 발생한 보상하는 재해로 2019년 7월에 고사된 나무수 : 30주
- 2019년 12월 발생한 보상하는 재해로 2020년 3월에 고사된 나무수 : 25주
- 2020년 6월 발생한 보상하는 손해 이외의 원인으로 2020년 7월에 고사된 나무수 : 15주
- 2020년 6월 발생한 보상하는 손해 이외의 원인으로 착과량이 현저하게 감소한 나무수 : 10주

○ 착과수조사 결과

구 분	실제결과주수 (실제결과나무수)	미보상주수 (미보상나무수)	고사주수 (고사나무수)
주 수	(①)주	(②)주	(③)주

정답

① 실제결과주수 = 270주 + 25주 + 15주 = <u>310주</u>
② 미보상주수 = 15주 + 10주 = <u>25주</u>
③ 고사주수 = <u>25주</u>

(해설)

① **실제결과주수(실제결과나무수)**

실제결과주수(실제결과나무수)는 가입일자를 기준으로 농지(과수원)에 식재된 모든 나무수를 의미한다. 다만, 인수조건에 따라 보험에 가입할 수 없는 나무(유목 및 제한 품종 등) 수는 제외한다.

- 상기 조사일자 기준 과수원에 살아있는 모든 나무수(고사된 나무수 제외) 270주는 실제결과주수에 포함된다.
- 2019년 7월 발생한 보상하는 재해로 2019년 7월에 고사된 나무수 30주는 가입일자 이전이므로 실제결과주수에 포함되지 않는다.
- 2019년 12월 발생한 보상하는 재해로 2020년 3월에 고사된 나무수 25주는 실제결과주수에 포함된다.
- 2020년 6월 발생한 보상하는 손해 이외의 원인으로 2020년 7월에 고사된 나무수 15주는 실제결과주수에 포함된다.
- 2020년 6월 발생한 보상하는 손해 이외의 원인으로 착과량이 현저하게 감소한 나무수 10주는 살아있는 모든 나무수(고사된 나무수 제외) 270주에 포함되므로, 실제결과주수에서 제외한다.

∴ 실제결과주수 = 270주 + 25주 + 15주 = **310주**

② **미보상주수(미보상나무수)**

미보상주수(미보상나무수)는 실제결과나무수 중 보상하는 손해 이외의 원인으로 고사하거나 수확량(착과량)이 현저하게 감소한 나무수를 의미한다.

∴ 미보상주수 = 15주 + 10주 = **25주**

③ **고사주수(고사나무수)**

고사주수(고사나무수)는 실제결과나무수 중 보상하는 손해로 고사된 나무수를 의미한다. 즉 2019년 12월 발생한 보상하는 재해로 2020년 3월에 고사된 나무수 25주를 말한다.

∴ 고사주수 = **25주**

15 다음의 계약사항과 조사내용을 참조하여 착과감소보험금을 구하시오(단, 착과감소량은 소수점 첫째자리에서 반올림하여 다음 예시와 같이 구하시오. 예시 : 123.4kg → 123kg). [5점]

○ 계약사항(해당 과수원의 모든 나무는 단일 품종, 단일 재배방식, 단일 수령으로 함)

품 목	가입금액	평년착과수	자기부담비율
사과 (적과전 종합위험방식Ⅱ)	24,200,000원	27,500개	15%

가입과중	가입가격	나무손해보장 특별약관	적과종료 이전 특정위험 5종 한정보장 특별약관
0.4kg	2,200원/kg	미가입	미가입

○ 조사내용

구 분	재해종류	사고일자	조사일자	조사내용
계약일 ~ 적과종료 이전	조수해	5월 5일	5월 7일	• 피해규모 : 일부 • 금차 조수해로 죽은 나무수 : 44주 • 미보상비율 : 5%
	냉 해	6월 7일	6월 8일	• 피해규모 : 전체 • 냉해피해 확인 • 미보상비율 : 10%
적과후 착과수 조사	–		7월 23일	• 실제결과주수 : 110주 • 적과후착과수 : 15,500개 • 1주당 평년착과수 : 250개

정답

착과감소보험금 = (착과감소량 − 미보상감수량 − 자기부담감수량) × 가입가격 × (50%, 70%)

- 착과감소과실수 = 평년착과수 − 적과후착과수 = 27,500개 − 15,500개 = 12,000개
- 착과감소량 = 착과감소과실수 × 가입과중 = 12,000개 × 0.4kg/개 = **4,800kg**
- 미보상감수량 = 미보상감수과실수 × 가입과중 = 1,200개 × 0.4kg/개 = **480kg**

  ※ 적과종료 이전의 미보상감수과실수 = {(착과감소과실수 × 미보상비율) + 미보상주수 감수과실수
  = {(12,000개 × 10%) + 0개} = 1,200개

  ※ 미보상주수 감수과실수 = 미보상주수 × 1주당 평년착과수 = 0 × 250개 = 0개

  ※ 적과전 사고조사에서 미보상비율 적용은 미보상비율 조사값 중 가장 큰 값만 적용
- 자기부담감수량 = 기준수확량 × 자기부담비율 = 11,000kg × 0.15 = **1,650kg**

  ※ 기준수확량 = (적과후착과수 + 착과감소과실수) × 가입과중
  = (15,500개 + 12,000개) × 0.4kg/개 = 11,000kg

∴ 착과감소보험금 보장수준 50% 선택시
착과감소보험금 = (4,800kg − 480kg − 1,650kg) × 2,200원/kg × 50% = **2,937,000원**

∴ 착과감소보험금 보장수준 70% 선택시
착과감소보험금 = (4,800kg − 480kg − 1,650kg) × 2,200원/kg × 70% = **4,111,800원**

※ 서술형 문제에 대해 답하시오. (16 ~ 20번 문제)

16 피보험자 A가 운영하는 △△한우농장에서 한우 1마리가 인근 농장주인 B의 과실에 의해 폐사(보상하는 손해)되어 보험회사에 사고보험금을 청구하였다. 다음의 내용을 참조하여 피보험자 청구항목 중 비용(①~④)에 대한 보험회사의 지급 여부를 각각 지급 또는 지급불가로 기재하고 ⑤ 보험회사의 최종 지급금액(보험금 + 비용)을 구하시오. [15점]

피보험자(A) 청구항목			보험회사 조사내용
보험금	소(牛)		폐사 시점의 손해액 300만원(전손)은 보험가입금액 및 보험가액과 같은 것으로 확인(자기부담금비율 : 20%)
비 용	(①)	잔존물처리비용	A가 폐사로 인한 인근 지역의 수질 오염물질 제거를 위해 지출한 비용(30만원)으로 확인
	(②)	손해방지비용	A가 손해의 경감을 위해 지출한 유익한 비용(40만원)으로서 보험목적의 관리의무를 위하여 지출한 비용에 해당하지 않는 것으로 확인
	(③)	대위권보전비용	A가 B에게 손해배상을 받을 수 있는 권리를 행사하기 위해 지출한 유익한 비용(30만원)으로 확인
	(④)	기타 협력비용	A가 회사의 요구 또는 협의 없이 지출한 비용(40만원)으로 확인

최종 지급금액(보험금 + 비용)	(⑤)

정답

① 지급불가, ② 지급, ③ 지급, ④ 지급불가, ⑤ 310만원

해설

① **지급불가**

보험목적물이 폐사한 경우 잔존물처리비용에는 사고현장에서의 잔존물의 견인비용 및 차에 싣는 비용을 포함하지만, 사고현장 및 인근 지역의 토양, 대기 및 수질 오염물질 제거비용과 차에 실은 후 폐기물 처리비용은 포함하지 않는다. 따라서, **지급불가**에 해당한다.

② **지 급**

손해방지비용 중 손해의 방지 또는 경감을 위하여 지출한 필요 또는 유익한 비용은 보상하며, 보험목적의 관리의무를 위하여 지출한 비용은 보상하지 않는다.

③ **지 급**

A가 B에게 손해의 배상을 받을 수 있는 권리를 지키거나 행사하기 위하여 지출한 필요 또는 유익한 비용인 대위권보전비용을 보상한다.

④ **지급불가**

기타 협력비용을 보상받기 위해서는 회사의 요구 또는 협의가 있어야 하므로, **지급불가**에 해당한다.

⑤ **최종 지급금액(보험금 + 비용)**

보험금 = (손해액 − 자기부담금) × (보험가입금액 ÷ 보험가액)

※ (보험가입금액 ÷ 보험가액) = 1

최종 지급금액 = (손해액 − 자기부담금) + 손해방지비용 + 대위권보전비용

= (300만원 − 60만원) + 40만원 + 30만원 = **310만원**

※ 자기부담금 = 손해액 × 자기부담비율 = 300만원 × 20% = 60만원

17

다음의 계약사항과 조사내용을 참조하여 ① 수확량(kg), ② 피해율(%) 및 ③ 보험금을 구하시오(단, 품종에 따른 환산계수 및 비대추정지수는 미적용하고, 수확량과 피해율은 소수점 셋째자리에서 반올림하여 다음 예시와 같이 구하시오. 예시 : 12.345kg → 12.35kg, 12.345% → 12.35%). [15점]

○ 계약사항

품 목	가입금액	가입면적	평년수확량	기준가격	자기부담비율
마 늘 (수입감소보장)	2,000만원	2,500m²	8,000kg	2,800원/kg	20%

○ 조사내용

재해종류	조사종류	실제경작면적	수확불능면적	타작물 및 미보상면적	기수확면적
냉 해	수확량조사	2,500m²	500m²	200m²	0m²

표본구간 수확량	표본구간 면적	미보상비율	수확기가격
5.5kg	5m²	15%	2,900원/kg

정답

① 수확량(kg) : 2,620kg/m²
② 피해율(%) : 57.16%
③ 보험금 : 7,432,000원

해설

① 수확량(kg)

수확량 = (표본구간 단위면적당 수확량 × 조사대상면적) + {단위면적당 평년수확량 × (타작물 및 미보상면적 + 기수확면적)}

- 표본구간 단위면적당 수확량 = (표본구간 수확량 × 환산계수) ÷ 표본구간 면적
  = 5.5kg ÷ 5m² = 1.1kg/m² (※ 환산계수 미적용)
- 조사대상면적 = 실제경작면적 − 수확불능면적 − 타작물 및 미보상면적 − 기수확면적
  = 2,500m² − 500m² − 200m² − 0m² = 1,800m²
- 단위면적당 평년수확량 = 평년수확량 ÷ 실제경작면적 = 8,000kg ÷ 2,500m² = 3.2kg/m²
- 수확량 = (1.1kg/m² × 1,800m²) + {3.2kg/m² × (200m² + 0m²)} = 2,620kg/m²

② 피해율(%)

피해율 = (기준수입 − 실제수입) ÷ 기준수입

- 기준수입 = 평년수확량 × 농지별 기준가격 = 8,000kg × 2,800원/kg = 22,400,000원
- 실제수입 = (수확량 + 미보상감수량) × 최솟값(농지별 기준가격, 농지별 수확기가격)
  = (2,620kg + 807kg) × 2,800원/kg = 9,595,600원
- 미보상감수량 = (평년수확량 − 수확량) × 미보상비율 = (8,000kg − 2,620kg) × 15%
  = 807kg

• 피해율 = (기준수입 − 실제수입) ÷ 기준수입 = (22,400,000원 − 9,595,600원) ÷ 22,400,000원
= 0.571625 = <u>57.16%</u>

(별해)

피해율 = (평년수확량 − 수확량 − 미보상감수량) ÷ 평년수확량

• 미보상감수량 = (평년수확량 − 수확량) × 미보상비율 = (8,000kg − 2,620kg) × 15% = 807kg
• 피해율 = (8,000kg − 2,620kg − 807kg) ÷ 8,000kg = 0.571625 = <u>57.16%</u>

③ 보험금

보험금 = 보험가입금액 × (피해율 − 자기부담비율)

• 보험금 = 2,000만원 × (57.16% − 20%) = <u>7,432,000원</u>

18 다음은 종합위험 생산비보장방식 고추에 관한 내용이다. 아래의 조건을 참조하여 다음 물음에 답하시오. [15점]

○ 조건 1

잔존보험 가입금액	가입면적 (재배면적)	자기부담금비율	표준생장일수	준비기생산비 계수	정식일
8,000,000원	3,000m^2	5%	100일	55.7%	2020년 5월 10일

○ 조건 2

재해종류	내 용
한해 (가뭄피해)	• 보험사고 접수일 : 2020년 8월 7일(정식일로부터 경과일수 89일) • 조사일 : 2020년 8월 8일(정식일로부터 경과일수 90일) • 수확개시일 : 2020년 8월 18일(정식일로부터 경과일수 100일) • 가뭄 이후 첫 강우일 : 2020년 8월 20일(수확개시일로부터 경과일수 2일) • 수확종료(예정)일 : 2020년 10월 7일(수확개시일로부터 경과일수 50일)

○ 조건 3

피해비율	손해정도비율(심도)	미보상비율
50%	30%	20%

(1) 위 조건에서 확인되는 ① 사고(발생)일자를 기재하고, 그 일자를 사고(발생)일자로 하는 ② 근거를 쓰시오.
(2) 경과비율(%)을 구하시오(단, 경과비율은 소수점 셋째자리에서 반올림하여 다음 예시와같이 구하시오. 예시 : 12.345% → 12.35%).
(3) 보험금을 구하시오.

정답

(1) 사고(발생)일자와 근거
① **사고(발생)일자 : 2020년 8월 8일**
② **근거 :** 가뭄과 같이 지속되는 재해의 사고일자는 재해가 끝나는 날(가뭄 이후 첫 강우일의 전날)을 사고일자로 한다. 다만, 재해가 끝나기 전에 조사가 이루어질 경우에는 조사가 이루어진 날을 사고(발생)일자로 한다.

(2) 경과비율(%)
수확기 이전에 보험사고가 발생하였으므로,
경과비율(%) = 준비기생산비계수 + (1 − 준비기생산비계수) × (생장일수 ÷ 표준생장일수)
= 55.7% + (1 − 55.7%) × (90일 ÷ 100일) = **95.57%**
※ 생장일수는 정식일로부터 사고발생일까지 경과일수(90일)로 한다.

(3) 보험금

보험금 = (잔존보험가입금액 × 경과비율 × 피해율) − 자기부담금
※ 단, 병충해가 있는 경우 병충해 등급별 인정비율을 피해율에 곱한다.

• 피해율 = 피해비율 × 손해정도비율(심도) × (1 − 미보상비율)
= 50% × 30% × (1 − 20%) = 12%
• 자기부담금 = 잔존보험가입금액 × 자기부담비율(5%)
= 8,000,000원 × 5% = 400,000원
• 보험금 = (8,000,000원 × 95.57% × 12%) − 400,000원 = **517,472원**

19 금차 조사일정에 대하여 손해평가반을 구성하고자 한다. 아래의 '계약사항', '과거 조사사항', '조사자 정보'를 참조하여 〈보기〉의 손해평가반(①~⑤)별 구성가능 여부를 각 반별로 가능 또는 불가능으로 기재하고 불가능한 반은 그 사유를 각각 쓰시오(단, 제시된 내용 외 다른 사항은 고려하지 않음). [15점]

○ 금차 조사일정

구 분	조사종류	조사일자
㉮계약(사과)	낙과피해조사	2020년 9월 7일

○ 계약사항

구 분	계약자(가입자)	모집인	계약일
㉮계약(사과)	H	E	2020년 2월 18일
㉯계약(사과)	A	B	2020년 2월 17일

○ 과거 조사사항

구 분	조사종류	조사일자	조사자
㉮계약(사과)	적과후착과수조사	2020년 8월 13일	D, F
㉯계약(사과)	적과후착과수조사	2020년 8월 18일	C, F, H

○ 조사자 정보(조사자간 생계를 같이하는 친족관계는 없음)

성 명	A	B	C	D	E	F	G	H
구 분	손해 평가인	손해 평가인	손해 평가사	손해 평가인	손해 평가인	손해 평가사	손해 평가인	손해 평가사

○ 손해평가반 구성

〈 보 기 〉

①반 : A, B　②반 : C, H　③반 : G　④반 : C, D, E　⑤반 : D, F

정답

①반 : 불가능

[사유]

A는 직전 손해평가일로부터 30일 이내의 보험가입자간 상호 손해평가에 해당되어 손해평가반 구성에서 배제된다.

②반 : 불가능

[사유]

H는 자기가 가입한 보험계약에 관한 손해평가에 해당되어 손해평가반 구성에서 배제된다.

③반 : 가능

④반 : 불가능

[사유]

E는 자기가 모집한 보험계약에 관한 손해평가에 해당되어 손해평가반 구성에서 배제된다.

⑤반 : 가능

해설

손해평가반의 구성

① 손해평가반은 손해평가인 또는 「보험업법」 제186조에 따른 손해사정사 또는 「농어업재해보험법」 제11조의4 제1항에 따른 손해평가사 1인 이상을 포함하여 5인 이내로 구성한다.

② 손해평가 일정은 손해평가반별로 수립한다.

③ 아래의 어느 하나에 해당하는 손해평가에 대하여는 해당자를 손해평가반 구성에서 배제하여야 한다.

㉠ 자기 또는 자기와 생계를 같이하는 친족(이하 "이해관계자"라 한다)이 가입한 보험계약에 관한 손해평가

㉡ 자기 또는 이해관계자가 모집한 보험계약에 관한 손해평가

㉢ 직전 손해평가일로부터 30일 이내의 보험가입자간 상호 손해평가

㉣ 자기가 실시한 손해평가에 대한 검증조사 및 재조사

20 다음은 종합위험 수확감소보장방식 복숭아에 관한 내용이다. 아래의 계약사항과 조사내용을 참조하여 ① A품종 수확량(kg), ② B품종 수확량(kg), ③ 수확감소보장 피해율(%)을 구하시오(단, 피해율은 소수점 셋째자리에서 반올림하여 다음 예시와 같이 구하시오. 예시 : 12.345% → 12.35%). [15점]

○ 계약사항

품 목	가입금액	평년수확량	자기부담비율	수확량감소 추가보장 특약	나무손해보장 특약
복숭아	15,000,000원	4,000kg	20%	미가입	미가입

품종 / 수령	가입주수	1주당 표준수확량	표준과중
A / 9년생	200주	15kg	300g
B / 10년생	100주	30kg	350g

○ 조사내용(보상하는 재해로 인한 피해가 확인됨)

조사종류	품종 / 수령	실제결과주수	미보상주수	품종별 · 수령별 착과수(합계)
착과수조사	A / 9년생	200주	8주	5,000개
	B / 10년생	100주	5주	3,000개

조사종류	품 종	품종별 과중	미보상비율
과중조사	A	290g	5%
	B	310g	10%

정답

① A품종 수확량(kg) : 1,530kg
② B품종 수확량(kg) : 1,030kg
③ 수확감소보장 피해율(%) : 32.4%

해설

① A품종 수확량(kg)

> 수확량 = 착과량 − 사고당 감수량의 합

- 표준수확량 = A품종 표준수확량 + B품종 표준수확량
  = (15kg/주 × 200주) + (30kg/주 × 100주) = **6,000kg**
- A품종 평년수확량 = 평년수확량 × {(주당 표준수확량 × 실제결과주수) ÷ 표준수확량}
  = 4,000kg × {(15kg/주 × 200주) ÷ 6,000kg} = **2,000kg**
- A품종 주당 평년수확량 = 평년수확량 ÷ 실제결과주수
  = 2,000kg ÷ 200주 = **10kg/주**
- A품종 착과량 = (착과수 × 품종별 과중) + (주당 평년수확량 × 미보상주수)
  = (5,000개 × 0.290kg/개) + (10kg/주 × 8주) = **1,530kg**
- A품종 수확량 = 착과량 − 사고당 감수량의 합
  = 1,530kg − 0kg = 1,530kg

② B품종 수확량(kg)

• B품종 평년수확량 = 평년수확량 × {(주당 표준수확량 × 실제결과주수) ÷ 표준수확량}
= 4,000kg × {(30kg/주 × 100주) ÷ 6,000kg} = **2,000kg**

• B품종 주당 평년수확량 = 평년수확량 ÷ 실제결과주수
= 2,000kg ÷ 100주 = **20kg/주**

• B품종 착과량 = (착과수 × 품종별 과중) + (주당 평년수확량 × 미보상주수)
= (3,000개 × 0.310kg/개) + (20kg/주 × 5주) = **1,030kg**

• B품종 수확량 = 착과량 − 사고당 감수량의 합
= 1,030kg − 0kg = **1,030kg**

③ 수확감소보장 피해율(%)

피해율(%) = (평년수확량 − 수확량 − 미보상감수량 + 병충해감수량) ÷ 평년수확량

• 수확량 : 품종별 과중이 모두 있으므로,
수확량 = (착과량 − 사고당 감수량의 합)이다.
수확량 = (A품종 착과량 + B품종 착과량) − 사고당 감수량의 합
= (1,530kg + 1,030kg) − 0kg = **2,560kg**

• 미보상감수량 = (평년수확량 − 수확량) × 최댓값(미보상비율)
= (4,000kg − 2,560kg) × 10% = **144kg**

• 병충해감수량 = 0kg

• 피해율(%) = (4,000kg − 2,560kg − 144kg + 0kg) ÷ 4,000kg = 0.324 = **32.4%**

2021년

제 7 회 손해평가사 2차 시험문제

※ 공통유의사항
○ 계산문제는 반드시 계산과정, 답, 단위를 정확히 기재(부분점수 없음)
○ 계산과정에서 임의적인 반올림 또는 절사 금지

제 1 과목 농작물재해보험 및 가축재해보험의 이론과 실무

01 종합위험보장 벼(조사료용 벼 제외) 상품의 병해충보장특별약관에서 보장하는 병해충 5가지만 쓰시오. [5점]

정답

흰잎마름병, 벼멸구, 도열병, 줄무늬잎마름병, 깨씨무늬병

해설

병해충보장특별약관에서 보장하는 병해충
흰잎마름병, 벼멸구, 도열병, 줄무늬잎마름병, 깨씨무늬병, 먹노린재, 세균성벼알마름병

02 콩, 마늘, 양파 품목에서 종합위험보장 상품과 비교하여 농업수입감소보장 상품에 추가로 적용되는 농지의 보험가입자격을 쓰시오. [5점]

정답

추가로 적용되는 보험가입자격은 "사업지역에서 보험대상 농작물을 경작하는 개인 또는 법인으로 과거 5년 중 2년 이상 콩, 마늘, 양파 보험에 각각 가입하여 수확량 실적이 있는 농지"이다.

(해설)

콩, 마늘, 양파 품목의 보험가입자격

종합위험보장	1. 「농어업경영체 육성 및 지원에 관한 법률」 제4조에 따른 농업경영체로 등록한 자(농업인, 농업법인)로서 농업인 및 임차농 여부와 관계없이 국내에서 보험대상 농작물을 통상의 영농방법으로 실제 경작하는 주된 경작자 ① 계약자를 주된 경작자가 아닌 가족 등의 명의 불가 ② 농지를 다른 사람에게 임대한 경우에 임차농은 보험에 가입할 수 있지만, 농지 소유자는 가입 불가 2. 법인, 외국인, 미성년자, 피한정후견인, 피성년후견인도 보험에 가입 가능 미성년자, 피한정후견인은 법정대리인(친권자, 후견인)의 동의 또는 대리가 있어야 하며, 피성년후견인은 법정대리인이 대리하여야 함
농업수입감소보장	종합위험보장 상품의 보험가입자격 외에, 사업지역에서 보험대상 농작물을 경작하는 개인 또는 법인으로 과거 5년 중 2년 이상 콩, 마늘, 양파 보험에 각각 가입하여 수확량 실적이 있는 농지

03 **보험가입금액 100,000,000원, 자기부담비율 20%의 종합위험보장 마늘 상품에 가입하였다. 보험계약 후 당해 연도 10월 31일까지 보상하는 재해로 인해 마늘이 10a당 27,000주가 출현되어 10a당 33,000주로 재파종을 한 경우 재파종보험금의 계산과정과 값을 쓰시오.** [5점]

정답

재파종보험금 = 보험가입금액의 35% × 표준출현 피해율

• 표준출현 피해율(10a 기준) = (30,000주 − 출현주수) ÷ 30,000주
= (30,000주 − 27,000주) ÷ 30,000주 = 0.1(= 10%)

• 재파종보험금 = 100,000,000원 × 35% × 10% = **3,500,000원**

(해설)

재파종보험금 산출방식

보험계약일 24시부터 당해 연도 10월 31일까지 보상하는 재해로 인해 마늘이 10a당 30,000주 미만으로 출현되어 10a당 30,000주 이상으로 재파종을 한 경우 아래의 식에 따라 계산한다.

> 보험금 = 보험가입금액 × 35% × 표준출현 피해율
> ※ 표준출현 피해율(10a기준) = (30,000주 − 출현주수) ÷ 30,000주

※ 재파종보험금은 1회에 한하여 지급함

04 돼지를 사육하는 A농장의 계약자가 가축재해보험에 가입하려고 한다. 다음 물음에 답하시오 (단, 보험사업자가 제시한 기준가액으로 계산할 것). [5점]

농 장	사육두수		
A농장	비육돈	모 돈	웅 돈
	50두	20두	10두

물음 1) 일괄가입방식 보험가입금액의 계산과정과 값을 쓰시오. [2점]

물음 2) 질병위험보장특약 보험가입금액의 계산과정과 값을 쓰시오. [3점]

정답

물음 1) 일괄가입방식 보험가입금액

(비육돈 + 모돈 + 웅돈) × 303,000원 = (50두 + 20두 + 10두) × 303,000원
= **2,424,000원**

물음 2) 질병위험보장특약 보험가입금액

(모돈) × 2.5 × 100,000원 = (20두) × 2.5 × 100,000원
= **5,000,000원**

해설

1. **일괄가입방식**
   모돈/웅돈/자돈/육성·비육돈을 모두 사육하는 농가들의 평균가액으로 기준가액을 산정한다.

총 사육두수 × 303,000원 ※ **일괄사육** : 모돈 + 웅돈 + 자돈 + 육성·비육돈가액

2. **질병위험보장특별약관**
   모돈수를 지표로 기준가액을 산정한다.

모돈수 × 2.5 × 100,000원

05 종합위험보장 상품에서 보험가입시 과거수확량 자료가 없는 경우 산출된 표준수확량의 70%를 평년수확량으로 결정하는 품목 중 특약으로 나무손해보장을 가입할 수 있는 품목 2가지를 모두 쓰시오. [5점]

정답

유자, 살구

해설

- **표준수확량의 70%를 평년수확량으로 결정하는 품목** : 유자, 사과대추, 팥, 살구
- **특약으로 나무손해보장을 가입할 수 있는 품목** : 유자, 살구

06 종합위험보장 논벼에 관한 내용이다. 계약내용과 조사내용을 참조하여 다음 물음에 답하시오. [15점]

○ 계약내용	○ 조사내용
• 보험가입금액 : 3,500,000원 • 가입면적 : 7,000m^2 • 자기부담비율 : 15%	• 재이앙 전 피해면적 : 2,100m^2 • 재이앙 후 식물체 피해면적 : 4,900m^2

물음 1) 재이앙・재직파보험금과 경작불능보험금을 지급하는 경우를 각각 서술하시오. [4점]
물음 2) 재이앙・재직파보장과 경작불능보장의 보장종료시점을 각각 쓰시오. [2점]
물음 3) 재이앙・재직파보험금의 계산과정과 값을 쓰시오. [6점]
물음 4) 경작불능보험금의 계산과정과 값을 쓰시오. [3점]

정답

물음 1) 재이앙・재직파보험금과 경작불능보험금을 지급하는 경우

- **재이앙・재직파보험금** : 보험기간 내에 보상하는 재해로 면적피해율이 10%를 초과하고, 재이앙(재직파)한 경우 지급한다.
- **경작불능보험금** : 보상하는 손해로 식물체 피해율이 65% 이상이고, 계약자가 경작불능보험금을 신청한 경우 지급한다.

물음 2) 재이앙・재직파보장과 경작불능보장의 보장종료시점

- **재이앙・재직파보험금** : 7월 31일
- **경작불능보험금** : 출수기 전

물음 3) 재이앙・재직파보험금

면적피해율 = 피해면적 ÷ 보험가입면적 = 2,100m^2 ÷ 7,000m^2 = 0.3(= 30%)
※ 면적피해율이 10%를 초과함
재이앙・재직파보험금 = 보험가입금액 × 25% × 면적피해율
= 3,500,000원 × 25% × 30%
= **262,500원**

물음 4) 경작불능보험금

식물체 피해율 = 식물체 피해면적 ÷ 보험가입면적 = 4,900m^2 ÷ 7,000m^2 = 0.7(= 70%)
※ 식물체 피해율이 65%를 초과함
자기부담비율이 15%인 경우
경작불능보험금 = 보험가입금액 × 42% = 3,500,000원 × 42% = **1,470,500원**

해설

1. 재이앙 · 재직파보험금

> 보험금 = 보험가입금액 × 25% × 면적피해율
> ※ 면적피해율 = 피해면적 ÷ 보험가입면적

2. 경작불능보험금

> 보험금 = 보험가입금액 × 42%
> ※ 자기부담비율이 15%인 경우

07 농작물재해보험 종합위험보장 양파 상품에 가입하려는 농지의 최근 5년간 수확량 정보이다. 다음 물음에 답하시오. [15점]

(단위 : kg)

연 도	2016년	2017년	2018년	2019년	2020년	2021년
평년수확량	1,000	800	900	1,000	1,100	?
표준수확량	900	950	950	900	1,000	1,045
조사수확량			300	무사고	700	
보험가입 여부	미가입	미가입	가 입	가 입	가 입	

물음 1) 2021년 평년수확량 산출을 위한 과거 평균수확량의 계산과정과 값을 쓰시오. [8점]
물음 2) 2021년 평년수확량의 계산과정과 값을 쓰시오. [7점]

정답

물음 1) 2021년 평년수확량 산출을 위한 과거 평균수확량

과거 평균수확량 = Σ(과거 5년간 수확량) ÷ Y(과거수확량 산출연도 횟수)

- 2018년 : 조사수확량 ≤ 평년수확량의 50%이므로, 과거수확량은 평년수확량의 50%이다.
- 2019년 : 사고가 발생하지 않아 수확량조사를 하지 않은 경우에 과거수확량은,
  MAX(표준수확량, 평년수확량) × 110%
  MAX(900kg, 1,000kg) × 110% = **1,100kg**
- 2020년 : 조사수확량 > 평년수확량의 50%이므로, 과거수확량은 조사수확량이다.

과거 평균수확량 = {(900kg × 50%) + 1,100kg + 700kg} ÷ 3 = **750kg**

물음 2) 2021년 평년수확량

$$\left\{A+(B-A)\times(1-\frac{Y}{5})\right\}\times\frac{C}{B}$$

A(과거 평균수확량) = Σ(과거 5년간 수확량) ÷ Y = 750kg

B(과거 평균표준수확량) = Σ(과거 5년간 표준수확량) ÷ Y

= (950kg + 900kg + 1,000kg) ÷ 3 = 950kg

C(표준수확량) = 가입하는 해의 표준수확량 = 1,045kg

Y = 과거수확량 산출연도 횟수 = 3

평년수확량 = $\left\{A+(B-A)\times(1-\frac{Y}{5})\right\}\times\frac{C}{B}$

$= \left\{750\text{kg}+(950\text{kg}-750\text{kg})\times(1-\frac{3}{5})\right\}\times\frac{1{,}045\text{kg}}{950\text{kg}} = 913\text{kg}$

해설

평년수확량 산출방법

최근 5년 이내에 보험에 가입한 경험이 있는 농지는 최근 5개년의 수확량 및 표준수확량에 의해 평년수확량을 산정하며, 신규 가입하는 농지는 표준수확량을 기준으로 평년수확량을 산정한다.

1. 과거수확량 자료가 있는 경우(최근 5년 이내 보험가입 경험이 있는 경우)

$\left\{A+(B-A)\times(1-\frac{Y}{5})\right\}\times\frac{C}{B}$	A(과거 평균수확량) = Σ(과거 5년간 수확량) ÷ Y
	B(과거 평균표준수확량) = Σ(과거 5년간 표준수확량) ÷ Y
	C(표준수확량) = 가입하는 해의 표준수확량
	Y = 과거수확량 산출연도 횟수

※ 다만, 평년수확량은 보험가입연도 표준수확량의 130%를 초과할 수 없음

2. 과거수확량 산출

① 사고가 발생하지 않아 수확량조사를 하지 않은 경우

MAX(표준수확량, 평년수확량) × 110%

② 사고가 발생하여 수확량조사를 한 경우

구 분	수확량
조사수확량 > 평년수확량의 50%	조사수확량
조사수확량 ≤ 평년수확량의 50%	평년수확량의 50%

08 다음 계약들에 대하여 각각 정부지원액의 계산과정과 값을 쓰시오. [15점]

(단위 : 원)

구 분	농작물재해보험	농작물재해보험	가축재해보험
보험목적물	사 과	옥수수	국산 말 1필
보험가입금액	100,000,000	150,000,000	60,000,000
자기부담비율	15%	10%	약관에 따름
영업보험료	12,000,000	1,800,000	5,000,000
순보험료	10,000,000	1,600,000	
정부지원액	(①)	(②)	(③)

○ 주계약 가입기준임
○ 가축재해보험의 영업보험료는 업무방법에서 정하는 납입보험료와 동일함
○ 정부지원액이란 재해보험가입자가 부담하는 보험료의 일부와 재해보험사업자의 재해보험의 운영 및 관리에 필요한 비용의 전부 또는 일부를 정부가 지원하는 금액임(지방자치단체의 지원액은 포함되지 않음)
○ 재해보험사업자의 재해보험의 운영 및 관리에 필요한 비용은 부가보험료와 동일함

정답

① **농작물재해보험 사과**

자기부담비율이 15%이므로, 순보험료의 40%는 정부에서 지원하고, 부가보험료(운영비)는 전액 정부에서 지원한다.

정부지원액 = (10,000,000원 × 40%) + 부가보험료(12,000,000원 − 10,000,000원) × 100%
= **6,000,000원**

② **농작물재해보험 옥수수**

순보험료의 50%는 정부에서 지원하고, 부가보험료(운영비)는 전액 정부에서 지원한다.

정부지원액 = (1,600,000원 × 50%) + 부가보험료(1,800,000원 − 1,600,000원) × 100% = **1,000,000원**

③ **가축재해보험 국산 말(1필)**

보험가입금액이 4,000만원을 초과하므로, 초과금액의 70%까지 가입금액을 산정하여 보험료의 50%를 지원한다.

$$정부지원액 = (40,000,000원 + 20,000,000원 \times 70\%) \times \frac{5,000,000원}{60,000,000원} \times 50\% \fallingdotseq \mathbf{2,250,000원}$$

※ 보험료율 = 납입보험료 ÷ 보험가입금액

해설

영업보험료 = 순보험료 + 부가보험료

1. **사과의 정부지원율**

정부지원 보험료는 자기부담비율에 따라 차등 지원한다.

[자기부담비율에 따른 국고지원율]

자기부담비율	10%형	15%형	20%	30%
국고지원율	40%	40%	50%	60%

부가보험료(운영비)는 재해보험사업자가 농작물재해보험 사업의 운영 및 관리에 필요한 비용으로 전액 정부에서 지원한다.

2. 옥수수의 정부지원율

순보험료의 50%는 정부에서 지원하고, 부가보험료(운영비)는 전액 정부에서 지원한다.

3. 국산 말(1필)의 정부지원율

납입보험료 = 보험가입금액 × 보험요율

가축재해보험에 가입한 재해보험가입자의 납입보험료의 50%를 지원한다. 말은 마리당 가입금액 4,000만원 한도내 보험료의 50%를 지원하되, 4,000만원을 초과하는 경우는 초과금액의 70%까지 가입금액을 산정하여 보험료의 50%를 지원한다(외국산 경주마는 정부지원 제외).

09 종합위험보장 원예시설 상품에서 정하는 시설작물에 대하여 다음 물음에 답하시오. [15점]

물음 1) 자연재해와 조수해로 입은 손해를 보상하기 위한 3가지 경우를 서술하시오. **[9점]**

물음 2) 소손해면책금 적용에 대하여 서술하시오. **[3점]**

물음 3) 시설작물 인수제한 내용이다. (　　)에 들어갈 내용을 각각 쓰시오. **[3점]**

작물의 재배면적이 시설면적의 (①)인 경우 인수제한 한다. 다만, 시설 백합, 카네이션의 경우 시설별 (②)인 경우 인수제한 한다.

정답

물음 1) 자연재해와 조수해로 입은 손해를 보상하기 위한 3가지 경우

① 구조체 피복재 등 농업용 시설물에 직접적인 피해가 발생한 경우

② 농업용 시설물에 직접적인 피해가 발생하지 않은 자연재해로서 작물피해율이 70% 이상 발생하여 농업용 시설물내 전체 작물의 재배를 포기하는 경우

③ 기상청에서 발령하고 있는 기상특보 발령지역의 기상특보관련 재해로 인해 작물에 피해가 발생한 경우

물음 2) 소손해면책금

① 보상하는 재해로 1사고당 생산비보험금이 10만원 이하인 경우 보험금이 지급되지 않고, 소손해면책금을 초과하는 경우 손해액 전액을 보험금으로 지급한다.

② **소손해면책금** : 10만원

물음 3) (　　)에 들어갈 내용

① 50% 미만

② 200m^2 미만

작물의 재배면적이 시설면적의 (<u>**50% 미만**</u>)인 경우 인수제한 한다. 다만, 시설 백합, 카네이션의 경우 시설별 (<u>**200m^2 미만**</u>)인 경우 인수제한 한다.

10 **종합위험과수 포도에 관한 내용이다. 계약내용과 조사내용을 참조하여 다음 물음에 답하시오.** [15점]

1. 계약내용	2. 조사내용
○ 보험가입품목 : 포도, 비가림시설 ○ 특별약관 : 나무손해보장, 수확량감소추가보장 ○ 품종 : 캠밸얼리 ○ 수령 : 8년 ○ 가입주수 : 100주 ○ 평년수확량 : 1,500kg ○ 가입수확량 : 1,500kg ○ 비가림시설 가입면적 : 1,000m^2 ○ 자기부담비율 : 3년 연속가입 및 3년간 수령한 보험금이 순보험료의 50% 이하인 과수원으로 최저 자기부담비율 선택 ○ 포도 보험가입금액 : 20,000,000원 ○ 나무손해보장 보험가입금액 : 4,000,000원 ○ 비가림시설 보험가입금액 : 18,000,000원	○ 사고접수 : 2021. 08. 10. 호우, 강풍 ○ 조사일 : 2021. 08. 13. ○ 재해 : 호우 ○ 조사결과 • 실제결과주수 : 100주 • 고사된 나무 : 30주 • 수확량 : 700kg • 미보상비율 : 10% • 비가림시설 : 피해 없음

물음 1) 계약내용과 조사내용에 따라 지급 가능한 3가지 보험금에 대하여 각각 계산과정과 값을 쓰시오. [9점]

물음 2) 포도 상품 비가림시설에 대한 보험가입기준과 인수제한 내용이다. (　　)에 들어갈 내용을 각각 쓰시오. [6점]

> ○ 비가림시설 보험가입기준 : (①) 단위로 가입(구조체 + 피복재)하고 최소 가입면적은 (②)이다. 단위면적당 시설단가를 기준으로 80% ~ 130% 범위에서 가입금액 선택(10% 단위 선택)
> ○ 비가림시설 인수제한 : 비가림폭이 2.4 m ± 15%, 동고가 (③)의 범위를 벗어나는 비가림시설 (과수원의 형태 및 품종에 따라 조정)

정답

물음 1) 지급 가능한 3가지 보험금

(1) 수확감소보험금

보험금 = 보험가입금액 × (피해율 − 자기부담비율)

- 미보상감수량 = (평년수확량 − 수확량) × 미보상비율
  = (1,500kg − 700kg) × 10% = 80kg
- 피해율 = (1,500kg − 700kg − 80kg) ÷ 1,500kg = 0.48(= 48%)
- 보험금 = 20,000,000원 × (48% − 10%) = **7,600,000원**

※ **자기부담비율** : 최근 3년간 연속 보험가입 과수원으로서 3년간 수령한 보험금이 순보험료의 50% 이하인 경우에 한하여 10%형 선택 가능

(2) **나무손해보장보험금(특약)**

보험금 = 보험가입금액 × (피해율 − 자기부담비율(5%)

• 피해율 = 피해주수(고사된 나무) ÷ 실제결과주수 = 30주 ÷ 100주 = 0.3(= 30%)

• 보험금 = 4,000,000원 × (30% − 5%) = **1,000,000원**

(3) **수확량감소추가보장보험금(특약)**

보험금 = 보험가입금액 × (피해율 × 10%)

※ 피해율 = 48%

보험금 = 20,000,000원 × (48% × 10%) = **960,000원**

물음 2) (　　)에 들어갈 내용

① 단지

② 200m^2 이상

③ 3m ± 5%

• 비가림시설 보험가입기준 : (**단지**) 단위로 가입(구조체 + 피복재)하고 최소 가입면적은 (**200m^2 이상**) 이다. 단위면적당 시설단가를 기준으로 80% ~ 130% 범위에서 가입금액 선택(10% 단위 선택)

• 비가림시설 인수제한 : 비가림폭이 2.4 m ± 15%, 동고가 (**3m ± 5%**)의 범위를 벗어나는 비가림시설(과수원의 형태 및 품종에 따라 조정)

11 업무방법에서 정하는 보험사기 방지에 관한 내용이다. ( )에 들어갈 내용을 각각 쓰시오. [5점]

성립요건	○ (①) 또는 보험대상자에게 고의가 있을 것 : (①) 또는 보험대상자의 고의에 회사를 기망하여 착오에 빠뜨리는 고의와 그 착오로 인해 승낙의 의사표시를 하게 하는 것이 있음 ○ (②)행위가 있을 것 : (②)이란 허위진술을 하거나 진실을 은폐하는 것, 통상 진실이 아닌 사실을 진실이라 표시하는 행위를 말하거나 알려야 할 경우에 침묵, 진실을 은폐하는 것도 (②)행위에 해당 ○ 상대방인 회사가 착오에 빠지는 것 : 상대방인 회사가 착오에 빠지는 것에 대하여 회사의 (③) 유무는 문제되지 않음
보험사기 조치	○ 청구한 사고보험금 (④) 가능 ○ 약관에 의거하여 해당 (⑤)할 수 있음

정답

① 계약자
② 기망
③ 과실
④ 지급을 거절
⑤ 계약을 취소

해설

보험사기 방지

성립요건	• (**계약자**) 또는 보험대상자에게 고의가 있을 것 : (**계약자**) 또는 보험대상자의 고의에 회사를 기망하여 착오에 빠뜨리는 고의와 그 착오로 인해 승낙의 의사표시를 하게 하는 것이 있음 • (**기망**)행위가 있을 것 : (**기망**)이란 허위진술을 하거나 진실을 은폐하는 것, 통상 진실이 아닌 사실을 진실이라 표시하는 행위를 말하거나 알려야 할 경우에 침묵, 진실을 은폐하는 것도 (**기망**)행위에 해당 • 상대방인 회사가 착오에 빠지는 것 : 상대방인 회사가 착오에 빠지는 것에 대하여 회사의 (**과실**) 유무는 문제되지 않음
보험사기 조치	• 청구한 사고보험금 (**지급을 거절**) 가능 • 약관에 의거하여 해당 (**계약을 취소**)할 수 있음

12 업무방법에서 정하는 종합위험 수확감소보장방식 밭작물 품목의 품목별 표본구간별 수확량 조사 방법에 관한 내용이다. ( )에 들어갈 내용을 각각 쓰시오. [5점]

품 목	표본구간별 수확량조사 방법
옥수수	표본구간내 작물을 수확한 후 착립장 길이에 따라 상(①)·중(②)·하(③)로 구분한 후 해당 개수를 조사
차(茶)	표본구간 중 두 곳에 (④) 테를 두고 테 내의 수확이 완료된 새싹의 수를 세고, 남아있는 모든 새싹(1심2엽)을 따서 개수를 세고 무게를 조사
감 자	표본구간내 작물을 수확한 후 정상 감자, 병충해별 20% 이하, 21%~40% 이하, 41%~60% 이하, 61%~80% 이하, 81%~100% 이하 발병 감자로 구분하여 해당 병충해명과 무게를 조사하고, 최대 지름이 (⑤) 미만이거나 피해정도 50% 이상인 감자의 무게는 실제 무게의 50%를 조사 무게로 함

정답

① 17cm 이상
② 15cm 이상 17cm 미만
③ 15cm 미만
④ 20cm × 20cm
⑤ 5cm

해설

품목별 표본구간별 수확량조사 방법

품 목	표본구간별 수확량조사 방법
옥수수	표본구간내 작물을 수확한 후 착립장 길이에 따라 상(17cm 이상)·중(15cm 이상 17cm 미만)·하(15cm 미만)로 구분한 후 해당 개수를 조사
차(茶)	표본구간 중 두 곳에 (20cm × 20cm) 테를 두고 테 내의 수확이 완료된 새싹의 수를 세고, 남아있는 모든 새싹(1심2엽)을 따서 개수를 세고 무게를 조사
감 자	표본구간내 작물을 수확한 후 정상 감자, 병충해별 20% 이하, 21%~40% 이하, 41%~60% 이하, 61%~80% 이하, 81%~100% 이하 발병 감자로 구분하여 해당 병충해명과 무게를 조사하고, 최대 지름이 (5cm) 미만이거나 피해정도 50% 이상인 감자의 무게는 실제 무게의 50%를 조사 무게로 함

13 적과전 종합위험방식(Ⅱ) 사과 품목에서 적과후착과수조사를 실시하고자 한다. 과수원의 현황(품종, 재배방식, 수령, 주수)이 다음과 같이 확인되었을 때 ①, ②, ③, ④에 대해서는 계산과정과 값을 쓰고, ⑤에 대해서는 산정식을 쓰시오(단, 적정표본주수 최솟값은 소수점 첫째자리에서 올림하여 다음 예시와 같이 구하시오. 예시 : 10.2 → 11로 기재). [5점]

○ 과수원의 현황

품 종	재배방식	수 령	실제결과주수	고사주수
스가루	반밀식	10	620	10
후 지	밀 식	5	60	30

○ 적과후착과수 적정표본주수

품 종	재배방식	수 령	조사대상주수	적정표본주수	적정표본주수 산정식
스가루	반밀식	10	(①)	(③)	(⑤)
후 지	밀 식	5	(②)	(④)	–

정답

① 조사대상주수
= 품종·재배방식·수령별 실제결과주수 – 미보상주수 – 고사주수 – 수확불능주수
= 620주 – 10주 = **610주**

② 조사대상주수 = 60주 – 30주 = **30주**

③ 적정표본주수
= 표본주수 × (품종·재배방식·수령별 조사대상주수 ÷ 조사대상주수 합계)
= 13주 × (610주 ÷ 640주) = 12.39주 ⇒ **13주**
※ 조사대상주수 600주 이상~700주 미만의 표본주수는 13주이다.

④ 적정표본주수 = 13주 × (30주 ÷ 640주) = 0.6주 ⇒ **1주**

⑤ 적정표본주수 산정
= 전체 표본주수 × (품종·재배방식·수령별 조사대상주수 ÷ 조사대상주수 합계)

해설

(1) 조사대상주수 산정

품종·재배방식·수령별 실제결과주수 – 미보상주수 – 고사주수 – 수확불능주수

(2) 적정표본주수 산정

전체 표본주수 × (품종·재배방식·수령별 조사대상주수 ÷ 조사대상주수 합계)

[표본주수표(사과)]

조사대상주수	표본주수	조사대상주수	표본주수
50주 미만	5	50주 이상 100주 미만	6
100주 이상 150주 미만	7	150주 이상 200주 미만	8
200주 이상 300주 미만	9	300주 이상 400주 미만	10
400주 이상 500주 미만	11	500주 이상 600주 미만	12
600주 이상 700주 미만	13	700주 이상 800주 미만	14
800주 이상 900주 미만	15	900주 이상 1,000주 미만	16
1,000주 이상	17		

14 종합위험 수확감소보장방식 논작물 관련 내용이다. 계약사항과 조사내용을 참조하여 피해율의 계산과정과 값을 쓰시오. [5점]

○ 계약사항

품 목	가입면적	평년수확량	표준수확량
벼	2,500m^2	6,000kg	5,000kg

○ 조사내용

조사종류	조사수확비율	피해정도	피해면적비율	미보상비율
수확량조사 (수량요소조사)	70%	경 미	10% 이상 30% 미만	10%

정답

- 수확량 = 표준수확량 × 조사수확비율 × 피해면적 보정계수
  = 5,000kg × 70% × 1.1 = **3,850kg**
  ※ 피해면적 보정계수 = 1.1
- 미보상감수량 = (평년수확량 − 수확량) × 미보상비율
  = (6,000kg − 3,850kg) × 10% = **215kg**
- 피해율 = (평년수확량 − 수확량 − 미보상감수량) ÷ 평년수확량
  = (6,000kg − 3,850kg − 215kg) ÷ 6,000kg = 0.3225(= **32.25%**)

해설

피해율 산정방법

- 피해율 = (평년수확량 − 수확량 − 미보상감수량) ÷ 평년수확량
  (단, 병해충 단독사고일 경우 병해충 최대인정피해율 적용)
- 수확량 = 표준수확량 × 조사수확비율 × 피해면적 보정계수
- 미보상감수량 = (평년수확량 − 수확량) × 미보상비율

[피해면적 보정계수]

피해정도	피해면적비율	보정계수
매우경미	10% 미만	1.2
경 미	10% 이상 30% 미만	1.1
보 통	30% 이상	1

15 업무방법에서 정하는 가축재해보험 구상권의 의의 및 발생유형에 관한 내용이다. (　　)에 들어갈 용어를 각각 쓰시오. [5점]

의 의	구상권이라 함은 보험금 지급 후 피보험자가 제3자(타인)에게 가지는 손해배상청구권을 (①) 취득하여 그 타인에 대하여 가지는 (②)의 권리를 말한다.
발생 유형	○ 생산물(제조물)의 (③)(으)로 인한 화재 ○ (④)에 대하여 선 보상처리 후 타 보험사에 분담금 청구 ○ 무보험차량에 의한 (⑤)

정답

① 대위
② 반환청구
③ 결함
④ 중복보험
⑤ 타차일방과실

해설

구상권

의 의	구상권이라 함은 보험금 지급 후 피보험자가 제3자(타인)에게 가지는 손해배상청구권을 (**대위**) 취득하여 그 타인에 대하여 가지는 (**반환청구**)의 권리를 말한다.
발생 유형	• 생산물(제조물)의 (**결함**)(으)로 인한 화재 • (**중복보험**)에 대하여 선 보상처리 후 타 보험사에 분담금 청구 • 무보험차량에 의한 (**타차일방과실**)

16 농업수입감소보장방식 콩에 관한 내용이다. 계약사항과 수확량 조사내용을 참조하여 다음 물음에 답하시오. [15점]

○ 계약사항

보험가입금액	자기부담비율	가입면적	평년수확량	농지별 기준가격
10,000,000원	20%	10,000m^2	2,000kg	5,000원/kg

○ 수확량 조사내용

[면적조사]

실제경작면적	수확불능면적	기수확면적
10,000m^2	1,000m^2	2,000m^2

[표본조사]

표본구간 면적	종실중량	함수율
10m^2	2kg	22.6%

[미보상비율] : 10%

※ 수확기가격은 4,500원/kg임

물음 1) 수확량의 계산과정과 값을 쓰시오. [5점]

물음 2) 피해율의 계산과정과 값을 쓰시오. [5점]

물음 3) 농업수입감소보험금의 계산과정과 값을 쓰시오. [5점]

정답

물음 1) 수확량

• 표본구간 단위면적당 수확량 = 표본구간 수확량 합계 ÷ 표본구간 면적
= 1.8kg ÷ 10m^2 = 0.18kg/m^2

※ 표본구간 수확량 합계
= 표본구간별 종실중량 합계 × {(1 − 함수율) ÷ (1 − 기준함수율)}
= 2kg × {(1 − 22.6%) ÷ (1 − 14%)} = 1.8kg

※ 기준함수율 : 콩(14%)

• 조사대상면적 = 실제경작면적 − 고사면적(수확불능면적) − 타작물 및 미보상면적 − 기수확면적
= 10,000m^2 − 1,000m^2 − 0m^2 − 2,000m^2 = 7,000m^2

• 단위면적당 평년수확량 = 평년수확량 ÷ 실제경작면적
= 2,000kg ÷ 10,000m^2 = 0.2kg/m^2

• 수확량(표본조사) = (표본구간 단위면적당 수확량 × 조사대상면적) + {단위면적당 평년수확량 × (타작물 및 미보상면적 + 기수확면적)}
= (0.18kg/m^2 × 7,000m^2) + {(0.2kg/m^2 × (0m^2 + 2,000m^2)}
= 1,260kg + 400kg = **1,660kg**

손해평가사 2차 2021년 제7회

물음 2) 피해율

• 미보상감수량 = (평년수확량 − 수확량) × 미보상비율
= (2,000kg − 1,660kg) × 10% = **34kg**

• 피해율 = (기준수입 − 실제수입) ÷ 기준수입
= (10,000,000원 − 7,623,000원) ÷ 10,000,000원
= 0.2377(= **23.77%**)

※ 기준수입 = 평년수확량 × 농지별 기준가격
= 2,000kg × 5,000원/kg = 10,000,000원

※ 실제수입 = (수확량 + 미보상감수량) × 최솟값(농지별 기준가격, 농지별 수확기가격)
= (1,660kg + 34kg) × 최솟값(5,000원/kg, 4,500원/kg)
= 1,694kg × 4,500원/kg = 7,623,000원

물음 3) 농업수입감소보험금

농업수입감소보험금 = 보험가입금액 × (피해율 − 자기부담비율)
= 10,000,000원 × (23.77% − 20%) = **377,000원**

해설

(1) 수확량

수확량(표본조사) = (표본구간 단위면적당 수확량 × 조사대상면적) + {단위면적당 평년수확량 × (타작물 및 미보상면적 + 기수확면적)}

① 표본구간 단위면적당 수확량 = 표본구간 수확량 합계 ÷ 표본구간 면적
• 표본구간 수확량 합계 = 표본구간별 종실중량 합계 × {(1 − 함수율) ÷ (1 − 기준함수율)}
• 기준함수율 : 콩(14%)

② 조사대상면적 = 실제경작면적 − 고사면적 − 타작물 및 미보상면적 − 기수확면적

③ 단위면적당 평년수확량 = 평년수확량 ÷ 실제경작면적

(2) 피해율

① 피해율 = (기준수입 − 실제수입) ÷ 기준수입

② 기준수입 = 평년수확량 × 농지별 기준가격

③ 실제수입 = (수확량 + 미보상감수량) × 최솟값(농지별 기준가격, 농지별 수확기가격)
※ 미보상감수량 = (평년수확량 − 수확량) × 미보상비율

(3) 농업수입감소보험금 산정

농업수입감소보험금 = 보험가입금액 × (피해율 − 자기부담비율)

17 종합위험방식 원예시설 · 버섯 품목에 관한 내용이다. 각 내용을 참조하여 다음 물음에 답하시오. [15점]

○ 표고버섯(원목재배)

표본원목의 전체면적	표본원목의 피해면적	재배원목(본)수	피해원목(본)수	원목(본)당 보장생산비
40m^2	20m^2	2,000개	400개	7,000원

○ 표고버섯(톱밥배지재배)

준비기생산비계수	피해배지(봉)수	재배배지(봉)수	손해정도비율
82.2%	500개	2,000개	50%

배지(봉)당 보장생산비	생장일수	비 고
2,800원	45일	수확기 이전 사고임

○ 느타리버섯(균상재배)

준비기생산비계수	피해면적	재배면적	손해정도비율
74.5%	500m^2	2,000m^2	55%

단위면적당 보장생산비	생장일수	비 고
16,400원	14일	수확기 이전 사고임

물음 1) 표고버섯(원목재배) 생산비보장보험금의 계산과정과 값을 쓰시오. [5점]
물음 2) 표고버섯(톱밥배지재배) 생산비보장보험금의 계산과정과 값을 쓰시오. [5점]
물음 3) 느타리버섯(균상재배) 생산비보장보험금의 계산과정과 값을 쓰시오. [5점]

정답

물음 1) 표고버섯(원목재배) 생산비보장보험금

- 피해비율 = 피해원목(본)수 ÷ 재배원목(본)수
  = 400개 ÷ 2,000개 = 0.2(= **20%**)
- 손해정도비율 = (표본원목의 피해면적 ÷ 표본원목의 전체면적)
  = (20m^2 ÷ 40m^2) = 0.5(= **50%**)
- 피해율 = 피해비율 × 손해정도비율 = 20% × 50% = **10%**
- 생산비보장보험금 = 재배원목(본)수 × 원목(본)당 보장생산비 × 피해율
  = 2,000개 × 7,000원/개 × 10% = **1,400,000원**

물음 2) 표고버섯(톱밥배지재배) 생산비보장보험금

- 경과비율 = α + (1 − α) × (생장일수 ÷ 표준생장일수)
  = 82.2% + (1 − 82.2%) × (45일 ÷ 90일)
  = **91.1%**

  ※ 준비기생산비계수 = 82.2%
  ※ 표준생장일수 = 90일
- 피해율 = 피해비율 × 손해정도비율
  = 25% × 50% = 0.125(= **12.5%**)

※ 피해비율 = 피해배지(봉)수 ÷ 재배배지(봉)수
= 500개 ÷ 2,000개 = 0.25(= 25%)

• 생산비보장보험금 = 재배배지(봉)수 × 배지(봉)당 보장생산비 × 경과비율 × 피해율
= 2,000개 × 2,800원/개 × 91.1% × 12.5%
= **637,700원**

물음 3) 느타리버섯(균상재배) 생산비보장보험금

• 경과비율 = α + (1 − α) × (생장일수 ÷ 표준생장일수)
= 74.5% + (1 − 74.5%) × (14일 ÷ 28일)
= **87.25%**

※ 준비기생산비계수 = 74.5%
※ 표준생장일수 = 28일

• 피해율 = 피해비율 × 손해정도비율
= 25% × 60% = 0.15(= **15%**)

※ 피해비율 = 피해면적 ÷ 재배면적
= 500m^2 ÷ 2,000m^2 = 0.25(= 25%)
※ 손해정도가 55%이므로 손해정도비율은 60%이다.

• 생산비보장보험금 = 재배면적 × 단위면적당 보장생산비 × 경과비율 × 피해율
= 2,000m^2 × 16,400원/m^2 × 87.25% × 15%
= **4,292,700원**

해설

(1) 표고버섯(원목재배) 생산비보장보험금

① 생산비보장보험금 = 재배원목(본)수 × 원목(본)당 보장생산비 × 피해율
② 피해율 = 피해비율 × 손해정도비율
• 피해비율 = 피해원목(본)수 ÷ 재배원목(본)수
• 손해정도비율 = (표본원목의 피해면적 ÷ 표본원목의 전체면적)

(2) 표고버섯(톱밥배지재배) 생산비보장보험금

① 생산비보장보험금 = 재배배지(봉)수 × 배지(봉)당 보장생산비 × 경과비율 × 피해율
② 경과비율(수확기 이전 사고)
• 경과비율 = α + (1 − α) × (생장일수 ÷ 표준생장일수)
• 준비기생산비계수 = α
※ 표고버섯(톱밥배지재배) = 82.2%
※ 느타리버섯(균상재배) = 74.5%
③ 피해율 = 피해비율 × 손해정도비율
※ 피해비율 = 피해배지(봉)수 ÷ 재배배지(봉)수

[버섯종류별 표준생장일수]

품 목	품 종	표준생장일수
표고버섯(톱밥배지재배)	전 체	90일
느타리버섯(균상재배)	전 체	28일

(3) 느타리버섯(균상재배) 생산비보장보험금

① 생산비보장보험금 = 재배면적 × 단위면적당 보장생산비 × 경과비율 × 피해율

② 피해율 = 피해비율 × 손해정도비율

※ 피해비율 = 피해면적 ÷ 재배면적

[느타리버섯(균상재배)의 손해정도비율]

손해정도	1~20%	21~40%	41~60%	61~80%	81~100%
손해정도비율	20%	40%	60%	80%	100%

18 과실손해조사(감귤)에 관한 내용이다. 다음 물음에 답하시오. [15점]

○ 계약사항

보험가입금액	가입면적	자기부담비율
25,000,000원	4,800m²	10%

○ 표본주 조사내용(단위 : 개)

구 분	정상 과실수	30%형 피해과실수	50%형 피해과실수	80%형 피해과실수	100%형 피해과실수	보상하지 않는 손해(병해충)로 인한 과실수
등급내	690	80	120	120	60	60
등급외	360	110	130	90	140	40

※ 수확전 사고조사는 실시하지 않았음

○ 표본조사 방법

표본조사

1) 표본주 선정 : 농지별 가입면적을 기준으로 품목별 표본주수표(별표 1-4)에 따라 농지별 전체 표본주수를 과수원에 고루 분포되도록 선정한다(단, 필요하다고 인정되는 경우 표본주수를 줄일 수도 있으나 최소 (①)주 이상 선정한다).

2) 표본주 조사

가) 선정한 표본주에 리본을 묶고 주지별(원가지) 아주지(버금가지) (②)개를 수확한다.

물음 1) 위의 계약사항 및 표본주 조사내용을 참조하여 과실손해 피해율의 계산과정과 값을 쓰시오. [7점]

물음 2) 위의 계약사항 및 표본주 조사내용을 참조하여 과실손해보험금의 계산과정과 값을 쓰시오. [6점]

물음 3) 위의 표본조사 방법에서 (   )에 들어갈 내용을 각각 쓰시오. [2점]

정답

물음 1)과 물음 2) 전원 정답 처리

〈한국산업인력공단 답변〉
과실손해조사(감귤) 표본주 조사시 만감류는 등급외 과실을 구분하지 않지만, 온주밀감은 등급외 과실을 구분하므로, 물음 1)과 물음 2)는 온주밀감으로 보고 풀이하여야 한다. 그러나 등급외 과실은 등급내 과실과 달리 정상과실을 구분하지 않고, 선정된 과실 중 보상하지 않는 손해(병충해 등)에 해당하는 경우 정상과실로 구분하는데, 문제 지문의 "등급외"에서는 정상과실수와 보상하지 않는 손해(병해충)로 인한 과실수를 각각 구분하고 있다. 따라서 업무방법서 표본주 조사방법과 다르고, 이에 근거한 과실손해 피해율과 과실손해보험금의 산정을 요구하고 있는 물음 1)과 물음 2)에 대해 전원 정답 처리하였다.

물음 1) 과실손해 피해율

- 기준 과실수 = 모든 표본주의 과실수 총 합계(= **2,000개**)
- 등급내 피해과실수
  = (등급내 30%형 과실수 합계 × 0.3) + (등급내 50%형 과실수 합계 × 0.5) + (등급내 80%형 과실수 합계 × 0.8) + (등급내 100%형 과실수 합계 × 1)
  = (80개 × 0.3) + (120개 × 0.5) + (120개 × 0.8) + (60개 × 1)
  = **240개**
- 등급외 피해과실수
  = (등급외 30%형 과실수 합계 × 0.3) + (등급외 50%형 과실수 합계 × 0.5) + (등급외 80%형 과실수 합계 × 0.8) + (등급외 100%형 과실수 합계 × 1)
  = (110개 × 0.3) + (130개 × 0.5) + (90개 × 0.8) + (140개 × 1)
  = **310개**
  ※ 등급외 과실은 30%형 피해과실, 50%형 피해과실, 80%형 피해과실, 100%형 피해과실로 구분한 후, 인정비율(50%)을 적용하여 등급외 피해과실수를 산정한다. 또한 선정된 과실 중 보상하지 않는 손해(병충해 등)에 해당하는 경우 정상과실로 구분한다.
  그런데 문제 지문의 "등급외"에서는 정상과실수와 보상하지 않는 손해(병해충)로 인한 과실수를 각각 구분하고 있기 때문에 문제 오류이다.
- 과실손해 피해율
  = {(등급내 피해과실수 + 등급외 피해과실수 × 50%) / 기준과실수} × (1 − 미보상비율)
  = {(240개 + 310개 × 50%) / 2,000개} × (1 − 0)
  = 0.1975(= **19.75%**)

물음 2) 과실손해보험금

- 손해액 = 보험가입금액 × 피해율 = 25,000,000원 × 0.1975 = **4,937,500원**
- 자기부담금 = 보험가입금액 × 자기부담비율 = 25,000,000원 × 10% = **2,500,000원**
- 과실손해보험금 = 손해액 − 자기부담금 = 4,937,500원 − 2,500,000원 = **2,437,500원**

물음 3) (　　)에 들어갈 내용

① 2
② 1~3

해설

(1) **과실손해 피해율**

과실손해 피해율 = {(등급내 피해과실수 + 등급외 피해과실수 × 50%) / 기준과실수} × (1 − 미보상비율)

※ 피해인정 과실수 = 등급내 피해과실수 + (등급외 피해과실수 × 50%)

• 등급내 피해과실수 = (등급내 30%형 과실수 합계 × 0.3) + (등급내 50%형 과실수 합계 × 0.5) + (등급내 80%형 과실수 합계 × 0.8) + (등급내 100%형 과실수 합계 × 1)

• 등급외 피해과실수 = (등급외 30%형 과실수 합계 × 0.3) + (등급외 50%형 과실수 합계 × 0.5) + (등급외 80%형 과실수 합계 × 0.8) + (등급외 100%형 과실수 합계 × 1)

※ 기준과실수 : 모든 표본주의 과실수 총 합계

(2) **과실손해보험금**

과실손해보험금 = 손해액 − 자기부담금

※ 손해액 = 보험가입금액 × 피해율

※ 자기부담금 = 보험가입금액 × 자기부담비율

(3) **표본조사**

1) **표본주 선정** : 농지별 가입면적을 기준으로 품목별 표본주수표(별표 1-4)에 따라 농지별 전체 표본주수를 과수원에 고루 분포되도록 선정한다(단, 필요하다고 인정되는 경우 표본주수를 줄일 수도 있으나 최소 (2)주 이상 선정한다).

2) **표본주 조사**

가) 선정한 표본주에 리본을 묶고 주지별(원가지) 아주지(버금가지) (1~3)개를 수확한다.

19 특정위험방식 인삼에 관한 내용이다. 계약사항과 조사내용을 참조하여 다음 물음에 답하시오. [15점]

○ 계약사항

인삼 가입금액	경작 칸수	연 근	기준수확량 (5년근 표준)	자기부담 비율	해가림시설 가입금액	해가림시설 보험가액
120,000,000원	500칸	5년	0.73kg	20%	20,000,000원	25,000,000원

○ 조사내용

사고원인	피해칸	표본칸	표본수확량	지주목간격	두둑폭	고랑폭
화 재	350칸	10칸	9.636kg	3m	1.5m	0.7m

해가림시설 피해액	잔존물제거비용	손해방지비용	대위권보전비용
5,000,000원	300,000원	300,000원	200,000원

물음 1) 인삼 피해율의 계산과정과 값을 쓰시오. [5점]

물음 2) 인삼 보험금의 계산과정과 값을 쓰시오. [5점]

물음 3) 해가림시설 보험금(비용 포함)의 계산과정과 값을 쓰시오. [5점]

정답

물음 1) 인삼 피해율

- 피해면적 = 피해칸수(= 350칸)
- 재배면적 = 실제경작칸수(= 500칸)
- 표본칸 면적 = 표본칸 수 × 지주목간격 × (두둑폭 + 고랑폭)
  = 10 × 3m × (1.5m + 0.7m) = **66m²**
- 단위면적당 조사수확량 = 표본수확량 합계 ÷ 표본칸 면적
  = 9.636kg ÷ 66m² = **0.146kg/m²**
- 단위면적당 미보상감수량 = (기준수확량 − 단위면적당 조사수확량) × 미보상비율 = 0
- 수확량 = 단위면적당 조사수확량 + 단위면적당 미보상감수량
  = 0.146kg/m² + 0 = **0.146kg/m²**
- 피해율 = $\left(1-\frac{\text{수확량}}{\text{연근별 기준수확량}}\right) \times \frac{\text{피해면적}}{\text{재배면적}}$

  $= \left(1-\frac{0.146\text{kg/m}^2}{0.73\text{kg.m}^2}\right) \times \frac{350\text{칸}}{500\text{칸}}$ = 0.56(= **56%**)

물음 2) 인삼 보험금

인삼 보험금 = 보험가입금액 × (피해율 − 자기부담비율)
= 120,000,000원 × (56% − 20%) = **43,200,000원**

물음 3) 해가림시설 보험금(비용 포함)

보험가입금액이 보험가액보다 작을 경우에는 보험가입금액을 한도로 다음과 같이 비례보상한다.

해가림시설 보험금 = (손해액 − 자기부담금) × (보험가입금액 ÷ 보험가액)

- **손해액** : 산출된 피해액에 대하여 감가상각을 적용하여 손해액을 산정한다. 다만, 피해액이 보험가액의 20% 이하인 경우에는 감가를 적용하지 않는다. 즉
  피해액(= 5,000,000원) ≤ 보험가액의 20%(= 25,000,000원 × 0.2 = 5,000,000원)이므로,
  손해액 = **5,000,000원**
- **자기부담금** : 최소 자기부담금(10만원)과 최대 자기부담금(100만원)을 한도로 손해액의 10%이므로,
  5,000,000원 × 0.1 = **500,000원**
- 해가림시설 보험금 = (5,000,000원 − 500,000원) × (20,000,000원 ÷ 25,000,000원)
  = **3,600,000원** ······································ ①
- **잔존물제거비용** : 손해액의 10%(500,000원)를 초과할 수 없으므로,
  잔존물제거비용 = **300,000원** ······································ ②
- **손해방지비용** : 보험가입금액을 초과하는 경우에도 지급하지만, 손해방지비용은 농지당 20만원을 초과할 수 없다.
  손해방지비용 = **200,000원** ······································ ③
- **대위권보전비용** : 보험가입금액을 초과하는 경우에도 지급한다.
  대위권보전비용 = **200,000원** ······································ ④
- **해가림시설 보험금(비용 포함)**
  = ① + ② + ③ + ④
  = 3,600,000원 + 300,000원 + 200,000원 + 200,000원 = **4,300,000원**

※ 비용 등(잔존물제거비용, 손해방지비용, 대위권보전비용)에 대해 비례보상을 적용하지 않고 보험금을 계산함

해설

(1) 인삼 피해율

① 피해율 = $\left(1-\dfrac{\text{수확량}}{\text{연근별 기준수확량}}\right)\times\dfrac{\text{피해면적}}{\text{재배면적}}$

② 수확량 = 단위면적당 조사수확량 + 단위면적당 미보상감수량
- 단위면적당 조사수확량 = 표본수확량 합계 ÷ 표본칸 면적
- 표본칸 면적 = 표본칸 수 × 지주목간격 × (두둑폭 + 고랑폭)
- 단위면적당 미보상감수량 = (기준수확량 − 단위면적당 조사수확량) × 미보상비율

③ 피해면적 = 피해칸수

④ 재배면적 = 실제경작칸수

(2) 인삼 보험금

인삼 보험금 = 보험가입금액 × (피해율 − 자기부담비율)

(3) 해가림시설 보험금(비용 포함)

① 해가림시설 보험금은 보험가입금액을 한도로 손해액에서 자기부담금액을 차감하여 산정한다. 단, 보험가입금액이 보험가액보다 클 때에는 보험가액을 한도로 한다.
- 보험가입금액이 보험가액보다 작을 경우에는 보험가입금액을 한도로 다음과 같이 비례보상한다.

(손해액 − 자기부담금) × (보험가입금액 ÷ 보험가액)

- 손해액은 산출된 피해액에 대하여 감가상각을 적용하여 산정한다. 다만, 피해액이 보험가액의 20% 이하인 경우에는 감가를 적용하지 않고, 피해액이 보험가액의 20%를 초과하면서 감가 후 피해액이 보험가액의 20% 미만인 경우에는 보험가액의 20%를 손해액으로 산출한다.
- 자기부담금은 최소 자기부담금(10만원)과 최대 자기부담금(100만원)을 한도로 손해액의 10%에 해당하는 금액을 적용한다.

② 해가림시설 보험금과 잔존물제거비용의 합은 보험가입금액을 한도로 한다. 단, 잔존물제거비용은 손해액의 10%를 초과할 수 없다.

③ 손해방지비용, 대위권보전비용, 잔존물보전비용, 기타 협력비용은 보험가입금액을 초과하는 경우에도 지급한다. 단, 손해방지비용은 농지당 20만원을 초과할 수 없다.

20 계약사항과 조사내용을 참조하여 다음 물음에 답하시오. [15점]

○ 계약사항

상품명	특약 및 주요사항	평년착과수	가입과중
적과전 종합위험방식(Ⅱ) 배 품목	• 나무손해보장 특약 • 착과감소 50% 선택	100,000개	450g

가입가격	가입주수	자기부담률	
1,200원/kg	750주	과 실	10%
		나 무	5%

※ 나무손해보장특약의 보험가입금액은 1주당 10만원 적용

○ 조사내용

<table>
<tr><th>구 분</th><th>재해
종류</th><th>사고
일자</th><th>조사
일자</th><th>조사내용</th></tr>
<tr><td>계약일
24시
~
적과전</td><td>우 박</td><td>5월
30일</td><td>5월
31일</td><td>〈피해사실확인조사〉
• 피해발생 인정
• 미보상비율 : 0%</td></tr>
<tr><td>적과후
착과수
조사</td><td>-</td><td></td><td>6월
10일</td><td>〈적과후착과수조사〉
<table>
<tr><th>품 종</th><th>실제결과주수</th><th>조사대상주수</th><th>표본주
1주당 착과수</th></tr>
<tr><td>화 산</td><td>390주</td><td>390주</td><td>60개</td></tr>
<tr><td>신 고</td><td>360주</td><td>360주</td><td>90개</td></tr>
</table>
※ 화산, 신고는 배의 품종임</td></tr>
<tr><td rowspan="3">적과
종료
이후</td><td>태 풍</td><td>9월
1일</td><td>9월
2일</td><td>〈낙과피해조사〉
• 총낙과수 : 4,000개(전수조사)
<table>
<tr><th>피해과실구성</th><th>정 상</th><th>50%</th><th>80%</th><th>100%</th></tr>
<tr><td>과실수(개)</td><td>1,000</td><td>0</td><td>2,000</td><td>1,000</td></tr>
</table></td></tr>
<tr><td>조수해</td><td>9월
18일</td><td>9월
20일</td><td>〈나무피해조사〉
• 화산 30주, 신고 30주 조수해로 고사</td></tr>
<tr><td>우 박</td><td>5월
30일</td><td>10월
1일</td><td>〈착과피해조사〉
<table>
<tr><th>피해과실구성</th><th>정 상</th><th>50%</th><th>80%</th><th>100%</th></tr>
<tr><td>과실수(개)</td><td>50</td><td>10</td><td>20</td><td>20</td></tr>
</table></td></tr>
</table>

※ 적과 이후 자연낙과 등은 감안하지 않으며, 무피해나무의 평균착과수는 적과후착과수의 1주당 평균착과수와 동일한 것으로 본다.

물음 1) 착과감소보험금의 계산과정과 값을 쓰시오. [5점]

물음 2) 과실손해보험금의 계산과정과 값을 쓰시오. [5점]

물음 3) 나무손해보험금의 계산과정과 값을 쓰시오. [5점]

정답

물음 1) 착과감소보험금

① 적과후착과수 = 품종별 표본주 1주당 착과수 × 조사대상주수
= (390주 × 60개/주) + (360주 × 90개/주) = **55,800개**

② 착과감소과실수 = 최솟값(평년착과수 − 적과후착과수, 최대인정감소과실수)
= (100,000개 − 55,800개) = **44,200개**

③ 착과감소량 = 착과감소과실수 × 가입과중
= 44,200개 × 0.45kg/개 = **19,890kg**

④ 기준착과수 = 적과후착과수 + 착과감소과실수
= 55,800개 + 44,200개 = **100,000개**

⑤ 기준수확량 = 기준착과수 × 가입과중
= 100,000개 × 0.45kg/개 = **45,000kg**

⑥ 자기부담감수량 = 기준수확량 × 자기부담비율
= 45,000kg × 10% = **4,500kg**

⑦ 착과감소보험금
= (착과감소량 − 미보상감수량 − 자기부담감수량) × 가입가격 × (50%)
= (19,890kg − 0kg − 4,500kg) × 1,200원/kg × 0.5
= **9,234,000원**

물음 2) 과실손해보험금

① **누적감수과실수**

㉠ 적과종료 이전 자연재해(우박)로 인한 적과종료 이후 착과손해 : 적과후착과수가 평년착과수의 60% 미만인 경우
감수과실수 = 적과후착과수 × 5% = 55,800개 × 5% = **2,790개**

㉡ 태풍낙과피해(전수조사)
총 낙과과실수 × (낙과피해구성률 − max A) × 1.07
= 4,000개 × (0.65 − 0.05) × 1.07 = **2,568개**
※ 낙과피해구성률

$$= \frac{(100\%형\ 피해과실수 \times 1) + (80\%형\ 피해과실수 \times 0.8) + (50\%형\ 피해과실수 \times 0.5)}{100\%형\ 피해과실수 + 80\%형\ 피해과실수 + 50\%형\ 피해과실수 + 정상과실수}$$

$$= \frac{(1{,}000 \times 1) + (2{,}000 \times 0.8) + (0 \times 0.5)}{1{,}000 + 2{,}000 + 0 + 1{,}000} = 0.65$$

※ max A : 금차 사고전 기조사된 착과피해구성률 또는 인정피해율 중 최댓값(= 5% = 0.05)

㉢ 조수해 나무피해 : 미보상
화산 30주, 신고 30주 조수해로 고사하였으므로,
(30주 × 60개/주) + (30주 × 90개/주) = **4,500개**

㉣ 우박 착과피해
사고 당시 착과과실수 × (착과피해구성률 − max A)
= 47,300개 × (0.41 − 0.05) = **17,028개**
※ 사고 당시 착과과실수
= 적과후착과수 − 총 낙과과실수 − 총 적과종료 후 나무피해과실수 − 총 기수확과실수
= 55,800개 − 4,000개 − 4,500개 − 0 = 47,300개

$$※\ 착과피해구성률 = \frac{(20 \times 1) + (20 \times 0.8) + (10 \times 0.5)}{50 + 10 + 20 + 20} = \mathbf{0.41}$$

※ max A : 금차 사고전 기조사된 착과피해구성률 중 최댓값(= 0.05)

㉤ 누적감수과실수 = 2,790개 + 2,568개 + 0개 + 17,028개 = **22,386개**

② 적과종료 이후 감수량 = 누적감수과실수 × 가입과중
= 22,386개 × 0.45kg/개 = 10,073.7kg

③ **미보상감수량** : 감수량에서 제외된다.

④ **자기부담감수량** : 0kg
자기부담감수량
= (기준수확량 × 자기부담비율) − (착과감소량 − 적과종료 이전에 산정된 미보상감수량)
= (45,000kg × 0.1) − (19,890kg − 0kg) < 0이므로, **0kg**이다.

⑤ **과실손해보험금**
과실손해보험금
= (적과종료 이후 누적감수량 − 미보상감수량 − 자기부담감수량) × 가입가격

= (10,073.7kg − 0kg − 0kg) × 1,200원/kg
= **12,088,440원**

물음 3) 나무손해보험금

① 실제결과주수 = 390주 + 360주 = **750주**
② 피해율 = 피해주수(고사된 나무) ÷ 실제결과주수
= (30주 + 30주) ÷ 750주 = 0.08(= **8%**)
③ 자기부담비율 = **5%**(약관)
④ 지급보험금 = 보험가입금액 × (피해율 − 자기부담비율)
= (750주 × 100,000원/주) × (8% − 5%) = **2,250,000원**
※ 나무손해보장특약의 보험가입금액은 1주당 100,000원을 적용한다.

해설

(1) 착과감소보험금

지급보험금은 착과감소량이 자기부담감수량을 초과하는 경우 아래에 따라 계산한다.

① **보험금 = (착과감소량 − 미보상감수량 − 자기부담감수량) × 가입가격 × (50%, 70%)**
② **착과감소량** : 착과감소량은 산출된 착과감소과실수에 가입과중을 곱하여 산출한다.
- 착과감소과실수 = 최솟값(평년착과수 − 적과후착과수, 최대인정감소과실수)
- 적과후착과수 = 품종별 표본주 1주당 착과수 × 조사대상주수

③ **미보상감수량** : 보상하는 재해 이외의 원인으로 감소되었다고 평가되는 부분을 말하며, 계약 당시 이미 발생한 피해, 병해충으로 인한 피해 및 제초상태불량 등으로 인한 수확감소량으로 감수량에서 제외된다.
④ **자기부담감수량** : 기준수확량에 자기부담비율을 곱한 양으로 한다.
- 기준착과수 = 적과후착과수 + 착과감소과실수
- 기준수확량 = 기준착과수 × 가입과중

⑤ **가입가격** : 보험에 가입할 때 결정한 과실의 kg당 평균가격을 말한다.

(2) 과실손해보험금

지급보험금은 적과종료 이후 누적감수량이 자기부담감수량을 초과하는 경우, 아래에 따라 계산한다.

① **보험금 = (적과종료 이후 누적감수량 − 미보상감수량 − 자기부담감수량) × 가입가격**
② **적과종료 이후 누적감수량**
- 적과종료 이전 자연재해로 인한 적과종료 이후 착과손해 : 적과후착과수가 평년착과수의 60% 미만인 경우, 감수과실수 = 적과후착과수 × 5%
- 적과종료 이후 감수량 = 누적감수과실수 × 가입과중

③ **미보상감수량** : 보상하는 재해 이외의 원인으로 감소되었다고 평가되는 부분을 말하며, 계약 당시 이미 발생한 피해, 병해충으로 인한 피해 및 제초상태불량 등으로 인한 수확감소량으로 감수량에서 제외된다.
④ **자기부담감수량** : 기준수확량에 자기부담비율을 곱한 양으로 한다. 다만, 산출된 착과감소량이 존재하는 경우에는 착과감소량에서 적과종료 이전에 산정된 미보상감수량을 뺀 값을 자기부담감수량에서 제외한다. 이때 자기부담감수량은 0보다 작을 수 없다.
⑤ **가입가격** : 보험에 가입할 때 결정한 과실의 kg당 평균가격을 말한다.

(3) 나무손해보험금

① 지급보험금은 보험가입금액에 피해율에서 자기부담비율을 차감한 값을 곱하여 산정하며, 피해율은 피해주수(고사된 나무)를 실제결과주수로 나눈 값으로 한다.
- 지급보험금 = 보험가입금액 × (피해율 − 자기부담비율)
- 피해율 = 피해주수(고사된 나무) ÷ 실제결과주수

② 자기부담비율은 가입한 약관에 따르다(5%).

부 록

관계법령

01 보험계약법(상법 제4편 보험)

[시행 2020.12.29.] [법률 제17365호, 2020.12.29., 일부개정]

제1장 통 칙

제638조(보험계약의 의의) 보험계약은 당사자 일방이 약정한 보험료를 지급하고 재산 또는 생명이나 신체에 불확정한 사고가 발생할 경우에 상대방이 일정한 보험금이나 그 밖의 급여를 지급할 것을 약정함으로써 효력이 생긴다.

[전문개정 2014.3.11.]

제638조의2(보험계약의 성립) ① 보험자가 보험계약자로부터 보험계약의 청약과 함께 보험료 상당액의 전부 또는 일부의 지급을 받은 때에는 다른 약정이 없으면 30일 내에 그 상대방에 대하여 낙부의 통지를 발송하여야 한다. 그러나 인보험계약의 피보험자가 신체검사를 받아야 하는 경우에는 그 기간은 신체검사를 받은 날부터 기산한다.

② 보험자가 제1항의 규정에 의한 기간 내에 낙부의 통지를 해태한 때에는 승낙한 것으로 본다.

③ 보험자가 보험계약자로부터 보험계약의 청약과 함께 보험료 상당액의 전부 또는 일부를 받은 경우에 그 청약을 승낙하기 전에 보험계약에서 정한 보험사고가 생긴 때에는 그 청약을 거절할 사유가 없는 한 보험자는 보험계약상의 책임을 진다. 그러나 인보험계약의 피보험자가 신체검사를 받아야 하는 경우에 그 검사를 받지 아니한 때에는 그러하지 아니하다.

[본조신설 1991.12.31.]

제638조의3(보험약관의 교부·설명 의무) ① 보험자는 보험계약을 체결할 때에 보험계약자에게 보험약관을 교부하고 그 약관의 중요한 내용을 설명하여야 한다.

② 보험자가 제1항을 위반한 경우 보험계약자는 보험계약이 성립한 날부터 3개월 이내에 그 계약을 취소할 수 있다.

[전문개정 2014.3.11.]

제639조(타인을 위한 보험) ① 보험계약자는 위임을 받거나 위임을 받지 아니하고 특정 또는 불특정의 타인을 위하여 보험계약을 체결할 수 있다. 그러나 손해보험계약의 경우에 그 타인의 위임이 없는 때에는 보험계약자는 이를 보험자에게 고지하여야 하고, 그 고지가 없는 때에는 타인이 그 보험계약이 체결된 사실을 알지 못하였다는 사유로 보험자에게 대항하지 못한다. 〈개정 1991.12.31.〉

② 제1항의 경우에는 그 타인은 당연히 그 계약의 이익을 받는다. 그러나 손해보험계약의 경우에 보험계약자가 그 타인에게 보험사고의 발생으로 생긴 손해의 배상을 한 때에는 보험계약자는 그 타인의 권리를 해하지 아니하는 범위안에서 보험자에게 보험금액의 지급을 청구할 수 있다. 〈신설 1991.12.31.〉

③ 제1항의 경우에는 보험계약자는 보험자에 대하여 보험료를 지급할 의무가 있다. 그러나 보험계약자가 파산선고를 받거나 보험료의 지급을 지체한 때에는 그 타인이 그 권리를 포기하지 아니하는 한 그 타인도 보험료를 지급할 의무가 있다. 〈개정 1991.12.31.〉

제640조(보험증권의 교부) ① 보험자는 보험계약이 성립한 때에는 지체 없이 보험증권을 작성하여 보험계약자에게 교부하여야 한다. 그러나 보험계약자가 보험료의 전부 또는 최초의 보험료를 지급하지 아니한 때에는 그러하지 아니하다. 〈개정 1991.12.31.〉

② 기존의 보험계약을 연장하거나 변경한 경우에는 보험자는 그 보험증권에 그 사실을 기재함으로써 보험증권의 교부에 갈음할 수 있다. 〈신설 1991.12.31.〉

제641조(증권에 관한 이의약관의 효력) 보험계약의 당사자는 보험증권의 교부가 있은 날로부터 일정한 기간내에 한하여 그 증권내용의 정부에 관한 이의를 할 수 있음을 약정할 수 있다. 이 기간은 1월을 내리지 못한다.

제642조(증권의 재교부청구) 보험증권을 멸실 또는 현저하게 훼손한 때에는 보험계약자는 보험자에 대하여 증권의 재교부를 청구할 수 있다. 그 증권작성의 비용은 보험계약자의 부담으로 한다.

제643조(소급보험) 보험계약은 그 계약전의 어느 시기를 보험기간의 시기로 할 수 있다.

제644조(보험사고의 객관적 확정의 효과) 보험계약 당시에 보험사고가 이미 발생하였거나 또는 발생할 수 없는 것인 때에는 그 계약은 무효로 한다. 그러나 당사자 쌍방과 피보험자가 이를 알지 못한 때에는 그러하지 아니하다.

제645조 삭제 〈1991.12.31.〉

제646조(대리인이 안 것의 효과) 대리인에 의하여 보험계약을 체결한 경우에 대리인이 안 사유는 그 본인이 안 것과 동일한 것으로 한다.

제646조의2(보험대리상 등의 권한) ① 보험대리상은 다음 각 호의 권한이 있다.

1. 보험계약자로부터 보험료를 수령할 수 있는 권한
2. 보험자가 작성한 보험증권을 보험계약자에게 교부할 수 있는 권한
3. 보험계약자로부터 청약, 고지, 통지, 해지, 취소 등 보험계약에 관한 의사표시를 수령할 수 있는 권한
4. 보험계약자에게 보험계약의 체결, 변경, 해지 등 보험계약에 관한 의사표시를 할 수 있는 권한

② 제1항에도 불구하고 보험자는 보험대리상의 제1항 각 호의 권한 중 일부를 제한할 수 있다. 다만, 보험자는 그러한 권한 제한을 이유로 선의의 보험계약자에게 대항하지 못한다.

③ 보험대리상이 아니면서 특정한 보험자를 위하여 계속적으로 보험계약의 체결을 중개하는 자는 제1항 제1호(보험자가 작성한 영수증을 보험계약자에게 교부하는 경우만 해당한다) 및 제2호의 권한이 있다.

④ 피보험자나 보험수익자가 보험료를 지급하거나 보험계약에 관한 의사표시를 할 의무가 있는 경우에는 제1항부터 제3항까지의 규정을 그 피보험자나 보험수익자에게도 적용한다.

[본조신설 2014.3.11.]

제647조(특별위험의 소멸로 인한 보험료의 감액청구) 보험계약의 당사자가 특별한 위험을 예기하여 보험료의 액을 정한 경우에 보험기간 중 그 예기한 위험이 소멸한 때에는 보험계약자는 그 후의 보험료의 감액을 청구할 수 있다.

제648조(보험계약의 무효로 인한 보험료반환청구) 보험계약의 전부 또는 일부가 무효인 경우에 보험계약자와 피보험자가 선의이며 중대한 과실이 없는 때에는 보험자에 대하여 보험료의 전부 또는 일부의 반환을 청구할 수 있다. 보험계약자와 보험수익자가 선의이며 중대한 과실이 없는 때에도 같다.

제649조(사고발생 전의 임의해지) ① 보험사고가 발생하기 전에는 보험계약자는 언제든지 계약의 전부 또는 일부를 해지할 수 있다. 그러나 제639조의 보험계약의 경우에는 보험계약자는 그 타인의 동의를 얻지 아니하거나 보험증권을 소지하지 아니하면 그 계약을 해지하지 못한다. 〈개정 1991.12.31.〉

② 보험사고의 발생으로 보험자가 보험금액을 지급한 때에도 보험금액이 감액되지 아니하는 보험의 경우에는 보험계약자는 그 사고발생 후에도 보험계약을 해지할 수 있다. 〈신설 1991.12.31.〉

③ 제1항의 경우에는 보험계약자는 당사자간에 다른 약정이 없으면 미경과보험료의 반환을 청구할 수 있다. 〈개정 1991.12.31.〉

제650조(보험료의 지급과 지체의 효과) ① 보험계약자는 계약 체결 후 지체 없이 보험료의 전부 또는 제1회 보험료를 지급하여야 하며, 보험계약자가 이를 지급하지 아니하는 경우에는 다른 약정이 없는 한 계약 성립 후 2월이 경과하면 그 계약은 해제된 것으로 본다.

② 계속보험료가 약정한 시기에 지급되지 아니한 때에는 보험자는 상당한 기간을 정하여 보험계약자에게 최고하고 그 기간 내에 지급되지 아니한 때에는 그 계약을 해지할 수 있다.

③ 특정한 타인을 위한 보험의 경우에 보험계약자가 보험료의 지급을 지체한 때에는 보험자는 그 타인에게도 상당한 기간을 정하여 보험료의 지급을 최고한 후가 아니면 그 계약을 해제 또는 해지하지 못한다.

[전문개정 1991.12.31.]

제650조의2(보험계약의 부활) 제650조제2항에 따라 보험계약이 해지되고 해지환급금이 지급되지 아니한 경우에 보험계약자는 일정한 기간 내에 연체보험료에 약정이자를 붙여 보험자에게 지급하고 그 계약의 부활을 청구할 수 있다. 제638조의2의 규정은 이 경우에 준용한다.

[본조신설 1991.12.31.]

제651조(고지의무위반으로 인한 계약해지) 보험계약 당시에 보험계약자 또는 피보험자가 고의 또는 중대한 과실로 인하여 중요한 사항을 고지하지 아니하거나 부실의 고지를 한 때에는 보험자는 그 사실을 안 날로부터 1월 내에, 계약을 체결한 날로부터 3년 내에 한하여 계약을 해지할 수 있다. 그러나 보험자가 계약 당시에 그 사실을 알았거나 중대한 과실로 인하여 알지 못한 때에는 그러하지 아니하다.

〈개정 1991.12.31.〉

제651조의2(서면에 의한 질문의 효력) 보험자가 서면으로 질문한 사항은 중요한 사항으로 추정한다.

[본조신설 1991.12.31.]

제652조(위험변경증가의 통지와 계약해지) ① 보험기간 중에 보험계약자 또는 피보험자가 사고발생의 위험이 현저하게 변경 또는 증가된 사실을 안 때에는 지체 없이 보험자에게 통지하여야 한다. 이를 해태한 때에는 보험자는 그 사실을 안 날로부터 1월 내에 한하여 계약을 해지할 수 있다.

② 보험자가 제1항의 위험변경증가의 통지를 받은 때에는 1월 내에 보험료의 증액을 청구하거나 계약을 해지할 수 있다. 〈신설 1991.12.31.〉

제653조(보험계약자 등의 고의나 중과실로 인한 위험증가와 계약해지) 보험기간 중에 보험계약자, 피보험자 또는 보험수익자의 고의 또는 중대한 과실로 인하여 사고발생의 위험이 현저하게 변경 또는 증가된 때에는 보험자는 그 사실을 안 날부터 1월 내에 보험료의 증액을 청구하거나 계약을 해지할 수 있다.

〈개정 1991.12.31.〉

第654条(보험자의 파산선고와 계약해지) ① 보험자가 파산의 선고를 받은 때에는 보험계약자는 계약을 해지할 수 있다.

② 제1항의 규정에 의하여 해지하지 아니한 보험계약은 파산선고 후 3월을 경과한 때에는 그 효력을 잃는다. 〈개정 1991.12.31.〉

第655条(계약해지와 보험금청구권) 보험사고가 발생한 후라도 보험자가 제650조, 제651조, 제652조 및 제653조에 따라 계약을 해지하였을 때에는 보험금을 지급할 책임이 없고 이미 지급한 보험금의 반환을 청구할 수 있다. 다만, 고지의무(告知義務)를 위반한 사실 또는 위험이 현저하게 변경되거나 증가된 사실이 보험사고발생에 영향을 미치지 아니하였음이 증명된 경우에는 보험금을 지급할 책임이 있다.

[전문개정 2014.3.11.]

第656条(보험료의 지급과 보험자의 책임개시) 보험자의 책임은 당사자 간에 다른 약정이 없으면 최초의 보험료의 지급을 받은 때로부터 개시한다.

第657条(보험사고발생의 통지의무) ① 보험계약자 또는 피보험자나 보험수익자는 보험사고의 발생을 안 때에는 지체 없이 보험자에게 그 통지를 발송하여야 한다.

② 보험계약자 또는 피보험자나 보험수익자가 제1항의 통지의무를 해태함으로 인하여 손해가 증가된 때에는 보험자는 그 증가된 손해를 보상할 책임이 없다. 〈신설 1991.12.31.〉

第658条(보험금액의 지급) 보험자는 보험금액의 지급에 관하여 약정기간이 있는 경우에는 그 기간 내에 약정기간이 없는 경우에는 제657조 제1항의 통지를 받은 후 지체 없이 지급할 보험금액을 정하고 그 정하여진 날부터 10일 내에 피보험자 또는 보험수익자에게 보험금액을 지급하여야 한다.

[전문개정 1991.12.31.]

第659条(보험자의 면책사유) ① 보험사고가 보험계약자 또는 피보험자나 보험수익자의 고의 또는 중대한 과실로 인하여 생긴 때에는 보험자는 보험금액을 지급할 책임이 없다.

② 삭제 〈1991.12.31.〉

第660条(전쟁위험 등으로 인한 면책) 보험사고가 전쟁 기타의 변란으로 인하여 생긴 때에는 당사자 간에 다른 약정이 없으면 보험자는 보험금액을 지급할 책임이 없다.

第661条(재보험) 보험자는 보험사고로 인하여 부담할 책임에 대하여 다른 보험자와 재보험계약을 체결할 수 있다. 이 재보험계약은 원보험계약의 효력에 영향을 미치지 아니한다.

第662条(소멸시효) 보험금청구권은 3년간, 보험료 또는 적립금의 반환청구권은 3년간, 보험료청구권은 2년간 행사하지 아니하면 시효의 완성으로 소멸한다.

[전문개정 2014.3.11.]

第663条(보험계약자 등의 불이익변경금지) 이 편의 규정은 당사자간의 특약으로 보험계약자 또는 피보험자나 보험수익자의 불이익으로 변경하지 못한다. 그러나 재보험 및 해상보험 기타 이와 유사한 보험의 경우에는 그러하지 아니하다. 〈개정 1991.12.31.〉

第664条(상호보험, 공제 등에의 준용) 이 편(編)의 규정은 그 성질에 반하지 아니하는 범위에서 상호보험(相互保險), 공제(共濟), 그 밖에 이에 준하는 계약에 준용한다.

[전문개정 2014.3.11.]

제2장 손해보험

제1절 통 칙

제665조(손해보험자의 책임) 손해보험계약의 보험자는 보험사고로 인하여 생길 피보험자의 재산상의 손해를 보상할 책임이 있다.

제666조(손해보험증권) 손해보험증권에는 다음의 사항을 기재하고 보험자가 기명날인 또는 서명하여야 한다. 〈개정 1991.12.31., 2014.3.11.〉

1. 보험의 목적
2. 보험사고의 성질
3. 보험금액
4. 보험료와 그 지급방법
5. 보험기간을 정한 때에는 그 시기와 종기
6. 무효와 실권의 사유
7. 보험계약자의 주소와 성명 또는 상호

7의2. 피보험자의 주소, 성명 또는 상호

8. 보험계약의 연월일
9. 보험증권의 작성지와 그 작성년월일

제667조(상실이익 등의 불산입) 보험사고로 인하여 상실된 피보험자가 얻을 이익이나 보수는 당사자 간에 다른 약정이 없으면 보험자가 보상할 손해액에 산입하지 아니한다.

제668조(보험계약의 목적) 보험계약은 금전으로 산정할 수 있는 이익에 한하여 보험계약의 목적으로 할 수 있다.

제669조(초과보험) ① 보험금액이 보험계약의 목적의 가액을 현저하게 초과한 때에는 보험자 또는 보험계약자는 보험료와 보험금액의 감액을 청구할 수 있다. 그러나 보험료의 감액은 장래에 대하여서만 그 효력이 있다.

② 제1항의 가액은 계약 당시의 가액에 의하여 정한다. 〈개정 1991.12.31.〉

③ 보험가액이 보험기간 중에 현저하게 감소된 때에도 제1항과 같다.

④ 제1항의 경우에 계약이 보험계약자의 사기로 인하여 체결된 때에는 그 계약은 무효로 한다. 그러나 보험자는 그 사실을 안 때까지의 보험료를 청구할 수 있다.

제670조(기평가보험) 당사자 간에 보험가액을 정한 때에는 그 가액은 사고발생 시의 가액으로 정한 것으로 추정한다. 그러나 그 가액이 사고발생 시의 가액을 현저하게 초과할 때에는 사고발생 시의 가액을 보험가액으로 한다.

제671조(미평가보험) 당사자 간에 보험가액을 정하지 아니한 때에는 사고발생 시의 가액을 보험가액으로 한다.

제672조(중복보험) ① 동일한 보험계약의 목적과 동일한 사고에 관하여 수개의 보험계약이 동시에 또는 순차로 체결된 경우에 그 보험금액의 총액이 보험가액을 초과한 때에는 보험자는 각자의 보험금액의 한도에서 연대책임을 진다. 이 경우에는 각 보험자의 보상책임은 각자의 보험금액의 비율에 따른다.
〈개정 1991.12.31.〉

② 동일한 보험계약의 목적과 동일한 사고에 관하여 수개의 보험계약을 체결하는 경우에는 보험계약자는 각 보험자에 대하여 각 보험계약의 내용을 통지하여야 한다. 〈개정 1991.12.31.〉
③ 제669조제4항의 규정은 제1항의 보험계약에 준용한다.

제673조(중복보험과 보험자 1인에 대한 권리포기) 제672조의 규정에 의한 수개의 보험계약을 체결한 경우에 보험자 1인에 대한 권리의 포기는 다른 보험자의 권리의무에 영향을 미치지 아니한다. 〈개정 1991.12.31.〉

제674조(일부보험) 보험가액의 일부를 보험에 붙인 경우에는 보험자는 보험금액의 보험가액에 대한 비율에 따라 보상할 책임을 진다. 그러나 당사자 간에 다른 약정이 있는 때에는 보험자는 보험금액의 한도 내에서 그 손해를 보상할 책임을 진다. 〈개정 1991.12.31.〉

제675조(사고 발생 후의 목적멸실과 보상책임) 보험의 목적에 관하여 보험자가 부담할 손해가 생긴 경우에는 그 후 그 목적이 보험자가 부담하지 아니하는 보험사고의 발생으로 인하여 멸실된 때에도 보험자는 이미 생긴 손해를 보상할 책임을 면하지 못한다. 〈개정 1962.12.12.〉

제676조(손해액의 산정기준) ① 보험자가 보상할 손해액은 그 손해가 발생한 때와 곳의 가액에 의하여 산정한다. 그러나 당사자 간에 다른 약정이 있는 때에는 그 신품가액에 의하여 손해액을 산정할 수 있다. 〈개정 1991.12.31.〉
② 제1항의 손해액의 산정에 관한 비용은 보험자의 부담으로 한다. 〈개정 1991.12.31.〉

제677조(보험료체납과 보상액의 공제) 보험자가 손해를 보상할 경우에 보험료의 지급을 받지 아니한 잔액이 있으면 그 지급기일이 도래하지 아니한 때라도 보상할 금액에서 이를 공제할 수 있다.

제678조(보험자의 면책사유) 보험의 목적의 성질, 하자 또는 자연소모로 인한 손해는 보험자가 이를 보상할 책임이 없다.

제679조(보험목적의 양도) ① 피보험자가 보험의 목적을 양도한 때에는 양수인은 보험계약상의 권리와 의무를 승계한 것으로 추정한다. 〈개정 1991.12.31.〉
② 제1항의 경우에 보험의 목적의 양도인 또는 양수인은 보험자에 대하여 지체 없이 그 사실을 통지하여야 한다. 〈신설 1991.12.31.〉

제680조(손해방지의무) ① 보험계약자와 피보험자는 손해의 방지와 경감을 위하여 노력하여야 한다. 그러나 이를 위하여 필요 또는 유익하였던 비용과 보상액이 보험금액을 초과한 경우라도 보험자가 이를 부담한다. 〈개정 1991.12.31.〉
② 삭제 〈1991.12.31.〉

제681조(보험목적에 관한 보험대위) 보험의 목적의 전부가 멸실한 경우에 보험금액의 전부를 지급한 보험자는 그 목적에 대한 피보험자의 권리를 취득한다. 그러나 보험가액의 일부를 보험에 붙인 경우에는 보험자가 취득할 권리는 보험금액의 보험가액에 대한 비율에 따라 이를 정한다.

제682조(제3자에 대한 보험대위) ① 손해가 제3자의 행위로 인하여 발생한 경우에 보험금을 지급한 보험자는 그 지급한 금액의 한도에서 그 제3자에 대한 보험계약자 또는 피보험자의 권리를 취득한다. 다만, 보험자가 보상할 보험금의 일부를 지급한 경우에는 피보험자의 권리를 침해하지 아니하는 범위에서 그 권리를 행사할 수 있다.

② 보험계약자나 피보험자의 제1항에 따른 권리가 그와 생계를 같이 하는 가족에 대한 것인 경우 보험자는 그 권리를 취득하지 못한다. 다만, 손해가 그 가족의 고의로 인하여 발생한 경우에는 그러하지 아니하다. [전문개정 2014.3.11.]

제2절 화재보험

제683조(화재보험자의 책임) 화재보험계약의 보험자는 화재로 인하여 생긴 손해를 보상할 책임이 있다.

제684조(소방 등의 조치로 인한 손해의 보상) 보험자는 화재의 소방 또는 손해의 감소에 필요한 조치로 인하여 생긴 손해를 보상할 책임이 있다.

제685조(화재보험증권) 화재보험증권에는 제666조에 게기한 사항 외에 다음의 사항을 기재하여야 한다.

1. 건물을 보험의 목적으로 한 때에는 그 소재지, 구조와 용도
2. 동산을 보험의 목적으로 한 때에는 그 존치한 장소의 상태와 용도
3. 보험가액을 정한 때에는 그 가액

제686조(집합보험의 목적) 집합된 물건을 일괄하여 보험의 목적으로 한 때에는 피보험자의 가족과 사용인의 물건도 보험의 목적에 포함된 것으로 한다. 이 경우에는 그 보험은 그 가족 또는 사용인을 위하여서도 체결한 것으로 본다.

제687조(동전) 집합된 물건을 일괄하여 보험의 목적으로 한 때에는 그 목적에 속한 물건이 보험기간 중에 수시로 교체된 경우에도 보험사고의 발생 시에 현존한 물건은 보험의 목적에 포함된 것으로 한다.

제3절 운송보험

제688조(운송보험자의 책임) 운송보험계약의 보험자는 다른 약정이 없으면 운송인이 운송물을 수령한 때로부터 수하인에게 인도할 때까지 생길 손해를 보상할 책임이 있다.

제689조(운송보험의 보험가액) ① 운송물의 보험에 있어서는 발송한 때와 곳의 가액과 도착지까지의 운임 기타의 비용을 보험가액으로 한다.

② 운송물의 도착으로 인하여 얻을 이익은 약정이 있는 때에 한하여 보험가액 중에 산입한다.

제690조(운송보험증권) 운송보험증권에는 제666조에 게기한 사항 외에 다음의 사항을 기재하여야 한다.

1. 운송의 노순과 방법
2. 운송인의 주소와 성명 또는 상호
3. 운송물의 수령과 인도의 장소
4. 운송기간을 정한 때에는 그 기간
5. 보험가액을 정한 때에는 그 가액

제691조(운송의 중지나 변경과 계약효력) 보험계약은 다른 약정이 없으면 운송의 필요에 의하여 일시운송을 중지하거나 운송의 노순 또는 방법을 변경한 경우에도 그 효력을 잃지 아니한다.

제692조(운송보조자의 고의, 중과실과 보험자의 면책) 보험사고가 송하인 또는 수하인의 고의 또는 중대한 과실로 인하여 발생한 때에는 보험자는 이로 인하여 생긴 손해를 보상할 책임이 없다.

제4절 해상보험

제693조(해상보험자의 책임) 해상보험계약의 보험자는 해상사업에 관한 사고로 인하여 생길 손해를 보상할 책임이 있다. 〈개정 1991.12.31.〉

제694조(공동해손분담액의 보상) 보험자는 피보험자가 지급할 공동해손의 분담액을 보상할 책임이 있다. 그러나 보험의 목적의 공동해손분담가액이 보험가액을 초과할 때에는 그 초과액에 대한 분담액은 보상하지 아니한다. 〈개정 1991.12.31.〉

제694조의2(구조료의 보상) 보험자는 피보험자가 보험사고로 인하여 발생하는 손해를 방지하기 위하여 지급할 구조료를 보상할 책임이 있다. 그러나 보험의 목적물의 구조료분담가액이 보험가액을 초과할 때에는 그 초과액에 대한 분담액은 보상하지 아니한다.

[본조신설 1991.12.31.]

제694조의3(특별비용의 보상) 보험자는 보험의 목적의 안전이나 보존을 위하여 지급할 특별비용을 보험금액의 한도 내에서 보상할 책임이 있다.

[본조신설 1991.12.31.]

제695조(해상보험증권) 해상보험증권에는 제666조에 게기한 사항 외에 다음의 사항을 기재하여야 한다. 〈개정 1991.12.31.〉

1. 선박을 보험에 붙인 경우에는 그 선박의 명칭, 국적과 종류 및 항해의 범위
2. 적하를 보험에 붙인 경우에는 선박의 명칭, 국적과 종류, 선적항, 양륙항 및 출하지와 도착지를 정한 때에는 그 지명
3. 보험가액을 정한 때에는 그 가액

제696조(선박보험의 보험가액과 보험목적) ① 선박의 보험에 있어서는 보험자의 책임이 개시될 때의 선박가액을 보험가액으로 한다.

② 제1항의 경우에는 선박의 속구, 연료, 양식 기타 항해에 필요한 모든 물건은 보험의 목적에 포함된 것으로 한다. 〈개정 1991.12.31.〉

제697조(적하보험의 보험가액) 적하의 보험에 있어서는 선적한 때와 곳의 적하의 가액과 선적 및 보험에 관한 비용을 보험가액으로 한다. 〈개정 1962.12.12.〉

제698조(희망이익보험의 보험가액) 적하의 도착으로 인하여 얻을 이익 또는 보수의 보험에 있어서는 계약으로 보험가액을 정하지 아니한 때에는 보험금액을 보험가액으로 한 것으로 추정한다.

제699조(해상보험의 보험기간의 개시) ① 항해단위로 선박을 보험에 붙인 경우에는 보험기간은 하물 또는 저하의 선적에 착수한 때에 개시한다.

② 적하를 보험에 붙인 경우에는 보험기간은 하물의 선적에 착수한 때에 개시한다. 그러나 출하지를 정한 경우에는 그 곳에서 운송에 착수한 때에 개시한다.

③ 하물 또는 저하의 선적에 착수한 후에 제1항 또는 제2항의 규정에 의한 보험계약이 체결된 경우에는 보험기간은 계약이 성립한 때에 개시한다.

[전문개정 1991.12.31.]

제700조(해상보험의 보험기간의 종료) 보험기간은 제699조제1항의 경우에는 도착항에서 하물 또는 저하를 양륙한 때에, 동조 제2항의 경우에는 양륙항 또는 도착지에서 하물을 인도한 때에 종료한다. 그러나 불가항력으로 인하지 아니하고 양륙이 지연된 때에는 그 양륙이 보통종료될 때에 종료된 것으로 한다.
〈개정 1991.12.31.〉

제701조(항해변경의 효과) ① 선박이 보험계약에서 정하여진 발항항이 아닌 다른 항에서 출항한 때에는 보험자는 책임을 지지 아니한다.
② 선박이 보험계약에서 정하여진 도착항이 아닌 다른 항을 향하여 출항한 때에도 제1항의 경우와 같다.
③ 보험자의 책임이 개시된 후에 보험계약에서 정하여진 도착항이 변경된 경우에는 보험자는 그 항해의 변경이 결정된 때부터 책임을 지지 아니한다.
[전문개정 1991.12.31.]

제701조의2(이로) 선박이 정당한 사유 없이 보험계약에서 정하여진 항로를 이탈한 경우에는 보험자는 그때부터 책임을 지지 아니한다. 선박이 손해발생 전에 원항로로 돌아온 경우에도 같다.
[본조신설 1991.12.31.]

제702조(발항 또는 항해의 지연의 효과) 피보험자가 정당한 사유 없이 발항 또는 항해를 지연한 때에는 보험자는 발항 또는 항해를 지체한 이후의 사고에 대하여 책임을 지지 아니한다.
[전문개정 1991.12.31.]

제703조(선박변경의 효과) 적하를 보험에 붙인 경우에 보험계약자 또는 피보험자의 책임있는 사유로 인하여 선박을 변경한 때에는 그 변경후의 사고에 대하여 책임을 지지 아니한다. 〈개정 1991.12.31.〉

제703조의2(선박의 양도 등의 효과) 선박을 보험에 붙인 경우에 다음의 사유가 있을 때에는 보험계약은 종료한다. 그러나 보험자의 동의가 있는 때에는 그러하지 아니하다.
1. 선박을 양도할 때
2. 선박의 선급을 변경한 때
3. 선박을 새로운 관리로 옮긴 때
[본조신설 1991.12.31.]

제704조(선박미확정의 적하예정보험) ① 보험계약의 체결 당시에 하물을 적재할 선박을 지정하지 아니한 경우에 보험계약자 또는 피보험자가 그 하물이 선적되었음을 안 때에는 지체 없이 보험자에 대하여 그 선박의 명칭, 국적과 하물의 종류, 수량과 가액의 통지를 발송하여야 한다. 〈개정 1991.12.31.〉
② 제1항의 통지를 해태한 때에는 보험자는 그 사실을 안 날부터 1월 내에 계약을 해지할 수 있다.
〈개정 1991.12.31.〉

제705조 삭제 〈1991.12.31.〉

제706조(해상보험자의 면책사유) 보험자는 다음의 손해와 비용을 보상할 책임이 없다. 〈개정 1991.12.31.〉
1. 선박 또는 운임을 보험에 붙인 경우에는 발항당시 안전하게 항해를 하기에 필요한 준비를 하지 아니하거나 필요한 서류를 비치하지 아니함으로 인하여 생긴 손해
2. 적하를 보험에 붙인 경우에는 용선자, 송하인 또는 수하인의 고의 또는 중대한 과실로 인하여 생긴 손해
3. 도선료, 입항료, 등대료, 검역료, 기타 선박 또는 적하에 관한 항해 중의 통상비용

제707조 삭제 〈1991.12.31.〉

제707조의2(선박의 일부손해의 보상) ① 선박의 일부가 훼손되어 그 훼손된 부분의 전부를 수선한 경우에는 보험자는 수선에 따른 비용을 1회의 사고에 대하여 보험금액을 한도로 보상할 책임이 있다.

② 선박의 일부가 훼손되어 그 훼손된 부분의 일부를 수선한 경우에는 보험자는 수선에 따른 비용과 수선을 하지 아니함으로써 생긴 감가액을 보상할 책임이 있다.

③ 선박의 일부가 훼손되었으나 이를 수선하지 아니한 경우에는 보험자는 그로 인한 감가액을 보상할 책임이 있다.

[본조신설 1991.12.31.]

제708조(적하의 일부손해의 보상) 보험의 목적인 적하가 훼손되어 양륙항에 도착한 때에는 보험자는 그 훼손된 상태의 가액과 훼손되지 아니한 상태의 가액과의 비율에 따라 보험가액의 일부에 대한 손해를 보상할 책임이 있다.

제709조(적하매각으로 인한 손해의 보상) ① 항해 도중에 불가항력으로 보험의 목적인 적하를 매각한 때에는 보험자는 그 대금에서 운임 기타 필요한 비용을 공제한 금액과 보험가액과의 차액을 보상하여야 한다.

② 제1항의 경우에 매수인이 대금을 지급하지 아니한 때에는 보험자는 그 금액을 지급하여야 한다. 보험자가 그 금액을 지급한 때에는 피보험자의 매수인에 대한 권리를 취득한다. 〈개정 1991.12.31.〉

제710조(보험위부의 원인) 다음의 경우에는 피보험자는 보험의 목적을 보험자에게 위부하고 보험금액의 전부를 청구할 수 있다. 〈개정 1991.12.31.〉

1. 피보험자가 보험사고로 인하여 자기의 선박 또는 적하의 점유를 상실하여 이를 회복할 가능성이 없거나 회복하기 위한 비용이 회복하였을 때의 가액을 초과하리라고 예상될 경우
2. 선박이 보험사고로 인하여 심하게 훼손되어 이를 수선하기 위한 비용이 수선하였을 때의 가액을 초과하리라고 예상될 경우
3. 적하가 보험사고로 인하여 심하게 훼손되어서 이를 수선하기 위한 비용과 그 적하를 목적지까지 운송하기 위한 비용과의 합계액이 도착하는 때의 적하의 가액을 초과하리라고 예상될 경우

부록

제711조(선박의 행방불명) ① 선박의 존부가 2월간 분명하지 아니한 때에는 그 선박의 행방이 불명한 것으로 한다. 〈개정 1991.12.31.〉

② 제1항의 경우에는 전손으로 추정한다. 〈개정 1991.12.31.〉

제712조(대선에 의한 운송의 계속과 위부권의 소멸) 제710조 제2호의 경우에 선장이 지체 없이 다른 선박으로 적하의 운송을 계속한 때에는 피보험자는 그 적하를 위부할 수 없다. 〈개정 1991.12.31.〉

제713조(위부의 통지) ① 피보험자가 위부를 하고자 할 때에는 상당한 기간 내에 보험자에 대하여 그 통지를 발송하여야 한다. 〈개정 1991.12.31.〉

② 삭제 〈1991.12.31.〉

제714조(위부권행사의 요건) ① 위부는 무조건이어야 한다.

② 위부는 보험의 목적의 전부에 대하여 이를 하여야 한다. 그러나 위부의 원인이 그 일부에 대하여 생긴 때에는 그 부분에 대하여서만 이를 할 수 있다.

③ 보험가액의 일부를 보험에 붙인 경우에는 위부는 보험금액의 보험가액에 대한 비율에 따라서만 이를 할 수 있다.

제715조(다른 보험계약 등에 관한 통지) ① 피보험자가 위부를 함에 있어서는 보험자에 대하여 보험의 목적에 관한 다른 보험계약과 그 부담에 속한 채무의 유무와 그 종류 및 내용을 통지하여야 한다.
② 보험자는 제1항의 통지를 받을 때까지 보험금액의 지급을 거부할 수 있다. 〈개정 1991.12.31.〉
③ 보험금액의 지급에 관한 기간의 약정이 있는 때에는 그 기간은 제1항의 통지를 받은 날로부터 기산한다.

제716조(위부의 승인) 보험자가 위부를 승인한 후에는 그 위부에 대하여 이의를 하지 못한다.

제717조(위부의 불승인) 보험자가 위부를 승인하지 아니한 때에는 피보험자는 위부의 원인을 증명하지 아니하면 보험금액의 지급을 청구하지 못한다.

제718조(위부의 효과) ① 보험자는 위부로 인하여 그 보험의 목적에 관한 피보험자의 모든 권리를 취득한다.
② 피보험자가 위부를 한 때에는 보험의 목적에 관한 모든 서류를 보험자에게 교부하여야 한다.

제5절 책임보험

제719조(책임보험자의 책임) 책임보험계약의 보험자는 피보험자가 보험기간 중의 사고로 인하여 제3자에게 배상할 책임을 진 경우에 이를 보상할 책임이 있다.

제720조(피보험자가 지출한 방어비용의 부담) ① 피보험자가 제3자의 청구를 방어하기 위하여 지출한 재판상 또는 재판 외의 필요비용은 보험의 목적에 포함된 것으로 한다. 피보험자는 보험자에 대하여 그 비용의 선급을 청구할 수 있다.
② 피보험자가 담보의 제공 또는 공탁으로써 재판의 집행을 면할 수 있는 경우에는 보험자에 대하여 보험금액의 한도 내에서 그 담보의 제공 또는 공탁을 청구할 수 있다.
③ 제1항 또는 제2항의 행위가 보험자의 지시에 의한 것인 경우에는 그 금액에 손해액을 가산한 금액이 보험금액을 초과하는 때에도 보험자가 이를 부담하여야 한다. 〈개정 1991.12.31.〉

제721조(영업책임보험의 목적) 피보험자가 경영하는 사업에 관한 책임을 보험의 목적으로 한 때에는 피보험자의 대리인 또는 그 사업감독자의 제3자에 대한 책임도 보험의 목적에 포함된 것으로 한다.

제722조(피보험자의 배상청구 사실 통지의무) ① 피보험자가 제3자로부터 배상청구를 받았을 때에는 지체 없이 보험자에게 그 통지를 발송하여야 한다.
② 피보험자가 제1항의 통지를 게을리하여 손해가 증가된 경우 보험자는 그 증가된 손해를 보상할 책임이 없다. 다만, 피보험자가 제657조 제1항의 통지를 발송한 경우에는 그러하지 아니하다.
[전문개정 2014.3.11.]

제723조(피보험자의 변제 등의 통지와 보험금액의 지급) ① 피보험자가 제3자에 대하여 변제, 승인, 화해 또는 재판으로 인하여 채무가 확정된 때에는 지체 없이 보험자에게 그 통지를 발송하여야 한다.
② 보험자는 특별한 기간의 약정이 없으면 전항의 통지를 받은 날로부터 10일 내에 보험금액을 지급하여야 한다.
③ 피보험자가 보험자의 동의 없이 제3자에 대하여 변제, 승인 또는 화해를 한 경우에는 보험자가 그 책임을 면하게 되는 합의가 있는 때에도 그 행위가 현저하게 부당한 것이 아니면 보험자는 보상할 책임을 면하지 못한다.

제724조(보험자와 제3자와의 관계) ① 보험자는 피보험자가 책임을 질 사고로 인하여 생긴 손해에 대하여 제3자가 그 배상을 받기 전에는 보험금액의 전부 또는 일부를 피보험자에게 지급하지 못한다.

② 제3자는 피보험자가 책임을 질 사고로 입은 손해에 대하여 보험금액의 한도 내에서 보험자에게 직접 보상을 청구할 수 있다. 그러나 보험자는 피보험자가 그 사고에 관하여 가지는 항변으로써 제3자에게 대항할 수 있다. 〈개정 1991.12.31.〉
③ 보험자가 제2항의 규정에 의한 청구를 받은 때에는 지체 없이 피보험자에게 이를 통지하여야 한다. 〈신설 1991.12.31.〉
④ 제2항의 경우에 피보험자는 보험자의 요구가 있을 때에는 필요한 서류·증거의 제출, 증언 또는 증인의 출석에 협조하여야 한다. 〈신설 1991.12.31.〉

제725조(보관자의 책임보험) 임차인 기타 타인의 물건을 보관하는 자가 그 지급할 손해배상을 위하여 그 물건을 보험에 붙인 경우에는 그 물건의 소유자는 보험자에 대하여 직접 그 손해의 보상을 청구할 수 있다.

제725조의2(수개의 책임보험) 피보험자가 동일한 사고로 제3자에게 배상책임을 짐으로써 입은 손해를 보상하는 수개의 책임보험계약이 동시 또는 순차로 체결된 경우에 그 보험금액의 총액이 피보험자의 제3자에 대한 손해배상액을 초과하는 때에는 제672조와 제673조의 규정을 준용한다.
[본조신설 1991.12.31.]

제726조(재보험에의 준용) 이 절(節)의 규정은 그 성질에 반하지 아니하는 범위에서 재보험계약에 준용한다.
[전문개정 2014.3.11.]

제6절 자동차보험

제726조의2(자동차보험자의 책임) 자동차보험계약의 보험자는 피보험자가 자동차를 소유, 사용 또는 관리하는 동안에 발생한 사고로 인하여 생긴 손해를 보상할 책임이 있다.
[본조신설 1991.12.31.]

제726조의3(자동차 보험증권) 자동차 보험증권에는 제666조에 게기한 사항 외에 다음의 사항을 기재하여야 한다.
1. 자동차소유자와 그 밖의 보유자의 성명과 생년월일 또는 상호
2. 피보험자동차의 등록번호, 차대번호, 차형년식과 기계장치
3. 차량가액을 정한 때에는 그 가액
[본조신설 1991.12.31.]

제726조의4(자동차의 양도) ① 피보험자가 보험기간 중에 자동차를 양도한 때에는 양수인은 보험자의 승낙을 얻은 경우에 한하여 보험계약으로 인하여 생긴 권리와 의무를 승계한다.
② 보험자가 양수인으로부터 양수사실을 통지받은 때에는 지체 없이 낙부를 통지하여야 하고 통지받은 날부터 10일 내에 낙부의 통지가 없을 때에는 승낙한 것으로 본다.
[본조신설 1991.12.31.]

제7절 보증보험 〈신설 2014.3.11.〉

제726조의5(보증보험자의 책임) 보증보험계약의 보험자는 보험계약자가 피보험자에게 계약상의 채무불이행 또는 법령상의 의무불이행으로 입힌 손해를 보상할 책임이 있다.
[본조신설 2014.3.11.]

제726조의6(적용 제외) ① 보증보험계약에 관하여는 제639조 제2항 단서를 적용하지 아니한다.

② 보증보험계약에 관하여는 보험계약자의 사기, 고의 또는 중대한 과실이 있는 경우에도 이에 대하여 피보험자에게 책임이 있는 사유가 없으면 제651조, 제652조, 제653조 및 제659조 제1항을 적용하지 아니한다.

[본조신설 2014.3.11.]

제726조의7(준용규정) 보증보험계약에 관하여는 그 성질에 반하지 아니하는 범위에서 보증채무에 관한 「민법」의 규정을 준용한다.

[본조신설 2014.3.11.]

제3장 인보험

제1절 통 칙

제727조(인보험자의 책임) ① 인보험계약의 보험자는 피보험자의 생명이나 신체에 관하여 보험사고가 발생할 경우에 보험계약으로 정하는 바에 따라 보험금이나 그 밖의 급여를 지급할 책임이 있다.
〈개정 2014.3.11.〉

② 제1항의 보험금은 당사자 간의 약정에 따라 분할하여 지급할 수 있다. 〈신설 2014.3.11.〉

[제목개정 2014.3.11.]

제728조(인보험증권) 인보험증권에는 제666조에 게기한 사항 외에 다음의 사항을 기재하여야 한다.
〈개정 1991.12.31.〉

1. 보험계약의 종류
2. 피보험자의 주소·성명 및 생년월일
3. 보험수익자를 정한 때에는 그 주소·성명 및 생년월일

제729조(제3자에 대한 보험대위의 금지) 보험자는 보험사고로 인하여 생긴 보험계약자 또는 보험수익자의 제3자에 대한 권리를 대위하여 행사하지 못한다. 그러나 상해보험계약의 경우에 당사자 간에 다른 약정이 있는 때에는 보험자는 피보험자의 권리를 해하지 아니하는 범위 안에서 그 권리를 대위하여 행사할 수 있다. 〈개정 1991.12.31.〉

제2절 생명보험

제730조(생명보험자의 책임) 생명보험계약의 보험자는 피보험자의 사망, 생존, 사망과 생존에 관한 보험사고가 발생할 경우에 약정한 보험금을 지급할 책임이 있다. 〈개정 2014.3.11.〉

[제목개정 2014.3.11.]

제731조(타인의 생명의 보험) ① 타인의 사망을 보험사고로 하는 보험계약에는 보험계약 체결 시에 그 타인의 서면(「전자서명법」 제2조 제2호에 따른 전자서명이 있는 경우로서 대통령령으로 정하는 바에 따라 본인 확인 및 위조·변조 방지에 대한 신뢰성을 갖춘 전자문서를 포함한다)에 의한 동의를 얻어야 한다.
〈개정 1991.12.31., 2017.10.31., 2020.6.9.〉

② 보험계약으로 인하여 생긴 권리를 피보험자가 아닌 자에게 양도하는 경우에도 제1항과 같다.
〈개정 1991.12.31.〉

[시행일 : 2020.12.10.]

제732조(15세 미만자 등에 대한 계약의 금지) 15세 미만자, 심신상실자 또는 심신박약자의 사망을 보험사고로 한 보험계약은 무효로 한다. 다만, 심신박약자가 보험계약을 체결하거나 제735조의3에 따른 단체보험의 피보험자가 될 때에 의사능력이 있는 경우에는 그러하지 아니하다. 〈개정 1991.12.31., 2014.3.11.〉

제732조의2(중과실로 인한 보험사고 등) ① 사망을 보험사고로 한 보험계약에서는 사고가 보험계약자 또는 피보험자나 보험수익자의 중대한 과실로 인하여 발생한 경우에도 보험자는 보험금을 지급할 책임을 면하지 못한다.

② 둘 이상의 보험수익자 중 일부가 고의로 피보험자를 사망하게 한 경우 보험자는 다른 보험수익자에 대한 보험금 지급책임을 면하지 못한다.

[전문개정 2014.3.11.]

제733조(보험수익자의 지정 또는 변경의 권리) ① 보험계약자는 보험수익자를 지정 또는 변경할 권리가 있다.

② 보험계약자가 제1항의 지정권을 행사하지 아니하고 사망한 때에는 피보험자를 보험수익자로 하고 보험계약자가 제1항의 변경권을 행사하지 아니하고 사망한 때에는 보험수익자의 권리가 확정된다. 그러나 보험계약자가 사망한 경우에는 그 승계인이 제1항의 권리를 행사할 수 있다는 약정이 있는 때에는 그러하지 아니하다. 〈개정 1991.12.31.〉

③ 보험수익자가 보험존속 중에 사망한 때에는 보험계약자는 다시 보험수익자를 지정할 수 있다. 이 경우에 보험계약자가 지정권을 행사하지 아니하고 사망한 때에는 보험수익자의 상속인을 보험수익자로 한다.

④ 보험계약자가 제2항과 제3항의 지정권을 행사하기 전에 보험사고가 생긴 경우에는 피보험자 또는 보험수익자의 상속인을 보험수익자로 한다. 〈신설 1991.12.31.〉

제734조(보험수익자지정권 등의 통지) ① 보험계약자가 계약 체결 후에 보험수익자를 지정 또는 변경할 때에는 보험자에 대하여 그 통지를 하지 아니하면 이로써 보험자에게 대항하지 못한다.

② 제731조 제1항의 규정은 제1항의 지정 또는 변경에 준용한다. 〈개정 1962.12.12., 1991.12.31.〉

제735조 삭제 〈2014.3.11.〉

제735조의2 삭제 〈2014.3.11.〉

제735조의3(단체보험) ① 단체가 규약에 따라 구성원의 전부 또는 일부를 피보험자로 하는 생명보험계약을 체결하는 경우에는 제731조를 적용하지 아니한다.

② 제1항의 보험계약이 체결된 때에는 보험자는 보험계약자에 대하여서만 보험증권을 교부한다.

③ 제1항의 보험계약에서 보험계약자가 피보험자 또는 그 상속인이 아닌 자를 보험수익자로 지정할 때에는 단체의 규약에서 명시적으로 정하는 경우 외에는 그 피보험자의 제731조 제1항에 따른 서면 동의를 받아야 한다. 〈신설 2014.3.11., 2017.10.31.〉

[본조신설 1991.12.31.]

제736조(보험적립금반환의무 등) ① 제649조, 제650조, 제651조 및 제652조 내지 제655조의 규정에 의하여 보험계약이 해지된 때, 제659조와 제660조의 규정에 의하여 보험금액의 지급책임이 면제된 때에는 보험자는 보험수익자를 위하여 적립한 금액을 보험계약자에게 지급하여야 한다. 그러나 다른 약정이 없으면 제659조 제1항의 보험사고가 보험계약자에 의하여 생긴 경우에는 그러하지 아니하다. 〈개정 1991.12.31.〉

② 삭제 〈1991.12.31.〉

제3절 상해보험

제737조(상해보험자의 책임) 상해보험계약의 보험자는 신체의 상해에 관한 보험사고가 생길 경우에 보험금액 기타의 급여를 할 책임이 있다.

제738조(상해보험증권) 상해보험의 경우에 피보험자와 보험계약자가 동일인이 아닐 때에는 그 보험증권기재사항중 제728조 제2호에 게기한 사항에 갈음하여 피보험자의 직무 또는 직위만을 기재할 수 있다.

제739조(준용규정) 상해보험에 관하여는 제732조를 제외하고 생명보험에 관한 규정을 준용한다.

제4절 질병보험 〈신설 2014.3.11.〉

제739조의2(질병보험자의 책임) 질병보험계약의 보험자는 피보험자의 질병에 관한 보험사고가 발생할 경우 보험금이나 그 밖의 급여를 지급할 책임이 있다.

[본조신설 2014.3.11.]

제739조의3(질병보험에 대한 준용규정) 질병보험에 관하여는 그 성질에 반하지 아니하는 범위에서 생명보험 및 상해보험에 관한 규정을 준용한다.

[본조신설 2014.3.11.]

[농어업재해보험법]

[시행 2021.3.25.] [법률 제17595호, 2020.12.8., 일부개정]

제1장 총 칙

제1조(목적) 이 법은 농어업재해로 인하여 발생하는 농작물, 임산물, 양식수산물, 가축과 농어업용 시설물의 피해에 따른 손해를 보상하기 위한 농어업재해보험에 관한 사항을 규정함으로써 농어업 경영의 안정과 생산성 향상에 이바지하고 국민경제의 균형 있는 발전에 기여함을 목적으로 한다. 〈개정 2011.7.25.〉

제2조(정의) 이 법에서 사용하는 용어의 뜻은 다음과 같다. 〈개정 2011.7.25., 2013.3.23.〉

1. "농어업재해"란 농작물・임산물・가축 및 농업용 시설물에 발생하는 자연재해・병충해・조수해(鳥獸害)・질병 또는 화재(이하 "농업재해"라 한다)와 양식수산물 및 어업용 시설물에 발생하는 자연재해・질병 또는 화재(이하 "어업재해"라 한다)를 말한다.
2. "농어업재해보험"이란 농어업재해로 발생하는 재산 피해에 따른 손해를 보상하기 위한 보험을 말한다.
3. "보험가입금액"이란 보험가입자의 재산 피해에 따른 손해가 발생한 경우 보험에서 최대로 보상할 수 있는 한도액으로서 보험가입자와 보험사업자 간에 약정한 금액을 말한다.
4. "보험료"란 보험가입자와 보험사업자 간의 약정에 따라 보험가입자가 보험사업자에게 내야 하는 금액을 말한다.
5. "보험금"이란 보험가입자에게 재해로 인한 재산 피해에 따른 손해가 발생한 경우 보험가입자와 보험사업자 간의 약정에 따라 보험사업자가 보험가입자에게 지급하는 금액을 말한다.
6. "시범사업"이란 농어업재해보험사업(이하 "재해보험사업"이라 한다)을 전국적으로 실시하기 전에 보험의 효용성 및 보험 실시 가능성 등을 검증하기 위하여 일정 기간 제한된 지역에서 실시하는 보험사업을 말한다.

제3조(심의회) ① 이 법에 따른 농어업재해보험(이하 "재해보험"이라 한다) 및 농어업재해재보험(이하 "재보험"이라 한다)에 관한 다음 각 호의 사항을 심의하기 위하여 농림축산식품부장관 소속으로 농업재해보험심의회를 두고, 해양수산부장관 소속으로 어업재해보험심의회를 둔다. 〈개정 2013.3.23.〉

1. 재해보험 목적물의 선정에 관한 사항
2. 재해보험에서 보상하는 재해의 범위에 관한 사항
3. 재해보험사업에 대한 재정지원에 관한 사항
4. 손해평가의 방법과 절차에 관한 사항
5. 농어업재해재보험사업(이하 "재보험사업"이라 한다)에 대한 정부의 책임범위에 관한 사항
6. 재보험사업 관련 자금의 수입과 지출의 적정성에 관한 사항
7. 다른 법률에서 농업재해보험심의회 또는 어업재해보험심의회(이하 "심의회"라 한다)의 심의 사항으로 정하고 있는 사항
8. 그 밖에 농림축산식품부장관 또는 해양수산부장관이 필요하다고 인정하는 사항

② 심의회는 위원장 및 부위원장 각 1명을 포함한 21명 이내의 위원으로 구성한다.

부록

③ 심의회의 위원장은 각각 농림축산식품부차관 및 해양수산부차관으로 하고, 부위원장은 위원 중에서 호선(互選)한다. 〈개정 2013.3.23.〉

④ 심의회의 위원은 다음 각 호의 어느 하나에 해당하는 사람 중에서 각각 농림축산식품부장관 또는 해양수산부장관이 임명하거나 위촉하는 사람으로 한다. 이 경우 다음 각 호에 해당하는 사람이 각각 1명 이상 포함되어야 한다. 〈개정 2011.7.25., 2013.3.23., 2014.11.19., 2017.7.26., 2020.2.11.〉

1. 농림축산식품부장관 또는 해양수산부장관이 재해보험이나 농어업에 관한 학식과 경험이 풍부하다고 인정하는 사람
2. 농림축산식품부 또는 해양수산부의 재해보험을 담당하는 3급 공무원 또는 고위공무원단에 속하는 공무원
3. 자연재해 또는 보험 관련 업무를 담당하는 기획재정부・행정안전부・금융위원회・산림청의 3급 공무원 또는 고위공무원단에 속하는 공무원

⑤ 제4항 제1호의 위원의 임기는 3년으로 한다.

⑥ 심의회는 그 심의 사항을 검토・조정하고, 심의회의 심의를 보조하게 하기 위하여 심의회에 분과위원회를 둘 수 있다.

⑦ 심의회는 제1항 각 호의 사항을 심의하기 위하여 필요한 경우에는 농어업재해보험에 관하여 전문지식이 있는 자, 농어업인 또는 이해관계자의 의견을 들을 수 있다. 〈신설 2020.12.8.〉

⑧ 제1항부터 제7항까지에서 규정한 사항 외에 심의회 및 분과위원회의 구성과 운영 등에 필요한 사항은 대통령령으로 정한다. 〈개정 2020.12.8.〉

[제목개정 2013.3.23.]

제2장 재해보험사업

제4조(재해보험의 종류 등) 재해보험의 종류는 농작물재해보험, 임산물재해보험, 가축재해보험 및 양식수산물재해보험으로 한다. 이 중 농작물재해보험, 임산물재해보험 및 가축재해보험과 관련된 사항은 농림축산식품부장관이, 양식수산물재해보험과 관련된 사항은 해양수산부장관이 각각 관장한다. 〈개정 2011.7.25., 2013.3.23.〉

[제목개정 2013.3.23.]

제5조(보험목적물) 보험목적물은 다음 각 호의 구분에 따르되, 그 구체적인 범위는 보험의 효용성 및 보험 실시 가능성 등을 종합적으로 고려하여 농업재해보험심의회 또는 어업재해보험심의회를 거쳐 농림축산식품부장관 또는 해양수산부장관이 고시한다. 〈개정 2011.7.25., 2015.8.11.〉

1. 농작물재해보험 : 농작물 및 농업용 시설물

1의2. 임산물재해보험 : 임산물 및 임업용 시설물

2. 가축재해보험 : 가축 및 축산시설물
3. 양식수산물재해보험 : 양식수산물 및 양식시설물

제6조(보상의 범위 등) ① 재해보험에서 보상하는 재해의 범위는 해당 재해의 발생 빈도, 피해 정도 및 객관적인 손해평가방법 등을 고려하여 재해보험의 종류별로 대통령령으로 정한다. 〈개정 2016.12.2.〉

② 정부는 재해보험에서 보상하는 재해의 범위를 확대하기 위하여 노력하여야 한다. 〈신설 2016.12.2.〉

[제목개정 2016.12.2.]

제7조(보험가입자) 재해보험에 가입할 수 있는 자는 농림업, 축산업, 양식수산업에 종사하는 개인 또는 법인으로 하고, 구체적인 보험가입자의 기준은 대통령령으로 정한다.

제8조(보험사업자) ① 재해보험사업을 할 수 있는 자는 다음 각 호와 같다. 〈개정 2011.7.25.〉

1. 삭제 〈2011.3.31.〉
2. 「수산업협동조합법」에 따른 수산업협동조합중앙회(이하 "수협중앙회"라 한다)

2의2. 「산림조합법」에 따른 산림조합중앙회

3. 「보험업법」에 따른 보험회사

② 제1항에 따라 재해보험사업을 하려는 자는 농림축산식품부장관 또는 해양수산부장관과 재해보험사업의 약정을 체결하여야 한다. 〈개정 2013.3.23.〉

③ 제2항에 따른 약정을 체결하려는 자는 다음 각 호의 서류를 농림축산식품부장관 또는 해양수산부장관에게 제출하여야 한다. 〈개정 2013.3.23.〉

1. 사업방법서, 보험약관, 보험료 및 책임준비금산출방법서
2. 그 밖에 대통령령으로 정하는 서류

④ 제2항에 따른 재해보험사업의 약정을 체결하는데 필요한 사항은 대통령령으로 정한다.

제9조(보험료율의 산정) 제8조 제2항에 따라 농림축산식품부장관 또는 해양수산부장관과 재해보험사업의 약정을 체결한 자(이하 "재해보험사업자"라 한다)는 재해보험의 보험료율을 객관적이고 합리적인 통계자료를 기초로 하여 보험목적물별 또는 보상방식별로 산정하되, 대통령령으로 정하는 행정구역 단위 또는 권역 단위로 산정하여야 한다. 〈개정 2013.3.23., 2017.11.28.〉

[제목개정 2017.11.28.]

제10조(보험모집) ① 재해보험을 모집할 수 있는 자는 다음 각 호와 같다. 〈개정 2011.3.31., 2011.7.25., 2016.5.29.〉

1. 산림조합중앙회와 그 회원조합의 임직원, 수협중앙회와 그 회원조합 및 「수산업협동조합법」에 따라 설립된 수협은행의 임직원
2. 「수산업협동조합법」 제60조(제108조, 제113조 및 제168조에 따라 준용되는 경우를 포함한다)의 공제규약에 따른 공제모집인으로서 수협중앙회장 또는 그 회원조합장이 인정하는 자

2의2. 「산림조합법」 제48조(제122조에 따라 준용되는 경우를 포함한다)의 공제규정에 따른 공제모집인으로서 산림조합중앙회장이나 그 회원조합장이 인정하는 자

3. 「보험업법」 제83조제1항에 따라 보험을 모집할 수 있는 자

② 제1항에 따라 재해보험의 모집 업무에 종사하는 자가 사용하는 재해보험 안내자료 및 금지행위에 관하여는 「보험업법」 제95조 · 제97조, 제98조 및 「금융소비자 보호에 관한 법률」 제21조를 준용한다. 다만, 재해보험사업자가 수협중앙회, 산림조합중앙회인 경우에는 「보험업법」 제95조 제1항 제5호를 준용하지 아니하며, 「농업협동조합법」, 「수산업협동조합법」, 「산림조합법」에 따른 조합이 그 조합원에게 이 법에 따른 보험상품의 보험료 일부를 지원하는 경우에는 「보험업법」 제98조에도 불구하고 해당 보험계약의 체결 또는 모집과 관련한 특별이익의 제공으로 보지 아니한다. 〈개정 2011.3.31., 2011.7.25., 2012.12.18., 2020.3.24.〉

[시행일 : 2021.3.25.]

제10조의2(사고예방의무 등) ① 보험가입자는 재해로 인한 사고의 예방을 위하여 노력하여야 한다.

② 재해보험사업자는 사고 예방을 위하여 보험가입자가 납입한 보험료의 일부를 되돌려줄 수 있다. 〈개정 2020.2.11.〉

[본조신설 2016.12.2.]

제11조(손해평가 등) ① 재해보험사업자는 보험목적물에 관한 지식과 경험을 갖춘 사람 또는 그 밖의 관계 전문가를 손해평가인으로 위촉하여 손해평가를 담당하게 하거나 제11조의2에 따른 손해평가사(이하 "손해평가사"라 한다) 또는 「보험업법」 제186조에 따른 손해사정사에게 손해평가를 담당하게 할 수 있다. 〈개정 2014.6.3., 2020.2.11.〉

② 제1항에 따른 손해평가인과 손해평가사 및 「보험업법」 제186조에 따른 손해사정사는 농림축산식품부장관 또는 해양수산부장관이 정하여 고시하는 손해평가 요령에 따라 손해평가를 하여야 한다. 이 경우 공정하고 객관적으로 손해평가를 하여야 하며, 고의로 진실을 숨기거나 거짓으로 손해평가를 하여서는 아니 된다. 〈개정 2013.3.23., 2014.6.3., 2016.12.2.〉

③ 재해보험사업자는 공정하고 객관적인 손해평가를 위하여 동일 시·군·구(자치구를 말한다) 내에서 교차손해평가(손해평가인 상호간에 담당지역을 교차하여 평가하는 것을 말한다. 이하 같다)를 수행할 수 있다. 이 경우 교차손해평가의 절차·방법 등에 필요한 사항은 농림축산식품부장관 또는 해양수산부장관이 정한다. 〈신설 2016.12.2.〉

④ 농림축산식품부장관 또는 해양수산부장관은 제2항에 따른 손해평가 요령을 고시하려면 미리 금융위원회와 협의하여야 한다. 〈개정 2013.3.23., 2016.12.2.〉

⑤ 농림축산식품부장관 또는 해양수산부장관은 제1항에 따른 손해평가인이 공정하고 객관적인 손해평가를 수행할 수 있도록 연 1회 이상 정기교육을 실시하여야 한다. 〈신설 2016.12.2.〉

⑥ 농림축산식품부장관 또는 해양수산부장관은 손해평가인 간의 손해평가에 관한 기술·정보의 교환을 지원할 수 있다. 〈신설 2016.12.2.〉

⑦ 제1항에 따라 손해평가인으로 위촉될 수 있는 사람의 자격 요건, 제5항에 따른 정기교육, 제6항에 따른 기술·정보의 교환 지원 및 손해평가 실무교육 등에 필요한 사항은 대통령령으로 정한다. 〈개정 2016.12.2., 2020.2.11.〉

[제목개정 2016.12.2.]

제11조의2(손해평가사) 농림축산식품부장관은 공정하고 객관적인 손해평가를 촉진하기 위하여 손해평가사 제도를 운영한다.

[본조신설 2014.6.3.]

제11조의3(손해평가사의 업무) 손해평가사는 농작물재해보험 및 가축재해보험에 관하여 다음 각 호의 업무를 수행한다.

1. 피해사실의 확인
2. 보험가액 및 손해액의 평가
3. 그 밖의 손해평가에 필요한 사항

[본조신설 2014.6.3.]

제11조의4(손해평가사의 시험 등) ① 손해평가사가 되려는 사람은 농림축산식품부장관이 실시하는 손해평가사 자격시험에 합격하여야 한다.

② 보험목적물 또는 관련 분야에 관한 전문 지식과 경험을 갖추었다고 인정되는 대통령령으로 정하는 기준에 해당하는 사람에게는 손해평가사 자격시험 과목의 일부를 면제할 수 있다.

③ 농림축산식품부장관은 다음 각 호의 어느 하나에 해당하는 사람에 대하여는 그 시험을 정지시키거나 무효로 하고 그 처분 사실을 지체 없이 알려야 한다. 〈신설 2015.8.11.〉

1. 부정한 방법으로 시험에 응시한 사람
2. 시험에서 부정한 행위를 한 사람

④ 다음 각 호에 해당하는 사람은 그 처분이 있은 날부터 2년이 지나지 아니한 경우 제1항에 따른 손해평가사 자격시험에 응시하지 못한다. 〈개정 2015.8.11.〉

1. 제3항에 따라 정지・무효 처분을 받은 사람
2. 제11조의5에 따라 손해평가사 자격이 취소된 사람

⑤ 제1항 및 제2항에 따른 손해평가사 자격시험의 실시, 응시수수료, 시험과목, 시험과목의 면제, 시험방법, 합격기준 및 자격증 발급 등에 필요한 사항은 대통령령으로 정한다. 〈개정 2015.8.11.〉

⑥ 손해평가사는 다른 사람에게 그 명의를 사용하게 하거나 다른 사람에게 그 자격증을 대여해서는 아니 된다. 〈신설 2020.2.11.〉

⑦ 누구든지 손해평가사의 자격을 취득하지 아니하고 그 명의를 사용하거나 자격증을 대여받아서는 아니 되며, 명의의 사용이나 자격증의 대여를 알선해서도 아니 된다. 〈신설 2020.2.11.〉

[본조신설 2014.6.3.]

제11조의5(손해평가사의 자격 취소) ① 농림축산식품부장관은 다음 각 호의 어느 하나에 해당하는 사람에 대하여 손해평가사 자격을 취소할 수 있다. 다만, 제1호 및 제5호에 해당하는 경우에는 자격을 취소하여야 한다. 〈개정 2020.2.11.〉

1. 손해평가사의 자격을 거짓 또는 부정한 방법으로 취득한 사람
2. 거짓으로 손해평가를 한 사람
3. 제11조의4 제6항을 위반하여 다른 사람에게 손해평가사의 명의를 사용하게 하거나 그 자격증을 대여한 사람
4. 제11조의4 제7항을 위반하여 손해평가사 명의의 사용이나 자격증의 대여를 알선한 사람
5. 업무정지 기간 중에 손해평가 업무를 수행한 사람

② 제1항에 따른 자격 취소 처분의 세부기준은 대통령령으로 정한다. 〈신설 2020.2.11.〉

[본조신설 2014.6.3.]

제11조의6(손해평가사의 감독) ① 농림축산식품부장관은 손해평가사가 그 직무를 게을리하거나 직무를 수행하면서 부적절한 행위를 하였다고 인정하면 1년 이내의 기간을 정하여 업무의 정지를 명할 수 있다. 〈개정 2020.2.11.〉

② 제1항에 따른 업무 정지 처분의 세부기준은 대통령령으로 정한다. 〈신설 2020.2.11.〉

[본조신설 2014.6.3.]

제11조의7(보험금수급전용계좌) ① 재해보험사업자는 수급권자의 신청이 있는 경우에는 보험금을 수급권자 명의의 지정된 계좌(이하 "보험금수급전용계좌"라 한다)로 입금하여야 한다. 다만, 정보통신장애나 그 밖에 대통령령으로 정하는 불가피한 사유로 보험금을 보험금수급계좌로 이체할 수 없을 때에는 현금 지급 등 대통령령으로 정하는 바에 따라 보험금을 지급할 수 있다.

② 보험금수급전용계좌의 해당 금융기관은 이 법에 따른 보험금만이 보험금수급전용계좌에 입금되도록 관리하여야 한다.

③ 제1항에 따른 신청의 방법・절차와 제2항에 따른 보험금수급전용계좌의 관리에 필요한 사항은 대통령령으로 정한다.

[본조신설 2020.2.11.]

제12조(수급권의 보호) ① 재해보험의 보험금을 지급받을 권리는 압류할 수 없다. 다만, 보험목적물이 담보로 제공된 경우에는 그러하지 아니하다. 〈개정 2020.2.11.〉

② 제11조의7 제1항에 따라 지정된 보험금수급전용계좌의 예금 중 대통령령으로 정하는 액수 이하의 금액에 관한 채권은 압류할 수 없다. 〈신설 2020.2.11.〉

제13조(보험목적물의 양도에 따른 권리 및 의무의 승계) 재해보험가입자가 재해보험에 가입된 보험목적물을 양도하는 경우 그 양수인은 재해보험계약에 관한 양도인의 권리 및 의무를 승계한 것으로 추정한다.

제14조(업무 위탁) 재해보험사업자는 재해보험사업을 원활히 수행하기 위하여 필요한 경우에는 보험모집 및 손해평가 등 재해보험 업무의 일부를 대통령령으로 정하는 자에게 위탁할 수 있다.

제15조(회계 구분) 재해보험사업자는 재해보험사업의 회계를 다른 회계와 구분하여 회계처리함으로써 손익관계를 명확히 하여야 한다.

제16조 삭제 〈2015.8.11.〉

제17조(분쟁조정) 재해보험과 관련된 분쟁의 조정(調停)은 「금융소비자 보호에 관한 법률」 제33조부터 제43조까지의 규정에 따른다. 〈개정 2020.3.24.〉

[시행일 : 2021.3.25.]

제18조(「보험업법」 등의 적용) ① 이 법에 따른 재해보험사업에 대하여는 「보험업법」 제104조부터 제107조까지, 제118조제1항, 제119조, 제120조, 제124조, 제127조, 제128조, 제131조부터 제133조까지, 제134조제1항, 제136조, 제162조, 제176조 및 제181조제1항을 적용한다. 이 경우 "보험회사"는 "보험사업자"로 본다. 〈개정 2015.8.11., 2020.3.24.〉

② 이 법에 따른 재해보험사업에 대해서는 「금융소비자 보호에 관한 법률」 제45조를 적용한다. 이 경우 "금융상품직접판매업자"는 "보험사업자"로 본다. 〈신설 2020.3.24.〉

[제목개정 2020.3.24.]

[시행일 : 2021.3.25.]

제19조(재정지원) ① 정부는 예산의 범위에서 재해보험가입자가 부담하는 보험료의 일부와 재해보험사업자의 재해보험의 운영 및 관리에 필요한 비용(이하 "운영비"라 한다)의 전부 또는 일부를 지원할 수 있다. 이 경우 지방자치단체는 예산의 범위에서 재해보험가입자가 부담하는 보험료의 일부를 추가로 지원할 수 있다. 〈개정 2011.7.25.〉

② 농림축산식품부장관 · 해양수산부장관 및 지방자치단체의 장은 제1항에 따른 지원 금액을 재해보험사업자에게 지급하여야 한다. 〈개정 2011.7.25., 2013.3.23.〉

③ 「풍수해보험법」에 따른 풍수해보험에 가입한 자가 동일한 보험목적물을 대상으로 재해보험에 가입할 경우에는 제1항에도 불구하고 정부가 재정지원을 하지 아니한다.

④ 제1항에 따른 보험료와 운영비의 지원 방법 및 지원 절차 등에 필요한 사항은 대통령령으로 정한다.

제3장 재보험사업 및 농어업재해재보험기금

제20조(재보험사업) ① 정부는 재해보험에 관한 재보험사업을 할 수 있다.

② 농림축산식품부장관 또는 해양수산부장관은 재보험에 가입하려는 재해보험사업자와 다음 각 호의 사항이 포함된 재보험 약정을 체결하여야 한다. 〈개정 2013.3.23.〉

1. 재해보험사업자가 정부에 내야 할 보험료(이하 "재보험료"라 한다)에 관한 사항
2. 정부가 지급하여야 할 보험금(이하 "재보험금"이라 한다)에 관한 사항
3. 그 밖에 재보험수수료 등 재보험 약정에 관한 것으로서 대통령령으로 정하는 사항

③ 농림축산식품부장관은 해양수산부장관과 협의를 거쳐 재보험사업에 관한 업무의 일부를 「농업·농촌 및 식품산업 기본법」 제63조의2 제1항에 따라 설립된 농업정책보험금융원(이하 "농업정책보험금융원"이라 한다)에 위탁할 수 있다. 〈신설 2014.6.3., 2017.3.14.〉

제21조(기금의 설치) 농림축산식품부장관은 해양수산부장관과 협의하여 공동으로 재보험사업에 필요한 재원에 충당하기 위하여 농어업재해재보험기금(이하 "기금"이라 한다)을 설치한다. 〈개정 2013.3.23.〉

제22조(기금의 조성) ① 기금은 다음 각 호의 재원으로 조성한다. 〈개정 2016.12.2.〉

1. 제20조 제2항 제1호에 따라 받은 재보험료
2. 정부, 정부 외의 자 및 다른 기금으로부터 받은 출연금
3. 재보험금의 회수 자금
4. 기금의 운용수익금과 그 밖의 수입금
5. 제2항에 따른 차입금
6. 「농어촌구조개선 특별회계법」 제5조 제2항 제7호에 따라 농어촌구조개선 특별회계의 농어촌특별세사업계정으로부터 받은 전입금

② 농림축산식품부장관은 기금의 운용에 필요하다고 인정되는 경우에는 해양수산부장관과 협의하여 기금의 부담으로 금융기관, 다른 기금 또는 다른 회계로부터 자금을 차입할 수 있다. 〈개정 2013.3.23.〉

부록

제23조(기금의 용도) 기금은 다음 각 호에 해당하는 용도에 사용한다. 〈개정 2013.3.23.〉

1. 제20조 제2항 제2호에 따른 재보험금의 지급
2. 제22조 제2항에 따른 차입금의 원리금 상환
3. 기금의 관리·운용에 필요한 경비(위탁경비를 포함한다)의 지출
4. 그 밖에 농림축산식품부장관이 해양수산부장관과 협의하여 재보험사업을 유지·개선하는 데에 필요하다고 인정하는 경비의 지출

제24조(기금의 관리·운용) ① 기금은 농림축산식품부장관이 해양수산부장관과 협의하여 관리·운용한다. 〈개정 2013.3.23.〉

② 농림축산식품부장관은 해양수산부장관과 협의를 거쳐 기금의 관리·운용에 관한 사무의 일부를 농업정책보험금융원에 위탁할 수 있다. 〈개정 2013.3.23., 2017.3.14.〉

③ 제1항 및 제2항에서 규정한 사항 외에 기금의 관리·운용에 필요한 사항은 대통령령으로 정한다.

제25조(기금의 회계기관) ① 농림축산식품부장관은 해양수산부장관과 협의하여 기금의 수입과 지출에 관한 사무를 수행하게 하기 위하여 소속 공무원 중에서 기금수입징수관, 기금재무관, 기금지출관 및 기금출납공무원을 임명한다. 〈개정 2013.3.23.〉

② 농림축산식품부장관은 제24조제2항에 따라 기금의 관리·운용에 관한 사무를 위탁한 경우에는 해양수산부장관과 협의하여 농업정책보험금융원의 임원 중에서 기금수입담당임원과 기금지출원인행위담당임원을, 그 직원 중에서 기금지출원과 기금출납원을 각각 임명하여야 한다. 이 경우 기금수입담당임원은 기금수입징수관의 업무를, 기금지출원인행위담당임원은 기금재무관의 업무를, 기금지출원은 기금지출관의 업무를, 기금출납원은 기금출납공무원의 업무를 수행한다. 〈개정 2013.3.23., 2017.3.14.〉

제4장 보험사업의 관리

제25조의2(농어업재해보험사업의 관리) ① 농림축산식품부장관 또는 해양수산부장관은 재해보험사업을 효율적으로 추진하기 위하여 다음 각 호의 업무를 수행한다. 〈개정 2020.2.11., 2020.5.26.〉

1. 재해보험사업의 관리·감독
2. 재해보험 상품의 연구 및 보급
3. 재해 관련 통계 생산 및 데이터베이스 구축·분석
4. 손해평가인력의 육성
5. 손해평가기법의 연구·개발 및 보급

② 농림축산식품부장관 또는 해양수산부장관은 다음 각 호의 업무를 농업정책보험금융원에 위탁할 수 있다. 〈개정 2017.3.14., 2020.5.26.〉

1. 제1항 제1호부터 제5호까지의 업무
2. 제8조 제2항에 따른 재해보험사업의 약정 체결 관련 업무
3. 제11조의2에 따른 손해평가사 제도 운용 관련 업무
4. 그 밖에 재해보험사업과 관련하여 농림축산식품부장관 또는 해양수산부장관이 위탁하는 업무

③ 농림축산식품부장관은 제11조의4에 따른 손해평가사 자격시험의 실시 및 관리에 관한 업무를 「한국산업인력공단법」에 따른 한국산업인력공단에 위탁할 수 있다. 〈신설 2017.3.14.〉

[본조신설 2014.6.3.]

[제목개정 2020.5.26.]

제26조(통계의 수집·관리 등) ① 농림축산식품부장관 또는 해양수산부장관은 보험대상의 현황, 보험확대 예비품목(제3조 제1항 제1호에 따라 선정한 보험목적물 도입예정 품목을 말한다)의 현황, 피해 규모, 피해 원인 등 보험상품의 운영 및 개발에 필요한 통계자료를 수집·관리하여야 하며, 이를 위하여 관계 중앙행정기관 및 지방자치단체의 장에게 필요한 자료를 요청할 수 있다. 〈개정 2013.3.23., 2016.12.2.〉

② 제1항에 따라 자료를 요청받은 경우 관계 중앙행정기관 및 지방자치단체의 장은 특별한 사유가 없으면 요청에 따라야 한다.

③ 농림축산식품부장관 또는 해양수산부장관은 재해보험사업의 건전한 운영을 위하여 재해보험 제도 및 상품 개발 등을 위한 조사·연구, 관련 기술의 개발 및 전문인력 양성 등의 진흥 시책을 마련하여야 한다. 〈개정 2013.3.23.〉

④ 농림축산식품부장관 및 해양수산부장관은 제1항 및 제3항에 따른 통계의 수집·관리, 조사·연구 등에 관한 업무를 대통령령으로 정하는 자에게 위탁할 수 있다. 〈개정 2013.3.23.〉

제27조(시범사업) ① 재해보험사업자는 신규 보험상품을 도입하려는 경우 등 필요한 경우에는 농림축산식품부장관 또는 해양수산부장관과 협의하여 시범사업을 할 수 있다. 〈개정 2013.3.23.〉

② 정부는 시범사업의 원활한 운영을 위하여 필요한 지원을 할 수 있다.

③ 제1항 및 제2항에 따른 시범사업 실시에 관한 구체적인 사항은 대통령령으로 정한다.

제28조(보험가입의 촉진 등) 정부는 농어업인의 재해대비의식을 고양하고 재해보험의 가입을 촉진하기 위하여 교육·홍보 및 보험가입자에 대한 정책자금 지원, 신용보증 지원 등을 할 수 있다. 〈개정 2016.12.2.〉

제28조의2(보험가입촉진계획의 수립) ① 재해보험사업자는 농어업재해보험 가입 촉진을 위하여 보험가입촉진계획을 매년 수립하여 농림축산식품부장관 또는 해양수산부장관에게 제출하여야 한다.

② 보험가입촉진계획의 내용 및 그 밖에 필요한 사항은 대통령령으로 정한다.

[본조신설 2016.12.2.]

제29조(보고 등) 농림축산식품부장관 또는 해양수산부장관은 재해보험의 건전한 운영과 재해보험가입자의 보호를 위하여 필요하다고 인정되는 경우에는 재해보험사업자에게 재해보험사업에 관한 업무 처리 상황을 보고하게 하거나 관계 서류의 제출을 요구할 수 있다. 〈개정 2013.3.23.〉

제29조의2(청문) 농림축산식품부장관은 다음 각 호의 어느 하나에 해당하는 처분을 하려면 청문을 하여야 한다.

1. 제11조의5에 따른 손해평가사의 자격 취소
2. 제11조의6에 따른 손해평가사의 업무 정지

[본조신설 2014.6.3.]

제5장 벌 칙

제30조(벌칙) ① 제10조 제2항에서 준용하는 「보험업법」 제98조에 따른 금품 등을 제공(같은 조 제3호의 경우에는 보험금 지급의 약속을 말한다)한 자 또는 이를 요구하여 받은 보험가입자는 3년 이하의 징역 또는 3천만원 이하의 벌금에 처한다. 〈개정 2017.11.28.〉

② 다음 각 호의 어느 하나에 해당하는 자는 1년 이하의 징역 또는 1천만원 이하의 벌금에 처한다. 〈개정 2020.2.11.〉

1. 제10조 제1항을 위반하여 모집을 한 자
2. 제11조 제2항 후단을 위반하여 고의로 진실을 숨기거나 거짓으로 손해평가를 한 자
3. 제11조의4 제6항을 위반하여 다른 사람에게 손해평가사의 명의를 사용하게 하거나 그 자격증을 대여한 자
4. 제11조의4 제7항을 위반하여 손해평가사의 명의를 사용하거나 그 자격증을 대여받은 자 또는 명의의 사용이나 자격증의 대여를 알선한 자

③ 제15조를 위반하여 회계를 처리한 자는 500만원 이하의 벌금에 처한다.

제31조(양벌규정) 법인의 대표자나 법인 또는 개인의 대리인, 사용인, 그 밖의 종업원이 그 법인 또는 개인의 업무에 관하여 제30조의 위반행위를 하면 그 행위자를 벌하는 외에 그 법인 또는 개인에게도 해당 조문의 벌금형을 과(科)한다. 다만, 법인 또는 개인이 그 위반행위를 방지하기 위하여 해당 업무에 관하여 상당한 주의와 감독을 게을리하지 아니한 경우에는 그러하지 아니하다.

제32조(과태료) ① 재해보험사업자가 제10조 제2항에서 준용하는 「보험업법」 제95조를 위반하여 보험안내를 한 경우에는 1천만원 이하의 과태료를 부과한다.

② 재해보험사업자의 발기인, 설립위원, 임원, 집행간부, 일반간부직원, 파산관재인 및 청산인이 다음 각 호의 어느 하나에 해당하면 500만원 이하의 과태료를 부과한다. 〈개정 2015.8.11., 2020.3.24.〉

1. 제18조 제1항에서 적용하는 「보험업법」 제120조에 따른 책임준비금과 비상위험준비금을 계상하지 아니하거나 이를 따로 작성한 장부에 각각 기재하지 아니한 경우
2. 제18조 제1항에서 적용하는 「보험업법」 제131조 제1항 · 제2항 및 제4항에 따른 명령을 위반한 경우
3. 제18조 제1항에서 적용하는 「보험업법」 제133조에 따른 검사를 거부 · 방해 또는 기피한 경우

③ 다음 각 호의 어느 하나에 해당하는 자에게는 500만원 이하의 과태료를 부과한다. 〈개정 2020.3.24.〉

1. 제10조 제2항에서 준용하는 「보험업법」 제95조를 위반하여 보험안내를 한 자로서 재해보험사업자가 아닌 자
2. 제10조 제2항에서 준용하는 「보험업법」 제97조 제1항 또는 「금융소비자 보호에 관한 법률」 제21조를 위반하여 보험계약의 체결 또는 모집에 관한 금지행위를 한 자
3. 제29조에 따른 보고 또는 관계 서류 제출을 하지 아니하거나 보고 또는 관계 서류 제출을 거짓으로 한 자

④ 제1항, 제2항 제1호 및 제3항에 따른 과태료는 농림축산식품부장관 또는 해양수산부장관이, 제2항 제2호 및 제3호에 따른 과태료는 금융위원회가 대통령령으로 정하는 바에 따라 각각 부과 · 징수한다. 〈개정 2013.3.23.〉

[시행일 : 2021.3.25.]

부칙 〈제17328호, 2020.5.26.〉

이 법은 공포 후 3개월이 경과한 날부터 시행한다.

[농어업재해보험법 시행령]

[시행 2021.3.25] [대통령령 제31553호, 2021.3.23, 타법 개정]

제1조(목적) 이 영은 「농어업재해보험법」에서 위임된 사항과 그 시행에 필요한 사항을 규정함을 목적으로 한다.

제2조(위원장의 직무) ① 「농어업재해보험법」(이하 "법"이라 한다) 제3조에 따른 농업재해보험심의회 또는 어업재해보험심의회(이하 "심의회"라 한다)의 위원장(이하 "위원장"이라 한다)은 심의회를 대표하며, 심의회의 업무를 총괄한다. 〈개정 2013.3.23.〉

② 심의회의 부위원장은 위원장을 보좌하며, 위원장이 부득이한 사유로 직무를 수행할 수 없을 때에는 그 직무를 대행한다.

제3조(회의) ① 위원장은 심의회의 회의를 소집하며, 그 의장이 된다.

② 심의회의 회의는 재적위원 3분의 1 이상의 요구가 있을 때 또는 위원장이 필요하다고 인정할 때에 소집한다.

③ 심의회의 회의는 재적위원 과반수의 출석으로 개의(開議)하고, 출석위원 과반수의 찬성으로 의결한다.

제3조의2(위원의 해촉) 농림축산식품부장관 또는 해양수산부장관은 법 제3조 제4항 제1호에 따른 위원이 다음 각 호의 어느 하나에 해당하는 경우에는 해당 위원을 해촉(解囑)할 수 있다.

1. 심신장애로 인하여 직무를 수행할 수 없게 된 경우
2. 직무와 관련된 비위사실이 있는 경우
3. 직무태만, 품위손상이나 그 밖의 사유로 인하여 위원으로 적합하지 아니하다고 인정되는 경우
4. 위원 스스로 직무를 수행하는 것이 곤란하다고 의사를 밝히는 경우

[본조신설 2016.1.22.]

제4조(분과위원회) ① 법 제3조 제6항에 따라 심의회에 다음 각 호의 구분에 따른 분과위원회를 둔다. 〈개정 2016.1.22.〉

1. 법 제3조에 따른 농업재해보험심의회(이하 "농업재해보험심의회"라 한다)의 경우 : 농업인안전보험 분과위원회
2. 법 제3조에 따른 어업재해보험심의회(이하 "어업재해보험심의회"라 한다)의 경우에는 다음 각 목의 분과위원회
   가. 어업인안전보험 분과위원회
   나. 어선원 및 어선 재해보상보험 분과위원회

② 제1항에 따른 농업인안전보험 분과위원회, 어업인안전보험 분과위원회 또는 어선원 및 어선 재해보상보험 분과위원회(이하 "분과위원회"라 한다)는 다음 각 호의 구분에 따른 사항을 검토·조정하여 농업재해보험심의회 또는 어업재해보험심의회에 보고한다. 〈개정 2016.1.22.〉

1. 농업인안전보험 분과위원회 : 「농어업인의 안전보험 및 안전재해예방에 관한 법률」 제5조에 따른 심의사항 중 농업인안전보험에 관한 사항
2. 어업인안전보험 분과위원회 : 「농어업인의 안전보험 및 안전재해예방에 관한 법률」 제5조에 따른 심의사항 중 어업인안전보험에 관한 사항
3. 어선원 및 어선 재해보상보험 분과위원회 : 「어선원 및 어선 재해보상보험법」 제7조에 따른 심의사항

③ 분과위원회는 분과위원장 1명을 포함한 9명 이내의 분과위원으로 성별을 고려하여 구성한다. 〈개정 2016.1.22.〉

④ 분과위원장 및 분과위원은 심의회의 위원 중에서 전문적인 지식과 경험 등을 고려하여 위원장이 지명한다.

⑤ 분과위원회의 회의는 위원장 또는 분과위원장이 필요하다고 인정할 때에 소집한다.

⑥ 제1항부터 제5항까지에서 규정한 사항 외에 분과위원장의 직무 및 분과위원회의 회의에 관해서는 제2조 제1항 및 제3조 제1항·제3항을 준용한다.

제5조(수당 등) 심의회 또는 분과위원회에 출석한 위원 또는 분과위원에게는 예산의 범위에서 수당, 여비 또는 그 밖에 필요한 경비를 지급할 수 있다. 다만, 공무원인 위원 또는 분과위원이 그 소관 업무와 직접 관련하여 심의회 또는 분과위원회에 출석한 경우에는 그러하지 아니하다.

제6조(운영세칙) 제2조, 제3조, 제3조의2, 제4조 및 제5조에서 규정한 사항 외에 심의회 또는 분과위원회의 운영에 필요한 사항은 심의회의 의결을 거쳐 위원장이 정한다. 〈개정 2016.1.22.〉

제7조 삭제 〈2016.1.22.〉

제8조(재해보험에서 보상하는 재해의 범위) 법 제6조 제1항에 따라 재해보험에서 보상하는 재해의 범위는 별표 1과 같다. 〈개정 2017.5.29.〉

제9조(보험가입자의 기준) 법 제7조에 따른 보험가입자의 기준은 다음 각 호의 구분에 따른다. 〈개정 2011.12.28., 2017.5.29.〉

1. 농작물재해보험 : 법 제5조에 따라 농림축산식품부장관이 고시하는 농작물을 재배하는 자

1의2. 임산물재해보험 : 법 제5조에 따라 농림축산식품부장관이 고시하는 임산물을 재배하는 자

2. 가축재해보험 : 법 제5조에 따라 농림축산식품부장관이 고시하는 가축을 사육하는 자

3. 양식수산물재해보험 : 법 제5조에 따라 해양수산부장관이 고시하는 양식수산물을 양식하는 자

제10조(재해보험사업의 약정체결) ① 법 제8조 제2항에 따라 재해보험 사업의 약정을 체결하려는 자는 농림축산식품부장관 또는 해양수산부장관이 정하는 바에 따라 재해보험사업 약정체결신청서에 같은 조 제3항 각 호에 따른 서류를 첨부하여 농림축산식품부장관 또는 해양수산부장관에게 제출하여야 한다. 〈개정 2013.3.23.〉

② 농림축산식품부장관 또는 해양수산부장관은 법 제8조 제2항에 따라 재해보험사업을 하려는 자와 재해보험사업의 약정을 체결할 때에는 다음 각 호의 사항이 포함된 약정서를 작성하여야 한다. 〈개정 2013.3.23.〉

1. 약정기간에 관한 사항
2. 재해보험사업의 약정을 체결한 자(이하 "재해보험사업자"라 한다)가 준수하여야 할 사항
3. 재해보험사업자에 대한 재정지원에 관한 사항
4. 약정의 변경·해지 등에 관한 사항
5. 그 밖에 재해보험사업의 운영에 관한 사항

③ 법 제8조 제3항 제2호에서 "대통령령으로 정하는 서류"란 정관을 말한다.

④ 제1항에 따른 제출을 받은 농림축산식품부장관 또는 해양수산부장관은 「전자정부법」 제36조 제1항에 따른 행정정보의 공동이용을 통하여 법인 등기사항증명서를 확인하여야 한다. 〈개정 2010.5.4., 2013.3.23.〉

제11조(행정구역 단위 또는 권역 단위) 법 제9조에서 "대통령령으로 정하는 행정구역 단위 또는 권역 단위"란 다음 각 호의 구분에 따른 단위를 말한다. 〈개정 2013.3.23.〉

1. 행정구역 단위 : 특별시·광역시·도·특별자치도 또는 시·군·자치구
2. 권역 단위 : 농림축산식품부장관 또는 해양수산부장관이 행정구역 단위와는 따로 구분하여 고시하는 지역 단위

제12조(손해평가인의 자격요건 등) ① 법 제11조에 따른 손해평가인으로 위촉될 수 있는 사람의 자격요건은 별표 2와 같다.

② 재해보험사업자는 제1항에 따른 손해평가인으로 위촉된 사람에 대하여 보험에 관한 기초지식, 보험약관 및 손해평가요령 등에 관한 실무교육을 하여야 한다.

③ 법 제11조 제5항에 따른 정기교육에는 다음 각 호의 사항이 포함되어야 하며, 교육시간은 4시간 이상으로 한다. 〈신설 2017.5.29.〉

1. 농어업재해보험에 관한 기초지식
2. 농어업재해보험의 종류별 약관
3. 손해평가의 절차 및 방법
4. 그 밖에 손해평가에 필요한 사항으로서 농림축산식품부장관 또는 해양수산부장관이 정하는 사항

④ 제3항에서 규정한 사항 외에 정기교육의 운영에 필요한 사항은 농림축산식품부장관 또는 해양수산부장관이 정하여 고시한다. 〈신설 2017.5.29.〉

제12조의2(손해평가사 자격시험의 실시 등) ① 법 제11조의4 제1항에 따른 손해평가사 자격시험(이하 "손해평가사 자격시험"이라 한다)은 매년 1회 실시한다. 다만, 농림축산식품부장관이 손해평가사의 수급(需給)상 필요하다고 인정하는 경우에는 2년마다 실시할 수 있다.

② 농림축산식품부장관은 손해평가사 자격시험을 실시하려면 다음 각 호의 사항을 시험 실시 90일 전까지 인터넷 홈페이지 등에 공고해야 한다. 〈개정 2020.8.12.〉

1. 시험의 일시 및 장소
2. 시험방법 및 시험과목
3. 응시원서의 제출방법 및 응시수수료
4. 합격자 발표의 일시 및 방법
5. 선발예정인원(농림축산식품부장관이 수급상 필요하다고 인정하여 선발예정인원을 정한 경우만 해당한다)
6. 그 밖에 시험의 실시에 필요한 사항

③ 손해평가사 자격시험에 응시하려는 사람은 농림축산식품부장관이 정하여 고시하는 응시원서를 농림축산식품부장관에게 제출하여야 한다.

④ 손해평가사 자격시험에 응시하려는 사람은 농림축산식품부장관이 정하여 고시하는 응시수수료를 내야 한다.

⑤ 농림축산식품부장관은 다음 각 호의 어느 하나에 해당하는 경우에는 제4항에 따라 받은 수수료를 다음 각 호의 구분에 따라 반환하여야 한다.

1. 수수료를 과오납한 경우 : 과오납한 금액 전부
2. 시험일 20일 전까지 접수를 취소하는 경우 : 납부한 수수료 전부
3. 시험관리기관의 귀책사유로 시험에 응시하지 못하는 경우 : 납부한 수수료 전부

4. 시험일 10일 전까지 접수를 취소하는 경우 : 납부한 수수료의 100분의 60
[본조신설 2014.12.3.]

제12조의3(손해평가사 자격시험의 방법) ① 손해평가사 자격시험은 제1차 시험과 제2차 시험으로 구분하여 실시한다. 이 경우 제2차 시험은 제1차 시험에 합격한 사람과 제12조의5에 따라 제1차 시험을 면제받은 사람을 대상으로 시행한다.
② 제1차 시험은 선택형으로 출제하는 것을 원칙으로 하되, 단답형 또는 기입형을 병행할 수 있다.
③ 제2차 시험은 서술형으로 출제하는 것을 원칙으로 하되, 단답형 또는 기입형을 병행할 수 있다.
[본조신설 2014.12.3.]

제12조의4(손해평가사 자격시험의 과목) 손해평가사 자격시험의 제1차 시험 과목 및 제2차 시험 과목은 별표 2의2와 같다.
[본조신설 2014.12.3.]

제12조의5(손해평가사 자격시험의 일부 면제) ① 법 제11조의4 제2항에서 "대통령령으로 정하는 기준에 해당하는 사람"이란 다음 각 호의 어느 하나에 해당하는 사람을 말한다.
1. 법 제11조 제1항에 따른 손해평가인으로 위촉된 기간이 3년 이상인 사람으로서 손해평가 업무를 수행한 경력이 있는 사람
2. 「보험업법」 제186조에 따른 손해사정사
3. 다음 각 목의 기관 또는 법인에서 손해사정 관련 업무에 3년 이상 종사한 경력이 있는 사람
가. 「금융위원회의 설치 등에 관한 법률」에 따라 설립된 금융감독원
나. 「농업협동조합법」에 따른 농업협동조합중앙회. 이 경우 법률 제10522호 농업협동조합법 일부개정법률 제134조의5의 개정규정에 따라 농협손해보험이 설립되기 전까지의 농업협동조합중앙회에 한정한다.
다. 「보험업법」 제4조에 따른 허가를 받은 손해보험회사
라. 「보험업법」 제175조에 따라 설립된 손해보험협회
마. 「보험업법」 제187조 제2항에 따른 손해사정을 업(業)으로 하는 법인
바. 「화재로 인한 재해보상과 보험가입에 관한 법률」 제11조에 따라 설립된 한국화재보험협회
② 제1항 각 호의 어느 하나에 해당하는 사람에 대해서는 손해평가사 자격시험 중 제1차 시험을 면제한다.
③ 제2항에 따라 제1차 시험을 면제받으려는 사람은 농림축산식품부장관이 정하여 고시하는 면제신청서에 제1항 각 호의 어느 하나에 해당하는 사실을 증명하는 서류를 첨부하여 농림축산식품부장관에게 신청해야 한다. 〈신설 2019.12.10.〉
④ 제3항에 따른 면제 신청을 받은 농림축산식품부장관은 「전자정부법」 제36조 제1항에 따른 행정정보의 공동이용을 통하여 신청인의 고용보험 피보험자격 이력내역서, 국민연금가입자가입증명 또는 건강보험 자격득실확인서를 확인해야 한다. 다만, 신청인이 확인에 동의하지 않는 경우에는 그 서류를 첨부하도록 해야 한다. 〈신설 2019.12.10.〉
⑤ 제1차 시험에 합격한 사람에 대해서는 다음 회에 한정하여 제1차 시험을 면제한다. 〈개정 2019.12.10.〉
[본조신설 2014.12.3.]

제12조의6(손해평가사 자격시험의 합격기준 등) ① 손해평가사 자격시험의 제1차 시험 합격자를 결정할 때에는 매 과목 100점을 만점으로 하여 매 과목 40점 이상과 전 과목 평균 60점 이상을 득점한 사람을 합격자로 한다.

② 손해평가사 자격시험의 제2차 시험 합격자를 결정할 때에는 매 과목 100점을 만점으로 하여 매 과목 40점 이상과 전 과목 평균 60점 이상을 득점한 사람을 합격자로 한다.

③ 제2항에도 불구하고 농림축산식품부장관이 손해평가사의 수급상 필요하다고 인정하여 제12조의2 제2항 제5호에 따라 선발예정인원을 공고한 경우에는 매 과목 40점 이상을 득점한 사람 중에서 전(全) 과목 총득점이 높은 사람부터 차례로 선발예정인원에 달할 때까지에 해당하는 사람을 합격자로 한다.

④ 제3항에 따라 합격자를 결정할 때 동점자가 있어 선발예정인원을 초과하는 경우에는 해당 동점자 모두를 합격자로 한다. 이 경우 동점자의 점수는 소수점 이하 둘째자리(셋째자리 이하 버림)까지 계산한다.

⑤ 농림축산식품부장관은 손해평가사 자격시험의 최종합격자가 결정되었을 때에는 이를 인터넷 홈페이지에 공고하여야 한다.

[본조신설 2014.12.3.]

제12조의7(손해평가사 자격증의 발급) 농림축산식품부장관은 손해평가사 자격시험에 합격한 사람에게 농림축산식품부장관이 정하여 고시하는 바에 따라 손해평가사 자격증을 발급하여야 한다.

[본조신설 2014.12.3.]

제12조의8(손해평가 등의 교육) 농림축산식품부장관은 손해평가사의 손해평가 능력 및 자질 향상을 위하여 교육을 실시할 수 있다.

[본조신설 2014.12.3.]

제12조의9(손해평가사 자격 취소 처분의 세부기준) 법 제11조의5 제1항에 따른 손해평가사 업무 정지 처분의 세부기준은 별표 2의3과 같다.

[본조신설 2020.8.12.]

제12조의10(손해평가사 업무 정지 처분의 세부기준) 법 제11조의6 제1항에 따른 손해평가사 자격 취소 처분의 세부기준은 별표 2의4과 같다.

[본조신설 2020.8.12.]

제12조의11(보험금수급전용계좌의 신청 방법 · 절차 등) ① 법 제11조의7 제1항 본문에 따라 보험금을 수급권자 명의의 지정된 계좌(이하 "보험금수급전용계좌"라 한다)로 받으려는 사람은 재해보험사업자가 정하는 보험금 지급청구서에 수급권자 명의의 보험금수급전용계좌를 기재하고, 통장의 사본(계좌번호가 기재된 면을 말한다)을 첨부하여 재해보험사업자에게 제출해야 한다. 보험금수급전용계좌를 변경하는 경우에도 또한 같다.

② 법 제11조의7 제1항 단서에서 "대통령령으로 정하는 불가피한 사유"란 보험금수급전용계좌가 개설된 금융기관의 폐업 · 업무 정지 등으로 정상영업이 불가능한 경우를 말한다.

③ 재해보험사업자는 법 제11조의7 제1항 단서에 따른 사유로 보험금을 이체할 수 없을 때에는 수급권자의 신청에 따라 다른 금융기관에 개설된 보험금수급전용계좌로 이체해야 한다. 다만, 다른 보험금수급전용계좌로도 이체할 수 없는 경우에는 수급권자 본인의 주민등록증 등 신분증명서의 확인을 거쳐 보험금을 직접 현금으로 지급할 수 있다.

[본조신설 2020.8.12.]

제12조의12(보험금의 압류 금지) 법 제12조 제2항에서 "대통령령으로 정하는 액수"란 다음 각 호의 구분에 따른 보험금 액수를 말한다.

1. 농작물·임산물·가축 및 양식수산물의 재생산에 직접적으로 소요되는 비용의 보장을 목적으로 법 제11조의7 제1항 본문에 따라 보험금수급전용계좌로 입금된 보험금 : 입금된 보험금 전액
2. 제1호 외의 목적으로 법 제11조의7 제1항 본문에 따라 보험금수급전용계좌로 입금된 보험금 : 입금된 보험금의 2분의 1에 해당하는 액수

[본조신설 2020.8.12.]

제13조(업무 위탁) 법 제14조에서 "대통령령으로 정하는 자"란 다음 각 호의 자를 말한다.

〈개정 2011.12.28., 2014.4.22., 2016.11.8.〉

1. 「농업협동조합법」에 따라 설립된 지역농업협동조합·지역축산업협동조합 및 품목별·업종별협동조합

1의2. 「산림조합법」에 따라 설립된 지역산림조합 및 품목별·업종별산림조합

2. 「수산업협동조합법」에 따라 설립된 지구별 수산업협동조합, 업종별 수산업협동조합, 수산물가공 수산업협동조합 및 수협은행
3. 「보험업법」 제187조에 따라 손해사정을 업으로 하는 자
4. 농어업재해보험 관련 업무를 수행할 목적으로 「민법」 제32조에 따라 농림축산식품부장관 또는 해양수산부장관의 허가를 받아 설립된 비영리법인(손해평가 관련 업무를 위탁하는 경우만 해당한다)

제14조 삭제 〈2017.5.29.〉

제15조(보험료 및 운영비의 지원) ① 법 제19조 제1항 전단 및 제2항에 따라 보험료 또는 운영비의 지원금액을 지급받으려는 재해보험사업자는 농림축산식품부장관 또는 해양수산부장관이 정하는 바에 따라 재해보험 가입현황서나 운영비 사용계획서를 농림축산식품부장관 또는 해양수산부장관에게 제출하여야 한다. 〈개정 2011.12.28., 2013.3.23.〉

② 제1항에 따른 재해보험 가입현황서나 운영비 사용계획서를 제출받은 농림축산식품부장관 또는 해양수산부장관은 제9조에 따른 보험가입자의 기준 및 제10조 제2항 제3호에 따른 재해보험사업자에 대한 재정지원에 관한 사항 등을 확인하여 보험료 또는 운영비의 지원금액을 결정·지급한다. 〈개정 2013.3.23.〉

③ 법 제19조 제1항 후단 및 같은 조 제2항에 따라 지방자치단체의 장은 보험료의 일부를 추가 지원하려는 경우 재해보험 가입현황서와 제9조에 따른 보험가입자의 기준 등을 확인하여 보험료의 지원금액을 결정·지급한다. 〈신설 2011.12.28.〉

제16조(재보험 약정서) 법 제20조 제2항 제3호에서 "대통령령으로 정하는 사항"이란 다음 각 호의 사항을 말한다.

1. 재보험수수료에 관한 사항
2. 재보험 약정기간에 관한 사항
3. 재보험 책임범위에 관한 사항
4. 재보험 약정의 변경·해지 등에 관한 사항
5. 재보험금 지급 및 분쟁에 관한 사항
6. 그 밖에 재보험의 운영·관리에 관한 사항

제16조의2 삭제 〈2017.5.29.〉

제17조(기금계정의 설치) 농림축산식품부장관은 해양수산부장관과 협의하여 법 제21조에 따른 농어업재해재보험기금(이하 "기금"이라 한다)의 수입과 지출을 명확히 하기 위하여 한국은행에 기금계정을 설치하여야 한다. 〈개정 2013.3.23.〉

제18조(기금의 관리·운용에 관한 사무의 위탁) ① 농림축산식품부장관은 해양수산부장관과 협의하여 법 제24조 제2항에 따라 기금의 관리·운용에 관한 다음 각 호의 사무를 「농업·농촌 및 식품산업 기본법」 제63조의2에 따라 설립된 농업정책보험금융원(이하 "농업정책보험금융원"이라 한다)에 위탁한다. 〈개정 2013.3.23., 2017.5.29.〉

1. 기금의 관리·운용에 관한 회계업무
2. 법 제20조 제2항 제1호에 따른 재보험료를 납입받는 업무
3. 법 제20조 제2항 제2호에 따른 재보험금을 지급하는 업무
4. 제20조에 따른 여유자금의 운용업무
5. 그 밖에 기금의 관리·운용에 관하여 농림축산식품부장관이 해양수산부장관과 협의를 거쳐 지정하여 고시하는 업무

② 제1항에 따라 기금의 관리·운용을 위탁받은 농업정책보험금융원(이하 "기금수탁관리자"라 한다)은 기금의 관리 및 운용을 명확히 하기 위하여 기금을 다른 회계와 구분하여 회계처리하여야 한다. 〈개정 2017.5.29.〉

③ 제1항 각 호의 사무처리에 드는 경비는 기금의 부담으로 한다.

제19조(기금의 결산) ① 기금수탁관리자는 회계연도마다 기금결산보고서를 작성하여 다음 회계연도 2월 15일까지 농림축산식품부장관 및 해양수산부장관에게 제출하여야 한다. 〈개정 2013.3.23.〉

② 농림축산식품부장관은 해양수산부장관과 협의하여 기금수탁관리자로부터 제출받은 기금결산보고서를 검토한 후 심의회의 심의를 거쳐 다음 회계연도 2월 말일까지 기획재정부장관에게 제출하여야 한다. 〈개정 2013.3.23.〉

③ 제1항의 기금결산보고서에는 다음 각 호의 서류를 첨부하여야 한다.

1. 결산 개요
2. 수입지출결산
3. 재무제표
4. 성과보고서
5. 그 밖에 결산의 내용을 명확하게 하기 위하여 필요한 서류

제20조(여유자금의 운용) 농림축산식품부장관은 해양수산부장관과 협의하여 기금의 여유자금을 다음 각 호의 방법으로 운용할 수 있다. 〈개정 2010.11.15., 2013.3.23.〉

1. 「은행법」에 따른 은행에의 예치
2. 국채, 공채 또는 그 밖에 「자본시장과 금융투자업에 관한 법률」 제4조에 따른 증권의 매입

제20조의2 삭제 〈2017.5.29.〉

제21조(통계의 수집·관리 등에 관한 업무의 위탁) ① 농림축산식품부장관 또는 해양수산부장관은 법 제26조 제4항에 따라 같은 조 제1항 및 제3항에 따른 통계의 수집·관리, 조사·연구 등에 관한 업무를 다음 각 호의 어느 하나에 해당하는 자에게 위탁할 수 있다. 〈개정 2011.12.28., 2013.3.23., 2016.11.8., 2017.5.29.〉

1. 「농업협동조합법」에 따른 농업협동조합중앙회
1의2. 「산림조합법」에 따른 산림조합중앙회
2. 「수산업협동조합법」에 따른 수산업협동조합중앙회 및 수협은행
3. 「정부출연연구기관 등의 설립·운영 및 육성에 관한 법률」 제8조에 따라 설립된 연구기관
4. 「보험업법」에 따른 보험회사, 보험요율산출기관 또는 보험계리를 업으로 하는 자
5. 「민법」 제32조에 따라 농림축산식품부장관 또는 해양수산부장관의 허가를 받아 설립된 비영리법인
6. 「공익법인의 설립·운영에 관한 법률」 제4조에 따라 농림축산식품부장관 또는 해양수산부장관의 허가를 받아 설립된 공익법인
7. 농업정책보험금융원

② 농림축산식품부장관 또는 해양수산부장관은 제1항에 따라 업무를 위탁한 때에는 위탁받은 자 및 위탁업무의 내용 등을 고시하여야 한다. 〈개정 2016.11.8.〉

제22조(시범사업 실시) ① 재해보험사업자는 법 제27조 제1항에 따른 시범사업을 하려면 다음 각 호의 사항이 포함된 사업계획서를 농림축산식품부장관 또는 해양수산부장관에게 제출하고 협의하여야 한다. 〈개정 2013.3.23.〉

1. 대상목적물, 사업지역 및 사업기간에 관한 사항
2. 보험상품에 관한 사항
3. 정부의 재정지원에 관한 사항
4. 그 밖에 농림축산식품부장관 또는 해양수산부장관이 필요하다고 인정하는 사항

② 재해보험사업자는 시범사업이 끝나면 지체 없이 다음 각 호의 사항이 포함된 사업결과보고서를 작성하여 농림축산식품부장관 또는 해양수산부장관에게 제출하여야 한다. 〈개정 2013.3.23.〉

1. 보험계약사항, 보험금 지급 등 전반적인 사업운영 실적에 관한 사항
2. 사업 운영과정에서 나타난 문제점 및 제도개선에 관한 사항
3. 사업의 중단·연장 및 확대 등에 관한 사항

③ 농림축산식품부장관 또는 해양수산부장관은 제2항에 따른 사업결과보고서를 받으면 그 사업결과를 바탕으로 신규 보험상품의 도입 가능성 등을 검토·평가하여야 한다. 〈개정 2013.3.23.〉

제22조의2(보험가입촉진계획의 제출 등) ① 법 제28조의2 제1항에 따른 보험가입촉진계획에는 다음 각 호의 사항이 포함되어야 한다.

1. 전년도의 성과분석 및 해당 연도의 사업계획
2. 해당 연도의 보험상품 운영계획
3. 농어업재해보험 교육 및 홍보계획
4. 보험상품의 개선·개발계획
5. 그 밖에 농어업재해보험 가입 촉진을 위하여 필요한 사항

② 재해보험사업자는 법 제28조의2 제1항에 따라 수립한 보험가입촉진계획을 해당 연도 1월 31일까지 농림축산식품부장관 또는 해양수산부장관에게 제출하여야 한다.

[본조신설 2017.5.29.]

[종전 제22조의2는 제22조의3으로 이동 〈2017.5.29.〉]

제22조의3(고유식별정보의 처리) ① 재해보험사업자는 법 제7조에 따른 재해보험가입자 자격 확인에 관한 사무를 수행하기 위하여 불가피한 경우 「개인정보보호법 시행령」 제19조 제1호에 따른 주민등록번호가 포함된 자료를 처리할 수 있다.

② 재해보험사업자(법 제8조 제1항 제3호에 따른 보험회사는 제외한다)는 「상법」 제639조에 따른 타인을 위한 보험계약의 체결, 유지·관리, 보험금의 지급 등에 관한 사무를 수행하기 위하여 불가피한 경우 「개인정보보호법 시행령」 제19조 제1호에 따른 주민등록번호가 포함된 자료를 처리할 수 있다.

③ 농림축산식품부장관(법 제25조의2 제2항에 따라 농림축산식품부장관의 업무를 위탁받은 자를 포함한다)은 다음 각 호의 사무를 수행하기 위하여 불가피한 경우 「개인정보보호법 시행령」 제19조 제1호에 따른 주민등록번호가 포함된 자료를 처리할 수 있다. 〈신설 2014.12.3., 2017.5.29., 2020.8.12.〉

1. 법 제11조의4에 따른 손해평가사 자격시험에 관한 사무
2. 법 제11조의5에 따른 손해평가사의 자격 취소에 관한 사무
3. 법 제11조의6에 따른 손해평가사의 감독에 관한 사무
4. 법 제25조의2 제1항 제1호에 따른 재해보험사업의 관리·감독에 관한 사무

[본조신설 2014.8.6.]

[제22조의2에서 이동, 종전 제22조의3은 제22조의4로 이동 〈2017.5.29.〉]

제22조의4(규제의 재검토) ① 농림축산식품부장관 또는 해양수산부장관은 제12조 및 별표 2에 따른 손해평가인의 자격요건에 대하여 2018년 1월 1일을 기준으로 3년마다(매 3년이 되는 해의 1월 1일 전까지를 말한다) 그 타당성을 검토하여 개선 등의 조치를 하여야 한다. 〈신설 2017.12.12.〉

② 삭제 〈개정 2020.3.3.〉

[전문개정 2016.12.30.]

[제22조의3에서 이동 〈2017.5.29.〉]

제23조(과태료의 부과기준) 법 제32조 제1항부터 제3항까지의 규정에 따른 과태료의 부과기준은 별표 3과 같다.

부칙 〈 대통령령 제31553호, 2021. 3. 23.〉

부록

[별표 1] 재해보험에서 보상하는 재해의 범위(제8조 관련) 〈개정 2016.1.22.〉

재해보험의 종류	보상하는 재해의 범위
1. 농작물·임산물 재해보험	자연재해, 조수해(鳥獸害), 화재 및 보험목적물별로 농림축산식품부장관이 정하여 고시하는 병충해
2. 가축 재해보험	자연재해, 화재 및 보험목적물별로 농림축산식품부장관이 정하여 고시하는 질병
3. 양식수산물 재해보험	자연재해, 화재 및 보험목적물별로 해양수산부장관이 정하여 고시하는 수산질병

비고 : 재해보험사업자는 보험의 효용성 및 보험 실시 가능성 등을 종합적으로 고려하여 위의 대상 재해의 범위에서 다양한 보험상품을 운용할 수 있다.

[별표 2] 손해평가인의 자격요건(제12조 제1항 관련) 〈개정 2020.12.29.〉

재해보험의 종류	손해평가인의 자격요건
농작물 재해보험	1. 재해보험 대상 농작물을 5년 이상 경작한 경력이 있는 농업인 2. 공무원으로 농림축산식품부, 농촌진흥청, 통계청 또는 지방자치단체나 그 소속기관에서 농작물재배 분야에 관한 연구·지도, 농산물 품질관리 또는 농업 통계조사 업무를 3년 이상 담당한 경력이 있는 사람 3. 교원으로 고등학교에서 농작물재배 분야 관련 과목을 5년 이상 교육한 경력이 있는 사람 4. 조교수 이상으로 「고등교육법」 제2조에 따른 학교에서 농작물재배 관련학을 3년 이상 교육한 경력이 있는 사람 5. 「보험업법」에 따른 보험회사의 임직원이나 「농업협동조합법」에 따른 중앙회와 조합의 임직원으로 영농 지원 또는 보험·공제 관련 업무를 3년 이상 담당하였거나 손해평가 업무를 2년 이상 담당한 경력이 있는 사람 6. 「고등교육법」 제2조에 따른 학교에서 농작물재배 관련학을 전공하고 농업전문 연구기관 또는 연구소에서 5년 이상 근무한 학사학위 이상 소지자 7. 「고등교육법」 제2조에 따른 전문대학에서 보험 관련 학과를 졸업한 사람 8. 「학점인정 등에 관한 법률」 제8조에 따라 전문대학의 보험 관련 학과 졸업자와 같은 수준 이상의 학력이 있다고 인정받은 사람이나 「고등교육법」 제2조에 따른 학교에서 80학점(보험 관련 과목 학점이 45학점 이상이어야 한다) 이상을 이수한 사람 등 제7호에 해당하는 사람과 같은 수준 이상의 학력이 있다고 인정되는 사람 9. 「농수산물 품질관리법」에 따른 농산물품질관리사 10. 재해보험 대상 농작물 분야에서 「국가기술자격법」에 따른 기사 이상의 자격을 소지한 사람
임산물 재해보험	1. 재해보험 대상 임산물을 5년 이상 경작한 경력이 있는 임업인 2. 공무원으로 농림축산식품부, 농촌진흥청, 산림청, 통계청 또는 지방자치단체나 그 소속기관에서 임산물재배 분야에 관한 연구·지도 또는 임업 통계조사 업무를 3년 이상 담당한 경력이 있는 사람 3. 교원으로 고등학교에서 임산물재배 분야 관련 과목을 5년 이상 교육한 경력이 있는 사람 4. 조교수 이상으로 「고등교육법」 제2조에 따른 학교에서 임산물재배 관련학을 3년 이상 교육한 경력이 있는 사람 5. 「보험업법」에 따른 보험회사의 임직원이나 「산림조합법」에 따른 중앙회와 조합의 임직원으로 산림경영 지원 또는 보험·공제 관련 업무를 3년 이상 담당하였거나 손해평가 업무를 2년 이상 담당한 경력이 있는 사람 6. 「고등교육법」 제2조에 따른 학교에서 임산물재배 관련학을 전공하고 임업전문 연구기관 또는 연구소에서 5년 이상 근무한 학사학위 이상 소지자

	7. 「고등교육법」 제2조에 따른 전문대학에서 보험 관련 학과를 졸업한 사람 8. 「학점인정 등에 관한 법률」 제8조에 따라 전문대학의 보험 관련 학과 졸업자와 같은 수준 이상의 학력이 있다고 인정받은 사람이나 「고등교육법」 제2조에 따른 학교에서 80학점(보험 관련 과목 학점이 45학점 이상이어야 한다) 이상을 이수한 사람 등 제7호에 해당하는 사람과 같은 수준 이상의 학력이 있다고 인정되는 사람 9. 재해보험 대상 임산물 분야에서 「국가기술자격법」에 따른 기사 이상의 자격을 소지한 사람
가축 재해보험	1. 재해보험 대상 가축을 5년 이상 사육한 경력이 있는 농업인 2. 공무원으로 농림축산식품부, 농촌진흥청, 통계청 또는 지방자치단체나 그 소속기관에서 가축 사육 분야에 관한 연구·지도 또는 가축 통계조사 업무를 3년 이상 담당한 경력이 있는 사람 3. 교원으로 고등학교에서 가축사육 분야 관련 과목을 5년 이상 교육한 경력이 있는 사람 4. 조교수 이상으로 「고등교육법」 제2조에 따른 학교에서 가축사육 관련학을 3년 이상 교육한 경력이 있는 사람 5. 「보험업법」에 따른 보험회사의 임직원이나 「농업협동조합법」에 따른 중앙회와 조합의 임직원으로 영농 지원 또는 보험·공제 관련 업무를 3년 이상 담당하였거나 손해평가 업무를 2년 이상 담당한 경력이 있는 사람 6. 「고등교육법」 제2조에 따른 학교에서 가축사육 관련학을 전공하고 축산전문 연구기관 또는 연구소에서 5년 이상 근무한 학사학위 이상 소지자 7. 「고등교육법」 제2조에 따른 전문대학에서 보험 관련 학과를 졸업한 사람 8. 「학점인정 등에 관한 법률」 제8조에 따라 전문대학의 보험 관련 학과 졸업자와 같은 수준 이상의 학력이 있다고 인정받은 사람이나 「고등교육법」 제2조에 따른 학교에서 80학점(보험 관련 과목 학점이 45학점 이상이어야 한다) 이상을 이수한 사람 등 제7호에 해당하는 사람과 같은 수준 이상의 학력이 있다고 인정되는 사람 9. 「수의사법」에 따른 수의사 10. 「국가기술자격법」에 따른 축산기사 이상의 자격을 소지한 사람
양식 수산물 재해보험	1. 재해보험 대상 양식수산물을 5년 이상 양식한 경력이 있는 어업인 2. 공무원으로 해양수산부, 국립수산과학원, 국립수산물품질관리원 또는 지방자치단체에서 수산물양식 분야 또는 수산생명의학 분야에 관한 연구 또는 지도업무를 3년 이상 담당한 경력이 있는 사람 3. 교원으로 수산계 고등학교에서 수산물양식 분야 또는 수산생명의학 분야의 관련 과목을 5년 이상 교육한 경력이 있는 사람 4. 조교수 이상으로 「고등교육법」 제2조에 따른 학교에서 수산물양식 관련학 또는 수산생명의학 관련학을 3년 이상 교육한 경력이 있는 사람 5. 「보험업법」에 따른 보험회사의 임직원이나 「수산업협동조합법」에 따른 수산업협동조합중앙회, 수협은행 및 조합의 임직원으로 수산업지원 또는 보험·공제 관련 업무를 3년 이상 담당하였거나 손해평가 업무를 2년 이상 담당한 경력이 있는 사람 6. 「고등교육법」 제2조에 따른 학교에서 수산물양식 관련학 또는 수산생명의학 관련학을 전공하고 수산전문 연구기관 또는 연구소에서 5년 이상 근무한 학사학위 소지자 7. 「고등교육법」 제2조에 따른 전문대학에서 보험 관련 학과를 졸업한 사람 8. 「학점인정 등에 관한 법률」 제8조에 따라 전문대학의 보험 관련 학과 졸업자와 같은 수준 이상의 학력이 있다고 인정받은 사람이나 「고등교육법」 제2조에 따른 학교에서 80학점(보험 관련 과목 학점이 45학점 이상이어야 한다) 이상을 이수한 사람 등 제7호에 해당하는 사람과 같은 수준 이상의 학력이 있다고 인정되는 사람 9. 「수산생물질병 관리법」에 따른 수산질병관리사 10. 재해보험 대상 양식수산물 분야에서 「국가기술자격법」에 따른 기사 이상의 자격을 소지한 사람 11. 「농수산물 품질관리법」에 따른 수산물품질관리사

[별표 2의2] 손해평가사 자격시험의 과목(제12조의4 관련) 〈신설 2014.12.3.〉

구 분	과 목
1. 제1차 시험	가. 「상법」 보험편 나. 농어업재해보험법령(「농어업재해보험법」, 「농어업재해보험법 시행령」, 「농어업재해보험법 시행규칙」 및 농림축산식품부장관이 고시하는 손해평가 요령을 말한다) 다. 농학개론 중 재배학 및 원예작물학
2. 제2차 시험	가. 농작물재해보험 및 가축재해보험의 이론과 실무 나. 농작물재해보험 및 가축재해보험 손해평가의 이론과 실무

[별표 2의3] 손해평가사 자격 취소 처분의 세부기준(제12조의9 관련) 〈신설 2020.8.12.〉

1. 일반기준

가. 위반행위의 횟수에 따른 행정처분의 가중된 처분 기준은 최근 3년간 같은 위반행위로 행정처분을 받은 경우에 적용한다. 이 경우 기간의 계산은 위반행위에 대해 행정처분을 받은 날과 그 처분 후에 다시 같은 위반행위를 하여 적발된 날을 기준으로 한다.

나. 가목에 따라 가중된 행정처분을 하는 경우 가중처분의 적용 차수는 그 위반행위 전 행정처분 차수(가목에 따른 기간 내에 행정처분이 둘 이상 있었던 경우에는 높은 차수를 말한다)의 다음 차수로 한다.

다. 위반행위가 둘 이상인 경우로서 그에 해당하는 각각의 처분기준이 다른 경우에는 그 중 무거운 처분기준에 따른다.

2. 개별기준

위반행위	근거 법 조문	처분기준	
		1회 위반	2회 이상 위반
가. 손해평가사의 자격을 거짓 또는 부정한 방법으로 취득한 경우	법 제11조의5 제1항 제1호	자격 취소	
나. 거짓으로 손해평가를 한 경우	법 제11조의5 제1항 제2호	시정 명령	자격 취소
다. 법 제11조의4 제6항을 위반하여 다른 사람에게 손해평가사의 명의를 사용하게 하거나 그 자격증을 대여한 경우	법 제11조의5 제1항 제3호	자격 취소	
라. 법 제11조의4 제7항을 위반하여 손해평가사 명의의 사용이나 자격증의 대여를 알선한 경우	법 제11조의5 제1항 제4호	자격 취소	
마. 업무 정지 기간 중에 손해평가 업무를 수행한 경우	법 제11조의5 제1항 제5호	자격 취소	

[별표 2의4] 손해평가사 업무 정지 처분의 세부기준(제12조의10 관련) 〈신설 2020.8.12.〉

1. 일반기준

가. 위반행위의 횟수에 따른 행정처분의 가중된 처분 기준은 최근 3년간 같은 위반행위로 행정처분을 받은 경우에 적용한다. 이 경우 기간의 계산은 위반행위에 대해 행정처분을 받은 날과 그 처분 후에 다시 같은 위반행위를 하여 적발된 날을 기준으로 한다.

나. 가목에 따라 가중된 행정처분을 하는 경우 가중처분의 적용 차수는 그 위반행위 전 행정처분 차수(가목에 따른 기간 내에 행정처분이 둘 이상 있었던 경우에는 높은 차수를 말한다)의 다음 차수로 한다.

다. 위반행위가 둘 이상인 경우로서 그에 해당하는 각각의 처분기준이 다른 경우에는 그 중 가장 무거운 처분기준에 따르고, 가장 무거운 처분기준의 2분의 1까지 그 기간을 늘릴 수 있다. 다만, 기간을 늘리는 경우에도 법 제11조의6 제1항에 따른 업무 정지 기간의 상한을 넘을 수 없다.

라. 농림축산식품부장관은 다음의 어느 하나에 해당하는 경우에는 제2호에 따른 처분기준의 2분의 1의 범위에서 그 기간을 줄일 수 있다.

1) 위반행위가 사소한 부주의나 오류로 인한 것으로 인정되는 경우
2) 위반의 내용·정도가 경미하다고 인정되는 경우
3) 위반행위자가 법 위반상태를 바로 정정하거나 시정하여 해소한 경우
4) 그 밖에 위반행위의 내용, 정도, 동기 및 결과 등을 고려하여 업무 정지 처분의 기간을 줄일 필요가 있다고 인정되는 경우

2. 개별기준

위반행위	근거 법 조문	처분기준		
		1회 위반	2회 위반	3회 이상 위반
가. 업무 수행과 관련하여 「개인정보보호법」, 「신용정보의 이용 및 보호에 관한 법률」 등 정보 보호와 관련된 법령을 위반한 경우	법 제11조의6 제1항	업무 정지 6개월	업무 정지 1년	업무 정지 1년
나. 업무 수행과 관련하여 보험계약자 또는 보험사업자로부터 금품 또는 향응을 제공받은 경우	법 제11조의6 제1항	업무 정지 6개월	업무 정지 1년	업무 정지 1년
다. 자기 또는 자기와 생계를 같이 하는 4촌 이내의 친족(이하 "이해관계자"라 한다)이 가입한 보험계약에 관한 손해평가를 한 경우	법 제11조의6 제1항	업무 정지 3개월	업무 정지 6개월	업무 정지 6개월
라. 자기 또는 이해관계자가 모집한 보험계약에 대해 손해평가를 한 경우	법 제11조의6 제1항	업무 정지 3개월	업무 정지 6개월	업무 정지 6개월
마. 법 제11조 제2항 전단에 따른 손해평가요령을 준수하지 않고 손해평가를 한 경우	법 제11조의6 제1항	경 고	업무 정지 1개월	업무 정지 3개월
바. 그 밖에 손해평가사가 그 직무를 게을리하거나 직무를 수행하면서 부적절한 행위를 했다고 인정되는 경우	법 제11조의6 제1항	경 고	업무 정지 1개월	업무 정지 3개월

부록

[별표 3] 과태료의 부과기준(제23조 관련) 〈개정 2021.3.23.〉

1. 일반기준

농림축산식품부장관, 해양수산부장관 또는 금융위원회는 위반행위의 정도, 위반횟수, 위반행위의 동기와 그 결과 등을 고려하여 개별기준에 따른 해당 과태료 금액을 2분의 1의 범위에서 줄이거나 늘릴 수 있다. 다만, 늘리는 경우에도 법 제32조 제1항부터 제3항까지의 규정에 따른 과태료 금액의 상한을 초과할 수 없다.

2. 개별기준

위반행위	해당 법 조문	과태료
가. 재해보험사업자가 법 제10조 제2항에서 준용하는 「보험업법」 제95조를 위반하여 보험안내를 한 경우	법 제32조 제1항	1,000만원
나. 법 제10조 제2항에서 준용하는 「보험업법」 제95조를 위반하여 보험안내를 한 자로서 재해보험사업자가 아닌 경우	법 제32조 제3항 제1호	500만원
다. 법 제10조 제2항에서 준용하는 「보험업법」 제97조 제1항 또는 「금융소비자 보호에 관한 법률」 제21조를 위반하여 보험계약의 체결 또는 모집에 관한 금지행위를 한 경우	법 제32조 제3항 제2호	300만원
라. 재해보험사업자의 발기인, 설립위원, 임원, 집행간부, 일반간부직원, 파산관재인 및 청산인이 법 제18조에서 적용하는 「보험업법」 제120조에 따른 책임준비금 또는 비상위험준비금을 계상하지 아니하거나 이를 따로 작성한 장부에 각각 기재하지 아니한 경우	법 제32조 제2항 제1호	500만원
마. 재해보험사업자의 발기인, 설립위원, 임원, 집행간부, 일반간부직원, 파산관재인 및 청산인이 법 제18조에서 적용하는 「보험업법」 제131조 제1항·제2항 및 제4항에 따른 명령을 위반한 경우	법 제32조 제2항 제2호	300만원
바. 재해보험사업자의 발기인, 설립위원, 임원, 집행간부, 일반간부직원, 파산관재인 및 청산인이 법 제18조에서 적용하는 「보험업법」 제133조에 따른 검사를 거부·방해 또는 기피한 경우	법 제32조 제2항 제3호	200만원
사. 법 제29조에 따른 보고 또는 관계 서류 제출을 하지 아니하거나 보고 또는 관계 서류 제출을 거짓으로 한 경우	법 제32조 제3항 제3호	300만원

03 농업재해보험 손해평가요령

[시행 2019.12.18.] [농림축산식품부고시 제2019-81호, 2019.12.18., 일부개정]

제1조(목적) 이 요령은 「농어업재해보험법」 제11조 제2항에 따른 손해평가에 필요한 세부사항을 규정함을 목적으로 한다.

제2조(용어의 정의) 이 요령에서 사용하는 용어의 정의는 다음 각호와 같다.

1. "손해평가"라 함은 「농어업재해보험법」(이하 "법"이라 한다) 제2조 제1호에 따른 피해가 발생한 경우 법 제11조 및 제11조의3에 따라 손해평가인, 손해평가사 또는 손해사정사가 그 피해사실을 확인하고 평가하는 일련의 과정을 말한다.
2. "손해평가인"이라 함은 법 제11조 제1항과 「농어업재해보험법 시행령」(이하 "시행령"이라 한다) 제12조 제1항에서 정한 자 중에서 재해보험사업자가 위촉하여 손해평가업무를 담당하는 자를 말한다.
3. "손해평가사"라 함은 법 제11조의4 제1항에 따른 자격시험에 합격한 자를 말한다.
4. "손해평가보조인"이라 함은 제1호에서 정한 손해평가 업무를 보조하는 자를 말한다.
5. "농업재해보험"이란 법 제4조에 따른 농작물재해보험, 임산물재해보험 및 가축재해보험을 말한다.

제3조(손해평가인의 업무) ① 손해평가인은 다음 각 호의 업무를 수행한다.

1. 피해사실 확인
2. 보험가액 및 손해액 평가
3. 그 밖에 손해평가에 관하여 필요한 사항

② 손해평가인은 제1항의 임무를 수행하기 전에 보험가입자("피보험자"를 포함한다. 이하 동일)에게 손해평가인증을 제시하여야 한다.

제4조(손해평가인 위촉) ① 재해보험사업자는 법 제11조 제1항과 시행령 제12조 제1항에 따라 손해평가인을 위촉한 경우에는 그 자격을 표시할 수 있는 손해평가인증을 발급하여야 한다.

② 재해보험사업자는 피해 발생시 원활한 손해평가가 이루어지도록 농업재해보험이 실시되는 시・군・자치구별 보험가입자의 수 등을 고려하여 적정 규모의 손해평가인을 위촉하여야 한다.

③ 재해보험사업자 및 법 제14조에 따라 손해평가 업무를 위탁받은 자는 손해평가 업무를 원활히 수행하기 위하여 손해평가보조인을 운용할 수 있다.

제5조(손해평가인 실무교육) ① 재해보험사업자는 제4조에 따라 위촉된 손해평가인을 대상으로 농업재해보험에 관한 기초지식, 보험상품 및 약관, 손해평가의 방법 및 절차 등 손해평가에 필요한 실무교육을 실시하여야 한다.

② 삭제

③ 제1항에 따른 손해평가인에 대하여 재해보험사업자는 소정의 교육비를 지급할 수 있다.

제5조의2(손해평가인 정기교육) ① 법 제11조 제5항에 따른 손해평가인 정기교육의 세부내용은 다음 각 호와 같다.

1. 농업재해보험에 관한 기초지식 : 농어업재해보험법 제정 배경・구성 및 조문별 주요내용, 농업재해보험 사업현황
2. 농업재해보험의 종류별 약관 : 농업재해보험 상품 주요내용 및 약관 일반 사항

부록

3. 손해평가의 절차 및 방법 : 농업재해보험 손해평가 개요, 보험목적물별 손해평가 기준 및 피해유형별 보상사례
4. 피해유형별 현지조사표 작성 실습
② 재해보험사업자는 정기교육 대상자에게 소정의 교육비를 지급할 수 있다.

제6조(손해평가인 위촉의 취소 및 해지 등) ① 재해보험사업자는 손해평가인이 다음 각 호의 어느 하나에 해당하게 되거나 위촉 당시에 해당하는 자이었음이 판명된 때에는 그 위촉을 취소하여야 한다.
1. 피성년후견인 또는 피한정후견인
2. 파산선고를 받은 자로서 복권되지 아니한 자
3. 법 제30조에 의하여 벌금이상의 형을 선고받고 그 집행이 종료(집행이 종료된 것으로 보는 경우를 포함한다)되거나 집행이 면제된 날로부터 2년이 경과되지 아니한 자
4. 동 조에 따라 위촉이 취소된 후 2년이 경과하지 아니한 자
5. 거짓 그 밖의 부정한 방법으로 제4조에 따라 손해평가인으로 위촉된 자
6. 업무정지 기간 중에 손해평가업무를 수행한 자
② 재해보험사업자는 손해평가인이 다음 각 호의 어느 하나에 해당하는 때에는 6개월 이내의 기간을 정하여 그 업무의 정지를 명하거나 위촉 해지 등을 할 수 있다.
1. 법 제11조 제2항 및 이 요령의 규정을 위반 한 때
2. 법 및 이 요령에 의한 명령이나 처분을 위반한 때
3. 업무수행과 관련하여 「개인정보보호법」, 「신용정보의 이용 및 보호에 관한 법률」 등 정보보호와 관련된 법령을 위반한 때
③ 재해보험사업자는 제1항 및 제2항에 따라 위촉을 취소하거나 업무의 정지를 명하고자 하는 때에는 손해평가인에게 청문을 실시하여야 한다. 다만, 손해평가인이 청문에 응하지 아니할 경우에는 서면으로 위촉을 취소하거나 업무의 정지를 통보할 수 있다.
④ 재해보험사업자는 손해평가인을 해촉하거나 손해평가인에게 업무의 정지를 명한 때에는 지체 없이 이유를 기재한 문서로 그 뜻을 손해평가인에게 통지하여야 한다.
⑤ 제2항에 따른 업무정지와 위촉 해지 등의 세부기준은 [별표 3]과 같다.
⑥ 재해보험사업자는 「보험업법」 제186조에 따른 손해사정사가 「농어업재해보험법」 등 관련 규정을 위반한 경우 적정한 제재가 가능하도록 각 제재의 구체적 적용기준을 마련하여 시행하여야 한다.

제7조 삭제

제8조(손해평가반 구성 등) ① 재해보험사업자는 제2조 제1호의 손해평가를 하는 경우에는 손해평가반을 구성하고 손해평가반별로 평가일정계획을 수립하여야 한다.
② 제1항에 따른 손해평가반은 다음 각 호의 어느 하나에 해당하는 자를 1인 이상 포함하여 5인 이내로 구성한다.
1. 제2조 제2호에 따른 손해평가인
2. 제2조 제3호에 따른 손해평가사
3. 「보험업법」 제186조에 따른 손해사정사
③ 제2항의 규정에도 불구하고 다음 각 호의 어느 하나에 해당하는 손해평가에 대하여는 해당자를 손해평가반 구성에서 배제하여야 한다.
1. 자기 또는 자기와 생계를 같이 하는 친족(이하 "이해관계자"라 한다)이 가입한 보험계약에 관한 손해평가
2. 자기 또는 이해관계자가 모집한 보험계약에 관한 손해평가

3. 직전 손해평가일로부터 30일 이내의 보험가입자간 상호 손해평가
4. 자기가 실시한 손해평가에 대한 검증조사 및 재조사

제8조의2(교차손해평가) ① 재해보험사업자는 공정하고 객관적인 손해평가를 위하여 교차손해평가가 필요한 경우 재해보험 가입규모, 가입분포 등을 고려하여 교차손해평가 대상 시・군・구(자치구를 말한다. 이하 같다)를 선정하여야 한다.

② 재해보험사업자는 제1항에 따라 선정한 시・군・구 내에서 손해평가 경력, 타지역 조사 가능여부 등을 고려하여 교차손해평가를 담당할 지역손해평가인을 선발하여야 한다.

③ 교차손해평가를 위해 손해평가반을 구성할 경우에는 제2항에 따라 선발된 지역손해평가인 1인 이상이 포함되어야 한다. 다만, 거대재해 발생, 평가인력 부족 등으로 신속한 손해평가가 불가피하다고 판단되는 경우 그러하지 아니할 수 있다.

제9조(피해사실 확인) ① 보험가입자가 보험책임기간 중에 피해발생 통지를 한 때에는 재해보험사업자는 손해평가반으로 하여금 지체 없이 보험목적물의 피해사실을 확인하고 손해평가를 실시하게 하여야 한다.

② 손해평가반이 손해평가를 실시할 때에는 재해보험사업자가 해당 보험가입자의 보험계약사항 중 손해평가와 관련된 사항을 손해평가반에게 통보하여야 한다.

제10조(손해평가준비 및 평가결과 제출) ① 재해보험사업자는 손해평가반이 실시한 손해평가결과를 기록할 수 있도록 현지조사서를 마련하여야 한다.

② 재해보험사업자는 손해평가를 실시하기 전에 제1항에 따른 현지조사서를 손해평가반에 배부하고 손해평가시의 주의사항을 숙지시킨 후 손해평가에 임하도록 하여야 한다.

③ 손해평가반은 현지조사서에 손해평가 결과를 정확하게 작성하여 보험가입자에게 이를 설명한 후 서명을 받아 재해보험사업자에게 제출하여야 한다. 다만, 보험가입자가 정당한 사유 없이 서명을 거부하는 경우 손해평가반은 보험가입자에게 손해평가 결과를 통지한 후 서명 없이 현지조사서를 재해보험사업자에게 제출하여야 한다.

④ 손해평가반은 보험가입자가 정당한 사유 없이 손해평가를 거부하여 손해평가를 실시하지 못한 경우에는 그 피해를 인정할 수 없는 것으로 평가한다는 사실을 보험가입자에게 통지한 후 현지조사서를 재해보험사업자에게 제출하여야 한다.

⑤ 재해보험사업자는 보험가입자가 손해평가반의 손해평가결과에 대하여 설명 또는 통지를 받은 날로부터 7일 이내에 손해평가가 잘못되었음을 증빙하는 서류 또는 사진 등을 제출하는 경우 재해보험사업자는 다른 손해평가반으로 하여금 재조사를 실시하게 할 수 있다.

제11조(손해평가결과 검증) ① 재해보험사업자 및 재해보험사업의 재보험사업자는 손해평가반이 실시한 손해평가결과를 확인하기 위하여 손해평가를 실시한 보험목적물 중에서 일정수를 임의 추출하여 검증조사를 할 수 있다.

② 농림축산식품부장관은 재해보험사업자로 하여금 제1항의 검증조사를 하게 할 수 있으며, 재해보험사업자는 특별한 사유가 없는 한 이에 응하여야 한다.

③ 제1항 및 제2항에 따른 검증조사결과 현저한 차이가 발생되어 재조사가 불가피하다고 판단될 경우에는 해당 손해평가반이 조사한 전체 보험목적물에 대하여 재조사를 할 수 있다.

④ 보험가입자가 정당한 사유 없이 검증조사를 거부하는 경우 검증조사반은 검증조사가 불가능하여 손해평가 결과를 확인할 수 없다는 사실을 보험가입자에게 통지한 후 검증조사결과를 작성하여 재해보험사업자에게 제출하여야 한다.

제12조(손해평가 단위) ① 보험목적물별 손해평가 단위는 다음 각 호와 같다.

1. 농작물 : 농지별
2. 가축 : 개별가축별(단, 벌은 벌통 단위)
3. 농업시설물 : 보험가입 목적물별

② 제1항 제1호에서 정한 농지라 함은 하나의 보험가입금액에 해당하는 토지로 필지(지번) 등과 관계없이 농작물을 재배하는 하나의 경작지를 말하며, 방풍림, 돌담, 도로(농로 제외) 등에 의해 구획된 것 또는 동일한 울타리, 시설 등에 의해 구획된 것을 하나의 농지로 한다. 다만, 경사지에서 보이는 돌담 등으로 구획되어 있는 면적이 극히 작은 것은 동일 작업 단위 등으로 정리하여 하나의 농지에 포함할 수 있다.

제13조(농작물의 보험가액 및 보험금 산정) ① 농작물에 대한 보험가액 산정은 다음 각 호와 같다.

1. 특정위험방식 보험가액은 적과후착과수조사를 통해 산정한 기준수확량에 보험가입 당시의 단위당 가입가격을 곱하여 산정한다. 다만, 인삼은 가입면적에 보험가입 당시의 단위당 가입가격을 곱하여 산정하되, 보험가액에 영향을 미치는 가입면적, 연근 등이 가입 당시와 다를 경우 변경할 수 있다.
2. 적과전종합위험방식의 보험가액은 적과후착과수조사를 통해 산정한 기준수확량에 보험가입 당시의 단위당 가입가격을 곱하여 산정한다.
3. 종합위험방식 보험가액은 보험증권에 기재된 보험목적물의 평년수확량에 보험가입 당시의 단위당 가입가격을 곱하여 산정한다. 다만, 보험가액에 영향을 미치는 가입면적, 주수, 수령, 품종 등이 가입 당시와 다를 경우 변경할 수 있다.
4. 생산비보장의 보험가액은 작물별로 보험가입 당시 정한 보험가액을 기준으로 산정한다. 다만, 보험가액에 영향을 미치는 가입면적 등이 가입 당시와 다를 경우 변경할 수 있다.
5. 나무손해보장의 보험가액은 기재된 보험목적물이 나무인 경우로 최초 보험사고발생 시의 해당 농지 내에 심어져 있는 과실생산이 가능한 나무 수(피해 나무 수 포함)에 보험가입 당시의 나무당 가입가격을 곱하여 산정한다.

② 농작물에 대한 보험금 산정은 [별표 1]과 같다.

③ 농작물의 손해수량에 대한 품목별 · 재해별 · 시기별 조사방법은 [별표 2]와 같다.

④ 재해보험사업자는 손해평가반으로 하여금 재해발생 전부터 보험품목에 대한 평가를 위해 생육상황을 조사하게 할 수 있다. 이때 손해평가반은 조사결과 1부를 재해보험사업자에게 제출하여야 한다.

제14조(가축의 보험가액 및 손해액 산정) ① 가축에 대한 보험가액은 보험사고가 발생한 때와 곳에서 평가한 보험목적물의 수량에 적용가격을 곱하여 산정한다.

② 가축에 대한 손해액은 보험사고가 발생한 때와 곳에서 폐사 등 피해를 입은 보험목적물의 수량에 적용가격을 곱하여 산정한다.

③ 제1항 및 제2항의 적용가격은 보험사고가 발생한 때와 곳에서의 시장가격 등을 감안하여 보험약관에서 정한 방법에 따라 산정한다. 다만, 보험가입 당시 보험가입자와 재해보험사업자가 보험가액 및 손해액 산정 방식을 별도로 정한 경우에는 그 방법에 따른다.

제15조(농업시설물의 보험가액 및 손해액 산정) ① 농업시설물에 대한 보험가액은 보험사고가 발생한 때와 곳에서 평가한 피해목적물의 재조달가액에서 내용연수에 따른 감가상각률을 적용하여 계산한 감가상각액을 차감하여 산정한다.

② 농업시설물에 대한 손해액은 보험사고가 발생한 때와 곳에서 산정한 피해목적물의 원상복구비용을 말한다.

③ 제1항 및 제2항에도 불구하고 보험가입 당시 보험가입자와 재해보험사업자가 보험가액 및 손해액 산정 방식을 별도로 정한 경우에는 그 방법에 따른다.

제16조(손해평가업무방법서) 재해보험사업자는 이 요령의 효율적인 운용 및 시행을 위하여 필요한 세부적인 사항을 규정한 손해평가업무방법서를 작성하여야 한다.

제17조(재검토기한) 농림축산식품부장관은 이 고시에 대하여 2020년 1월 1일 기준으로 매 3년이 되는 시점(매 3년째의 12월 31일까지를 말한다)마다 그 타당성을 검토하여 개선 등의 조치를 하여야 한다.

부칙 〈제2019-81호, 2019.12.18.〉

이 고시는 발령한 날부터 시행한다.

[별표 1] 농작물의 보험금 산정

구 분	보장 범위	산정내용	비 고
특정위험방식	인 삼	보험가입금액 × (피해율 − 자기부담비율) ※ 피해율 = $\left(1 - \frac{\text{수확량}}{\text{연근별기준수확량}}\right) \times \frac{\text{피해면적}}{\text{재배면적}}$	인 삼
적과전 종합위험방식	착과감소	(착과감소량 − 미보상감수량 − 자기부담감수량) × 가입가격 × 80%	
	과실손해	(적과종료 이후 누적감수량 − 미보상감수량 − 자기부담감수량) × 가입가격	
	나무손해보장	보험가입금액 × (피해율 − 자기부담비율) ※ 피해율 = 피해주수(고사된 나무) ÷ 실제결과주수	
종합위험방식	해가림시설	• 보험가입금액이 보험가액과 같거나 클 때 : 보험가입금액을 한도로 손해액에서 자기부담금을 차감한 금액 • 보험가입금액이 보험가액보다 작을 때 : (손해액 − 자기부담금) × (보험가입금액 ÷ 보험가액)	인 삼
	비가림시설	Min(손해액 − 자기부담금, 보험가입금액)	
	수확감소	보험가입금액 × (피해율 − 자기부담비율) ※ 피해율(벼 · 감자 · 복숭아 제외) = (평년수확량 − 수확량 − 미보상감수량) ÷ 평년수확량 ※ 피해율(벼) = (보장수확량 − 수확량 − 미보상감수량) ÷ 보장수확량 ※ 피해율(감자 · 복숭아) = {(평년수확량 − 수확량 − 미보상감수량) + 병충해감수량} ÷ 평년수확량	옥수수 외
	수확감소	Min(보험가입금액, 손해액) − 자기부담금 ※ 손해액 = 피해수확량 × 가입가격 ※ 자기부담금 = 보험가입금액 × 자기부담비율	옥수수
	수확량감소 추가보장	보험가입금액 × (피해율 × 10%) 단, 피해율이 자기부담비율을 초과하는 경우에 한함 ※ 피해율 = (평년수확량 − 수확량 − 미보상감수량) ÷ 평년수확량	
	나무손해	보험가입금액 × (피해율 − 자기부담비율) ※ 피해율 = 피해주수(고사된 나무) ÷ 실제결과주수	
	이앙 · 직파불능	보험가입금액 × 10%	벼
	재이앙 · 재직파	보험가입금액 × 25% × 면적피해율 단, 면적피해율이 10%를 초과하고 재이앙(재직파) 한 경우 ※ 면적피해율 = 피해면적 ÷ 보험가입면적	벼
	재파종	보험가입금액 × 35% × 표준출현 피해율 단, 10a당 출현주수가 30,000주보다 작고, 10a당 30,000주 이상으로 재파종한 경우에 한함 ※ 표준출현 피해율(10a 기준) = (30,000 − 출현주수) ÷ 30,000	마 늘

종합위험방식	재정식	보험가입금액 × 20% × 면적피해율 단, 면적피해율이 자기부담비율을 초과하는 경우에 한함 ※ 면적피해율 = 피해면적 ÷ 보험가입면적	양배추
	경작불능	보험가입금액 × 일정비율(자기부담비율에 따라 비율상이)	
	수확불능	보험가입금액 × 일정비율(자기부담비율에 따라 비율상이)	벼
	생산비보장	(잔존보험가입금액 × 경과비율 × 피해율) − 자기부담금 ※ 잔존보험가입금액 = 보험가입금액 − 보상액(기 발생 생산비보장 보험금 합계액) ※ 자기부담금 = 잔존보험가입금액 × 계약시 선택한 비율	브로콜리
		• 병충해가 없는 경우 : (잔존보험가입금액 × 경과비율 × 피해율) − 자기부담금 • 병충해가 있는 경우 : (잔존보험가입금액 × 경과비율 × 피해율 × 병충해 등급별 인정비율) − 자기부담금 ※ 피해율 = 피해비율 × 손해정도비율 × (1 − 미보상비율) ※ 자기부담금 = 잔존보험가입금액 × 계약시 선택한 비율	고추 (시설 고추 제외)
		보험가입금액 × (피해율 − 자기부담비율) ※ 피해율 = 피해비율 × 손해정도비율	배추, 파, 무, 단호박, 당근 (시설 무 제외)
		보험가입금액 × (피해율 − 자기부담비율) ※ 피해율 = 피해면적(m^2) ÷ 재배면적(m^2) ※ 피해면적 : (도복으로 인한 피해면적 × 70%) + (도복 이외 피해면적 × 손해정도비율)	메 밀
		보험가입면적 × 피해작물 단위면적당 보장생산비 × 경과비율 × 피해율 ※ 피해율 = 재배비율 × 피해비율 × 손해정도비율 ※ 단, 장미, 부추, 버섯은 별도로 구분하여 산출	시설작물
	농업시설물 · 버섯재배사 · 부대시설	1사고마다 재조달가액 기준으로 계산한 손해액에서 자기부담금을 차감한 금액에 보험증권에 기재된 보상비율(50%~100%, 10%단위) 만큼을 보험가입금액 내에서 보상 ※ Min(손해액 − 자기부담금, 보험가입금액) × 보상비율 다만, 보험의 목적이 손해를 입은 장소에서 실제로 수리 또는 복구를 하지 않은 때에는 재조달가액에 의한 보상을 하지 않고 시가(감가상각된 금액)로 보상	
	과실손해보장	보험가입금액 × (피해율 − 자기부담비율) ※ 피해율(7월 31일 이전에 사고가 발생한 경우) = (평년수확량 − 수확량 − 미보상감수량) ÷ 평년수확량 ※ 피해율(8월 1일 이후에 사고가 발생한 경우) = (1 − 수확전사고 피해율) × 경과비율 × 결과지 피해율	무화과

부록

<table>
<tr><td rowspan="6">종합위험방식</td><td rowspan="4">과실손해보장</td><td>보험가입금액 × (피해율 − 자기부담비율)
※ 피해율 = 고사결과모지수 ÷ 평년결과모지수</td><td>복분자</td></tr>
<tr><td>보험가입금액 × (피해율 − 자기부담비율)
※ 피해율 = (평년결실수 − 조사결실수 − 미보상감수결실수) ÷ 평년결실수</td><td>오 디</td></tr>
<tr><td>과실손해보험금 = 손해액 − 자기부담금
※ 손해액 = 보험가입금액 × 피해율
※ 자기부담금 = 보험가입금액 × 자기부담비율
※ 피해율 = (등급내 피해과실수 + 등급외 피해과실수 × 70%) ÷ 기준과실수</td><td rowspan="2">감 귤</td></tr>
<tr><td>동상해손해보험금 = 손해액 − 자기부담금
※ 손해액 = {보험가입금액 − (보험가입금액 × 기사고 피해율)} × 수확기 잔존비율 × 동상해피해율
※ 자기부담금 = |보험가입금액 × Min(주계약피해율 − 자기부담비율, 0)|
※ 동상해피해율 = 수확기 동상해 피해과실수 ÷ 기준과실수</td></tr>
<tr><td>과실손해
추가보장</td><td>보험가입금액 × (피해율 × 10%)
단, 손해액이 자기부담금을 초과하는 경우에 한함
※ 피해율 = (등급내 피해과실수 + 등급외 피해과실수 × 70%) ÷ 기준과실수</td><td>감 귤</td></tr>
<tr><td>농업수입감소</td><td>보험가입금액 × (피해율 − 자기부담비율)
※ 피해율 = (기준수입 − 실제수입) ÷ 기준수입</td><td></td></tr>
</table>

* 다만, 보험가액이 보험가입금액보다 적을 경우에는 보험가액에 의하며, 기타 세부적인 내용은 재해보험사업자가 작성한 손해평가 업무방법서에 따름

[별표 2] 농작물의 품목별 · 재해별 · 시기별 손해수량 조사방법

1. 특정위험방식 상품(인삼)

생육시기	재 해	조사내용	조사시기	조사방법	비 고
보험 기간	태풍(강풍), 폭설, 집중호우, 침수, 화재, 우박, 냉해, 폭염	수확량 조사	피해 확인이 가능한 시기	보상하는 재해로 인하여 감소된 수확량 조사 • 조사방법 : 전수조사 또는 표본조사	

2. 적과전 종합위험방식 상품(사과, 배, 단감, 떫은감)

생육시기	재 해	조사내용	조사시기	조사방법	비 고
보험계약 체결일 ~ 적과전	보상하는 재해 전부	피해사실 확인조사	사고접수 후 지체 없이	보상하는 재해로 인한 피해발생 여부 조사	피해사실이 명백한 경우 생략 가능
	우 박		사고접수 후 지체 없이	우박으로 인한 유과(어린과실) 및 꽃(눈) 등의 타박비율조사 • 조사방법 : 표본조사	적과종료 이전 특정위험 5종 한정 보장 특약 가입건에 한함
6월1일 ~ 적과전	태풍(강풍), 우박, 집중호우, 화재, 지진		사고접수 후 지체 없이	보상하는 재해로 발생한 낙엽피해 정도 조사 • 단감 · 떫은감에 대해서만 실시 • 조사방법 : 표본조사	
적과후	–	적과후 착과수조사	적과 종료 후	보험가입금액의 결정 등을 위하여 해당 농지의 적과종료 후 총 착과수를 조사 • 조사방법 : 표본조사	피해와 관계없이 전 과수원 조사
적과후 ~ 수확기 종료	보상하는 재해	낙과피해 조사	사고접수 후 지체 없이	재해로 인하여 떨어진 피해과실수조사 • 낙과피해조사는 보험약관에서 정한 과실피해분류기준에 따라 구분하여 조사 • 조사방법 : 전수조사 또는 표본조사	
				낙엽률조사(우박 및 일소 제외) • 낙엽피해 정도 조사 • 조사방법 : 표본조사	단감 · 떫은감
	우박, 일소, 가을동상해	착과피해 조사	수확 직전	재해로 인하여 달려있는 과실의 피해과실수조사 • 착과피해조사는 보험약관에서 정한 과실피해분류기준에 따라 구분하여 조사 • 조사방법 : 표본조사	

수확완료 후 ~ 보험종기	보상하는 재해 전부	고사나무 조사	수확완료 후 보험 종기 전	보상하는 재해로 고사되거나 또는 회생이 불가능한 나무수를 조사 • 특약 가입 농지만 해당 • 조사방법 : 전수조사	수확완료 후 추가 고사나무가 없는 경우 생략 가능

* 전수조사는 조사대상 목적물을 전부 조사하는 것을 말하며, 표본조사는 손해평가의 효율성 제고를 위해 재해보험사업자가 통계이론을 기초로 산정한 조사표본에 대해 조사를 실시하는 것을 말함.

3. 종합위험방식 상품(농업수입보장 포함)

① 해가림시설 · 비가림시설 및 원예시설

생육시기	재 해	조사내용	조사시기	조사방법	비 고
보험 기간 내	보상하는 재해 전부	해가림시설 조사	사고접수 후 지체 없이	보상하는 재해로 인하여 손해를 입은 시설조사 • 조사방법 : 전수조사	인 삼
		비가림시설 조사			
		시설 조사			원예시설, 버섯재배사

② 수확감소보장 · 과실손해보장 및 농업수입보장

생육시기	재 해	조사내용	조사시기	조사방법	비 고
수확전	보상하는 재해 전부	피해사실 확인조사	사고접수 후 지체 없이	보상하는 재해로 인한 피해발생 여부 조사 (피해사실이 명백한 경우 생략 가능)	
		이앙(직파) 불능피해 조사	이앙 한계일 (7. 31) 이후	이앙(직파)불능 상태 및 통상적인 영농활동 실시 여부 조사 • 조사방법 : 전수조사 또는 표본조사	벼만 해당
		재이앙 (재직파) 조사	사고접수 후 지체 없이	해당 농지에 보상하는 손해로 인하여 재이앙(재직파)이 필요한 면적 또는 면적비율조사 • 조사방법 : 전수조사 또는 표본조사	벼만 해당
		재파종 조사	사고접수 후 지체 없이	해당 농지에 보상하는 손해로 인하여 재파종이 필요한 면적 또는 면적비율조사 • 조사방법 : 전수조사 또는 표본조사	마늘만 해당
		재정식 조사	사고접수 후 지체 없이	해당 농지에 보상하는 손해로 인하여 재정식이 필요한 면적 또는 면적비율조사 • 조사방법 : 전수조사 또는 표본조사	양배추만 해당
		경작불능 조사	사고접수 후 지체 없이	해당 농지의 피해면적비율 또는 보험목적인 식물체 피해율조사 • 조사방법 : 전수조사 또는 표본조사	벼 · 밀, 밭작물[차(茶) 제외], 복분자만 해당

수확전	보상하는 재해 전부	과실손해 조사	수정완료 후	살아있는 결과모지수 조사 및 수정불량(송이) 피해율조사 • 조사방법 : 표본조사	복분자만 해당
			결실완료 후	결실수조사 • 조사방법 : 표본조사	오디만 해당
		수확전 사고조사	사고접수 후 지체 없이	표본주의 과실 구분 • 조사방법 : 표본조사	감귤만 해당
수확 직전	–	착과수 조사	수확 직전	해당 농지의 최초 품종 수확 직전 총 착과수를 조사 • 피해와 관계없이 전 과수원 조사 • 조사방법 : 표본조사	포도, 복숭아, 자두만 해당
	보상하는 재해 전부	수확량 조사	수확 직전	사고발생 농지의 수확량조사 • 조사방법 : 전수조사 또는 표본조사	
		과실손해 조사	수확 직전	사고발생 농지의 과실피해조사 • 조사방법 : 표본조사	무화과, 감귤만 해당
수확 시작 후 ~ 수확종료	보상하는 재해 전부	수확량조사	조사 가능일	사고발생 농지의 수확량조사 • 조사방법 : 표본조사	차(茶)만 해당
			사고접수 후 지체 없이	사고발생 농지의 수확 중의 수확량 및 감수량의 확인을 통한 수확량조사 • 조사방법 : 전수조사 또는 표본조사	
		동상해 과실손해 조사	사고접수 후 지체 없이	표본주의 착과피해조사 • 12월 1일~익년 2월 말일 사고 건에 한함 • 조사방법 : 표본조사	감귤만 해당
		수확불능 확인조사	조사 가능일	사고발생 농지의 제현율 및 정상 출하 불가 확인조사 • 조사방법 : 전수조사 또는 표본조사	벼만 해당
	태풍(강풍), 우박	과실손해 조사	사고접수 후 지체 없이	전체 열매수(전체 개화수) 및 수확 가능 열매수조사 • 6월 1일~6월 20일 사고 건에 한함 • 조사방법 : 표본조사	복분자만 해당
				표본주의 고사 및 정상 결과지수 조사 • 조사방법 : 표본조사	무화과만 해당
수확완료 후 ~ 보험종기	보상하는 재해 전부	고사나무 조사	수확완료 후 보험 종기 전	보상하는 재해로 고사되거나 또는 회생이 불가능한 나무수를 조사 • 특약 가입 농지만 해당 • 조사방법 : 전수조사	수확완료 후 추가 고사나무가 없는 경우 생략 가능

③ 생산비 보장

<table>
<tr><th>생육시기</th><th>재 해</th><th>조사내용</th><th>조사시기</th><th>조사방법</th><th>비 고</th></tr>
<tr><td>정식(파종)
~
수확 종료</td><td>보상하는 재해 전부</td><td>생산비 피해조사</td><td>사고발생시 마다</td><td>① 재배일정 확인
② 경과비율 산출
③ 피해율 산정
④ 병충해 등급별 인정비율 확인
(노지 고추만 해당)</td><td></td></tr>
<tr><td rowspan="2">수확전</td><td rowspan="3">보상하는 재해 전부</td><td>피해사실 확인조사</td><td>사고접수 후 지체 없이</td><td>보상하는 재해로 인한 피해발생 여부 조사(피해사실이 명백한 경우 생략 가능)</td><td rowspan="3">메밀, 단호박, 노지 배추, 노지 당근, 노지 파, 노지 무만 해당</td></tr>
<tr><td>경작불능 조사</td><td>사고접수 후 지체 없이</td><td>해당 농지의 피해면적비율 또는 보험목적인 식물체 피해율조사
• 조사방법 : 전수조사 또는 표본조사</td></tr>
<tr><td>수확 직전</td><td>생산비 피해조사</td><td>수확 직전</td><td>사고발생 농지의 피해비율 및 손해정도 비율 확인을 통한 피해율조사
• 조사방법 : 표본조사</td></tr>
</table>

[별표 3] 업무정지·위촉해지 등 제재조치의 세부기준

1. 일반기준

가. 위반행위가 둘 이상인 경우로서 각각의 처분기준이 다른 경우에는 그 중 무거운 처분기준을 적용한다. 다만, 각각의 처분기준이 업무정지인 경우에는 무거운 처분기준의 2분의 1까지 가중할 수 있으며, 이 경우 업무정지 기간은 6개월을 초과할 수 없다.

나. 위반행위의 횟수에 따른 제재조치의 기준은 최근 1년간 같은 위반행위로 제재조치를 받는 경우에 적용한다. 이 경우 제재조치 기준의 적용은 같은 위반행위에 대하여 최초로 제재조치를 한 날과 다시 같은 위반행위로 적발한 날을 기준으로 한다.

다. 위반행위의 내용으로 보아 고의성이 없거나 특별한 사유가 인정되는 경우에는 그 처분을 업무정지의 경우에는 2분의 1의 범위에서 경감할 수 있고, 위촉해지인 경우에는 업무정지 6개월로, 경고인 경우에는 주의 처분으로 경감할 수 있다.

2. 개별기준

위반행위	근거조문	처분기준		
		1차	2차	3차
1. 법 제11조 제2항 및 이 요령의 규정을 위반한 때	제6조 제2항 제1호			
1) 고의 또는 중대한 과실로 손해평가의 신뢰성을 크게 악화 시킨 경우		위촉해지		
2) 고의로 진실을 숨기거나 거짓으로 손해평가를 한 경우		위촉해지		
3) 정당한 사유없이 손해평가반구성을 거부하는 경우		위촉해지		
4) 현장조사 없이 보험금 산정을 위해 손해평가행위를 한 경우		위촉해지		
5) 현지조사서를 허위로 작성한 경우		위촉해지		
6) 검증조사 결과 부당·부실 손해평가로 확인된 경우		경 고	업무정지 3개월	위촉해지
7) 기타 업무수행상 과실로 손해평가의 신뢰성을 약화 시킨 경우		주 의	경 고	업무정지 3개월
2. 법 및 이 요령에 의한 명령이나 처분을 위반한 때	제6조 제2항 제2호	업무정지 6개월	위촉해지	
3. 업무수행과 관련하여 「개인정보보호법」, 「신용정보의 이용 및 보호에 관한 법률」 등 정보보호와 관련된 법령을 위반한 때	제6조 제2항 제3호	위촉해지		

2022 손해평가사 1차 · 2차 7개년 기출문제해설

개정5판1쇄 발행	2022년 01월 05일(인쇄 2021년 11월 23일)
초 판 발 행	2019년 04월 05일(인쇄 2019년 02월 22일)
발 행 인	박영일
책 임 편 집	이해욱
저 자	손해평가연구회
편 집 진 행	서정인
표지디자인	김도연
편집디자인	김민설 · 채현주
발 행 처	(주)시대고시기획
출 판 등 록	제10-1521호
주 소	서울시 마포구 큰우물로 75 [도화동 538 성지 B/D] 9F
전 화	1600-3600
팩 스	02-701-8823
홈 페 이 지	www.sidaegosi.com
I S B N	979-11-383-1166-3 (13320)
정 가	22,000원